Bildberichterstattung im 21. Jahrhundert

Schriften zum Medien-, Urheber- und Wirtschaftsrecht

Herausgegeben von Prof. Dr. Georgios Gounalakis

Band 25

PL ACADEMIC RESEARCH

Kristin Eglinski

Bildberichterstattung im 21. Jahrhundert

Das Recht am eigenen Bild bei Kriminalberichterstattungen

Ein Rechtsvergleich zum US-amerikanischen Recht

PL ACADEMIC RESEARCH

Bibliografische Information der Deutschen Nationalbibliothek
Die Deutsche Nationalbibliothek verzeichnet diese Publikation in der Deutschen Nationalbibliografie; detaillierte bibliografische Daten sind im Internet über http://dnb.d-nb.de abrufbar.

Zugl.: Marburg, Univ., Fachbereich Rechtswissenschaften, Diss., 2015

D 4
ISSN 1867-1012
ISBN 978-3-631-66596-1 (Print)
E-ISBN 978-3-653-06060-7 (E-PDF)
E-ISBN 978-3-631-71281-8 (EPUB)
E-ISBN 978-3-631-71282-5 (MOBI)
DOI 10.3726/b11019

PL Academic Research ist ein Imprint der Peter Lang GmbH.
Peter Lang – Frankfurt am Main · Bern · Bruxelles · New York · Oxford · Warszawa · Wien

Diese Publikation wurde begutachtet.

www.peterlang.com

Inhaltsverzeichnis

Literaturverzeichnis

Ahrens, Claus, Persönlichkeitsrecht und Freiheit der Medienberichterstattung: Konfliktsituationen–Schutzansprüche–Verfahrensfragen, Berlin 2002 (zit. Ahrens, Persönlichkeitsrecht und Freiheit der Medienberichterstattung)

Alexy, Robert, Theorie der Grundrechte, 1. Auflage, Baden–Baden 1986

Allfeld, Philipp, Reichsgesetz betreffend das Urheberrecht an Werken der bildenden Künste und der Photographie: vom 9. Januar 1907, München 1907 (zit. Allfeld, Reichsgesetz betreffend das Urheberrecht an Werken der bildenden Künste und der Photographie)

Altrogge, Georg, Springer klagt weiter gegen Fotoverbot, Media Blogs, Artikel vom 13.02.2009

American Jurisprudence 2d, Premises Liability §§ 471–773 to Privacy, § 1, 2nd Edition, West Publishing, Minnesota, Eagan 2011

Arndt, Adolf, „Vor unserer eigenen Tür"–Eine Besprechung der Entscheidung des BGH vom 16.09.1966 zu dieser Fernsehsendung, NJW 1967, 1845–1847

Antar, Dalia, Der „WM-Mörder" ist gefasst, FAZ-Net, Artikel vom 06.08.2014

Arzt, Gunther, Der strafrechtliche Schutz der Intimsphäre–vom zivilrechtlichen Persönlichkeitsschutz aus betrachtet, Tübingen 1970 (zit. Arzt, Strafrechtlicher Schutz der Intimsphäre)

Ausness, Richard C., The Right of Publicity: A „Haystack in a Hurricane", 55 Temple Law Quarterly (1982), 977–1035

Ballensiefen, Moritz, Bilder machen Sieger–Sieger machen Bilder. Die Funktion von Pressefotos im Bundestagswahlkampf 2005, Diss. Duisburg–Essen 2008, 1. Auflage, Wiesbaden 2009 (zit. Ballensiefen, Bilder machen Sieger)

Balthasar, Stephan, Eingriffskondiktion bei unerlaubter Nutzung von Persönlichkeitsmerkmalen–Lafontaine in Werbeannonce, NJW 2007, 664–666

Barowski, Sascha, Kommentar: Fall Kachelmann: Ein Prozess, der nur Verlierer kennt, Artikel vom 31.05.2011, Augsburger Allgemeine

v. Bassewitz, Katharina, Prominenz und Celebrity in Deutschland, England und der USA, Diss. München 2007, Köln–München 2008 (zit. Bassewitz, Prominenz und Celebrity)

Baston–Vogt, Marion, Der sachliche Schutzbereich des zivilrechtlichen allgemeinen Persönlichkeitsrechts, Diss. Bielefeld 1995/1996, Tübingen 1997 (zit. Baston–Vogt, Sachlicher Schutzbereich des allgemeinen Persönlichkeitsrechts)

Baumann, Ulrich, Das Bild des Opfers in der Kriminalitätsdarstellung der Medien: Ergebnis einer Untersuchung, Mainzer Schriften, Band 13, Weisser Ring, 1. Auflage, Mainz 1995 (zit. Baumann, Das Bild des Opfers in der Kriminalitätsdarstellung der Medien) *v. Becker, Peter,* Straftäter und Tatverdächtige in den Massenmedien: Die Frage der Rechtmäßigkeit identifizierender Kriminalberichte, Diss. München 1979, Baden-Baden1979 (zit. v. Becker, Straftäter und Tatverdächtige in den Massenmedien)

Behrschmidt, Ewald, Justiz und Presse–Anmerkungen aus der Sicht einer Justizrechtsprechers, in: Dölling, Dieter/ Gössel, Karl Heinz/ Waltos, Stanislaw (Hrsg.), Kriminalberichterstattung in der Tagespresse, Heidelberg 1998, 335–357 (zit. Behrschmidt, in: Dölling/ Gössel/ Waltos (Hrsg.), Kriminalberichterstattung in der Tagespresse)

Berg, Klaus/ Kiefer, Marie–Luise, Massenkommunikation, Band 5, Mainz 1996 (zit. Berg/ Kiefer, Massenkommunikation Bd. 5)

Bethge, Herbert, Zur Problematik von Grundrechtskollisionen, Hab. Köln 1976, München 1977 (zit. Bethge, Grundrechtskollisionen)

Beuthien, Volker/ Hieke, Mario, Unerlaubte Werbung mit dem Abbild prominenter Personen, AfP 2001, 353–363

Bewier, Martin, Über das Recht am eigenen Bilde, Borna–Leipzig 1916 (zit. Bewier, Das Recht am eigenen Bilde)

Bleckmann, Albert, Staatsrecht II–Die Grundrechte, 4. Auflage, 1997 (zit. Bleckmann, StaatsR II)

Bloom, Seth E., Preventing the Misappropriation of Identity: Beyond the Right of Publicity, 13 Hastings Communication and Entertainment Law Journal 1991, 489–529

Bloustein, Edward J., Privacy as an Aspect of Human Dignity: An Answer to Dean Prosser, 39 New York University Law Review 962–1007 (1964) (N.Y.U L. Rev.)

Boehme–Neßler, Volker, Die Kavallerie der Justiz, Legal Tribune Online, Artikel vom 06.09.2010

Bogler, Anja, Schadensersatz wegen unwahrer Presseveröffentlichungen im amerikanischen Recht, Diss. Köln 1986, Bern 1986 (zit. Bogler, Schadensersatz wegen unwahrer Presseveröffentlichungen)

Böhnstedt, Stefanie, Die Konstitutionalisierung des Bildnisschutzes in Deutschland und den USA, Diss. Göttingen 2008/2009, 1. Auflage, Baden–Baden 2010 (zit. Böhnstedt, Konstitutionalisierung des Bildnisschutzes)

Boksanyi, Sabine, Anmerkung zu LG Berlin Urteil vom 27.06.2006, AfP 2006, 390

Bongartz, Winfried, Das Recht am eigenen Bilde und seine Reform, Köln 1966 (zit. Bongartz, Das Recht am eigenen Bilde)

Börger, Ulrich, Deliktischer Rechtsschutz gegenüber Presseveröffentlichungen, Diss. Hamburg 1998, 1. Auflage, Baden–Baden 1998 (zit. Börger, Deliktischer Rechtsschutz)

Bornkamm, Joachim, Pressefreiheit und Fairness des Strafverfahrens–Die Grenzen der Berichterstattung über schwebende Strafverfahren im englischen, amerikanischen und deutschen Recht, Diss. Freiburg 1979/1980, Baden–Baden 1980 (zit. Bornkamm, Pressefreiheit und Fairness des Strafverfahrens)

Bornkamm, Joachim, Die Berichterstattung über schwebende Strafverfahren und das Persönlichkeitsrecht des Beschuldigten, NStZ 1983, 102–108

Bosch, Nikolaus, Höchstpersönliche Bildaufnahmen in gesondert geschützten Räumlichkeiten (§ 201 a StGB), JA 2009, 308–310

Brandner, Hans-Erich, Das allgemeine Persönlichkeitsrecht in der Entwicklung durch die Rechtsprechung, JZ 1983, 689–696

Braun, Yvonne, Medienberichterstattung über Strafverfahren im deutschen und englischen Rechts–zugleich eine Erörterung der Fernsehöffentlichkeit der Hauptverhandlung, Diss. Gießen 1997, Freiburg 1998 (zit. Braun, Medienberichterstattung über Strafverfahren)

Brohm, Winfried, Soziale Grundrechte und Staatszielbestimmungen in der Verfassung JZ 1994, 213–220

Brömmekamp, Birgit, Die Pressefreiheit und ihre Grenzen in England und der Bundesrepublik Deutschland–eine vergleichende Darstellung in verfassungsrechtlicher, strafrechtlicher und tatsächlicher Hinsicht, Diss. Hamburg 1996, Frankfurt am Main 1997 (zit. Brömmekamp, Pressefreiheit)

Brossette, Josef, Der Wert der Wahrheit im Schatten des Rechts auf informationelle Selbstbestimmung. Ein Beitrag zum zivilrechtlichen Ehren–, Persönlichkeits– und Dateschutz, Diss. Trier 1989/90, Berlin 1991 (zit. Brossette, Wahrheit und informationelle Selbstbestimmung)

Burkhardt, Emanuel H., in: Wenzel, Harald (Hrsg.), Das Recht der Wort- und Bildberichterstattung, Handbuch des Äußerungsrechts, 5. vollständig überarbeitete Auflage, Köln 2003 (zit. Burkhardt, in: Wenzel, Wort- und Bildberichterstattung)

Burnham, William, Introduction to the Law and Legal System of the United States, 5. Auflage, West Academic Publishing 2011 (zit. Burnham, Law and Legal System USA)

Bußmann, Kurt/ Pietzcker, Rolf/ Kleine, Heinz, Gewerblicher Rechtsschutz und Urheberrecht, 3. Auflage, Berlin 1962 (zit. Bußmann/ Pietzcker/ Klein, UrhR)

Bußmann, Kurt, Reichen die geltenden gesetzlichen Bestimmungen insbesondere im Hinblick auf die modernen Nachrichtenmittel aus, um das Privatleben gegen Indiskretion zu schützen?, in: Gutachten für den 42. Deutschen Juristentag 1957, Band 1, 1. Teil (zit. Bußmann, Privatleben)

Canaris, Claus-Wilhelm/ Larenz, Karl, Methodenlehre der Rechtswissenschaft, 4. Auflage, Berlin 2014 (329) (zit. Canaris/ Larenz, Methodenlehre)

Canaris, Claus-Wilhelm, Grundrechtswirkungen und Verhältnismäßigkeitsprinzip in der richterlichen Anwendung und Fortbildung des Privatrechts, JuS 1989, 161–172

Canaris, Claus-Wilhelm, Grundrechte und Privatrecht, AcP 184 (1984), 201–246

Classen, Claus Dieter, Die Drittwirkung der Grundrechte in der Rechtsprechung des Bundesverfassungsgerichts, AöR 122 (1997), 65–107

Coing, Helmut, Ehrenschutz und Presserecht, Karlsruhe 1960

Coing, Helmut, Das Grundrecht der Menschenwürde, der strafrechtliche Schutz der Menschlichkeit und das Persönlichkeitsrecht des bürgerlichen Rechts, SJZ 1947, 641–645

Coing, Helmut, Anmerkungen zur Leserbrief Entscheidung des BGH, JZ 1954, 698–700

Cornel, Heinz, in: Cornel, Heinz / Kawamura-Reindl, Gabriele/ Maelicke, Bernd/ Sonnen, Bernd-Rüdeger (Hrsg.), Handbuch der Resozialisierung, 3. Auflage, Baden-Baden 2009 (zit. Cornel, in: Cornel/ Kawamura-Reindl/ Maelicke/ Sonnen (Hrsg.), Resozialisierung)

Damm, Renate/ Rehbock, Klaus, Widerruf, Unterlassung, Schadensersatz in den Medien, 3. Auflage, München 2008 (zit. Damm/ Rehbock, Widerruf, Unterlassung und Schadensersatz)

Damm, Renate, Pressefreiheit und Bildnisschutz, in: Medien zwischen Spruch und Informationsinteresse, Festschrift für Robert Schweizer zum 60. Geburtstag Baden-Baden 1999, S. 111–132 (zit. Damm, in: FS Schweizer)

Danziger, Christine, Die Medialisierung des Strafprozesses: Eine Untersuchung zum Verhältnis von Medien und Strafprozess, Diss. Humboldt-Universität Berlin 2009, Berlin 2009 (zit. Danziger, Medialisierung des Strfaprozesses)

Dasch, Norbert, Die Einwilligung zum Eingriff in das Recht am eigenen Bild, Diss. München 1989, München 1990 (zit. Dasch, Recht am eigenen Bild)

Degenhard, Christoph, Das allgemeine Persönlichkeitsrecht, Art. 2 I i.V. mit Art. 1 I GG, JuS 1992, 361–368

Diederichsen, Uwe, Die Selbstbehauptung des Privatrechts gegenüber dem Grundgesetz, Jura 1997, 57–64

Di Fabio, Udo, Grundrechte im präzeptoralen Staat am Beispiel hoheitlicher Informationstätigkeit, JZ 1993, 689–697

Di Fabio, Udo, in: Maunz, Theodor/ Dürig, Günter, Grundgesetz. Kommentar, Stand: 75. Lieferung, München 2015 (zit. Di Fabio, in: Maunz/ Dürig, GG)

Doehring, Karl, Das Staatsrecht der Bundesrepublik Deutschland, 3. Auflage, Frankfurt am Main 1984 (zit. Doehring, Staatsrecht)

Dovifat, Emil, Handbuch der Publizistik: Allgemeine Publizistik, Band 1, Berlin 1968/69 (zit. Dovifat, Publizistik-AT, Bd. 1)

Dreier, Thomas/ Specht, Louisa, in: Dreier, Thomas/ Schulze, Gernot, Urheberrechtsgesetz-Kommentar, 5. Auflage, München 2015 (zit. Specht, in: Dreier/ Schulze, UrhG)

Dreyer, Gunda, in: Dreyer, Gunda/ Kotthoff, Jost/ Meckel, Astrid, Urheberrecht. Heidelberger Kommentar, 3. neu bearbeitete Auflage, Heidelberg 2013 (zit. Bearbeiter, in: Dreyer/ Kotthoff/ Meckel, Komm. UrhR)

Dumont, Kurt, Das Recht am eigenen Bilde, Berlin 1910

Dürig, Günter, Grundrechte und Zivilrechtsprechung, in: Festschrift für Hans Nawiasky zum 75. Geburtstag, von Bonner Grundgesetz zur gesamtdeutschen Verfassung, Frankfurt am Main 1956, S. 157–190 (zit. Dürig, in: FS Nawiasky)

Ebermayer, Ludwig, in: Ebermayer, Ludwig/ Galli, Franz/ Linderberg, Georg (Hrsg.), M. Stengleins Kommentar zu den strafrechtlichen Nebengesetzen des deutschen Reiches, Band 1, 5. Auflage völlig neu bearbeitet, Berlin 1928–1933 (zit. Ebermayer, in: Ebermayer/ Galli/ Linderberg (Hrsg.), Komm. zu den strafrechtlichen Nebengesetzen)

v. Ebner –Eschenbach, Marie, Aphorismen, Stuttgart 1988 (zit. Ebner–Eschenbach, Aphorismen)

Eisenbarth, Peter J., Das Recht am eigenen Bild von relativen und absoluten Personen der Zeitgeschichte, 1. Auflage, Diss. Konstanz, 2000 (zit. Eisenbarth, Das Recht am eigenen Bild)

Elder, David A., The Law of Privacy, Deerfield/New York 1991

Engau, Herwigh, Straftäter und Tatverdächtige als Personen der Zeitgeschichte–Ein Beitrag zur Problematik identifizierender Medienberichterstattungen, Diss. Bielefeld 1992, Frankfurt am Main 1993 (zit. Engau, Straftäter und Tatverdächtige)

Engels, Stefan/ Jürgens, Uwe, Auswirkungen der EGMR–Rechtsprechung zum Privatsphärenschutz, NJW 2007, 2517–2522

Engels, Stefan, in: Ahlberg, Hartwig/ Götting, Horst-Peter (Hrsg.), Möhring, Philipp/ Nicolini, Käte, Urheberrechtsgesetz–Kommentar, 3. Auflage, München 2014 (zit. Engels, in: Möhring/ Nicolini, UrhG)

Enneccerus, Heinrich/ Lehmann, Ludwig, Lehrbuch des Bürgerlichen Rechts, Band 2, Recht der Schuldverhältnisse, 15. Auflage, 1958 (zit. Enneccerus/ Lehmann, BGB, Bd. 2)

Enneccerus, Heinrich/ Nipperdey, Hans Carl, Lehrbuch der Bürgerlichen Rechts, Band 1, Allgemeine Lehren/ Personen/ Rechtsobjekte, 15. Auflage, 1959 (zit. Enneccerus/ Nipperdey, BGB, Bd. 1)

Eppenstein, Dieter, Vermarktung von Verbrechen: Einführung in die Thematik, in: Die Rolle des Verbrechensopfers in den Medien, 3. Mainzer Opferforum 1991, Mainzer Schriftenreihe, Weisser Ring, Band 5, 1. Auflage, Mainz 1994, 13–21(zit. Eppenstein, Vermarktung von Verbrechen)

Erichsen, Hans–Uwe, Die Drittwirkung der Grundrechte, Jura 1996, 527–533

Ernst, Stefan, Gleichklang des Persönlichkeitsschutzes im Bild– und Tonbereich?, NJW 2004, 1277

Evers, Hans–Ulrich, Auskunftsrecht der Presse gegenüber Behörden und Allgemeines Persönlichkeitsrecht, in: Festschrift für Erich Schwinge zum 70. Geburtstag, Persönlichkeit in der Demokratie, Köln–Bonn 1973, S. 237–246 (zit. Evers, in: FS Erich Schwinge)

Fabian, Rainer, Bildwert und Bildaufgabe im öffentlichen Leben, in: Handbuch der Publizistik: Praktische Publizistik, Band 2, 1. Teil, Berlin 1968/69, S. 48–55 (zit. Fabian, in: Dovifat (Hrsg.), Publizistik, Bd 2, Teil 1)

Feinberg, Wilfred, Recent Developments in the Law of Privacy, 48 Columbia Law Review 1948, 713–726

Felcher, Peter L./ Rubin, Edward L., Privacy, Publicity, and the Portrayal of Real People by the Media, 88 Yale Law Journal 1979, 1577–1622 (YALE L. J.)

Fikes, Richard E., The Right of Publicity: A Descendible and Inheritable Property Right, 14 The Cumberland Law Review 1984, 347

Fine, Toni M., American Legal Systems: A Resource and Reference Guide, Cardozo 1997

Fischer, Thomas, Strafgesetzbuch und Nebengesetze–Kommentar, 62. Auflage, München 2015 (zit. Fischer, StGB)

Förster, Achim, Fair Use: Ein Systemvergleich der Schrankengeneralklausel des US–amerikanischen Copyrightact mit dem Schrankenkatalog des deutschen Urheberrechtsgesetzes (Geistiges Eigentum und Wettbewerbsrecht), Diss. Bayreuth 2008, 1. Auflage, Tübingen 2008 (zit. Förster, Fair Use)

Franke, Dietmar, Die Bildberichterstattung über den Angeklagten und der Öffentlichkeitsgrundsatz im Strafverfahren, Diss. Saarland 1977/1978, Berlin 1978 (zit. Franke, Bildberichterstattung über den Angeklagten)

Frenz, Walter, Konkretisierte Abwägung zwischen Pressefreiheit und Persönlichkeitsschutz, NJW 2012, 1039–1042

Fricke, Michael, in: Wandtke, Artur–Axel/ Bullinger, Winfried (Hrsg.), Praxiskommentar zum Urheberrecht, 4. neu bearbeitete Auflage, München 2014 (zit. Fricke, in: Wandtke/ Bullinger, UrhR),

Friedrich, Andreas, Grundrechtlicher Persönlichkeitsschutz und europäische Privatsphärengarantie. Die Auswirkungen der Rechtsprechung des EGMR auf den Schutz der Persönlichkeit vor unerwünschten privaten Bildveröffentlichungen nach deutschem Recht, Diss. Leipzig 2008, Baden–Baden 2009 (zit. Friedrich, Grundrechtlicher Persönlichkeitsschutz)

Friedrichsen, Gisela, Fall Kachelmann: Wehe sie sind prominent, Spiegel Online Panorama, Artikel vom 29.07.2010

Frömming, Jens/ Peters, Butz, Die Einwilligung im Medienrecht, NJW 1996, 958–962

Fuld, Ludwig, Gesetz betreffend das Urheberrecht an Werken der bildenden Künste und der Photographie, Berlin 1907

Gädeke, Peter, Pressefreiheit, in: Schiwy, Peter/ Schütz, Walter J./ Dörr, Dieter (Hrsg.), Medienrecht–Lexikon für Praxis und Wissenschaft, 5. Auflage, Köln 2010, 422–430 (zit. Gädeke, in: Schiwy/ Schütz/ Dörr, Medienrecht)

v. Gamm, Otto–Friedrich, Wettbewerbsrecht–Ein allgemein verständliches Handbuch, Köln 1964 (zit. v. Gamm, Wettbewerbsrecht) *v. Gamm, Otto-Friedrich,* Persönlichkeitsschutz und Massenmedien-Neuere Entwicklungen der Rechtsprechung, NJW 1979, 513–518

v. Gamm, Otto-Friedrich, Urheberrechtsgesetz. Kommentar, München 1968 (zit. v. Gamm, UrhG)

v. Gamm, Otto-Friedrich, Zur praktischen Anwendung des allgemeinen Persönlichkeitsrechts, NJW 1955, 1826–1827

Gauß, Holger, Der Mensch als Marke: Lizenzierung von Name, Bild, Stimme und Image im deutschen und US-amerikanischen Recht, Diss. Marburg 2004, 1. Auflage, Baden-Baden 2005 (zit. Gauß, Der Mensch als Marke)

Gerhardt, Rudolf/ Steffen, Erich/ Tillmanns, Lutz , Kleiner Knigge des Presserechts: Wie weit Journalisten zu weit gehen dürfen, 4. Vollständig aktualisierte und erweiterte Auflage, Baden-Baden 2015 (zit. Gerhardt/ Steffen/ Tillmanns, Knigge des Presserechts)

Glasser, Jr., Charles J., International Libel Privacy Handbook–A Global Reference for Journalists, Publishers, Webmasters, and Lawyers, Bloomberg, New York 2009 (zit. Glasser, International Libel Privacy Handbook)

Gordon, Harold R., Right of Property in: Name, Likeness, Personality and History, 55 North West University Law Review, 553 (1960)

Gorman, Claire E., Notes and Comments: Publicity and Privacy Rights: Evening Out the Playing Field for Celebrities and Private Citizens in the Modern Game of Mass Media, 53 DePaul Law Review 2004, 1247–1283

Götz, Volkmar, Die Verwirklichung der Grundrechte durch die Gerichte im Zivilrecht, in: Heyde, Wolfgang/ Starck, Christian (Hrsg.), 40 Jahre Grundrechte in ihrer Verwirklichung durch die Gerichte, München 1990, S. 35–84 (zit. Götz, in: Heyde/ Starck (Hrsg.), 40 Jahre Grundrechte)

Götting, Horst-Peter, in: Götting, Horst-Peter/Schertz, Christian/Seitz, Walter, Handbuch des Persönlichkeitsrechts, München 2008 (zit. Götting, in: Götting/ Schertz/ Seitz, Persönlichkeitsrecht)

Götting, Horst-Peter, Sanktionen bei Verletzung des Postmortalen Persönlichkeitsrechts, GRUR 2004, 801–808

Götting, Horst-Peter, Perspektiven der Kommerzialisierung des Persönlichkeitsrechts, in: Götting, Horst-Peter/ Lauber-Rönsberg, Anne (Hrsg.), Aktuelle Entwicklungen im Persönlichkeitsrecht, 1. Auflage, Baden-Baden 2010, S. 11–50 (zit. Götting, in: Götting/ Lauber-Rönsberg (Hrsg.), Persönlichkeitsrecht)

Götting, Horst-Peter, Persönlichkeitsrechte als Vermögensrechte, Tübingen 1995

Götting, Horst-Peter, in: Schricker, Gerhard/ Loewenheim, Ulrich, Urheberrecht. Kommentar, 4. neu bearbeitete Auflage, München 2010 (zit. Götting, in: Schricker/ Loewenheim, UrhR)

Gounalakis, Georgios, Kachelmann unterliegt vor dem BGH. Bild.de durfte über Reitgerte und Handschellen berichten, Legal Tribune, Artikel vom 20.03.2013

Gounalakis, Georgios, Anmerkungen zum Urteil des BGH vom 15.12.2009, Az. VI ZR 227/08, LMK 2010, 300818, beck–online, 1–3

Gounalakis, Georgios, Freiräume und Grenzen politischer Karikatur und Satire, NJW 1995, 809–817

Grabenwarter, Christoph/ Pabel, Katharina, Europäische Menschenrechtskonvention– Ein Studienbuch, 5. Auflage, München 2012 (zit. Grabenwarter/ Pabel, EMRK)

Grabenwarter, Christoph, in: : Maunz, Theodor/ Dürig, Günter (Hrsg.), Kommentar zum Grundgesetz, München, Stand: 75. Lieferung, München 2015 (zit. Grabenwarter, in: Maunz/ Dürig, GG)

Gregoritza, Anna, Die Kommerzialisierung von Persönlichkeitsrechten Verstorbener. Eine Untersuchung der Rechtsfortbildung durch den Bundesgerichtshof in den Marlene–Dietrich–Urteilen vom 1. Dezember 1999, Diss. Münster 2002, Berlin 2003 (zit. Gregoritza, Die Kommerzialisierung von Persönlichkeitsrechten Verstorbener)

Gronau, Kerstin, Das Persönlichkeitsrecht von Personen der Zeitgeschichte und die Medienfreiheit, Diss. Göttingen 2001, Baden–Baden 2002 (zit. Gronau, Das Persönlichkeitsrecht)

Gross, Joan, The Right of Publicity Revisited: Reconciling Fame, Fortune, and Constitutional Rights, 62 Boston University Law Review 1982, 965–1001

Grote, Otto Freiherr, Foto– und Bildrecht, LG Köln: Veröffentlichung der Abbildung eines Paparazzi rechtmäßig, Artikel vom 29.11.2011, wbs–law.de

Grüneberg, Christian, in: Palandt, Otto, (Begr.), Bürgerliches Gesetzbuch–Kommentar, 75. Auflage, München 2016 (zit. Grüneberg, in: Palandt, BGB)

Guratzsch, Dankwart, Triumpf der Transparenz über private Intimität, Die Welt Online, Artikel vom 14.5.2012

Haacke, Wilmont, Meinungsbildung durch Unterhaltung, in: Löffler, Martin, Die öffentliche

Meinung, München 1962, S. 31–56 (zit. Haacke, in: Löffler, Öffentliche Meinung)

Haberstroh, Dieter, Voraussetzungen und Vollzug der Untersuchungshaft, Jura 1984, 225–235

Hager, Johannes, Grundrechte im Privatrecht, JZ 1994, 373–383

Häntzschel, Kurt, Das Grundrecht der freien Meinungsäußerung und die Schranken der allgemeinen Gesetze des Artikels 118 I der Reichsverfassung, AöR 10 (1926), 228–237

Harro, Otto, Persönlichkeitsschutz durch strafrechtlichen Schutz der Ehre, in: Evers, Hans– Ulrich/ Friauf, Karl–Heinrich/ Hanack, Ernst–Walter/ Reinhardt, Rudolf (Hrsg.), Persönlichkeit in der Demokratie, Festschrift für Erich Schwinge zum 70. Geburtstag, Köln–Bonn 1973, S. 71–88 (zit. Harro, in: FS für Erich Schwinge)

Hartmann, Thomas, Transfer–Effekte: Der Einfluss von Fotos auf die Wirksamkeit Nachfolgender Texte–Eine experimentelle Untersuchung zur Kumulativen Wirkung von Pressefotos und Pressetexten, Frankfurt am Main 1995 (zit. Hartmann, Transfer Effekte)

Hassemer, Winfried, Vorverurteilung durch die Medien?, NJW 1985, 1921–1929

Hassemer, Winfried, Fahndung und Ermittlung mit Hilfe der Medien?, AfP 1989, 418–420

Hay, Peter, US–amerikanisches Recht, 6. erweiterte und überarbeitete Auflage, München 2015 (zit. Hay, US–amerikanisches Recht)

Hegemann, Jan, Der strafrechtliche Schutz des Rechts am eigenen Bild und des höchstpersönlichen Lebensbereichs–Anmerkungen zu einer verfehlten Gesetzgebung, in: Jacobs, Rainer/ Papier, Hans–Jürgen/ Schuster, Peter–Klaus (Hrsg.), Festschrift für Peter Raue zum 65. Geburtstag am 4. Februar 2006, Köln 2006, S. 445–459 (zit. Hegemann, in: FS Raue)

Heidelberg, Franz Carl, Justizreportage–journalistische Ziele und juristische Schranken, Diss. Heidelberg 1932, Heidelberg 1932 (zit. Heidelberg, Justizreportage)

Heinrich, Bernd, Die strafrechtliche Verantwortlichkeit von Pressemitarbeitern bei der unbefugten Herstellung und Verbreitung fotografischer Darstellungen von Personen, ZIS 2011, 416–430

Heiß, Robert, in: Heiß, Robert/ Caselmann, Christian/ Schorb, Alfons Otto/ Heimann, Paul, Bild und Begriff–Symposium des Instituts für Film und Bild, München 1963 (zit. Heiß, in: Heiß/ Caselmann/ Schorb/ Heinmann (Hrsg.), Bild und Begriff)

Heldrich, Andreas, Der Persönlichkeitsschutz Verstorbener, in: Rechtsbewahrung und Rechtsentwicklung, Festschrift für Heinrich Lange zum 70. Geburtstag, München 1970, S. 163–178 (zit. Heldrich, in: FS Lange)

Heldrich, Andreas, Persönlichkeitsschutz und Pressefreiheit nach der Europäischen Menschenrechtskonvention, in: Koziol, Helmut/ Warzilek, Alexander (Hrsg.), Persönlichkeitsschutz gegenüber Massenmedien, Wien 2005, S. 479–491 (zit. Heldrich, in: Koziol/ Warzilek (Hrsg.), Persönlichkeitsschutz)

Helle, Jürgen, Bemerkungen zum Recht am eigenen Bild als Unterfall des allgemeinen Persönlichkeitsrechts, AfP 1986, 25–29

Helle, Jürgen, Die Einwilligung beim Recht am eigenen Bild, AfP 1985, 93–101

Helle, Jürgen, Besondere Persönlichkeitsrechte im Privatrecht: Das Recht am eigenen Bild, das Recht am gesprochenen Wort und der Schutz des geschriebenen Wortes Tübingen 1991 (zit. Helle, Besondere Persönlichkeitsrechte)

Hermes, Georg, Grundrechtsschutz durch Privatrecht auf neuer Grundlage, NJW 1990, 1764–1768

Hermes, Georg, Das Grundrecht auf Schutz von Leben und Gesundheit: Schutzpflicht und Schutzanspruch aus Art. 2 II 1 GG, Heidelberg 1987 (zit. Hermes, Schutzanspruch aus Art. 2 II 1 GG)

Herzog, Roman, in: Maunz, Theodor/ Dürig, Günter (Hrsg.), Kommentar zum Grundgesetz, München, Stand: 67. Ergänzungslieferung, München 2012 (zit. Herzog, in: Maunz/ Dürig, GG)

Hesse, Konrad, Bedeutung der Grundrechte, in: Benda, Ernst/ Maihofer, Werner/ Vogel, Hans-Jochen (Hrsg.), Handbuch des Verfassungsrechts der Bundesrepublik Deutschland, 2. neubearbeitete und erweiterte Auflage, Berlin 1994, S. 127–160 (zit. Hesse, in: Benda/ Maihofer/ Vogel (Hrsg.),Verfassungsrechts)

Hilger, Hans, in: Löwe, Ewald/ Rosenberg, Werner, Die Strafprozessordnung und das Gerichtsverfassungsgesetz: StPO, Band 11: EMRK/ IPBPR, 26. neu bearbeitete Auflage, Berlin 2012, Band 4: §§ 112–150 (zit. Hilger, in: Löwe/ Rosenberg, StPO)

Hilgendorf, Eric, in: Leipziger Kommentar zum Strafgesetzbuch, Band 6: §§ 146–210, 12. neu bearbeitete Auflage, Berlin 2009 (zit. Hilgendorf, in: LK StGB, Bd. 6)

Hirsch, Kurt, Das Recht am eigenen Bilde, Diss. Köln 1933

Höhne, Hansjoachim, Report über Nachrichtenagenturen: Die Geschichte der Nachricht und ihrer Verbreiter, Baden-Baden 1977 (zit. Höhne, Nachrichtenagenturen)

Hoffmann, Richard B., The Right of Publicity-Heirs' Right, Advertisers' Windfall or Courts' Nightmare?, 31 De Paul Law Review 1 (1981) (De Paul L. Rev.)

Hoffmann, Richard B., The Right of Publicity: An Update for Counselling Athletes and Other Celebrities, 2 Merchandising Rep. 5 (1983)

Hoffmann-Riem, Wolfgang, Kommunikationsfreiheiten-Kommentierungen zu Art. 5 Abs. 1 und 2 sowie Art. 8 GG, Baden-Baden 2002 (zit. Hoffmann-Riem, Kommunikationsfreiheiten)

Hoffmann, Steven J., Limitations on the Right of Publicity, 28 Bull., Cr. Soc. 111 (1081)

Hoppe, Tilman, Bildaufnahmen aus dem höchstpersönlichen Lebensbereich-der neue § 201 a StGB, GRUR 2004, 990–995

Hoyer, Andreas, in: Wolter, Jürgen (Hrsg.), Systematisches Kommentar zum Strafgesetzbuch, Band 3, Stand: 148. Lieferung, 8. Auflage, Köln 2014 (zit. Hoyer, in: SK StGB)

Hubmann, Heinrich, Der zivilrechtliche Schutz der Persönlichkeit gegen Indiskretion, JZ 1957, 521–528

Hubmann, Heinrich, Das Persönlichkeitsrecht, 1. Auflage, München Köln 1953 (zit. Hubmann, Persönlichkeitsrecht)

Huhndorf, Günter, Frühformen der Publizistik, in: Dovifat, Emil (Hrsg.), Handbuch der Publizistik, Band 2, 1. Teil Berlin 1969, S. 56–64 (zit. Huhndorf, in: Dovifat (Hrsg.), Publizistik, Bd. 2, Teil 1)

Huff, Martin W., Sorgfaltspflichten von Journalisten bei der Justizberichterstattung–Dargestellt anhand aktueller Rechtsprechung, in: Mann, Roger/ Schmid, Jörg F. (Hrsg.), FS für Renate Damm zum 70. Geburtstag, Baden-Baden 2005, S. 70–77 (zit. Huff, in: FS Damm)

Huff, Martin W., Kachelmann gegen Springer Verlag: Grenzen der Medienberichterstattung vor dem BGH, Legal Tribune Online, Artikel vom 19.03.2013

Janisch, W., Fall Kachelmann: Streit um die Pressefreiheit. Laufende Ermittlungen, Süddeutsche Zeitung, Artikel vom 15.06.2010

Jarass, Hans Dieter/ Pieroth, Bodo, Grundgesetz für die Bundesrepublik Deutschland-Kommentar, 13. Auflage, München 2014 (zit. Bearbeiter, in: Jarass/ Pieroth, GG Komm.)

Jarass, Hans Dieter, Das Allgemeine Persönlichkeitsrecht im Grundgesetz, NJW 1989, 857–860

Kahl, Wolfgang/ Ohlendorf, Lutz, Grundfälle zu Art. 2 I i.V. mit 1 I GG, JuS 2008, 682–687

Kalven, Harry Jr., Privacy in Tort Law–Where Warren and Brandeis Wrong?, 31 Law & Contemp. Probs. 326 (366) (1966)

Kamlah, Ruprecht, Datenüberwachung und Bundesverfassungsgericht, DÖV 1970, 361–364

Kamlah, Ruprecht, Right of Privacy–Das Allgemeine Persönlichkeitsrecht in amerikanischer Sicht unter Berücksichtigung neuer technologischer Entwicklungen, Diss. Erlangen–Nürnberg 1969, Köln 1969 (zit. Kamlah, Right of Privacy)

Karst, Kenneth L., The Files: Legal Controls over the Accuracy and Accessibility of Stored Personal Data, 31 Law and Contemporary Problems, 342–376

Kayser, Dennis, Die Großbildjäger–Erster Teil, Spiegel Online, Artikel vom 25.01.2008

Kayser, Dennis, Die Großbildjäger–Zweiter Teil, Spiegel Online, Artikel vom 25.1.2008

Kerscher, Helmut, Gerichtsberichterstattung und Persönlichkeitsschutz, Diss., Hamburg 1982 (zit. Kerscher, Gerichtsberichterstattung)

Keyser, Erich/ Kötzschke, Rudolf, Das Bild als Geschichtsquelle, Schwerin 1935 (zit. Keyser/ Kötzschke, Bild als Geschichtsquelle)

Keyßner, Hugo, Das Recht am eigenen Bilde, Berlin 1896 (zit. Keyßner, Das Recht am eigenen Bilde)

Kienapfel, Diethelm, Privatsphäre und Strafrecht, Frankfurt am Main 1969

Kipp, Theodor/ Coing, Helmut, Erbrecht: Ein Lehrbuch, 14. Bearbeitete Auflage, Tübingen 1990 (zit. Kipp/ Coing, Erbrecht)

Kirschhofer, Achim von, Promis im Blick der Werbeforschung, in: Rösgen, Petra: Prominent in der Werbung, da weiß man was man hat, Mainz 2001, Stiftung Haus der Geschichte der Bundesrepublik Deutschlands (Hrsg.), S. 26–35 (zit. Kirschhofer, in: Rösgen (Hrsg.), Prominente in der Werbung)

Klass, Nadine, Der Schutz der Privatsphäre durch den EGMR im Rahmen von Medienberichterstattungen, ZUM 2014, 261–269

Klein, Eckart, Grundrechtliche Schutzpflichten des Staates, NJW 1989, 1633–1640

Klüber, Rüdiger, Persönlichkeitsschutz und Kommerzialisierung–Die juristisch ökonomischen Grundlagen des Schutzes der vermögenswerten Bestandteile des allgemeinen Persönlichkeitsrechts, Diss. Rostock 2005/2006, 1. Auflage, Tübingen 2007 (zit. Klüber, Persönlichkeitsschutz und Kommerzialisierung)

Koebel, Ulrich, Das Fortwirken des Persönlichkeitsrechts nach dem Tode, NJW 1958, 936–938

Kohler, Josef, Das Eigenbild im Recht, Berlin 1903 (zit. Kohler, Eigenbild im Recht)

Kohler, Josef, Kunstwerkrecht. Gesetz vom 9. Januar 1907, Stuttgart 1908 (zit. Kohler, Kunstwerkrecht)

Kopp, Ferdinand O., Fiskalgeltung und Drittwirkung der Grund- und Freiheitsrechte im Bereich des Privatrechts, in: Balti, Hermann (Hrsg.), Festschrift für Walter Wilburg zum 70. Geburtstag, Graz 1975, S. 141–161 (zit. Kopp, in: FS Wilburg)

Krüger-Nieland, Gerda, Persönlichkeitsrechtsschutz Verstorbener als Schranke der Freiheit der Kunst, GRUR 1968, 523–527

Kühl, Kristian, Zur Strafbarkeit unbefugter Bildaufnahmen, AfP 2004, 190–197

Kühl, Kristian, Unschuldsvermutung, Freispruch und Einstellung, Köln 1983

Kühl, Kristian, Persönlichkeitsschutz des Tatverdächtigen durch die Unschuldsvermutung–Ein Beitrag zu Grenzen der Kriminalberichterstattung, in: Forkel, Hans/ Kraft, Alfons (Hrsg.), Beiträge zum Schutz der Persönlichkeit und Ihrer schöpferischen Leistungen, Festschrift für Heinrich Hubmann zum 70. Geburtstag, Frankfurt am Main 1985, S. 241–254 (zit. Kühl, in: FS Hubmann)

Kunig, Philip, in: von Münch, Ingo/ Kunig, Philip (Hrsg.), Grundgesetz-Kommentar, Band 1, 6. neubearbeitete Auflage, München 2012 (zit. Kunig, in: v. Münch/ Kunig, GG Komm., Bd. 1)

Kuzmany, Stefan, Insolvenz der „Abendzeitung“: Münchner Herzinfarkt, Spiegel Online, Artikel vom 05.03.2014

Lackner, Karl/ Kühl, Kristian, Strafgesetzbuch: StGB-Kommentar zur aktuellen Rechtsprechung, 28. neu bearbeitetet Auflage, München 2014 (zit. Lackner/ Kühl, StGB Komm.)

Ladeur, Karl-Heinz, Die Anpassung des privaten Medienrechts an die Unterhaltungsöffentlichkeit, NJW 2004, 393–398

Lamnek, Siegfried, Kriminalitätsberichterstattung in den Massenmedien als Problem, MschKrim 73, 1990, 163–176

Lampe, Ernst-Joachim, Der Straftäter als „Person der Zeitgeschichte“, NJW 1973, 217–222

Langner, Thomas, Die Problematik der Geltung der Grundrechte zwischen Privaten, Diss. Frankfurt am Main 1998, Frankfurt am Main 1998 (zit. Langner, Geltung der Grundrechte zwischen Privaten)

Laufke, Franz, Vertragsfreiheit und Grundgesetz. Das deutsche Privatrecht in der Mitte des 20. Jahrhunderts, in: Nipperdey, Hans Carl (Hrsg.), Festschrift für Heinrich Lehmann zum 80. Geburtstag, 1956 Band 1, S. 145–188 (zit. Laufke, in: FS Lehmann)

Leckner, Theodor/ Eisele, Jörg, in: Schönke, Adolf/ Schröder, Horst (Hrsg.), Strafgesetzbuch: StGB Kommentar, 29. neu bearbeitete Auflage, München 2014 (zit. Leckner, Eisele, in: Schönke/ Schröder (Hrsg.), Komm. StGB)

Lehnig, Kirsten, Der verfassungsrechtliche Schutz der Würde des Menschen in Deutschland und den USA: Ein Rechtsvergleich, Diss. Universität Konstanz 2002, Münster 2003 (zit. Lehnig, Verfassungsrechtlicher Schutz der Würde des Menschen)

Lehr, Gernot, Der Verdacht–eine besondere Herausforderung an den Ausgleich zwischen Persönlichkeitsschutz und freier Berichterstattung, AfP 2013, 7–16

Lehr, Gernot in: Widmaier, Gunter (Hrsg.), Münchner Anwaltshandbuch–Strafverteidigung, München 2006 (zit. Lehr, in: Widmaier, Strafverteidigung)

Lehr, Matthias, Anmerkung zu den Urteilen des EGMR vom 07.02.2012, Beschwerde-Nr. 40660/08, 60641/08, 39954/08, GRUR 2012, 750–751

Leibholz, Gerhard / Rinck, Hans-Gustus/ Hesselberger, Dieter, Grundgesetz. Rechtsprechung des Bundesverfassungsgerichts–Kommentar, Band I (Artikel 1–11), 69. Aktualisierung, Köln 2015 (Leibholz/ Rinck/ Hesselberger, GG)

Leinveber, Gerhard, Bildnisschutz und Presse, AfP 1968, 805–806

Leisner, Walter, Grundrechte und Privatrecht, München1960 (zit. Leisner, Grundrechte und Privatrecht)

Lerche, Peter, Meinungsfreiheit und Richtigkeitsanforderungen an Tatsachenangaben im wirtschaftlichen Wettbewerb, in: Pfister, Bernhard/ Will, Michael R. (Hrsg.), Festschrift für Werner Lorenz zum 70. Geburtstag, Tübingen 1991, S. 143–155 (zit. Lerche, in: FS Lorenz)

Lichtenstein, Falk, Der Idealwert und der Geldwert des zivilrechtlichen Persönlichkeitsrechts vor und nach dem Tode–Grundlage für die Verwertung Individueller Erkennbarkeit, Baden-Baden 2005 (zit. Lichtenstein, Persönlichkeitsrecht vor und nach dem Tode)

Limbach, Jutta, 50 Jahre Pressefreiheit, AfP 1999, 413–416

Löffler, Martin, Die öffentliche Meinung–das unsichtbare Parlament, in: Löffler, Martin, Die öffentliche Meinung, München 1962, S. 20–24 (zit. Löffler, in: Löffler, Öffentliche Meinung)

Löhr, Holle Eva, Resozialisierung und Medien, in: Cornel, Heinz / Kawamura-Reindl, Gabriele/ Maelicke, Bernd/ Sonnen, Bernd-Rüdeger (Hrsg.), Handbuch der Resozialisierung, 3. Auflage, Baden-Baden 2009, S. 576–597 (zit. Löhr, in: Cornel/ Kawamura-Reindl/ Maelicke/ Sonnen (Hrsg.), Resozialisierung)

Loock, Alexandra, Das allgemeine Persönlichkeitsrecht der öffentlichen Person in den Medien–Eine Betrachtung mit interdisziplinären Bezügen, Diss. Hannover 2005, Frankfurt am Main 2005 (zit. Loock, Das allgemeine Persönlichkeitsrecht)

Macioszek, Dirk–Hagen, in: Altrogge, Georg, Springer klagt weiter gegen Fotoverbot, Artikel vom 13.02.2009, Media Blogs

v. Magold, Hans–Arno, Personenmerchandising–Der Schutz der Person Recht der USA und Deutschland, Frankfurt am Main 1994 (zit. v. Magold, Personenmerchandising)

v. Magold, Hans–Arno, Anlage zum stenographischen Bericht der 9. Sitzung des parlamentarischen Rates am 06.05.1949

v. Mangoldt, Hermann/ Klein, Friedrich / Starck, Christian (Hrsg.), Kommentar zum Grundgesetz: GG, Band 1: Präambel, Art. 1–19, 6. Auflage, München 2010 (zit. Bearbeiter, in: Mangoldt/ Klein/ Starck, Komm. GG)

Mann, Roger, Verbot kontextneutraler Fotos wegen begleitender Textberichterstattung, in: Mann, Roger/ Smid, Jörg F., Festschrift für Renate Damm zum 70. Geburtstag, Baden–Baden, 2005, S. 78–87 (zit. Mann, in: FS Damm)

Mantel, Uwe, Klar–Fotos: „B.Z." will Verbot nicht hinnehmen, DWDL.de, Artikel vom 14.01.2009

Markwort, Helmut, in: Garrels, Christian, B.Z. legt Widerspruch gegen einstweilige Verfügung ein, Artikel vom 14.01.2009, Axel–Springer Online

Martin, Klaus, Das allgemeine Persönlichkeitsrecht in seiner historischen Entwicklung, Diss. Göttingen 2007, Hamburg 2007 (zit. Martin, Das allgemeine Persönlichkeitsrecht)

Martin, Ludwig A. C., Das Pressefoto ist kein Dokument mehr, in: Publizistik, 3, München 1959, S. 143–150 (zit. Martin, in: Publizistik Bd. 3)

Martin, Marc–Oliver, Publizistische Freiheit und Persönlichkeitsschutz–Zu den Grenzen der Verwertbarkeit realer Biografien, Diss. Göttingen 2008, Göttingen 2008 (zit. Martin, Publizistische Freiheit und Persönlichkeitsschutz)

Maurach, Reinhart/ Schröder, Friedrich–Christian/ Maiwald, Manfred, Strafrecht Besonderer Teil, Teilband 1–Straftaten gegen Persönlichkeits– und Vermögenswerte, 10. neu bearbeitete Auflage, Heidelberg 2009 (zit. Maurach/ Schröder/ Maiwald, StGB BT, TBd. 1)

Mawby, Rob I./ Brown, Judith, Newspaper Images of the Victim: A British Study, Victimology, Vol. 9 (1), 1984, 82–94 (zit. Mawby/ Brown, Newspaper Images of the Victim)

Mayer, Udo, Zur Bedeutung des Grundrechts der Gewissensfreiheit für das Arbeitsverhältnis, JZ 1985, 1111–1113

McCarthy, J. Thomas, The Rights of Publicity and Privacy, Volume 1, 2nd Edition, Clark Boardman Callaghan, Eagan, Minnesota, USA 2013 (zit. McCarthy, Publicity and Privacy)

Medicus, Dieter, Der Grundsatz der Verhältnismäßigkeit im Privatrecht, AcP 192 (1992), 35–70

Mertens, Hans-Joachim, Persönlichkeitsrecht und Schadensersatz, JuS 1962, 261–269

Metcalf, Slade R./ Storm, Rachel/ Wilson, Christine M., The Conflict Between Personal Private Rights and the First Amendment to the U.S. Constitution, in: Jacobs, Rainer/ Papier, Hans-Jürgen/ Schuster, Peter-Klaus (Hrsg.), Festschrift für Peter Raue zum 65. Geburtstag, 1. Auflage, München 2006, S. 573–586 (zit. Metcalf/ Storm/ Wilson, in: FS Raue)

Meyn, Hermann, Massenmedien in Deutschland, 4. völlig überarbeitete Neuauflage, Konstanz 2012 (zit. Meyn, Massenmedien)

Model, Otto/ Müller, Klaus, Grundgesetz für die Bundesrepublik Deutschland, 11. Auflage, Köln 1996 (zit. Model/ Müller, GG)

Mösslang, Franz Hugo, Das Foto als publizistisches Mittel, in: Dovifat, Emil (Hrsg.), Handbuch der Publizistik, Band 2, 1. Teil, Berlin 1969, S. 91–104 (zit. Mösslang, in: Dovifat (Hrsg.), Publizistik Bd. 2, Teil 1)

Müller, Ernst, Das deutsche Urheber- und Verlagsrecht, Band 2, München 1907

Müller, Gerda, ZRP-Rechtsgespräch: Abschied von der absoluten Person der Zeitgeschichte? Die Zukunft des Persönlichkeitsrechts zwischen Karlsruhe und Straßburg, ZRP 2007, 173–174

Müller, Ulrich, Die Verletzung des Persönlichkeitsrechts durch Bildnisveröffentlichungen -das „Recht am eigenen Bild" als untauglicher Versuch der Konkretisierung des allgemeinen Persönlichkeitsrechts, Frankfurt am Main 1985 (zit. Müller, Bildnisveröffentlichungen)

Neubacher, Frank, in: Laubenthal, Klaus/ Nestler, Nina/ Neubacher, Frank/ Verrel, Torsten, Strafvollzugsgesetz, Kommentar, 12. Vollständig neu bearbeitete Auflage, München 2015 (zit. Neubacher, in: Laubenthal/ Nestler/ Neubacher/ Verrel, StVollzG)

Neumann-Duesberg, Horst, Das Recht auf Anonymität in seiner Erscheinungsform als Recht am eigenen Bild, in: Erdsiek, Gerhard (Hrsg.), Juristen-Jahrbuch, 7. Band (1966/1967), Köln 1966, S. 138–161 (zit. Neumann-Duesberg, in: Juristen-JB, Bd. 7)

Neumann-Duesberg, Horst, Das gesprochene Wort im Urheber- und Persönlichkeitsrecht, Münster 1949 (zit. Neumann-Duesberg, Das gesprochene Wort)

Neumann-Duesberg, Horst, Bildberichterstattung über absolute und relative Personen der Zeitgeschichte, JZ 1960, 114–118

Nimmer, Melville B., The Rights of Publicity, 19 Law & Contemporary Problems (1954), 203–223 (1954)

Nipperdey, Hans Carl, Gleicher Lohn der Frau für die gleiche Leistung, RdA 1950, 121–128

Nipperdey, Hans Carl, Freie Entfaltung der Persönlichkeit, in: Neumann, Franz C./ *Nipperdey, Hans Carl/ Scheuner, Ulrich (Hrsg.),* Die Grundrechte–Handbuch der Theorie und Praxis der Grundrechte, Band 4 2. Halbband, 2. Auflage, Berlin 1972, S. 741–909 (zit. Nipperdey, GR Bd. 4 2. Hb.)

Nipperdey, Hans Carl, Die Würde des Menschen, in: Neumann, Franz C./ Nipperdey, Hans Carl/ Scheuner, Ulrich (Hrsg.), Die Grundrechte–Handbuch der Theorie und Praxis der Grundrechte, Band 2 – Die Freiheitsrechte in Deutschland, 2. Auflage, Berlin 1968, S. 1–50 (zit. Nipperdey, GR Bd. 2)

Nipperdey, Hans Carl, Grundrechte und Privatrecht, in: Festschrift für Erich Molitor zum 75. Geburtstag, München, Berlin 1962, S. 17–33 (zit. Nipperdey, in: FS Molitor)

Nizer, Louis, The Right of Privacy–A Half Century's Development, 39 Michigan Law Review 39 (1941), 526–559

Noelle-Neumann, Elisabeth, Öffentliche Meinung, in: Noelle–Neumann, Elisabeth/ Schulz, Winfried/ Wilke, Jürgen (Hrsg.), Fischer Lexikon: Publizistik, Massenkommunikation, Frankfurt am Main 2009, S. 427–442 (zit. Noelle-Neumann in: Noelle–Neumann/ Schulz/ Wilke (Hrsg.), Publizistik)

Odendahl, Kerstin, in: Schmidt–Bleibtreu, Bruno/ Hofmann, Hans/ Henneke, Hans-Günter, GG Kommentar zum Grundgesetz, 13. Auflage, Köln 2014 (zit. Odendahl, in: Schmidt–Bleibtreu/ Hofmann/ Henneke, GG)

Ohly, Ansgar, Harmonisierung des Persönlichkeitsrechts durch den Europäischen Gerichtshof für Menschenrechte?, GRUR Int. 2004, 902–912

Ohly, Ansgar, Generalklausel und Richterrecht, AcP 201 (2001), 1–47

Olivet, Peter, Rechtsverständnis im Wandel–Rechtspositivismus und Überpositivität des Rechts heute, NJW 1989, 3187–3190

Papier, Hans–Jürgen, in: Merten, Detlef/ Papier, Hans–Jürgen (Hrsg.), Handbuch der Grundrechte in Deutschland und Europa, Band II: Grundrechte in Deutschland–Allgemeine Lehren I, Heidelberg 2006 (zit. Papier, in: Merten/ Papier, Handbuch der Grundrechte, Bd. 2)

Paschke, Marian, Medienrecht, 3. vollständig überarbeitete Auflage, Berlin 2009 (zit. Paschke, Medienrecht)

Pawek, Karl, Das optische Zeitalter. Grundzüge einer neuen Epoche, Freiburg 1963 (zit. Pawek, Das optische Zeitalter)

v. Pentz, Vera, Neueste Rechtsprechung des VI. Zivilsenats zum Medien– und Persönlichkeitsrecht, AfP 2013, 20–29

Peters, Butz, Kriminalberichterstattung in den Medien: Wann dürfen Ross und Reiter genannt werden?–Die Medien im Spannungsverhältnis von Art. 5 GG und Art. 2 i.V.m. 1 GG, in: Bundesministerium der Justiz (Hrsg.), Kriminalität in den Medien–5. Kölner Symposium, 27.–29. September 1999, Mönchengladbach 2000, S. 150–170 (zit. Peters, Kriminalberichterstattung in den Medien)

Peters, K., Rehabilitierung Straffälliger, in: Verhandlungen des 42. Deutschen Juristentages, Band 2/G, 3–30, Düsseldorf 1958

Pfeifer, Karl-Nikolaus, in: Fraune, Burkhard, Medienrechtler: Klar nur in RAF-Berichten nennen, Artikel vom 19.12.2008, Hamburger Morgenpost

Pieroth, Bodo/ Schlink, Bernhard/ Kingreen, Thorsten/ Poscher, Ralf, Grundrechte-Staatsrecht II, 31. Auflage, Heidelberg 2015 (zit. Pieroth/ Schlink/ Kingreen/ Poscher, StaatsR II)

Post, Claudia, Yellow Press and Privacy: Die Rechtsprechung des U.S. Supreme Court, GRUR Int. 2006, 283–292

Preu, Peter, Freiheitsgefährdung durch die Lehre von den grundrechtlichen Schutzpflichten, JZ 1991, 265–271

Prinz, Matthias/ Peters, Butz, Medienrecht–die zivilrechtlichen Ansprüche, München 1999 (zit. Prinz/ Peters, Medienrecht)

Proske, Manfred/ Godler, Herbert, Kriminalität und Massenmedien: Überlegungen zur Gerichtssaalreportage und Kriminalberichterstattung, Graz 1981 (zit. Proske, in: Proske/ Godler, Kriminalität und Messenmedien)

Prosser, William Lloyd/ Keeton, W. Page, Prosser and Keeton on the Law of Torts, 5th Edition, West Publishing Co., St. Pauls Minnesota 1984 (zit. Prosser/Keeton, Law of Torts)

Prosser, William Lloyd, "Privacy", California Law Review 48 (1960), 383–423

Pürer, Heinz/ Raabe, Johannes, Medien in Deutschland, Band 1, 2. Korrigierte Auflage 1996

Rader, Ralph T., The „Right of Publicity"–A New Dimension, 61 JPOS 228 (1979)

Raschke, Andreas, Die Staatsanwaltschaft und der Gang an die Öffentlichkeit, ZJS 2011, 38–49

Rathert, Helmut, Die Zeitungsillustration im Recht, Diss. Heidelberg 1933, Heidelberg 1933 (zit. Rathert, Die Zeitungsillustration)

Reber, Nikolaus, Das „right of publicity" als eigenständiges Vermögensrecht des US-Künstlers, GRUR Int. 1997, 884–892

Reber, Nikolaus, in: v. Hartlieb, Horst/ Schwarz, Mathias (Hrsg.), Handbuch des Film-, Fernseh- und Videorechts, 5. neu bearbeitete und erweiterte Auflage, München 2011 (zit. Reber, in: v. Hartlieb/ Schwarz, Film-, Fernseh- und Videorecht)

Regierungsentwurf vom 18.08.1959, Entwurf eines Gesetzes zur Neuordnung des Zivilrechtlichen Persönlichkeits- und Ehrenschutzes, BT-Drucksachen III/1237, S. 6

Rehbock, Klaus/ Mensch, Tina-Marianne, Neue Kriterien der Erkennbarkeit in Wort und Bild, in: Festschrift für Renate Damm zum 70. Geb, Baden-Baden 2005, S. 141–155 (zit. Rehbock, in: FS Damm)

Rehbinder, Manfred, Presserecht. Grundriss mit Gesetzestexten für Juristen und Publizisten, Herne 1967 (zit. Rehbinder, Presserecht)

Rehbinder, Manfred, Die öffentliche Aufgabe und rechtliche Verantwortlichkeit der Presse. Ein Beitrag zur Lehre von der Wahrnehmung berechtigter Interessen, Diss. Freie Universität Berlin 1963 (zit. Rehbinder, Öffentliche Aufgabe und rechtliche Verantwortlichkeit der Presse)

Rehm, Gebhard M., Persönlichkeitsschutz Prominenter und Pressefreiheit der Unterhaltungsmedien, AfP 1999, 416–425

Rehm, Edgar, Das Recht am eigenen Bild, in: Juristische Blätter, Jg. 84, Wien 1962, 1–15 (zit. Rehm, in: Jur. Bl., Jg. 84)

Reinhardt, Rudolf, Persönlichkeitsschutz und Medienfreiheit, Tübingen 1961 (zit. Reinhardt, Persönlichkeitsschutz)

Renner, Cornelius, in: Wandtke, Artur-Axel (Hrsg.), Medienrecht–Praxishandbuch Band 4: Rundfunk- und Presserecht/ Veranstaltungsrecht/ Schutz von Persönlichkeitsrechten, 2. neu bearbeitete Auflage, Berlin 2011, S. 333–391 (zit. Renner, in: Wandtke (Hrsg.), Medienrecht)

Reus, Gunter, Journalist, in: Schiwy, Peter/ Schütz, Walter J./ Dörr, Dieter (Hrsg.), Medienrecht–Lexikon für Praxis und Wissenschaft, 5. Auflage, Köln 2010, S. 271–283 (zit. Reus, in: Schiwy/ Schütz/ Dörr, Medienrecht)

Rhode, Lars, Publizistische Sorgfalt und redaktionelle Rechtspflichten. Eine Inhalts- und Strukturanalyse unter Einbezug der neuen Medien, Diss. Philipps-Universität Marburg 2003/2004, München 2004 (zit. Rhode, Publizistische Sorgfalt)

Ricker, Reinhart/ Weberling, Johannes, Handbuch des Presserechts, 6. Auflage, München 2012 (zit. Ricker/ Weberling, Presserecht)

Ricker, Reinhart, Rechte und Pflichten der Medien unter Berücksichtigung des Rechtsschutzes des Einzelnen, NJW 1990, 2097–2103

Ricker, Reinhart/ Seehaus, Christine, Medienrecht, in: Noelle-Neumann, Elisabeth/ Schulz, Winfried/ Wilke, Jürgen (Hrsg.), Fischer Lexikon: Publizistik, Massenkommunikation, Frankfurt am Main 2009, S. 265–290 (zit. Ricker/ Seehaus in: Noelle-Neumann/ Schulz/ Wilke (Hrsg.), Publizistik)

Riemer, Hans M., Personenrecht des ZGB, 2. veränderte Auflage, Bern 2002 (zit. Riemer, ZGB)

Rinsche, Karen, Verdachtsberichterstattung, in AfP 2013, 1–7

Rixecker, Roland, in: Münchner Kommentar zum BGB, Band 1, Allgemeiner Teil, §§ 1–240 BGB, 7. Auflage, München 2015 (zit. Rixecker, in: MK BGB, Bd. 1)

Romatka, Georg, Absolute und relative Personen der Zeitgeschichte–Vom Erfolgsmodell zum Auslaufmodell, in: Mann, Roger/ Smid, Jörg F. (Hrsg.), Festschrift für Renate Damm zum 70. Geburtstag, Baden-Baden 2005, S. 170–181 (zit. Romatka, in: FS Damm)

Rosenthal Kwall, Roberta, Is Independence Day Dawning for the Right of Publicity?, 17 U.C. Davis Law Review (1983), 191–255

Rosenthal Kwall, Roberta, The Right of Publicity vs. The First Amendment: A Property and Liability Rule Analysis, 70 Indiana Law Journal, 47–118 (1994)

Rössler, Beate, Der Wert des Privaten, Frankfurt am Main 2001 (zit. Rössler, Wert des Privaten)

Rüfner, Wolfgang, Drittwirkung der Grundrechte-Versuch einer Bilanz, in: Kirchhof, Ferdinand/ Papier, Hans-Jürgen/ Schäffer, Heinz (Hrsg.), Rechtsstaat und Grundrechte, Festschrift für Detlef Mertens zum 70. Geburtstag, Heidelberg 2007, S. 215–230 (zit. Rüfner, in: FS Mertens)

Rüthers, Bernd/ Fischer, Christian/ Birk, Axel, Rechtstheorie, 8. Überarbeitete Auflage, München 2015 (zit. Rüthers/ Fischer/ Birk, Rechtstheorie)

Samuelson, Pamela, Reviving Zacchini: Analyzing First Amendment Defenses in Right Of Publicity and Copyright Cases, 57 Tulane Law Review, 836–929 (1983)

v. Scanzoni, Gustav, Zur Entwicklung und Theorie des Rechts am eigenen Bilde, Diss. Erlangen 1908, Rosenheim 1908 (zit. Scanzoni, Theorie des Rechts am eigenen Bild)

Schenke, Wolf-Rüdiger, 40 Jahre Grundgesetz, JZ 1989, 653–663

Schertz, Christian, Merchandising-Rechtsgrundlage und Rechtspraxis, München 1997 (zit. Schertz, Merchandising)

Schertz, Christian, in: Götting, Horst-Peter / Schertz, Christian/ Seitz, Walter, Handbuch des Persönlichkeitsrechts, München 2008 (zit. Schertz, in: Götting/ Schertz/ Seitz, Persönlichkeitsrecht)

Schertz, Christian, Der Schutz der Persönlichkeit vor heimlichen Bild- und Tonaufnahmen, AfP 2005, 421–428

Schertz, Christian, in: Loewenheim, Ulrich (Hrsg.), Handbuch des Urheberrechts, 2. Auflage, München 2010, (zit. Schertz, in: Loewenheim, UrhR)

Schlüter, Oliver, Verdachtsberichterstattung. Zwischen Unschuldsvermutung und Informationsinteresse, Diss. Freie Universität Berlin 2010/2011, München 2011 (zit. Schlüter, Verdachtsberichterstattung)

Schmidt, Walter, Die bedrohte Entscheidungsfreiheit, JZ 1974, 241–250

Schmitt, Bertram, in: Meyer-Goßner, Lutz/ Schmitt, Bertram, Strafprozessordnung: StPO, 58. neu bearbeitete Auflage, München 2015 (zit. Schmitt, in: Mayer-Goßner/ Schmitt, StPO)

Schmitt, Kerstin, Aufnahmen von Doppelgängern zwischen Kunstfreiheit und Privatsphärenschutz, in: Götting, Horst-Peter/ Lauber-Rönsberg, Anne (Hrsg.), Aktuelle Entwicklungen im Persönlichkeitsrecht, 1. Auflage 2010, Baden-Baden 2010, S. 71–82 (zit. Schmitt, in: Götting/ Lauber-Rönsberg (Hrsg.), Persönlichkeitsrecht)

Schneider, Hans Joachim, Kriminologie, Berlin 1987 (zit. Schneider, Kriminologie)

Schneider, Hans Joachim., Das Geschäft mit dem Verbrechen: Massenmedien und Kriminalität, Berlin 1980 (zit. Schneider, Geschäft mit dem Verbrechen)

Scholderer, Frank, Die Reprivatisierung des Täter/ Opfer-Konflikts gegenüber den Medien, Die Rolle des Verbrechensopfers in den Medien, 3. Mainzer Opferforum 1991, Mainzer Schriftenreihe, Weisser Ring, Band 5, 1. Auflage, Mainz 1994, S. 81–120 (zit. Scholderer, Die Reprivatisierung des Täter/ Opfer-Konflikts)

Scholz, Rupert/ Konrad, Karlheinz, Meinungsfreiheit und allgemeines Persönlichkeitsrecht, AöR 123 (1998), 60–121

Schorn, Hubert, Um die Wahrung der Menschenwürde im Strafverfahren, DRiZ 1961, 7–8

Schubert, Friederike, Von Kopf bis Fuß auf Verwertung eingestellt? Die Dogmatik der Vermögensrechte der Persönlichkeit im Licht der neuesten Rechtsprechung von BGH und BVerfG, AfP 2007, 20–25

Schulz, Winfried, Inhaltsanalyse, Kommunikationsprozess, Public Relations/ Öffentlichkeitsarbeit, in: Noelle-Neumann, Elisabeth/ Schulz, Winfried/ Wilke, Jürgen (Hrsg.), Fischer Lexikon: Publizistik, Massenkommunikation, Frankfurt am Main 2009, S. 359–396 (zit. Schulz, in: Noelle-Neumann/ Schulz/ Wilke (Hrsg.), Publizistik)

Schulze-Fielitz, Helmuth, in: Dreier, Horst (Hrsg.), Grundgesetz-Kommentar: Band 1 (Präambel, Art. 1–19), 3. Auflage, Tübingen 2013 (zit. Schulze-Fielitz, in: Dreier, GG, Bd. 1)

Schumacher, Christian, Medienberichterstattung und Schutz der Persönlichkeitsrechte, Dittrich, Robert (Hrsg.), Diss. Wien 2001, Mainz 2001 (zit. Schumacher, Medienberichterstattung)

Schupper, Gunnar Folke, Zur Nachprüfung gerichtlicher Entscheidungen durch das Bundesverfassungsgericht, AöR 103 (1978), 43–69

Schwan, Eggert, Datenschutz, Vorbehalt des Gesetzes und Freiheitsgrundrechte, VerwArch 66 (1975), 120–150

Schwerdtner, Peter, Das Persönlichkeitsrecht in der deutschen Zivilrechtsordnung– Offene Probleme einer juristischen Entdeckung, Berlin 1977 (zit. Schwerdtner, Persönlichkeitsrecht)

Schwenk, Edmund H., Das allgemeine Persönlichkeitsrecht in amerikanischer Sicht: Eine rechtsvergleichende Studie, in: Wahl, Eduard/ Serick, Rolf/ Niederländer, Hubert (Hrsg.), Rechtsvergleichung und Rechtsvereinheitlichung: Eine Festschrift zum fünfzigjährigen Bestehen des Instituts für ausländisches und internationales Privat- und Wirtschaftsrecht der Universität Heidelberg, Heidelberger rechtsvergleichende und wirtschaftsrechtliche Studien Band 1, Heidelberg 1967, S. 233–259 (zit. Schwenk, in: Wahl/ Serick/ Niederländer, FS IPR Heidelberg)

Seiffert, Helmut, Information über die Information: Verständigung im Alltag, Nachrichtentechnik, wissenschaftliches Verstehen, Informationssoziologie, das Wissen der Gelehrten, 3. Auflage, München 1971 (zit. Seiffert, Information über die Information)

Seitz, Walter/ Schmidt, German, Der Gegendarstellungsanspruch. Presse, Film, Funk, Fernsehen und Internet, 4. völlig neu bearbeitete Auflage, München 2010 (zit. Seitz/ Schmidt, Der Gegendarstellungsanspruch)

Sherizen, Sanford, Social Creation of Crime News: All the News Fitted to Print, in: Winick, Charles (Hrsg.), Deviance and the Mass Media, USA, CA, Beverly Hills 1978 (zit. Sherizen, in: Winick (Hrsg.), Deviance and the Mass Media)

Shipley, David E., Publicity never dies: it just fades away: The right of Publicity and Federal preemtion, 66 Cornell Law Review (1981), 673–737

Siebert, Wolfgang, Zur allgemeinen Problematik der Persönlichkeitsrechts, NJW 1958, 1369–1374

Siebrasse, Pamela, Ausschluss von Ton- und Fernseh- Rundfunkaufnahmen in Gerichtsverhandlungen, StV 2001, 661–663

Sievers, Christian, Die „Rote Armee Fraktion" (RAF), 3.1 Die erste Generation (Gründergeneration), NilsOle.net, Artikel vom 02.08.2008

Singer, Barbara, Star Vehicle or Shooting Star?, 10 Cardozo Arts & Entertainment Law Journal 1, 6–32 (1991)

Smolla, Rodney A./ Nimmer, Melville B., Smolla and Nimmer on Freedom of Speech, Clark Boardman Callaghan, 3rd Edition, New York 1996 (zit. Smolla/ Nimmer, Freedom of Speech)

Smolla, Rodney A., Law of Defamation, West Group St. Paul, 2nd Edition, Minnisota 1999 (zit. Smolla, Law of Defamation)

Soehring, Jörg/ Hoene, Verena, Presserecht: Recherche, Darstellung, Haftung im Recht der Presse, des Rundfunks und der neuen Medien, 5. Auflage, Köln 2013 (zit. Soehring, Presserecht)

Soehring, Jörg/ Seelmann-Eggebert, Sebastian, Die Entwicklung des Presse- und Äußerungsrechts in den Jahren 2000 bis 2004, NJW 2005, 571–581

Soehring, Jörg, Presse, Persönlichkeitsrechte und „Vorverurteilungen, GRUR 1986, 518–526

Solmecke, Christian, Foto- und Bildrecht, DJ Ötzi mahnt Double Agentur ab, Artikel vom 19.04.2004

Specker, Karl, Die Persönlichkeitsrechte mit besonderer Berücksichtigung des Rechts auf die Ehre im schweizerischen Privatrecht, Diss. Zürich, Aarau 1911 (zit. Specker, Die Persönlichkeitsrechte)

Sprau, Hartwig, in: Palandt, Otto, (Begr.), Bürgerliches Gesetzbuch-Kommentar, 75. Auflage, München 2016 (zit. Sprau, in: Palandt, BGB)

Stadler, Astrid, Persönlichkeitsrecht contra Medienfreiheit, JZ 1989, 1084–1095

Stapper, Florian, Namensnennung in der Presse im Zusammenhang mit dem Verdacht strafbaren Verhaltens, Diss. Freie Universität Berlin 1994/1995, Berlin 1995 (zit. Stapper, Namensnennung in der Presse)

Starck, Christian, in: Mangoldt, Hermann v./ Klein, Friedrich/ Starck, Christian (Hrsg.), Kommentar zum Grundgesetz: GG, Band 1, Präambel, Art. 1–19, 6. vollständig neubearbeitete Auflage, München 2010 (zit. Starck, in: v. Mangoldt/ Klein/ Starck (Hrsg.), GG Komm., Bd. 1)

Steffen, Erich, in: Löffler, Martin, Presserecht-Kommentar zu den deutschen Landespressegesetzen mit systematischen Darstellungen zum pressebezogenen Standesrecht, Anzeigenrecht, Werbe- und Wettbewerbsrecht, Vertriebsrecht, Urheber- und Verlagsrecht, Arbeitsrecht, Titelschutz, Jugendmedienschutz und Steuerrecht, 6., neu bearbeitete und erweiterte Auflage, München 2015 (zit. Steffen, in: Löffler, Presserecht)

Steffen, Erich, Schranken des Persönlichkeitsschutzes für den „investigativen" Journalismus, AfP 1988, 117–120

Steffen, Erich, Schmerzensgeld bei Persönlichkeitsrechtsverletzung durch Medien, NJW 1997, 10–14

Stern, Klaus, Menschenwürde als Wurzel der Menschen- und Grundrechte, in: Recht und Staat im sozialen Wandel, Festschrift für Hans Ulrich Scupin zum 80. Geburtstag, Berlin 1983, S. 627–642 (zit. Stern, in: FS Scupin)

Stern, Klaus, Das Staatsrecht der Bundesrepublik Deutschland, Band III/1: Allgemeine Lehren der Grundrechte, München 1988 (zit. Stern, StaatsR, Bd. III/1)

Stern, Klaus, Ehrenschutz und „allgemeine Gesetze", in: Baumgärtel, Gottfried/ Wacke, Andreas (Hrsg.), Festschrift für Heinz Hübner zum 70. Geburtstag am 7. November 1984, Berlin 1984, S. 815–829 (zit. Stern, in: FS Hübner)

Stevenson, Angus, Oxford Dictionary of English, 3rd Edition, New York 2010 (zit. Oxford Dictionary)

Strietholt, Rudolf, Fälschungen, Fotomontagen, Zwischenzeiten, in: Dovifat, Emil (Hrsg.), Handbuch der Publizistik, Band 2, 1. Teil Berlin 1969, S. 105–115 (zit. Huhndorf, in: Dovifat (Hrsg.), Publizistik, Bd. 2, Teil 1)

Stiewe, Willy, Das Bild als Nachricht. Nachrichtenwert und -technik des Bildes, Berlin 1933 (zit. Stiewe, Das Bild als Nachricht)

Stoll, Hans, Freiheit der Meinungsäußerung und Schutz der Persönlichkeit in der neueren Rechtsprechung zur zivilrechtlichen Haftung, Jura 1979, 576–590

v. Strobl-Albeg, Joachim, in: Wenzel, Harald (Hrsg.), Das Recht der Wort- und Bildberichterstattung, Handbuch des Äußerungsrechts, 5. vollständig überarbeitete Auflage, Köln 2003 (zit. Strobl-Albeg, in: Wenzel, Wort- und Bildberichterstattung)

Strömholm, Stig, Right of privacy and rights of the personality-A comperative survey, Stockholm 1967 (zit. Strömholm, Right of privacy)

Stürner, Rolf, Die verlorene Ehre des Bundesbürgers–Bessere Spielregeln für die öffentliche Meinungsbildung?, JZ 1994, 865–877

Teitler, Mirijam, Der rechtskräftig verurteilte Straftäter und seine Persönlichkeitsrechte im Spannungsfeld zwischen öffentlichem Informationsinteresse, Persönlichkeitsschutz und Kommerz, Diss. Zürich 2007, Zürich 2008 (zit. Teitler, Der rechtskräftig verurteilte Straftäter und seine Persönlichkeitsrechte)

Tettinger, Peter J., Der Schutz der persönlichen Ehre im freien Meinungskampf, JZ 1983, 317–325

Treece, James M., Commercial Exploitation of Nemes, Likenesses, and Personal Histories, 51 Texas Law Review (1973), 637–672

Treffer, Gerd, Das Prangersyndrom, ZUM 1989, 433–440

Ullmann, Eike, Persönlichkeitsrecht in Lizenz?, AfP 1999, 209–214

Uthemann, Christiane, Die Darstellung von Taten, Tätern und Verbrechensopfern im Kriminalfilm des Fernsehens: Eine vergleichende inhaltsanalytische Untersuchung, Diss. Universität Münster 1990, Münster 1990 (zit. Uthemann, Kriminalfilm des Fernsehens)

Utler, Simone, Fall Kachelmann: Ein Prozess, sieben Fragen, Spiegel Online, Artikel vom 06.09.2010

Vetter, Eugen, Das Recht am eigenen Bild, Diss. Köln 1954

Vogt, Dieter, Die Drittwirkung der Grundrechte und Grundrechtsbestimmungen des Bonner Grundgesetzes, Diss. Münster 1960, Münster 1960 (zit. Vogt, Drittwirkung der Grundrechte)

Wandtke, Artur, Doppelte Lizenzgebühr im Urheberrecht als Modell für den Vermögensschaden von Persönlichkeitsrechtsverletzungen im Internet?, GRUR 2000, 942–951

Wanckel, Endress, Foto- und Bildrecht, 4. Auflage, München 2012 (zit. Wanckel, Foto- und Bildrechte)

Warren, Samuel D./ Brandeis, Louis D., Right to Privacy, 4 Harvard Law Review (1890), 193–220

Wasserburg, Klaus, Der Schutz der Persönlichkeit im Recht der Medien, Heidelberg 1988 (zit. Wasserburg, Schutz der Persönlichkeit)

Weigend, Thomas, Medienöffentlichkeit des Ermittlungsverfahrens?, in: Bannenberg, Britta (Hrsg.), Alternativ–Entwurf Strafjustiz und Medien, Entwurf eines Arbeitskreises deutscher, österreichischer und schweizer Strafrechtslehre, München 2004, S. 33–52 (zit. Weigend, in: Bannenberg (Hrsg.), Alternativ–Entwurf Strafjustiz und Medien)

Weimann, Holger, in: Weimann, Holger/ Leppert, Norbert/ Höbermann, Frauke (Hrsg.), Gerichtsreporter–Praxis der Berichterstattung, Berlin 2005 (zit. Weimann, in: Weimann/ Leppert/ Höbermann (Hrsg.), Gerichtsreporter)

Wendt, Rudolf, Das Recht am eigenen Bild als strafbewährte Schranke der verfassungsrechtlich geschützten Kommunikationsfreiheiten des Art. 5 Abs. 1 GG, AfP 2004, 181 -190

Wendt, Rudolf, in: v. Münch, Ingo/Kunig, Philip, Grundgesetz Kommentar, Band 1: Präembel Art. 1 bis Art. 69, 6. neubearbeitete Auflage, München 2012 (zit. Wendt, in: Münch/ Kunig, GG Komm., Bd. 1)

Wiedemann, Herbert, Anmerkungen zum Urteil des BVerfG vom 07.02.1990, Az. 1 BvR 26/84, JZ 1990, 691–697

Wilde, Oscar, The Picture of Dorian Gray, 2. überarbeitete und erweiterte Fassung, London 1891 (zit. Oscar Wilde, The Picture of Dorian Gray)

Wohl, Leonard A., The Right of Publicity and Vocal Larceny: Sounding Off on Sound - Alikes, 57 Fordham Law Review (1988), 445–462

Woitsch, Katrin, Mutmaßlicher Mörder auf der Flucht, OVB online, Artikel v. 06.08.2014

Wright, Charles Alan, Restructuring Federal Jurisdiction: The American Law Institute Proposals, 26 Washington & Lee Law Review (1969), 185–208

Yankwich, Leon R., The Right of Privacy: Its Development, Scope, and Limitations, 27 Notre Dame Lawyer (1952), 499–528

Zielemann, Peter, Der Tatverdächtige als Person der Zeitgeschichte, Diss. Tübingen 1980, Berlin 1982

Zimmerman, Diane L., Requiem for a Heavyweight: A Farewell to Warren and Brandeis's Privacy Tort, 68 Cornell Law Review (1983), 291–370

Zippelius, Reinhold, in: Kahl, Wolfgang/ Waldhoff, Christian/ Walter, Christian (Hrsg.), Bonner Kommentar zum Grundgesetz, 177. Ergänzungslieferung, München 2016 (zit. Zippelius, in: Bonner Komm. GG)

Zippelius, Reinhold, Meinungsfreiheit und Persönlichkeitsrecht, in: Forkel, Hans/ Kraft, Alfons (Hrsg.), Beiträge zum Schutz der Persönlichkeit und ihrer schöpferischen Leistungen, Festschrift für Heinrich Hubmann zum 70. Geburtstag, Frankfurt am Main 1985, S. 511–521(zit. Zippelius, in: FS Hubmann)

Zörner, Hendrik, in: Garrels, Christian, B.Z. legt Widerspruch gegen einstweilige Verfügung ein, Artikel vom 14.01.2009, Axel-Springer Online

Zorn, Nicole, Medienfreiheit, in: Schiwy, Peter/ Schütz, Walter J./ Dörr, Dieter (Hrsg.), Medienrecht-Lexikon für Praxis und Wissenschaft, 5. Auflage, Köln 2010, S. 343 - 353 (zit. Zorn, in: Schiwy/ Schütz/ Dörr, Medienrecht)

Zweigert, Konrad/ Kötz, Hein, Einführung in die Rechtsvergleichung–auf dem Gebiet des Privatrechts, 3. neubearbeitete Auflage, Tübingen 1999 (zit. Zweigert/ Kötz, Rechtsvergleichung)

Abkürzungsverzeichnis

a.A.	andere Ansicht
a.a.O.	am angegebenen Ort
Abs.	Absatz
AcP	Archiv für civilistische Praxis
A.D.	Appellate Division
a.E.	am Ende
AfP	Archiv für Presserecht
AG	Amtsgericht
Ala.	Alabama
Alt.	Alternative
Am.Jur.	American Jurisprudence
Amtl.	Amtlich
Anh.	Anhang
Anm.	Anmerkung
AöR	Archiv für öffentliches Recht
App.	Appeal
ArchPR	Archiv für Presserecht (seit 1970 AfP)
Ariz.	Arizona
Ark.	Arkansas
Art.	Artikel
Asso.	Association
AT	allgemeiner Teil
Aufl.	Auflage
Az.	Aktenzeichen
BAG	Bundesarbeitsgericht
BAGE	Entscheidungen des Bundesarbeitsgerichtes
Bd.	Band
BGB	Bürgerliches Gesetzbuch
BGH	Bundesgerichtshof
BGHZ	Entscheidungen des Bundesgerichtshofs in Zivilsachen
BRD	Bundesrepublik Deutschland
Brook.	Brooklyn
BT	besonderer Teil
BT – Drucks.	Bundestagsdrucksache
BVerfG	Bundesverfassungsgericht
BVerfGE	Entscheidungen des Bundesverfassungsgerichts
BVerwG	Bundesverwaltungsgericht
B.Z.	Berliner Zeitung

Cal.	California
Cal. 2d	California Reports, 2d series (Supreme Court)
Cal. 3d	California Report, 3d series (Supreme Court)
Cal. App.	California Appellate Reports (Court of Appeals)
Cal. App. 2d	California Appellate Reports, 2d series (Court of Appeals)
Cal. App. 3d	California Appellate Reports, 3d series (Court of Appeals)
cert.	certiorari
Cir.	Circuit Court of Appeals
Co.	Company
Col.	Colorado
Colum. L. Rev.	Columbia Law Review
comm.	Comment
Comm. L.	Communications and the Law Journal
Conn.	Connecticut
Corn.	Cornell
Corp.	Corporation
Ct.	Court
DB	Der Betrieb
D.C.	District Court (District of Columbia)
Del.	Delaware
ders.	derselbe
d.h.	das heißt
Dist.	District
Div.	Division
DÖV	Die Öffentliche Verwaltung
D.R.I.	District of Rhode Island
DRiZ	Deutsche Richterzeitung
Drs.	Drucksache
DVBl.	Deutsches Verwaltungsblatt
E.D.	Eastern District
EGMR	Europäischer Gerichtshof für Menschenrechte
Einf.	Einführung
Einl.	Einleitung
EMRK	Europäische Menschenrechtskonvention
Ent.	Entertainment
F.	Federal Reporter
f.	folgende
ff.	fortfolgende
F. 2d	Federal Reporter, 2d series
F.Supp.	Federal Supplement
FAZ	Frankfurter Allgemeine Zeitung
Fla.	Florida

Fn.	Fußnote
FS	Festschrift
Ga.	Georgia
gem.	gemäß
Gerichtshof	Europäischer Gerichtshof für Menschenrechte
GG	Grundgesetz
GRUR	Gewerblicher Rechtsschutz und Urheberrecht
GRUR – Int.	Gewerblicher Rechtsschutz und Urheberrecht International
GRUR – RR	Gewerblicher Rechtsschutz und Urheberrecht Rechtsprechungs-Report
Harv.	Harvard
Hb.	Halbband
Hdb.	Handbuch
h.M.	herrschende Meinung
Hrsg.	Herausgeber
Id.	Idaho
Ill.	Illinois
Inc.	Incorporation
Ind.	Indiana
i.S.d.	in diesem Sinne
JA	Juristische Arbeitsblätter
JBl	Juristische Blätter
JURA	Juristische Ausbildung
JuS	Juristische Schulung
JW	Juristische Woche
JZ	Juristenzeitung
Kan.	Kansas
Kap.	Kapitel
KG	Kammergericht
Komm.	Kommentar
KUG	Kunsturhebergesetz
Ky.	Kentucky
L.	Law
La.	Louisiana
L. & Contemp. Probs.	Law and Contemporary Problems
LG	Landgericht
Lit.	Literatur
L.J.	Law Journal
LK	Leipziger Kommentar

LMK	Kandeszentrale für Medien und Kommunikation
LPG	Landespressegesetz
L. Rev.	Law Review
Ltd.	Limited
MDR	Monatsschrift für deutsches Recht
Me.	Maine
Media L. Rep.	Media Law Reporter
Mich.	Michigan
Minn.	Minnesota
Miss.	Missouri
MMR	MultiMedia und Recht
Mo.	Montana
MR	Medien und Recht
MschKrim	Monatsschrift für Kriminologie und Strafrechtsreform
MüKo	Münchner Kommentar
m.w.N.	mit weiteren Nachweisen
N.C.	North Carolina
N.D.	North Dakota
N.E.	North East
Nev.	Nevada
N.J.	New Jersey
NJW	Neue Juristische Wochenschrift
NJW – RR	Neue Juristische Wochenschrift Rechtsprechungs – Report
N.M.	New Mexico
Nr.	Nummer
NStZ	Neue Zeitschrift für Strafrecht
Nw.U.	Northwestern University
N.Y	New York
N.Y. 2d	New York Reports (Court of Appeals)
N.Y.S.	New York Supplement (Court of Appeals)
N.Y.S. 2d	New York Supplement, 2d series (Court of Appeals)
N.Y.U.L.R.	New York University Law Review
Okla.	Oklahoma
OLG	Oberlandesgericht
Or.	Oregon
Pa.	Pennsylvania
RAF	Rote Armee Fraktion
RdA	Recht der Arbeit
Rdn.	Randnummer
Res.	Restatement
Rev.	Review

RG	Reichsgericht
RGZ	Entscheidungen des Reichsgerichts in Zivilsachen
R.I.	Rhode Island
Rptr.	Report
Rspr.	Rechtsprechung
S.	Seite
S.C.	South Carolina
SD	South Dekota
S.D.	Southern District
S.E.	South East
S.E. 2d	South Eastern, 2d series
Sec.	Section
SJZ	Schweizerische Juristenzeitung
SK	Systhematischer Kommentar
St.	State
StaatsR	Staatsrecht
StGB	Strafgesetzbuch
StPO	Strafprozessordnung
st. Rspr.	Stetige Rechtsprechung
StV	Strafverteidiger
StVollzG	Strafvollzugsgesetz
s.u.	siehe unten
Supp.	Supplenment
Sup. Ct.	Supreme Court
S.W.	South West
S.W. 2d	South Western, 2d series
Tenn.	Tennesee
Tex.	Texas
u.a.	unter anderem
UCLA	University of Los Angeles
Ufita	Institut für Urheber- und Medienrecht
Univ.	University
UrhG	Urhebergesetz
UrhR	Urheberrecht
Urt.	Urteil
U.S. S. Ct.	US Supreme Court
UT	Utah
v.	vom
VerwArch	Verwaltungsarchiv
vgl.	vergleiche
Vorb.	Vorbemerkung

vs.	Versus
Wash.	Washington
Wis.	Wisconsin
W. Va.	West Virginia
Wy.	Wyoming
z.B.	zum Beispiel
ZIS	Zeitschrift für Internationale Strafrechtsdogmatik
ZjS	Zeitschrift für das Juristische Studium
ZRP	Zeitschrift für Rechtspolitik
ZUM	Zeitschrift für Urheber- und Medienrecht
ZUM – RD	Zeitschrift für Urheber- und Medienrecht, Rechtsprechungsdienst

Für meine Mutter

1. Teil: Einführung

A. Problemaufriss

„Nur oberflächliche Menschen urteilen nicht nach Äußerlichkeiten. Das wahre Geheimnis der Welt liegt im Sichtbaren, nicht im Unsichtbaren."[1] Wenngleich Oscar Wildes Worte nicht der Gegenwart entspringen, haben sie dennoch nichts von ihrer Aktualität eingebüßt. In den letzten Jahrzehnten ist der Markt für Paparazzifotos rasant gewachsen. Die Preise für ein einziges Foto belaufen sich nicht selten auf ein kleines Vermögen. Dabei richtet sich der Preis nach dem Motiv. Besonders enthüllende und spektakuläre Bilder werden in den USA durchschnittlich mit $ 200.000 vergütet.[2] Wie es Keyser zutreffend formuliert: „Es herrscht Goldgräberstimmung und das Geschäft mit den Stars und Sternchen boomt."[3] Doch wie alles im Leben hat auch diese Medaille zwei Seiten. Man kommt nicht umhin anzuerkennen, dass sog. Stars und Sternchen auch die Öffentlichkeit suchen und die Aufmerksamkeit genießen. Ja, nicht selten handelt es sich sogar um eine „narzisstisch öffentliche Selbstentblößung".[4] Während Prominente früher zumeist Paparazzi bestellten, um „zufällig" abgelichtet zu werden, hält nunmehr ein neuer Trend Einzug in die Glamourwelt. Der aktuelle Trend der Selbstentblößung sind „Selfies". Prominente fotografieren sich in (nahezu) allen Lebenslagen ihres Privatlebens und schicken diese Fotos hinaus in die globale Welt. So weiß die Öffentlichkeit am Morgen, in welchem Bikini sich Gwen Stefani am Strand von Malibu zeigt oder ob Heidi Klum überhaupt einen am Strand von Bora Bora trägt. Selbstvermarktung ist „in". Nur wer eine stetige Präsenz in den Medien aufweist hält seinen Marktwert entsprechend hoch. Man kann mit ruhigem Gewissen von einem Abhängigkeitsverhältnis von Prominenten und Medien sprechen. Nicht zuletzt, weil die Selbstvermarktung eine ebenso wichtige Einnahmequelle darstellt wie die ausgeübte berufliche Tätigkeit selbst. Häufig übersteigen die erzielten Einnahmen das eigentliche „Gehalt" um ein Vielfaches. Hierbei lohnt sich der Blick über den „Großen Teich", in das Land der unbegrenzten Möglichkeiten. Die Produktindustrie bedient sich nur zu gern dem Antlitz einer prominenten

---

1 "It is only shallow people who do not judge by appearances. The true mystery of the world is the visible, not the invisible.", Oscar Wilde, The Picture of Dorian Gray, Kapitel 2, Lord Henry.

2 Kayser, Die Großbildjäger–Zweiter Teil, Spiegel–Online v. 25.01.2008, abrufbar unter: http://www.spiegel.de/panorama/0,1518,530176,00.html.

3 Kayser, Die Großbildjäger–Erster Teil, Spiegel–Online v. 25.01.2008, abrufbar unter: http://www.spiegel.de/panorama/0,1518,530176,00.html.

4 Guratzsch, Triumph der Transparenz über private Intimität, Welt online, Artikel v. 14.05.2012, abrufbar unter: http://www.welt.de/debatte/kommentare/article106309581/Triumph – der – Transparenz – ueber – privateIntimitaet.html.

Persönlichkeit, um die breite Masse zum Kauf zu bewegen.[5] Die zu erzielende Höhe der Gage richtet sich maßgeblich nach dem Marktwert.

Letztlich kann es keine Prominenz ohne Öffentlichkeit geben. Beide bilden eine Symbiose. Die Menge erhebt die Person erst aus der Masse, indem sie ihr Aufmerksamkeit schenkt. So werden „Stars" geboren. Doch wann ist Öffentlichkeit zu viel Öffentlichkeit? Oder hält man es mit Freifrau von Ebner–Eschenbach, welche sagte: „Wer in die Öffentlichkeit tritt, hat keine Nachsicht zu erwarten und keine zu fordern."[6]? Wie ist der Konflikt mit dem fundamentalen Recht jedes menschlichen Individuums zu lösen? Soll dem Einzelnen die Entscheidung überlassen werden, ob und wann sein Bildnis in die Öffentlichkeit gelangen soll? Wo verläuft die Grenze zwischen zulässiger Bildpublikation und unzulässigem Eingriff in die Privatsphäre? Doch nicht nur die „Glamourwelt"–Berichterstattung wartet mit Problemen auf. Brisant sind in diesem Zusammenhang ebenso Kriminalberichterstattungen. Können sich Straftäter, insbesondere solche die Kriminalgeschichte geschrieben haben, überhaupt noch auf ihr Persönlichkeitsrecht berufen? Steht ihnen ein Recht am eigenen Bild zu, oder schließt ihre Missachtung an den Werten der Gesellschaft dies gänzlich aus? Ist der Rückgriff auf den rechtlichen Schutz nicht widersprüchlich zur Missachtung der Rechtsordnung? Stets sieht man sich mit der Gefahr konfrontiert, dass die Grenzen zunehmend verwischen und das Persönlichkeitsrecht des Einzelnen immer mehr ausgehöhlt wird. Die Intention der §§ 22 ff. KUG ist gerade eine Verhinderung dieser Entwicklung.

B. Gang der Darstellung

Nunmehr stellt sich die zentrale Frage dieser Arbeit: Wann ist das Recht am eigenen Bild verletzt und wo zieht man die Grenze zwischen zulässiger und unzulässiger Bildberichterstattung, insbesondere bei Kriminalberichterstattungen?

Der Grundstein für eine gesetzliche Normierung des Rechts am eigenen Bild wurde am 9. Januar 1907 durch das „Gesetz betreffend des Urheberrechts an Werken der bildenden Künste und Photographie" gelegt. Anlass war der Versuch zweier Fotografen, Bilder von Otto von Bismarck auf seinem Sterbebett zu veröffentlichen. Die Herstellung der betreffenden Fotografien erforderte das widerrechtliche Eindringen in die Privatgemächer. Dieser Fall verdeutlichte erstmals die Dringlichkeit eines gesetzlich normierten Schutzes. Auf die Entwicklung des Rechts am eigenen Bild wird dabei gesondert einzugehen sein. Gefolgt von der Auseinandersetzung mit dem allgemeinen Persönlichkeitsrechts und dessen Verhältnis zum Recht am eignen Bild.

---

5 Immerhin wird in jedem fünften Werbespot ein Produkt mit einer prominenten Persönlichkeit beworben. Kirschhofer, in: Rösgen (Hrsg.), Prominente in der Werbung, S. 27.

6 v. Ebner–Eschenbach, Aphorismen, S. 19.

Das Recht am eigenen Bild ist über die §§ 22 ff. Kunsturhebergesetz[7] geschützt. Die Zulässigkeit der Bildpublikation ist von der Einwilligung der abgebildeten Person abhängig. Geltende Einschränkungen für „Personen der Zeitgeschichte" und gar die Überholung dieser Rechtsfigur, gilt es im Verlauf der Arbeit näher zu erörtern. Man kommt nicht umhin, in diesem Zusammenhang auf die Bedeutung der Caroline-Entscheidung des EGMR von 2004 näher einzugehen. Die Frage nach den sich daraus ergebenden Konsequenzen auf nationaler Ebene wird im Mittelpunkt der Erörterung stehen.

Konfliktbehaftet ist das Recht am eigenen Bild gegenüber den Medienfreiheiten. Die gegenwärtige Entwicklung führt zu einer wachsenden Bedeutung der Grundrechte.[8] Dabei ist zu hinterfragen, ob die Bedeutung des Art. 5 Abs. 1 GG zu einer Bevorzugung der Medien führt. Oder steht ihr das Persönlichkeitsrecht des Abgebildeten gleichwertig gegenüber? Wenngleich die notwendige Interessenabwägung sich in ihren Grundzügen nicht geändert hat, so wird sie nunmehr vorverlagert. Bereits im Rahmen des § 23 Abs. 1 Nr. 1 KUG muss eine Abwägung der widerstreitenden Grundrechtspositionen stattfinden, mithin nicht erst bei § 23 Abs. 2 KUG. Ob Letzterer dadurch obsolet geworden ist, und was der Auslöser der Vorverlagerung war, gilt es zu hinterfragen. Nachdem die praktisch bedeutendsten Personengruppen aufgezeigt wurden, soll der Schwerpunkt auf die Kriminalberichterstattung gelegt werden. Die abstrakte Problembehandlung verlangt geradezu nach der Übertragung der herausgearbeiteten Grundsätze auf den praktischen Fall. Die Aktualität der Thematik lädt zu einer Vertiefung der identifizierenden Kriminalberichterstattung ein. Dabei wird bewusst eine Berichterstattung über das Ermittlungs- bzw. Zwischenverfahren außen vor gelassen. Die Verfasserin konzentriert sich vielmehr auf Kriminalberichterstattungen über Tatverdächtige und bereits verurteilte Straftäter. Es wird aufgezeigt, dass Kriminalberichterstattung keinesfalls Kriminalberichterstattung ist. Eine einheitliche Abhandlung verbietet sich. Vielmehr muss das unterschiedliche Schutzbedürfnis von Tatverdächtigen und Straftätern besondere Beachtung finden. Im Rahmen der Arbeit bietet sich die Darstellung der individuellen Tücken einer Verdachtsberichterstattung anhand des Falls „Jörg Kachelmann", explizit dem „Gefängnis-Foto"-Fall, an. Sowohl die Gefahr einer dauerhaften Stigmatisierung, dem Verlust der Existenzgrundlage sowie die Problematik des „Freispruchs zweiter Klasse" gilt es zu diskutieren. Der Fall verdeutlicht die Unterschiede zu einer Kriminalberichterstattung über einen Straftäter. Was dem Tatverdächtigen die Unschuldsvermutung ist dem Straftäter das Resozialisierungsinteresse. Dieses nimmt eine besondere Bedeutung im Fall des RAF-Terroristen Christian Klar ein. Die Entscheidung des Gerichts erfordert eine kritische Auseinandersetzung mit den Voraussetzungen für das Bestehen eines berechtigten Öffentlichkeitsinteresses an einer illustrierten Kriminalberichterstattung. Es wird aufgezeigt, warum zwischen der Veröffentlichung aktueller und alter Fotos

7 Im folgenden Verlauf dieser Arbeit mit KUG abgekürzt.
8 Vgl. Hesse, in: Benda/ Maihofer/ Vogel (Hrsg.), Verfassungsrecht, S. 127.

unterschieden werden muss. Eine gesonderte Behandlung erfordert die aktuelle Problematik von Onlinearchiven. Dabei wird zwischen zugangsbeschränkenden und unbegrenzt öffentlich zugänglichen unterschieden. Danach richtet sich die Zulässigkeit des Bereithaltens alter Beiträge im Onlinearchiv. Zur Verdeutlichung dienen zwei praktische Fälle. Der erste Fall betrifft eine Klage zweier verurteilter Mörder gegen das Onlinearchiv des „Deutschlandradios". Sie begehren die Unterlassung ihrer Namensnennung in den zum Abruf bereit gehaltenen Altbeiträgen. Des Weiteren wenden sich dieselben Personen gegen „Spiegel Online" und machen ebenfalls die Unterlassung der Namensnennung sowie die Abrufbarkeit alter Fotos geltend. Anhand der Fälle soll die Komplexität der neuen Dimension der Archive verdeutlicht werden.

Im weiteren Verlauf werden die dem Abgebildeten zustehenden Abwehransprüche gegen rechtswidrige Veröffentlichungen näher beleuchtet. In Betracht kommen sowohl solche aus dem KUG, dem BGB aber auch aus dem StGB.

Im zweiten Teil der Arbeit erfolgt die Betrachtung der Problematik aus dem Blickwinkel des US-amerikanischen Rechts. Dabei wird insbesondere das „right of privacy" und das „right of publicity" von seiner Entwicklung bis in die Gegenwart eine zentrale Rolle einnehmen. Auf Grund der einzelstaatlichen Gesetzgebungen soll auf diese nur insoweit eingegangen werden, als dass es für die Entwicklung des „right of privacy" von Bedeutung ist. Wo immer es möglich erscheint wird auf die Rechtsprechung des U.S. Supreme Court Bezug genommen. Eine ausführliche Begutachtung der gesetzlichen Regelungen jedes einzelnen US-amerikanischen Bundesstaates würde den Rahmen dieser Arbeit bei weitem sprengen.

Der Darstellung der deutschen Rechtslage im ersten Teil, dem Ausblick in das US-amerikanische Bildnisrecht im zweiten Teil, sollen schlussendlich im dritten und letzten Teil die Auflistung der Hauptunterschiede sowie der Gemeinsamkeiten beider Rechtsordnungen folgen. Dabei wird sich zeigen, dass dies eine Reihe von Parallelen ans Licht bringt. Insbesondere im Hinblick auf die Meinungs- und Pressefreiheit. Wenngleich Gemeinsamkeiten existieren, so wird der Vergleich doch auch erhebliche Unterschiede hervor bringen. Insbesondere im Hinblick auf den zulässigen Umfang der Persönlichkeitsrechtseingriffe. Das Pedant zum Recht am eigenen Bild ist dabei das „right of privacy". Ebenso existiert auch im US-amerikanischen Recht die Figur der „Person der Zeitgeschichte", die sogenannte „public figure". Auch darauf wird im Zusammenhang näher einzugehen sein.

Die Arbeit schließt letztendlich mit einem persönlichen Schlusswort der Verfasserin und einem Ausblick in die Zukunft.

2. Teil: Bildnisschutz als Persönlichkeitsrecht

Der 2. Teil bildet das Herzstück der Arbeit. Wenngleich das Thema dieser Abhandlung das Recht am eigenen Bild ist, bedarf es zunächst der Auseinandersetzung mit dem allgemeinen Persönlichkeitsrecht in Deutschland. Dabei handelt es sich um ein Quellrecht, aus welchem Ersteres geboren wurde. Gefolgt von der Entwicklung des Rechts am eigenen Bild, über die gesetzliche Normierung und die detaillierte Darstellung mit den Vorschriften des KUG. Der theoretischen Auseinandersetzung schließt sich eine Erörterung praxisrelevanter Fälle an. Der Schwerpunkt wird hierbei auf die Verdachtsberichterstattung bzw. Kriminalberichterstattung gelegt. In einem gesonderten Abschnitt wird auf das US-amerikanische Pendant, das „right of privacy", in all seinen Ausprägungen näher eingegangen werden.

A. Der Bildnisschutz in Deutschland

§ 1 Die Entwicklung des Rechts am eigenen Bild bis zum Erlass des KUG

Das Festhalten visueller Momente durch die Entwicklung der Fotografie ermöglichte auch eine Verbindung von Visuellem und geschriebenem Wort. Die damit einhergehenden Gefahren für das Persönlichkeitsrecht des Einzelnen steigerten sich mit dieser Entwicklung erheblich. Wenn jemand das Erscheinungsbild einer Person in einem Bild fixiert und der Öffentlichkeit präsentiert, ist darin ein ungleich stärkerer Eingriff in die persönliche Sphäre des Einzelnen zu erblicken als durch eine Wortberichterstattung.[9] Schon bald wurde der Ruf nach Schutzmöglichkeiten laut. Denn die Gefahr besteht insbesondere darin, dass Bilder anders als Texte, nicht oder selten hinterfragt werden. Bilder vermitteln eine Botschaft, welche sich dem Leser ohne eigene Leistung wie beim Lesen und Verstehen eines Textes erschließt.[10] Aus diesen Überlegungen heraus lässt sich folgern, dass eine Verknüpfung von Text und Bild eine noch gesteigerte Gefahr in sich birgt, nämlich dann, wenn ein an sich neutrales Bild durch den dazugehörigen Text einen bestimmten, je nach Wunsch der Massenmedien gewollten, Eindruck vermittelt.

Mit der Entwicklung der Fotografie entstanden somit eine unzählige Anzahl von Gefahrenquellen und Missbrauchsmöglichkeiten, was wiederrum zur Entwicklung des Rechts am eigenen Bild führte. Das Gebilde prägte bereits 1896 Hugo Keyßner in seiner gleichnamigen Schrift.[11] Die endgültige gesetzliche Normierung erfolgte erst im Jahre 1907 durch das Gesetz vom 9. Januar 1907 betreffend „das Urheberrecht

9 Vgl. dazu auch Pentz, AfP 2013, 20 (23).
10 Ballensiefen, Bilder machen Sieger, S. 35; vgl. Hartmann, Transfer Effekte, S. 67.
11 Keyßner, Das Recht am eigenen Bilde, 1896.

an den Werken der bildenden Künste und Photographie“, welches als Strafgesetz konzipiert wurde.[12] Auslöser für eine gesetzliche Normierung, fast zehn Jahre nach Keyßners Schrift, war der Fall Otto von Bismarcks. Dieser wurde von eindringenden Fotografen auf seinem Totenbett fotografiert, was lediglich zu einer Verurteilung dieser wegen Hausfriedensbruch führte.[13] Im Laufe der Zeit hat sich die Bedeutung des Kunsturhebergesetzes als Straftatbestand verändert. Nunmehr beschäftigen sich vor allem die Zivilgerichte mit dem Recht am eigenen Bild und der Durchsetzung der sich darauf gründenden Ansprüche.[14] Lediglich § 33 KUG, welcher besagt dass eine Rechtsverletzung die Voraussetzungen eines Straftatbestandes erfüllt, spielt in der Praxis, wenn überhaupt, dies ist nicht unumstritten, als strafrechtliche Schutznorm eine Rolle.[15] Dieser wurde durch den neu eingeführten § 201 a StGB ergänzt, welchem durch die Literatur ebenso wie § 33 KUG ein Schattendasein prognostiziert wurde.[16] Auf den strafrechtlichen Schutz wird an anderer Stelle noch näher einzugehen sein.

§ 2 Verhältnis des allgemeinen Persönlichkeitsrechts zum Recht am eigenen Bild

Das Recht am eigenen Bild nach §§ 22, 23 KUG ist ein besonders geregeltes Persönlichkeitsrecht. In ihrem Regelungsbereich gehen die Vorschriften der §§ 22 ff. KUG der generalklauselartigen Regelung des allgemeinen Persönlichkeitsrechts vor.[17] Wenngleich bei Verletzungen des Rechts am eigenen Bild ein Rückgriff auf das allgemeine Persönlichkeitsrecht ausgeschlossen ist, so lebt das allgemeine Persönlichkeitsrecht in bestimmten Fallkonstellationen, die nicht vom Schutzbereich der §§ 22 ff. KUG erfasst werden, wieder auf.[18] Beispielhaft sei hier die unerlaubte Anfertigung eines Bildnisses genannt.[19] Das allgemeine Persönlichkeitsrecht, welches auch als „Quellrecht“ bezeichnet wird, kann nicht klar definiert werden. Problematisch ist die ausufernde Weite. So ist der Schutz der aus dem allgemeinen

12 Vgl. Damm, in: FS Schweizer, S. 111 (116).

13 RG, Urteil v. 28.12.1899, Az. Rep. VI. 259/99 = RGZ 45, 170–Sterbebettfotografie Otto von Bismarcks.

14 Zur Thematik Hegemann, in: FS Raue, S. 445 ff.

15 So ZRP 3003, 294; Specht in: Dreier/Schulze, UrhG, §§ 33–50 KUG Rdn. 3; Hegemann, a.a.O., S. 445.

16 So Borgmann NJW 2004, 2133 (2135).

17 BGHZ 30, 7 (11)–Caterina Valente; v. Gamm, Wettbewerbsrecht, Kap. 24 Rdn. 10; Schertz, in: Götting/ Schertz/ Seitz, Persönlichkeitsrecht, § 12 Rdn. 2.

18 Magold, Personenmerchandising, S. 402; Schertz, in: Götting/ Schertz/ Seitz, Persönlichkeitsrecht, § 12 Rdn. 2.

19 BGHZ 24, 200 (208)–Spätheimkehrer; BGH, Urteil vom 15.11.1967, Az. Ib ZR 137/65 = GRUR 1967, 205–Vor unserer eigenen Tür.

Persönlichkeitsrecht gewährt wird, letztlich ein Schutz aus einem besonderen Persönlichkeitsrecht.[20]

Es bestehen durch die Medienöffentlichkeit unbestritten erhebliche Gefahren für den Einzelnen. Bevor jedoch näher auf das Recht am eigenen Bild, eingegangen werden soll, bedarf es zunächst einer näheren Betrachtung des allgemeinen Persönlichkeitsrechts, weil dieses im Recht am eigenen Bild aufgeht.

§ 3 Die Anerkennung des allgemeinen Persönlichkeitsrechts

I. Entwicklung, rechtliche Verankerung und Träger des allgemeinen Persönlichkeitsrechts

Die Frage der rechtlichen Verankerung des allgemeinen Persönlichkeitsrechts war lange Zeit erheblich umstritten. Auch die Frage, ob überhaupt ein solches Recht existiert.[21] Die Befürworter argumentierten, dass das Persönlichkeitsrecht ein natürliches Herrschaftsrecht eines jeden Menschen über sich selbst sei. Es müsse mithin von jeder Rechtsordnung anerkannt werden.[22]

Heute besteht in Rechtsprechung[23] und Literatur[24] weitestgehend Einigkeit darüber, dass das allgemeine Persönlichkeitsrecht im Grundgesetz seine Verankerung findet, beziehungsweise auf dieses zurück zu führen ist.

Der Bundesgerichtshof[25] leitet das allgemeine Persönlichkeitsrecht explizit aus Art. 1 i.V. m. Art. 2 GG ab. Dieser verhalf dem allgemeinen Persönlichkeitsrecht im Jahre 1954 im Wege richterlicher Rechtsfortbildung in seinem Schacht-Brief-Urteil zum Durchbruch[26], was wiederrum eine „grundlegende Wendung in der Entwicklung des Persönlichkeitsschutzes"[27] darstellte. Er erkannte erstmals das allgemeine Persönlichkeitsrecht als ein durch Art. 1 Abs. 1 und 2 Abs. 1 GG verfassungsmäßig

---

20 Vgl. Bußmann/ Pietzcker/ Kleine, UrhR, § 33 A KUG, S. 467; Bongartz, Das Recht am eigenen Bilde, S. 33.

21 Vgl. Bongartz, a.a.O., S. 1.

22 Stern, in: FS Scupin, S. 627 (638 ff.); ebenso Baston-Vogt, Sachlicher Schutzbereich des allgemeinen Persönlichkeitsrechts, S. 15.

23 Vgl. BGHZ 13, 334 (338)-Schacht-Brief; BGHZ 15, 249-Cosima Wagner; BGHZ 20, 345-Paul Dahlke; BGHZ 24, 72-Gesundheitszeugnis; BGHZ 24, 200-Spätheimkehrer; BGHZ 26, 52-Sherlock-Holmes; BGHZ 26, 349-Herrenreiter; BGHZ 27, 284-Heimliche Tonbandaufnahmen; BGHZ 30, 7-Caterina Valente; BGHZ 31, 308-Alte Herren; BGHZ 33, 20-Figaros Hochzeit; BGHZ 35, 363-Ginseng; BGHZ 36, 77-Waffenhandel; BGHZ 39, 324-Fernsehansagerin.

24 So unter anderem Enneccerus/ Nipperdey, BGB Bd. 1, § 78 I 2; Enneccerus/ Lehmann, BGB Bd. 2, § 233 2 c; Coing, SJZ 1947, 641 (642), diese wurden auch im Schacht-Brief-Urteil des BGH ebenda, 334 (338) zitiert; zit. auch bei M. Martin, Publizistische Freiheit und Persönlichkeitsschutz, S. 229 f.

25 Im folgenden Verlauf der Arbeit abgekürzt als BGH.

26 BGHZ 13, 334-Leserbrief.

27 Vgl. Coing, JZ 1954, 698 (700); zit. von M. Martin, a.a.O., S. 230.

garantiertes Grundrecht und zugleich zivilrechtlich nach § 823 Abs. 1 BGB geschütztes „sonstiges Recht" an.[28] Begründet wurde die Anerkennung, erstmals und von diesem Zeitpunkt fortan mit der auch das Zivilrecht beeinflussenden Wirkung insbesondere der Art. 1 und 2 des GG. Er bezeichnet es als Recht des Menschen auf Achtung seiner Würde (Art. 1 GG betrifft die Würde des Menschen) und freie Entfaltung seiner Persönlichkeit (Art. 2 Abs. 1 GG stellt auf die allgemeine Handlungsfreiheit jedes Individuums ab).[29] Er stellt fest, dass das allgemeine Persönlichkeitsrecht als verfassungsmäßig gewährleistetes Grundrecht angesehen werden muss.[30] Träger des allgemeinen Persönlichkeitsrechts können bereits nach Sinn und Wortlaut der Vorschriften nur natürliche Personen sein.

Dabei verkennt der BGH nicht, dass das allgemeine Persönlichkeitsrecht auch eine Gefahr durch den generalklauselartigen Charakter in sich birgt. Dieser will das Gericht mit einer im Einzelfall stattfindenden Güter- und Interessenabwägung durch Wertung berechtigter privater und öffentlicher Belange begegnen.[31] In der Soraya-Entscheidung[32] entwickelt das Bundesverfassungsgericht[33] über den anerkannten zivilrechtlichen Schutzes des allgemeinen Persönlichkeitsrechts durch den BGH hinaus einen grundrechtlichen Schutz, welcher durch die fortlaufende Rechtsprechung eine Weiterentwicklung erfahren hat.[34] Das Bundesverfassungsgericht[35] begründet seine die grundrechtliche Anerkennung des allgemeinen Persönlichkeitsrechts wie folgt: „Das Wertsystem der Grundrechte findet seinen Mittelpunkt in der innerhalb der sozialen Gemeinschaft sich frei entfaltenden menschlichen Persönlichkeitsrecht und ihrer Würde"[36].

Der Schutz erstreckt sich unter anderem auf die persönlichen Ehre[37], das vorliegend zentral behandelte Recht am eigenen Bild[38], das Recht auf Darstellung der eigenen

---

28 BGHZ 13, 334 (338)-Schacht-Brief; vgl. auch Helle, Besondere Persönlichkeitsrechte, S. 6; Burkhardt, in: Wenzel, Wort- und Bildberichterstattung, Rdn. 5.2; Wasserburg, Schutz der Persönlichkeit, S. 49; Schertz, in: Götting/ Schertz/ Seitz, a.a.O., § 12 Rdn. 2.

29 BGHZ 13, 334 (338)-Schacht-Brief.

30 BGHZ 13, 334 (338)-Schacht-Brief.

31 Vgl. BGHZ 31, 308-Burschenschaft; Bongartz, a.a.O., S. 7.

32 BVerfGE 34, 269 (280 ff.)-Soraya.

33 Im folgenden Verlauf der Arbeit abgekürzt als BVerfG.

34 BVerfGE 54, 148; 65, 1 (41 ff.)-Volkszählung; BVerfGE 120, 274 (302 ff.)-Online-Durchsuchung.

35 Im folgenden Verlauf der Arbeit abgekürzt als BVerfG.

36 BVerfGE 34, 269 (281)-Soraya.

37 BVerfGE 54, 148 (154); BVerfGE 119, 1 (24)-Esra; Di Fabio, in: Maunz/ Dürig, GG, Art. 2 Abs. 1 Rdn. 148, 169 ff.; Jarass, in: Jarass/ Pieroth, GG Komm., Art. 2 Rdn. 41.

38 BVerfGE 35, 202 (220)-Lebach I; BVerfGE 101, 361 (380 f.)-Caroline von Monaco II; BVerfGE 119, 309 (322 f.)-Bundeswehr; Jarass, in: Jarass/ Pieroth, a.a.O., Art. 2 Rdn. 45; Di Fabio, in: Maunz/ Dürig, a.a.O., Art. 2 Abs. 1 Rdn. 193 ff.

Person in der Öffentlichkeit[39], den Schutz vor der Verbreitung von Informationen[40], die geeignet sind, sich abträglich auf das Bild der Person in der Öffentlichkeit auszuwirken. Dabei ist es nicht nur auf unwahre Darstellungen begrenzt. Voraussetzung ist allerdings, dass die Folgen für die Persönlichkeitsentfaltung des Betroffenen durch die Verbreitung schwerwiegend sind und die Schutzbedürfnisse überwiegen.[41] Des Weiteren ist der Schutz des Rechts auf Gegendarstellung[42], des Rechts auf Anonymität[43] sowie des Rechts auf Resozialisierung[44] umfasst. Diese Aufzählung ist keinesfalls abschließend und erhebt nicht den Anspruch auf Vollständigkeit.

II. Der Stellenwert des Persönlichkeitsrechts nach dem Grundgesetz

Dem allgemeinen Persönlichkeitsrecht wird ein hoher Stellenwert eingeräumt. Dies folgt bereits aus der Berufung auf Art. 1 Abs. 1 i.V.m. Art. 2 Abs. 1 GG. Diskutiert wurde jedoch seit Einführung des GG, ob dieses eine Drittwirkung entfaltet. Die Meinungen hierzu gehen bisweilen weit auseinander.[45] Auf Grund der Komplexität der Thematik und der nicht exponierten Stellung in dieser Arbeit erfolgt zunächst ein Meinungsüberblick, welcher in die Darstellung der nunmehr herrschenden Meinung in Rechtsprechung und Literatur mündet. Der Begriff der Drittwirkung wird als Zusammenschluss aller möglichen Auswirkungen von Grundrechten auf die Beziehungen natürlicher Personen im Privatrecht aufgefasst.[46] Zentraler

39 BVerfGE 35, 202 (220)–Lebach I; BVerfGE 54, 148 (154)–Eppler; BVerfGE 119, 1 (24)–Esra; Di Fabio, in: Maunz/ Dürig, a.a.O., Art. 2 Abs. 1 Rdn. 148, 166 ff.; Jarass, in: Jarass/ Pieroth, a.a.O., Art. 2 Rdn. 40.

40 BGH, Urteil vom 26.05.2009, VI ZR 191/08 = NJW 2009, 3576–Kannibale von Rotenburg.

41 BGH, Urteil vom 26.05.2009, VI ZR 191/08 = NJW 2009, 3576–Kannibale von Rotenburg; BVerfGE 97, 391 (403 f.)–Namensnennung sexueller Missbrauch; BVerfG, Urteil vom 14.07.2004, Az. 1 BvR 263/03 = NJW 2004, 3619, 3620; vgl. BVerfG, Urteil vom 09.03.2007, Az. 1 BvR 1946/04 = NJW–RR 2007, 1191, 1192.

42 BVerfGE 63, 131 (142)–Gegendarstellung.

43 BVerfGE 35, 202 (219 f.)–Lebach I; Wanckel, in: Götting/ Schertz/ Seitz, Persönlichkeitsrecht, § 19 Rdn. 40 ff.

44 BVerfGE 35, 202(236)–Lebach I; Di Fabio, in: Maunz/ Dürig, a.a.O., Art. 2 Abs. 1 Rdn. 216 ff.; Kahl/ Ohlendorf, JuS 2008, 682 (684); Siebrasse, StV 2001, 661 (661).

45 Pro Drittwirkung der Grundrechte unmittelbar: u.a. Enneccerus/Nipperdey, a.a.O., S. 98; ders. Boykott und freie Meinungsäußerung, DVBL. 1958, S. 445 (447); ders. Gleicher Lohn für die Frau für die gleiche Leistung, RdA 1950, S. 121 (124 ff.); Leisner, Grundrechte und Privatrecht, S. 288; frühere Rechtsprechung des BAG, BAGE 7, 256 (260 f.); mittelbar: Dürig, Grundrechte und Zivilrechtsprechung, in: FS Nawiasky, S. 176 ff.; Klein, NJW 1989, 1633 (1639 f.); Hesse, Grundzüge des Verfassungsrechts, Rdn. 356; Doehring, Staatsrecht, S. 208; BVerfGE 7, 198 (207, 204 ff.)–Lüth; BVerfGE 25, 256 (263)–Blinkfüer; BVerfGE 30, 173 (188)–Mephisto; BVerfGE 35, 202 (219)–Lebach; BVerfGE 42, 143 (148)–Deutschland Magazin.

46 Ähnlich Friedrich, Grundrechtlicher Persönlichkeitsschutz, S. 52; ebenso Vogt, Drittwirkung der Grundrechte, S. 1.

Anknüpfungspunkt ist hierbei Art. 9 Abs. 3 S. 2 GG. Dieser ordnet die Wirkung der grundrechtlichen Koalitionsfreiheit zwischen Privaten ausdrücklich an.[47] Zudem widerspräche es dem Prinzip der Einheit der Rechtsordnung, würde man eine Ausstrahlungswirkung der Grundrechte auch ins Zivilrecht hinein ablehnen.[48] Rüfner[49] weist in diesem Zusammenhang darauf hin, dass es sich bei dem gesamten Normenkatalog um eine innere Einheit handelt, welche nur durch die Anerkennung einer Drittwirkung der Grundrechte Rechnung getragen werden könne. Die vom BGH angeführte Begründung zur Anerkennung eines allgemeinen Persönlichkeitsrechts aus Art. 1 Abs. 1 und Art. 2 Abs. 1 GG[50], lässt auf die Anerkennung einer Drittwirkung der Grundrechte schließen. In der Urteilsbegründung wird ausgeführt, dass das allgemeine Persönlichkeitsrecht ein subjektives Privatrecht darstellt, welches auch zwischen natürlichen Personen Schutz gewährt.[51] Es handelt sich nicht lediglich um ein verfassungsmäßig gewährleistetes Grundrecht. Mithin, so der BGH, müsse es nicht ausschließlich nur vom Staat geachtete werden. Das BVerfG spricht in seinem Lüth-Urteil[52] dem Grundgesetz eine Drittwirkung zu. Die menschliche Persönlichkeit stehe im Mittelpunkt einer objektiven Wertordnung. Dadurch entstehe ein Wertsystem das als verfassungsrechtliche Grundentscheidung für alle Bereiche des Rechts gelten muss. Folgerichtig übt es auch Einfluss auf das Zivilrecht aus. Danach darf keine bürgerliche Vorschrift im Widerspruch zum Grundgesetz stehen. Vielmehr muss sie im Geiste des Grundgesetzes ausgelegt werden.[53] Doch nicht nur das BVerfG folgt der Ansicht, dass die Grundrechte eine Drittwirkung entfalten. Diese Auffassung ist mittlerweile gefestigte Rechtsprechung.[54]

Die wenigen Verfechter, welche eine Drittwirkung der Grundrechte kategorisch ablehnen, führen unter anderem an, dass der Wortlaut von Art. 1 Abs. 3 GG gegen eine Drittwirkung spreche. Dieser binde nur die öffentliche Gewalt an die Grundrechte.[55] Das Argument schlägt jedoch fehl. Sinn und Zweck der Norm ist nicht der

---

47 Papier, in: Merten/ Papier (Hrsg.), Handbuch der Grundrechte, Bd. 2, § 55 Rdn. 3.

48 Vgl. auch Friedrich, a.a.O., S. 53 bezüglich des dogmatischen Fundaments der Drittwirkung.

49 Vgl. Rüfner, in: FS Martens, 216.

50 BGHZ 13, 334–Schacht–Brief.

51 BGHZ 13, 334 (338)–Schacht–Brief; In Anlehnung an das erste, zumeist als „bahnbrechend" bezeichnete Urteil des BGH, geht dieser fortan auch in späteren Entscheidungen davon aus, dass das allgemeinen Persönlichkeitsrecht ein subjektives Persönlichkeitsrecht darstellt, welches auch zwischen Privatpersonen Schutz gewährt. Beispielhaft genannt seien hierbei BGHZ 24, 72–Gesundheitszeugnis; BGHZ 26, 349 (354)–Herrenreiter; BGHZ 27, 284–Heimliche Tonbandaufnahmen; BGHZ 31, 308–Alte Herren; BGHZ 35, 363–Ginseng; BGHZ 36, 77–Waffenhandel; BGHZ 39, 324–Fernsehansagerin.

52 BVerfGE 7, 205–Lüth.

53 Ebenda.

54 BVerfGE 7, 198 (198 f.)–Lüth; BGHZ 13, 334–Schacht–Brief; BGHZ 26, 349 ff.–Herrenreiter; BGHZ 27, 284 ff.–Tonbandaufnahme; BGH NJW 86, 2944 (2944 ff.); BAGE 1, 185 (191); 7, 256 (260); 13, 168 (174 ff.).

55 Vgl. Bleckmann, StaatsR II, § 10, Rdn. 84.

Ausschluss der Grundrechte aus dem Privatrecht, sondern die Bindung des Staates an die Funktionen der Grundrechte. In der Literatur werden die Grundrechte auch als eine Ordnung des Lebens im Staat allgemein bezeichnet.[56] Art. 1 GG stellt die Basis eines Rechtsstaates dar, woraus sich schlussfolgern lässt, dass die verfassungsrechtlich gewährleisteten Grundrechte nicht ausschließlich im Verhältnis Bürger zu Staat, sondern vielmehr auch Bürger zu Bürger gelten können.[57] Ebenso schlägt das Argument der strikten Trennung zwischen Grundrecht und Privatrecht fehl.[58] Die Verfechter führen an, dass ersteres die Beziehung zwischen Bürger und Staat regelt und letzteres Privatrechtsbeziehungen. Dem ist entgegenzuhalten, dass die Rechtsordnung eine Einheit darstellt, welche eine allumfassende rechtliche Wertung verlangt. Daraus folgt zwangsläufig, dass das GG für die gesamte Rechtsordnung und die Anwendung jeglichen Rechts gelten muss. Anderenfalls würde sowohl die als unantastbar geltende Menschenwürde aus Art. 1 Abs. 1 GG als auch die personelle Freiheit nach Art. 2 Abs. 1 GG im Privatrecht außen vor bleiben. Diese stellen die bedeutendsten Grundpfeiler unserer Gesellschaft dar und können als solche nicht vom Privatrecht abgekoppelt werden. Zudem ist den Vertretern entgegen zu halten, dass der einzelne Bürger bei einer Ablehnung einer Drittwirkung Eingriffen in seine Grundrechte durch Privatrechtssubjekte schutzlos ausgeliefert wäre. Die Möglichkeit sich gegen Angriffe zur Wehr zu setzten würde ihm verwehrt.[59] Darüber hinaus werden Eingriffe in grundrechtlich geschützte Freiheiten im Privatrecht keinesfalls ausreichend gesetzlich gesichert. Somit stellt sich auch nicht die Frage „ob" eine Drittwirkung der Grundrechte besteht, sondern nur „wie", auf welche Art und Weise, diese Grundrechte Wirkung entfalten, unmittelbar oder mittelbar.

Hinsichtlich des „wie", der Reichweite der Ausstrahlungswirkung in Privatrechtsverhältnisse gehen die Ansichten auseinander.[60] In Betracht kommt sowohl eine unmittelbare als auch eine mittelbare Drittwirkung.

1. Unmittelbare Drittwirkung der Grundrechte

Nach der von Nipperdey[61] entwickelten unmittelbaren Drittwirkung von Grundrechten gewähren bestimmte Grundrechte auch natürlichen Personen Rechtspositionen. Sie können sich mithin auch im Privatrechtsverkehr direkt auf die Grundrechte berufen. Dadurch soll den Grundrechten eine größtmögliche Wirkungskraft auch

---

56 Vgl. Nipperdey, GR Bd. 4 2. Hb., S. 749 f.; Laufke, in: FS Lehmann, 1. Bd., S. 151 f.; Mertens, JuS 1962, 261 (263 f.); Hubmann, Persönlichkeitsrecht, S. 110; im Ergebnis auch Zippelius, in: Bonner Komm. GG, Art. 1, Rdn. 26 ff., 34 ff. (insb. 35).

57 Ebenda.

58 So etwa Diederichsen, Jura 1997, 57 (58).

59 Vgl. dazu auch Zippelius, a.a.O., Art. 1, Rdn. 34 ff. (insb. 34).

60 Langner, Geltung der Grundrechte zwischen Privaten, S. 1 ff.; ebenso Friedrich, a.a.O., S. 53 a.E.

61 Nipperdey, in: FS Molitor, S. 17 (23 f., 28); Nipperdey, GR Bd. 2, S. 18 ff.; folgend Leisner, a.a.O., S. 356 ff.

zwischen Privatpersonen verliehen werden.[62] Die absolute Geltung hat zur Folge, dass es nicht eines erlassenen Gesetzes oder einer besonderen „Einbruchsstelle“ bedarf.[63]

Hintergrund dieser Theorie ist das in Art. 20 I, 28 I 1 GG gesetzlich niedergelegten Sozialstaatsprinzip, aus welchem ein normatives Grundbekenntnis zum Rechtsstaat folge.[64]

Das Bundesarbeitsgericht[65] vertrat zunächst die Theorie der unmittelbaren Drittwirkung.[66] Als Begründung führte es an, dass die Grundrechte einen Bedeutungswandel erfahren haben. Dieser wirke dahin, dass „zwar nicht alle, aber doch eine Reihe bedeutsamer Grundrechte der Verfassung nicht nur Freiheitsrechte gegenüber der Staatsgewalt garantieren, (...) vielmehr Ordnungsgrundsätze für das soziale Leben (sind), die in einem aus dem Grundrecht näher zu bestimmenden Umfang unmittelbare Bedeutung auch für den privaten Rechtsverkehr der Bürger untereinander haben (...).[67] Das Gericht stellte im vorliegenden Fall die Vergleichbarkeit des Machtverhältnisses zwischen Arbeitgeber und Arbeitnehmer mit dem Machtgefälle zwischen Bürger und Staat heraus.[68] So hat das BAG in älteren Entscheidungen unter anderem der Meinungs- und Pressefreiheit eine unmittelbare Drittwirkung attestiert.[69] Die Verfechter der unmittelbaren Drittwirkung führen an, dass dem Sozialstaatsprinzip eine grundlegende Bedeutung für die Auslegung des GG und anderer Gesetze zukommt. Dies wiederrum spreche für eine unmittelbare privatrechtliche Wirkung der Grundrechtsbestimmungen,[70] welche für den Verkehr der Rechtssubjekte untereinander in einer freiheitlichen und sozialen Gemeinschaft unentbehrlich sei.[71] Die Vertreter argumentieren weiter, dass sich daraus unmittelbare Grenzen der individuellen Freiheit ergeben und das Freiheitsrecht des Einzelnen einer sozialen Bindung unterworfen werde.[72] Indem der einzelne bei der Ausübung seiner grundrechtlich geschützten Freiheiten auf die ebenfalls grundrechtlich

---

62 Vgl. Friedrich, a.a.O., S. 55.

63 Vgl. Enneccerus/ Nipperdey, a.a.O., § 15 II 4 c; Nipperdey, GR Bd. 4 2. Hb., S. 748 ff.; Hubmann, a.a.O., S. 111.

64 BAGE 1, 185 (193 f.)–Kündigung eines Betriebsratsmitgliedes.

65 Im folgenden Verlauf der Arbeit abgekürzt mit BAG.

66 BAGE 1, 185 (193 f.), BAGE 4, 274 (276 ff.); BAGE 7, 256 (260); BAGE 13, 168 (174).

67 BAGE 1, 185 (193 f.); vgl. zur Theorie der unmittelbaren Drittwirkung siehe Pieroth/ Schlink/ Kingreen/ Poscher, StaatsR II, Rdn. 197 f.

68 BAGE 7, 256 (260 f.).

69 BAGE 7, 256 (260 f.).

70 BAGE 1, 185 (193 f.)–Kündigung eines Betriebsratsmitgliedes; zur Theorie der unmittelbaren Drittwirkung siehe Pieroth/ Schlink/ Kingreen/ Poscher, a.a.O., Rdn. 197 ff.

71 BAGE 1, 185 (193 f.)–Kündigung eines Betriebsratsmitgliedes; zur Theorie der unmittelbaren Drittwirkung siehe Pieroth/ Schlink/ Kingreen/ Poscher, a.a.O., Rdn. 197 ff.

72 Vgl. Baston-Vogt, a.a.O., S. 18; BAGE 1, 185 (193)–Kündigung eines Betriebsratsmitgliedes; 4, 274 (276); 13, 168 (175 f.); Leisner, a.a.O., S. 170 f.; Mayer, JZ 1985, 1111 (1113); Nipperdey, GR Bd. 2, S. 20; Nipperdey, in: FS Molitor, S. 17 (19).

geschützten Interessen seiner Mitbürger Rücksicht nehmen müsse, sind auch die Bürger unmittelbar an die Grundrechte gebunden.[73]

Durch die zunehmende Macht nichtstaatlicher Gewalten hätten die Grundrechte einen Bedeutungswandel erfahren, sodass sie neben ihrer traditionellen Funktion als Abwehrrechte gegen den Staat nunmehr Höchstwerte darstellten, die für das gesamte Gemeinschaftsleben unmittelbar verbindlich seien.[74] Andernfalls, so wird argumentiert, bestünde eine Gefahr für die individuelle Freiheit des Einzelnen, welche auch von privater Seite drohe.[75] Die Gefahr liege in jedem Fall in einer Missachtung der Rechte des Einzelnen.[76] So könne sich einerseits eine Privatperson auf ihre grundrechtlich geschützte Freiheit berufen und ihre somit bestehende Machtposition gleichzeitig zu Lasten einer anderer Privatpersonen ausnutzen, während der Staat einer Grundrechtsbindung unterworfen werde. Ein solches Ungleichgewicht müsse durch die Anerkennung einer unmittelbaren Drittwirkung von Grundrechten beseitigt werden.

Nach dieser Theorie entfalten die Grundrechte als gesetzliche Verbote (§ 134 BGB) oder Schutzgesetze (§ 823 II BGB) im Privatrecht umfassend unmittelbare Drittwirkung.[77] Sie sind somit auch im Privatrechtsverkehr zwingend verbindlich[78] und in ihrer Wirkung absolut.[79]

2. *Mittelbare Drittwirkung der Grundrechte*

Als maßgeblicher Entwickler der Theorie der mittelbaren Drittwirkung gilt Dürig.[80] Nach der von ihm entwickelten mittelbaren Drittwirkung beschränken sich die Grundrechte nicht auf ihre gegen den Staat gerichtete Abwehrfunktion.[81]

---

73 Vgl. Baston-Vogt, a.a.O., S. 18; BAGE 1, 185 (193)-Kündigung eines Betriebsratsmitglied; BAGE 4, 274 (276); BAGE 13, 168 (175 f.); Leisner, a.a.O., S. 170 f.; Mayer, JZ 1985, 1111 (1113); Nipperdey, GR Bd. 2, S. 20; Nipperdey, in: FS Molitor, S. 17 (19).

74 Nipperdey, RdA 1950, 121 (124 ff.); Böhnstedt, Konstitutionalisierung des Bildnisschutzes, S. 60.

75 Vgl. BAGE 1, 185 (194)-Kündigung eines Betriebsratsmitgliedes; Canaris, AcP, 184 (1984), 201 (206); Dürig, in: FS Nawiasky, S. 157 (166); Mayer, JZ 1985, S. 1111 (1113); Nipperdey, GR Bd. 4 2. Hb., S. 752 f.; Enneccerus/ Nipperdey, a.a.O., S. 96; Stern, StaatsR Bd. III/1, § 76 II 1, S. 1540 ff.; Zippelius, FS Hubmann, S. 511 (511 f.); Baston-Vogt, a.a.O., S. 18.

76 Vgl. dazu BAGE 1, 185 (194)-Kündigung eines Betriebsratsmitgliedes.

77 Vgl. Hager, JZ 1994, 373.

78 Vgl. Stern, a.a.O., S. 1538.

79 Vgl. Erichsen, Jura 1996, 527 (528).

80 Vgl. Dürig, in: FS Nawiasky, S. 157 (176 ff.).

81 Erstmals BVerfGE 7, 198 (205)-Lüth; seither ständige Rspr., siehe u.a. BVerfGE 81, 242 (254 ff.)-Wettbewerbsverbot für Handelsvertreter; BVerfG, Urteil vom 11.06.1991, Az. 1 BvR 239/90 = NJW 1991, 2411-Offenbarung der Entmündigung; Brohm, JZ 1994, 213 (217 f.); Brossette, Wahrheit und informationelle Selbstbestimmung, S. 180 ff.; Canaris, JuS 1989, 161 (162); Dürig, in: FS Nawiasky, S. 157 (176); Götz, in: Heyde/

Grundgedanke ist die Wahrung der Eigenständigkeit des Privatrechts gegenüber dem verfassungsrechtlichen Grundrechtssystem.[82] Aus den Grundrechten soll sich eine objektive Wertordnung ergeben, welche die grundsätzliche Schutzwürdigkeit der aufgeführten Rechtsgüter mit Allgemeinverbindlichkeit für alle Rechtsbereiche vorzeichne.[83] Um eine Umsetzung im Privatrecht zu ermöglichen, müsse auf die zivilrechtlichen Generalklauseln und sonstige auslegungsfähigen und auslegungsbedürftigen Begriffe zurückgegriffen werden.[84] Die Konkretisierung der Generalklauseln erfolge dabei in unterschiedlichen Intensitätsstufen, Wertdifferenzierung, Wertverdeutlichung, Wertakzentuierung, Wertverschärfung bis zur Wertlückenschließung im Privatrecht mit Hilfe der Grundrechte.[85] Die in den Grundrechten enthaltenen Wertentscheidungen wirken über die wertungsausfüllungsfähigen und wertungsbedürftigen Begriffe auf das Privatrecht ein.[86] Zunächst gelte hierbei eine uneingeschränkte Wirkung der speziellen privatrechtlichen Normen. Erst bei fehlender Existenz erfolge zwangsläufig über andere wertungsausfüllende Normen eine Vermittlung des Grundrechtsgehalts in das Privatrecht.[87] Ebenso kann dies durch die Auslegung der Generalklauseln (insb. §§ 826, 138, 242 BGB), sog. „Einbruchstellen" erfolgen.[88] Die Grundrechte finden somit erst durch das Medium privatrechtlicher Vorschriften

---

Starck (Hrsg.), 40 Jahre Grundrechte, S. 35 (76); Hermes, NJW 1990, 1764 (1765); Hesse, Grundzüge des Verfassungsrechts, Rdn. 279, 290 ff.; Klein, NJW 1989, 1633 (1633); Kopp, in: FS Wilburg, S. 141 (147, 158); Leibholz/ Rinck/ Hesselberger, GG, vor Art. 1 Rdn. 4, Art. 2 Rdn. 126; Olivet, NJW 1989, 3187 (3190); Preu, JZ 1991, 265 (265); Schenke, JZ 1989, 653 (655 f.); vgl. BT-Drs. III/1237, S. 6; Baston-Vogt, a.a.O., S. 20.

82 Vgl. Erichsen, Jura 1996, 527 (528).

83 Vgl. insb. Dürig, in: FS Nawiasky, S. 157 (176); BVerfGE 7, 198 (205)-Lüth; BVerfGE 81, 242 (254 ff.); BVerfG, NJW 1991, 2411; Brohm, JZ 1994, 213 (217 f.); Brossette, a.a.O., S. 180 ff.; Canaris, JuS 1989, 161 (162); Götz, a.a.O., S. 35 (76); Hermes, NJW 1990, 1764 (1765); Hesse, Grundzüge des Verfassungsrechts, Rdn. 279, 290 ff.; Klein, NJW 1989, 1633 (1633); Kopp, a.a.O., S. 141 (147, 158); vgl. dazu auch Leibholz/ Rinck/ Hesselberger, a.a.O., vor Art. 1 Rdn. 4, Art. 2 Rdn. 126; Olivet, NJW 1989, 3187 (3190); Preu, JZ 1991, 265 (265); Schenke JZ 1989, 653 (655 f.); vgl. BT-Drs. III/1237, S. 6; Baston-Vogt, a.a.O., S. 20; M. Martin, a.a.O., S. 237.

84 St. Rspr. BVerfGE 7, 198 (205)-Lüth; BVerfGE 58, 377 (396)-Vorzeitiger Erbausgleich; BAG JZ 1985, 1108; BAG JZ 1990, 139 (140); Erichsen Jura 1996, 527; Classen, AöR 1997, 65; Dürig, in: FS Nawiasky, S. 157 (176); BVerfG, Urteil v. 11.06.1991, Az. 1 BvR 239/90 = NJW 1991, 2411 (2411 f.)-Offenbarung der Entmündigung; vgl. Canaris, AcP 184 (1984), 201 (222 ff.); Leisner, a.a.O., S. 357; Schenke, JZ 1989, 653 (657); Siebert, NJW 1958, 1369 (1373); Stern, a.a.O., § 76 II 2, S. 1543; Wiedemann, JZ 1990, 691 (696); Baston-Vogt, a.a.O., S. 20; M. Martin, a.a.O., S. 237.

85 Dürig, in: FS Nawiasky, S. 157 (177 ff.).

86 BVerfGE 7, 198 (205)-Lüth; BVerfGE 34, 269 (280)-Soraya; BGH, Urteil v. 28.04.1986, Az. II ZR 254/85 = NJW 1986, 2944-Reichweite eines Wettbewerbsverbots; Dürig, in: FS Nawiasky, S. 157 (176).

87 Erichsen, Jura 1996, 527 (529).

88 Vgl. Pieroth/ Schlink/ Kingreen/ Poscher, a.a.O., Rdn. 203.

Eingang in das Zivilrecht, sodass ihnen eine sog. „Ausstrahlungswirkung" zukommt.[89] Das Zivilrecht wird durch die mittelbare Wirkung der Grundrechte beeinflusst, indem Gesetzgebung, Verwaltung und Rechtsprechung Richtlinien und Impulse empfangen. Keine bürgerlich-rechtliche Vorschrift darf im Widerspruch zu den Grundrechten stehen. Jede muss für sich genommen in ihrem Geiste ausgelegt werden.[90]

Auch das BVerfG folgt der Theorie von der mittelbaren Drittwirkung der Grundrechte.[91] Es gilt jedoch kein einheitlicher Maßstab für die Bedeutung und Tragweite der Grundrechte. Der Umfang der gerichtlichen Überprüfung orientiert sich an dem betroffenen Grundrecht. Besteht eine Konfliktsituation zwischen Art. 5 GG und Art. 1 Abs. 1 i.V.m. Art. 2 Abs. 1GG legt das BVerfG, nicht zuletzt auf Grund der „Eigenart" der betroffenen Grundrechte,[92] weniger auf Grund ihrer enormen Bedeutung, einen strengeren Prüfungsmaßstab an.[93] Dabei führt es aus, dass beispielsweise eine unverhältnismäßige Einschränkung des Grundrechtes nicht hinnehmbar sei.[94]

Einen differenzierten Ansatz verfolgt Canaris[95], welcher in der mittlerweile verfassungsrechtlich verankerten Schutzgebotsfunktion der Grundrechte, wonach der Staat neben der Achtung der Grundrechte auch zum Schutz der selbigen verpflichtet ist,[96] die dogmatische Grundlage des allgemeinen Persönlichkeitsrechts ansieht,[97] und weitgehend eine Pflicht des Staates zur Transformation grundrechtlicher Wirkungen in den Privatrechtsverkehr annimmt.[98]

---

89 So BVerfGE 7, 198 (207)-Lüth.

90 BVerfGE 7, 198 (205 f.)-Lüth; BVerfGE 73, 261 (269)-Sozialplan.

91 St. Rspr. BVerfGE 7, 198 (204 ff.)-Lüth; BVerfGE 25, 256 (263)-Blinkfüer; BVerfGE 30, 173 (188)-Mephisto; BVerfGE 34, 269 (281)-Soraya; BVerfGE 35, 201 (219)-Lebach I; BVerfGE 73, 261 (269)-Sozialplan; BVerfGE 85, 248 (257)-Ärztliches Werbeverbot.

92 BVerfGE 81, 278 (289)-Bundesflagge; zur „Eigenart" ebenso Schulze-Fielitz, in: Dreier, GG, Bd. 1, Art. 5 GG Rdn. 207.

93 Vgl. Schulze-Fielitz, in: Dreier/ Schulze, a.a.O., Art. 5 GG Rdn. 206 ff. (207, 211); Schuppert, AöR 103 (1978), 43; aufgreifend ebenso Friedrich, a.a.O., S. 54.

94 BVerfGE 85, 248 (257)-Ärztliches Werbeverbot.

95 Vgl. Canaris, AcP 184 (1984), 201 (212 ff.); dazu auch M. Martin, a.a.O., S. 237.

96 BVerfGE 39, 1 (42 ff.)-Schwangerschaftsabbruch; BVerfGE 46, 160 (164 f.); BVerfGE 53, 30 (57)-Mülheim-Kärlich; BVerfGE 63, 131 (142)-Gegendarstellung; BVerfGE 79, 174 (201)-Straßenverkehrslärm; BVerfGE 81, 242 (255 f.)-Handelsvertreter; BVerfGE 88, 203 (252)-Schwangerschaftsabbruch II; Alexy, Theorie der Grundrechte, S. 410 ff.; Canaris, JuS 1989, 161 (163); Di Fabio, JZ 1993, 689 (691); Friedrich, a.a.O., S. 55.

97 Zur Schutzgebotsfunktion vgl. Canaris, JuS 1989, 161 (163); ebenso Hager, JZ 1994, 373 (378); aufgreifend Martin, Publizistische Freiheit und Persönlichkeitsschutz, S. 237.

98 Vgl. Canaris, AcP 184 (1984), 201 (212 ff.); ebenso Höfling, Eine grundrechtsdogmatische Studie, S. 54 f.; Friedrich, a.a.O., S. 55.

Ob man der Auffassung Dürigs[99] und der stetigen Rechtsprechung oder auch Canaris[100] folgt, stellt im Ergebnis keinen Unterschied dar. Beide Ansichten erkennen das allgemeine Persönlichkeitsrecht an und gehen von einer mittelbaren Drittwirkung der Grundrechte aus. Ebenso führen beide dies auf die Wertentscheidung des GG zurück. Ob man mit Dürig einen Rückgriff auf Generalklauseln und sonstige auslegungsfähige und auslegungsbedürftige Begriffe, oder mit Canaris eine Ausgestaltung des Privatrechts durch den Staat aufgrund des ihm obliegenden Schutzgebotes, als erforderlich erachtet, ändert im Ergebnis nichts.

3. *Eigene Stellungnahme*

Die Lehre von der unmittelbaren Drittwirkung ist mit der vorherrschenden Meinung abzulehnen. Zwar ist diese auch von der höchstrichterlichen Rechtsprechung des BAG vertreten worden, welches zunächst von einer unmittelbaren Drittwirkung der Grundrechte ausging,[101] wurde jedoch im späteren Verlauf wieder aufgegeben.[102] Die Kehrtwende des BAG war und ist zu begrüßen. Denn sie lässt die Schlussfolgerung zu, dass auch das BAG die schwerwiegenden Argumente, welche gegen die Theorie der unmittelbaren Drittwirkung der Grundrechte sprechen, erkannt hat.

Zunächst ist festzustellen, dass die Auffassung der unmittelbaren Drittwirkung einer Prüfung an Art. 1 Abs. 3 GG nicht standhält. Dieser nennt nur die öffentliche Gewalt. Somit bindet er explizit ausschließlich die gesetzgebende, ausfüllende und rechtsprechende Gewalt an die Grundrechte. Daraus lässt sich ableiten, dass die Grundrechte nicht zwischen zwei Privatsubjekten Wirkung entfalten sollen, sondern ursprünglich als Schrankengeber zur Staatsmacht fungieren, indem sie das Verhältnis des Einzelnen zum Staat regeln.[103] Denn eine Grundrechtsbindung Privater wird nicht erwähnt. Folgte man dennoch der Theorie der unmittelbaren Drittwirkung, würde dies eine Grundrechtsbindung Aller gegenüber Allen bedeuten, was den Sinn und Zweck der Grundrechte ins Gegenteil verkehren würde. Diese Ansicht verkennt, dass das Staat–Bürger–Verhältnis mit dem Verhältnis zwischen Privatrechtssubjekten nicht gleichgesetzt werden kann. Zwischen Privatperson und Staat sowie zwischen zwei Grundrechtsträgern besteht ein gänzlich unterschiedliches Verhältnis, was eine Gleichsetzung miteinander ausschließt. Zudem ist das Machtgefälle in beiden Konstellationen völlig verschieden. Bei der Befürwortung der unmittelbaren Drittwirkung der Grundrechte könnte sich der Überlegene, seinerseits Grundrechtsträger, bei der Ausübung seiner Macht ebenfalls auf grundrechtlich geschützte

99 Dürig, in: FS Nawiasky, S. 157 (176 ff.); aufgreifend M. Martin, a.a.O., S. 237 f.

100 Canaris, AcP 184 (1984), 201 (212 ff.); aufgreifend M. Martin, a.a.O., S. 237 f.

101 BAGE 1, 193.

102 BAGE 47, 374; BAGE 48, 122 (138 f.).

103 Vgl. v. Mangoldt, Anlage zum stenographischen Bericht der 9. Sitzung des parlamentarischen Rates am 06.05.1949, S. 6; zum „klassischen Zweierverhältnis" siehe Pieroth/Schlink/Kingreen/Poscher, a.a.O., Rdn. 196.

Interessen berufen.[104] Aus Rechten des Einzelnen gegenüber der Staatsgewalt würden Pflichten gegenüber allen Mitbürgern,[105] was direkte Auswirkungen auf die Freiheit des Privatrechtsverkehrs haben würde. Auf Grund der unmittelbaren Grundrechtsbindung beider Privatsubjekte bestünde stets die Gefahr, dass das Handeln des einen unverzüglich zu einer Verletzung der Grundrechtsposition des Anderen führt. Eine unmittelbare Gewährung von Rechten, oder die Auferlegung von Pflichten, ergibt sich folglich aus den Grundrechten für Privatpersonen untereinander nicht.[106] Die Annahme einer Grundrechtsbindung Aller gegenüber Allen wäre daher kaum mit der in Art. 2 Abs. 1 GG verankerten Privatautonomie, als Ausformung der allgemeinen Handlungsfreiheit, zu vereinbaren.[107] Die Theorie von der unmittelbaren Drittwirkung legt die Entscheidung, welchem verletzten Grundrecht der Vorzug einzuräumen ist, ausschließlich in die Hände der Gerichte, die durch Abwägung im Einzelfall entscheiden.

Weiter ist zu bedenken, dass der Gesetzgeber keinesfalls die Möglichkeit einer unmittelbaren Drittwirkung verkannt hat. Art. 9 Abs. 3 S. 2 und Art. 48 Abs. 2 GG ordnen die Geltung gegenüber Privaten ausdrücklich an. Im Umkehrschluss wurde eine generelle unmittelbare Drittwirkung der Grundrechte vom Gesetzgeber zwar gesehen, war jedoch mangels Umsetzung von Anfang an nicht erwünscht.

Ein zusätzlicher Aspekt, welcher gegen die Theorie der unmittelbaren Drittwirkung spricht, ist zudem die denkbar größte Beschneidung der Entscheidungsfreiheit der Privatrechtssubjekte. Davon ist auch die Freiheit betroffen, von Gleichheitsforderungen und speziellen Erscheinungsformen der Freiheit, gegebenenfalls keinen Gebrauch machen zu wollen.[108] Des Weiteren sind die Einschränkungsmöglichkeiten der Grundrechte durch Privatrechtssubjekte nicht geregelt, die die Grundrechte betreffenden Gesetzesvorbehalte, welche sich an den Staat als Gesetzgeber richten, hingegen schon.[109] Canaris[110] führt hierzu zutreffend aus, dass die Grundrechte im rechtsgeschäftlichen Bereich zu gesetzlichen Verboten i.S.d. § 134 BGB und im deliktischen Bereich zu absoluten Rechten i.S.d. § 823 Abs. 1 BGB oder Schutzgesetzen i.S.d. § 823 Abs. 2 BGB würden.

104 BVerfGE 81, 242 (255)–Wettbewerbsverbot für Handelsvertreter; Bethge, Grundrechtskollisionen, S. 396; a.a.O., , S. 177 ff.; Hermes, Schutzanspruch aus Art. 2 II 1 GG, S. 40; Medicus, AcP 192 (1992), 35 (59 f.); Preu, JZ 1991, 265 (266, 268); Hubmann, a.a.O., S. 155 f.; Baston–Vogt, a.a.O., S. 26.

105 Pieroth/Schlink/Kingreen/Poscher, a.a.O., Rdn. 198 a.E.

106 So auch Friedrich, a.a.O., S. 55.

107 Erichsen, Jura 1996, 527 (530).

108 Dürig, in: FS Nawiasky, S. 159 (164).

109 Canaris, AcP 184, 201 (204).

110 Canaris, AcP 184, 201 (202).

Die Ansicht, dass Grundrechte eine mittelbare Drittwirkung entfalten stellt die heute herrschende Meinung dar.[111] Gefolgt wird somit der maßgeblich von Dürig[112] entwickelten Theorie. Danach ist die Ausstrahlungswirkung der Grundrechte im Privatrecht bei der Gesetzesauslegung und Lückenausfüllung zu berücksichtigen. Im Gegensatz zu der Lehre von der unmittelbaren Drittwirkung der Grundrechte, befindet sich die Ansicht der mittelbaren Drittwirkung auch nicht im Widerspruch zu Art. 1 Abs. 3 GG, weil er dessen normativer Wirkung nicht entgegensteht.[113] Ausschlag gebendes Argument für die Theorie von der mittelbaren Drittwirkung der Grundrechte ist die Wertentscheidung des GG.[114] Wenn man mit der Rechtsprechung[115] und der herrschenden Lehre[116] von einer nur mittelbaren Drittwirkung der Grundrechte ausgeht, lehnt man das Bestehen subjektiver Rechte des Einzelnen gegenüber seinen Mitbürgern ab. Durch die Anerkennung einer mittelbaren Drittwirkung für das allgemeine Persönlichkeitsrecht, erkennt man eine Ausstrahlungswirkung auf zivilrechtliche Normen und mithin auch Privatpersonen an.[117] Die Grundrechte stellen folglich ein sonstiges Recht im Sinne von § 823 Abs. 1 BGB dar[118] und verleihen subjektive Abwehransprüche.[119]

In ihrem Regelungsbereich gehen die Vorschriften der §§ 22 ff. KUG der generalklauselartigen Regelung des allgemeinen Persönlichkeitsrechts vor.[120] Das Recht am

---

111 Vgl. statt vieler: BVerfGE 7, 198 (206)–Lüth; BVerfGE 73, 261 (269)–Sozialplan; Götz, a.a.O., S. 35 (78); Zippelius, in: FS Hubmann, S. 511 (513 f.); Hager, JZ 1994, 373 (373 f.).

112 Dürig, in: FS Nawiasky, S. 157 (176 ff.).

113 Dürig, in: FS Nawiasky, S. 157 (176 ff.).

114 Siehe oben 2. Teil A. § 3 II. 2.

115 Beispielhaft: BVerfGE 7, 198 (205)–Lüth; 58, 377 (396); BAG JZ 1985, 1108; BAG JZ 1990, 139 (140); BVerfGE 81, 242 (254 ff.)–Wettbewerbsverbot für Handelsvertreter; BVerfG, Urteil v. 11.6.1991, Az. 1 BvR 239/90 = NJW 1991, 2411–Offenbarung der Entmündigung.

116 Dürig, FS Nawiasky, S. 157 (176); Brohm, JZ 1994, 213 (217 f.); Brossette, a.a.O., S. 180 ff.; Canaris, JuS 1989, 161 (162); Götz, a.a.O., S. 35 (76); Hermes, NJW 1990, 1764 (1765); Hesse, Grundzüge des Verfassungsrechts, Rdn. 279, 290 ff.; Klein, NJW 1989, 1633 (1633); Kopp, a.a.O., S. 141 (147, 158); vgl. auch die Ausführungen in Leibholz/ Rinck/ Hesselberger, a.a.O., vor Art. 1 Rdn. 4, Art. 2 Rdn. 126; Olivet, NJW 1989, 3187 (3190); Preu, JZ 1991, 265 (265); Schenke, JZ 1989, 653 (655 f.); vgl. BT–Drs. III/1237, S. 6; Baston–Vogt, a.a.O., S. 20.

117 Di Fabio, in: Maunz/ Dürig, a.a.O., Art. 2 Abs. 1 Rdn. 138 ff.; Jarass, in: Jarass/ Pieroth, a.a.O., Art. 2 Rdn. 57.

118 BGHZ 24, 72; 26, 354; 27, 284; 31, 308; 35, 363; 36, 77; Bongartz, a.a.O., S. 6; Nipperdey, GR Bd. 2, S. 12 ff (13, 20).

119 Vgl. Bleckmann, a.a.O, S. 185; Enneccerus/ Nipperdey, a.a.O., S. 95; Hermes, a.a.O., S. 100 ff.; Leisner, a.a.O., S. 356; Nipperdey, in: FS Molitor, S. 17 (24); Baston–Vogt, a.a.O., S. 18.

120 BGHZ 30, 7 (11)–Caterina Valente; v. Gamm, Wettbewerbsrecht, Kap. 24 Rdn. 10; Schertz, in: Götting/ Schertz/ Seitz, a.a.O., § 12 Rdn. 2.

eigenen Bild stellt in Rechtsprechung und Literatur unbestritten eine besondere Ausprägung des allgemeinen Persönlichkeitsrechts dar,[121] welches mit der Person besonders eng verknüpft ist.[122] Bildnisse aus dem Bereich der Zeitgeschichte gemäß § 23 Abs. 1 Nr. 1 KUG stehen der in Art. 5 Abs. 1 GG niedergelegten Meinungs- und Pressefreiheit des Verlages bzw. des Veröffentlichenden grundsätzlich gleichwertig gegenüber. Die Bewertung der sich gegenüber stehenden Grundrechtspositionen erfolgt durch sorgfältige Abwägung. Nur so kann ein gerechter Ausgleich gefunden werden.[123]

III. Umgrenzung des Schutzbereichs des allgemeinen Persönlichkeitsrechts durch die Sphärentheorie

Wie bereits erwähnt, handelt es sich bei dem Recht am eigenen Bild um ein besonderes Persönlichkeitsrecht, in welchem das allgemeine Persönlichkeitsrecht aufgeht. Folglich ist auch die Umgrenzung des Schutzbereichs des allgemeinen Persönlichkeitsrechts an dieser Stelle der Abhandlung geboten, was sich allerdings schwierig gestaltet. Grund dafür ist die vom BGH viel zitierte „generalklauselartiger Weite und Unbestimmtheit“[124] des allgemeinen Persönlichkeitsrechts. Dies ist einer der Gründe weshalb Hubmann[125] verschiedene Sphären entwickelte. Die Einteilung des Schutzbereichs soll präziser vorgenommen werden können. Er unterscheidet dabei in Individual-, Privat- und Geheimsphäre, wobei er das Erscheinungs-, Lebens- und Charakterbild der Privatsphäre zurechnet[126].

Dem Sphärengedanken folgte u. a. auch Burkhardt in Wenzel.[127] Allerdings verfeinerte er die Stufeneinteilung Hubmanns. Er untergliederte in Geheim-[128], Intim-[129], Privat-[130], Sozial-[131] und Öffentlichkeitssphäre.[132] Folglich bestand weder Einigkeit über die Anzahl der Sphären noch über Reichweite und Terminologie.[133]

---

121 BVerfGE 34, 238 (246)–Tonband; BVerfGE 35, 202 (224)–Lebach I; BVerfGE 54, 148 (154)–Eppler; BVerfGE 97, 228 (268)–Kurzberichterstattung; Prinz/ Peters, Medienrecht, Rdn. 781; Seifert, NJW 1999, 1889 f.; Friedrich, a.a.O., S. 38.

122 Vgl. Friedrich, a.a.O., S. 38.

123 Böhnstedt, a.a.O., S. 63.

124 BGHZ 24, 72, 78–Krankenhauspapiere; BGHZ 30, 7, 11–Catherina Valente; BGH, Urteil v. 15.01.1965, Az. Ib ZR 44/63 = GRUR 1965, 495, 497; U. Müller, Bildnisveröffentlichung, S. 19.

125 Hubmann, a.a.O., S. 268 ff.; ders., JZ 1957 521 (524).

126 Vgl. Bongartz, a.a.O., S. 35.

127 Burkhardt, in: Wenzel, Wort- und Bildberichterstattung, Rdn. 5.37 ff.

128 Burkhardt, in: Wenzel, a.a.O., Rdn. 5.40 ff.

129 Burkhardt, in: Wenzel, a.a.O., Rdn. 5.47 ff.

130 Burkhardt, in: Wenzel, a.a.O., Rdn. 5.54 ff.

131 Burkhardt, in: Wenzel, a.a.O., Rdn. 5.65 ff.

132 Burkhardt, in: Wenzel, a.a.O., Rdn. 5.71 ff.

133 Schmidt, JZ 1974, 241 (243).

Das BVerfG ist dem Sphärengedanken ebenfalls gefolgt.[134] Es hat, aufbauend auf den zivilrechtlichen Überlegungen Hubmanns[135] zur Einschränkung des Persönlichkeitsrechts, die sog. Sphärentheorie[136] entwickelt. Danach gliedert sich das allgemeine Persönlichkeitsrecht in die Intim-, Privat- und Sozialsphäre. Die Intimsphäre wird dabei als letzter unantastbarer Bereich menschlicher Freiheit angesehen, welcher der Einwirkung öffentlicher Gewalt entzogen ist.[137]

Die Sphärentheorie des BVerfG blieb jedoch nicht kritiklos. So wurde ihr entgegen gehalten, dass eine losgelöste Untergliederung von Persönlichkeitsbereichen den verschiedenartigen Schutzbedürfnissen des Einzelnen nicht gerecht werden könne.[138] Die Subjektivität der Einschätzung des jeweiligen Einzelfalles führe zwangsläufig zu einer differenzierten Eingliederung des Sachverhaltes in die jeweilige Sphäre, abhängig von der Beurteilungsperson. Sie würde mithin immer unterschiedlich ausfallen. Kritiker führen an, dass eine objektive Einteilung keinesfalls möglich sei. Somit könne man dem individuellen Schutzbedürfnis des Einzelnen nicht gerecht werden. Diese Argumentation lässt jedoch völlig außer Acht, dass die Sphärentheorie lediglich den Versuch einer Bestimmung unternimmt, folglich keine verbindliche Aussage trifft. Vielmehr ermöglicht sie nur die Einordnung eines Verhaltens, welches erst in der weiteren Begutachtung des Einzelfalls im Rahmen der Verhältnismäßigkeitsprüfung abschließend zu beurteilen ist.

Das Argument der Widersacher, eine klare Grenzziehung zwischen den einzelnen Sphären sei so gut wie unmöglich,[139] schlägt ebenfalls fehl. Denn das Ergebnis der Verhältnismäßigkeitsprüfung muss sich keineswegs an der zuvor getroffenen Einordnung in eine der drei Sphären orientieren. Wie bereits Hubmann erkannte,[140] geht die Eingliederung eines bestimmten Verhaltens in verschiedene Sphären zwar nicht ohne Abgrenzungsschwierigkeiten einher. Diese „Unschärfe“ zwischen den Sphären ist jedoch bei der Einzelfallabwägung auf der Ebene der Verhältnismäßigkeitsprüfung mit einzubeziehen. Der hohe Rang des Rechts auf freie Entfaltung und Achtung der Persönlichkeit gebietet, dass einem Eingriff stets das Schutzgebot des Art. 2 Abs. 1 i.V.m. Art. 1 Abs. 1 GG als Korrektiv entgegen gehalten wird. Dies folgt aus der Beziehung zu Art. 1 GG, der Menschenwürde, welcher das höchste Gut der Verfassung darstellt. Demnach ist im Einzelfall eine Güterabwägung vorzunehmen,

---

134 BVerfGE 6, 32 (41)–Elfes; BVerfGE 27, 344 (351)–Ehescheidungsakten; BVerfGE 35, 202 (220)–Lebach I; BVerfGE 80, 367 (373 ff.)–Tagebuch; BVerfGE 89, 69 (82 f.)–MPU wegen Haschischkonsum.

135 Hubmann, JZ 1957, 521 (524).

136 BVerfGE 6, 32 (41)–Elfes; BVerfGE 35, 202 (220)–Lebach I; BVerfGE 80, 367 (373 ff.)–Tagebuch; BVerfGE 89, 69 (82 f.)–MPU wegen Haschischkonsum.

137 BVerfGE 6, 32 (41)–Elfes; BVerfGE 34, 239 (245)–Tonbandaufnahme; dazu Leibholz/ Rinck/ Hesselberger, a.a.O., Art 2, Rdn. 36; Degenhard, JuS 1992, 361 (362 ff.).

138 So Schwan, VerwArch 66 (1975), 120 (147); Kamlah, DÖV 1970, 361 (362); aufgreifend Böhnstedt, a.a.O., S. 188.

139 So Kunig, in: v. Münch/ Kunig, GG Komm., Bd. 1, Art. 2 Rdn. 41.

140 Siehe Hubmann, JZ 1957, 521 (524).

welche Art und Reichweite des Eingriffs als auch die Bedeutung der Sache selbst einbezieht.[141] Die unvermeidliche Güterabwägung im Einzelfall wird durch die vorherige Herausarbeitung des Schutzes der Persönlichkeitssphären vereinfacht. Wenngleich jeder Einzelfall individuell bewertet werden muss, eine Standardisierung und Verobjektivierung ist nur bis zu einem gewissen Grad möglich. Auf die einzelnen Sphären und ihre Bedeutung für den Bildnisschutz wird im weiteren Verlauf der Arbeit, im Rahmen des § 23 Abs. 2 KUG, zurück zu kommen sein.

IV. Postmortaler Persönlichkeitsschutz

Nach der erstmaligen Anerkennung des allgemeinen Persönlichkeitsrechts im Jahre 1954 durch den BGH,[142] erging noch im gleichen Jahr[143] die Entscheidung, dass dieses subjektiv geprägte Recht auch über das Ableben des ursprünglichen Rechtsinhabers fortwirkt. Im Urteil hieß es im Wesentlichen, dass die schutzwürdigen Werte der Persönlichkeit die mit dem Tode erloschene Rechtsfähigkeit überdauern.[144] Das Bestehen eines postmortalen Persönlichkeitsschutzes ist seit dem vom BGH[145] entschiedenen Cosima-Wagner-Fall höchstrichterlich anerkannt und wird heute nicht mehr angezweifelt.[146] Bedeutung gewinnt der postmortale Persönlichkeitsschutz vor allem durch die Geltendmachung ideeller Persönlichkeitsgüter des Rechtsinhabers nach dessen Ableben. Die Anerkennung des postmortalen Persönlichkeitsschutzes nach dem Tod ist nur eine logische Konsequenz aus der höchstrichterlichen Anerkennung des allgemeinen Persönlichkeitsrechts. Demnach wird die freie Entfaltung der Persönlichkeit zu Lebzeiten von der Rechtsordnung garantiert, sodass dies folgerichtig auch für die Zeit nach dem Ableben gelten muss.[147] Im betreffenden Fall hatte der BGH über zumindest grobe ehrverletzende Entstellungen nach dem Tod zu entscheiden. Er stellte heraus, dass der Mensch auch zu Lebzeiten auf einen rechtlichen Schutz vertrauen dürfte und nach seinem Ableben nun nichts anderes gelten könne.[148] Wahrnehmungsbefugt sind die nächsten Angehörigen des Verstorbenen, die Hinterbliebenen. Dazu zählen Ehegatten, Kinder, Eltern, Geschwister sowie

141 BVerfGE 35, 202–Lebach I; BVerfGE 27, 344 (353)–Ehescheidungsakten; BVerfGE 32, 373 (381)–Ärztliche Schweigepflicht.

142 BGHZ 13, 334–Schacht-Brief, seit dem Jahr 1954 st. Rspr.

143 BGHZ 15, 249 (259)–Cosima Wagner.

144 BGHZ 15, 249 (259)–Cosima Wagner.

145 BGHZ 15, 249 (259)–Cosima Wagner.

146 Statt vieler LG München, Ufita 20, 230 (233)–v. Witzleben; LG Berlin, Ufita 51, 394 ff. (398)–Sauerbruch; BGH 50, 133 (136 ff.)–Mephisto; v. Gamm, NJW 1955, 1826 f.; Koebel, NJW 1958, 936 ff.; Ennecerus/ Nipperdey, a.a.O., S. 594 f.; Kipp/ Coing, Erbrecht, S. 408 f.; Hubmann, a.a.O, S. 341; Krüger-Nieland, GRUR 1968, 523 ff.; Neumann-Duesberg, JZ 1968, 703; Sprau, in: Palandt, BGB,§ 823 Rdn. 89 f. (90); Heldrich, in: FS Lange, S. 165 f.

147 BGHZ 50, 133 (139)–Mephisto.

148 Ebenda.

diejenigen Personen, die von dem Rechtsinhaber noch zu Lebzeiten dazu ermächtigt worden.[149] Hinsichtlich der Wahrnehmungsbefugnis der nahen Angehörigen besteht Uneinigkeit darüber, ob diese aus einer Analogie zu § 189 Abs. 2 StGB[150] oder aus einer Analogie zu § 22 KUG[151] herzuleiten ist. Die Entscheidung kann jedoch dahin stehen, da diese an der Tatsache eines bestehenden postmortalen Schutzes nicht das Geringste ändert.

§ 4 Schutzgut und Wesen des Rechts am eigenen Bild nach der Einführung des KUG

Wie bereits festgestellt, handelt es sich bei dem Recht am eigenen Bild um eine spezialgesetzlich geregelte Ausformung des allgemeinen Persönlichkeitsrechts.

I. Schutzgut

Das Schutzgut wurde in der Vergangenheit verschieden interpretiert. Dabei ist die Auffassung, dass Motiv des Bildnisschutzes sei allein das Schamgefühl,[152] abzulehnen, weil diese bereits dem Gesetzeswortlaut des § 22 KUG zuwider läuft. Dieser sieht das Einverständnis des Abgebildeten als zentrales Element. Allein das sei Ausschlag gebend dafür, ob es sich um eine zulässige oder unzulässige Publikation handelt. Somit lässt sich folgern, dass der Gesetzgeber mit §§ 22 ff. KUG dem Abgebildeten einen Schutz gegen unerwünschte Bildnisveröffentlichungen ermöglichen wollte. Würde man hingegen lediglich auf das Schamgefühl der abgebildeten Person abstellen, so würde dies zu unbilligen und vom Gesetzgeber eindeutig nicht gewollten Ergebnissen führen. An sich neutrale Bildnisse müssten demnach auch ohne Einwilligung des Abgebildeten zulässig sein. Dieser stünde Veröffentlichungen schutz- und wehrlos gegenüber. Beispielsweise bei der Verwendung eines an sich neutralen Bildes für Werbezwecke. Folgte man in diesem Fall der Ansicht, dass das Schamgefühl zentrales Element des Bildnisschutzes ist, würde eine Veröffentlichung nicht gegen §§ 22 ff. KUG verstoßen und demnach zulässig sein. Vielmehr ist Gäbhard[153] zuzustimmen, wenn er zutreffend feststellt, dass das Recht am eigenen Bild als Befugnis jeder Persönlichkeit angesehen werden muss. Nur diese hat die Macht darüber zu entscheiden, ob sie in die Öffentlichkeit treten will, oder eben auch nicht. Das Recht am eignen Bild dient nicht nur dem Schutz ideeller, sondern auch kommerzieller Interessen der Persönlichkeit.[154] Das besondere Persönlichkeitsrechts das Recht am eignen Bild schütz daher sowohl den Wert- als auch den

149 BGHZ 15, 249 (259 f.)–Cosima Wagner; BGHZ 50, 133 (139 f.)–Mephisto, seither herrschende Meinung.
150 So.
151 BGHZ 50, 13 ff. (139 f.)–Mephisto.
152 Vgl. v. Scanzoni, Theorie des Rechts am eigenen Bild, S. 64.
153 Bongartz, a.a.O., S. 30.
154 BGHZ 143, 214–Marlene; Schertz, in: Götting/ Schertz/ Seitz, a.a.O., § 12 Rdn. 3.

Achtungsanspruch, zugleich aber als vermögenswertes Ausschließlichkeitsrecht auch vor unerlaubter Verwertung von Bildnissen zu Werbezwecken.[155]

II. Gesetzliche Regelung

Eine gesetzliche Regelung hat das Recht am eignen Bild in den §§ 22 ff. KUG erfahren. Hinsichtlich detaillierter Auseinandersetzung mit diesem Themenschwerpunkt wird auf die folgenden Ausführungen verwiesen. Das BVerfG[156] sieht mit dem Recht am eigenen Bild die Einfluss- und Entscheidungsmöglichkeiten des Einzelnen gewährleistet, „soweit es um die Anfertigung und Verwendung von Fotografien oder Aufzeichnungen seiner Person durch andere geht". Die einfach gesetzlichen Ausformung des Rechts am eigenen Bild in § 22 KUG stellt ein Regel-Ausnahme-Gegenausnahme Verhältnis dar. Danach bedarf eine Bildnisveröffentlichung grundsätzlich der Einwilligung des Abgebildeten (Regel). §§ 23, 24 KUG stellen hierzu eine Ausnahme dar. Dabei ergibt sich bereits aus den allgemeinen Auslegungsgrundsätzen, dass bei einem solchen systematischen Gesetzesaufbau die Ausnahmevorschriften eng auszulegen sind.[157] § 23 Abs. 2 KUG bildet in dritten Schritt die Gegenausnahme zu §§ 23, 24 KUG. Das Recht am eigenen Bild gemäß § 22 ff. KUG sieht ein differenziertes Schutzkonzept vor, welches sich in drei Stufen gliedert.[158] Im weiteren Verlauf soll auf jede Stufe gesondert eingegangen werden.

1. „Erste Stufe"

Auf der ersten Stufe bestimmt § 22 KUG, dass Bildnisse nur mit Einwilligung des Abgebildeten verbreitet oder öffentlich zur Schau gestellt werden dürfen. Somit wird dem Schutzbedürfnis des Abgebildeten Rechnung getragen. Dabei ist gleichgültig, ob es sich um eine der Öffentlichkeit bekannte oder unbekannte Persönlichkeit handelt. Zusammenfassend lässt sich der Sinn und Zweck der gesetzlichen Regelung mit dem Schutz des Einzelnen vor ungewollten Veröffentlichungen seines Bildnisses, und der damit zwangsläufig einhergehenden und unvermeidlichen Kenntnisnahme durch Außenstehende, erklären. Die Bewahrung der Autonomität des Einzelnen steht hierbei im Zentrum. Er soll eigenständig darüber entscheiden, ob Vorgänge aus seinem Leben der Öffentlichkeit preisgeben werden oder nicht.[159]

---

155 BGH, Urteil v. 14.10.1986, Az. VI ZR 10/86 = GRUR 1987, 128–NENA; BGHZ 143, 214 (218 f.)–Marlene; Schertz, in: Götting/ Schertz/ Seitz, a.a.O., § 12 Rdn. 3.

156 BVerfGE 101, 361 (381)–Caroline von Monaco II.

157 Canaris/ Larenz, Methodenlehre, S. 329.

158 Vgl. BVerfG, Urteil v. 26.02.2008, Az. 1 BvR 1602/07, 1 BvR 1606/07, 1 BvR 1626/07 = GRUR 2008, 539 (542)–Caroline von Hannover; BVerfG, Urteil v. 15.12.1999, Az. 1 BvR 653/96 = GRUR 2000, 446 (451)–Caroline von Monaco III; BGH, Urteil v. 06.03.2007, Az. VI ZR 13/06 = GRUR 2007, 523 (524)–Abgestuftes Schutzkonzept I; Fricke, in: Wandtke/ Bullinger, UrhR § 22, Rdn. 2.

159 BGH, Urteil v. 12.12.1985, Az. VI ZR 223/94 = NJW1996, 985 (986); Reinhardt, Persönlichkeitsschutz, S. 10; Ullmann, AfP 1999, 209 (211).

Er hat Einfluss- und Entscheidungsmöglichkeiten, soweit es die Anfertigung und Verwendung von Bildaufzeichnungen seiner Person betrifft.[160] Insbesondere die Möglichkeit der Verbreitung von sogenannten Momentaufnahmen begründet ein gesteigertes Schutzbedürfnis des Abgebildeten. Ihnen ist gerade immanent, dass sie unter nicht überschaubaren Voraussetzungen von Dritten reproduziert und beliebig verbreitet werden können. Des Weiteren kann sich ein gesteigertes Schutzbedürfnis des Abgebildeten auch aus einem heimlichen oder überrumpelnden Vorgehen des Fotografen im weitesten Sinne ergeben.[161]

2. *„Zweite Stufe"*

Wie jede gesetzliche Vorschrift bedarf auch der Zustimmungsvorbehalt einer Ausnahmeregelung. Diese wird sodann auf der zweiten Stufe vorgenommen und hat ihre gesetzliche Grundlage in § 23 Abs. 1 und § 24 KUG gefunden. Demnach werden von dem Zustimmungsvorbehalt bestimmte Bildnisse ausgenommen. Vor allem solche aus dem Bereich der Zeitgeschichte (Nr. 1).[162] Dies ermöglicht einen Ausgleich zwischen dem Persönlichkeitsrecht, der Privatsphäre des Abgebildeten einerseits und dem öffentlichen Interesse an der Bildberichterstattung andererseits.

Im Detail gliedert sich § 23 Abs. 1 KUG in vier Untergruppen. Betroffen sind dabei Bildnisse aus dem Bereich der Zeitgeschichte (Nr. 1), Bilder, auf dem die Person nur als Beiwerk neben einer Landschaft oder sonstigen Örtlichkeiten erscheint (Nr. 2), Bilder von Versammlungen, Aufzügen oder ähnlichen Vorgängen, an denen die dargestellten Personen teilgenommen haben (Nr. 3) sowie Bildnisse, die nicht auf Bestellung angefertigt worden sind, sofern die Verbreitung oder Schaustellung einem höheren Interesse der Kunst dient (Nr. 4). Eine ausführlichere Darstellung der vier Untergruppen würde den Rahmen dieser Arbeit bei weitem sprengen. Aufgrund der Komplexität konzentriert sich die vorliegende Arbeit auf § 23 Abs. 1 Nr. 1 KUG.

Zunächst ist festzustellen, dass eine Bildberichterstattung ohne § 23 Abs. 1 KUG kaum möglich wäre, woraus auch die enorme Bedeutung der Vorschrift resultiert.[163] Anderenfalls müssten die Medien bei jeder Bildveröffentlichung Kontakt mit dem oder den Abgebildeten aufnehmen. Der damit verbundene Aufwand für eine Redaktion wäre erheblich und in der Realität kaum durchführbar. Zeit- und Personalaufwand würden eine Bremswirkung für die Wirtschaftlichkeit der Presseerzeugnisse und Medien auslösen. Als Folge müsste mit einer Beschneidung der Pressefreiheit gerechnet werden, weil Redaktionen wohl vielfach von einem Abdruck absehen müssten. Eine Beeinträchtigung von Art. 5 GG wäre mithin unausweichlich.

---

160 BVerfG, Urteile v. 26.02.2008, Az. 1 BvR 1602/07, 1 BvR 1606/07, 1 BvR 1626/07 = GRUR 2008, 539–Caroline von Monaco III.

161 BVerfG, Urteile v. 26.02.2008, Az. 1 BvR 1602/07, 1 BvR 1606/07, 1 BvR 1626/07 = GRUR 2008, 539–Caroline von Monaco III.

162 Fricke, in: Wandtke/Bullinger, a.a.O., § 22 Rdn. 2.

163 BVerfG, Urteil v. 11.10.1985, Az. 2 BvR 336/85 = NJW 1986, 1425–Pakelli.

Nach § 24 KUG ist eine Bildpublikation auch ohne Einwilligung des Abgebildeten zulässig, wenn diese der öffentlichen Sicherheit oder der Rechtspflege dient. Voraussetzung ist jedoch, dass die Veröffentlichung und Verbreitung des Bildes von einer Behörde, mithin einer öffentlichen Institution, ausgeht. Problematische Veröffentlichungen, welche zu einer Persönlichkeitsrechtsverletzung des Abgebildeten führen können, werden jedoch zumeist von den Massenmedien initiiert. In diesem Fall greift § 24 KUG nicht als Ausnahme.

3. „Dritte Stufe"

Auf der dritten und letzten Stufe nimmt § 23 Abs. 2 KUG nunmehr, zugunsten des Abgebildeten, eine Einschränkung der Ausnahmeregelung von § 23 Abs. 1 KUG vor. Demnach sind der Befugnis zur Verbreitung oder öffentlichen Zurschaustellung eines Bildnisses ohne wirksame Einwilligung des Abgebildeten Grenzen gesetzt. Sie erstreckt sich nicht auf solche Bildpublikationen, die ein berechtigtes Interesse des Abgebildeten verletzt.[164] Das Gebot der Interessenabwägung gemäß § 23 Abs. 2 KUG schränkt die Ausnahmeregelung des § 23 Abs. 1 KUG in sich wieder ein.[165] Im Ergebnis bedeutet das, dass eine Veröffentlichung in einem solchen Fall nur mit Einwilligung des Abgebildeten gemäß § 22 KUG zulässig ist, sodass sich der Kreis wieder schließt.

§ 5 Das Recht am eigenen Bild nach § 22 KUG

I. Begrifflichkeit „Bildnis" i.S.v. § 22 KUG

Bildnisse im Sinne von § 22 Abs. 1 KUG sind Darstellungen einer oder mehrerer Personen, die die äußere Erscheinung des Abgebildeten in einer für Dritte erkennbaren Weise wieder geben.[166] Mit anderen Worten, die Abbildung eines Menschen die ihn als ein bestimmtes Individuum kennzeichnet.[167] Voraussetzung ist demnach ein Personenbildnis. Andernfalls ist der Begriff des Bildnisses im Sinne von § 22 Abs. 1 KUG nicht anwendbar.[168] Sollte die Erkennbarkeit des auf den Ab- oder Nachgebildeten hinweisenden Charakters für Dritte gegeben sein,[169] besteht die Möglichkeit, dass durch ein Verbreiten und eine öffentliche Zurschaustellung das Persönlichkeitsrecht des Abgebildeten betroffen ist. Voraussetzung ist hingegen

---

164 Vgl. auch Fricke, in: Wandtke/ Bullinger, a.a.O., § 22 Rdn. 2.

165 Romatka, in: FS Damm, S. 172.

166 Zum Begriff des „Bildnisses" siehe v. Strobel-Albeg, in: Wenzel, Wort- und Bildberichterstattung, Rdn. 7.8 ff.; Götting, in: Schricker/ Loewenheim, UrhR, § 60/ § 22 KUG Rdn. 14; Helle, a.a.O., S. 91; Schertz, in: Götting/ Schertz/ Seitz, a.a.O., § 12 Rdn. 5.

167 v. Becker, Straftäter und Tatverdächtige in den Massenmedien, S. 139.

168 BGH, Urteil v. 09.06.1965, Az. Ib ZR 126/63 = NJW 1965, 2148 (2149); Helle, a.a.O., S. 97; v. Strobel-Albeg, in: Wenzel, Wort- und Bildberichterstattung, Rdn. 7.13 ff.

169 Vgl. v. Becker, a.a.O., S. 140 f.

nicht das Vorliegen eines Portraits im engeren Sinne.[170] Auch kommt es nicht auf die Herstellungsweise, Art und Form des Bildnisses sowie das Medium der Publikation an.[171] Unter den Abbildungsschutz fallen Fotografien, Fotomontagen, Comic- Figuren[172], Computerspiel- Figuren[173], Zeichnungen, Gemälde, Karikaturen[174], Puppen[175], Münzprägungen[176], sowie Plastiken und Statuen die das Konterfei bzw. die Gesichtszüge einer realen Person tragen.[177] Zusammenfassend ist es bedeutungslos für die Voraussetzungen eines Bildnisses im Sinne der Darstellung einer Person, ob diese mit Mitteln der bildenden Kunst, Fotografie, oder durch ein Zusammenwirken von Maske, Mimik und Gestik dargestellt wird.[178] Auch bei der Darstellung einer Person durch Schauspieler oder Doppelgänger wird stets der Prominente für die Außenwelt abgebildet. Die tatsächlich abgebildete Person selbst wird als Individuum nicht mehr als solche erkannt. Folgerichtig sind vom Bildnisbegriff sowohl Darstellungen einer Person durch einen Schauspieler[179], im Film oder Fernsehen[180], eines Doppelgängers auf einem Foto[181] als auch Darstellungen eines Lebensbildes in der Literatur[182] erfasst. Tatbestandliche Voraussetzung ist und bleibt stets die Erkennbarkeit der dargestellten Person. Eine Abbildung die lediglich Ähnlichkeiten mit einer

---

170 Götting, in: Schricker/ Loewenheim, a.a.O., § 60/ § 22 KUG, Rdn. 15; Schertz, in: Götting/ Schertz/ Seitz, a.a.O., § 12 Rdn. 5.

171 v. Strobel-Albeg, in: Wenzel, Wort- und Bildberichterstattung, Rdn. 7.20; Schertz, in: Götting/ Schertz/ Seitz, a.a.O., § 12 Rdn. 5; Fricke, in: Wandtke/ Bullinger, a.a.O., § 22 Rdn. 5.

172 LG München, AfP 1997, 559-Gustl Bayrhammer.

173 OLG Hamburg, ZUM 2004, 309.

174 OLG Hamburg, AfP 1983, 282-Tagesschausprecher.

175 AG Hamburg NJW 2005, 196.

176 BGH, Urteil v. 14.11.1995, Az. VI ZR 410/94 = GRUR 1996, 195-Willy Brandt Gedenkmünze.

177 Zur Thematik vgl. v. Strobel-Albeg, in: Wenzel, Wort- und Bildberichterstattung, Rdn. 7.20; Götting, in: Schricker/ Loewenheim, a.a.O., § 60/ § 22 KUG Rdn. 15; Helle, a.a.O., S. 98; Schertz, Merchandising, Rdn. 311; Schertz, in: Götting/ Schertz/ Seitz, a.a.O., § 12 Rdn. 5; vgl. ebenso auch LG Stuttgart, AfP 1983, 292 (293).

178 Reber, in: Hartlieb/ Schwarz, Film-, Fernseh- und Videorecht, Kap. 25 Rdn. 3; Schertz, in: Götting/ Schertz/ Seitz, Persönlichkeitsrecht, § 12 Rdn. 6.

179 OLG Hamburg, NJW 1975, 649 (650)-Aus nichtigem Anlass?; Loewenheim/ Schertz, § 18 Rdn. 5.

180 Vgl. BGHZ 26, 52 (67)-Sherlock Holmes; OLG Hamburg, NJW 1975, 649, 650-Aus nichtigem Anlass; aufzählend Schertz, in: Götting/ Schertz/ Seitz, a.a.O., § 12 Rdn. 6.

181 BGH, Urteil v. 01.12.1999, Az. I ZR 226/97 = NJW 2000, 2201-Der blaue Engel; LG Stuttgart, AfP 1983, 292; Helle, a.a.O., S. 100 f.; aufzählend Schertz, in: Götting/ Schertz/ Seitz, a.a.O., § 12 Rdn. 6.

182 Schertz, in: Götting/ Schertz/ Seitz, a.a.O., § 12 Rdn. 6.

anderen Person, oder nur zufällige Übereinstimmungen, aufweist stellt demnach noch kein Bildnis im Sinne von § 22 Abs. 1 KUG dar.[183]

1. *Offensichtliche Erkennbarkeit*

Die Erkennbarkeit des Abgebildeten ist entscheidend für die Erfüllung des Bildnisbegriffs. Es kommt nicht auf das Verständnis des Durchschnittslesers- oder -Zuschauers an.[184] Die Annahme des Betroffenen, er könne von anderen identifiziert werden, soll genügen.[185] Eine Identifizierbarkeit im engeren Familien oder Freundeskreis genügt hingegen nicht[186], wohingegen die Erkennbarkeit durch einen mehr oder weniger großen Bekanntenkreis ausreichend ist.[187] Die Erkennbarkeit muss für einen Personenkreis vorhanden sein, den der Betroffene nicht ohne weiteres selbst unterreichten kann.[188] Andernfalls ginge der Schutzzweck des § 22 KUG fehl. Dieser besteht gerade darin, die autonome Entscheidung, ob eine Abbildung des Einzelnen in der Öffentlichkeit für andere verfügbar sein darf, einzig vom Abgebildeten selbst getroffenen werden kann und nicht gegen seinen Willen zulässig ist.[189]

Die Erkennbarkeit kann durch die Verwendung von Augenbalken zwar eingeschränkt sein, muss diese jedoch nicht ausschließen.[190] Üblicherweise wird durch derartige Versuche der Unkenntlichmachung stets nur ein kleiner Teil des Gesichts

183 Specht, in: Dreier/ Schulze, a.a.O. , § 22 KUG Rdn. 2; Götting, in: Schricker/ Loewenheim, UrhR, § 60/ § 22 KUG Rdn. 21; Fricke: in: Wandtke/ Bullinger, a.a.O., § 22 Rdn. 6 a.E.

184 BVerfG, Urteil v. 14.7.2004, Az. 1 BvR 263/03 = NJW 2004, 3619 (3620).

185 BGH, Urteil v. 01.11.1961, Az. I ZR 78/60 = GRUR 1962, 211–Hochzeitsbild; BGH, Urteil v. 26.01.1971, Az. VI ZR 95/70 = NJW, 1971, 698 (700)–Liebestropfen; OLG München, AfP 1999, 351; OLG München, AfP 1983, 276; OLG Hamburg, AfP 1975, 916; abstellend auf den Hinweis eines Dritten gegenüber dem Abgebildeten siehe v. Strobel-Albeg, in: Wenzel, Wort- und Bildberichterstattung, Rdn. 7.15; Prinz/ Peters, a.a.O., Rdn. 827; Schertz, in: Götting/ Schertz/ Seitz, a.a.O., § 12 Rdn. 8; Fricke, in: Wandtke/ Bullinger, a.a.O., § 22 KUG, Rdn. 7.

186 Fricke, in: Wandtke/Bullinger, a.a.O., § 22 KUG, Rdn. 7.

187 Vgl. BGH, Urteil v. 26.06.1979, Az. VI ZR 108/78 = GRUR 1979, 732 (733)–Fußballtor; OLG Hamburg, AfP 1993, 590; OLG Stuttgart, NJW-RR 1992, 536; OLG München, AfP 1983, S. 276; Schriecker/ Götting, Urheberrecht, § 60/ § 22 KUG Rdn. 17, 25; Ricker/ Weberling, Presserecht, Kap. 43 Rdn. 5; Specht, in: Dreier/ Schulze, a.a.O., § 22 KUG Rdn. 4; Schertz, in: Götting/ Schertz/ Seitz, a.a.O., § 12 Rdn. 8.

188 LG Köln, AfP 2005, 81 (82); OLG Köln, NJW 2005, 2554; Fricke, AfP 2005, 335; ebenso Fricke, in: Wandtke/ Bullinger, a.a.O., § 22 Rdn. 7.

189 Vgl. Götting, in: Schricker/ Loewenheim, a.a.O., § 60/ § 22 KUG Rdn. 25; Prinz/ Peters, a.a.O., Rdn. 827; Schertz, in: Götting/ Schertz/ Seitz, a.a.O., § 12 Rdn. 8.

190 Vgl. OLG Hamburg, AfP 1987, 703; AfP 1993, 590; OLG Karlsruhe, ZUM 2001, 883 (887); OLG Frankfurt, NJW 2006, 619; v. Strobel-Albeg, in: Wenzel, Wort- und Bildberichterstattung, Rdn. 7.16; Fricke, in: Wandtke/ Bullinger, a.a.O., § 22 Rdn. 7.

verdeckt.[191] Ebenso kann eine sog. Verpixelung der Gesichtszüge eine Erkennbarkeit nicht verhindern, wenn durch andere nicht verpixelte körperliche Merkmale, beispielsweise Frisur oder Kleidung, die abgebildete Person als solche für einen Teil des Zuschauer- oder Adressatenkreises hinreichend erkennbar ist,[192] wobei sich die Erkennbarkeit aus den personenbezogenen Bildelementen ergeben muss.[193] Zumeist wird es sich dabei um die Gesichtszüge einer Person handeln,[194] was allerdings nicht zwingend notwendig ist. Ebenso kann sich diese aus Figur, Bekleidung, Gestik[195] sowie körperliche Behinderungen, Muttermale, Tätowierungen, Körpersilhouette, Statur, Haltung und Haarschnitt des Abgebildeten ergeben.[196] Bei undeutlicher oder ausschnittsweiser Wiederveröffentlichung einer Abbildung wird die Erkennbarkeit durch die Bekanntheit der Erstveröffentlichung begründet werden können.[197]

2. Erkennbarkeit aus den Begleitumständen

Die Erkennbarkeit ist bereits dann gegeben, wenn die Person ohne namentliche Nennung zumindest für einen Teil des Zuschauer- oder Adressatenkreises aufgrund der begleitenden Umstände hinreichend erkennbar ist.[198] Mit anderen Worten, die Erkennbarkeit kann sich auch aus begleitenden Umständen ergeben, die neben oder außerhalb einer Abbildung liegen.[199] Eine weitere Möglichkeit der Identifizierung einer Person für Dritte ist die Verknüpfung des Bildes mit entsprechenden Unterschriften oder einem Begleittext.[200] Lassen Hinweise im Text Rückschlüsse auf die abgebildete Person zu, so kann sich daraus dessen Erkennbarkeit ergeben.[201] Sowohl Namensangaben als auch die Mitteilung anderer Umstände, beispielsweise

191 OLG Hamburg, AfP 1987, 703; AfP 1993, 590; OLG Karlsruhe, ZUM 2001, 883, 887; OLG Frankfurt, NJW 2006, S. 619.
192 LG Frankfurt, AfP 2007, 378.
193 KG Berlin, AfP 2006, 567.
194 BGH, Urteil v. 14.02.1958, Az. I ZR 151/56 = GRUR 1958, 408–Herrenreiter; BGH, Urteil v. 10.11.1961, Az. I ZR 78/60= GRUR 1962, 211–Hochzeitsbild.
195 Götting, in: Schricker/ Loewenheim, a.a.O., § 60/ § 22 KUG Rdn. 16–Charly Chaplin; Schertz, in: Götting/ Schertz/ Seitz, a.a.O., § 12 Rdn. 7.
196 BGH, Urteil v. 26.06.1979, Az. VI ZR 108/78 = GRUR 1979, 732 (733)–Fußballtor; OLG Karlsruhe, ZUM 2001, 883 (887); OLG Hamburg, AfP 1987, 703 (704)–Aidsrisiko Tätowierung; LG Berlin, AfP 1997, 732 (733)–Plakatwerbeaktion.
197 So OLG Hamburg, AfP 1993, 590; LG Bremen, GRUR 1994, 897–Fotoausschnitt; vgl. Fricke, in: Wandtke/ Bullinger, a.a.O., § 22 Rdn. 7.
198 BGH, Urteil v. 26.05.2009, Az. VI ZR 191/08, S. 6, 9 = NJW 2009, 3576–Kannibale von Rotenburg; ebenso BGH, Urteil v. 21.06.2005, Az. VI ZR 122/04–Kunstfreiheit und allgemeines Persönlichkeitsrecht.
199 OLG Frankfurt, NJW 1992, 441 (442); v. Strobel-Albeg, in: Wenzel, Wort- und Bildberichterstattung, Rdn. 7.14; Fricke, in: Wandtke/ Bullinger, a.a.O., § 22 Rdn. 7.
200 Wanckel, Foto- und Bildrecht, Rdn. 127.
201 OLG München, AfP 1983, 267 (277)–Liebesschule; aufführend auch Fricke, in: Wandtke/ Bullinger, a.a.O., § 22 Rdn. 7.

den Wohnort, sind denkbar. Ist die Identifizierbarkeit des Abgebildeten selbst nicht möglich, kann eine Erkennbarkeit dennoch bejaht werden, wenn sie sich aus der Bekanntheit der Erstveröffentlichung ergibt.[202] Es kommt stets auf die Gesamtwürdigung der Umstände an. Wobei sich die Abbildungsarten nicht nur auf Fotoaufnahmen beschränken. Ebenfalls denkbar sind Fernseh- und Filmaufnahmen, Zeichnungen, Schattenrisse und Rückenaufnahmen[203] in denen die jeweilige Person für Dritte erkennbar ist.[204] Folglich kann eine „Endindividualisierung" durch technische Mittel wie Augenbalken, Verpixelungen etc. eine Erkennbarkeit der abgebildeten Person nicht verhindern, wenn sich die Identität der Person aus dem Begleittext ergibt.[205] So können anlässlich eines zeitgeschichtlichen Ereignisses entstandene, kontextneutrale Bildnisse einer an dem Ereignis beteiligten Person nicht dazu verwendet werden, Berichte ohne Ereignisbezug zu illustrieren.[206]

3. Sonderproblem: Doppelgänger

Im Zusammenhang stellt sich häufig die Frage nach der Doppelgängerproblematik. Voraussetzung für eine Erkennbarkeit im Sinne des § 22 S. 1 KUG ist grundsätzlich der Eindruck beim Betrachter, dass es sich bei dem Abgebildeten um den bekannten Künstler selbst handelt. Auf welchem Merkmal dieser beruht, ist nicht von Belang. Ebenso kann das Nachstellen einer berühmten Filmszene den Eindruck der eindeutigen Identifizierbarkeit der bekannten Persönlichkeit begründen, wenn diese von einer ebenfalls berühmten Schauspielerin handelt.[207] Probleme bereiten nicht selten die sog. Double-Agenturen. Hierbei stellt sich regelmäßig die Frage der Erkennbarkeit. Als Beispiel dient der Fall „DJ Ötzi".[208] Im Mittelpunkt stand der Prominente Gerhard Friedle, alias DJ Ötzi, der sich gegen eine Double Agentur wehrte. Diese hatte unter anderem auch ein DJ Ötzi-Double in ihrem Angebotskatalog, welches von Kunden für die verschiedensten Events oder Partys gebucht werden konnte. Gerhard Friedle machte nunmehr zum einen die Verletzung von Markenrechten und die Verletzung des Rechts am eigenen Bild geltend. Der Anwalt Friedles erklärte, dass die Wertschätzung seines Mandanten „in unangemessener

202 BGH, Urteil v. 26.06.1979, Az. VI ZR 108/78 = GRUR 1979, 732 (733)-Fußballtor.

203 BGH, Urteil v. 26.06.1979, Az. VI ZR 108/78 = GRUR 1979, 732 (733)-Fußballtor.

204 BGH, Urteil vom 09.06.1985, Az. Ib ZR 126/63 = NJW 1965, 2148 (2149); Helle, a.a.O., S. 97; Wetzel, Das Recht der Wort und Bildberichterstattung, 7.17.; BGH, Urteil vom 01.12.1999, Az. I ZR 49/97 = NJW 2000, 2195 (2200)-Marlene Dietrich; LG Berlin, NJW-RR 2000, 555 (556).

205 Vgl. Prinz/ Peters, a.a.O., Rdn. 827; Schertz, in: Götting/ Schertz/ Seitz, a.a.O., § 12 Rdn. 7.

206 BGH, Urteil v. 28.09.2004, Az. VI ZR 305/03 = GRUR 2005, 74-Charlotte Casiraghi II; KG Berlin, AfP 2007, 221.

207 BGH, Urteil v. 01.12.1999, Az. I ZR 226/97 = NJW 2000, 2201 Der blaue Engel.

208 Solmecke, Foto- und Bildrecht, DJ Ötzi mahnt Double Agentur ab, Artikel vom 19.04.2011, www.wbs-law.de/markenrecht/dj-otzi-mahnt-double-agenturen-ab-7373/.

und schmarotzerhafter Weise ausgenutzt worden sei", was ihn zum Unterlassungs- und Schadensersatzanspruch berechtige.[209] Aufgrund des in dieser Arbeit gewählten Themenschwerpunktes wird die Problematik des Markenrechts außen vor gelassen. Der Fokus liegt klar auf dem Recht am eigenen Bild. Bei der Begründung der Rechtsgutsverletzung stellt Friedle insbesondere auf die Erkennbarkeit ab. Danach vermittle das äußere Erscheinungsbild unbeteiligten Dritte den Eindruck der Originalität. Insbesondere die Frisur, die Kleidung sowie die Gesten des Doubles ermöglichen eine solche Unterscheidung nicht. Hinzu käme die Überschrift. Auf der Website eingestellte Fotos unter der Rubrik „Star Doubles", enthielten solche des DJ-Ötzi-Doubles, betitelt mit „DJ Ötzi Live Show" und darunter „DJ Ötzi-Double". Er stellt klar, dass die Bezeichnung als „Double" an der Erkennbarkeit gemäß § 22 S. 1 KUG auf Grund der zuvor genannten Attribute nichts ändert. Es entstehe für den Betrachter der Eindruck, dass es sich bei dem Abgebildeten um den Star selbst handele.

Davon kann bei dem vorliegenden Sachverhalt gerade nicht ausgegangen werden. Es handelt sich zunächst einmal um eine Double-Agentur. Dabei impliziert der Begriff bereits, dass bei dieser lediglich Double eines bekannten Künstlers und nicht die Künstler selbst gebucht werden können. Des Weiteren ist auf dem beanstandeten Foto des Doubles dieses nochmals mit der Unterschrift „DJ Ötzi Double" gekennzeichnet. Somit scheitert eine Unverwechselbarkeit bereits daran, dass nicht der Eindruck entsteht es handele sich um den Künstler selbst. Auch wenn die Erkennbarkeit auf Grund von äußeren Erscheinungsmerkmalen gegeben ist, verhindern doch zum einen der Name der Homepage „Double-Agentur" und zum anderen insbesondere die Bildunterschrift „DJ Ötzi Double" die Verwechselbarkeit. Es ist nicht davon auszugehen, dass bei dem Betrachter der Eindruck erweckt wird es handele sich um den Künstler selbst.

II. Bedeutung und Funktion des Bildes

Mit dem Beginn der industriellen Fertigung von Fotografien im Jahre 1879 wurde der Grundstein für das „optische Zeitalter"[210] gelegt. Die Massenmedien bedienen sich dem visuellen Kommunikationsmittel. Einziges Ziel ist die Aufmerksamkeit der Leserschaft zu erregen. Bilder lassen sich vom Betrachter schnell erfassen und ermöglichen eine detaillierte Nachrichtenaufnahme von komplexen Zusammenhängen zwischen Abgebildeten und örtlichen Begebenheiten binnen Sekunden. Dabei beruht die enorme publizistische Wirkung auf der unmittelbaren Ganzheit, welche sich dem Betrachter auf den ersten Blick offenbart.[211] Nicht zuletzt werden reine

209 Ebenda.

210 Vgl. Pawek, Das optische Zeitalter, S. 15; Heiß, in: Heiß/ Caselmann/ Schorb/ Heimann (Hrsg.), Bild und Begriff, S. 27 ff. (29 f.); Engau, Straftäter und Tatverdächtige, S. 61.

211 Zu unmittelbaren Ganzheit siehe Mayer, Emotionalappell, S. 58; Engau, Straftäter und Tatverdächtige, S. 60.

Wortberichterstattungen durch Bilder interessanter gemacht.[212] Hinzu kommt die Schnelllebigkeit des modernen Zeitalters. Die breite Masse möchte schnell über alles informiert werden.[213] Ohne möglichst großen Aufwand im Bilde sein. Dieses Begehren kann die reine Wortberichterstattung nicht erfüllen. Dovifat[214] ist zuzustimmen, wenn er die starke publizistische Kraft insbesondere in der universellen Verständigungsmöglichkeit begründet sieht. Anders als bei einer Wortberichterstattung unterliegt die geistige Inhaltsaufnahme nicht der Sprachbarriere.[215] Zudem besteht das Phänomen, dass die Bevölkerung dem Bild ein höheres Maß an Glaubwürdigkeit beimisst als dem geschriebenen Wort.[216] Das Erfasste muss mithin der Wahrheit entsprechen, weil es ja „mit eigenen Augen gesehen" wurde. Die Bevölkerung vertritt die Auffassung einem Bild komme die Fähigkeit der Dokumentation zu[217], welches den Anschein der Objektivität vermittelt.[218]

Damit ist dem Missbrauch Tür und Tor geöffnet. Es gibt zwei Möglichkeiten den Aussagegehalt eines Bildes zu manipulieren. Zum einen sind die Medien durch den technischen Fortschritt zu aussageverändernden Bildmanipulation in der Lage – Tele- und Weitwinkelobjektiv, Beleuchtung und Fotomontage sei Dank.[219] Eine weitere Manipulationsmöglichkeit liegt in der Verknüpfung von Wort und Bild. Genau darin besteht die Gefahr für das Persönlichkeitsrecht des Abgebildeten. Die Kombination eröffnet den Medien die Möglichkeit dem Betrachter eine verzerrte Wirklichkeit zu vermitteln. Selbst wenn Gegenstand der Veröffentlichung eine wahrheitsgetreue Bildwiedergabe ist, so kann der Aussagegehalt des Bildes durch den beigefügten Text ins Gegenteil verkehrt werden. Der Betrachter zieht aus dem Bild nunmehr alternative Schlussfolgerungen und gewinnt einen anderen Eindruck.[220] Die eigentliche Bildaussage kann auf Grund eines Begleittextes

212 So auch Arzt, Strafrechtlicher Schutz der Intimsphäre, S. 95 und Zielemann, Der Tatverdächtige als Person der Zeitgeschichte, S. 63 ff.; zitierend Engau, a.a.O., S. 60.

213 Vgl. Keyser/ Kötzschke, Bild als Geschichtsquelle, S. 9; Rathert, Die Zeitungsillustration, S. 20; Engau, a.a.O., S. 61.

214 Vgl. Dovifat, Publizistik–AT, Bd 1, S. 246, „Aus seiner Natur bringt das Bild alle Voraussetzungen, die Massen anzusprechen."

215 So auch Engau, a.a.O., S. 50.

216 So festgestellt BGH, Urteil v. 10.12.1991, Az. VI ZR 53/91 = GRUR 1962, 211–Hochzeitsbild.

217 Zur dokumentierenden Wirkung siehe Fabian, in: Dovifat (Hrsg.), Publizistik, Bd. 2 Teil 1, S. 48 (51 f.); Engau, a.a.O., S. 58.

218 Zur Objektivität vgl. Mösslang, in: Dovifat (Hrsg.), Publizistik, Bd. 2 Teil 1, S. 91 ff. (95); Dovifat, a.a.O., S. 249 f.; Engau, a.a.O., S. 58.

219 L. Martin, in: Publizistik, Bd. 3, S. 143 ff.; zum Bildmissbrauch siehe Mössling, in: Dovifat (Hrsg.), Publizistik, Bd. 2 Teil 1, S. 91 ff. (102 f.); Meyn, Massenmedien, S. 84; Engau, a.a.O., S. 59.

220 Vgl. Mösslang, in: Dovifat (Hrsg.), a.a.O., S. 91 ff. (103); U. Müller, a.a.O., S. 49, 58 ff.; aufgreifend Engau, a.a.O., S. 59.

somit verstärkt, erweitert oder verändert werden.[221] Mössling[222] geht sogar so weit, dass ein das Bild begleitender Text unentbehrlich sei, weil es allein noch keinen Nachrichtenwert besitze. Er sieht den Wert des Fotos ausschließlich in der Trägereigenschaft für eine Nachricht selbst.[223] Ob dem gefolgt werden kann, ist fraglich. Auch dem „nackten" Bild selbst kommt ein Nachrichtenwert zu. Dieser mag sicherlich von Foto zu Foto unterschiedlich stark ausgeprägt sein, jedoch liegt er nicht allein in der Verknüpfung mit einer Wortberichterstattung. Eine solche ermöglicht, wie bereits erwähnt, eine Veränderung oder Unterstützung des Aussagegehaltes. Dem Bildnis selbst einen Aussagegehalt zu versagen, erscheint hingegen zu radikal und eindimensional. Ein Bild kann durchaus eine Nachricht darstellen, man denke nur an Bilder von Demonstrationen oder solche vom Terroranschlag des 11. September 2002. Sicherlich hat die mit der Veröffentlichung einhergehende Wortberichterstattung zumeist eine erklärende Wirkung. Was jedoch keinesfalls die Schlussfolgerung rechtfertigt, dass dem Foto selbst jeglicher Nachrichtenwert abzuerkennen ist.

III. Einwilligungserfordernis gemäß § 22 Satz 1 KUG

Die Verbreitung und öffentliche Zurschaustellung von Bildnissen einer Person dürfen nur mit dessen Einwilligung verbreitet werden. § 22 S. 1 KUG nennt die Einwilligung explizit als Voraussetzung für die Zulässigkeit einer Bildpublikation. Aus der Verbundenheit des Rechts am eigenen Bild, als besonderes Persönlichkeitsrecht, zum allgemeinen Persönlichkeitsrecht, folgt, dass allein dem Abgebildeten die Befugnis zusteht, darüber zu befinden, ob und in welcher Weise er der Öffentlichkeit im Bild vorgestellt wird.[224] Andernfalls hätte er keinerlei Kontrolle über die Nutzung seines Bildes, mithin weder Ansprüche auf finanzielle Vergütung noch Entschädigung. Die Einwilligung muss gewissen Standard genügen um die Zulässigkeit der Veröffentlichung begründen zu können.

221 Zur Wirkung eines bildbegleitenden Textes Huhndorf, in: Dovifat (Hrsg.), Publizistik, Bd. 2 Teil 1, S. 56 ff. (59 f.); hierzu ebenfalls Mösslang, in: Dovifat (Hrsg.), a.a.O., S. 91 ff. (103); BGH, Urteil v. 10.12.1992, Az. VI ZR 53/92 = NJW 1992, 1312 ff. (1313)–Korruptionsprozess; Engau, a.a.O., S. 59.

222 Mösslang, in: Dovifat (Hrsg.), a.a.O., S. 91 ff. (98), „Ein Pressefoto allein ist eben noch keine Nachricht. (...) Die Nachricht selbst aber muss dem Foto hinzugefügt werden (...). Hinter dieser „Selbstverständlichkeit" verbirgt sich erst der eigentliche Wert und der Unwert des Fotos in der Presse."; aufgreifend Engau, a.a.O., S. 59.

223 Gleicher Ansicht wie Mösslang ist auch Stiewe, Das Bild als Nachricht und Rathert, a.a.O., S. 21 Fn. 31, insb. Nr. 1.

224 BGH, Urteil v. 06.03.2007, Az. VI ZR 51/06, S. 5–Caroline von Hannover.

1. Rechtsnatur der Einwilligung

Die Einwilligung legalisiert die Bildnisveröffentlichung. Die rechtliche Einordnung der Einwilligung ist nicht unumstritten.[225] Die verbreitetere Auffassung sieht in der Einwilligung gemäß § 22 KUG, rein rechtlich, eine empfangsbedürftige Willenserklärung, für welche die §§ 104 ff. BGB gelten.[226] Begründet wird dies hauptsächlich mit dem Minderjährigenschutz.[227] Folge ist die Wirksamkeit der Einwilligung von der Geschäftsfähigkeit des Abgebildeten abhängig.[228] Die Gegenauffassung[229] sieht in der Einwilligung einen Realakt, für dessen Auslegung die Grundsätze für rechtsgeschäftliche Willenserklärungen herangezogen werden können.

Der Meinungsstreit ist in der Rechtspraxis als relativ bedeutungslos anzusehen, denn nach allen Auffassungen können die Grundsätze für rechtsgeschäftliche Willenserklärungen bei der Auslegung heran gezogen werden. Dennoch soll nicht unerwähnt bleiben, dass der herrschenden Meinung grundsätzlich der Vorzug einzuräumen ist. Insbesondere die von Schertz[230] und Dasch[231] angeführten Argumente vermögen hier zu überzeugen. Beide stellen auf die zunehmend stattfindende Kommerzialisierung des Rechts am eigenen Bild und der damit verbundenen Gefahr für den Minderjährigenschutz ab. Darüber hinaus führen sie an, dass sich die Einwilligung als rechtsgeschäftliche Erklärung qualifiziere, indem das Recht am eignen Bild als vermögenswertes Ausschließlichkeitsrecht anerkannt wurde. Zudem entspricht die Anerkennung der Einwilligung als Willenserklärung der Vertragspraxis. Zumeist wird eine Einwilligung des Abgebildeten gegen die Zahlung eines bestimmten Entgelts erfolgen, was wiederrum vertraglich zwischen den Parteien vereinbart wird.[232] Als weiteres Argument für die herrschende Meinung lässt sich zudem der Wortlaut des Gesetzes anführen. Eine Entlohnung wird nach § 22 S. 1 KUG als gleichsam vertragliche Gegenleistung der Einwilligung ausdrücklich gegenüber gestellt.[233] Grundsätzlich folgt aus der Qualifizierung der Einwilligung

225 Dasch, Recht am eigenen Bild, S. 38, 57; Soehring, Presserecht, Rdn. 19.44; Ricker/ Weberling, Presserecht, Kap. 43 Rdn. 6; BGH, Urteil v. 18.03.1980, Az. VI ZR 155/78 = NJW 1980, 1903 (1904)–Arzthaftung.

226 OLG München, ZUM 2001, 708; Frömming/ Peters NJW 1996, 958; ; Helle, a.a.O., S. 117; Prinz/ Peters, a.a.O., Rdn. 248; Soehring, Presserecht, Rdn. 19.44.

227 Dasch, a.a.O., S. 38, 57; Soehring, Presserecht, Rdn. 19.44 ff. (45); Ricker/ Weberling, Presserecht, Kap. 43 Rdn. 6; exemplarisch aufzählend auch Schertz, in: Götting/ Schertz/ Seitz, a.a.O., § 12 Rdn. 18.

228 OLG München, AfP 2001, 400; Burkhardt, in: Wenzel, a.a.O., Rdn. 6.93.

229 Insb. BGH, Urteil v. 18.03.1980, Az. VI ZR 155/78 = NJW 1980, 1903 (1904)–Arzthaftung.

230 Siehe Schertz, Merchandising, Rdn. 317 m.w.N.

231 Siehe Dasch, a.a.O., S. 38.

232 So auch Dasch, a.a.O., S. 58; v. Strobel–Albeg, in: Wenzel, Wort- und Bildberichterstattung, Rdn. 7.60 ff.; Schertz, a.a.O., Rdn. 318; Schertz, in: Götting/ Schertz/ Seitz, a.a.O., § 12 Rdn. 20.

233 So auch Schertz, in: Götting/ Schertz/ Seitz, a.a.O., § 12 Rdn. 18.

als rechtsgeschäftliche Willenserklärung nach §§ 104 ff. BGB, dass diese nicht frei widerrufen und ebenso durch einen Bevollmächtigten erteilt werden kann.[234] Ausnahmen von der Unwiderruflichkeit sind zugelassen.[235]

2. *Einwilligungserklärung*

Eine Einwilligung kann ausdrücklich, konkludent oder stillschweigend erteilt werden.[236] Die Voraussetzung einer stillschweigenden Einwilligungserteilung ist, dass die abgebildete Person die Herstellung der Aufnahme in Kenntnis ihres Zwecks billigt.[237] Diese muss aus Sicht eines objektiven Erklärungsempfängers eindeutig in der Lautlosigkeit beziehungsweise dem Nichthandeln zum Ausdruck gebracht werden. Wer sich beispielsweise zu einem Fernsehinterview zur Verfügung stellt, willigt stillschweigend in die Ausstrahlung ein.[238] Die Frage, ob eine stillschweigende Einwilligung vorliegt, ist nach den allgemeinen Auslegungsregeln der §§ 133, 157 BGB zu beantworten. Dabei stellt das bloße Hinnehmen der Aufnahme noch keine Einwilligung in die Veröffentlichung dar.[239] Voraussetzung für eine stillschweigende Einwilligung ist deshalb, dass dem Betroffenen u.a. der Zweck der Veröffentlichung bekannt ist.[240] Daraus folgt, dass der Betroffene stets über Art und Weise der Veröffentlichung in Kenntnis zu setzen ist. In Aufnahmen, welche beispielsweise nur durch das Ausnutzen eines Überraschungseffektes bzw. einer Überrumpelung durch ein Kamerateam entstanden kann keine stillschweigende Einwilligung gesehen werden. Der Abgebildete lässt die Aufnahmen lediglich geschehen.[241] Liegt eine Einwilligung in die Herstellung von Fotos oder Filmaufnahmen vor, beispielsweise bei

---

234 OLG München, AfP 2001, 400; zum Charakter der Einwilligung siehe Burkhardt, in: Wenzel, a.a.O., Rdn. 6.92 ff.; zur Widerruflichkeit der Einwilligung siehe v. Strobl-Albeg, in: Wenzel, Wort- und Bildberichterstattung, Rdn. 6.83 ff.

235 Götting, in: Schricker/Loewenheim, a.a.O., § 60/ § 22 KUG Rdn. 41; Loewenheim/ Schertz, Hdb. UrhR, § 18 Rdn. 10; Schertz, in: Götting/ Schertz/ Seitz, a.a.O., § 12 Rdn. 18.

236 BGH, Urteil v. 28.09.2004, Az. VI ZR 305/03 = GRUR 2005, 74–Charlotte Casiraghi II; BGH, Urteil v. 14.11.1995, Az. VI ZR 410/94 = GRUR 1996, 195 (196)–Willy Brandt Gedenkmünze; Götting, in: Schricker/ Loewenheim, a.a.O., § 60/ § 22 KUG Rdn. 43; v. Strobel-Albeg, in: Wenzel, a.a.O., Rdn. 7.63; Schertz, in: Götting/ Schertz/ Seitz, a.a.O., § 12 Rdn. 19.

237 BGH, Urteil v. 20.02.1968, Az. VI ZR 200/66 = GRUR 1968, 652 (654)–Ligaspieler.

238 OLG Hamburg, AfP 2005, 73, 74; LG Köln, AfP 1989, 766.

239 Vgl. Prinz/ Peters, a.a.O., Rdn. 834; ebenso Schertz, in: Götting/ Schertz/ Seitz, a.a.O., § 12 Rdn. 19.

240 Fricke, in: Wandtke/Bullinger, a.a.O., § 22 KUG Rdn. 15, „(...) dem Betroffenen Zweck, Art und Umfang (...) bekannt sind".

241 Vgl. dazu Wanckel, a.a.O., Rdn. 141; Bezug nehmend Schertz, in: Götting/ Schertz/ Seitz, a.a.O., § 12 Rdn. 19.

einer Modenschau[242] oder einem Fotoshooting[243], so kann darin nicht zugleich eine stillschweigende Einwilligung in die Verwendung dieser Fotos bzw. Bildaufnahmen für kommerzielle Verwertung bzw. Merchandisingmaßnahmen gesehen werden. Ausnahmsweise kann eine solche Aufklärung unterbleiben, wenn der Abgebildete erkennbar kein Interesse an dem Zweck der Aufnahme hat.[244] Dies wird jedoch höchst selten zutreffen. In die Verbreitung von Ton- und Bildaufnahmen eines Interviews in zeitnahem Zusammenhang ist eine konkludente Einwilligung des Abgebildeten zu sehen, wenn der Betreffende trotz Kenntnis der Aufzeichnung und späteren Verbreitung bereitwillig auf Fragen Auskunft erteilt.

Ausdrückliche Einwilligungen sind die unproblematischste Form. Diese kann mündlich oder schriftlich erfolgen. Typische Gestaltungen in der Praxis sind Moderations-, Schauspieler- oder Künstlerverträge der Unterhaltungsindustrie, ebenso Merchandising- und Werbeverträge.[245] In der Modebranche ist es hingegen üblich, dass das Model die Nutzung der hergestellten Aufnahmen für bestimmte, vertraglich festgelegte, Zwecke gestattet, sog. model release.[246] Die geschlossenen Verträge sind regelmäßig derartig detailliert, dass die konkrete Einwilligung in die Verbreitung von Fotos oder Filmaufnahmen bezüglich des zulässigen Umfangs explizit festgelegt ist.

3. Reichweite und Umfang der Einwilligung

Die Natur der Einwilligung ist grundsätzlich rein schuldrechtlicher Natur.[247] Es ist jedoch auf Grund der Eigenart der Einwilligung anerkannt, dass auch beim Recht am eigenen Bild Nutzungsrechte an dem Bildnis selbst mit dinglicher Wirkung Dritten gegenüber eingeräumt werden können.[248] Begründet wird dies zum einen mit der Anlehnung des Rechts am eigenen Bild an die Figur der gebundenen Rechtsübertragung aus dem Urheberrecht und zum anderen mit der zunehmenden Kommerzialisierungsproblematik des Rechts am eigenen Bild.[249] Das Persönlichkeitsrecht selbst ist damit nicht auf Dritte übertragbar. Bei der Einräumung eines entsprechenden Nutzungsrechts, in die Veröffentlichung bzw. grundsätzliche Verwendung eines Bildnisses, steht dem Einwilligungsempfänger ein eigenes Abwehrrecht gegen Dritte zu.[250]

---

242 OLG Koblenz, GRUR 1995, 771 ff.; LG Düsseldorf, AfP 2003, 469 (470); siehe auch Wanckel, a.a.O., Rdn. 137; Schertz, in: Götting/ Schertz/ Seitz, a.a.O., § 12 Rdn. 19.

243 OLG Hamburg, AfP 1999, 486 (487 ff.)-Backstreet Boys; siehe auch Schertz, in: Götting/ Schertz/ Seitz, a.a.O., § 12 Rdn. 19.

244 Soehring, Presserecht, Rdn. 19.46 b.

245 Vgl. Schertz, in: Götting/ Schertz/ Seitz, a.a.O., § 12 Rdn. 20.

246 Vgl. Wanckel, a.a.O., Rdn. 145; Schertz, in: Götting/ Schertz/ Seitz, a.a.O., § 12 Rdn. 20.

247 Helle, a.a.O., S. 109.

248 Schertz, in: Götting/ Schertz/ Seitz, a.a.O., § 12 Rdn. 21; ausführlich dazu Schertz, Merchandising, Rdn. 375-382.

249 Ebenda.

250 Vgl. Schertz, a.a.O., Rdn. 381.

Die Reichweite der Einwilligung ist durch Auslegung entsprechend §§ 133, 157 BGB nach den Umständen des Einzelfalls zu ermitteln.[251] Sie hängt wesentlich von der Art der Veröffentlichung ab, die den unmittelbaren Anstoß für ihre Erteilung gab.[252] Sie kann zeitlich, räumlich und sachlich beschränkt oder unbeschränkt erteilt werden.[253] Für die Auslegung kann die urheberrechtliche Zweckübertragungsregel gemäß § 31 Abs. 5 UrhG entsprechend angewendet werden.[254] Die urheberrechtliche Zweckübertragungsregel kommt dann analog zur Anwendung, wenn der Umfang und die Reichweite der Einwilligung zu ermitteln sind.[255] Denn die Verbreitung wird nur von dem vertraglich vereinbarten Zweck gedeckt.[256] Darüber hinaus besteht keine Einwilligung. Wie bereits zuvor erwähnt, bedarf es in Zweifelsfällen einer Auslegung der Umstände des Einzelfalls. Ist Umfang und Zweck der Einwilligung durch den Abgebildeten nicht bestimmt worden, so ist die Frage nach Erfüllung des Vertrags- bzw. Aufnahmezwecks unumgänglich. Daraus folgt, dass auch bei einer unbeschränkten Einwilligung Grenzen bei der Verwertbarkeit bestehen, jedoch der reine Zeitablauf nicht zum Erlöschen der Einwilligung führt.[257] Die Rechtsprechung hat jedoch bereits Ausnahmen anerkannt.[258] Danach kann ein Bildnis, dessen Aufnahme im Zusammenhang mit der beruflichen Tätigkeit und mit Einwilligung des Abgebildeten erfolgte, nur solange veröffentlicht werden, wie der Abgebildete die berufliche Stellung tatsächlich inne hat.[259] Ebenso darf ein Bildnis im Zusammenhang mit einer grundsätzlich zulässigen Berichterstattung nicht veröffentlicht werden, wenn dieses in einer bestimmten Lebensphase des Abgebildeten angefertigt wurde.[260] Des Weiteren ist auch eine Veröffentlichung eines Nacktfotos trotz entsprechender Einwilligung nicht zulässig, wenn sich die Einwilligung ausschließlich

---

251 BGH, Urteil v. 08.05.1956, Az. I ZR 62/54 = GRUR 1956, 427 (428)–Paul Dahlke; BGH, Urteil v. 28.09.2004, Az. VI ZR 305/03 = GRUR 2005, 74 (75)–Charlotte Casiraghi II.

252 BGH, Urteil v. 06.02.1979, Az. VI ZR 46/77 = GRUR 1979, 425 (426)–Fußballkalender; BGH, Urteil v. 28.09.2004, Az. VI ZR 305/03 = GRUR 2005, 74 (75)–Charlotte Casiraghi II.

253 Helle, a.a.O., S. 109; Götting, in: Schricker/ Loewenheim, a.a.O., § 60/ § 22 KUG Rdn. 44; Loewenheim/ Schertz, in: Loewenheim, UrhR, § 18 Rdn. 13; Schertz, in: Götting/ Schertz/ Seitz, a.a.O., § 12 Rdn. 21.

254 OLG München, ZUM 2006, 936; Specht, in: Dreier/ Schulze, a.a.O., § 22 KUG Rdn. 21; Prinz/ Peters, a.a.O., Rdn. 837; Götting, in: Schricker/ Loewenheim, UrhR, § 60/ § 22 KUG Rdn. 44.

255 Schertz, in: Loewenheim, a.a.O., § 18 Rdn. 13; Schertz, in: Götting/ Schertz/ Seitz, a.a.O., § 12 Rdn. 21.

256 OLG Hamburg, ZUM 1995, 637; OLG Hamburg, AfP 1995, 508 ff.; Prinz/ Peters, a.a.O., Rdn. 837; / v. Strobel-Albeg, in: Wenzel Wort- und Bildberichterstattung, Rdn. 7.77, 7.80; Schertz, in: Götting/ Schertz/ Seitz, a.a.O., § 12 Rdn. 21.

257 LG München I, ZUM-RD 2008, 309.

258 OLG Köln, AfP 1999, 377.

259 OLG Köln, AfP 1999, 377.

260 Fricke, in: Wandtke/ Bullinger, a.a.O., § 22 KUG Rdn. 17.

auf die Veröffentlichung in einem Biologiebuch bezieht und Jahre später dann durch eine Ausstrahlung im Fernsehen erfolgt.[261]

4. *Geschäftsfähigkeit des Einwilligenden*

Ist der Einwilligende geschäftsunfähig, so bedarf es der Einwilligung des gesetzlichen Vertreters. Bei beschränkt Geschäftsfähigen, insbesondere bei einsichtsfähigen Minderjährigen bedarf es sowohl der Einwilligung des beschränkt Geschäftsfähigen selbst, als auch des gesetzlichen Vertreters, sog. Doppelzuständigkeit.[262] Das Alter der Einsichtsfähigkeit wird in der Regel auf 14 Jahre festgesetzt.[263] Eine Ausnahme von der doppelten Einwilligung ist dann zu machen, wenn der Minderjährige von seinem gesetzlichen Vertreter zur Tätigkeit im Rahmen eines Dienst- oder Arbeitsverhältnisses gemäß § 113 BGB ermächtigt wird. In diesem Rahmen kann der Minderjährige eine Einwilligung selbstständig erteilen.[264]

5. *Willensmängel zum Zeitpunkt der Einwilligungserteilung*

Eine Einwilligung muss frei von Willensmängeln sein. Davon ist auszugehen, wenn dem Einwilligenden Zweck, Art und Umfang der geplanten Verwendung des Bildnisses bei Einwilligungserteilung bekannt ist.[265]

6. *Widerruf der Einwilligung*

Die rechtsgeschäftliche Willenserklärung ist grundsätzlich nicht frei widerruflich. Fraglich ist jedoch, ob von diesem Grundsatz Ausnahmen gemacht werden können, und wenn ja in welchem Umfang.

Helle[266] und von Gamm[267] sehen eine einmal erteilte Einwilligung als widerruflich an, wenn sich seit dem Zeitpunkt der Erteilung die Umstände derart geändert haben. Sie befürworten mithin einen Widerruf nur ausnahmsweise und nicht generell.[268] Voraussetzung ist stets, dass die Veröffentlichung den Betroffenen nunmehr in seiner Persönlichkeit empfindlich beeinträchtigt.[269] Eine solche Beeinträchtigung kann angenommen werden, wenn sich die innerliche Einstellung des Abgebildeten

---

261 BGH, Urteil v. 22.01.1985, Az. VI ZR 28/83 = GRUR 1985, 398 (399)–Nacktfotos.

262 Götting, in: Schricker/ Loewenheim, a.a.O., § 60/ § 22 KUG Rdn. 24; siehe auch Fricke, in: Wandtke/Bullinger, a.a.O., § 22 KUG Rdn. 14.

263 Götting, in: Schricker/ Loewenheim, a.a.O., § 60/ § 22 KUG Rdn. 42; Specht, in: Dreier/ Schulze, a.a.O., § 22 KUG Rdn. 26; Fricke, in: Wandtke/Bullinger, a.a.O., § 22 KUG Rdn. 26.

264 Specht, in: Dreier/ Schulze, a.a.O., § 22 KUG Rdn. 27; Fricke, in: Wandtke/Bullinger, a.a.O., § 22 KUG Rdn. 14.

265 Vgl. Specht, in: Dreier/ Schulze, a.a.O., § 22 KUG, Rdn. 19.

266 Helle, a.a.O., S. 118.

267 v. Gamm, UrhG, Einführung, Rdn. 109.

268 Ebenso Helle, AfP 1985, 95 (100); LG Oldenburg, GRUR 1988, 694–Grillfest.

269 v. Gamm, UrhG, Einführung, Rdn. 109; Helle, a.a.O., S. 118.

grundlegend verändert hat.[270] Dagegen beschränkt Steffen[271] die Widerruflichkeit durch den Grundsatz von Treu und Glauben. Hat der Abgebildete durch die Einwilligung einen Vertrauenstatbestand bei seinem Gegenüber geschaffen, bedarf es für den Widerruf eines wichtigen Grundes.[272] Dies gilt insbesondere dann, wenn die Weiterverwendung des Fotos auf Grund gewandelter Überzeugung persönlichkeitsrechtsverletzend wäre, und insofern dem Einwilligungsgeber ein Festhalten an der zuvor erteilten Einwilligung nicht zumutbar ist.[273] Somit will nicht nur Steffen den willkürlichen Widerruf durch den Abgebildeten verhindern, um somit eine Rechtsunsicherheit auf Seiten des Veröffentlichenden zu vermeiden. Vielmehr bildet diese Ansicht die überwiegende Meinung.[274] Engels[275] hält die Einwilligung im Hinblick auf spätere Veröffentlichungen bei Vorliegen eines wichtigen Grundes für widerruflich. Fricke lässt die Äußerung des Abgebildeten, dass er eine weitere Veröffentlichung ab sofort nicht mehr wünsche, als wirksamen Widerruf genügen.[276] Das LG Hamburg[277] hat in einem sog. Überrumpelungsfall den Widerruf einer spontan erteilten Einwilligung unter Berufung auf den in §§ 312, 355 BGB enthaltenen Grundsatz von Treu und Glauben gestattet. Der Betroffene hatte aufgrund des Überraschungsmoments seine Einwilligung in die Veröffentlichung von Filmmaterial erteilt, nachdem ein Kamerateam ihn in seinem Haus überrascht hatte. Im Falle einer lediglich subjektiven empfundenen Unzufriedenheit mit einem geführten Interview, sei es wegen der gegebenen Antworten oder nicht gestellter Fragen, ist kein wichtiger Widerrufsgrund zu sehen.[278] Die Rechtsprechung verlangt, ähnlich wie die überwiegende Ansicht der Literatur[279], das Vorliegen eines wichtigen Grundes. Sie bezieht sich dabei auf die analoge Heranziehung des § 42 UrhG, welcher

270 Specht, in: Dreier/ Schulze, a.a.O., § 22 KUG Rdn. 35; Frömming/ Peters, NJW 1996, 958; Schertz, in: Loewenheim, a.a.O., § 18 Rdn. 10; v. Strobl-Albeg, in: Wenzel, a.a.O., Rdn. 7.85.

271 Steffen, in: Löffler, Presserecht, § 6 LPG Rdn. 127.

272 Vgl. zur Thematik auch v. Strobel-Albeg, in: Wenzel, Wort- und Bildberichterstattung, Rdn. 7.84.

273 Ebenso v. Strobel-Albeg, in: Wenzel, Wort- und Bildberichterstattung, Rdn. 7.84 f; Götting, in: Schricker/ Loewenheim, a.a.O., § 60/ § 22 KUG, Rdn. 41; Schertz, in: Götting/ Schertz/ Seitz, a.a.O., § 12 Rdn. 22; vgl. Ricker/ Weberling, Presserecht, Kap. 43, Rdn. 7.

274 Beispielhaft statt Vieler v. Strobel-Albeg, in: Wenzel, Wort- und Bildberichterstattung, Rdn. 7.84 f; Götting, in: Schricker/ Loewenheim, a.a.O., § 60/ § 22 KUG, Rdn. 41; Schertz, in: Götting/ Schertz/ Seitz, a.a.O., § 12 Rdn. 22; vgl. Ricker/ Weberling, Presserecht, Kap. 43, Rdn. 7.

275 Engels, in: Möhring / Nicolini, UrhG, § 22 KUG Rdn. 46.

276 Fricke, in: Wandtke/ Bullinger, a.a.O., § 22 KUG Rdn. 19 a.E.

277 Vgl. LG Hamburg, NJW-RR 2005, 1357.

278 Vgl. Fricke, in: Wandtke/ Bullinger, a.a.O., § 22 KUG Rdn. 20; ebenso Prinz/ Peters, a.a.O., Rdn. 814.

279 Statt vieler Steffen, in: Löffler, a.a.O., § 6 LPG Rdn. 127; v. Strobel-Albeg, in: Wenzel, Wort- und Bildberichterstattung, Rdn. 7.84 f.; Götting, in: Schricker/ Loewenheim,

den Rückruf wegen gewandelter Überzeugung regelt.[280] Die Notwendigkeit eines wichtigen Grundes für den Widerruf gilt insbesondere, wenn die Einwilligung vertraglich erteilt und mit einer Gegenleistung vereinbart wurde.[281] Einen solchen hat die Rechtsprechung im Wandel der inneren Einstellung des Abgebildeten nach Ablauf einer gewissen Zeit gesehen.[282] Beispielhaft sei hier ein Fall genannt, welcher eine ehemalige Prostituierte betrifft.[283] Diese hatte zu einem früheren Zeitpunkt die Einwilligung zur Veröffentlichung von Fotos in „eindeutigem" Sachzusammenhang erteilt, diese zu einem späteren Zeitpunkt widerrufen. Als wichtigen Grund hatte die den vollständigen Rückzug aus dem Milieu genannt. Das Gericht gestattete den Widerruf.[284] Hingegen hat das OLG München[285] einen wirksamen Widerruf für eine vor zwei Jahren erteilte Einwilligung zur Veröffentlichung von Aktbildern abgelehnt. Der alleinige Wunsch der betreffenden jungen Schauspielerin, sie wolle in Zukunft nur noch in seriösen Film- und Fernsehproduktionen vor der Kamera mitwirken, sei hierfür, so das Gericht, nicht ausreichend.[286]

Das BVerfG stellt fest, dass ein Einwilligungswiderruf nur wirksam ist, wenn der Betroffene die Beeinträchtigung seiner Privatsphäre „situationsübergreifend und konsistent zum Ausdruck bringt, und zwar sowohl bei der Gestattung von Berichten über Vorgänge aus der eigenen Privatsphäre als auch bei deren Rückgängigmachung".[287] Eine mehreren Medien gegenüber erteilte Einwilligung kann nur dann wirksam widerrufen werden, wenn der Widerruf umfassend, also allen Medien gegenüber, erklärt wird.[288] Wurde allen Medien gegenüber der Widerrufsgrund der Einwilligung mitgeteilt, kann von diesem Erfordernis abgesehen wurde. Dann ist auch der nur einem Medienvertreter gegenüber erklärte Widerruf für alle anderen Medien bindend.[289]

---

a.a.O., § 60/ § 22 KUG, Rdn. 41; Schertz, in: Götting/ Schertz/ Seitz, a.a.O., § 12 Rdn. 22; Ricker/ Weberling, Presserecht, Kap. 43, Rdn. 7.

280 OLG München, NJW-RR 1990, 999, 1000; LG Bielefeld, NJW-RR 2008, 715, 717; LG Köln, AfP 1996, 186, 187.

281 BGH, Urteil v. 14.10.1986, Az. VI ZR 10/86 = GRUR 1987, 128-NENA; OLG München, AfP 1989, 570 (571); Steffen, in: Löffler, a.a.O., § 6 LPG Rdn. 127 a.E.; vgl. Ausführungen zu dem Thema Fricke, in: Wandtke/ Bullinger, a.a.O., § 22 KUG Rdn. 20.

282 OLG München, AfP 1989, 570 (571).

283 Vgl. Helle, a.a.O., S. 100; Schertz, in: Götting/ Schertz/ Seitz, a.a.O., § 12 Rdn. 22.

284 Vgl. Helle, a.a.O., S. 100; Schertz, in: Götting/ Schertz/ Seitz, a.a.O., § 12 Rdn. 22.

285 OLG München, AfP 1989, 570 (571).

286 Ebenda.

287 BVerfG, Urteil v. 15.12.1999, Az. 1 BvR 653/96 = GRUR 2000, 446 (450)-Caroline von Monaco III; vgl. BGH, Urteil v. 19.10.2004, Az. VI ZR 393/03 = GRUR 2005, 76 (78)-Rivalin von Uschi Glas; aufgreifend Fricke, in: Wandtke/ Bullinger, a.a.O., § 22 Rdn. 20.

288 Specht, in Dreier/ Schulze, a.a.O., § 22 KUG Rdn. 35.

289 Fricke, in: Wandtke/ Bullinger, a.a.O., § 22 KUG, Rdn. 20.

Handelt es sich bei dem betreffenden Bildnis um ein solches eines beschränkt Geschäftsfähigen, beispielsweise eines Minderjährigen, muss der Widerruf aus wichtigem Grund sowohl vom Abgebildeten selbst als auch von seinem gesetzlichen Vertreter erklärt werden. Mit der Einschränkung, dass die Einwilligung ebenfalls von beiden erklärt wurde.[290]

Im Falle eines wirksamen Widerrufes hat der Erklärungsempfänger keinen Anspruch auf eine Entschädigungszahlung. Dies würde die Ausübung des Selbstbestimmungsrechts unverhältnismäßig erschweren.[291] Einige Vertreter der Literatur[292] wollen einen Aufwendungsersatz bei Ausübung des Widerrufs wegen geänderter Umstände entsprechend § 42 Abs. 3 UrhG möglich machen. Hingegen hat die Rechtsprechung[293] klargestellt, dass sich eine analoge Heranziehung von § 42 Abs. 3 UrhG mangels Interessenidentität verbietet. Das Recht am eigenen Bild stellt, anders als das Nutzungsrecht an Werken der Literatur, Wissenschaft und Kunst, ein besonderes Persönlichkeitsrecht dar. Es genießt einen erheblich stärkeren Schutz. Der Widerrufsempfänger hat jedoch beim Vorliegen eines Vertrauenstatbestandes einen Anspruch auf Ersatz des Vertrauensschadens analog § 122 BGB.[294]

7. *Einwilligung post mortem*

Eine Einwilligung des Abgebildeten kann auch nach dessen Tod, beispielsweise durch seine Erben, noch wirksam erteilt werden. Die Wahrnehmungsberechtigung ist den Angehörigen auf Grund ihrer persönlichen Bindung zum Verstorbenen als eigene Rechtsposition übertragbar.[295] § 22 S. 3, 4 KUG stellt eine gesetzliche Regelung dar. Danach bedarf eine Bildpublikation bis zu zehn Jahre nach dem Tode des Abgebildeten der Einwilligung der Angehörigen oder des eingetragenen Lebenspartners nach dem LPartG.[296] Zu beachten gilt, dass es für eine zulässige Veröffentlichung eines Abbildes des Verstorbenen einer wirksamen Einwilligung aller berechtigten Angehörigen bedarf.[297] Eine Ausnahme von dem Grundsatz der Einwilligungsbedürftigkeit durch die Angehörigen ist jedoch dann zu machen, wenn der Verstorbene bereits zu Lebzeiten einen Stellvertreter mit der Wahrnehmung seiner Interessen im Zusammenhang mit Bildnispublikation betraut hat. Die Einwilligung

---

290 Specht, in: Dreier/ Schulze, a.a.O., § 22 KUG Rdn. 35; Fricke, in: Wandtke/ Bullinger, a.a.O., § 22 KUG Rdn. 20 a.E.

291 Vgl. Schertz, in: Götting/ Schertz/ Seitz, a.a.O., § 12 Rdn. 23.

292 Frömming/ Peters, NJW 1996, 958 (959); aufzählend auch Fricke, in: Wandtke/ Bullinger, a.a.O., § 22 KUG Rdn. 20.

293 Vgl. AG Charlottenburg AfP 2002, 172.

294 AG Charlottenburg GRUR–RR 2002, 187; Specht, in: Dreier/ Schulze, a.a.O., § 22 KUG Rdn. 35; Steffen, in: Löffler, a.a.O., § 6 LPG Rdn. 127; Götting, in: Schricker/ Loewenheim, a.a.O., § 60/ 22 KUG Rdn. 41.

295 Vgl. Fricke, in: Wandtke/ Bullinger, a.a.O., § 22 KUG Rdn. 12.

296 Götting, in: Schricker/ Loewenheim (Hrsg.), UrhR, § 60/ § 22 KUG Rdn. 57.

297 Vgl. v. Gamm, UrhG, Einführung, Rdn. 108; ebenso Fricke, in: Wandtke/ Bullinger, a.a.O., § 22 KUG Rdn. 12.

des Stellvertreters geht vor und ein entgegenstehender Wille der Angehörigen gilt als unbeachtlich.[298] Die zeitliche Grenze von 10 Jahren wird eher als Richtlinie, den als starre Grenze betrachtet.[299] Dies geht aus Urteilen des BGH[300] sowie des BVerfG[301] hervor. Götting[302] und Schertz[303] verlangen in Analogie zu den urheberrechtlichen Schutzfristen auch 70 Jahre nach dem Tod des Abgebildeten noch eine Einwilligung des Einwilligungsberechtigten. Zumindest dann, wenn es sich um vermarktbare Persönlichkeitsgüter zu Werbe- oder Merchandisingzwecken handelt. Die Rechtsprechung hatte bis dato noch keinen derartigen Fall zu entscheiden, sodass ein Ergebnis rein hypothetischer Natur wäre. Es erscheint jedoch mehr als fragwürdig ob eine derartig große Zeitspanne des postmortalen Persönlichkeitsschutzes bei Bildnisveröffentlichungen praktikabel ist. Praxisorientierter wird eine Beschränkung auf eine Generation nach dem verstorbenen Rechtsinhaber sein. Das wäre darüber hinaus noch sach- und interessengerechter. In diesem Fall ist die Schutzfrist post mortem auf 25 bis 30 Jahre zu beschränken.[304]

IV. Handlungsformen

1. Anfertigung von Bildnissen

Die Anfertigung sowie Vervielfältigung von Bildnissen wird durch das KUG nicht verboten oder eingeschränkt, sondern überhaupt nicht thematisiert. Eine analoge Anwendung der §§ 22, 23 KUG kommt bereits aufgrund der in § 33 KUG festgelegten Strafbewehrung nicht in Betracht.[305] Folglich ist der Abgebildete auch bei vorheriger Kenntnisnahme gezwungen die Veröffentlichung oder Zurschaustellung des angefertigten Bildes abzuwarten. Erst danach eröffnet sich ihm die Möglichkeit sich dagegen zur Wehr zu setzen. Ein vorbeugender Rechtsschutz, etwa bereits zum Zeitpunkt des Anfertigens eines Bildes, sieht das KUG nicht vor. Es bleibt nur der Rückgriff auf den Auffangtatbestand des allgemeinen Persönlichkeitsrechts, sowie auf § 201 a StGB, soweit es sich um heimliche Bildaufnahmen ohne Einwilligung des Abgebildeten handelt. Der Schutz gegen die Herstellung einer Aufnahme darf nicht weitrechender sein als der nach §§ 22 ff. KUG. Daraus folgt, dass bezüglich des

---

298 So OLG München, ZUM 2001, 708.

299 So auch Schertz, in: Götting/ Schertz/ Seitz, Persönlichkeitsrecht, § 12 Rdn. 24.

300 BGHZ 143, 114–Marlene; BGHZ 50, 133 (137 ff.)–Mephisto; BGH, Urteil v. 17.05.1984, Az. I ZR 73/82 = GRUR 1984, 907 (908)–Frischzellenkosmetik; BGHZ 107, 384 (391)–Emil Nolde, hier hatte das Gericht Ansprüche aus postmortalem Persönlichkeitsrecht noch 30 Jahre nach dem Tod Noldes anerkannt.

301 BVerfG, Urteil v. 24.02.1971, Az. 1 BvR 435/68 = NJW 1971, 1645 (1646 f.)–Mephisto.

302 Götting, a.a.O., S. 281.

303 Schertz, Merchandising, Rdn. 389.

304 So auch Wanckel, a.a.O., Rdn. 247; v. Strobl-Albeg, in: Wenzel, a.a.O., Rdn. 7.55; zustimmend Fricke, in: Wandtke/ Bullinger, a.a.O., § 22 KUG Rdn. 11 a.E.

305 Specht, in: Dreier/ Schulze, a.a.O., § 22 KUG Rdn. 11; Fricke, in: Wandtke/ Bullinger, a.a.O., § 22 Rdn. 9.

geschützten Informationsinteresses die §§ 23, 24 KUG analog Anwendung finden.[306] Das unbefugte Herstellen von Bildaufnahmen aus dem höchstpersönlichen Lebensbereich wird durch § 201 a StGB unter Strafe gestellt. Was den Regelungsbereich des § 201 a StGB angeht, so ist dieser einerseits räumlich auf den persönlichen Rückzugsbereich und andererseits gegenständlich auf den Bereich privater Lebensgestaltung beschränkt. Denn eine Abwägung zwischen dem Interesse der Allgemeinheit und dem Schutzinteresse des Einzelnen findet, soweit die Intimsphäre betroffen ist, nicht statt.[307] Darin sehen sowohl Hess[308], Wendt[309] als auch Fricke[310] eine gesetzgeberische Festlegung, dass der Regelungsbereich des § 201 a StGB auf Eingriffe in die Intimsphäre des Abgebildeten beschränkt ist. Hingegen wollen andere Vertreter der Literatur den Schutzbereich des § 201 a StGB über die Intimsphäre hinaus erweitern.[311] Orientiert an den Materialien zur Gesetzesbegründung[312], welche den Regelungsbereich als eng beschreiben, lässt sich durchaus eine Parallele zu den Ausführungen zur Intimsphäre ziehen. Auch dort wird der Schutzbereich als eng umgrenzt verstanden. So werde eine Abgrenzung und eine genauere Abwägung ermöglicht. Die Umschreibung „eng" lässt weder Rückschlüsse auf den Schutzbereich der Privatsphäre und erst recht nicht auf den der Sozialsphäre schließen. Zudem entzieht sich lediglich die Intimsphäre einer Interessenabwägung.

a. Verletzung des allgemeinen Persönlichkeitsrechts

Das allgemeine Persönlichkeitsrecht des Abgebildeten kann durch eine Bildnisherstellung betroffen sein.[313] Wie bereits festgestellt, handelt es sich bei dem allgemeinen Persönlichkeitsrechts um ein „sonstiges Recht" i. S. d. § 823 Abs. 1 BGB. Die zivilrechtliche Untersagungsnorm kommt mithin als Auffangtatbestand in Betracht. Eine umfassende Güter- und Interessenabwägung ermöglicht die Berücksichtigung aller rechtlichen, insbesondere verfassungsrechtlich, geschützten Positionen der Beteiligten.[314] Jedoch kann das Fotografieren einer Person nur in dem Umfang

---

306 Specht, in: Dreier/ Schulze, a.a.O., § 22 KUG Rdn. 13; vgl. auch Fricke, in: Wandtke/ Bullinger, a.a.O., § 22 Rdn. 9.

307 Vgl. BT-Drs. 15/2466,6; vgl. auch Fricke, in: Wandtke/ Bullinger, a.a.O., § 22 Rdn. 9.

308 Hess, ZUM 2005, 435.

309 Wendt, AfP 2004, 181 (183).

310 Fricke, in: Wandtke/ Bullinger, a.a.O., § 22 Rdn. 9 a.E.

311 Statt vieler Flechsig, ZUM 2004, 607; Kühl, AfP 2004, 190 (193).

312 BT-Drs. 15/2466, 6.

313 BGH, Urteil v. 10.05.1957, Az. I ZR 234/55 = GRUR 1957, 494–Spätheimkehrer; BGH, Urteil v. 16.09.1966, Az. VI ZR 268/64 = GRUR 1967, 205–Vor unserer eigenen Tür; Specht, in: Dreier/ Schulze, a.a.O., § 22 KUG Rdn. 13; Götting, in: Schricker/ Loewenheim (Hrsg.), a.a.O., § 60/ § 22 KUG Rdn. 35; Wanckel, a.a.O., Rdn. 55; Fricke, in: Wandtke/ Bullinger, a.a.O., § 22 Rdn. 9.

314 BGH, Urteil v. 25.04.1995, Az. VI ZR 272/94 = NJW 1995, 1955; v. Strobel-Albeg, in: Wenzel, Wort- und Bildberichterstattung, Rdn. 7.22; Prinz/ Peters, a.a.O., Rdn. 814; Schertz, in: Götting/ Schertz/ Seitz, a.a.O., § 12 Rdn. 10.

zulässig sein, wie auch das spätere Verbreiten der Aufnahme zulässig wäre.[315] Die Herstellung eines Bildnisses aus dem Bereich der Intim- oder Privatsphäre ist ohne Einwilligung des Abgebildeten unzulässig.[316] Bereits in der Herstellung des Bildnisses, und nicht erst die Verbreitung, liegt ein Eingriff in die geschützten Sphären, mithin in das allgemeine Persönlichkeitsrecht.[317] Handelt es sich um ein heimlich angefertigtes Bildnis, so steht das allgemeine Persönlichkeitsrecht einer Zulässigkeit entgegen. Bildniserschleichungen sind in der Praxis leider keine Seltenheit, weil sich Fotografen nur allzu oft unter einem Vorwand die Möglichkeit des Fotografierens verschaffen.[318] Ein Hineinfotografieren in Privaträume, die Verwendung eines starken Teleobjektives oder das Fotografieren aus einem Versteck heraus ist bedauerlicherweise keine Seltenheit. Ein Schutz auch gegen eine solche Bildherstellung wird damit begründet, dass dadurch das Bildnis des Betroffenen von seiner Person abgelöst, datenmäßig fixiert und seiner Kontrolle und Verfügungsgewalt entzogen wird.[319]

b. Verletzung des höchstpersönlichen Lebensbereichs

Die Einführung des § 201 a StGB ermöglicht einen Schutz des Abgebildet über das allgemeine Persönlichkeitsrecht und § 823 Abs. 1 BGB hinaus. Der am 6.8.2004 eingeführte § 201 a StGB umfasst ausschließlich die Problematik des heimlichen Herstellens von Bildaufnahmen ohne Einwilligung. Die Intention des Gesetzgebers war die Berücksichtigung des technischen Fortschritts[320] und der Kampf gegen den sog. „Kameravoyeurismus“. Dem Einstellen so entstandener Bilder ins Internet sollte Einhalt geboten werden.[321] Die Bildaufnahmen müssen aus dem höchstpersönlichen Lebensbereich des Abgebildeten stammen, mithin Aufnahmen in seiner Wohnung oder in einem gegen Einblicke gesondert geschützten Raum.[322] Die unbefugte Bildherstellung muss diesen darüber hinaus in seinen Rechten verletzten. Bereits

---

315 Soehring, Presserecht, Rdn. 9.5.; Schertz, in: Götting/ Schertz/ Seitz, a.a.O., § 12 Rdn. 10.

316 Prinz/ Peters, a.a.O., Rdn. 815; Schertz, in: Götting/ Schertz/ Seitz, a.a.O., § 12 Rdn. 12.

317 OLG Düsseldorf, NJW 1994, 1971, wonach Fotoaufnahmen einer Wohnung ohne das Einverständnis des Wohnungsinhabers unzulässig sind und einen Eingriff in das allgemeine Persönlichkeitsrecht darstellen.

318 BGH, Urteil v. 10.05.1957, Az. I ZR 234/55 = GRUR 1957, 494–Spätheimkehrer.

319 BVerfG, Urteil v. 15.12.1999, Az. 1 BvR 653/96 = GRUR 2000, 446 (450)–Caroline von Monaco III.

320 Beispielhaft sei hier die Herstellung von Bildnissen mittels Teleobjektiv aus weiter Entfernung genannt.

321 Wanckel, a.a.O., Rdn. 308, wobei Wanckel sich auf folgende Beispiele bezieht: Installieren von Fotokameras in Umkleidekabinen, Damentoiletten, Arztzimmern sowie entsprechende Internetangebote.

322 Schertz, AfP 2005, 421 (425), demnach fallen unter den geschützten räumlichen Bereich u. a. Gäste- und Hotelzimmer, Toiletten, Umkleidekabinen, ärztliche

begrifflich wird hier auf die Intimsphäre verwiesen, welche als „höchstpersönlicher Lebensbereich“ in der Rechtsprechung des BVerfG umschrieben wird.[323]

2. Veröffentlichung von Bildnissen

Gemäß § 22 S. 1 KUG schütz das Recht am eigenen Bild die Handlung des unerlaubten Verbreitens und der öffentlichen Zurschaustellung von Bildnissen. Beides beinhaltet die Widergabe des äußeren Erscheinungsbildes einer Person.

a. Verbreiten

Verbreiten ist die Weitergabe des Originals bzw. Vervielfältigungsstücke, die das Risiko einer nicht mehr zu kontrollierenden Kenntnisnahme in sich birgt.[324] Umfasst ist jede Art der Verbreitung körperlicher Exemplare. Dazu zählen Zeitungen, Zeitschriften, Bücher, Postkarten oder Werbeträger, wobei Bildnisse aller Art verbreitet werden können, etwa Fotonegative- oder Abzüge, Fernseh- oder Filmbilder.[325] § 22 S. 1 KUG verlangt keine öffentliche Verbreitung. Vielmehr sind vom Wortlaut auch Verbreitungen eines Bildnisses im Privatbereich erfasst. Auch der Online-Versand von Fotoabzügen an beliebige Dritte auf Bestellung ist als Verbreitung im Sinne des § 22 S. 1 KUG anzusehen.[326] Denkbar ist hierbei beispielsweise die Verbreitung durch das Verschenken oder Verleihen eines Vervielfältigungsstückes.[327] Voraussetzung ist der Vertrieb körperlicher Bildnisse. Andernfalls greift die zweite Alternative des § 22 S. 1 KUG, das öffentliche zur Schau stellen ein.[328]

b. Öffentliches Zurschaustellen

Die öffentliche Zurschaustellung ist die Sichtbarmachung eines Bildnisses gegenüber einer nicht begrenzten Öffentlichkeit, vor allem in Form der unkörperlichen Wiedergabe durch Massenmedien wie etwa Film, Fernsehen und Internet.[329] Zu beachten

---

Behandlungszimmer; Bezug nehmend darauf Schertz, in: Götting/ Schertz/ Seitz, a.a.O., § 12 Rdn. 15.

323 Siehe oben zu den Ausführungen zur Intimsphäre 2. Teil, A. § 7 III. 3.

324 v. Gamm, UrhG, Einführung, Rdn. 15; Fricke, in: Wandtke/ Bullinger, a.a.O., § 22 Rdn. 8.

325 Specht, in: Dreier/ Schulze, a.a.O., § 22 KUG Rdn. 9; Fricke, in: Wandtke/ Bullinger, a.a.O., § 22 Rdn. 8.

326 OLG Frankfurt, MMR 2004, 683; Fricke, in: Wandtke/ Bullinger, a.a.O., § 22 Rdn. 8.

327 Götting, in: Schricker/ Loewenheim (Hrsg.), a.a.O., § 60/ § 22 KUG Rdn. 36.

328 v. Strobel-Albeg, in: Wenzel, Wort- und Bildberichterstattung, Rdn. 7.44; Götting, in: Schricker/ Loewenheim (Hrsg.), a.a.O., § 60/ § 22 KUG Rdn. 36, 37; ebenso Schertz, in: Götting/ Schertz/ Seitz, a.a.O., § 12 Rdn. 16.

329 Engels, in: Möhring/ Nicolini, a.a.O., § 22 KUG Rdn. 54; ähnlich Fricke, in: Wandtke/ Bullinger, a.a.O., § 22 Rdn. 9.

ist jedoch, dass § 22 S. 1 2. Alt. KUG die Gewerbsmäßigkeit nicht voraus setzt.[330] Mit anderen Worten ist davon jegliche Schaffung der Möglichkeit, ein Bildnis wahrzunehmen, zu verstehen.[331] Im Unterschied zu einer Verbreitung im Sinne von § 22 S. 1 KUG muss die Zurschaustellung öffentlich sein.[332]

V. Schutzdauer

Das Recht am eigenen Bild steht natürlichen Personen von Geburt an zu. Eine zeitliche Begrenzung sieht der Bildnisschutz des Abgebildeten nur dann vor, wenn es sich um den Bildnisschutz nach dem Tode handelt. Gemäß § 22 S. 3 KUG besteht es nach dem Tode, wie bereits erörtert[333], bis zum Ablauf von 10 Jahren.[334] Für die Berechnung der Frist gelten die §§ 186 ff. BGB.[335] Ab dem Todeszeitpunkt des Rechtsinhabers stehen den Angehörigen hinsichtlich der ideellen Bestandteile des Rechts dieselben Ansprüche wie dem lebenden Rechtsinhaber zu.[336] Sollten die Angehörigen nicht zugleich Erben geworden seien, so sind lediglich diese Inhaber der vermögenswerten Bestandteile des Persönlichkeitsrechts.[337] Die vermögenswerten Bestandteile des Rechts am eigenen Bild gehen auf den Erben über, wodurch der Schutz gegenüber kommerziellen Nutzungen von Namen und Bildnis sowie sonstige Persönlichkeitsmerkmale durch Nichtberechtigte ermöglicht wird. Soweit die Persönlichkeitsrechte dagegen dem Schutz ideeller Interessen dienen, sind sie an die Person ihres Trägers gebunden, mithin höchstpersönlich, unübertragbar, unveräußerlich und nicht vererblich.[338] Ausgenommen davon sind Geldentschädigungsansprüche, diese sind nicht vererblich und gehen somit auch nicht auf die Erben über.[339] Hinsichtlich der ideellen Bestandteile des Persönlichkeitsrechts sei hingegen nur noch ein Abwehranspruch

330 Schertz, in: Loewenheim, a.a.O., § 18 Rdn. 8; ebenso Götting/ Schertz/ Seitz, a.a.O., § 12 Rdn. 16.

331 v. Strobel–Albeg, in: Wenzel, Wort– und Bildberichterstattung, Rdn. 7.44; Götting, in: Schricker/ Loewenheim (Hrsg.), a.a.O., § 60/ § 22 KUG Rdn. 37; ebenso Schertz, in: Götting/ Schertz/ Seitz, a.a.O., § 12 Rdn. 16.

332 Specht, in: Dreier/ Schulze, a.a.O., § 22 KUG Rdn. 10.

333 Siehe oben 2. Teil A. § 3 IV.

334 BGH, Urteil v. 05.01.2006, Az. I ZR 277/03 = GRUR 2007, 168–kinski.klaus.de.; so auch Fricke, in: Wandtke/ Bullinger, UrhR, § 22 KUG Rdn. 10.

335 Vgl. Fricke, in: Wandtke/ Bullinger, a.a.O., § 22 KUG Rdn. 10.

336 BGH, Urteil v. 01.12.1999, Az. I ZR 49/97 = GRUR 2000, 709 (715)–Marlene Dietrich.

337 BGH, Urteil v. 01.12.1999, Az. I ZR 49/97 = GRUR 2000, 709 (712)–Marlene Dietrich; BGH, Urteil v. 06.12.2005, Az. VI ZR 265/04 = GRUR 2006, 252 (254)–Postmortaler Persönlichkeitsschutz; vgl. Fricke, in: Wandtke/ Bullinger, a.a.O., § 22 Rdn. 12.

338 Specht, in: Dreier/ Schulze, a.a.O., § 22 KUG Rdn. 37; ebenso Fricke, in: Wandtke/ Bullinger, a.a.O., § 22 KUG Rdn. 12.

339 BGH, Urteil v. 06.12.2005, Az. VI ZR 265/04 = GRUR 2006, 252–Postmortaler Persönlichkeitsschutz.

der Angehörigen gegeben.[340] Voraussetzung eines solchen Abwehranspruchs ist ein Angriff auf die Menschenwürde.[341] Einen solchen hat die Rechtsprechung dann angenommen, wenn es sich um eine grob ehrverletzende oder schwerwiegende Entstellung des Lebensbildes handelte.[342] Die Dauer der ideellen Bestandteile des postmortalen Persönlichkeitsrechts ist Einzelfallabgängig. In zwei häufig zitierten Entscheidungen des BGH, im Fall Mephisto[343] sowie im Fall Emil Nolde[344], erkennt der BGH ein Schutzbedürfnis der Angehörigen des Verstorbenen insoweit an, als die Erinnerung an diesen noch nicht verblasst ist. Im Umkehrschluss bedeutet dies, dass das Schutzbedürfnis proportional zum Verblassen der Erinnerungen schwindet.[345] Die Begrenzung der Schutzdauer ist nach wie vor nicht unumstritten. Ein postmortaler Persönlichkeitsschutz wurde von der Rechtsprechung bei 15 Jahre post mortem[346], bei 30 Jahre nach dem Tode[347] sowie 67 Jahre nach dem Tode[348] bejaht. Mit Verweis auf die vorherigen Ausführungen zur Einwilligung post mortem[349] dürfte eine Schutzfrist von 25 bis 30 Jahren sach- und interessengerecht sein.

§ 6 Schranken des Bildnisschutzes

Bildnisse im Sinne von §§ 22 ff. KUG werden typischerweise durch Massenkommunikationsmittel veröffentlicht. Dabei stellt das Grundgesetz nicht nur die Integrität und Entfaltung der Persönlichkeit unter Grundrechtsschutz. Ebenso die Pressefreiheit sowie das damit wahrgenommene Informationsinteresse der Allgemeinheit. Nach dem BVerfG[350] ist die Ausstrahlungswirkung dieser Grundrechte bei der Anwendung der §§ 22 ff. KUG zu berücksichtigen.

---

340 BGH, Urteil v. 06.12.2005, Az. VI ZR 265/04 = GRUR 2006, 252 (253)–Postmortaler Persönlichkeitsschutz; BGH, Urteil v. 05.01.2006, Az. I ZR 277/03 = GRUR 2007, 168 (169)–kinski.klaus.de.

341 BVerfG, Urteil v. 24.02.1971, Az. 1 BvR 435/68 = GRUR 1971, 461 (465)–Mephisto; BVerfG, Urteil v. 05.04.2001, Az. 1 BvR 932/94 = AfP 2001, 295, 297–Wilhelm Kaisen; OLG Düsseldorf, AfP 2000, 468 (469).

342 BGH, Urteil v. 20.03.1968, Az. I ZR 44/66 = GRUR 1968, 552 (554)–Mephisto; BGH, Urteil v. 08.06.1989, Az. I ZR 135/87 = GRUR 1995, 668 (670)–Emil Nolde; BGH, Urteil v. 1.12.1999, Az. I ZR 49/97 = GRUR 2000, 709 (714)–Marlene Dietrich; aufzählend Fricke, in: Wandtke/ Bullinger, a.a.O., § 22 KUG Rdn. 10.

343 BGH, Urteil v. 08.06.1989, Az. I ZR 135/87 = GRUR 1995, 668 (670)–Emil Nolde.

344 BGH, Urteil v. 08.06.1989, Az. I ZR 135/87 = GRUR 1995, 668 (670)–Emil Nolde.

345 Steffen, in: Löffler, a.a.O., § 6 LPG Rdn. 71 m.w.N.

346 So im Fall Wilhelm Kaisen OLG Bremen, AfP 1994, 145 (146).

347 So im Fall Emil Nolde BGH, Urteil v. 08.06.1989, Az. I ZR 135/87 = GRUR 1995, 668 (670)–Emil Nolde; ebenso OLG Köln, AfP 1998, 647–Adenauer; LG Hamburg, AfP 1993, 595–NS-Künstler.

348 OLG Bremen, NJW-RR 1993, 726 (727)–Ebert.

349 Siehe oben 2. Teil A. § 5 III 7.

350 BVerfGE 35, 202 (224 f.)–Lebach I; siehe auch U. Müller, a.a.O., S. 74 f., 138 f.; Baston-Vogt, a.a.O., S. 81.

In Art. 5 GG sind die Freiheitsrechte normiert, die nach Auffassung des BVerfG für eine freiheitlich demokratische Staatsordnung schlechthin konstituierend sind.[351] Des Weiteren erklärte das BVerfG, dass eine freie, nicht von der öffentlichen Gewalt gelenkte, keiner Zensur unterworfene Presse ein Wesenselement des freiheitlichen Staates sei.[352] Dies resultiert nicht zuletzt aus der NS-Vergangenheit sowie der jüngeren Vergangenheit der DDR. Es hat stets, mit Rücksicht auf die betroffenen Grundrechte eine einzelfallbezogene Interessenabwägung zu erfolgen, falls keine der gesetzlich normierten Ausnahmeregelungen eingreift.[353] Art. 5 Abs. 1 GG schützt die Meinungs- und Pressefreiheit, die sog. Kommunikationsfreiheiten, welche als essentielle Voraussetzung eines repräsentativen, demokratischen Staates gelten.

I. Bildnisschutz und Medienfreiheit

Im Rahmen der Eingriffsprüfung das Rechts am eigenen Bild ist unter Würdigung alle Umstände des Einzelfalls eine Abwägung zwischen den Persönlichkeitsrechten des Abgebildeten und der Medienfreiheit des jeweiligen Massenmediums vorzunehmen. Die publizistische Tätigkeit der Medien strahlt in alle Lebensbereiche aus, sodass Konflikte mit dem allgemeinen Persönlichkeitsrecht und anderen Freiheitsrechten unausweichlich sind.[354] Besondere Bedeutung gewinnt in diesem Zusammenhang die soziale Macht der Presse.[355] Bei dem Begriff der Medienfreiheit handelt es sich lediglich um einen Oberbegriff, unter welchen die garantierten Kommunikationsfreiheiten zusammengefasst werden.[356] Dazu gehören die Ausübung der Meinungs- und Informationsfreiheit sowie die Presse- und die Rundfunkfreiheit. Von traditionell großer Bedeutung für die freie Medienberichterstattung ist die Pressefreiheit.[357] Die wesentlichen Probleme im Spannungsverhältnis der Medienfreiheit zum Persönlichkeitsrecht sollen vorliegend im Rahmen der Pressefreiheit gemäß Art 5 Abs. 1 Satz 2 GG besprochen werden.

Der Begriff der Medien umfasst alle Kommunikationsmittel, sowohl konventionelle alte Medien, gedruckte Presse, Theater, Bildende Kunst, Musik, als auch technische neue Medien, elektronische Medien sowie in neuester Zeit vermehrt digitale Medien.[358] Dabei fungiert das jeweilige Medium im Rahmen der Bildberichterstattung

351 BVerfGE 12, 113 (125)-Schmidt-Spiegel; BVerfGE 7, 198 (208)-Lüth.

352 BVerfGE 20, 167 (174)-Spiegel.

353 Dasch, a.a.O., S. 15 ff.; v. Gamm, NJW 1979, 513 (514 ff.); Stoll, Jura 1979, 576 (578); Tettinger, JZ 1983, 317 (318); Baston-Vogt, a.a.O., S. 81.

354 Vgl. Evers, in: FS Schwinge, S. 237 (241).

355 Ebenda.

356 Zorn, in: Schiwy/ Schütz/ Dörr, Medienrecht, S. 343 (344 f.).

357 Vgl. Ahrens, Persönlichkeitsrecht und Freiheit der Medienberichterstattung, S. 20, Rdn. 3.

358 Ähnlich Zorn, in: Schiwy/ Schütz/ Dörr, a.a.O., S. 343.

als Bindeglied zwischen der Bildberichterstattung und dem Rezipienten.[359] Fällt der Begriff der Medienfreiheit sind die Massenmedien gemeint, weil nur durch sie der breiten Öffentlichkeit Informationen zugänglich gemacht werden können. Dahinter steht der verfassungsrechtliche Aspekt der freien und öffentlichen Meinungsbildung durch die Massenmedien.[360] Im Gegenzug müssen die Medien Befugnisse für den Zugriff auf Informationen bekommen. Ohne Informationen wäre die gesamte Medienwelt geradezu lahm gelegt, weil es sich bei ihnen um einen „unverzichtbaren Rohstoff"[361] handelt, welcher das „Getriebe" der Medien am Laufen hält. Das BVerfG[362] hat mehrfach betont, dass ein ungehinderter Zugang zu Informationen für einen offenen Kommunikationsprozess, welchen die Medien anregen sollen, unumgänglich ist. Um bei der Wortwahl Beaters[363] zu bleiben, ist die Konkurrenz- und Wettbewerbsfähigkeit untrennbar mit der Suche nach neuen Rohstoffquellen verknüpft. Eine Versagung des Zugangs zu diesen „Rohstoffquellen" stellt eine in der demokratischen Staatsform nicht hinnehmbare Beschränkung der freien Presse dar. Andernfalls ist eine staatlich autonome Nachrichtenvielfalt undenkbar. Die Freiheit der Medien soll darin bestehen, dass sie frei von staatlicher Zensur agieren können, mithin in ihrer Berichterstattung unabhängig sind. Oder wie Schulz[364] es zutreffend ausdrückt „Voraussetzung der freien Meinungs- und Willensbildung in einer freiheitlichen Demokratie ist eine möglichst große Nachrichtenvielfalt und ein ungehinderter Nachrichtenfluss-„free flow of information". Diesem Grundgedanken folgend möchte Leinveber[365] auch im Bereich der Bildpublikation eine möglichst freie Berichterstattung erhalten. Diese sei über Art. 5 Abs. 1 GG gewährleistet und dürfe nicht zu stark durch andere gesetzliche Vorschriften eingeschränkt werden. Für ihn ist die Freiheit der Bildberichterstattung der Regelfall, welcher nur ausnahmsweise seine Schranke über die Vorschriften des Rechts am eigenen Bild nach dem KUG findet.[366] Es entspricht der heute herrschenden Meinung, dass die Grundrechte auch im Privatrecht gelten, und nicht nur im Verhältnis des Einzelnen zum Staat. Dies hat das BVerfG[367] erstmals in dem Lüth-Urteil[368] festgestellt, und im

---

359 Starck, in: v. Mangold/ Klein/ Starck (Hrsg.), GG Komm. Bd. 1, Art. 5 Rdn. 28; Zorn, in: Schiwy/ Schütz/ Dörr, a.a.O., S. 343.

360 Vgl. BVerfGE 85, 1 (12)-Bayer Aktionäre.

361 Beater, Medienrecht, 2007, Rdn. 1006.

362 Vgl. BVerfGE 20, 162 (176)-Spiegel; BVerfGE 36, 193 (204)-Journalisten; BVerfGE 50, 234 (250)-Gerichtspresse; BVerfGE 103, 44 (59)-Fernsehaufnahmen im Gerichtssaal II.

363 Ebenda.

364 Schulz in: Noelle-Neumann/ Schulz/ Wilke (Hrsg.), Publizistik, S. 359 ff. (386).

365 Leinveber, AfP 1969, 805; Vorreiter: Arndt, NJW 1967, 1845.

366 Ebenda.

367 BVerfGE 7, 198 (204 ff.)-Lüth; BVerfGE 25, 256 (263 ff.)-Blinkfüer; BVerfGE 27, 71 ff. (79 f.)-Leipziger Volkszeitung; BVerfGE 30, 173 ff. (188 ff.)-Mephisto; BVerfGE 35, 202 ff. (219 ff.)-Lebach I.

368 BVerfGE 7, 198 ff. (204 ff.)-Lüth.

Mephisto-Fall[369] bestätigt sowie vertieft. Hierbei stand das Persönlichkeitsrecht des Einzelnen unmittelbar der Kunstfreiheit gegenüber. Das BVerfG gestand somit erstmals eine unmittelbare Wirkung des Art. 5 Abs. 1 GG gegenüber Privatpersonen zu, und erkannte die Grundrechte als objektive Werteordnung an.[370] Die Medienfreiheit gilt als Oberbegriff für die in Art. 5 GG garantierten Meinungs-, Informations-, Presse-, Rundfunk-, und Filmfreiheit.[371]

1. Meinungs- und Pressefreiheit gemäß Art. 5 Abs. 1 Satz 2 GG

Das Grundrecht aus Art. 5 Abs. 1 GG gewährleistet jedem seine Meinung in Wort, Schrift und Bild frei zu äußern. Er ist für das gesamte Staats- und Gesellschaftsleben von grundlegender Bedeutung und prägt den freiheitlichen Rechtsstaat.[372] Das Verhältnis Meinungs- und Pressefreiheit zueinander ist nicht unumstritten. Nach einer Auffassung handelt es sich bei Art. 5 Abs. 1 S. 2 GG für den Bereich der Presse um ein Spezialgrundrecht, welches die Freiheit der Meinungsäußerung mit umfasst.[373] Anderer Ansicht ist hingegen das BVerfG, welches klar zwischen Art. 5 Abs. 1 S. 1 GG, der Meinungsäußerungsfreiheit, und Art. 5 Abs. 1 S. 2 GG, der Pressefreiheit, trennt.[374] Danach ist eine in einem Presseerzeugnis enthaltene Meinung bereits über Art. 5 Abs. 1 S. 1 1. Alt. GG geschützt.[375] Begründet wird dies damit, dass erst die Trennung den Schutz der pressespezifischen Tätigkeiten von der Informationsbeschaffung bis zur Veröffentlichung und Verbreitung gewährleistet.[376] Ausschlaggebend ist die über eine einzelne Meinung hinausgehende Bedeutung der Presse für eine öffentliche Meinungsbildung.[377] Die Freiheit der Presse, im Gegensatz zur Meinungsäußerungsfreiheit, ist dann verletzt, wenn die „institutionelle Eigenschaft der Presse" betroffen ist.[378] Die Verbreitung von Meinungen erfährt demnach vielmehr einen zusätzlichen Schutz aus der Meinungsäußerungsfreiheit gemäß Art. 5 Abs. 1 S. 1 1. Alt. GG. Letztgenannter Ansicht des BVerfG ist zu folgen. Zum einen ist die schriftlich fixierte Meinungsäußerung bereits im Tatbestandsmerkmal „Schrift" enthalten, sodass es der Pressefreiheit für eine solche nicht bedarf. Dies lässt darauf

---

369 BVerfGE 30, 173 ff. (188 ff.)-Mephisto.
370 Ebenda.
371 Vgl. BVerfGE 91, 125 (135)-Fernsehaufnahmen im Gerichtssaal I; BVerfGE 103, 44 (74)-Fernsehaufnahmen im Gerichtssaal II.
372 Vgl. Engau, Straftäter und Tatverdächtige, S. 77.
373 Vgl. zur Thematik Grabenwarter, in: Maunz/ Dürig, GG, Art. 5 Abs. 1, 2 GG Rdn. 89; contra Friedrich, a.a.O., S. 60.
374 BVerfGE 25, 1 (12)-Blinkfüer.
375 BVerfGE 10, 118 (121)-Berufsverbot I; BVerfGE 20, 162 (175 f.)-Spiegel; 85, 1 (12 ff.)-Bayer Aktionäre; BVerfGE 97, 391 (400)-Missbrauchsbezichtigung.
376 BVerfGE 85, 1 (13)-Bayer Aktionäre.
377 BVerfGE 97, 391 (400)-Missbrauchsbezichtigung; BVerfGE 95, 28 (34)-Werkszeitung.
378 BVerfGE 10, 118 (121)-Berufsverbot I; BVerfGE 12, 205 (260)-Erstes Rundfunkurteil.

schließen, dass die Intention des Gesetzgebers durch die grundrechtliche Fixierung der Pressefreiheit vielmehr einen eigenen speziellen Schutz dieser vorsah. Eine Degradierung der Pressefreiheit als Unterfall der Meinungsfreiheit würde der der Presse zukommenden überragenden Bedeutung für eine freiheitliche demokratische Staatsordnung nicht gerecht werden. Folglich ist die Pressefreiheit nicht als ein Unterfall der Meinungsfreiheit anzusehen. Vielmehr ist eine in einem Presseerzeugnis enthaltene Meinungsäußerung durch Art. 5 Abs. 1 Satz 1 1. Alt. GG geschützt.

Im Hinblick auf die Thematik des Rechts am eigenen Bild ist häufig sowohl die Presse- als auch die Meinungsäußerungsfreiheit betroffen. Mit einer Bildnisveröffentlichung kann zugleich eine Meinung in Bildform geäußert und verbreitet werden, sodass es bei der Prüfung der rechtmäßigen Veröffentlichung des Bildes auch auf die Zulässigkeit des Inhalts ankommt.[379] Letztlich handelt es sich bei der Spezialrechtsproblematik der Pressefreiheit jedoch um eine dogmatische Fragestellung, welche lediglich theoretischer Natur ist. Für die Rechtspraxis spielt die Zuordnung eines Verhaltens zur Meinungs- oder Pressefreiheit eine lediglich untergeordnete Rolle. Hinsichtlich der Eingriffssituation sind beide Grundrechte deckungsgleich und unterliegen denselben Schranken.[380] Folglich führen beide zu gleichen Ergebnissen.[381]

Auch wenn, wie bereits zuvor ausgeführt, hinsichtlich der Schranken- und Eingriffssituation Meinungs- und Pressefreiheit zu fast identischen Ergebnissen führen, soll aus Gründen der Übersichtlichkeit eine getrennte Prüfung erfolgen.

a. Meinungsfreiheit (Art. 5 Abs. 1 Satz 1 Alternative 1 GG)

Das BVerfG betrachtet gerade das Grundrecht der Meinungsfreiheit als unmittelbarsten Ausdruck der menschlichen Persönlichkeit in der Gesellschaft für ein „vornehmstes Menschenrecht".[382] Sie ermögliche die geistige Auseinandersetzung, mithin den Meinungskampf und ist dadurch schlechthin konstituierend.[383] Zudem hat das BVerfG festgestellt, dass davon auch wahre Tatsachenbehauptungen betroffen sind, weil und soweit sie Voraussetzung der Meinungsbildung sind.[384]

Der Begriff der Meinung ist grundsätzlich weit zu fassen.[385] Dies geht auch aus bisweilen provokanten Formulierungen wie der von Herzog[386] hervor. Er sieht von dem Schutzbereich der Meinungsfreiheit auch das „naive Mitteilungsbedürfnis des

---

379 So ähnlich Friedrich, a.a.O., S. 61.

380 Gronau, Das Persönlichkeitsrecht, S. 159.

381 Ähnlich Friedrich, a.a.O., S. 61.

382 BVerfGE 7, 198 (208)–Lüth; BVerfGE 62, 230 (247)–Boykottaufruf; BVerfGE 76, 196 (208)–Verstoß gegen Wettbewerbsverbot.

383 BVerfGE 7, 198 (208)–Lüth; BVerfGE 62, 230 (247)–Boykottaufruf; BVerfGE 76, 196 (208)–Verstoß gegen Wettbewerbsverbot.

384 BVerfGE 71, 162 (179)–Frischzellentherapie; BVerfGE 61, 1 (8)–NPD Europas.

385 BVerfGE 71, 162 (179)–Frischzellentherapie; BVerfGE 61, 1 (9)–NPD Europas.

386 Vgl. Herzog, in: Maunz/ Dürig, GG, Art. 5 Abs. 1, 2, Rdn. 54, 128.

gar nicht intellektuellen Menschen“[387] erfasst und erkennt einen „ganz primitiven Wissensdurst“[388] bis zu einem gewissen Grad als schützenswert an. Grundsätzlich wird der Begriff „Meinung“ geprägt durch die „Elemente der Stellungnahme und des Dafürhaltens“.[389] Im Gegensatz zur Tatsachenbehauptung ist die Meinungsäußerung aufgrund ihrer subjektiven Prägung durch den Äußernden einem Beweis nicht zugänglich.[390] Folglich gibt es in diesem Zusammenhang weder falsch noch richtig sowie wahr oder unwahr. Auch eine qualitative Bewertung in wertvolle und wertlose Meinungsäußerung verbietet sich.[391] Das BVerfG führt dazu aus, dass eine solche Ausselektierung nicht im Einklang mit „einem pluralistisch strukturierten und auf der Konzeption einer freiheitlichen Demokratie beruhenden Staatsgefüge“ stünde. Im Sinne des Art. 5 Abs. 1 Alt 1 GG fallen unter die Definition der Meinungen Ansichten, Auffassungen, Überzeugungen, Wertungen, Urteile, Einschätzungen, Stellungnahmen ebenso Werturteile über Werturteile.[392] Hingegen ist die Schmähkritik nicht vom Schutzbereich der Meinungsfreiheit erfasst.[393] Denn diese dient allein dem Zweck der Diffamierung.[394] Hier entstehen in der Praxis häufig Abgrenzungsprobleme zwischen Satire und Schmähkritik.[395] Das BVerfG löst dieses Problem indem es zwischen der satirischen Einkleidung und dem Aussagekern differenziert.[396] Dabei weist das BVerfG jedoch darauf hin, dass der Sinn und Zweck einer satirischen Einkleidung, nämlich das Amüsement des Publikums, hierbei ausreichend Würdigung erfahren muss.[397] Dieses wird gerade durch eine übertriebene Darstellung sowie Verzerrung der Realität erreicht. Daraus lässt sich schlussfolgern, dass das BVerfG an die Beurteilung des Aussagekerns wesentlich strengere Maßstäbe anlegen möchte als an die satirische Einkleidung. Der Gedanke dahinter ist, dass dadurch das Stilmittel der Satire seinen eigentlichen Sinn auch erfüllen kann.[398] Geschützt ist jede Art und Weise der Äußerung, unabhängig von den konkreten

---

387 Herzog, in: Maunz/ Dürig, a.a.O., Art. 5 Abs. 1, 2, Rdn. 54, 128.

388 Herzog, in: Maunz/ Dürig, a.a.O., Art. 5 Abs. 1, 2, Rdn. 86, 128.

389 BVerfG, Urteil v. 13.04.1994, Az. 1 BvR 23/94 = AfP 1994, 126–Judenverfolgung; BVerfGE 61, 1 (9)–NPD Europas ; BVerfGE 7, 198 (210)–Lüth; Wendt, R., in: Münch/ Kunig (Hrsg.), GG Komm., Bd. 1, Art. 5 GG Rdn. 8.

390 Siehe zur Thematik 2. Teil A. § 6 I. 1.

391 Wendt, in: Münch/ Kunig (Hrsg.), a.a.O., Art. 5 GG Rdn. 8.

392 Aufzählend Becher, Rechtfragen der Satire, GRUR 2004, 908.

393 Vgl. BVerfG, Urteil v. 25.02.1993, Az. 1 BvR 151/93 = NJW 1993, 1462–Heinrich Böll; BVerfGE 82, 272 (284)–Zwangsdemokrat; BVerfGE 93, 266 (2293 f.)–Soldaten sind Mörder.

394 Vgl. BVerfG, Urteil v. 25.02.1993, Az. 1 BvR 151/93 = NJW 1993, 1462–Heinrich Böll; BVerfGE 82, 272 (284)–Zwangsdemokrat.

395 Gronau, a.a.O., S. 139.

396 Vgl. BVerfG, Urteil v. 12.11.1997, Az. 1 BvR 2000/96 = NJW 1998, 1386 (1387)–Münzen–Erna.

397 Vgl. BVerfG, Urteil v. 12.11.1997, Az. 1 BvR 2000/96 = NJW 1998, 1386 (1387)–Münzen–Erna.

398 So ähnlich Gronau, a.a.O., S. 139.

Inhalten,[399] sowie alle Tätigkeiten die der Meinungsübermittlung dienen,[400] wozu auch das Recht gehört sich nicht einer bestimmten Meinung zu äußern. Es handelt sich dabei um die sog. negative Meinungsfreiheit.[401]

Lange Zeit war umstritten, ob die Meinungsfreiheit auch Tatsachenbehauptungen mit einschließt. Der BGH definiert diese als Aussagen, die einer Überprüfung auf ihre Richtigkeit mit den Mitteln des Beweises zugänglich sind.[402] Eine Abgrenzung gestaltet sich häufig schwierig. Ausgangspunkt ist das Verständnis eines unbefangenen, durchschnittlichen Rezipienten.[403] Besteht die Aussage in einer Verknüpfung von Bild und Schrift, so kommt es darauf an, welche Gesamtaussage der Rezipient darin sieht. Bei mehreren Möglichkeiten der Deutung der Aussage ist die für den sich Äußernden günstigere zu wählen. Die für den Äußernden günstigere Deutung darf nicht zu Lasten des Betroffenen gegen.[404] Die Meinungsfreiheit schließt nach Auffassung des BVerfG[405] auch wahre Tatsachenbehauptungen mit ein, weil und soweit sie Voraussetzungen von Meinungen sind. Dem Wortlaut des Art. 5 Abs. 1 Alt. 1 GG kann dies jedoch nicht entnommen werden, sodass die Tatsachenbehauptungen erst über die Brücke der Meinung in den Schutzbereich der Meinungsfreiheit gelangen. Tatsachenmitteilungen trügen ebenso zur öffentlichen Meinungsbildung bei. Zumeist erfolgt bereits das Selektieren der zu veröffentlichenden Aussagen aus subjektiven Wertungen heraus.[406] Hingegen lehnt das BVerfG[407] eine Ausdehnung des Schutzbereichs des Art. 5 Abs. 1 Alt. 1 GG auf unwahre Tatsachenbehauptungen mit der Begründung ab, dass keine Funktion von bewusst und erwiesen unwahren Tatsachenbehauptungen für die verfassungsrechtlich vorausgesetzte Meinungsbildung besteht. Dies gilt jedoch nur für erwiesen unwahre Tatsachenbehauptungen. Gegenteiliges würde den Schutzbereich der Meinungsfreiheit in unzumutbarer Weise einschränken. Denkbar wäre, dass Äußerungen aus Angst vor Sanktionen nicht veröffentlicht werden. Zudem müssten öffentliche Diskussionen über nicht erweislich wahre Tatsachen unterbleiben, was wiederrum eine Beeinträchtigung des öffentlichen Meinungsbildungsprozesses bedeuten würde.[408] Demnach stünde

399 Hoffmann-Riem, Kommunikationsfreiheiten, S. 74; Friedrich, a.a.O., S. 59.
400 Vgl. Schulze-Fielitz, in: Dreier, a.a.O., Art. 5 GG, Rdn. 71.
401 Wendt, in: Münch/ Kunig (Hrsg.), a.a.O., Art. 5 GG Rdn. 17.
402 BGH, Urteil v. 30.01.1996, Az. VI ZR 386/94 = NJW 1996, 1131 (1133)–Lohnkiller; BGH, Urteil v. 26.11.1996, Az. VI ZR 323/95 = NJW 1997, 1148 (1149)–Chefarzt.
403 BGH, Urteil v. 28.06.1994, Az. VI ZR 252/93 = NJW 1994, 2614 (2616)–Umstrittener Börsenjournalist; BGH, Urteil v. 26.11.1996, Az. VI ZR 323/95 = NJW 1997, 1148 (1149)–Chefarzt.
404 BGH, Urteil v. 16.06.1998, Az. VI ZR 205/97 = NJW 1998, 3047 (3048)–Stolpe.
405 Vgl. BVerfGE 61, 1 (8)–NPD Europas; BVerfGE 94, 1 (7)–DGHS; BVerfG, Urteil v. 13.04.1994, Az. 1 BvR 23/94 = NJW 1994, 1779–Auschwitzlüge.
406 Vgl. Lerche, in: FS Lorenz, S. 143 (143 f.).
407 Vgl. BVerfGE 99, 185 (197)–Helnwein; BVerfG, Urteil v. 13.04.1994, Az. 1 BvR 23/94 = NJW 1994, 1779–Auschwitzlüge.
408 Ähnlich Stürner, JZ 1994, 865 (873).

die Voraussetzung eines generellen Wahrheitsbeweises dem Sinn und Zweck der Meinungsfreiheit entgegen. Der Wahrheitsgehalt einer Aussage, auch wenn sie nicht erwiesen unwahr ist, wird dennoch nicht außer Acht gelassen. Eine Berücksichtigung findet im Rahmen der Abwägung statt.[409]

In diesem Zusammenhang sei noch erwähnt, dass der Schutz der Äußerung sich ebenfalls danach richtet, ob diese im Rahmen einer Auseinandersetzung in einer der Öffentlichkeit wesentlich berührende Frage handelt, oder lediglich der Verfolgung privater Interessen dient.[410]

Danach richtet sich das Ergebnis der Abwägung. Mit anderen Worten muss das Persönlichkeitsrecht gegenüber einem Beitrag zum geistigen Meinungskampf in einer die Öffentlichkeit wesentlich berührenden Frage stärker zurück treten, als bei einem durch eigennützige Ziele oder wirtschaftliche Aspekten geprägten Beitrags.[411]

b. Pressefreiheit (Art. 5 Abs. 1 Satz 2 GG)

Wird die Meinungsfreiheit als „schlechthin konstituierend" betrachtet, so kommt der Pressefreiheit eine nicht geringere Bedeutung zu. Das BVerfG[412] führt dazu aus, dass eine freie, nicht von der öffentlichen Gewalt gelenkte, keiner Zensur unterworfenen Presse ein Wesenselement des freiheitlichen Staates ist. Wichtiger Aspekt der Abwägung ist die ständig durch die Presse im Fluss gehaltene öffentliche Diskussion und Meinungsbildung. Die Presse verschafft Informationen, nimmt selbst dazu Stellung und wirkt damit als orientierende Kraft in der öffentlichen Auseinandersetzung.[413] Zudem hat das BVerfG den Journalisten, und somit der gesamten Presse, eine Kontrollfunktion zugesprochen, indem es festgestellt hat, dass sich die öffentliche Meinungsbildung in der Presse artikuliert und anhand von Argumentationsführung und Meinungsdarlegung dem Bürger eine Entscheidung und ein eigenes Resümee erleichtert.[414] Problematisch ist, dass Berichte und Beiträge in den Massenmedien verstärkt den Unterhaltungsansprüchen der Öffentlichkeit entsprechen müssen. Hermann[415] formuliert es lyrisch: Er stellt die Frage, ob die Menschenwürde auf dem Altar der Auflage geopfert werden kann. Fakt ist, umso reißerischer der Zeitungsaufmacher, umso häufiger verkauft sich diese. Damit steigt der Konkurrenz- und Erfolgsdruck innerhalb der verschiedenen Massenmedien erheblich an. Eine Grenzüberschreitung und einhergehende Verletzung des Rechts am eigenen Bild wird mithin immer wahrscheinlicher.

---

409 BVerfGE 94, 1 (8)–DGHS.

410 BVerfGE 82, 272–Zwangsdemokrat; BVerfG, Urteil v. 22.06.1982, Az. 1 BvR 1376/79 = NJW 1983, 1415 (1416)–NPD Europas.

411 BVerfG, Urteil v. 22.06.1982, Az. 1 BvR 1376/79 = NJW 1983, 1415 (1416)–NPD Europas.

412 BVerfGE 20, 162 (174)–Spiegel; Friedrich, a.a.O., S. 59.

413 Vgl. Reus, in: Schiwy/ Schütz/ Dörr, Medienrecht, S. 271 (273).

414 BVerfGE 20, 162–Spiegel; ebenso Reus, in: Schiwy/ Schütz/ Dörr, a.a.O., S. 271 (273).

415 Hermann, ZUM 1990, 541.

aa. Schutzbereich

Allen im Pressewesen tätigen Personen und Unternehmen steht die Pressefreiheit als Abwehrrecht zur Seite. Sie zeichnet sich durch einen weit gefassten Schutzbereich aus, was sich mit der Bedeutung der Presse in einer freiheitlich demokratischen Grundordnung erklären lässt. Neben dem Abwehrrecht hat das BVerfG[416] der Pressefreiheit zudem die Bedeutung einer institutionellen Garantie zuerkannt. Demnach hat die gesamte Rechtsordnung dafür Sorge zu tragen, dass die Presse ihre öffentliche Aufgabe, Impulsgeber der öffentlichen Diskussion und Meinungsbildung, erfüllen kann. Der wichtigen Rolle der Presse als Sprachrohr der öffentlichen Meinung und Antrieb der öffentlichen Diskussion wird durch die Pressefreiheit gesetzlich normiert.[417] Der Begriff der Presse i. S. d. Art. 5 Abs. 1 S. 2 Hs. 1 GG erfasst das gesamte Pressewesen.[418] Zum Kreis der Grundrechtsträger gehören folglich ebenso Ausländer und juristische Personen sonstige Vereinigungen sowie nebenberuflich im Pressewesen tätige Personen.[419] Denn gemäß Art. 5 Abs. 1 Satz 2 GG wird der Kreis der Grundrechtsberechtigten nicht eingeschränkt. Diese soll sicherstellen, dass die Presse ungehindert von staatlichem Zwang und Reglementierung arbeiten kann.[420] Art. 5 Abs. 1 S. 2 GG enthält eine Gewährleistung für die institutionelle Eigenständigkeit der Presse.[421] Geschützt ist damit lediglich der Wesensgehalt der freien Presse, sodass sich daraus keine unmittelbaren Ansprüche der Presseorgane ergeben.[422] Hinsichtlich der Aufgabenerfüllung der Presse ist eine Untergliederung in drei Hauptaufgaben möglich.[423] Die Presse stellt zum einen allgemeinen Meinungsmarkt her, indem sie den öffentlichen Kommunikations- und Meinungsbildungsprozess in Gang setzt. Zudem leistet die Presse einen Beitrag zur Bildung der Öffentlichkeit. Nicht zuletzt stellt die Presse auch eine Plattform für politische Fragestellungen und Auseinandersetzungen dar. Sie fungiert als Kommunikationsmittler zwischen der Bevölkerung und ihren Repräsentanten.[424] Damit erklärt sich die dienende Funktion der Presse für die individuelle und öffentliche Meinungsbildung.[425] Der Schutzbereich umfasst die Beschaffung der Informationen,

---

416 BVerfGE 20, 162 ff.–Spiegel.

417 Vgl. dazu BVerfGE 12, 260–Erstes Rundfunkurteil; BVerfGE 20, 175–Spiegel.

418 BVerfGE 34, 283–Ladenschlussgesetz.

419 Jarass, in: Jarass/ Pieroth, a.a.O., Art. 5 GG Rdn. 38 m.w.N.

420 Vgl. Brömmekamp, Pressefreiheit, S. 10.

421 Vgl. BVerfGE 10, 118 (121)–Berufsverbot I; vgl. zur Thematik Gädeke, in: Schiwy/ Schütz/ Dörr, Medienrecht, S. 422 (423).

422 Model/ Müller, GG, Art. 5 GG Rdn. 12; ähnlich Loock, Das allgemeine Persönlichkeitsrecht, S. 77.

423 Vgl. Schulz, in: Noelle-Neumann/ Schulz/ Wilke (Hrsg.), Publizistik, S. 359 ff., welcher bereits in seinem Aufsatztitel auf die Funktionen hinweist.

424 Vgl. dazu ausführlich Schulz, in: Noelle-Neumann/ Schulz/ Wilke (Hrsg.), a.a.O., S. 359 ff.

425 Vgl. BVerfGE 73, 118 (152)–4. Rundfunkentscheidung; BVerfGE 57, 295 (319)–3. Rundfunkentscheidung.

sprich die Recherche, die Aufarbeitung, den Druck bis hin zur Veröffentlichung und den Vertrieb.[426] Das Niveau der jeweiligen Publikation ist irrelevant. Mithin ist auch die sog. Boulevardpresse und Unterhaltungspresse, oder auch salopp ausgedrückt „yellow–press“ vom Schutzbereich der Pressefreiheit umfasst. Mithin nicht nur Presseerzeugnisse die ausschließlich der politischen Meinungsbildung dienen.[427] Andernfalls läge ein unzulässiger Eingriff in die redaktionelle Freiheit vor.[428] Zudem würde der Stellenwert der Pressefreiheit als Freiheitsrecht verkannt. Eine Differenzierung in wertvolle und wertlose Presseveröffentlichungen findet im Rahmen der Schutzbereichsfestsetzung nicht statt.[429] Darüber besteht sowohl in der Rechtsprechung[430] als auch in der Literatur[431] Einigkeit. Die Qualität einer Veröffentlichung kann allenfalls im Rahmen der Interessenabwägung zwischen kollidierenden Rechtsgütern Beachtung finden.[432] Mithin enthält das Grundrecht der Pressefreiheit ein absolutes Differenzierungsverbot hinsichtlich der Schutzwürdigkeit ihres Inhalts.[433] Andernfalls müsste eine Grenzziehung erfolgen. Eine solche lässt sich jedoch angesichts der Tatsache, dass häufig unterhaltende Aspekte mit einer Nachricht verknüpft sind, unmöglich ziehen. Zudem kann nicht ausgeschlossen werden, dass unterhaltende Berichte die öffentliche Meinung ebenso stark beeinflussen und prägen wie Berichte denen ein reiner Nachrichtenwert zukommt.[434] Weitaus provokanter äußern sich Löffler[435] und Haacke.[436] Ersterer sieht in der Berichterstattung eine Chance, die „Gedanken der Meinungsführer in die einfache Sprache des Volkes zu übersetzen“ und die Meinungsbildung der Masse

426 BVerfGE 20, 162–Spiegel; Herzog, in: Maunz/ Dürig, a.a.O., Art. 5 Abs. 1, 2 Rdn. 14 a; sinngemäß Odendahl, in: Schmid–Bleibtreu/ Hofmann/ Henneke, GG, Art. 5 Rdn. 5 ff.

427 Vgl. Gädeke, in: Schiwy/ Schütz/ Dörr, a.a.O., S. 422 (424); BVerfGE 34, 269 ff. (283)–Soraya; BVerfG NJW 1984, 1741 f. (1742)–Der Aufmacher; im Umkehrschluss Herzog, in: Maunz/ Dürig, a.a.O., Art. 5 Abs. 1, 2, Rdn. 127 f.; Arndt, NJW 1963, 193 f. (194).

428 BVerfGE 34, 269 (280)–Soraya; BVerfGE 66, 166 (174)–Wallraff.

429 BVerfGE 34, 269 (280)–Soraya; BVerfGE 66, 166 (174)–Wallraff.

430 BVerfGE 25, 296 (307)–Geib/Stern; BVerfGE 34, 269 (283)–Soraya; BVerfGE 66, 116 (134)–Wallraff; BVerfGE 101, 361 (389)–Caroline von Monaco II.

431 Vgl. Herzog, in: Maunz/ Dürig, a.a.O., Art. 5 GG Rdn. 127 f.; Bullinger, in: Isensee/ Kirchhof, Hdb. StaatsR, Bd. 6, § 142 Rdn. 16; Fiedrich, Grundrechtlicher Persönlichkeitsschutz, S. 60.

432 BVerfGE 34, 269 ff. (283)–Soraya; BVerfG, Urteil v. 25.01.1984, Az. 1 BvR 272/81 = NJW 1984, 1741 f. (1742)–Springer/Wallraff; BGHZ 131, 332 (342); v. Gamm, NJW 1979, 513 ff. (515).

433 Vgl. Engau, a.a.O., S. 81.

434 Sinngemäß siehe Herzog, in: Maunz/ Dürig, a.a.O., Art. 5 Abs. 1, 2 GG, Rdn. 128; vgl. Haacke, in: Löffler, Öffentliche Meinung, S. 31 ff. (35).

435 Vgl. Löffler, in: Löffler, Öffentliche Meinung, S. 20 ff.

436 Vgl. Haacke, in: Löffler, a.a.O., S. 31 ff.

zu ermöglichen.[437] Haackes Ausführungen sind zu entnehmen, dass er in einer sensationellen Berichterstattung die Möglichkeit erblickt, eine Bereitschaft der sozial schwächeren Schichten zu wecken, Information zur Kenntnis zu nehmen, welche diese andernfalls nicht erreichen würden.[438] Durch jedes neue Massenmedium und seine Verbreitung steige die Millionenschar derer an, „denen durch diese Instrumente zumindest eine Ahnung von unzähligen Erscheinungen des Daseins vermittelt wird, von denen sie früher überhaupt nichts wussten".[439]

In seinem Lebach-Urteil betont das BVerfG[440] ausdrücklich, dass sich eine Differenzierung verbiete und vielmehr alle Tätigkeitsbereiche der Presse unter den Schutz des Art. 5 Abs. 1 GG fallen. Auch die Bildberichterstattung ist uneingeschränkt als Mittel der Kommunikation zulässig.[441] Dokumentierende Berichterstattungen als auch reine Meinungskundgebungen sind vom Schutzbereich umfasst.[442]

Wenngleich die Presse von jeglicher staatlicher Einflussnahme und Zensur frei sein soll, so lässt sich die Gefahr nicht leugnen, über „mediumsinterne Wertungsdifferenzierungen" mittelbar zu einer staatlichen Lenkung der Presse zu gelangen.[443] Aus diesem Grund genießt nicht nur der redaktionelle Teil eines Printmediums den verfassungsrechtlichen Schutz der Pressefreiheit, sondern auch der Anzeigenteil.[444]

Im Falle einer Untersagung der Veröffentlichung von Bildnissen ist stets erforderlich an eine Berührung des Schutzbereiches und somit eine Beeinträchtigung der Pressefreiheit gemäß Art. 5 Abs. 1 S. 2 GG zu denken. Das BVerfG führt dazu aus, dass auch die Art und Weise der Bebilderung in die freie Entscheidungsmöglichkeit des Presseorgans fällt.[445] Geschützt ist nicht nur die positive, sondern auch die negative Freiheit.[446] Darunter versteht man die Freiheit der Presse, zu bestimmten Themen keine Stellung zu beziehen bzw. nicht darüber zu berichten.

bb. Schranken des Art. 5 Abs. 2 GG

Wenngleich der Pressefreiheit eine herausragende Stellung für eine demokratische Staatsform zukommt, so ist sie auch Schranken unterworfen. Sie findet gemäß Art 5 Abs. 2 GG ihre Schranken in den Vorschriften der allgemeinen Gesetze,

---

437 Vgl. Löffler, in: Löffler, a.a.O., S. 20 ff. (23 f.).

438 Vgl. Haacke, in: Löffler, a.a.O., S. 31 ff. (44); ablehnend Kleins restriktiver Auslegung der Pressefreiheit siehe Herzog, in: Maunz/ Dürig, a.a.O., Art. 5 Abs. 1, 2 GG, Rdn. 128; aufgreifend Engau, a.a.O., S. 82.

439 Vgl. Haacke, in: Löffler, a.a.O., S. 31 ff. (44).

440 BVerfGE 35, 202 ff. (222)-Lebach I.

441 Engau, a.a.O., S. 83.

442 BVerfGE 10, 118 (121)-Berufsverbot I ; BVerfGE 62, 243-Boykottaufruf.

443 Vgl. Ahrens, Persönlichkeitsrecht und Freiheit der Medienberichterstattung., S. 22 Rdn. 4.

444 BVerfGE 21, 271 Südkurier; Ahrens, a.a.O., S. 22, Rdn. 4.

445 BVerfG, Urteile v. 26.04.2001, Az. 1 BvR 758/97, 1 BvR 1857/98, 1 BvR 1918/98, 1 BvR 2109/99, 1 BvR 182/00 = NJW 2001, 1921 f.

446 Schulze-Fielitz, in: Dreier, a.a.O., Art. 5 GG Rdn. 74.

den gesetzlichen Bestimmungen zum Schutz der Jugend und in dem Recht der persönlichen Ehre. Art. 5 Abs. 2 GG enthält somit einen qualifizierten Gesetzesvorbehalt.[447] Alle drei Schranken können selbständig und unabhängig voneinander angewendet werden.[448] Im Hinblick auf den Kontext der Arbeit soll der Schwerpunkt auf die allgemeinen Gesetze, explizit §§ 22, 23 KUG, gelegt werden. Zu hinterfragen ist, ob es sich bei §§ 22, 23 KUG um allgemeine Gesetze im Sinne des Art. 5 Abs. 2 GG handelt.

Die Definition der allgemeinen Gesetze ist anhand der Meinungsfreiheit entwickelt worden und gilt auch im Rahmen der anderen Freiheiten des Art. 5 Abs. 1 GG.[449] An dieser Stelle sei nochmals auf die Gleichheit der Schrankensituation beider Grundrechte hingewiesen.[450] Hinsichtlich der Begrifflichkeit der allgemeinen Gesetze existieren verschiedene Ansätze.

Die sog. Sonderrechtslehre vertritt die Ansicht, dass allgemeine Gesetze nur solche Gesetze sind, welche nicht Sonderrechte gegen die Meinungsfreiheit enthalten.[451] Dagegen gehen die Vertreter der Abwägungslehre davon aus, dass Gesetze dann allgemein sind, wenn sie ein Rechtsgut schützen, weil dies bei einer Abwägung höher zu gewichten sei als die Meinungsfreiheit.[452] Das BVerfG hat im Lüth-Urteil[453] die Sonderrechtslehre und die Abwägungslehre miteinander kombiniert. Es sieht solche Gesetze als „allgemein" an, wenn sie sich nicht gegen die Meinungsäußerung als solche richten, sondern vielmehr zum Schutze eines schlechthin, ohne Rücksicht auf eine bestimmte Meinung, zu schützenden Rechtsguts dienen.[454] Demnach dienen allgemeine Gesetze dem Schutz eines Gemeinschaftswertes, dem gegenüber der Betätigung der Meinungsfreiheit der Vorrang einzuräumen ist.[455] Der Schwerpunkt der „Kombinationsformel" des BVerfG liegt auf der letzen Voraussetzung.[456] Nach der Sonderrechtslehre wird die Meinungsfreiheit am geringsten eingeschränkt. Allein die Meinungsneutralität ist entscheidend. Sie ist jedoch zu allgemein gehalten und verkennt, dass jeder Fall individuell ist. In speziell gelagerten Einzelfällen muss ein Eingriff durchaus möglich sein, weil sonst eine Rechtslücke entstünde. Dies wird besonders deutlich, wenn es um Fälle wie die Auschwitz-Lüge geht.[457] Nach der Sonderrechtslehre wäre ein Vorgehen gegen die Leugnung des Holocaust unmöglich, was

---

447 Pieroth/ Schlink/ Kingreen/ Poscher, a.a.O., Rdn. 274, 652 f.

448 Herzog, in: Maunz/ Dürig, a.a.O., Bd. I Art. 5 Abs. 1, 2 GG Rdn. 244.

449 Zur Thematik der „allgemeinen Gesetze" umfassend Herzog, in: Maunz/ Dürig, a.a.O., Bd. I Art. 5 Abs. 1, 2 GG Rdn. 243 ff.

450 Siehe oben 2. Teil A. § 6 I. 1.

451 Häntzschel, AöR 10 (1926), 228 (232); Loock, a.a.O., S. 80.

452 Smend, Das Recht der freien Meinungsäußerung, in: Veröffentlichungen der deutschen Staatsrechtslehrer 1928, 209 (210).

453 BVerfGE 7, 198–Lüth.

454 BVerfGE 7, 198 (209 f.)–Lüth.

455 BVerfGE 7, 198 (207)–Lüth.

456 BVerfGE 7, 198 (207 f.)–Lüth.

457 Ähnlich Loock, a.a.O., S. 80.

nicht hinnehmbar ist. Hingegen kommt es bei der Abwägungslehre entscheidend auf die Abwägung der bestimmten Rechtsgüter an. Ihr kommt dieselbe Bedeutung zu wie der Verhältnismäßigkeit im engeren Sinn. Daraus lässt sich schlussfolgern, dass dem Begriff der allgemeinen Gesetze keine eigenständige Bedeutung zukommt. Gegen die Abwägungslehre spricht zudem, dass sie unter den Begriff der „allgemeinen Gesetze" auch solche fasst, dessen einziges Anliegen die Einschränkung der Meinungsfreiheit ist. Der überragenden Bedeutung der Meinungsfreiheit für eine freiheitlich demokratische Staatsordnung wäre demnach nicht Genüge getan.[458] Der Ansicht des BVerfG gebührt der Vorzug. Sie ermöglicht durch ihre „Kombinationsformel" eine hohe Flexibilität durch eine umfassende Einzelfallwürdigung und verkennt auch nicht die besonderen Bedeutung des Art. 5 Abs. 1 GG.

Der Schutz des Rechtsgutes muss allgemein in der Rechtsordnung verankert sein. Das heißt demnach unabhängig davon, ob es durch Meinungsäußerungen oder durch andere Weise verletzt werden kann.[459] Um einer Gefahr der Aushöhlung der Pressefreiheit zu entgehen, muss das Rechtsgut jedoch im Lichte der Bedeutung der Pressefreiheit gesehen werden.[460] Andernfalls könnte der Staat die Pressefreiheit als „schlechthin konstitutives" Element[461] nach Belieben gestalten. Die Presse wäre verfassungswidrigen Zugriffen aussetzt.[462] Das BVerfG hat als besondere Ausprägung des Verhältnismäßigkeitsgrundsatzes die sog. Wechselwirkungslehre entwickelt.[463] Diese besagt, dass das beschränkende Gesetz seinerseits wieder im Lichte der Bedeutung des Art. 5 Abs. 1 GG ausgelegt werden muss.[464] Damit bleibt der Wertgehalt der Pressefreiheit gewahrt, da es eben nicht möglich ist diese durch ein allgemeines Gesetz gezielt und vollumfänglich zu beschränken.[465] Im Ergebnis kann die Abwägung auch zu Lasten des Grundrechtsträgers der Pressefreiheit gehen.[466] Die Bedeutung des Rechts am eigenen Bild erfährt durch die Verfassungsgarantie des Persönlichkeitsschutzes eine erhebliche

458 Vgl. Loock, a.a.O., S. 80 a.E.

459 BVerfGE 117, 244 (260)–CICERO; BVerfG, Beschluss v. 26.02.2008, 1 BvR 1602/07; 1 BvR 1606/07; 1 BvR 1626/07 = GRUR 2008, 539–Caroline von Monaco III.

460 Zur Thematik Ricker/ Seehaus, in: Noelle-Neumann/ Schulz/ Wilke (Hrsg.), a.a.O., S. 265 ff. (270).

461 BVerfGE 20, 174–Spiegel; BVerfGE 52, 296–Tendenzbetrieb.

462 Vgl. Ahrens, a.a.O., S. 24 Rdn. 7.

463 BVerfGE 7, 198 (207 ff.)–Lüth; BVerfGE 35, 202 (219 ff.)–Lebach I; Jarass, in: Jarass/ Pieroth, a.a.O., Art. 5 GG Rdn. 69.

464 St. Rspr. statt Aller BVerfGE 7, 198 ff. (208 f.)–Lüth; BVerfGE 20, 162 ff. (176 f.)–Spiegel; BVerfGE 66, 116 ff. (150)–Springer/ Wallraff; BVerfG, Urteil v. 22.06.1982, Az. 1 BvR 1376/79 = NJW 1983, 1415 (1416)–NPD von Europa; BVerfG, Urteil v. 26.06.1990, Az. 1 BvR 1165/89 = NJW 1991, 95–Zwangsdemokrat; BGH, Urteil vom 26.11.1996, Az. VI ZR 323/95 = NJW 1997, 1148 (1149)–Chefarzt.

465 Vgl. Ahrens, a.a.O., S. 24 Rdn. 7.

466 Vgl. Ahrens, a.a.O., S. 25 Rdn. 7.

Stärkung.[467] Nach Auffassung des BVerfG[468] muss in die Abwägung einfließen, „ob die Presse im konkreten Fall eine Angelegenheit von öffentlichem Interesse ernsthaft und sachbezogen erörtert, damit den Informationsanspruch des Publikums erfüllt und zur Bildung der öffentlichen Meinung beiträgt, oder ob sie lediglich das Bedürfnis einer mehr oder minder breiten Leserschicht nach oberflächlicher Unterhaltung befriedigt".

cc. Sonderproblem: KUG als allgemeines Gesetz

Die Vorschriften des Kunsturhebergesetzes sind verfassungsrechtlich nicht zu beanstanden.[469] Die Gegenmeinung von Helle[470] vermag nicht zu überzeugen, weil der Aufbau des KUG einer verfassungsrechtlichen Anwendung nicht im Wege steht. Dies betont auch das BVerfG[471], wonach sowohl § 22 KUG als auch § 23 KUG derart flexibel gestaltet seien, dass ausreichend Raum für eine dem Grundgesetz entsprechende Anwendung besteht.[472] Demnach kommt das Recht am eigenen Bild als allgemeines Gesetz[473] auch als Schranke für Art. 5 Abs. 1 GG in Betracht.

Das Recht am eigenen Bild nach § 22 KUG schützt die Verbreitung sowie öffentliche Zurschaustellung von Bildnissen. § 22 KUG selbst beschränkt die Grundrechte des Art. 5 Abs. 1 GG für den Bereich der Bildberichterstattung über Personen.[474] §§ 22, 23 KUG können die Kommunikationsfreiheit nach Art. 5 GG jedoch nicht beliebig einschränken. Die vom BVerfG[475] entwickelte Wechselwirkungstheorie[476] findet vorliegend Anwendung. Wie bereits erwähnt, ist das KUG, genauer das Recht am eigenen Bild, aus „der Erkenntnis der Bedeutung" der Grundrechte im freiheitlichen-demokratischen Staatsgefüge auszulegen und daher „in der beschränkenden Wirkung selbst wieder einzuschränken".[477] Im Rahmen der Güter- und Interessenabwägung erfolgt eine Einzelfallabwägung. Diese soll Aufschluss darüber bringen, inwieweit eine beschränkende Wirkung des Art. 5 Abs. 1 GG auf die persönlichkeitsrechtlichen Ansprüche besteht.[478] Ist die Bildpublikation geeignet das Ansehen der Person herab zu setzten kommen nicht §§ 22, 23 KUG als Schranke in Betracht, sondern vielmehr der Ehrenschutz.[479] Denn der Ehrenschutz fällt bereits begrifflich

---

467 Vgl. dazu BVerfGE 35, 202 (224 f.)–Lebach I; BVerfG, Urteil v. 31.01.1973, Az. 2 BvR 454/71 = NJW 1973, 891 f.–Tonbandaufnahme; Jarass, NJW 1989, 857 f.

468 Vgl. BVerfGE 34, 269 (283)–Soraya.

469 St. Rspr. statt Vieler BVerfGE 35, 202 ff. (224 f.)–Lebach I.

470 Helle, AfP 1986, 25 (27 ff.).

471 BVerfGE 35, 202 (224 ff.)–Lebach I.

472 Ebenda; ebenso Engau, a.a.O., S. 86.

473 Zur Definition und den Voraussetzungen der allgemeinen Gesetze siehe oben unter 2. Teil A. § 6 I. 1. b. cc.

474 Vgl. auch Engau, a.a.O., S. 85.

475 BVerfGE 7, 198 (208 ff.)–Lüth.

476 Ebenda.

477 Ebenda; vgl. zudem siehe oben 2. Teil A. § 5, zudem Ausführungen zu Art. 5 GG.

478 Vgl. Hubmann, JZ 1957, 521 (524); aufgreifend Engau, a.a.O., S. 86.

479 BVerfGE 33, 1 (17)–Strafgefangene.

nicht unter die Definition der allgemeinen Gesetzte. Regelungen zum Schutz der persönlichen Ehre richten sich gerade gegen die Meinungsfreiheit als solche und sind aus diesem Grund auch als Sonderrechte zu bezeichnen.[480] Konstellationen in denen das Bildnis einer Person herabsetzenden Charakter aufweist findet im Hinblick auf die §§ 185 ff. StGB, 823 Abs. 2 BGB die Auslegungsmaxime der Wechselwirkungstheorie Anwendung.[481]

2. *Informationsfreiheit (Art. 5 Abs. 1 Satz 1 Alternative 2 GG)*

Die Informationsfreiheit wird als zweite Alternative von Art. 5 Abs. 1 Satz 1 GG zumeist in einem Atemzug mit der Meinungsfreiheit, der ersten Alternative, genannt. Zentrale Rolle bei der Verletzung des Persönlichkeitsrechts spielt zumeist die Verbreitung von Informationen. Das BVerfG[482] erkennt auch für die Informationsfreiheit eine für eine freiheitliche-demokratische Staatsordnung „schlichthin konstituierende" Bedeutung an.[483] formuliert es profaner. Er zählt zu den Schutzobjekten des Grundrechts der Informationsfreiheit auch den „ganz primitive Wissensdurst".

3. *Rundfunkfreiheit (Art. 5 Abs. 1 Satz 2 GG)*

Auf die Rundfunkfreiheit soll im Rahmen der Arbeit nur am Rande eingegangen werden. Ausführungen hierzu werden kurz gehalten und nur der Vollständigkeit halber erwähnt. Es gelten die Ausführungen zur Pressefreiheit, sodass auch bei Art. 5 Abs. 1 Satz 2 Alt. 2 GG der inhaltliche Schutz der Meinungsäußerung in Art. 5 Abs. 1 Satz 1 Alt. 1 GG zu verorten ist.[484] Rundfunk wird definiert als jede an eine Vielzahl von Personen gerichtete Übermittlung von Gedankeninhalten im weitesten Sinn. Durch physikalische, insbesondere elektromagnetische Wellen, ohne Rücksicht darauf, ob dies drahtlos oder über elektronische Leitungen erfolgt.[485] Das BVerfG[486] spricht auch der Rundfunkfreiheit eine überragende Bedeutung für die demokratische Staatsform und die Gesellschaft zu. Geschützt werden alle im Zusammenhang mit dem Rundfunk stehende Tätigkeiten. Dies reicht von der Informationsbeschaffung, über die Produktion bis hin zur Ausstrahlung, mithin Verbreitung, der Rundfunksendung.[487] Hinsichtlich der Träger der Rundfunkfreiheit gelten die obigen Ausführungen zur Pressefreiheit entsprechend. Bezüglich der Schranken

---

480 Stern, in: FS Hübner, 815 (823 f.).
481 St. Rspr.
482 BVerfGE 27, 71 ff. (81)–Leipziger Volkszeitung.
483 Vgl. Herzog, in: Maunz/ Dürig, a.a.O., Art. 5 Abs. 1, 2, Rdn. 85 f., 128.
484 Gronau, a.a.O., S. 161.
485 Pieroth/ Schlink/ Kingreen/ Poscher, a.a.O., Rdn. 639.
486 BVerfGE 35, 202 (219)–Lebach I.
487 BVerfGE 57, 295 (319)–FRAG; BVerfGE 60, 53 (63)–Rundfunkrat; BVerfGE 77, 65 (74)–Beschlagnahme von Filmmaterial; BVerfGE 91, 125 (135)–Fernsehaufnahmen im Gerichtssaal I.

wird auf die Ausführungen zur Pressefreiheit verwiesen[488], denn die Schranken werden auch hier nach Art. 5 Abs. 2 GG bestimmt und die Wechselwirkungstheorie kommt ebenfalls zur Geltung.

4. Filmfreiheit (Art. 5 Abs. 1 Satz 2 Alternative 3 GG)

Die Filmfreiheit spielt in der Rechtspraxis eine eher untergeordnete Rolle. Dies liegt vor allem daran, dass häufig die umfassendere Kunstfreiheit gemäß Art. 5 Abs. 3 GG einschlägig ist.[489] Der Begriff des Films erfasst projizierbare belichtete Streifen aus Zelluloid, sowie alle chemisch-optischen Träger, welche üblicherweise mit einer Tonspur unterlegt sind und eine allgemeine Verbreitung ihres Inhaltes ermöglichen.[490] Geschützt ist, wie auch bei der Presse- und Rundfunkfreiheit bereits die Informationsbeschaffung.[491] Insoweit unterscheidet sich der Schutzbereich gegenüber der Presse- und der Rundfunkfreiheit nicht. Auch an dieser Stelle wird auf die obigen Ausführungen verwiesen. Das gleiche gilt für die Schranken, deren Bestimmung sich nach Art. 5 Abs. 2 GG richtet. Als Träger der Filmfreiheit gelten diejenigen Personen, welche die von Art. 5 Abs. 1 Satz 2 Alt 3 GG geschützte Tätigkeit ausüben.[492]

II. Kunstfreiheit gemäß Art. 5 Abs. 3 GG

Auf die Kunstfreiheit soll im Rahmen der Arbeit ebenfalls nur am Rande eingegangen werden. Ausführungen hierzu werden kurz gehalten und nur der Vollständigkeit halber erwähnt. Die Problematik der Karikatur bzw. Satire stellt sich stets im Zusammenhang mit der Kunstfreiheit. Sie nimmt ein weites Feld in der Rechtswissenschaft ein. Hierzu existiert eine Vielzahl von juristischen Problemen, welche für sich genommen ausreichend für eine eigene Abhandlung wären. Um eine oberflächliche und unvollständige Problembehandlung zu vermeiden, verzichtet die Verfasserin im Rahmen dieser Arbeit auf die nähere Thematisierung der Karikatur und Satire. Nur so viel sei zur Kunstfreiheit gemäß Art. 5 Abs. 3 GG gesagt. Sie erfasst nicht die Fälle in denen eine Person gegen ihren Willen oder ohne ihre Kenntnis abgelichtet und das Bildnis verbreitet oder öffentlich zur Schau gestellt wird. Vielmehr sind Fälle erfasst, in denen beispielsweise eine Biographie verfilmt, oder bereits existierende Bildnisse künstlerisch verfremdet oder bearbeitet werden. Auch in diesen Fällen besteht ein Konflikt von Persönlichkeitsrechten und Grundrechten. Ob es sich jedoch bei Fällen den Art. 5 Abs. 3 GG betreffend auch um einen Konflikt von Persönlichkeitsrecht und Kommunikationsfreiheit handelt ist fraglich und kann hier dahin stehen.

---

488 Siehe oben 2. Teil A. § 6 I. 1. B. bb.

489 Vgl. BVerfGE 1, 303 (305)–Die Sünderin; sinngemäß ebenfalls Loock, a.a.O., S. 86.

490 Vgl. Wendt, in: v. Münch/ Kunig, a.a.O., Art. 5 GG Rdn. 61; Ahrens, a.a.O., S. 26 Rdn. 9.

491 Schulze-Fielitz, in: Dreier, a.a.O., Art. 5 Rdn. 85.

492 Jarass, in: Jarass/ Pieroth, a.a.O., Art. 5 GG Rdn. 63.

§ 7 Ausnahmen und Einschränkungen des Bildnisschutzes gemäß § 23 KUG

I. Bildnisse aus dem Bereich der Zeitgeschichte gemäß § 23 Abs. 1 Nr. 1 KUG

§ 23 Abs. 1 Nr. 1 KUG stellt eine Ausnahme zu der in § 22 KUG erforderlichen Einwilligung dar, wonach die Veröffentlichung von Bildnissen auch ohne die Einwilligung des Abgebildeten zulässig ist, wenn es sich um Bildnisse aus dem Bereich der Zeitgeschichte handelt. Diese Ausnahmeregelung wird nur durch die berechtigten Interessen des Abgebildeten nach § 23 Abs. 2 KUG eingeschränkt. Die Prüfungsreihenfolge gestaltet sich demnach wie folgt. Zunächst ist festzustellen, ob eine Einwilligung des Abgebildeten nach § 22 KUG vorliegt. Ist dies nicht der Fall, stellt sich die Frage, ob eine Ausnahme nach § 23 Abs. 1 Nr. 1–4 KUG in Betracht kommt. Ist dies der Fall, so bedarf es anschließend der Prüfung, ob nicht dennoch berechtigte Interessen des Abgebildeten im Sinne von § 23 Abs. 2 KUG verletzt werden.

Der Gesetzeswortlaut „Bildnisse aus dem Bereich der Zeitgeschichte" erfordert eine genauere Auseinandersetzung, weil die Zulässigkeit der Veröffentlichung weder explizit an der Zugehörigkeit der abgebildeten Person zur Zeitgeschichte, noch an einem Ereignis der Zeitgeschichte fest gemacht wird. Die gesetzgeberische Intention hinter dieser Ausnahmeregelung besteht darin, das vorhandene legitime Informationsinteresse der Allgemeinheit an einer Berichterstattung über prominente Persönlichkeiten und ihr öffentliches Tun zu schützen.[493] Geht man vom reinen Gesetzeswortlaut des § 23 Abs. 1 S. 1 Nr. 1 KUG aus, „Bildnisse aus dem Bereich der Zeitgeschichte", werden weder bestimmte Personengruppen erfasst noch ausgeschlossen. Vielmehr bezieht sich der Gesetzeswortlaut ausschließlich auf den Begriff des Bildnisses. Von einem „Bildnis der Zeitgeschichte" ist nur dann auszugehen, wenn es sich um eine Abbildung betreffend ein Ereignis von öffentlichem Interesse handelt.[494] Lange Zeit wurde bei der Auslegung des § 23 Abs. 1 Nr. 1 KUG auf das Konstrukt der „Person der Zeitgeschichte" zurückgegriffen.[495] Die Praxisrelevanz hierbei war sehr hoch. Nicht selten beriefen und berufen sich Massenmedien bei Veröffentlichung von Bildnissen prominenter Persönlichkeiten auf § 23 Abs. 1 Nr. 1 KUG. Denn zumeist liegt bei der Bildpublikation keine Einwilligung des Abgebildeten vor. Die Bedeutsamkeit macht es zwingend notwendig, den Begriff des zeitgeschichtlichen Bildnisses näher zu erläutern.

---

493 v. Gamm, UrhG, Einführung, Rdn. 115; ebenso Schertz, in: Götting/ Schertz/ Seitz, a.a.O., § 12 Rdn. 26.

494 Nähere Erläuterungen zum Begriff des öffentlichen Interesses a.a.O.

495 Vgl. v. Strobel-Albeg, in: Wenzel, Wort- und Bildberichterstattung, Rdn. 8.8; Götting, in: Schricker/ Loewenheim (Hrsg.), a.a.O., § 60/ § 23 KUG, Rdn. 19; v. Gamm, UrhG, Einführung, Rdn. 116; Schertz, in: Götting/ Schertz/ Seitz, a.a.O., § 12 Rdn. 27.

1. *Bereich der Zeitgeschichte*

Der Begriff der Zeitgeschichte birgt auf Grund seiner Komplexität mehrere Gefahrenquellen. Bei der Interpretation ist „Zeitgeschichte" im weiteren Sinn zu verstehen[496] und darf nicht zu eng gefasst werden.[497] Zugleich ist eine Auslegung im Rahmen der Ausnahmevorschrift des § 23 KUG zu vermeiden, welche zu einer Aushöhlung der Regelvorschrift des § 22 KUG führt.[498] Den Grundsätzen folgend fällt alles Alltägliche, was keinerlei Bedeutung für die betreffende Gegenwart besitzt, aus dem Begriff der Zeitgeschichte heraus.[499]

Die Komplexität der Begriffsbestimmung hat zu verschiedenen Lösungsansätzen angeregt. Nach Franke[500] soll der Sozialbezug ausschlaggebend sein. Einen solchen wiesen Ereignisse dann auf, wenn sie zumindest einen Teil der Gesellschaft betreffen. Darin sei der Unterschied zum Alltäglichen begründet.[501] Frankes Auffassung ist als problematisch anzusehen, weil sie eine Eingrenzung nicht vorzunehmen vermag. Ein Sozialbezug kann fast allen Ereignissen, welche sich nicht im rein privaten Bereich von Personen abspielen, bescheinigt werden. Würde man diesen als Voraussetzung ansehen, müsste man jedes Ereignis als ein solches der Zeitgeschichte ansehen. Er verkennt dabei gänzlich den Ausnahmecharakter des § 23 Abs. 1 KUG, weshalb ein Abstellen auf den Sozialbezug des Ereignisses als zu ungenau abgelehnt werden muss. Dagegen hat bereits das Reichsgericht[502] in seiner Entscheidung zum Tull–Harder Fall festgestellt, dass das gesamte politische, soziale, wirtschaftliche und kulturelle Leben, „alle Erscheinungen im Leben der Gegenwart, die von der Öffentlichkeit beachtet werden, bei (ihr) Aufmerksamkeit finden und Gegenstand der Teilnahme oder Wissbegier weiter Kreise sind" zur Zeitgeschichte zählen.[503] Wobei es darauf ankommt, was Geschmack und Empfinden der Zeit mit sich bringen.[504] Eine Dauer über den Tag hinaus ist nicht notwendig.[505] Mithin kann jedem gesellschaftlichen Bereich eine zeitgeschichtliche Bedeutung zukommen, welcher faktisch auf ein Interesse der Öffentlichkeit stößt. Bereits nach der Entstehungsgeschichte des Gesetzte betreffend das Urheberrecht an Werken der bildenden Künste und der Photographie vom 9. Januar 1907[506] und im Hinblick auf den Informationsbedarf der

---

496 BGH, Urteil v. 12.07.2007, Az. I ZR 18/04 = GRUR 2007, 890 (900)–Ebay; OLG Karlsruhe, AfP 1982, 48, 49.
497 BGH Urteil v. 06.03.2007, Az. VI ZR 51/06–Caroline von Hannover.
498 Vgl. Engau, a.a.O., S. 66.
499 Vgl. OLG Stuttgart, JZ 1960, 126 ff. (129)–Brutaler Übergreifer; Lampe, NJW 1973, 217 f.; U. Müller, a.a.O., S. 94, 147; Engau, a.a.O., S. 66.
500 Franke, Bildberichterstattung über dem Angeklagten, S. 102.
501 Ebenda.
502 RG, Urteil v. 26.06.1929, Az. 197/29 = RGZ 125, 80, 82–Tull Harder.
503 Ebenda.
504 So bereits das RG, Urteil v. 26.06.1929, Az. 197/29 = RGZ 125, 80 f. (81)–Tull Harder.
505 Ebenda.
506 Vgl. Ebermayer, in: Ebermayer/ Galli/ Linderberg (Hrsg.), Komm. zu den strafrechtlichen Nebengesetzen, Bd. I, § 23 KUG Anm. 1.

Öffentlichkeit umfasst er nicht nur Vorgänge von historisch-politischer Bedeutung, sondern ganz allgemein das Zeitgeschehen, somit alle Fragen von allgemeinem gesellschaftlichen Interesse, und wird mithin vom Interesse der Öffentlichkeit bestimmt.[507] Es wird davon ausgegangen, dass der Bereich der Zeitgeschichte weder als grenzenlos angesehen noch zu eng gefasst werden darf.[508] Andernfalls würden die Rechte des Abgebildeten in jeglicher Hinsicht untergraben. Der Begriff der Zeitgeschichte umfasst tagesaktuelle sowie historische Geschehnisse, und ist vom Informationsinteresse der Öffentlichkeit zu bestimmen.[509] Mit den Worten Zielemanns[510] umfasst der Bereich der Zeitgeschichte entweder das, was bereits realiter der Sphäre von Publizität angehört, oder was dieser wegen eines überwiegenden öffentlichen Interesses zugeordnet werden kann. Ein solches öffentliches Interesse[511] ist beispielhaft dann gegeben, wenn der Betroffene durch sein Verhalten die „Belange des Gemeinschaftslebens berührt, denen ein Öffentlichkeitswert zukommt".[512] Wie bereits zuvor erwähnt, wird bei der Einordnung des Informationsinteresses von Bildnissen keine Unterscheidung in Information und Unterhaltung vorgenommen. Eine Gliederung in wertvolle und wertlose Informationen erfolgt nicht. Vielmehr erfüllt auch die Unterhaltung wesentliche gesellschaftliche Funktionen – eine Sozialisationsfunktion, eine Reaktionsfunktion als auch eine Artikulationsfunktion.[513] Sie stellt unter anderem Gesprächsgegenstände zur Verfügung und regt zu Diskussionsprozessen an.[514] Viele Konsumenten beziehen zudem die ihnen wichtig oder interessant erscheinenden Informationen gerade aus unterhaltenden Beiträgen.[515]

Für die Beantwortung der Frage, ob ein Bildnis aus dem Bereich der Zeitgeschichte vorliegt, wurde lange Zeit auf die von Neumann-Duesberg[516] erdachte Figur der Person der Zeitgeschichte zurück greifen, welche durch die Rechtsprechung weiter entwickelt wurde. Es hatte sich die Terminologie der absoluten und relativen „Person der Zeitgeschichte" herauskristallisiert. Neumann-Duesberg hatte bei seinem Vorschlag auf die „Person der Zeitgeschichte" abgestellt, nicht hingegen

---

507 BGH Urteil v. 06.03.2007, Az. VI ZR 51/06-Caroline von Hannover.

508 Siehe oben 2. Teil A. § 7 I. 1.

509 BVerfG, Urteil v. 15.12.1999, Az. 1 BvR 653/96 = GRUR 2000, 446 (450)-Caroline von Monaco II; zum Informationsinteresse der Öffentlichkeit siehe oben 2. Teil A. § 7 I. 1. c. aa. (3).

510 Zielemann, a.a.O., S. 54.

511 Nähere Erläuterungen siehe oben 2. Teil A. § 7 I. 1. c. aa. (3).

512 Zielemann, a.a.O., S. 54.

513 BVerfG, Urteil v. 15.12.1999, Az.: 1 BvR 653/96 = GRUR 2000, 446-Caroline von Monaco II; zu diesen und weiteren Funktionen der Massenmedien siehe Pürer/ Raabe, Medien in Deutschland Bd. 1, S. 308 ff.

514 BVerfG, Urteil v. 15.12.1999, Az.: 1 BvR 653/96 = GRUR 2000, 446-Caroline von Monaco II; umfassend zur Thematik Pürer/ Raabe, a.a.O., S. 306 ff.

515 BVerfG, Urteil v. 15.12.1999, Az. 1 BvR 653/96 = GRUR 2000, 446 (450)-Caroline von Monaco II; zit. Berg/ Kiefer (Hrsg.), Massenkommunikation, Bd. 5, Mainz 1996.

516 Neumann-Duesberg, JZ 1960, 114 ff.

schwerpunktmäßig auf die „Ereignisse der Zeitgeschichte“ selbst. Ein solches Vorgehen wurde lange Zeit sowohl in der Rechtsprechung[517] als auch in der Literatur[518] als vorzugswürdig erachtet.

a. Rechtsprechung bis 2004

Wie bereits erwähnt[519], bediente sich die Rechtsprechung lange Zeit der Terminologie der „Person der Zeitgeschichte“.[520] Damit sollte die Entscheidung über die Zulässigkeit einer Bildpublikation erleichtert werden. In den Begriff der Zeitgeschichte fallen dabei nur Darstellungen oder Abbildungen einer Person, welche entweder ständig oder nur vorübergehend im Blickfeld eines Teils der Öffentlichkeit steht. Begründet wurde dies mit dem legitimen Informationsinteresse der Allgemeinheit.[521] Einzig v. Gamm[522] sah nicht den Bekanntheitsgrad einer Person bzw. deren gesellschaftliche Stellung sowie das öffentliche Interesse an ihr als ausschlaggebend für die Zulässigkeit einer Bildpublikation an. Vielmehr sollten von § 23 Abs. 1 Nr. 1 KUG nur solche Bildnisse von Personen der Zeitgeschichte erfasst sein, die ihrerseits als zeitgeschichtliche Dokumente dienen. Die Rechtsprechung hingegen verlangte bei einer Bildpublikation ein öffentliches Interesse an der Person selbst, sodass als zentrales Element des Interesses nicht das Bild, sondern die Person selbst angesehen wurde (Person der Zeitgeschichte).[523] Ob ein zeitgeschichtliches Ereignis vorlag wurde anhand des Informationsinteresses der Allgemeinheit bestimmt. Dies führte zu einer grundsätzlichen Zulässigkeit gemäß § 23 Abs. 1 Nr. 1 KUG von Abbildungen sog. Personen der Zeitgeschichte.[524] Bedeutsam war des Ereignisses nur dann, wenn

---

517 BVerfG, Urteile v. 26.04.2001, Az. 1 BvR 758/97, 1 BvR 1857/98, 1 BvR 1918/98, 1 BvR 2109/99, 1 BvR 182/00 = AfP 2001, 212 (214)–Prinz Ernst August von Hannover; BGH, Urteil vom 14.05.2002, Az. VI ZR 220/01= GRUR 2002, 690, 691–Marlene Bildnis; KG Berlin, GRUR 2004, 1056–Lebensgefährtin von Herbert Grönemeyer; KG Berlin, NJW 2007, 703; OLG Hamburg, ZUM 1995, 494, 495.

518 Specht, in: Dreier/ Schulze, a.a.O., § 23 KUG Rdn. 4; Helle, a.a.O., 145 ff.; Götting, in: Schricker/ Loewenheim, a.a.O., § 60/ § 23 KUG Rdn. 19; v. Strobl-Albeg in: Wenzel, a.a.O., Rdn. 8.8 ff.; Fricke, in: Wandtke/ Bullinger, a.a.O., § 23 KUG Rdn. 7.

519 Siehe oben 2. Teil A. § 7 I.

520 Vorreiter war Neumann-Duesberg, JZ 1960, 114 (1115 ff.); ders., JZ 1970, 564 (566); ausführlich dazu Gronau, a.a.O., S. 26 ff.

521 Vgl. BVerfG, Urteil v. 15.12.1999, Az. 1 BvR 653/96 = GRUR 2000, 446 (452)–Caroline von Monaco; zur alten Rspr. Specht, in: Dreier/ Schulze, a.a.O., § 23 KUG Rdn. 3.

522 v. Gamm, UrhG, Einführung, Rdn. 113 ff. (115); Specht in: Dreier/ Schulze, a.a.O., § 23 KUG Rdn. 4.

523 Statt vieler BGHZ 24, 200 (208)–Spätheimkehrer; OLG München, NJW 1963, 658 f.–Lebensmittelskandal; BGH, Urteil v. 16.09.1966, Az. VI ZR 268/64 = GRUR 1967, 205–Vor unserer eigenen Tür; ähnlich Engau, a.a.O., S. 112.

524 Vgl. BVerfG, Urteil v. 15.12.1999, Az. 1 BvR 653/96 = GRUR 2000, 446 (452)–Caroline von Monaco II; Götting in: Schricker/ Loewenheim (Hrsg.), a.a.O., § 23 KUG Rdn. 6 f.; Specht in: Dreier/ Schulze, a.a.O., § 23 KUG Rdn. 4.

die abgebildete Person mit diesem in direkter Verbindung stand. Probleme wies dabei die Bestimmtheit des Begriffs auf. Wann ist ein Interesse öffentlich und vor allem einheitlich? Wobei häufig eine unterschiedliche Begrifflichkeit gewählt wurde, welche jedoch das gleiche bezeichnete. Beispielhaft seien hier Allgemeinheit[525], Publikum[526] oder Öffentlichkeit[527] genannt. Wie groß muss die Anzahl der Personen sein um dem Begriff „öffentlich" Genüge zu tun? Diesen Fragen begegnen u.a. Rehbinder[528] und Coing[529] mit der Erweiterung des Begriffs des „öffentlichen Interesses" auf die „breitere Öffentlichkeit". Auch der BGH[530] behalf sich bei der näheren Bestimmung mit der Begrifflichkeit „breite Öffentlichkeit". Er überwand somit das Problem der unüberschaubaren Masse von Personen in der Bevölkerung mit häufig auseinandergehenden Interessen. Das BVerfG[531] forderte zudem eine Berechtigung des öffentlichen Interesses. Demnach bedurfte es, so das BVerfG, nach der Feststellung des öffentlichen Interesses in einem weiteren Schritt der Prüfung, ob es sich dabei auch um ein berechtigtes Interesse handelt. Ein solches ist anzunehmen, wenn es nicht nur rechtlich anerkannt und schutzwürdig ist, sondern auch bedeutend genug um eventuell entgegenstehende Interessen zu verdrängen. Das wurde von der Rechtsprechung bejaht, wenn es nicht ausschließlich auf Neugierde oder/und Sensationslust beruhte.[532] Vielmehr bedurfte es eines echten Informationsbedürfnisses.[533] Im Lüth-Urteil[534] stellte das BVerfG endgültig fest, dass ein solches reales Bedürfnis dann anzunehmen sei, wenn es sich um ein für die Öffentlichkeit bedeutsames Ereignis handelt. Einem lediglich unterhaltenden Beitrag konnte demnach ebenso ein berechtigtes öffentliches Informationsinteresse zukommen wie einer politischen Nachricht, weil die Meinungsbildung ebenso durch unterhaltende Beiträge statt-

525 Vgl. BGH, Urteil v. 09.06.1965, Az. Ib ZR 126/63 = NJW 1965, 2148 ff. (2149 f.)–Spielgefährtin; Engau, a.a.O., S. 91.

526 Vgl. OLG Nürnberg, MDR 1963, 412 f.–Notar; Krüger, Allgemeine Staatslehre, S. 443; Engau, a.a.O., S. 91.

527 Zur Öffentlichkeit vgl. Dovifat, a.a.O., S. 13 f.; Neumann-Duesberg, Das gesprochene Wort im Urheber- und Persönlichkeitsrecht, S. 185 f.; Noelle-Neumann, in: Noelle-Neumann/ Schulz/ Wilke (Hrsg.), a.a.O., S. 427 ff. (436 f.); Engau, a.a.O., S. 91.

528 Rehbinder, Öffentliche Aufgabe und rechtliche Verantwortlichkeit der Presse, S. 42 f.; aufgreifend Engau, a.a.O., S. 91.

529 Coing, Ehrenschutz und Presserecht, S. 14; aufgreifend Engau, a.a.O., S. 91.

530 Statt aller BGH, Urteil vom 16.09.1966, Az. VI ZR 268/64 = GRUR 1967, 205–Vor unserer eigenen Tür; BGHZ 49, 288 ff. (292 f.)–Fussballspieler; BGHSt 18, 182 ff. (185)–Callgirl-Affäre.

531 BVerfGE 32, 373 ff. (380)–Patientenkartei; BVerfGE 34, 238 ff. (248 ff.)–Tonbandaufnahmen; BVerfGE 35, 202 ff. (221, 225)–Lebach I; Rehbinder, a.a.O., S. 24 f.; Engau, a.a.O., S. 105.

532 Statt vieler BGHZ 24, 200 ff. (208)–Spätheimkehrer; OLG München, NJW 1963, 658 f.–Lebensmittelskandal; BGH, Urteil v. 16.09.1966, Az. VI ZR 268/64 = GRUR 1967, 205–Vor unserer eigenen Tür.

533 Ebenda.

534 Vgl. BVerfGE 7, 198 ff. (212)–Lüth, seitdem st. Rspr.

finden kann und diese unter Umständen sogar nachhaltiger anregt und beeinflusst als durch ausschließlich sachbezogene Informationen.[535] Das BVerfG[536] betonte, dass Unterhaltung ein wesentlicher Teil der Medienberichterstattung ist. Die Unterhaltsamkeit von Inhalten ist wichtig um die öffentlicher Aufmerksamkeit zu gewinnen und dadurch auf die öffentliche Meinungsbildung einzuwirken. Der publizistische Erfolg der Medien hänge gerade auch von unterhaltenden Beiträgen ab, wobei die Bedeutung visueller Darstellungen in jüngerer Zeit zugenommen habe.[537] Was bei dem Publikum Langeweile hervorrufe werde oftmals ignoriert. Das Interesse an Informationen müsse vielfach auch als ein Wunsch nach Unterrichtung, Nachricht, Meldung, bzw. Mitteilung über oder von Tatsachen verstanden werden.[538] Teilweise wurde auf den Bekanntheitsgrad der betreffenden Person abgestellt.[539] Erfolgte hingegen die Veröffentlichung durch Zutun des Abgebildeten selbst musste dieser sich entgegen halten lassen, dass derjenige, der willentlich und wissentlich Einblicke in seine Privatsphäre zulässt, später deren Schutz schwerlich beanspruchen kann.[540] Darin sei ein Einverständnis zu erblicken, bestimmte, gewöhnlich als privat geltende Angelegenheiten öffentlich zu machen. Hat er zuvor einen Exklusivvertrag über private Berichterstattungen unterzeichnet, kann er sich im Nachhinein nicht auf den Schutz seiner Privatsphäre berufen. Obgleich die neue Rechtsprechung von der Rechtsfigur der „Person der Zeitgeschichte" abrückt, so ist sie doch nach wie vor als Auslegungsmodell relevant.[541] Notwendig erscheint demnach ein kurzer Abriss der Rechtsfiguren der „absoluten" und „relativen" Person der Zeitgeschichte.

535 BGH Urteil v. 09.12.2003, Az. VI ZR 373/02; Anm. Gerlach in: JZ 2004, 625; BVerfG, Urteil vom 15.12.1996, Az. 1 BvR 653/96, Tz. 109 f. = BVerfGE 101, 361 (389 f.).

536 BVerfG, Urteile v. 26.02.2008, Az. 1 BvR 1602/07, Az. 1 BvR 1606/07, Az. 1 BvR 1626/07 = GRUR 2008, 539 (542)–Caroline von Monaco III.

537 BVerfG, Urteile v. 26.02.2008, Az. 1 BvR 1602/07, Az. 1 BvR 1606/07, Az. 1 BvR 1626/07 = GRUR 2008, 539 (542)–Caroline von Monaco III.

538 Umfassend zur Aktualität- Gegenwartswirkung von Informationen siehe Dovifat, a.a.O., S. 21 ff.; Höhne, Nachrichtenagenturen, S. 11; Seiffert, Information über die Information, S. 23 ff.; aufgreifend Engau, a.a.O., S. 111.

539 BVerfG, Urteile v. 26.04.2001, Az. 1 BvR 758/97, 1 BvR 1857/98, 1 BvR 1918/98, 1 BvR 2109/99, 1 BvR 182/00 =AfP 2001, 212 (214)–Prinz Ernst August von Hannover; ebenso BGH, Urteil v. 19.06.2007, Az. VI ZR 12/06 = GRUR 2007, 899 (901)–Lebensgefährtin von Herbert Grönemeyer; ähnlich Specht, in: Dreier/ Schulze, a.a.O., § 23 KUG Rdn. 3; zur Thematik Fricke, in: Wandtke/ Bullinger, a.a.O., § 23 Rdn. 5.

540 Zur Aufhebung des Schutzes vgl. Fricke, in: Wandtke/Bullinger/Fricke, a.a.O., § 23 KUG Rdn. 32.

541 Erläuterung hierzu im weiteren Verlauf der Abhandlung.

aa. Absolute Person der Zeitgeschichte

(1) Überblick

Als „absolute Person der Zeitgeschichte" wurde nach alter Rechtsprechung angesehen, wer aufgrund seines Status Aufmerksamkeit erregte, aus der Masse hervorstach.[542] Dies betraf Personen, die sich entweder durch Geburt, Stellung, Leistung, Taten oder Untaten aus der Masse erhoben. Dabei war gleichgültig, ob sich der Betreffende positiv oder negativ hervorhob. An ihnen und ihrem Leben hat die Öffentlichkeit ein umfängliches Informationsbedürfnis,[543] wodurch sie selbst Gegenstand der Zeitgeschichte wird.[544] Ihr Bildnis wird von der Öffentlichkeit allein um der dargestellten Person willen beachtet.[545] Wenn es um die Abbildung privater Handlungen absoluter Personen der Zeitgeschichte in der Öffentlichkeit ging, wurde der Pressefreiheit und dem öffentlichen Informationsinteresse gegenüber dem Persönlichkeitsrecht des Abgebildeten eine größere Bedeutung beigemessen.[546] Dabei ist der zeitgeschichtliche Gegenstand die bildliche Darstellung der Person selbst.[547] Rehbinder[548] geht mit seiner Behauptung, absolute Personen der Zeitgeschichte hätten in der heutigen Zeit so gut wie kein Privatleben mehr, noch einen Schritt weiter. Dem ist jedoch nicht zuzustimmen. Auch nach alter Rechtsprechung konnte eine „absolute Person der Zeitgeschichte" das Recht für sich in Anspruch nehmen, privat sein zu wollen. Sie ist nicht als „Freiwild" für die Presse anzusehen, eine identifizierende Bildberichterstattung ist nicht grundsätzlich zulässig. Allerdings bedurfte es keines konkreten aktuellen Ereignisses für eine zulässige Berichterstattung, worin der Hauptunterschied zu den „relativen Personen der Zeitgeschichte" bestand. Die auftretende Interessenkollision wurde jedoch auch nach alter Rechtsprechung durch eine Abwägung vorgenommen.[549]

---

542 BVerfGE 101, 361–Caroline von Monaco II.

543 Vgl. beispielhaft BGH, Urteil v. 09.06.1965, Az. Ib ZR 126/63 = NJW 1965, 2148 ff. (2149 f.)–Spielgefährtin; BGH, Urteil v. 16.09.1966, Az. VI ZR 268/64 = GRUR 1967, 205–Vor unserer eigenen Tür; BGH, Urteil v. 22.1.1985, Az. VI ZR 28/83 = GRUR 1985, 398 (399); OLG München, NJW 1963, 658 f. (659)–Lebensmittelskandal; LG Berlin, NJW 1986, 1265–Kokainhandel; Helle, a.a.O., S. 145 ff.; Rehbinder, a.a.O., S. 93; Götting, in: Schricker/ Loewenheim (Hrsg.), a.a.O., § 60/ § 23 Rdn. 25; Engau, a.a.O., S. 168.

544 BGH Urteil v. 06.03.2007, Az. VI ZR 51/06= GRUR 2007, 527.

545 BVerfG, Urteile v. 26.04.2001, Az. 1 BvR 758/97, Az. 1 BvR 1857/98, Az. 1 BvR 1918/98, Az. 1 BvR 2109/99, Az. 1 BvR 182/00 = AfP 2001 212 (214)–Prinz Ernst August von Hannover.

546 Vgl. BVerfG, Urteil v. 15.12.1999, Az. 1 BvR 653/96 = GRUR 2000, 446 (450)–Caroline von Monaco II; Specht, in: Dreier/ Schulze, a.a.O., § 23 KUG Rdn. 1.

547 BGH, Urteil v. 19.06.2007, Az. VI ZR 12/06 = GRUR 2007, 899 (900)–Lebensgefährtin von Herbert Grönemeyer.

548 Rehbinder, a.a.O., S. 93.

549 Zu der Notwendigkeit einer Abwägung siehe die Ausführungen des BVerfG, Urteil v. 15.12.1999, Az. 1 BvR 653/96 = GRUR 2000, 446–Caroline von Monaco II.

(2) Fallgruppen

Wenngleich die Zuordnung zu dem Kreis der „absoluten Personen der Zeitgeschichte“ sich nach den individuellen Besonderheiten der betreffenden Persönlichkeit richtete, so haben sich dennoch bestimmte Fallgruppen herausgebildet. Im Folgenden sollen nur die wichtigsten und praxisrelevantesten Gruppen genannt werden. Auf Vollständigkeit wird dementsprechend kein Anspruch erhoben.

Menschen aus dem persönlichen Umfeld einer „absoluten Person der Zeitgeschichte“ wurden in der Regel nicht als „absolute Personen der Zeitgeschichte angesehen“. Lediglich im „Fahrwasser zu schwimmen“ macht sie noch nicht selbst dazu. Allenfalls die Eigenschaft der „relativen Person der Zeitgeschichte“ kam in Betracht.[550] Eine Ausnahme bildeten Angehörige, welche aufgrund ihrer eigenen Stellung „absolute Personen der Zeitgeschichte“ sein konnten.[551] Beispielsweise Mitglieder regierender Königs- und Fürstenhäuser.[552] Sowohl die höchstrichterliche Rechtsprechung als auch die unteren Instanzengerichte haben widerholt festgestellt, dass bedeutende Politiker zum Kreis der „absoluten Personen der Zeitgeschichte“ zu zählen sind,[553] ebenso Prominente. Als „klassische“ prominente Persönlichkeiten gelten vor allem Größen aus dem Showbusiness, bekannte Schauspieler[554], Musiker[555] oder Sportler[556], welche unter anderem das Interesse der Werbeindustrie wecken und außerhalb der geschützten Privatsphäre in allen Lebenssituationen abgelichtet werden durften.[557]

---

550 BGH, Urteil v. 28.09.2004, Az. VI ZR 305/03 = GRUR 2005, 74–Charlotte Casiraghi II.

551 Specht, in: Dreier/ Schulze, a.a.O., § 23 KUG Rdn. 7; Fricke, in: Wandtke/ Bullinger, a.a.O., § 23 Rdn. 9 a.E.

552 Vgl. BGH, Urteil v. 06.03.2007, Az. VI ZR 51/06 = GRUR 2007, 527 (528)–Winterurlaub; OLG Karlsruhe, NJW 2006, 617 f.–Albert von Monaco; dazu auch Fricke, in: Wandtke/ Bullinger, a.a.O., § 23 KUG Rdn. 8.

553 Höchstrichterliche Rechtsprechung: BGH, Urteil v. 14.11.1995, Az. VI ZR 410/94 = GRUR 1996, 195 (196)–Willy Brandt; BVerfG, Urteil v. 11.11.1992, Az. 1 BvR 1595/92, 1 BvR 1606/92 = NJW 1992, 3288 (3289)–Fernsehaufnahmen im Gerichtssaal I; untere Instanzengerichte: KG Berlin, AfP 2006, 369 (370)–Heide Simones; KG Berlin, AfP 2007, 375–Joschka Fischer.

554 BGH, Urteil v. 14.05.2002, Az. VI ZR 220/01 = GRUR 2002, 690 (692)–Marlene Bildnis; BGH, Urteil v. 14.04.1992, Az. VI ZR 285/91 = GRUR 1992, 557–Joachim Fuchsberger.

555 BGH, Urteil v. 01.10.1996, Az. VI ZR 206/95 = GRUR 1997, 125 (126)–Bob Dylan; OLG Hamburg, AfP 1991, 437 (438)–Roy Black; KG Berlin, GRUR 2004, 1056–Herbert Grönemeyer; LG Berlin, AfP 2001, 246–Nina Hagen.

556 BGH, Urteil v. 06.02.1979, Az. VI ZR 46/77 = GRUR 1979, 425 (426)–Franz Beckenbauer; OLG München, AfP 2007, 237–Boris Becker; OLG Frankfurt, 2000, 594–Katharina Witt.

557 Vgl. BVerfG, Urteil v. 15.12.1999, Az. 1 BvR 653/96 = GRUR 2000, 446 (452)–Caroline von Monaco II; v. Strobl-Albeg, in: Wenzel, a.a.O., Rdn. 8.10 f.; Fricke, in: Wandtke/ Bullinger, a.a.O., § 23 KUG Rdn. 8.

(3) Sonderproblem: Tatverdächtige und Straftäter

Eine identifizierende Kriminalberichterstattung verbietet sich nicht bereits von Anfang an. Vielmehr ist die Berichterstattung über Straftaten Teil der Aufarbeitung von Verfehlungen und Voraussetzung für den Meinungsbildungsprozess.[558] Die Eigenschaft des Tatverdächtigen als „relative" oder „absolute" Person der Zeitgeschichte war nach alter Rechtsprechung entscheidend für die Zulässigkeit identifizierender Kriminalberichterstattungen. Wenngleich es auch früher als bedenklich galt, einen Tatverdächtigen als „absolute Person der Zeitgeschichte" einzuordnen. Neumann-Duesberg[559] ordnete einen Straftäter nur dann dem Personenkreis der „absoluten Personen der Zeitgeschichte" zu, wenn es sich bei den begangenen Taten um besonders abscheuliche Gräueltaten handelte.[560] Diese enge Eingrenzung lässt den Umkehrschluss zu, dass es sich bei Tatverdächtigen grundsätzlich nicht um „absolute Personen der Zeitgeschichte" handeln kann. Das Augenmerk liegt hierbei auf der Formulierung „begangene Taten". Dies impliziert den bereits erbrachten Beweis für die Straftatbegehung, sodass ein Tatverdächtiger nicht als „absolute Person der Zeitgeschichte" angesehen werden kann. Geht es um eine identifizierende Berichterstattung, besteht kein berechtigter Grund einen Tatverdächtigen einem Straftäter gleichzustellen. Heidelberg[561] regt hingegen an, Bildpublikationen des Angeklagten/Tatverdächtigen, unter dem Aspekt zuzulassen, dass es sich um Kapitalverbrechen handelt, weil man ohnehin von vornherein wüsste, dass „ihr Leben in jedem Fall ruiniert ist, mögen sie strafrechtlich nun mild oder hart beurteilt werden".[562] Er verkennt dabei gänzlich, dass ein Freispruch in diesem Stadium des Verfahrens durchaus im Bereich des Möglichen liegt und die Unschuldsvermutung noch Bestand hat. Würde man eine identifizierende Bildberichterstattung im Verfahrensstadium unter den gleichen Voraussetzungen wie bei einem bereits verurteilten Straftäter zulassen, so könnte es zu schwerwiegenden Folgen für den Betroffenen kommen. Als Beispiel dient ein älterer Fall aus dem Jahre 1966. Ein Tatverdächtiger war gezwungen, aus einem Ingenieurbüro auszuscheiden, nachdem Berichterstattungen in den Massenmedien erfolgten, woraufhin ein Auftrags-Stopp verhängt wurde. Dabei interessierte sich die Öffentlichkeit nur wenig für die Tatsache, dass seine Schuld noch nicht bewiesen war und er als unschuldig galt.[563] Nach Heidelbergs Auffassung wären gravierende Konsequenzen zu befürchten. Etwa irreparable Rufschädigungen, eine gesteigerte Gefahr der Prangerwirkung oder schlimmstenfalls Existenzvernichtung. Das Gefahrenpotential erklärt sich vor allem mit dem juristischen Unverständnis der Bevölkerung. Rechtslaien sind zumeist nicht in der Lage zwischen den einzelnen Verfahrensstadien zu differenzieren.[564] Die Qualität

558 Vgl. BVerfGE 12, 205 (260)-Erstes Rundfunkurteil; Raschke, ZJS 2011, 38 (42).
559 Neumann-Duesberg, a.a.O., zu Aktenzeichen, S. 306.
560 Ebenda.
561 Heidelberg, Justizreportage, S. 54.
562 Ebenda; dazu auch Engau, a.a.O., S. 188.
563 Vgl. BGH, Urteil vom 11.01.1966, Az. VI ZR 221/63 = NJW 1966, 647-Reichstagsbrand.
564 Vgl. dazu BGHZ 27, 338 ff. (342); OLG Braunschweig, NJW 1975, 651 f. (652)-Umschlagplatz von Dieben; Kühl, Unschuldsvermutung, Freispruch und Einstellung,

und Schwere der Straftat vermag grundsätzlich nichts an dem Verdächtigtenstatus ändern, sodass es unerheblich ist, ob der Betroffene eines Kapitalverbrechens verdächtigt wird. Vor dem Gesetzt sind zunächst alle Tatverdächtigen gleich. Dies gilt auch zum Zeitpunkt der Anklageerhebung, weil ja gerade das Strafverfahren der Klärung der Schuldfrage dient. Des Weiteren verkennt Heidelberg die erhebliche Bedeutung und Schutzwirkung der Unschuldsvermutung für den Tatverdächtigen als auch Angeklagten im Rechtssystem. Ein Straftäter hat erwiesener Maßen durch seine Straftat/en gegen die grundlegenden Werte des Gesellschaftslebens verstoßen. Er allein hat die Einbußen seiner Interessen, sei es sein Achtungsanspruch, sein Anonymitätsinteresse oder die allgemeine Wertschätzung, sich selbst zuzuschreiben.[565] Der Straftäter hat somit nachweislich seinen Geltungsanspruch durch schuldhaftes Verhalten geschmälert.[566] Er kann sich nicht in dem Maße auf die Sorge um die Wahrung seines sozialen Ansehens berufen wie ein Tatverdächtiger.[567] Zusammenfassend bleibt festzuhalten, dass bei Tatverdächtigen bereits nach alter Rechtsprechung nur die Eigenschaft als „relative Person der Zeitgeschichte" in Betracht kam.[568]

Grundsätzlich galt auch nach bisheriger Rechtsprechung ein bereits verurteilter Straftäter nur in absoluten Ausnahmefällen als „absolute Person der Zeitgeschichte". Sofern es die Anforderungen an einen solchen Spezialfall betrifft, gingen die Auffassungen auseinander. Vorausgesetzt wurde immer ein berechtigtes öffentliches Interesse. Helle[569] spricht einem Straftäter den Status als „absolute Person der Zeitgeschichte" zu, wenn er die Aufmerksamkeit der Öffentlichkeit durch besonders abscheuliche Gräueltaten erregt hat. Einige Vertreter der Literatur wollen eine Entscheidung von dem Grad der Sozialrelevanz abhängig machen.[570] Coing[571] und Reinhardt[572] hingegen, fordern das Vorliegen ganz besonderer Umstände im betreffenden Fall.[573] Ein berechtigtes Interesse der Öffentlichkeit sei demnach anzunehmen, wenn die Tat über das Alltägliche hinaus geht, oder durch die Persönlichkeit des Straftäters, sei es durch Umfang, Hintergrund oder

---

S. 74; Proske, in: Proske/ Godler, Kriminalität und Massenmedien, S. 24, 38; H.J. Schneider, Geschäft mit dem Verbrechen, S. 177; Engau, a.a.O., S. 203.

565 Vgl. Engau, a.a.O., S. 202.

566 Vgl. KG, in: Schulz, KGZ 46, S. 11 f.–Bordellspion mit Anm. Neumann-Duesberg, a.a.O., S. 13, 16 ff.; OLG Hamburg, in: Schulze OLGZ 103, 2, 3–Strafgefangener mit Anm. Neumann-Duesberg, a.a.O., S. 4; OLG Stuttgart, NJW 1959, S. 643–Brutaler Übergreifer; LG Hamburg, Ufita Bd. 64 (1972), 345 ff. (353)–Aktenzeichen XY-ungelöst; Peters, Verhandlungen des 42. deutschen Juristentages, Bd. 2, G 3 (5); Schneider, Kriminologie, S. 167; Tettinger, JZ 1983, 317 ff. (319); Engau, a.a.O., S. 203.

567 Vgl. dazu Engau, a.a.O., S. 203.

568 Im Ergebnis auch Braun, Medienberichterstattung über Strafverfahren, S. 73.

569 Vgl. Helle, a.a.O., S. 145.

570 Rehm, in: Jur.Bl.Jg 84, S. 1; Zielemann, a.a.O., S. 105 ff.

571 Coing, a.a.O., S. 25.

572 Reinhardt, Persönlichkeitsschutz, S. 15.

573 Neben Coing, a.a.O., S. 25 und Reinhardt, a.a.O., S. 15 wurde bzw. wird diese Ansicht auch vom OLG Stuttgart, JZ 1960, 126 ff. (130)–Brutaler Übereifer sowie von Scherer, Gerichtsöffentlichkeit, S. 195 vertreten; dazu ebenso Engau, a.a.O., S. 194.

Ungewöhnlichkeit der Tat,[574] an Außergewöhnlichkeit gewinnt.[575] Als Beispiel fungieren in diesem Zusammenhang die Verbrechen der NS-Vergangenheit, die Taten der RAF sowie Straftaten der Kriminalgeschichte.[576] Neumann-Duesberg[577] führt als Beispiel den angeblichen Kennedy-Mörder Lee Harvey Oswald an, welchem die Eigenschaft als „absolute Person der Zeitgeschichte" zukomme. Ob dieser tatsächlich als „absolute Person der Zeitgeschichte" angesehen werden konnte, ist mehr als fraglich. Letztendlich wurde er nur des Attentats verdächtigt, niemals überführt und von einem amerikanischen Gericht verurteilt. Ob Neumann-Duesbergs Ansicht richtig oder falsch ist spielt für die Diskussion, wann ein Straftäter als „absolute Person der Zeitgeschichte" gesehen werden kann, keine Rolle. Eine Entscheidung kann somit dahin stehen. Zusammenfassend ist allen Auffassungen der Grundgedanke zu entnehmen, dass Straftäter unter engen Voraussetzungen ausnahmsweise als „absolute Personen der Zeitgeschichte" angesehen wurden. Jedoch auch nur dann, wenn die Tat, der Täter oder die Umstände ihrer Begehung so außergewöhnlich waren, dass sie sowohl in die Geschichte der Kriminologie als auch in die der Rechtswissenschaft eingegangen sind. Beispielhaft seien hier die Straftaten der RAF in Deutschland sowie die Verbrechen von Ted Bundy[578] oder den Hillside Stranglers[579] in den Vereinigten Staaten von Amerika genannt.

---

574 OLG Oldenburg, NJW 1963, 920 ff. (922)-Untersuchungsgefangener; LG Berlin, NJW 1986, 1265-Kokainhandel; BVerfGE 35, 202 ff. (231)-Lebach I; OLG Hamburg, AfP 1976, 137 f. (138)-Banklady; Engau, a.a.O., S. 195.

575 Vgl. OLG München, NJW 1963, 658 f. (659)-Lebensmittelskandal; OLG Koblenz, NJW 1973, 251 ff. (253)-Lebach; LG Berlin, NJW 1986, 1265-Kokainhandel; v. Gamm, UrhG, Einführung, Rdn. 118; Hubmann, a.a.O., S. 300, Fn. 16; Engau, a.a.O., S. 194.

576 Helle, a.a.O., S. 145; zur Klassifizierung von Straftaten/Straftätern siehe auch Fricke, in: Wandtke/ Bullinger, a.a.O., § 23 KUG Rdn. 8, 22.

577 Neumann-Duesberg, in: Juristen-JB, Bd.7, S. 151.

578 Theodor Bundy hat zwischen 1973 bzw. 1974-1978 in den US-Bundesstaaten Washington, Oregon, Utha, Idaho, Colorado und Florida mind. 26 Frauen gefoltert und ermordet (angegebene Opferzahl: 26-35 +) und wurde am 23.7.1979 wegen Mordes an den Verbindungsstudentinnen von Chi-Omega Sonority Kimberly Ann Leach und Margaret Bowman verurteilt (am 31.7.1979 wurde die Todesstrafe durch den Elektrischen Stuhl verhängt) sowie am 6.2.1980 wegen Mordes an Lisa Levy verurteilt (am 9.2.1980 wurde ebenfalls die Todesstrafe verhängt), Bundy wurde am 24.1.1989 durch den elektrischen Stuhl im Bundesstaat Florida hingerichtet. Sein Fall erregte weltweit Aufsehen, da es sich um einen wortgewandten Jurastudenten handelte, welcher sowohl die Presse als auch die Öffentlichkeit stets mit großem Erfolg manipulierte. Insbesondere der Widerspruch zwischen seinen Taten und seiner Biographie trug letztlich dazu bei, dass Ted Bundy in die Annalen der Kriminalgeschichte einging, Supreme Court of Florida, Bundy vs. State, 455 So.2d 330 (Fla. 1984) (Chi Omega Sorority Direct Appeal); Bundy vs. State 471 So.2d 9 (Fla. 1985) (Opfer: Kimberly Leach Direct Appeal); http://www.clarkprosecutor.org/html/death/US/bundy106.htm law.fsu.edu.

579 Los Angeles County Sheriff's Department file number 079-16127-2010-999. Die Hillside Stranglers, die Cousins Kenneth Bianchi und Angelo Buono, ermordeten gemeinsam zwischen 1977 und 1979 insgesamt 12 Frauen. Kenneth Bianchi wurde

bb. Relative Person der Zeitgeschichte

Eine Person gilt als „relative Person der Zeitgeschichte", wenn sie durch ein bestimmtes zeitgeschichtliches Ereignis das Interesse auf sich zieht.[580] Im Gegensatz zu „absoluten Personen der Zeitgeschichte" ist das Interesse an ihnen nicht personenbezogen. Stattdessen ist es sach- bzw. ereignisbezogen. Oder anders ausgedrückt, das Informationsinteresse beschränkt sich auf das Geschehen, welches den Betreffenden zur Person der Zeitgeschichte macht.[581] Darin besteht der bedeutendste Unterschied zu einer „absoluten Person der Zeitgeschichte". Im Rahmen der Zulässigkeitsprüfung der Bildpublikation erfolgt eine Abwägung des Anonymitätsinteresses des Abgebildeten mit dem Informationsinteresse der Allgemeinheit.[582] Unerheblich ist, ob der Betroffene bewusst oder wider Willen das Informationsinteresse der Öffentlichkeit auf sich zieht.[583] Bildpublikationen von Personen im Zusammenhang mit Ereignissen ohne bestehendes öffentliches Informationsinteresse sind unzulässig. Demnach sind der Zulässigkeit einer Veröffentlichung sowohl in inhaltlicher als auch in zeitlicher Hinsicht Grenzen gesetzt.[584]

---

wegen fünffachen Mordes am 31.10.1983 zu 118 Jahren Haft und Angelo Buono wegen neunfachen Mordes ebenfalls am 31.10.1983 zu lebenslänglicher Haft verurteilt (Littlefield vs. Superior Court (1982) 136 Cal. App. 3d 477 (186 Cal. Rptr. 368)). Sie wurde dadurch berühmt, dass sie die Opfer stets in den Hollywood Hills ablegten und so plazierten, dass diese gefunden werden mussten. Die Opfer waren nackt und wurden mit gespreizten Beinen inszeniert. Das Mörderteam versetzte bis zu ihrer Festnahme (Kenneth Bianchi am 12.1.1979, Angelo Buono am 22.10.1979) ganz Los Angeles in Angst und Schrecken. Durch die Grausamkeit der Morde sowie ihr Spiel mit den Ermittlern ging das Duo in die Annalen der Kriminalgeschichte ein. Sie wurden dadurch zu absoluten Personen der Zeitgeschichte, Ted Schwarz, The Hillside Strangler: The Three Faces of America's most Savige Rapist and Murderer and the Shocking Revelations from the Sensationel Los Angeles Trial, S. 134; http://law.justia.com/cases/california/calapp3d/136/477.html; http://criminalminds.wikia.com/wiki/Angelo_Buono_and_Kenneth_Bianchi; http://www.trutv.com/library/crime/serial_killers/predators/stranglers/rampage_1.html.

580 BVerfG, Urteile v. 26.04.2001, Az. 1 BvR 758/97, 1 BvR 1857/98, 1 BvR 1918/98, 1 BvR 2109/99, 1 BvR 182/00 = AfP 2001, 212 (214)–Prinz Ernst August von Hannover; OLG Hamburg, AfP 1995, 665 (666); Specht, in: Dreier/ Schulze, a.a.O., § 23 KUG Rdn. 6; Ricker/ Weberling, Presserecht, Kap. 43 Rdn. 14; Prinz/ Peters a.a.O., Rdn. 849; Fricke, in: Wandtke/ Bullinger, a.a.O., § 23 KUG Rdn. 14, welcher konkrete Beispiele benennt.

581 Neumann–Duesberg, JZ 1960, 114 (115); Götting, in: Schricker/ Loewenheim (Hrsg.), a.a.O., § 60/ § 23 KUG Rdn. 31.

582 Neumann–Duesberg, Juristen–JB, Bd. 7, S. 144; Koebel, MDR 1972, 9; OLG Frankfurt, AfP 1976, 181; v. Gamm, UrhG, Einführung, Rdn. 113; ebenso Zielemann, a.a.O., S. 33.

583 Neuman–Duesberg JZ 1960, 114 (115).

584 Vgl. v. Strobl–Albeg, in: Wenzel, a.a.O., Rdn. 8.13 f. („Ereignisbezug"), 8.18 („Aktualität"); Teitler, Der rechtskräftig verurteilte Straftäter und seine Persönlichkeitsrechte, S. 37.

cc. Öffentliches Informationsinteresse

Das Öffentlichkeitsinteresse wird als das Interesse einer unbestimmten Anzahl von Personen definiert, wobei die Allgemeinheit auch auf eine lokale Öffentlichkeit beschränkt sein kann.[585] Grundsätzlich war die Frage, ob ein öffentliches Interesse vorliegt, nach dem Öffentlichkeitswert der konkreten Thematik zu beurteilen.[586] Dabei sei stets im Blick zu behalten, dass generell von einem Interesse der Öffentlichkeit an vollständiger Information über das Zeitgeschehen ausgegangen werden muss.[587] Das Interesse setzt sich sowohl aus subjektiven als auch aus objektiven Elementen zusammen.[588] Danach gilt es als berechtigt im Sinne des Gesetzes, wenn es wirtschaftlicher oder ideeller Natur ist und eine Beeinträchtigung von der Allgemeinheit als Verletzung des Persönlichkeitsrechts angesehen wird.[589] Es verbietet sich hierbei eine schematische Grenze. Erforderlich ist die Würdigung des konkreten Einzelfalls.[590] Das BVerfG hat das öffentliche Informationsinteresse an zwei Stellen diskutiert. Zum einen bei der Schutzbereichsprüfung des Art. 5 Abs. 1 GG und zum anderen bei der einzelfallbezogenen Interessenabwägung. Wann ein derartiges berechtigtes Informationsinteresse der Öffentlichkeit im Einzelfall besteht ist nicht unumstritten. Das BVerfG erklärt in seiner Grundsatzentscheidung vom 15.12.1999[591] bezüglich der Problematik zur Güter- und Interessenabwägung für absolute Personen der Zeitgeschichte, dass keine Beschränkungen hinsichtlich der einwilligungsfreien Veröffentlichung von Bildern bestehen. Vorausgesetzt diese zeigen die abgebildete Person bei der Ausübung ihrer Funktionen.[592] Die Öffentlichkeit habe ein berechtigtes Interesse zu erfahren, ob zeitgeschichtlich relevante Personen „funktionales und persönliches Verhalten überzeugend in Übereinstimmung bringen".[593] Fraglich sei, ob das öffentliche Informationsinteresse das individuelle Anonymitätsinteresse der abgebildeten Person überwiegt. Bei einer „absoluten Person der Zeitgeschichte", welche naturgemäß als Teil der Öffentlichkeit anzusehen ist, wurde selten ein Überwiegen eines Anonymitätsinteresses bejaht. Ob überhaupt ein solches schützenswertes Interesse an der Wahrung der Anonymität von

---

585 Vgl. v. Gamm, UrhG, Einführung, Rdn. 116; Zielemann, a.a.O., S. 38; Ausführungen zum öffentlichen Informationsinteresse siehe oben 2. Teil A. § 7 I. 1. c. aa. (3).

586 Vgl. Zielemann, a.a.O., S. 52.

587 BGH, Urteil v. 06.03.2007, Az. VI ZR 13/06 = GRUR 2007, 523 (525)–Abgestuftes Schutzkonzept I; BGH, Urteil v. 19.06.2007, Az. VI ZR 12/06 = GRUR 2007, 899 (901)–Lebensgefährtin von Herbert Grönemeyer.

588 Vgl. Bongartz, a.a.O., S. 99; Bußmann, Privatleben, S. 1 (69); Hirsch, Das Recht am eigenen Bilde, S. 53; Engau, a.a.O., S. 453.

589 Vgl. Engau, a.a.O., S. 453.

590 Vgl. Dumont, Das Recht am eigenen Bilde, S. 51; Hirsch, a.a.O., S. 53; Vetter, Das Recht am eigenen Bild, S. 77; Engau, a.a.O., S. 453.

591 BVerfGE 101, 361–Caroline von Monaco II.

592 BVerfGE 101, 361–Caroline von Monaco II.

593 BVerfGE 101, 361–Caroline von Monaco II; vgl. auch Schertz, in: Götting/ Schertz/ Seitz, a.a.O., § 12 Rdn. 28.

absoluten Personen der Zeitgeschichte besteht, galt es im Einzelfall zu ermitteln. Diesem berechtigten Interesse des Abgebildeten wurde erst im Rahmen von § 23 Abs. 2 KUG Rechnung getragen. Auch wenn das BVerfG eine vorbehaltlose Berichterstattung im allgemeinen öffentlichen Interesse ansah,[594] so betonte es doch zugleich, dass von dieser Regel auch Ausnahmen existieren („von Ausnahmen abgesehen").[595] Eine endgültige Bewertung über die Zulässigkeit einer Bildpublikation war somit erst, wie vom BVerfG als auch vom BGH unter Hinweis auf § 23 Abs. 2 KUG,[596] nach einer Interessenabwägung im Einzelfall möglich. Als Voraussetzung für einen bestehenden Schutz galt, dass die abgebildete Person sich erkennbar und willentlich in örtlicher Abgeschiedenheit aufhält. Die Abwägung im Rahmen von § 23 Abs. 2 KUG ergebe dann eine Unzulässigkeit der Bildpublikation, weil die Privatheit der Person Vorrang habe. Die Berichterstattung über ein „Ereignis aus dem Bereich der Zeitgeschichte" sei im Wege der Interessenabwägung für unzulässig zu erklären. Nach alter Rechtsprechung war nur im Ausnahmefall eine Bildpublikation von Personen der Zeitschichte von vornherein unzulässig. Nämlich dann, wenn dadurch die Intimsphäre des Abgebildeten verletzt wurde. Thematisch handelt es sich um die Gebiete der Sexualität, Krankheit und den Tod.[597] Ebenso bedürfen Nacktaufnahmen, beispielsweise am Strand, stets der Einwilligung des Abgebildeten.[598] Der Schutz seiner Intimsphäre bleibt trotz öffentlicher Örtlichkeit bestehen,[599] gleiches gilt für Veröffentlichung von Nacktaufnahmen, in welcher der Abgebildete in einem anderen Zusammenhang seine Einwilligung erteilt hatte.[600] Eine Einschränkung erfährt der Abgebildete, wenn er sich freiwillig und gegen Zahlung eines gewissen Betrages nackt für eine Zeitschrift oder Illustrierte hat ablichten lassen. Obgleich in anderen Medien unter Verwendung des Aktbildes über diese Veröffentlichung berichtet wird.[601] Dann muss der Abgebildete die darüber informierende Bildberichterstattung dulden. Anders liegt der Sachverhalt, wenn die Nacktfotos in anderen Medien als Aufmacher oder in besonders reißerischer Form veröffentlicht werden, oder die Folgeveröffentlichung lediglich der Befriedigung der Schaulust oder der Schaffung eines Blickfangs dient.[602] Exklusivverträge stehen einer Bildpublikation in

594 BVerfGE 101, 361–Caroline von Monaco II.
595 BVerfGE 101, 361–Caroline von Monaco II.
596 BGH, Urteil v. 19.12.1995, Az. VI ZR 15/95 = AfP 1996, 140–Caroline von Monaco; BVerfGE 101, 361–Caroline von Monaco II.
597 Fricke, in: Wandtke/ Bullinger, a.a.O., § 23 KUG Rdn. 33 f.
598 LG München, 2004, 617.
599 OLG Saarbrücken, NJW-RR 2000, 1571.
600 OLG Hamburg, AfP 1982, 41–Heimliche Nacktfotos; LG München, ZUM 2004, 320; LG Saarbrücken, NJW-RR 2000, 1571; Fricke, in: Wandtke/ Bullinger, a.a.O., § 23 KUG Rdn. 33.
601 OLG Hamburg, AfP 1992, 159; Fricke, in: Wandtke/ Bullinger, a.a.O., § 23 KUG Rdn. 33.
602 OLG Hamburg, GRUR 1996, 123 (124)–Schauspielerin; Fricke, in: Wandtke/ Bullinger, a.a.O., § 23 KUG Rdn. 33.

anderen Medien grundsätzlich nicht entgegen. Anders liegt es bei Straftätern, wenn sich diese gegen die Veröffentlichungen von Bildnissen zur Wehr setzten, obwohl sie zuvor willentlich selbst die zurückliegende Tat in der Öffentlichkeit thematisiert hatten. Die Aktualität der Tat ist in diesem Fall irrelevant.[603]

b. Urteil des Europäischen Gerichtshofs für Menschenrechte (EGMR) vom 24.06.2004 (Caroline von Hannover)

Der EGMR hatte über einen Fall zu entscheiden, welchen das BVerfG zuvor auf nationaler Ebene beschieden hatte. Streitgegenstand waren veröffentlichte Bilder aus dem Alltagsleben einer prominenten Person, der Fall Caroline von Hannover des EGMR vom 24.06.2004. Zentrale Frage war die Zulässigkeit der Bildnisveröffentlichung und die Verletzung der Abgebildeten in ihrem Recht am eigenen Bild. Das BVerfG entschied, dass die Auslegung des § 23 KUG durch den BGH verfassungsgemäß sei.[604] Dieser stellte bei der Zulässigkeit der Bildpublikation maßgeblich auf die Eigenschaft als „absolute Person der Zeitgeschichte“ ab.[605] Der EGMR widersprach der deutschen Rechtsprechung. Er erklärte die Auslegung des § 23 Abs. 1 Nr. 1 KUG verletze europäisches Recht, explizit Art. 8 EGMR.[606] Die Rechtsprechung der deutschen Gerichte zu Personen der Zeitgeschichte ermögliche keinen gerechten Ausgleich der widerstreitenden Interessen.[607] Der EGMR hat mit seinem Urteil deutlich gemacht, dass auch eine in der Öffentlichkeit bekannte Person einen umfassenden Schutz und die Wahrung ihrer Privatheit für sich beanspruchen kann.[608] Zudem wurde festgestellt, dass das Kriterium der örtlichen Abgeschiedenheit von den deutschen Gerichten zu eng gefasst werde. Des Weiteren sei die Figur der „absoluten Person der Zeitgeschichte“ mit europäischem Recht unvereinbar. Begründet wurde die Ansicht damit, dass eine Berichterstattung über Privatpersonen unabhängig von jeglichem Ereignis gestattet werde. Einschränkungen der Privatsphäre seien eventuell bei Politikern zulässig, da diese ein öffentliches Amt bekleiden.[609] Die Presse fungiere bei ihnen als „Wachhund“ der demokratischen Gesellschaft.[610] Dies gilt hingegen nicht bei Privatpersonen. Eine Berichterstattung

---

603 OLG Saarbrücken, NJW–RR 2000, 1571.

604 BVerfG, Urteil v. 15.12.1999, Az. 1 BvR 653/96 = GRUR 2000, 446–Caroline von Monaco II.

605 BGH, Urteil v. 19.12.1995, Az. VI ZR 15/95 = BGH GRUR 1996, 923–Caroline von Monaco.

606 EGMR, Urteil v. 24.06.2004, Az. 59320/00 = GRUR 2004, 1051–Caroline von Hannover/ Deutschland Nr. 1.

607 Ebenda.

608 Dazu auch Rehbock/ Mensch, in: FS Damm, S. 141 (175).

609 EGMR, Urteil v. 24.06.2004, Az. 59320/00 = GRUR 2004, 1051–Caroline von Hannover/ Deutschland Nr. 1; vgl. zur Thematik Specht in: Dreier/ Schulze, a.a.O., § 23 KUG, Rdn. 13.

610 EGMR, Urteil v. 24.06.2004, Az. 59320/00 = GRUR 2004, 1051–Caroline von Hannover/ Deutschland Nr. 1.

über Details aus dem Privatleben prominenter Persönlichkeiten leiste keinen Beitrag zu einer Debatte von allgemeinem Interesse.[611] Einzig das Informationsinteresse an der abgebildeten Person sei Ausschlag gebend für die Zulässigkeit, nicht aber die Interessen des Betroffenen. Eine Abwägung erfolge nach der Rechtsprechung des BVerfG erst im Rahmen des § 23 Abs. 2 KUG, mithin als zweiter Prüfungsschritt. Voraussetzung ist jedoch die Feststellung, dass es sich um ein Bildnis in örtlicher Abgeschiedenheit handelt. Andernfalls verbietet sich eine Abwägung nach § 23 Abs. 2 KUG. Der EGMR hingegen kritisiert diese Vorgehensweise. Vielmehr sei eine Abwägung der widerstreitenden Interessen bereits im Rahmen der Prüfung des zeitgeschichtlichen Ereignisses gemäß § 23 Abs. 1 Nr. 1 KUG notwendig. Maßgeblich ist, ob die Bildberichterstattung zu einer Diskussion über eine Frage von allgemeinem Interesse beiträgt[612] und insoweit dem Informationsinteresse der Bevölkerung dient. Unzulässig sind demnach Berichterstattungen die ausschließlich auf die Neugier- bzw. Sensationsbefriedigung der Konsumenten abzielen. Die von der deutschen Rechtsprechung verwendete Figur der „absoluten Person der Zeitgeschichte" sei für einen ausreichenden Schutz des Privatlebens des Abgebildeten, vorliegend der Beschwerdeführerin Caroline von Hannover, ungeeignet.[613] Weitere Kritik übt das EGMR an der Unbestimmtheit der Begriffe „absolut" und „relativ". Eine klare Abgrenzung sei nicht möglich, der Übergang zu fließend. Die betreffenden Personen wüssten anhand der entwickelten Kriterien nicht wie sie sich verhalten müssen und unter welchen Kriterien eine Bildpublikation in ihrem Fall zulässig wäre.[614] Die prominente Persönlichkeit sei nicht lediglich auf Grund ihrer herausragenden Stellung interessant und habe als solche auch keinen Nachrichtenwert. Vielmehr komme es, ähnlich wie bei der von der deutschen Gerichtsbarkeit angewendetem Konstrukt der „relativen Person der Zeitgeschichte", auf den Zusammenhang zwischen Ereignis und Bildberichterstattung an.[615] Der EGMR begründete seine Entscheidung vor allem mit der grundsätzlichen Bedeutung des Schutzes des Privatlebens bei der Entfaltung der Persönlichkeit jedes Individuums, sodass auch eine der breiten Öffentlichkeit bekannte Person, eine „berechtigte Hoffnung" auf Schutz und Achtung ihrer Privatsphäre haben muss.[616] In diesem Zusammenhang kann auch die Art und Weise der Herstellung der Bildnisse nicht völlig außer Acht bleiben. Sind diese heimlich und unter Verwendung technischer Hilfsmittel, wie Tele- oder

611 Ebenda.

612 Ebenda.

613 Ebenda.

614 EGMR, Urteil v. 24.06.2004, Az. 59320/00 = GRUR 2004, 1051 (1054)–Caroline von Hannover/Deutschland Nr. 1; ebenso Renner, in: Wandtke (Hrsg.), Medienrecht, Bd. 4, Kap. 3 Rdn. 76, S. 354.

615 Vgl. Müller, ZRP 2007, 173; Schertz in: Götting/ Schertz/ Seitz, a.a.O., § 12 Rdn. 30.

616 EGMR, Urteil v. 24.06.2004, Az. 59320/00 = GRUR 2004, 1051–Caroline von Hannover/ Deutschland Nr. 1; Schertz in: Götting/ Schertz/ Seitz, a.a.O., § 12 Rdn. 54.

Weitwinkelobjektive, entstanden, so wirkt sich das auch auf die Abwägung der widerstreitenden Interessen im Einzelfall aus.[617]

Zusammenfassend kann festgehalten werden, dass der EGMR in seiner sog. Caroline–Entscheidung kritisiert hat, dass die von der deutschen Rechtsprechung entwickelten Kriterien zum Bildnisschutz dem Bedürfnis nach einer umfassenden Interessenabwägung zwischen der Allgemeinheit und dem Einzelnen nicht Rechnung trägt.[618]

c. Rechtslage in Deutschland ab 2004

aa. Entwicklung der Rechtsprechung nach dem Urteil des EGMR vom 24.6.2004

Kann auch nach der EGMR Entscheidung an der Rechtsfigur der „Person der Zeitgeschichte" festgehalten werden, oder ist diese maßgeblich von Neumann–Duesberg entwickelte, und von der Rechtsprechung weiter konkretisierte, Begrifflichkeit nunmehr überholt? Wie wirkt sich das Urteil des EGMR konkret auf die nationale Rechtsprechung aus? Besteht eine Bindungswirkung der deutschen Gerichte? Wenn ja, in welchem Umfang? Diese Fragen waren zunächst heftig umstritten.

(1) Bindungswirkung?

Inwieweit das Urteil des EGMR nunmehr Bindungswirkung für die deutsche Gerichtsbarkeit entfaltet, war heftig umstritten und wurde dementsprechend rege diskutiert. Die wohl überwiegende Auffassung ging nicht von einer Bindungswirkung für die nationalen Gerichte aus. Vielmehr binde die Entscheidung des EGMR gemäß Art. 66 Abs. 1 EMRK nur die Verfahrensbeteiligten.[619] Die Bindung bestehe gemäß § 31 Abs. 1 BVerfGG an die Rechtsprechung des BVerfG.[620] Bedeutung für die Rechtsprechung des Bildnisrechts haben demnach vor allem die Entscheidungsgründe des BVerfG zur Caroline von Monaco I Entscheidung,[621] welche durch die Caroline von Monaco II Entscheidung im Wesentlichen bestätigt wurde.[622] Auch der BGH hat auf die Entscheidung des EGMR reagiert und Modifikationen vorgenommen. Er hat deutlich gemacht, dass dies nicht im Widerspruch zu der nach

---

617 Schertz in: Götting/ Schertz/ Seitz, a.a.O., § 12 Rdn. 55; so EGMR, Urteil v. 24.06.2004, Az. 59320/00 = GRUR 2004, 1051–Caroline von Hannover.

618 EGMR Urteil v. 24.06.2004, Az. 59320/00 = GRUR 2004, 1051–Caroline von Hannover/ Deutschland Nr. 1; vgl. Heldrich, in: Koziol/ Warzilek (Hrsg.), Persönlichkeitsschutz, S. 489; Schlüter, Verdachtsberichterstattung, S. 64.

619 So Engels/ Jürgens, NJW 2007, 2517 (2520); Ohly, GRUR Int. 2004, 902 (911); Soehring/ Seelmann–Eggebert, NJW 2005, 571 (577).

620 Vgl. Engels/ Jürgens, NJW 2007, 2517 (2520); Ohly, GRUR Int. 2004, 902 (911); Soehring/ Seelmann–Eggebert, NJW 2005, 571 (577).

621 BVerfGE 97, 125–Caroline von Monaco I.

622 BVerfGE 101, 361–Caroline von Monaco II.

§ 31 BVerfGG bestehenden Bindungswirkung stehe.[623] Der Diskussion, ob eine „gelockerte Bindungswirkung“ der Rechtsprechung des BVerfG besteht, hat das BVerfG mit Beschluss vom 14.10.2004[624] eine Ende gesetzt und zur Problematik der Bindungswirkung ausführlich Stellung bezogen. Demnach stellt die Europäische Menschenrechtskonvention einen völkerrechtlichen Vertrag dar, welchem der Rang eines einfachen Bundesgesetztes zukommt, sodass das Urteil nicht unbeachtet bleiben dürfe,[625] ohne das die Bindungswirkung des § 31 Abs. 1 BVerfGG entgegen steht.[626] Die Europäische Menschenrechtskonvention und die Rechtsprechung des EGMR entfalten demnach zwar keine umfassende Bindungswirkung, allerdings können sie als Auslegungshilfe für die Bestimmung von Inhalt und Reichweite der nationalen Grundrechte herangezogen werden.[627] Eine Einschränkung des Grundrechtsschutzes nach dem Grundgesetz infolge der Auslegung verbietet sich hierbei.[628] Dort wo die Rechtsprechung des BVerfG im Rahmen der geltenden Standards die Möglichkeiten eines Auslegungs- und Abwägungsspielraumes eröffnet, obliegt es den nationalen Fachgerichten das vom EGMR erlassene Urteil zu berücksichtigen und einzuarbeiten.[629]

(2) Rechtsprechung der deutschen Gerichte und deren Beurteilung durch den Gerichtshof

(a) Rechtsprechung des BGH

Der BGH regierte ebenfalls auf die in die im Caroline von Hannover/Deutschland Nr. 1–Fall getroffene Entscheidung des Gerichtshofs. Für die Beurteilung, ob ein zeitgeschichtliches Ereignis vorliegt, stellt er in seiner neuesten Rechtsprechung nicht mehr auf den Begriff der Personen der Zeitgeschichte ab. Nunmehr verwendet

---

623 BGH, Urteil v. 06.03.2007, Az. VI ZR 13/06 = GRUR 2007, 523 (526)–Abgestuftes Schutzkonzept I; BGH, Urteil v. 06.03.2007, Az. VI ZR 51/06 = GRUR 2007, 527 (529)–Caroline von Hannover; BGH, Urteil v. 03.07.2007, Az. VI ZR 164/06 = GRUR 2007, 902 (903)–Abgestuftes Schutzkonzept II.

624 BVerfGE 111, 307 (307 ff.)–Görgülü.

625 Zur Frage der Bindungswirkung der Entscheidungen des EGMR für die deutsche Gerichtsbarkeit siehe BVerfG, Urteil v. 14.10.2004, Az. 2 BvR 1481/04 = NJW 2004, 3407 (3408)–Beachtung der EGMR Rechtsprechung.

626 BGH, Urteil v. 06.03.2007, Az. VI ZR 13/06 = GRUR 2007, 523 (526)–Abgestuftes Schutzkonzept I.

627 Vgl. BVerfG, Urteile v. 26.02.2008, Az. 1 BvR 1602/07, 1 BvR 1606/07, 1 BvR 1626/07 = GRUR 2008, 539 (541)–Caroline von Monaco III; umfassend BVerfG, Urteil v. 14.10.2004, Az. 2 BvR 1481/04 = NJW 2004, 3407 (3411)–Beachtung der EGMR Rechtsprechung; Klass, ZUM 2014, 261.

628 Ebenda.

629 BVerfG, Urteil v. 14.10.2004, Az. 2 BvR 1481/04 = NJW 2004, 3407 (3411)–Beachtung der EGMR Rechtsprechung.

er die Begrifflichkeit „abgestuftes Schutzkonzept".[630] Bedeutsam sei das Vorliegen eines legitimen Informationsinteresses bei Berichterstattungen über ein Ereignis der Zeitgeschichte.[631] Anders ausgedrückt muss dieses eine Frage von allgemeinem gesellschaftlichem Interesse betreffen. ausschlaggebend ist nicht mehr allein der Bekanntheitsgrad der abgebildeten Person. Er findet lediglich Berücksichtigung bei der Feststellung des Informationswertes der Berichterstattung.[632] Auch wenn den Medien mangels Konkretisierung, wann eine Berichterstattung einen Informationswert für die Allgemeinheit aufweist, ein erheblicher Spielraum zukommt, ist diese Freiheit nicht schrankenlos. Es bedarf einer Abwägung der widerstreitenden Grundrechte, sowohl der Pressefreiheit als auch der Schutz der Privatsphäre, welche bereits bei der Einordnung zum Bereich der Zeitgeschichte nach § 23 Abs. 1 Nr. 1 KUG stattzufinden hat.[633] Demnach muss ebenso das Interesse des Abgebildeten Berücksichtigung finden.[634] Wenngleich nach alter Rechtsprechung eine Interessenabwägung, unter Berücksichtigung der Persönlichkeitsrechte des Abgebildeten, erst in § 23 Abs. 2 KUG vorgenommen wurde, ist dies nunmehr überholt. Vielmehr erfolgt die Gewichtung des öffentlichen Informationsinteresses, die Bestimmung des Informationswertes der Bildpublikation für die Bevölkerung, bereits bei Abs. 1 Nr. 1. Der BGH orientiert sich hinsichtlich des Zeitpunktes der Rechtsgüterabwägung demzufolge an der Rechtsprechung des EGMR.[635] Der Beurteilung sei ein „normativer Maßstab zugrunde zu legen, der der Pressefreiheit und zugleich dem Persönlichkeitsschutz ausreichend Rechnung trägt".[636] Sollte die Abwägung ergeben, dass die Pressefreiheit dem Persönlichkeitsrecht nicht überwiegt, handelt es sich nicht um ein zeitgeschichtliches Ereignis. Der Schutz der Pressefreiheit und der des Persönlichkeitsrecht des Abgebildeten stehen insoweit miteinander in einer Wechselbeziehung, als dass Letzterer

630 BGH, Urteil v. 06.03.2007, Az. VI ZR 13/06 = GRUR 2007, 523–Abgestuftes Schutzkonzept I; BGH, Urteil v. 3.7.2007, Az. VI ZR 164/06 = GRUR 2007, 902–Abgestuftes Schutzkonzept II.

631 BGH, Urteil vom 06.03.2007, Az. VI ZR 13/06 = GRUR 2007, 527 (529)–Caroline von Hannover; BGH, Urteil v. 06.03.2007, Az. VI ZR 51/06 = AfP 2007, 208–Caroline von Hannover; BGH, Urteil v. 03.07.2007, Az. VI ZR 164/06 = AfP 2007, 475–Oliver Kahn; KG Berlin, AfP 2007, 375–Joshka Fischer, weiterführende Instanz BGH, Urteil v. 19.05.2009, Az. VI ZR 160/08; dazu auch Schertz, in: Götting/ Schertz/ Seitz, a.a.O., § 12 Rdn. 37 f.

632 BGH, Urteil v. 06.03.2007, Az. VI ZR 13/06 = GRUR 2007, 523 (526)–Abgestuftes Schutzkonzept I.

633 BGH, Urteil v. 06.03.2007, Az. VI ZR 13/06 = BGH GRUR 2007, 523 (525)–Abgestuftes Schutzkonzept I; BGH, Urteil v. 19.06.2007, Az. VI ZR 12/06 GRUR 2007, 899 (900)–Lebensgefährtin von Herbert Grönemeyer.

634 Specht, in: Dreier/ Schulze, a.a.O., § 23 KUG Rdn. 10.

635 BGH, Urteil v. 19.06.2007, Az. VI ZR 12/06 = GRUR 2007, 899 (901)–Lebensgefährtin von Herbert Grönemeyer.

636 BGH, Urteil v. 19.10.2004, Az. VI ZR 393/03 = GRUR 2005, 76 (78)–Rivalin von Uschi Glas.

zurücktreten muss, je größer der Informationswert für die Öffentlichkeit ist.[637] Hinsichtlich des Konfliktes wird auf die obigen Ausführungen zur Problematik verwiesen. Wo nach bisheriger Rechtsprechung zwischen absoluten und relativen Personen der Zeitgeschichte unterschieden wurde[638], erübrigt sich dieses Vorgehen nunmehr. Die Abwägung muss ebenso bei den bislang sog. „absoluten Personen der Zeitgeschichte“ mit hohem Bekanntheitsgrad stattfinden,[639] wodurch der entscheidende Unterschied zur Rechtsfigur der „relativen Person der Zeitgeschichte“ wegfällt und eine weitgehende Gleichstellung beider erfolgt.

(aa) Balko-Fall

Im spektakulären Balko-Fall beschäftigten sich die deutschen Gerichte mit der Frage der Zulässigkeit von Berichterstattungen der Bild-Zeitung. Explizit handelt es sich dabei um einen Artikel vom 29.09.2004 mit der Schlagzeile in Großbuchstaben auf der Titelseite: „Kokain! TV-Kommissar Balko auf dem Oktoberfest erwischt!“. Darin wurde über die Festnahme eines bekannten deutschen Schauspielers wegen Kokainkonsum auf dem Münchner Oktoberfest berichtet.[640] Der Artikel selbst wurde mit drei Fotos illustriert und im Inneren des Blattes, unter der Überschrift „TV-Star Bruno Eyrons mit Kokain erwischt. Eine Brezn, eine Maß und eine Nase Koks“, fortgesetzt. Der am 07.07.2005 veröffentlichte und ebenfalls mit einem Foto des Betroffenen illustrierte zweite Artikel im Innenteil der Bild-Zeitung wartete mit der Schlagzeile „TV-Kommissar Bruno Eyrons Kokain-Beichte vor Gericht. 18.000 Euro Strafe!“ auf. Der Fall erregte insbesondere deshalb ein gesteigertes Interesse in der Öffentlichkeit, weil der Betroffene Schauspieler, Bruno Eyrons, durch seine Hauptrolle als Kriminalkommissar in der Fernsehserie „Balko“ bekannt geworden war.

Kurz nach Erscheinen des ersten Artikels am 29.09.2004 beantragte der Betroffene eine einstweilige Verfügung gegen die Axel Springer AG. Das LG Hamburg gab sowohl dieser als auch einer weiteren einstweiligen Verfügung statt und bestätigte diese durch die Urteile vom 12.11.2005.[641] Begründet wurde die Entscheidung vor allem mit der Geringfügigkeit des Drogendelikts. Die Berufung der Axel Springer AG blieb erfolglos. Im Hauptverfahren verbot das LG Hamburg mit Urteil vom

637 BGH, Urteil v. 06.03.2007, Az. VI ZR 13/06 = GRUR 2007, 523, 525-Abgestuftes Schutzkonzept I; BGH, Urteil v. 19.06.2007, Az. VI ZR 12/06 = GRUR 2007, 899 (901)-Lebensgefährtin von Herbert Grönemeyer.

638 Neumann-Duesberg JZ 1960, 114; Wanckel, a.a.O., Rdn. 176; v. Strobl-Albeg, in: Wenzel, a.a.O., Rdn. 8.8 ff.; Schertz in: Götting/ Schertz/ Seitz, a.a.O., § 12 Rdn. 39.

639 BGH, Urteil v. 06.03.2007, Az. VI ZR 13/06 = GRUR 2007, 523 (526)-Abgestuftes Schutzkonzept I; Dreyer in: Dreyer/ Kotthoff/ Meckel, Komm. UrhR, § 23 KUG III Rdn. 55.

640 LG Hamburg, Urteil v. 11.11.2005, Az. 324 O 105/05-Balko; bis auf die Herabsetzung des vom Verlag zu zahlenden Betrages von 5000 € auf 1000 € wurde das Urteil des LG Hamburg durch das OLG Hamburg bestätigt, siehe OLG Hamburg, Urteil v. 21.03.2006, Az. 7 U 124/05-Balko.

641 LG Hamburg, Urteil v. 11.11.2005, Az. 324 O 105/05, 324 O 238/05-Balko.

11.11.2005 unter Androhung eines Ordnungsgeldes jede weitere Veröffentlichung des ersten Artikels vom 29.09.2004 und verurteile den Beklagten zudem zu einer Geldstrafe in Höhe von 5000 €, weil das Informationsinteresse der Öffentlichkeit hinter dem Recht des Betroffenen auf Achtung seines Privatlebens zurück treten müsse.[642] Das OLG Hamburg[643] wies die Berufung zurück und bestätigte die Entscheidung des LG Hamburg weitestgehend. Einzig die Höhe der zu zahlenden Summe setzte es von 5000 € auf 1000 € herab. Zwar handele es sich bei dem bekannten Schauspieler unbestritten um eine Person des öffentlichen Lebens. Jedoch stelle die Berichterstattungen über eine Straftat eine erhebliche Beeinträchtigung des Persönlichkeitsrechts dar, sodass eine Abwägung zwischen der vorliegenden Persönlichkeitsrechtsverletzung und dem Informationsinteresse der Öffentlichkeit stattfinden muss. Die begangene Straftat sei jedoch als geringwertig einzustufen, sodass das Persönlichkeitsrecht des Betroffenen überwiege und ein überragendes Allgemeininteresse zu verneinen sei. Strengere Maßstäbe zulasten des Betroffenen aufgrund der Tatsache, dass er in der breiten Öffentlichkeit als Kriminalkommissar in einer beliebten TV-Serie zu sehen war, in der er stets für Recht und Ordnung sorgte, seien nicht gerechtfertigt. Ebenso ergibt sich die Zulässigkeit der identifizierenden Berichterstattung auch nicht automatisch daraus, dass die Verhaftung in aller Öffentlichkeit stattgefunden hat.[644]

Gegen den zweiten Artikel über die Verurteilung des bekannten Schauspielers hat das LG Hamburg aus den oben genannten Gründen am 05.05.2006 ein Verbotsurteil erlassen,[645] gegen das die Berufung erfolglos blieb. Am 07.11.2006 wurde eine Revision abgelehnt. Sowohl eine dagegen eingelegte Beschwerde der Axel Springer AG wegen Nichtzulassung der Revision als auch eine Anhörungsrüge vom 11.12.2006 wies der BGH zurück.[646]

Die am 18.08.2008 in Straßburg eingereichte Beschwerde der Axel Springer AG wegen Verletzung von Art. 10 EMRK auf Freiheit der Meinungsäußerung hatte Erfolg.[647] Der Gerichtshof stellt fest, dass die Freiheit der Meinungsäußerung gerade auch Gerichtsverfahren und eine vorherige sowie begleitende Diskussion in der breiten Öffentlichkeit umfasst. Dabei sei es nicht nur Aufgabe der Medien, Informationen und Meinungen zu vermitteln, vielmehr habe die Öffentlichkeit ein Recht darauf sie zu erhalten.[648] Dennoch sind durch Art. 10 Abs. 1 EMRK der Meinungsfreiheit auch Grenzen gesetzt. Diese könne nicht nur als Recht angesehen

642 LG Hamburg, Urteil v. 11.11.2005, Az. 324 O 105/05, 324 O 238/05 -Balko.

643 OLG Hamburg, Urteil. v. 21.03.2006, Az. 7 U 124/05-Balko.

644 Zu Argumentation des OLG Hamburg vgl. OLG Hamburg, Urteil. v. 21.03.2006, Az. 7 U 124/05-Balko.

645 LG Hamburg, Urteil v. 05.05.2006, Az. 324 O 760/05-Balko.

646 Siehe NJW 2012, 1058-Balko.

647 EMRK, Urteil v. 07.02.2012, Beschwerde-Nr. 39954/08-Axel Springer AG/Deutschland.

648 Vgl. EMRK, Urteil v. 07.02.2012, Az. 39954/08 = NJW 2012, 1058 (1059)-Axel Springer AG/Deutschland.

werden, sondern sei ebenso mit Pflichten und Verantwortung verbunden.[649] Bestehe die Gefahr den guten Ruf des namentlich Genannten zu schädigen oder Rechte anderer zu verletzen, besteht eine Prüfungspflicht der Richtigkeit ehrverletzender Tatsachenbehauptungen. Von dieser sind die Medien nur dann entbunden, wenn sie ihre Quelle vernünftigerweise als vertrauenswürdig ansehen können.[650] Zum einen stammen die Informationen über die Identität des Betroffenen von der Staatsanwaltschaft München und zum anderen ist die Wahrheit der Tatsachen unstrittig. Der Betroffene kann sich dann nicht auf Art. 8 EMRK berufen, wenn die Verletzung des guten Rufes eine vorhersehbare Folge einer eigenen Straftat ist,[651] wobei Straftaten grundsätzlich von allgemeinem Interesse seien. Lediglich Faktoren wie der Bekanntheitsgrad des Betroffenen oder die Umstände des Einzelfalls bestimmen das Ausmaß des Interesses. Der Gerichtshof schließt sich der Feststellung des OLG Hamburg insoweit an, als dass es sich bei dem Betroffenen um einen populären Schauspieler gehandelt habe. Die Existenz von Fan-Clubs beweise zudem seine Popularität.[652] Er sei eine Person des öffentlichen Lebens, wobei die Hauptrolle als Kriminalkommissar das Informationsinteresse der Öffentlichkeit an der Festnahme des Betroffenen wegen einer Straftat noch steigere. Hinzu trete die Tatsache, dass der Betroffene in der Vergangenheit bereits bereitwillig Einzelheiten über sein Privatleben an die Öffentlichkeit getragen und diese aktiv aufgesucht habe. Daraus resultiere zwangsläufig, dass die „berechtigte Erwartung", dass sein Privatleben wirksam geschützt werde, reduziert war.[653] Der Gerichtshof sieht die dem Beschwerdeführer auferlegten Sanktionen aus obigen Gründen als nicht gerechtfertigt an. Wenngleich die Erwägungen der deutschen Gerichte nachvollziehbar seien, so steht die Untersagungsverfügung doch in keinem angemessenen Verhältnis zwischen dem Recht des Beschwerdeführers auf Freiheit der Meinungsäußerung und dem verfolgten berechtigten Ziel.[654] Zusammenfassend sei anzumerken, dass die Berichterstattung weder als falsch, noch reißerisch angesehen werden kann und bei den

649 EMRK, Urteil v. 07.02.2012, Az. 39954/08 = NJW 2012, 1058 (1059)-Axel Springer AG/Deutschland.

650 EMRK, Urteil v. 07.02.2012, Az. 39954/08 = NJW 2012, 1058 (1059)-Axel Springer AG/Deutschland; vgl. dazu ebenso EGMR NJW 2006, 1645-Pedersen u. Baadsgaard/Dänemark.

651 Dies betrifft generell alle Verletzungen welche vorhersehbare Folgen einer eigenen Handlung des Betroffenen sind, vgl. EGMR, Urteil v. 07.02.2012, Az. 39954/08 = NJW 2012, 1058 (1060)-Axel Springer AG/Deutschland.

652 EGMR, Urteil v. 07.02.2012, Az. 39954/08 = NJW 2012, 1058 (1061)-Axel Springer AG/Deutschland.

653 EGMR, Urteil v. 07.02.2012, Az. 39954/08 = NJW 2012, 1058 (1060)-Axel Springer AG/Deutschland; vgl. ebenso EGMR, MR 2009, 298 Nr. 53-Hachette Filipacchi Associès (ICI PARIS)/Frankreich.

654 EGMR, Urteil v. 07.02.2012, Az. 39954/08 = NJW 2012, 1058 (1062)-Axel Springer AG/Deutschland.

anzulegenden Maßstäben an eine Kriminalberichterstattung der Betroffene auch ebenso wenig herabgewürdigt wurde, sodass Art. 10 EMRK verletzt sei.[655]

(bb) Caroline von Hannover (BGH, 06.03.2007, Az. VI ZR 51/06)[656]

Der vollzogene Wandel in der deutschen Rechtsprechungspraxis nach der wegweisenden Caroline von Hannover/Deutschland Nr. 1–Entscheidung des EGMR aus dem Jahre 2004[657] wird in der Caroline von Hannover Entscheidung des BGH vom 06.03.2007[658] deutlich. Insbesondere wendet der BGH das von den deutschen Gerichten nach den Vorgaben des EGMR entwickelte „abgestufte Schutzkonzept" an. Im zu entscheidenden Fall handelt es sich bei der Klägerin um Caroline von Hannover, welche gegen das Verlagshaus Ehrlich & Sohn auf Unterlassung von Veröffentlichungen von Aufnahmen klagte. Explizit bezog sie sich dabei auf drei in der Zeitschrift „Frau im Spiegel" erschienene und illustrierte Artikel. In der Ausgabe Nr. 9/02 vom 20.02.2002 wurde über die schwere Erkrankung des regierenden Fürsten berichtet. Illustriert wurde der Artikel mit Aufnahmen, welche die Klägerin im Skiurlaub in St. Moritz auf offener Straße mit ihrem Ehemann zeigen. Der Artikel vom 20.02.2003, Ausgabe Nr. 9/03, indem über den Winterurlaub der Klägerin und ihres Ehemannes berichtet wurde, bebilderte ebenfalls ein Foto aus dem Skiurlaub. Dieses zeigte die Klägerin in Begleitung ihres Gatten mit vielen Menschen auf offener Straße in St. Moritz. Streitgegenständlich war zudem ein am 11.03.2004 in der Ausgabe Nr. 12/04 erschienener Artikel. Berichtet wurde über den bevorstehenden „Rosenball" in Monaco, wobei der Beitrag unter anderem mit einer Aufnahme illustriert wurde, auf welchem die Klägerin samt Ehemann in einem öffentlichen Zweier–Sessellift in Zürs am Arlberg in Skikleidung zu sehen war. Zunächst weist der BGH in seiner Entscheidung darauf hin, dass auch bei Personen des öffentlichen Lebens eine Bildpublikation gemäß § 23 Abs. 1 Nr. 1 KUG eine Einwilligung erfordere. Von diesem Grundsatz sei nur dann eine Ausnahme zu machen, wenn die Bebilderung in einer Berichterstattung über ein Ereignis der Zeitgeschichte dienlich ist und die Abbildung damit selbst ein „Bildnis aus dem Bereich der Zeitgeschichte" darstellt.[659] Nach dem von der Rechtsprechung entwickelten „abgestuften Schutzkonzept" sei insbesondere darauf abzustellen, ob die Veröffentlichung zu einer öffentlichen Diskussion über eine Frage des allgemeinen Interesses beitrage oder lediglich der Befriedigung bloßer Neugier und damit dem reinen Unterhaltungsinteresse diene.[660] Ob der Schutz der Privatsphäre

---

655 EGMR, Urteil v. 07.02.2012, Az. 39954/08 = NJW 2012, 1058 (1062)–Axel Springer AG/Deutschland.

656 BGH, Urteil v. 06.03.2007, Az. VI ZR 52/06 = ZUM 2007, 470; Az. VI ZR 51/06= ZUM 2007, 651.

657 EGMR, Urteil v. 24.06.2004, Az. 59320/00 = GRUR 2004, 1051 (1054)–Caroline von Hannover/Deutschland Nr. 1.

658 BGH, Urteil v. 06.03.2007, Az. VI ZR 52/06 = ZUM 2007, 470.

659 BGH, Urteil v. 06.03.2007, Az. VI ZR 52/06, Rdn. 10 = ZUM 2007, 470.

660 BGH, Urteil v. 06.03.2007, Az. VI ZR 51/06, Rdn. 13= ZUM 2007, 651.

zurück treten muss, weil es sich um eine Aufnahme handelt, die den Betroffenen an einem öffentlichen Ort mit vielen Menschen zeigt, beäugt der BGH skeptisch. Eine gerechte Abwägung der widerstreitenden Interessen sei nur dann zu ermöglichen, wenn bei der Beantwortung der Frage nach dem zeitgeschichtlichen Ereignis die widerstreitenden Rechte und Grundrechte bereits bei der Zuordnung des Bildes zum Bereich der Zeitgeschichte gebührend Beachtung finden.[661] Wenngleich der Begriff des Zeitgeschehens in § 23 Abs. 1 Nr. 1 KUG weit gefasst werden müsse und ebenso ein Interesse der Öffentlichkeit an vollständiger Information über das Zeitgeschehen besteht, ist das Informationsinteresse stets durch den Grundsatz der Verhältnismäßigkeit beschränkt und kann nicht als schrankenlos verstanden werden.[662] Allerdings stellt der BGH klar, dass Meinungsbildung auch durch unterhaltende Beiträge stattfinden kann. Diese könnten die Meinungsbildung unter Umständen sogar noch nachhaltiger anregen und beeinflussen als sachbezogene Informationen.[663] Besondere Beachtung verdiene zudem die publizistische Freiheit. Der Presse kommt insoweit ein weiter Spielraum zu, als dass sie innerhalb der gesetzlichen Grenzen und nach ihren publizistischen Kriterien, selbst entscheiden können muss, was sie des öffentlichen Interesses für wert hält.[664] Kommt es, wie im Streitfall, maßgeblich auf den Informationswert der betreffenden Abbildungen an, und geht die Veröffentlichung mit einer Begleitberichterstattung einher, so muss die zugehörige Wortberichterstattung Berücksichtigung finden.[665] Andernfalls könne die Presse ihrer meinungsbildenden Aufgaben nicht gerecht werden. Auch spielt der Bekanntheitsgrad des Abgebildeten im Rahmen der Abwägung eine nicht unwesentliche Rolle.

Anhand der obigen Kriterien hat der BGH die Bildnisveröffentlichung vom 20.02.2003, Ausgabe 09/03, für unzulässig erklärt, weil die Presse durch die Berichterstattung über den Winterurlaub des Ehepaares keine neue und wahre Information von allgemeinem Interesse für die öffentliche Meinungsbildung mitteilt und der Informationswert wesentlich in der Unterhaltung ohne gesellschaftliche Relevanz bestehe.[666] Im Ergebnis kommt der Senat auch zu einer Unzulässigkeit der Bildnisveröffentlichung vom 11.03.2004, Ausgabe 12/04. Wenngleich es sich bei dem „Rosenball“ durchaus um ein Ereignis von allgemeinem Interesse handeln könnte, das Ergebnis ließ der BGH offen, so stehe in jedem Fall die Aufnahme der Klägerin und ihres Ehemannes im Sessellift in keinerlei Beziehung zu der begleitenden Wortberichterstattung. Die Bebilderung diene ausschließlich dem Unterhaltungsinteresse, sodass der Schutz der Privatsphäre und dem allgemeinen Persönlichkeitsrecht angesichts des geringen Informationswertes gegenüber dem Interesse der Öffentlichkeit an der Verbreitung der beanstandeten Bildnisse der Vorzug einzuräumen ist.[667]

---

661 BGH, Urteil v. 06.03.2007, Az. VI ZR 51/06, Rdn. 20 = ZUM 2007, 651.
662 BGH, Urteil v. 06.03.2007, Az. VI ZR 51/06, Rdn. 20 = ZUM 2007, 651.
663 BGH, Urteil v. 06.03.2007, Az. VI ZR 51/06, Rdn. 23 = ZUM 2007, 651.
664 BGH, Urteil v. 06.03.2007, Az. VI ZR 51/06, Rdn. 24 = ZUM 2007, 651.
665 BGH, Urteil v. 06.03.2007, Az. VI ZR 51/06, Rdn. 29 = ZUM 2007, 651.
666 BGH, Urteil v. 06.03.2007, Az. VI ZR 51/06, Rdn. 34 = ZUM 2007, 651.
667 BGH, Urteil v. 06.03.2007, Az. VI ZR 51/06, Rdn. 36 = ZUM 2007, 651.

Dass die begleitende Wortberichterstattung den Ausschlag für die Zulässigkeit der Abbildungsveröffentlichung geben kann wird insbesondere im Vergleich zwischen dem Artikel vom 11.03.2004, Ausgabe Nr. 12/04 und vom 20.02.2002, Ausgabe Nr. 09/02, deutlich. Während der Senat in erstem Fall eine Bildpublikation aufgrund des fehlenden Zusammenhangs mit der begleitenden Wortberichterstattung für unzulässig erklärte, entschied er sich in Letzterem aufgrund der Wortberichterstattung für eine Zulässigkeit der veröffentlichten Abbildungen von Caroline und Ernst August von Hannover beim Spaziergang durch den Skiort St. Moritz. Die Abgebildeten seien Personen des öffentlichen Lebens und die Erkrankung des damalig regierenden Fürsten von Monaco eine Frage von allgemeinem Interesse, mithin ein Ereignis der Zeitgeschichte. Die begleitende Wortberichterstattung betreffend die Krankheit des damalig regierenden Fürsten Rainier und das Aufzeigen des Verhaltens von Familienmitgliedern während der Krankheit führe zur Zulässigkeit der Bildpublikation in diesem Kontext. Der Argumentation der Kläger, die lange Krankheit des Fürsten sei lediglich ein Vorwand für die Veröffentlichung der Aufnahmen, folgte der BGH nicht. Auch könne den Bildern kein eigenständiger Verletzungseffekt entnommen werden, sodass eine abweichende Beurteilung erforderlich wäre.[668] Sie sind weder unter Ausnutzung der Heimlichkeit oder unter Einsatz von technischen Mitteln zustande gekommen und zeigen die Klägerin und ihren Ehemann auf öffentlicher Straße. Hiergegen richtete sich die EGMR-Beschwerde.[669] In der Ablehnung der Anträge auf einstweilige Verfügungen liege eine Verletzung des in Art. 8 EMRK garantierten Rechts auf Achtung des Privatlebens. Der Gerichtshof stimmte insoweit zu, als dass der Einzelne auch dann eine berechtigte Erwartung auf Schutz und Achtung seines Privatlebens haben kann, wenn er allgemein bekannt sei.[670] Es müsse ein gerechter Ausgleich zwischen dem in Art. 8 EMRK garantierten Recht auf Achtung des Privatlebens und dem in Art. 10 EMRK garantierten Recht der Verlage auf Freiheit der Meinungsäußerung gefunden werden. Letzteres umfasse auch die Veröffentlichung von Fotos und stelle zudem eine der wesentlichen Grundlagen einer demokratischen Gesellschaft dar. Am 07.02.2012 erklärte der Gerichtshof einstimmig, dass Art. 8 EMRK durch die Entscheidungen der deutschen Gerichte nicht verletzt sei.[671] Der BGH habe seine Rechtsprechung nach dem Urteil des Gerichtshofs im Fall Caroline von Hannover/ Deutschland Nr. 1[672] geändert und darauf hingewiesen, dass die Berichterstattung nunmehr zu einer Diskussion mit

668 BGH, Urteil v. 06.03.2007, Az. VI ZR 51/06, Rdn. 39.

669 EGMR, Urteil v. 07.02.2012, Az. 40660/08, 60641/08.

670 EGMR, Urteil v. 07.02.2012, Az. 40660/08, 60641/08 = NJW 2012, 1053 (1054)–Caroline von Hannover/Deutschland Nr. 2; damit bekräftigt der Gerichtshof seine Ausführungen, vgl. EGMR, Urteil v. 24.06.2004, Az. 59320/00 = GRUR 2004, 1051–Caroline von Hannover/Deutschland Nr. 1.

671 EGMR, Urteil v. 07.02.2012, Az. 40660/08, 60641/08 = NJW 2012, 1053–Caroline von Hannover/Deutschland Nr. 2.

672 EGMR, Urteil v. 24.06.2004, Az. 59320/00 = GRUR 2004, 1051–Caroline von Hannover/Deutschland Nr. 1.

Sachgehalt beitragen müsse, der über die Befriedigung bloßer Neugier hinausgehe. Der Gerichtshof stellt fest, dass der BGH zu Recht die Krankheit des Fürsten als ein Ereignis aus dem Bereich der Zeitgeschichte gewertet habe. Die Presse sei in diesem Zusammenhang zur Veröffentlichung der Fotos berechtigt gewesen, weil sie darüber berichtete, wie das Privatleben der Kinder mit der innerfamiliären Solidarität und dem berechtigten Bedürfnis auf ein eigenes Privatleben in Ausgleich zu bringen sei.[673] Ein hinreichender Bezug zwischen dem Foto und dem im Zeitungsartikel beschriebenen Ereignis sei gegeben. Nicht ersichtlich sind weitere belastende Umstände, etwa die Heimlichkeit der Aufnahmen. Den Fotos sei kein eigener Verletzungseffekt zu entnehmen, der ein Verbot rechtfertigen könnte.[674] Insoweit geht der Gerichtshof mit der Entscheidung des BGH ebenfalls konform. Zusammenfassend stellt er fest, der BGH habe seine positive Verpflichtung aus Art. 8 EMRK nicht verkannt, sodass die Rechtsprechung der deutschen Gerichte im Einklang mit der des Gerichtshofs stehe.[675]

(cc) Caroline von Hannover (BGH, 06.03.2007, Az. VI ZR 52/06)[676]

In einer weiteren zeitgleichen Caroline von Hannover Entscheidung[677] stand abermals die Frage nach der Zulässigkeit einer illustrierten Berichterstattung zur Debatte. Streitgegenständlich ist ein in der Zeitschrift „7 Tage“ erschienener Artikel vom 20.03.2002, Ausgabe Nr. 13/02. Bei dem Beklagten handelt es sich um das Verlagshaus Klambt-Verlag-GmbH & Co KG. Berichtet wurde über die Vermietung der Ferienvilla der Klägerin und ihres Ehemannes auf Lamu/Kenia, wobei der Bericht unter anderem mit einem Foto illustriert wurde, welches die Klägerin und ihren Ehemann im Urlaub auf öffentlicher Straße mit anderen Menschen zeigt. Die strittige Aufnahme war mit der Bildunterschrift „In Urlaubslaune: Caroline und ihr Ehemann“ versehen. Wohingegen der Artikel selbst mit „Im Bett der Prinzessin Caroline schlafen? Kein unerfüllbarer Wunsch! Caroline und Ernst August vermieten Ihre Traumvilla“ titelte. Besonders prägnant war dabei ein durch Großbuchstaben hervorgehobenes Kästchen in der Mitte des Haupttextes. Darin stand geschrieben: „Auch die Reichen und Schönen sind sparsam. Viele vermieten ihre Villen an zahlende Gäste“. Zudem enthielt der Artikel Details über die Villa sowie die Höhe der aktuellen Tagesmiete.[678] Der gegen die Berichterstattung am 29.11.2004

673 EGMR, Urteil v. 07.02.2012, Az. 40660/08, 60641/08 = NJW 2012, 1053 (1057)- Caroline von Hannover/Deutschland Nr. 2.
674 EGMR, Urteil v. 07.02.2012, Az. 40660/08, 60641/08 = NJW 2012, 1053(1057)- Caroline von Hannover/Deutschland Nr. 2.
675 EGMR, Urteil v. 07.02.2012, Az. 40660/08, 60641/08 = NJW 2012, 1053 (1058)- Caroline von Hannover/Deutschland Nr. 2.
676 BGH, Urteil v. 06.03.2007, Az. VI ZR 52/06 = ZUM 2007, 470.
677 BGH, Urteil v. 06.03.2007, Az. VI ZR 52/06 = ZUM 2007, 470.
678 BGH, Urteil v. 06.03.2007, Az. VI ZR 52/06 = ZUM 2007, 470.

erhobenen Unterlassungsklage gab das LG Hamburg statt.[679] Die gegen das Urteil eingelegte Berufung vor dem OLG Hamburg hatte Erfolg.[680] Dem Grundrecht der Presse müsse der Vorzug eingeräumt werden.[681] Die gegen das Urteil eingelegte Revision war erfolgreich.[682] Der BGH führte aus, die Abwägung des Berufungsgerichts werde dem „abgestuften Schutzkonzept" nicht in jeder Hinsicht gerecht.[683] Wenngleich die Klägerin eine in der Öffentlichkeit bekannte Person sei und in besonderem Maß das Öffentlichkeitsinteresse auf sich ziehe, sie sich zum Zeitpunkt der Aufnahmen nicht an einem Ort der Abgeschiedenheit befunden habe und der Gesichtspunkt der Belästigung nicht greife, so reichen die Umstände dennoch nicht aus, um einen Schutz der Privatsphäre zu verneinen.[684] Von einem Ereignis von zeitgeschichtlicher Bedeutung könne keine Rede sein. Grundsätzlich kommt der Presse ein Entscheidungsspielraum zu, sodass sie selbst entscheiden kann, was sie des öffentlichen Interesses für wert hält.[685] Andernfalls sei nicht gewährleistet, dass sie ihre meinungsbildenden Aufgaben wahrnehmen kann. Ungeachtet dessen, überwiege bei einer Interessenabwägung zwischen dem Informationsinteresse der Öffentlichkeit einerseits und dem Interesse des Abgebildeten an dem Schutz seiner Privatsphäre andererseits Letzteres. Die Berichterstattung diene lediglich der Unterhaltung der Leser. Wenngleich unterhaltende Beiträge ohne gesellschaftliche Relevanz zur Meinungsbildung beitragen können, so muss das Unterhaltungsinteresse der Konsumenten regelmäßig gegenüber dem Schutz der Privatsphäre als geringwertiger gewichtet und mithin als nicht schützenswert eingestuft werden.[686] Der fehlende Informationswert der Abbildung selbst könne auch nicht aus der Verknüpfung der Aufnahme und der Begleitberichterstattung hergeleitet werden. Diese hatte ausschließlich die Ferienvilla sowie deren Vermietung zum Inhalt und betreffe mithin weder einen Vorgang von allgemeinem Interesse noch kann von einem zeitgeschichtlichen Ereignis ausgegangen werden.[687]

Dagegen legten die Beklagten vor dem BVerfG Beschwerde ein.[688] Gerügt wurde die Verletzung des Rechts aus Art. 5 Abs. 1 S. 2 GG. Das Gericht entschied, dass im Ergebnis das Grundrecht der Beschwerdeführerin aus Art. 5 Abs. 1 S. 2 GG sowohl durch das Urteil des LG Hamburg als auch das des BGH verletzt sei.

---

679 LG Hamburg, Urteil v. 01.07.2005, Az. 324 O 869/04.

680 OLG Hamburg, Urteil v. 31.01.2006, Az. 7 U 82/05 = AfP 2006, 180.

681 OLG Hamburg, Urteil v. 31.01.2006, Az. 7 U 82/05 = AfP 2006, 180.

682 BGH, Urteil v. 06.03.2007, Az. VI ZR 52/06 = ZUM 2007, 470.

683 BGH, Urteil v. 06.03.2007, Az. VI ZR 52/06 Rdn. 15 = ZUM 2007, 470.

684 BGH, Urteil v. 06.03.2007, Az. VI ZR 52/06, Rdn. 22 = ZUM 2007, 470.

685 BGH, Urteil v. 06.03.2007, Az. VI ZR 52/06, Rdn. 24 = ZUM 2007, 470; dazu auch BGH, Urteil v. 14.03.1995, Az. VI ZR 52/94.

686 BGH, Urteil v. 06.03.2007, Az. VI ZR 52/06, Rdn. 26 = ZUM 2007, 470; ebenso BGHZ 131, 332 (334) m. w. N.

687 BGH, Urteil v. 06.03.2007, Az. VI ZR 52/06, Rdn. 33 = ZUM 2007, 470.

688 BVerfG, Beschluss v. 26.02.2008, Az. 1 BvR 1602/07 = BVerfGE 120, 180–Caroline von Monaco III.

Nachdem das BVerfG den Fall an den BGH zurück verwies, urteilte dieser erneut, nunmehr im Einklang mit den Vorgaben des BVerfG und revidierte sein Urteil.[689] Demnach erfasse die verfassungsrechtlich geschützte Pressefreiheit auch die Berichterstattung über das Leben Prominenter und habe nicht grundsätzlich hinter deren Privatsphäre zurückzutreten.[690] Unter besonderer Berücksichtigung der das Bildnis begleitenden Wortberichterstattung sei im Einzelfall zu entschieden. Dabei müsse sich der Aspekt, dass die Klägerin eine Person des öffentlichen Interesses ist, in der Abwägung niederschlagen. Zudem sei zu hinterfragen, ob die konkrete Berichterstattung tatsächlich imstande war einen Beitrag zu einer Frage des öffentlichen Interesses zu leisten.[691] Der BGH macht abermals deutlich, dass auch durch unterhaltende Beiträge Meinungsbildung stattfinden und unter Umständen sogar noch nachhaltiger anregen und beeinflussen kann als sachbezogene Informationen.[692] Das sich der BGH mit dem entwickelten „abgestuften Schutzkonzept" an den Vorgaben des EGMR orientierte, wird anhand der vorliegenden Urteilsbegründung deutlich. Er geht explizit auf die in Art. 10 Abs. 1 S. 1 EMRK gewährleistete Äußerungsfreiheit ein, welche insbesondere die Veröffentlichung von Bildaufnahmen zur Illustration von Berichterstattungen einschließe.[693] Soweit die Medienberichterstattung einen Bezug zu einer Sachdebatte von allgemeinem Interesse aufweist, bleibe nach der Rechtsprechung des Gerichtshofs nur wenig Spielraum hinsichtlich des Rücktritts der Gewährung des Art. 10 Abs. 1 EMRK.[694] Zudem gilt es das grundrechtlich geschützte Selbstbestimmungsrecht der Presse zu beachten.[695] Der Informationswert des Bildes müsse, soweit es neutral und ohne eigenen Aussagegehalt ist, im Kontext der begleitenden Wortberichterstattung ermittelt werden.[696] Jedoch darf sich der begleitende Bericht nicht ausschließlich auf die Schaffung eines Abbildungsanlasses beschränken, ohne auch nur den geringsten Beitrag zu einer öffentlichen Meinungsbildung erkennen zu lassen. Die Medien werden nicht von der Pflicht der Berücksichtigung des Persönlichkeitsschutzes des Betroffenen entbunden. Im Ergebnis wies der BGH nunmehr die Revision der Klägerin gegen das Urteil des OLG Hamburg vom 31.01.2006 zurück. Nachdem das BVerfG die gegen

689 BGH, Urteil v. 01.07.2008, Az. VI ZR 67/08 = ZUM 2008, 785; dazu auch Klass, ZUM 2014, 261 (263).

690 BGH, Urteil v. 01.07.2008, Az. VI ZR 67/08 = ZUM 2008, 785 (788); dazu auch Klass, ZUM 2014, 261 (263).

691 BGH, Urteil v. 01.07.2008, Az. VI ZR 67/08 = ZUM 2008, 785 (788 f.); dazu auch Klass, ZUM 2014, 261 (264).

692 BGH, Urteil v. 01.07.2008, Az. VI ZR 67/08, Rdn. 15 = ZUM 2008, 785, mit Verweis auf das Urteil des Senats v. 09.12.2003, Az. VI ZR 373/02 = VersR 2004, 522 (523).

693 BVerfG, Beschluss v. 26.02.2008, Az. 1 BvR 1602/07, Rdn. 60 = BVerfGE 120, 180– Caroline von Monaco III.

694 BGH, Urteil v. 01.07.2008, Az. VI ZR 67/08, Rdn. 20 = ZUM 2008, 785, der Senat verweist hierbei auf das Urteil des EGMR v. 22.10.2007, Beschwerde–Nr. 21279/02.

695 BGH, Urteil v. 01.07.2008, Az. VI ZR 67/08, Rdn. 22 = ZUM 2008, 785.

696 BGH, Urteil v. 01.07.2008, Az. VI ZR 67/08, Rdn. 25 = ZUM 2008, 785.

das zweite Urteil des BGH erhobene Verfassungsbeschwerde am 24.09.2009 nicht annahm, legte die Beschwerdeführerin beim Gerichtshof Beschwerde ein und rügt damit die Verletzung ihres in Art. 8 EMRK garantierten Rechts auf Achtung ihres Privatlebens. Die Erstveröffentlichung in der Zeitschrift „7 Tage“ vom Verlagshaus Klambt-Verlag-GmbH & Co KG diene lediglich der Neugierbefriedigung der Leser und trage nicht zu einer Diskussion von allgemeinem Interesse bei. Entgegen der Auffassung der Beschwerdeführer beanstandete der Gerichtshof die Entscheidung des BGH nicht.[697] Vielmehr habe dieser die Rechtsprechung des EGMR beachtet und die Interessenabwägung entsprechend den Vorgaben des Gerichtshofs umgesetzt. Aus den oben genannten Gründen wies er mit Urteil vom 19.09.2013[698] die Beschwerde wegen Verletzung des Rechts auf Achtung des Privat- und Familienlebens aus Art. 8 EMRK zurück.

(b) Rechtsprechung des BVerfG

Das BVerfG hat festgestellt, dass die Zugehörigkeit eines Bildnisses zu dem Bereich der Zeitgeschichte im Wege einer einzelfallbezogenen Abwägung zu bewerten ist.[699] Offensichtlich hat man sich mit der richtungsweisenden Entscheidung des EGMR im Fall Caroline von Hannover/Deutschland Nr. 1[700] auseinandergesetzte und die bis dato bestehende Rechtsprechung zum Bildnisschutz nachgebessert.[701] Das BVerfG distanziert sich nunmehr in seiner neuesten Rechtsprechung zur Abbildungsfreiheit nach § 23 Abs. 1 Nr. 1 KUG von dem Begriff der Personen der Zeitgeschichte, stellt jedoch klar, dass auch die Banalität des Alltagslebens von prominenten Persönlichkeiten von dem berechtigten Informationsinteresse erfasst sein kann.[702] Damit bekräftigt es seinen Richtungswechsel, welcher sich bereits in einer früheren Entscheidung angedeutet hatte.[703] Es stellt nicht auf die Begrifflichkeit der „absoluten Person der Zeitgeschichte“ ab, sondern hinterfragt vielmehr, ob es sich um eine „Persönlichkeit des öffentlichen Lebens“[704] handelt. Zudem nimmt es eine zweistufige Prüfung vor. Zunächst stellt es fest, dass das berechtigte Informationsinteresse

---

697 EGMR, Urteil v. 19.09.2013, Az. 8772/10-Caroline von Hannover/Deutschland Nr. 3 = NJW 2014, 1645.

698 EGMR, Urteil v. 19.09.2013, Az. 8772/10-Caroline von Hannover/Deutschland Nr. 3 = NJW 2014, 1645.

699 BVerfGE 120, 180 = GRUR 2008, 539 (545)-Caroline von Monaco III; Schertz, in: Götting/ Schertz/ Seitz, a.a.O., § 12 Rdn. 37.

700 EGMR, Urteil v. 24.06.2004, Az. 59320/00 = GRUR 2004, 1051-Caroline von Hannover/ Deutschland Nr. 1.

701 Rechtsprechung des BVerfG nach dem Urteil des EGMR, EGMR, Urteil v. 24.06.2004, Az. 59320/00 = GRUR 2004, 1051 (1054)-Caroline von Hannover/Deutschland Nr. 1; Renner, in: Wandtke (Hrsg.), a.a.O., Kap. 3 Rdn. 75, S. 354.

702 BVerfGE 120, 180-Caroline von Monaco III.

703 BVerfG, Urteil v. 13.06.2006, Az. 1 BvR 565/06 = NJW 2006, 2835-Bildberichterstattung über die Straftat eines Prominenten.

704 Ebenda, S. 2835 f.

nicht zu eng gefasst werden darf und beispielsweise Vorgänge des Alltagslebens nicht von vornherein ausgeschlossen werden können. Im zweiten Schritt überprüft das BVerfG anhand einer einzelfallbezogenen Abwägung, ob die Berichterstattung Ereignisse betrifft, welche der Meinungsbildung zu Fragen von allgemeinem Interesse dienen können.[705] Es geht von einem weiteren Begriff des öffentlichen Informationsinteresses aus, dass auch eine lediglich unterhaltende Berichterstattung umfasst. Der Presse kommt auf nationaler Ebene eben nicht nur die Funktion eines „Wachhundes" zu. Angelehnt an die Rechtsprechung des BGH stellt auch das BVerfG heraus, dass der Schutz der Politiker am schwächsten ausgeprägt ist. Bei Berichterstattungen über diese wird zumeist eine Frage von allgemeinem gesellschaftlichen Interesse diskutiert und demnach ein öffentliches Informationsinteresse zu bejaht.[706]

Unter Anwendung der neuen Maßstäbe wies es die Verfassungsbeschwerde von Caroline von Hannover zurück.[707] Diese wendete sich erfolglos gegen das oben genannte Urteil des BGH[708], weil die Veröffentlichung privater Urlaubsfotos im Zusammenhang mit der Wortberichterstattung über die Erkrankung des damals regierenden Fürsten von Monaco einen unzulässigen Eingriff in ihr Privatleben darstelle. Das BVerfG teilte die Auffassung der Beschwerdeführer nicht.[709]

Bestehende Diskrepanzen zwischen dem BVerfG und dem BGH sind nicht zu leugnen und werden in der Reaktion auf das Urteil des BGH vom 06.03.2007[710] deutlich. Hierbei ging das BVerfG nicht mit der Entscheidung des BGH konform und stellte in seinen Entscheidungsgründen fest, dass auch in einer Berichterstattung über die Vermietung einer Villa unter Nennung des Mietpreises durchaus eine sozialkritische Auseinandersetzung stattgefunden habe, sodass die Annahme eines zeitgeschichtlichen Ereignisses gemäß § 23 Abs. 1 KUG gerechtfertigt sei.[711] Wenngleich die Aufnahme an sich keinen Informationswert besitzt, so ergibt sich dieser aus der Verknüpfung von Aufnahme und begleitender Wortberichterstattung. Andernfalls verkenne man das entscheidende Privileg der Presse. Ihr allein obliege es, nach publizistischen Kriterien zu entscheiden, was sie des öffentlichen Interesses für wert hält. Das BVerfG habe bereits in der Vergangenheit deutlich gemacht, dass

705 BVerfG, Urteile v. 26.02.2008, Az. 1 BvR 1602/07, 1 BvR 1606/07, 1 BvR 1626/07 = GRUR 2008, 539 (542)–Caroline von Monaco III.

706 BVerfG, Urteile v. 26.02.2008, Az. 1 BvR 1602/07, 1 BvR 1606/07, 1 BvR 1626/07 = GRUR 2008, 539 (546)–Caroline von Monaco III; Dreyer in: Dreyer/ Kotthoff/ Meckel, a.a.O., § 23 KUG III Rdn. 60.

707 BVerfG, Urteile v. 26.02.2008, Az. 1 BvR 1602/07, 1 BvR 1606/07, 1 BvR 1626/07 = GRUR 2008, 539 (545)–Caroline von Monaco III.

708 BGH, Urteil v. 06.03.2007, Az. VI ZR 51/06 = GRUR 2007, 527 ff.–Caroline von Hannover.

709 BVerfG, Urteile v. 26.02.2008, Az. 1 BvR 1602/07, 1 BvR 1606/07, 1 BvR 1626/07 = GRUR 2008, 539 (545)–Caroline von Monaco III.

710 BGH Urteil v. 06.03.2007, Az. VI ZR 52/06–Caroline von Hannover.

711 BVerfG, Beschluss v. 26.02.2008, Az. 1 BvR 1602/07 = BVerfGE 120, 180–Caroline von Monaco III.

die Bebilderung eines unterhaltend ausgerichteten Pressebeitrags mit Bildnissen Prominenter uneingeschränkt dem Schutzbereich des Grundrechts aus Art. 5 Abs. 1 S. 2 GG unterfalle.[712] Es erteilt dem Urteil des BGH mithin eine Absage, welcher im weiteren Verlauf des Verfahrens erneut, nunmehr im Einklang mit dem BVerfG und unter Berücksichtigung dessen Ausführungen zugunsten der Pressefreiheit entschied.

(c) Rechtsprechung der unteren Instanzengerichte

Die Rechtsprechung der unteren Instanzengerichte zeigt auf, dass die Begrifflichkeiten „absolute" und „relative" Person der Zeitgeschichte auch nach dem EGMR Urteil keinesfalls ad acta gelegt wurden. Vielmehr lassen die Entscheidungen eine nunmehr bestehende Unsicherheit erkennen.

Das LG München hielt auch nach der Entscheidung des EGMR an der Rechtsfigur der „Person der Zeitgeschichte" fest. Im Fall Boris Becker benennt es diesen ausdrücklich als „absolute Person der Zeitgeschichte" und ordnet sein Bildnis dem Bereich der Zeitgeschichte gemäß § 23 Abs. 1 KUG zu.[713] Ebenso das LG Berlin und das LG Hamburg. Wobei das LG Berlin im Fall Thomas Gottschalk[714] diesen explizit als „absolute Person der Zeitgeschichte" bezeichnet und auch bei einer Veröffentlichung von Bildnissen aus dem Bereich der Privatsphäre von prominenten Persönlichkeiten eine Differenzierung zwischen „absoluten und relativen" Personen der Zeitgeschichte vornimmt.[715] Während dass LG Berlin das „Kind beim Namen nennt", scheut sich des LG Hamburg vor einer solchen klaren Positionierung nach dem Caroline Urteil des EGMR, was auch in der Urteilsbegründung deutlich wird. Einerseits bedient sich das LG Hamburg in den Fällen Günther Jauch[716] und Joschka Fischer[717] der Begrifflichkeiten „absolute" und „relative" Personen der Zeitgeschichte, andererseits lässt es eine Entscheidung im Ergebnis aber offen und bezieht keine klare Stellung zu deren Eigenschaft als „absolute Personen der Zeitgeschichte". Zunächst widersprüchlich anmutend, macht das Gericht im Fall der Prinzessin von Hohenzollern[718] deutlich, dass die Caroline-Entscheidung des EGMR insoweit Einfluss auf die Rechtsprechung hat, als dass der Focus vom Begriff der „Person der

712 BVerfG, Beschluss v. 26.02.2008, Az. 1 BvR 1602/07, Rdn. 37 = BVerfGE 120, 180–Caroline von Monaco III.

713 LG München I, Urteil v. 22.02.2006, Az. 21 O 17367/03 = AfP 2006, 382 (384)–Boris Becker.

714 LG Berlin, Urteil v. 22.12.2005, Az. 27 O 555/05 = AfP 2007, 257 (258)–Thomas Gottschalk.

715 LG Berlin, Urteil v. 24.02.2005, Az. 27 O 26/05 = AfP 2005, 292.

716 LG Hamburg, Urteil v. 09.06.2009, Az. 324 O 868/05 = AfP 2006, 391 (392, 393)–Günther Jauch.

717 LG Hamburg, Urteil v. 27.10.2006, Az. 324 O 381/06 = NJW 2007, 691 (692)–Joschka Fischer.

718 LG Hamburg, Urteil v. 13.01.2006, Az. 324 O 646/05 = AfP 2006, 197 (198)–Prinzessin von Hohenzollern.

Zeitgeschichte" weg und zum Wortlaut des § 23 Abs. 1 KUG hin gewechselt hat. Dabei wird deutlich warum sich das Gericht vor einen klaren Benennung der Persönlichkeiten als „absolute Personen der Zeitgeschichte" scheut. Einerseits lässt das LG Hamburg Bestrebungen erkennen dem Urteil des EGMR durch eine Modifizierung der bisherigen Rechtsprechung zum Bildnisrecht gerecht zu werden. Andererseits ist deutlich zu spüren, dass man sich von lieb gewonnenen Begrifflichkeiten nicht gern verabschieden möchte. Der Rechtsprechung der unteren Instanzgerichte ist deutlich zu entnehmen, dass man sich der Begrifflichkeiten der „Person der Zeitgeschichte" zumindest als Auslegungshilfe der im Rahmen von § 23 Abs. 1 KUG stattfindenden Abwägung beruft. Ebenso wird auf frühere Entscheidungen Bezug genommen. Das KG Berlin behält, ungeachtet der Kritik des EGMR, die Begrifflichkeit der „Person der Zeitgeschichte" bei und bezeichnet beispielswiese Heide Simones[719] und Sabine Christiansen[720] weiterhin als „absolute Personen der Zeitgeschichte".

(d) Zwischenfazit

Anhand der obigen Entscheidung der deutschen Gerichte lässt sich die Entwicklung der Rechtsprechung nach der Grundsatzentscheidung des EGMR[721] nachvollziehen. Besonders hervorzuheben ist dabei der Fall „Balko"[722] und die neuesten Entscheidungen im Fall Caroline von Hannover.

Zeitnah zu der Entscheidung des Gerichtshofs im Fall Caroline von Hannover/ Deutschland Nr. 1 ergingen die Entscheidungen der deutschen Gerichte im Fall „Balko". Dabei fällt auf, dass diese Ihre Rechtsprechung noch nicht an den Vorgaben des EGMR orientierten. Als logische Konsequenz erteilte der Gerichtshof der Rechtsprechung der deutschen Gerichte im „Balko"-Fall eine Absage.[723] Er räumte ein, dass die Argumentation zwar nachvollziehbar sei, jedoch könne die Gewichtung der einzelnen Grundrechte zum Nachteil der Pressefreiheit, Art. 10 EMRK, nicht befürwortet werden. Die Entscheidung ist zu begrüßen. Durchaus kann gestritten werden, ob die Überschrift „TV-Star Bruno Eyrons mit Kokain erwischt. Eine Brezn, eine Maß und eine Nase Koks" als reißerisch zu bewerten. Bei näherer Betrachtung erhärtet sich der Verdacht hingegen nicht. Einerseits handelt es sich „nur" um eine Artikelüberschrift im Inneren des Blattes. Diese beinhaltet grundsätzlich ein geringeres Gefährdungspotenzial. Die entscheidende Schlagzeile auf der Titelseite der Auflage vom 29.09.2004 war zwar in Großbuchstaben gehalten, inhaltlich

719 KG Berlin, Urteil v. 13.06.2006, Az. 9 U 251/05 = AfP 2006, 369 (370)-Heide Simones.

720 KG Berlin, Urteil v. 28.07.2006, Az. 9 U 226/05 = AfP 2006, 479 (481)-Sabine Christiansen.

721 EGMR, Urteil v. 24.06.2004, Az. 59320/00 = GRUR 2004, 1051-Caroline von Hannover/Deutschland Nr. 1.

722 LG Hamburg, Urteil v. 05.05.2006, Az. 324 O 760/05-Balko, OLG Hamburg, Urteil. v. 21.03.2006, Az. 7 U 124/05-Balko.

723 EGMR, Urteil v. 07.02.2012, Az. 39954/08-Axel Springer AG/Deutschland = NJW 2012, 1058.

aber sachlich. Prägnant wurden der Grund, die Person und der Ort der Festnahme angegeben.[724] Ebenso enthielt die Schlagzeile des Artikels vom 07.07.2005 Person, Straftat und die gerichtlich auferlegte Strafe.[725] Folglich ist mit dem Gerichtshof konform zu gehen, als dass die Berichterstattung keinen reißerischen Charakter aufweist. Die deutschen Gerichte haben die Pressefreiheit des Verlages nicht gebührend berücksichtigt. Dem Persönlichkeitsrecht gegenüber der Pressfreiheit den Vorzug einzuräumen ist auch nicht durch die geringe Menge mitgeführten Kokains von 0,23 Gramm zu rechtfertigen. Zwar sind Straftaten von geringerem Gewicht nicht grundsätzlich von überragendem Öffentlichkeitsinteresse, ausnahmsweise ist eine Veröffentlichung jedoch dann zulässig, wenn die Person des Täters eine solche rechtfertigt oder die Straftat besondere Umstände aufweist.[726] Die Begutachtung der Person des Täters ergibt zum einen, dass dieser bereits im Juli 2000 wegen Drogenbesitzes zu einer Gefängnisstrafe auf Bewährung verurteilt wurde.[727] Zum anderen trat er in der Vergangenheit immer wieder freiwillig in die Öffentlichkeit und öffnete sein Privatleben bereitwillig gegenüber der Presse. Er kann sich mithin nicht in gleichem Maße auf den Schutz seiner Privatsphäre berufen, wie Personen welche stets bestrebt sind, ihr Privatleben konsequent aus dem Blickfeld der Öffentlichkeit herauszuhalten. Die grundsätzlich berechtigte Erwartung, dass die Privatsphäre wirksam geschützt wird, war bei ihm folglich als reduziert anzusehen. Zudem handelt es sich bei dem Betroffenen um eine in der Öffentlichkeit bekannte Persönlichkeit, welche in der Rolle als Kriminalkommissar bekannt geworden ist. Obschon es sich lediglich um eine Rolle handelt und grundsätzlich zwischen der Person und dem Schauspieler unterschieden werden muss, kann man nicht bestreiten, dass durch seine jahrelange Rolle als Ordnungshüter ein gesteigertes Interesse der Öffentlichkeit an der Festnahme aufgrund einer Straftat besteht. Die Argumentation, dass aufgrund der Geringfügigkeit der Straftat höchstwahrscheinlich nicht über diese berichtet worden wäre, hätte es sich bei dem Festgenommenen nicht um den bekannten Schauspieler gehandelt, ist grundsätzlich nachzuvollziehen. Allerdings kann nicht außer Acht bleiben, dass es sich nun einmal um eine in der Öffentlichkeit bekannte Person handelte und das gesteigerte Interesse der Öffentlichkeit, über die Festnahme des Betroffenen wegen einer Straftat informiert zu werden, besondere Berücksichtigung finden muss. Hinzu treten die Umstände der Festnahme. Sie fand spektakulär und in aller Öffentlichkeit auf dem Münchner Oktoberfest statt. Die Wahrheit der veröffentlichten Tatsachen ist zudem unstreitig, die Identität des Betroffenen wurde von der Staatsanwaltschaft München preisgegeben und die Berichterstattung erhielt auch keine abschätzenden Bemerkungen.

Die Entscheidungen der obersten deutschen Gerichte im Fall Caroline von Hannover in der Folgezeit zeigen, dass das neu entwickelte „abgestufte Schutzkonzept"

---

724 Siehe oben 2. Teil A. § 7 I. 1. c. aa. (2) (a) (aa).
725 Ebenda.
726 Aufzählend OLG Hamburg, Urteil v. 21.03.2006, Az. 7 U 124/05–Balko.
727 Siehe EGMR, Urteil v. 07.02.2012, Az. 39954/08–Axel Springer AG/Deutschland.

nunmehr Anwendung findet. Problematisch ist weiterhin die Verknüpfung von Wort- und Bildberichterstattung, sofern es um das Bestehen eines öffentlichen Interesses bei mangelndem Informationswert der Aufnahme selbst geht. Wenngleich der BGH in einem der Caroline von Hannover-Fälle[728] zunächst mangels Informationswertes der Aufnahme dem Persönlichkeitsrecht den Vorzug eingeräumt hat, mithin dem Kontext des Bildes eine zu geringe Bedeutung beimaß, so revidiert es seine Gewichtung nach der Kritik des BVerfG in der vorliegenden Entscheidung selbst.[729] Ausschlaggebend sei stehts eine Einzelfallentscheidung. Pauschalisierungen verbieten sich auch nach den Prinzipien des „abgestuften Schutzkonzepts". Auch der Gerichtshof befürwortet diesen Richtungswechsel.[730] Die deutschen Gerichte haben im Einklang mit der Rechtsprechung des Gerichtshofs sorgfältig das Recht der Freiheit auf Meinungsäußerung gegen das Recht auf Achtung der Privatsphäre abgewogen. Dabei begrüßt der Gerichtshof ausdrücklich, dass bei der Beantwortung der Frage, ob die Berichterstattung zu einer Diskussion über Fragen des allgemeinen Interesses beigetragen habe, der Verknüpfung von Illustration und Wortberichterstattung besonderer Bedeutung beigemessen wird.[731]

(3) Informationsinteresse der Öffentlichkeit

Nach der Änderung der nationalen Rechtsprechung als Reaktion auf das Caroline von Hannover/Deutschland Nr. 1 Urteil des EGMR 2004[732] hat das Informationsinteresse der Öffentlichkeit ganz klar an Bedeutung gewonnen. Mit dem Abrücken von der Begrifflichkeit der „Person der Zeitgeschichte", wird das öffentliche Interesse nicht mehr ausschließlich anhand des Bekanntheitsstatus der abgebildeten Person bestimmt. Stattdessen stellt der BGH auf den Informationswert der Veröffentlichung ab. Von Belang ist, ob die Berichterstattung einen Beitrag zu einer Diskussion von allgemeinem Interesse leistet kann.[733] Die Hauptkriterien der Ernsthaftigkeit und Sachbezogenheit der Berichterstattung wurden mithin um ein wesentliches Kriterium erweitert. Wenngleich das BVerfG auch nach der Entscheidung des EGMR bezüglich der Kriterien des Informationsinteresses der Öffentlichkeit auf

728 Zunächst entschied sich das Gericht für ein Veröffentlichungsverbot, siehe BGH, Urteil v. 06.03.2007, Az. VI ZR 52/06 = ZUM 2007, 470, er revidiertes seine Entscheidung mit dem Urteil v. 01.07.2008, Az. VI ZR 67/08 = ZUM 2008, 785.

729 BGH, Urteil v. 01.07.2008, Az. VI ZR 67/08 = ZUM 2008, 785-Caroline von Hannover.

730 EGMR, Urteil v. 19.09.2013, Az. 8772/10-Caroline von Hannover/Deutschland Nr. 3 = NJW 2014, 1645.

731 EGMR, Urteil v. 07.02.2012, Az. 40660/08, 60641/08-Caroline von Hannover/Deutschland Nr. 2 = NJW 2012, 1053 (1058).

732 EGMR, Urteil v. 24.06.2004, Az. 59320/00 = GRUR 2004, 1051-Caroline von Hannover/Deutschland Nr. 1.

733 BGH, Urteil v. 15.11.2005, Az. VI ZR 286/04 = NJW 2006, 599 (601)-Verkehrsverstoß von Ernst August Prinz von Hannover; siehe zudem oben die Rechtsprechung des BGH nach dem Urteil des EGMR.

seine ständige Rechtsprechung verweist, so bleibt die Kritik des Gerichtshofs nicht unbeachtet. Das BVerfG modifiziert seine Rechtsprechung vielmehr dahin gehend, dass nunmehr im Rahmen der Abwägung zu berücksichtigen sei, ob der Bericht einen Beitrag für die für eine Demokratie wichtige Meinungsbildung zu leisten im Stande ist.[734] In einem Beschluss zur Zulässigkeit einer Medienberichterstattung über die Autobahnraserei eines Prominenten wird dies durch das BVerfG nochmals bestätigt.[735] Das Gericht befand die Berichterstattung für zulässig, weil diese einen Beitrag zu einer Debatte von allgemeinem Interesse leiste und das Informationsinteresse der Öffentlichkeit mithin als überwiegen anzusehen ist.

Zusammenfassend halten die nationalen Gerichte an der Begrifflichkeit des Informationsinteresses der Öffentlichkeit fest, ergänzen es jedoch um den Aspekt, dass der Bericht auch einen Beitrag zur demokratisch wichtigen öffentlichen Meinungsbildung, mithin zu einer Debatte von allgemeinem Interesse, leisten muss. Die Bedeutung des Informationswertes darf nicht verkannt werden. Je größer der Informationswert für die Öffentlichkeit, umso mehr muss das Schutzinteresse des Einzelnen, über den informiert wird, hinter den Informationsbelangen der Öffentlichkeit zurück treten,[736] und umgekehrt.[737] Das Interesse der Allgemeinheit an bloßer Unterhaltung hat gegenüber dem Schutz der Privatsphäre regelmäßig ein geringeres Gewicht.[738] Im Fokus steht hierbei die einzelfallbezogene Abwägung unter dem Aspekt der Ernsthaftigkeit und Sachbezogenheit, was rein voyeuristische Beiträge, welche ausschließlich der Sensationsgier des Konsumenten dienen, ausschließt.

bb. Zusammenfassung

Anhand der obigen Ausführungen lässt sich folgern, dass der BGH seiner neuen Linie treu bleibt, wonach auch bei Personen die unter den ehemaligen Begriff „Personen der Zeitgeschichte“ fielen nicht außer Acht bleiben darf, ob die Berichterstattung zu einer Debatte mit Sachgehalt beitrage, welcher über die Befriedigung der bloßer Neugier hinausgehe.[739] Mithin blieb die wegweisende Entscheidung des Gerichtshofs in dem Caroline von Hannover/Deutschland Nr. 1–Fall von der deutschen Rechtsprechung nicht unbeachtet. Vielmehr bemühen sich die nationalen Gerichte in der Folgezeit um eine Berücksichtigung der durch den Gerichtshof aufgestellten Kriterien bei einer Bildberichterstattung.

---

734 BVerfG, Urteile v. 21.08.2006, Az. 1 BvR 2606/04, 1 BvR 2845/04, 1 BvR 2846/04, 1 BvR 2847/04 = NJW 2006, 3406 (3407)–Bildberichterstattung über eine Privatperson.

735 BVerfG, Urteil v. 13.06.2006, Az. 1 BvR 565/06 = NJW 2006, 2835–Berichterstattung über die Straftat eines Prominenten.

736 BGH, Urteil vom 06.03.2007, Az. VI ZR 51/06 = AfP 2007, 208–Caroline von Hannover.

737 BVerfGE 101, 361 (391)–Caroline von Monaco II.

738 BVerfGE 34, 269 (283)–Soraya; BGHZ 131, 332 (342 m.w.N.)–Caroline von Monaco.

739 BGH, Urteil v. 06.03.2007, Az. VI ZR 52/06, Rdn. 27 = ZUM 2007, 470.

(1) Abkehr von der „Person der Zeitgeschichte“

Sowohl der BGH als auch das BVerfG begegnen der Kritik des EGMR mit einem Abrücken von der früheren Rechtsprechung und dem von Neumann-Duesberg entwickelten Differenzierungsmodell. Abweichend davon ist der Schutz der Privatsphäre nach dem nunmehr von der deutschen Rechtsprechung entwickelten „abgestuften Schutzkonzept“ im Rahmen der Zuordnung zum Bereich der Zeitgeschichte nach § 23 Abs. 1 Nr. 1 KUG zu berücksichtigen.[740] Die Frage der Verfassungskonformität dieses Vorgehens hat das BVerfG positiv beantwortet.[741] Die unteren Instanzgerichte tendieren hingegen dazu, die Rechtsfigur der „absoluten“ und „relativen“ Person der Zeitgeschichte, teilweise als Auslegungshilfe, noch heran zu ziehen. Einige Gerichte qualifizieren die betreffende Person weiterhin als „absolute“ oder „relative“ Person der Zeitgeschichte. Auch die höchstrichterliche Rechtsprechung zieht die Kriterien der „Person der Zeitgeschichte“ im Rahmen der Abwägung bei § 23 Abs. 1 Nr. 1 KUG als Auslegungsmodell heran. Insoweit ist die von Neumann-Duesberg entwickelte Einteilung nicht gänzlich obsolet geworden.[742] Modifizierungen wurden jedoch insbesondere bei der „absoluten Person der Zeitgeschichte“ vorgenommen, sodass sich auf Grund der nunmehr bestehenden Unterschiede ein Rückgriff auf die alte Rechtsprechung weitestgehend verbietet.[743] Die reine öffentliche Bekanntheit ohne Zusammenhang mit einem zeitgeschichtlich relevanten Ereignis ist nunmehr auch bei einer ehemalig zu qualifizierenden „absoluten Person der Zeitgeschichte“ nicht mehr für eine zulässige Bildpublikation ausreichend.[744] Die neue Rechtslage bewirkt demnach, dass es im Sinne der bisherigen Definitionen im Ergebnis lediglich noch „relative Personen der Zeitgeschichte“ gibt.[745] Zuvor konnte eine Berichterstattung über „absolute Personen der Zeitgeschichte“ unabhängig von einem bestimmten

740 BGH, Urteil v. 06.03.2007, Az. VI ZR 13/06 = GRUR 2007, 523–Abgestuftes Schutzkonzept I; BGH, Urteil v. 3.7.2007, Az. VI ZR 164/06 = GRUR 2007, 902–Abgestuftes Schutzkonzept II; zusammenfassend auch Dreyer, in: Dreyer/ Kotthoff/ Meckel, a.a.O., § 23 KUG III Rdn. 55.

741 BVerfG, Urteile v. 26.02.2008, Az. 1 BvR 1602/07, 1 BvR 1606/07, 1 BvR 1626/07 = GRUR 2008, 539–Caroline von Hannover III.

742 Neumann-Duesberg, Das gesprochene Wort, zur Zeitgeschichte, S. 114 ff; ebenda, Anonymität, S. 144 ff.; ebenda, Aktenzeichen, S. 305 ff.

743 Schertz, in: Götting/ Schertz/ Seitz, a.a.O., § 12 Rdn. 38.

744 Vgl. BGH, Urteil v. 06.03.2007, Az. VI ZR 13/06 = AfP 2007, 121 (123)–Ernst August von Hannover; BGH, Urteil v. 06.03.2007, Az. VI ZR 51/06 = AfP 2007, 208–Caroline von Hannover; BGH, Urteil v. 03.07.2007, Az. VI ZR 164/06 = AfP 2007, 475–Oliver Kahn; KG Berlin, AfP 2007, 375–Joshka Fischer, KG, weiterführende Instanz BGH, Urteil v. 19.05.2009, Az. VI ZR 160/08; dazu auch Schertz, in: Götting/ Schertz/ Seitz, a.a.O., § 12 Rdn. 37 f.

745 So auch Schertz in: Götting/ Schertz/ Seitz, a.a.O., § 12 Rdn. 41; im Ergebnis auch Wanckel, a.a.O., Rdn. 175 ff. (178).

Ereignis erfolgen,[746] weil sie allein auf Grund einer besonderen Funktion, Tätigkeit, Herkunft, eines Ereignisses oder Ähnlichem von öffentlichem Interesse waren.[747] Der Übergang war fließend und eine Qualifizierung unter gegebenen Umständen von je her als schwierig anzusehen. War das Informationsinteresse der Öffentlichkeit an der Person als sehr groß einzustufen ging man von einer solchen der Zeitgeschichte aus. Das allein legitimierte zunächst eine Bildpublikation, unabhängig von der Einwilligung des Abgebildeten. Die Beurteilung des zeitgeschichtlichen Ereignisses gemäß § 23 Abs. 1 Nr. 1 KUG wurde demnach nicht am Ereignis, sondern der Person selbst festgemacht. Der Gesetzeswortlaut des § 23 Abs. 1 Nr. 1 KUG gibt zwar einen Spielraum für eine solche Interpretation, allerdings stellt der Gesetzgeber lediglich auf Bildnisse aus dem Bereich der Zeitgeschichte ab, mithin nicht auf die abgebildeten Personen selbst.[748] Einem Abrücken von der bisherigen Rechtsprechung, sodass nunmehr entscheidend sein soll in welchem Zusammenhang über die Person berichtet wird, steht der Gesetzestext mithin nicht entgegen.[749] Im Unterschied zu den „absoluten Personen der Zeitgeschichte" ändert sich bei den „relativen Personen der Zeitgeschichte" nach neuer Rechtsprechung mithin wenig. Die Abbildungsfreiheit war auch vor der Caroline von Hannover/Deutschland Nr. 1–Entscheidung des EGMR 2004 auf eine Veröffentlichung von Bildnissen in zeitlichem und thematischem Zusammenhang mit zeitgeschichtlichen Ereignissen beschränkt.[750] Ebenso konnte ein öffentliches Informationsinteresse nur dann bejaht werden, wenn ein Zusammenhang zwischen der Berichterstattung und einem die öffentliche Aufmerksamkeit erregenden Ereignisses bestand.[751] Insoweit kann die ältere Rechtsprechung zur Zulässigkeit von Bildpublikationen „relativer Personen der Zeitgeschichte" als Auslegungsmodell herangezogen werden.[752]

Zusammenfassend ist festzuhalten, dass durch einen Rückgriff auf die frühere Rechtsprechung das Model der „Person der Zeitgeschichte", wie bereits an obiger Stelle erörtert, nicht gänzlich obsolet geworden, sondern ein Rückgriff in begrenztem

---

746 BVerfG, Urteile v. 26.04.2001, Az. 1 BvR 758/97, 1 BvR 1857/98, 1 BvR 1918/98, 1 BvR 2109/99, 1 BvR 182/00 = AfP 2001, 212 (214)–Prinz Ernst August von Hannover; zur „absoluten Person der Zeitgeschichte" Teil 2, A, § 7 I 1.

747 Vgl. OLG Koblenz, JZ 1973, 279 ff. (281).

748 Wortlaut des § 23 Abs. 1 Nr. 1 KUG.

749 Schertz, in: Götting/ Schertz/ Seitz, a.a.O., § 12 Rdn. 38; ebenso G. Müller, ZRP 2007, 173.

750 Vgl. BGH, Urteil v. 09.06.1965, Az. Ib ZR 126/63 = NJW 1965, 2148 (2149 f.)–Spielgefährtin I; Specht, in: Dreier/ Schulze, a.a.O., § 23 KUG Rdn. 6; v. Strobl–Albeg, in: Wenzel, a.a.O., Rdn. 8.13 f.

751 BGH, Urteil v. 24.03.2009, Az. VI ZR 51/08 = NJW 2009, 1952. Die Gegenmeinung lehnt eine Untergliederung in relative und absolute Personen der Zeitgeschichte ab, beispielhaft sei hier Engau, a.a.O., S. 168 ff. genannt.

752 Vgl. Schertz, in: Götting/ Schertz/ Seitz, a.a.O., § 12 Rdn. 38.

Umfang möglich ist.[753] Fallentscheidend für die Zulässigkeit einer Bildpublikation ist weiterhin die Abwägung der betroffenen Grundrechte. Dabei gilt: Je größer das durch die Pressefreiheit geschützte Informationsinteresse der Öffentlichkeit, umso mehr muss das Schutzinteresse des Betroffenen hinter dieses zurück treten.[754] Bis dato galt dies für als „absolute Personen der Zeitgeschichte“ zu qualifizierende Persönlichkeiten nicht.[755] Die Differenzierung des BGH erfolgt nunmehr ebenfalls anhand einer Eingruppierung. Allerdings nicht mehr als „Personen der Zeitgeschichte“, sondern in Politiker, oder sonstige am öffentlichen Leben oder im Blickpunkt der Öffentlichkeit stehenden Personen einerseits und Privatpersonen andererseits.[756] Für Politiker gilt, dass das Informationsinteresse der Öffentlichkeit nicht abrupt mit dem Ausscheiden aus dem Amt endet. So hat etwa der BGH ein schützenswertes Interesse der Allgemeinheit für den Fall bejaht, dass es sich um eine Berichterstattung über die Reaktion eines ehemaligen Politikers auf sein Ausscheiden aus dem Amt handelte.[757] Publiziert wurden auch Fotos von privaten Einkäufen einer ehemaligen Ministerpräsidentin, welche am Tage ihres Ausscheidens aufgenommen und am Folgetag unter dem provokanten Titel „Danach ging Heide erst mal shoppen“ veröffentlicht wurden.[758] Die einzelfallspezifische Auslegung steht im Fokus. Pauschalisierte Betrachtungen verbieten sich von vornherein.

(2) Geänderter Prüfungsablauf im Rahmen des § 23 KUG

Das von der deutschen Rechtsprechung entwickelte „abgestufte Schutzkonzept“ als Konsequenz der Caroline von Hannover/Deutschland Nr. 1–Entscheidung des Gerichtshofs[759] führte zu einem geänderten Prüfungsablauf. Die Feststellung eines zeitgeschichtlichen Ereignisses bedarf nunmehr bereits auf der ersten Prüfungsebene, § 23 Abs. 1 Nr. 1 KUG, einer Gegenüberstellung und Abwägung der berechtigten Interessen des Abgebildeten (insbesondere dem allgemeinen Persönlichkeitsrecht)[760]

753 Vgl. Fricke, in: Wandtke/ Bullinger, a.a.O., § 23 Rdn. 7; ähnlich Specht, in: Dreier/ Schulze, a.a.O., § 23 KUG Rdn. 3; Renner, in: Wandtke (Hrsg.), a.a.O., Kap. 3 Rdn. 79, S. 356.

754 BGH, Urteil v. 06.03.2007, Az. VI ZR 13/06 = GRUR 2007, 523–Abgestuftes Schutzkonzept I; BGH, Urteil v. 3.7.2007, Az. VI ZR 164/06 = GRUR 2007, 902–Abgestuftes Schutzkonzept II; BGH, Urteil v. 19.06.2007, Az. VI ZR 12/06 = GRUR 2007, 899–Lebensgefährtin von Herbert Grönemeyer; Specht, in: Dreier/ Schulze, a.a.O., § 23 KUG Rdn. 11.

755 BGH, Urteil v. 06.03.2007, Az. VI ZR 13/06 = GRUR 2007, 523–Abgestuftes Schutzkonzept I; Specht, in: Dreier/ Schulze, UrhG, § 23 KUG Rdn. 11.

756 Vgl. Specht, in: Dreier/ Schulze, a.a.O., § 23 KUG Rdn. 13.

757 BGH, Urteil v. 24.06.2008, Az. VI ZR 156/06 = GRUR 2008, 1017–Heide Simonis.

758 Ebenda.

759 EGMR, Urteil v. 24.07.2004, Beschwerde–Nr. 59320/00–Caroline von Hannover/ Deutschland Nr. 1.

760 BVerfG, Urteile v. 26.02.2008, Az. 1 BvR 1602/07, 1 BvR 1606/07, 1 BvR 1626/07 = GRUR 2008, 539, 542 –Caroline von Monaco III; BVerfG, Urteil v. 15.12.1999,

und des Informationsinteresses der Öffentlichkeit.[761] Sowohl der BGH[762] als auch das BVerfG[763] wollen nunmehr im Rahmen von § 23 Abs. 1 Nr. 1 KUG die Zeitgeschichtlichkeit feststellen, indem sie alle für den Informationswert einer Berichterstattung wesentlichen Aspekte berücksichtigen. Eine ausschließliche eindimensionale Beurteilung an der Person des Abgebildeten verbietet sich folglich. Der freiwillige Schritt in die Öffentlichkeit[764], die bereitwillige Auskunftserteilung an die Medien[765] und der Bekanntheitsgrad der Person[766] sind entsprechend zu gewichten. Nicht zuletzt trägt dies zu einer gewissen Rechtssicherheit bei. Über das Bedürfnis der Vorverlagerung der normativen Abwägung in § 23 Abs. 1 Nr. 1 KUG besteht nach den obigen Ausführungen kein Zweifel mehr. Die Entscheidung des BGH zum „abgestuften Schutzkonzept"[767] ist grundsätzlich zu begrüßen. Demnach stehen sich die Persönlichkeitsrechte des Abgebildeten und die Pressefreiheit auf einer Ebene gegenüber, wodurch die Pressefreiheit, rein theoretisch, ihre überragende Stellung verliert.

(3) Gesteigerte Bedeutung der begleitenden Wortberichterstattung

Nach der Entwicklung des „abgestuften Schutzkonzepts" unter Berücksichtigung der Vorgaben aus Straßburg wird deutlich, dass eine begleitende Wortberichterstattung von überragender Bedeutung sein kann. Inwieweit sie für die Zulässigkeit der Bildpublikation maßgebend ist, verdeutlichen vor allem die bereits diskutierten Entscheidungen der deutschen Gerichte in den Caroline von Hannover-Fällen.[768] Die Publikation eines der streitgegenständlichen Urlaubsfotos von Caroline und Ernst August von Hannover, welches sie beim Spaziergang durch St. Moritz zeigt und an sich keinen eigenen Informationswert aufwies, wurde aufgrund des Begleittextes über die schwere Krankheit des Familienoberhauptes Fürst Rainier für

Az. 1 BvR 653/96 = GRUR 2000, 446 (452)–Caroline von Monaco II; BGH, Urteil v. 06.03.2007, Az. VI ZR 13/06 = GRUR 2007, 523 (525)–Abgestuftes Schutzkonzept I.

761 BVerfG, Urteil v. 15.12.1999, Az. 1 BvR 653/96 = GRUR 2000, 446 (452)–Caroline von Monaco II.; BVerfG, Urteile v. 26.04.2001, Az. 1 BvR 758/97, 1 BvR 1857/98, 1 BvR 1918/98, 1 BvR 2109/99, 1 BvR 182/00 = AfP 2001, 212 (214)–Prinz Ernst August von Hannover; BGH, Urteil v. 09.03.2004, Az. VI ZR 217/03 = NJW 2004, 1795–Charlotte Casiraghi.

762 BGH, Urteil v. 06.03.2007, Az. VI ZR 51/06 = GRUR 2007, 527 (529)–Caroline von Hannover.

763 BVerfG, Urteile v. 26.02.2008, Az. 1 BvR 1602/07, 1 BvR 1606/07, 1 BvR 1626/07 = GRUR 2008, 539 (546)–Caroline von Monaco III.

764 BVerfGE 101, 361 (391)–Caroline von Monaco II.

765 BVerfGE 101, 361 (385)–Caroline von Monaco II.

766 BGH, Urteil v. 06.03.2007, Az. VI ZR 51/06 = GRUR 2007, 527 (529)–Caroline von Hannover.

767 BGH, Urteil v. 06.03.2007, Az. VI ZR 13/06 GRUR 2007, 523–Abgestuftes Schutzkonzept I.

768 BGH, Urteile v. 06.03.2007, Az. VI ZR 51/06, VI ZR 52/06; BGH, Urteil v. 01.07.2008, Az. VI ZR 67/08–Caroline von Hannover.

zulässig erklärt.[769] Im Rahmen einer umfassenden Interessenabwägung zwischen den Informationsinteressen der Öffentlichkeit und dem schützenswerten Privatsphäreninteresse des Betroffenen muss die begleitende Wortberichterstattung folglich zwingend berücksichtigt werden.[770] Der Informationswert lag in den Streitentscheidungen in der Verknüpfung von Bild- und Wortberichterstattung. Diese Beurteilung fand auch vom Gerichtshof Zustimmung, welcher die EGMR-Beschwerde wegen grundsätzlicher Bedeutung für unbegründet befand.[771] Das der BGH seinen Ansatz nach dem Urteil des Gerichtshofs im Fall Caroline von Hannover/Deutschland Nr. 1 änderte erhielt positive Resonanz. Auch werde die neue Rechtsprechung vom BVerfG nicht nur lediglich bestätigt, sondern im Einzelnen analysiert.[772] Zugleich hat der Gerichtshof das neu entwickelte „abgestufte Schutzkonzept" der deutschen Gerichte unbeanstandet durchgewinkt und darauf hingewiesen, dass den nationalen Gerichten ein breiter Einschätzungsspielraum zukommt.

Wenngleich an obiger Stelle angemerkt wurde, dass theoretisch durch das „abgestufte Schutzkonzept" eine Gleichstellung des Persönlichkeitsrechts des Betroffenen und der Pressefreiheit herbeigeführt werden sollte, so bleibt anhand der Praxis im Ergebnis festzustellen, dass die Pressefreiheit eine Stärkung erfahren hat. Allerdings stößt diese Entwicklung nicht nur auf Zustimmung. Insbesondere Lehr[773] sieht darin eine immense und provozierte Gefahr des Missbrauchs und der Aushöhlung eines effektiven Persönlichkeitsrechtsschutzes. Er begrüßt zwar die zunächst durch die Caroline von Hannover/Deutschland Nr. 1-Entscheidung des EGMR ausgelöste Rechtsprechungsänderung, bemängelt hingegen die zunehmende Verwässerung des Kriteriums „ein Beitrag zur gesellschaftlichen Debatte". Indem der Gerichtshof den deutschen Gerichten grünes Licht gegeben habe und ein derart weites Verständnis des „Informationswertes" unbeanstandet ließ, sei einem Missbrauch durch die Medien ungehindert Tür und Tor geöffnet, was insbesondere im Hinblick auf den rapiden technischen Fortschritt in einem internationalen Kontext bedauerlich sei.[774] Mit einigen anreichernden Stichworten im Begleittext könne ein solches fast immer konstruiert werden.[775] Diese Entwicklung bedeute eine Rechtsunsicherheit mangels Vorhersehbarkeit, welche vom Gerichtshof gestützt werde. Die aufgestellten Kriterien in der Caroline von Hannover/Deutschland Nr. 1-Entscheidung werden

769 EGMR, Urteil v. 07.02.2012, AZ. 4066/08, 60641/08-Caroline von Hannover/Deutschland Nr. 2 = NJW 2012, 1053.

770 So der BGH, in: BGHZ 171, 275 = GRUR 2007, 527-Caroline von Hannover.

771 EGMR, Urteil v. 07.02.2012, Az. 40660/08, 60641/08 = NJW 2012, 1053-Caroline von Hannover/Deutschland Nr. 2.

772 EGMR, Urteil v. 07.02.2012, Az. 40660/08, 60641/08 = NJW 2012, 1053 (1058)-Caroline von Hannover/Deutschland Nr. 2.

773 Lehr, Anm. zu den Urteilen des EGMR v. 07.02.2012, Beschwerde-Nr. 40660/08, 60641/08-Hannover/Deutschland Nr. 2, Beschwerde-Nr. 39954/08-Axel Springer/Deutschland in: GRUR 2012, 745 (751).

774 Vgl. Lehr, a.a.O., GRUR 2012, 745 (751).

775 Vgl. Lehr, a.a.O., GRUR 2012, 745 (751).

aufgeweicht.[776] Nach Lehr sei diese Entwicklung äußerst bedauerlich.[777] Ähnliche Argumente führt Frenz[778] an. Die Medien könnten mit privaten Bildern und Tatsachen öffentliche Themen verbinden und dadurch letztlich die Privatsphäre in die Berichterstattung weitgehend mit einbeziehen.[779]

Lehr und Frenz ist insoweit zuzustimmen, als dass in der Verknüpfung ein Gefahrenpotential für den Abgebildeten und dessen Persönlichkeitsrecht liegt. Die Bedenken von Lehr[780] und Frenz[781], dass die neueste Entwicklung eine Einfallschneise für die Medien sein könnte um private Bilder zu publizieren, sind nicht von der Hand zu weisen. Die Medien könnten, zumindest theoretisch, ein an sich kontextfremdes, ausschließlich auf Sensationsgier zielendes Bildnis, durch die Verknüpfung mit einer Wortberichterstattung über ein aktuelles zeitgeschichtliches Ereignis legitimieren.[782] Der redaktionellen Freiheit der Presse scheint demnach keine Grenze gesetzt zu sein. Ob dieser Missbrauch allerdings auch in der Praxis eine ernst zu nehmende Gefahr für den Betroffenen darstellt, ist fraglich. Die Stärkung der Pressefreiheit geht nicht zwingend mit einer Zurückdrängung des Persönlichkeitsrechts des Individuums einher. Durchaus denkbar ist jedoch das unerwünschte Ergebnis, dass ein entsprechender Begleittext bei einer an sich unzulässigen Bildpublikation zur Zulässigkeit führt. Allerdings hat auch das BVerfG diese Problematik nicht verkannt und stellt in seinem Caroline von Monaco Urteil III[783] deutlich heraus, dass eine Berichterstattung dann keinen Beitrag für eine öffentliche Meinungsbildung leiste, wenn sich der begleitende Text offensichtlich allein darauf beschränkt, irgendeinen Anlass zu finden um die Bildpublikation über eine prominente Persönlichkeit zu rechtfertigen. Eindeutig möchte das BVerfG hier dem Missbrauch einen Riegel vorschieben und eine Aushebelung des Schutzes nach § 23 Abs. 1 Nr. 1 KUG vermeiden. Das Argument Lehrs, dass die neueste Entwicklung in der Rechtsprechung zu einer Rechtsunsicherheit führe ist höchstwahrscheinlich darauf zurück zu führen, dass das BVerfG in seiner Entscheidung kein Prüfungsschema entwickelt hat, anhand dessen eine Missbrauchsprüfung stattfinden kann. Daraus lässt sich schließen, dass auch das Vorliegen eines solchen Missbrauchsfalls über eine Einzelfallabwägung stattfinden muss. Das ist jedoch im Rahmen der Prüfung von § 23 Abs. 1 Nr. 1 KUG nichts Neues. Bereits zuvor ließen sich die Fälle nur zufriedenstellend über eine penible Interessenabwägung im Einzelfall lösen. Wenngleich man nicht umhin kommt anzuerkennen, dass in dem Zusammenspiel zwischen Bild und Kontext eine Wirklichkeitsverzerrung ermöglicht werden kann, durch welche der Abgebildete,

776 Vgl. Lehr, a.a.O., GRUR 2012, 745 (751); ebenso Frenz, NJW 2012, 1039 (1042).
777 Vgl. Lehr, a.a.O., GRUR 2012, 745 (751).
778 Frenz, NJW 2012, 1039 (1042).
779 So Frenz, NJW 2012, 1039 (1042).
780 Vgl. Lehr, a.a.O., GRUR 2012, 745 (751).
781 Frenz, NJW 2012, 1039.
782 Ähnlich Böhnstedt, a.a.O., S. 324.
783 BVerfG, Urteile v. 26.02.2008, Az. 1 BvR 1602/07, 1 BvR 1606/07, 1 BvR 1626/07 = GRUR 2008, 539–Caroline von Monaco III.

trotz eines an sich neutralen Fotos, ins falsche Licht gerückt wird. Darin ist kein Widerspruch zur ständigen Rechtsprechung des BVerfG erkennbar, welches in einem Bild, nicht zuletzt durch die vorgetäuschte Authentizität, gegenüber einer reinen Wortberichterstattung einen stärken Persönlichkeitsrechtseingriff sieht. Die Gefahr, die das BVerfG in der „stärkeren Intensität des optischen Eindrucks“[784] sieht, wird durch die Möglichkeit der Manipulation der Bildwahrnehmung auf Grund des Begleittextes verstärkt. Umso wichtiger ist die Einbeziehung der Wortberichterstattung in die Zulässigkeitsprüfung der Bildpublikation. Nochmals ist an dieser Stelle explizit darauf hinzuweisen, dass jeglicher zeitgeschichtlicher Bezug fehlt, falls sich der begleitende Bericht darauf beschränkt, irgendeinen Anlass für die Abbildung zu konstruieren.[785] Im Zentrum der Zulässigkeitsentscheidung steht eine Einzelfallabwägung, welche eine akribische Betrachtung der individuellen Umstände zum Gegenstand hat. Kritiker wie Frenz sehen insbesondere den Schutz der Prominenten durch die großzügige Handhabung des Bestehens eines besonderen öffentlichen Interesses durch die deutschen Gerichte und die Befürwortung dieser Praxis durch den Gerichtshof als spürbar legitimiert an.[786] Allerdings kann den Bedenken entgegen halten, dass bei einer Zulässigkeitsprüfung stets die Umstände des Einzelfalls Berücksichtigung finden. Insbesondere bei prominenten Persönlichkeiten, welche von jeher das Interesse der Öffentlichkeit auf sich ziehen, finden die Umstände der Aufnahme auch im Zusammenhang mit einer Begleitberichterstattung besondere Beachtung. Weist das Bild an sich einen eigenen Verletzungseffekt auf, indem es heimlich oder unter Verwendung von technischen Mitteln aufgenommen wurde, so kann dies zu einem Veröffentlichungsverbot führen.[787] Hier sind abermals die Gerichte gefordert, welche bei der individuellen Einzelfallabwägung alle Aspekte der Veröffentlichung zu berücksichtigen haben.

(4) Fazit

Bei der Beantwortung der Frage, ob es sich um ein Bildnis aus dem Bereich der Zeitgeschichte gemäß § 23 Abs. 1 Nr. 1 KUG handelt wird auch weiterhin auf das von Neumann-Duesberg entwickelte Modell, welches allerdings nunmehr lediglich als Auslegungshilfe fungiert, zurück gegriffen.[788] Die nationalen Instanzengerichte bedienen sich auch nach der Caroline von Hannover/Deutschland Nr. 1-Entscheidung des Gerichtshofs im Rahmen der Einzelfallauslegung bei § 23 Abs. 1 Nr. KUG zum Teil des Rechtsbegriffs der „Person der Zeitgeschichte“, was für eine, wenn auch

784 BVerfGE 35, 202 (227)-Lebach I.
785 BGH, Urteil v. 06.03.2007, Az. VI ZR 13/06 = GRUR 2007, 523 (526)-Abgestuftes Schutzkonzept I; BGH, Urteil v. 19.06.2007, Az. VI ZR 12/06 = GRUR 2007, 899 (901)-Lebensgefährtin von Herbert Grönemeyer.
786 Vgl. dazu auch Frenz, NJW 2012, 1039 (1042).
787 Vgl. zum eigenständigen Verletzungseffekt des Bildes BGH, Urteil v. 06.03.2007, Az. VI ZR 51/06, Rdn. 39.
788 Vgl. Neumann-Duesberg, JZ 1960, 114.

eingeschränkte, Bedeutung spricht. Weitestgehend ausgeschlossen davon ist der Rechtsbegriff der „absoluten Person der Zeitgeschichte". Dieser hat eine derartige Modifizierung erfahren, dass sich ein umfänglicher Rückgriff auf die alte Rechtsprechung zum Bildnisschutz verbietet. Das BVerfG bestätigt die Annahme. Im Ergebnis erleichtert die Begrifflichkeit der „Person der Zeitgeschichte" als Auslegungsmodell die Abwägung im Rahmen von § 23 Abs. 1 Nr. 1 KUG. Darin besteht, wie bereits zuvor erwähnt, auch nach der Entscheidung des Gerichtshofs weitestgehend Einigkeit.[789] In seiner neuesten Rechtsprechung in den Caroline von Hannover–Fällen verdeutlicht der BGH, dass der Begriff der Zeitgeschichte neben der rein informellen Berichterstattung auch unterhaltende Beiträge umfasst. Dies gilt allerdings mit der Einschränkung, dass auch durch sie eine Meinungsbildung stattfinden können muss und sie nicht nur ausschließlich der Neugier und Sensationsbefriedigung der Bevölkerung dienen.[790] Andernfalls wäre der den Medien eingeräumte Spielraum auch nicht zu erklären.[791] Folglich fließt in den Abwägungsprozess die Bedeutung des Beitrages für den Prozess der öffentlichen Meinungsbildung mit ein.[792] Diese kann sowohl in dem Bild selbst, als auch in der Symbiose von Bild, Kontext und/ oder der dazugehörigen Wortberichterstattung liegen.[793] Wenngleich ein die Abbildung ergänzender redaktioneller Beitrag zu einer Zulässigkeit der Berichterstattung führen kann, so entbindet dies die Gerichte nicht von einer Interessenabwägung unter Berücksichtigung der Umstände des Einzelfalls. Diese hat stattzufinden zwischen dem Informationsinteresse der Öffentlichkeit einerseits und dem Interesse des Abgebildeten am Schutz seiner Privatsphäre andererseits.[794] So kann sich eine Zulässigkeit der Bildpublikation aufgrund einer entsprechenden begleitenden Wortberichterstattung erst nach der Interessenabwägung des § 23 Abs. 1 Nr. 1

---

789 Statt vieler BGH, Urteil v. 24.03.2009, Az. VI ZR 51/08 = NJW 2009, 1954–Haftung der Eltern bei Vernachlässigung der Aufsichtspflicht.

790 BGH, Urteil v. 14.10.2008, Az. VI ZR 272/06 = GRUR 2009, 86–Caroline von Hannover; BGH, Urteil v. 06.03.2007, Az. VI ZR 13/06 = GRUR 2007, 523–Abgestuftes Schutzkonzept I; BGH, Urteil v. 03.07.2007, Az. VI ZR 164/06 = GRUR 2007, 902–Abgestuftes Schutzkonzept II; BGH, Urteil v. 19.06.2007, Az. VI ZR 12/06 = GRUR 2007, 899–Lebensgefährtin von Herbert Grönemeyer.

791 Zum Spielraum der Medien BGH, Urteil v. 06.03.2007, Az. VI ZR 13/06 = GRUR 2007, 523 (525)–Abgestuftes Schutzkonzept I; BGH, Urteil v. 24.06.2008, Az. VI ZR 156/06 = GRUR 2008, 1017–Heide Simonis.

792 Fricke, in: Wandtke/ Bullinger, a.a.O., § 23 Rdn. 6.

793 BVerfG, Urteile v. 26.02.2008, Az. 1 BvR 1602/07, 1 BvR 1606/07, 1 BvR 1626/07 = GRUR 2008, 539 (543)–Caroline von Monaco III; BGH, Urteil v. 06.03.2007, Az. VI ZR 13/06 = GRUR 2007, 523 (526)–Abgestuftes Schutzkonzept I; BGH, Urteil v. 19.06.2007, Az. VI ZR 12/06 = GRUR 2007, 899 (901)–Lebensgefährtin von Herbert Grönemeyer.

794 BGH, Urteil v. 06.03.2007, Az. VI ZR 13/06 = GRUR 2007, 523 (525)–Abgestuftes Schutzkonzept I; BGH, GRUR 2004, 766–Feriendomizil I.

KUG herausstellen.[795] Festzuhalten ist, dass die Pressefreiheit durch die deutschen Gerichte sowie den Gerichtshof auch nach der Entwicklung des „abgestuften Schutzkonzepts“ wieder eine Stärkung erfahren hat. Dies wird vor allem anhand der oben ausführlich diskutierten Entscheidung der deutschen Gerichte in den Caroline von Hannover-Fällen deutlich.[796] Die Feststellung, welche Informationen und Ereignisse von öffentlichem Interesse sind, liegt, wie bereits diagnostiziert, zunächst im Ermessen der Medien.[797] Handelt es sich jedoch um eine Berichterstattung ohne gesellschaftliche Relevanz und besteht der Informationswert für die Öffentlichkeit im Wesentlichen in der Unterhaltung und der Befriedigung eines bloßen Sensationsinteresses, so fehlt es an einem Informationswert für die Öffentlichkeit und das Persönlichkeitsrecht des Abgebildeten überwiegt.[798]

2. Fallgruppen des § 23 Abs. 1 Nr. 1 KUG nach dem Jahr 2004 (neue Rechtsprechung)

a. Prominente

Wenngleich ein öffentliches Interesse bei einer Berichterstattung über nicht alltägliche Ereignisse von prominenten Persönlichkeiten auch nach neuer Rechtsprechung in der Regel zu bejahen ist, erübrigt sich eine Einzelfallabwägung im Rahmen von § 23 Abs. 1 Nr. 1 KUG nicht.[799] Diese entscheidet letztendlich über die Schutzwürdigkeit des Interesses.[800] Je größer der Einfluss der prominenten Persönlichkeit, sei es als Schauspieler oder Thronfolger, desto mehr neigt sich die Waagschale für ein schutzwürdiges öffentliches Interesse. Sowohl Bekanntheitsgrad als auch eine Machtposition gehen zumeist mit einer Vorbildfunktion einher. Auch diesen Aspekt gilt es bei der einzelfallbezogenen Abwägung zu berücksichtigen.[801] In die Abwägung fließt zudem mit ein, ob ein Bildnis lediglich dazu geeignet, ist den Abgebildeten vorzuführen, anzuprangern oder sein Ansehen zu schmälern und in der Öffentlichkeit lächerlich zu machen.[802] Die bildliche Darstellung muss demnach

---

795 BGH, Urteil v. 06.03.2007, Az. VI ZR 13/06 = GRUR 2007, 523 (526)–Abgestuftes Schutzkonzept I.

796 Siehe oben 2. Teil A. § 7 I. 1. c. aa. (2) (a).

797 BGH, Urteil v. 06.03.2007, Az. VI ZR 13/06 = GRUR 2007, 523 (525)–Abgestuftes Schutzkonzept I.

798 Zu Berichterstattung zur Befriedigung eines bloßen Sensationsinteresses BVerfG, GRUR 2008, 539 (542 f.)–Caroline von Monaco III; ebenso Dreyer in: Dreyer/ Kotthoff/ Meckel, a.a.O., § 23 KUG III Rdn. 55.

799 OLG Karlsruhe, NJW 2006, 617–Vaterschaft des Fürsten Albert II von Monaco.

800 BGH, Urteil v. 06.03.2007, Az. VI ZR 13/06 = GRUR 2007, 523–Abgestuftes Schutzkonzept I.

801 Dreyer in: Dreyer/ Kotthoff/ Meckel, a.a.O., § 23 KUG III Rdn. 62.

802 Ähnlich Wanckel, a.a.O., Rdn. 240 ff. (insb. Rdn. 242).

mit einer erheblichen negativen Tendenz verbunden sein.[803] Sowohl das Bildnis selbst, sei es durch Fotoaufnahmen von Personen in Momenten psychischer oder physischer Beeinträchtigung,[804] als auch die begleitende Wortberichterstattung kann diesen Eindruck bewirken. Wie Wanckel[805] zutreffend anmerkt, kann ein Bildnis auch dann unzulässig sein, wenn es den Betroffenen in einer hilflosen Lage zeigt und das Bildnis bereits aus diesem Grund entstellend wirkt. Beispielhaft sei hier der Rauschzustand genannt. Auf die Sphären, welche im Rahmen der Abwägung bei § 23 KUG eine nicht unwesentliche Rolle spielen, wird betreffend der Einzelheiten aus Gründen der Übersichtlichkeit auf die Ausführungen zur erweiterten Interessenabwägung im Rahmen des § 23 Abs. 1 Nr. 1 KUG verwiesen.[806]

b. Begleitpersonen

Hinsichtlich der Zugehörigkeit von Begleitpersonen zu der Gruppe der „relativen Personen der Zeitgeschichte" wurde in der früheren Rechtsprechung die Auffassung vertreten, dass diese, solange sie zusammen mit „absoluten Personen der Zeitgeschichte" als „vertrauter Begleiter" gemeinsam in der Öffentlichkeit auftreten, als solche einzuordnen seien.[807] Danach war die räumliche Nähe zu einer „Person der Zeitgeschichte" allein noch nicht ausreichend um ein zeitgeschichtliches Interesse im Sinne von § 23 Abs. 1 Nr. 1 KUG zu begründen.[808] Insbesondere galt dies für Personen, bei denen die Nähe zu der „Person der Zeitgeschichte" in der Art und Weise ihres Arbeitsverhältnisses begründet war. Aus diesem Grund läge eine berichtenswerte Beziehung dann nicht vor, wenn eine Begleitung in Ausübung der beruflichen Tätigkeit erfolgt. Dies betraf beispielsweise bei Hausmädchen, Chauffeuren oder Kindemädchen.[809]

Die neuere Rechtsprechung[810] geht nunmehr davon aus, dass eine Begleitperson eine Veröffentlichung gemäß § 23 Abs. 1 Nr. 1 KUG nur dann hinnehmen muss, wenn sich die Berichterstattung auf ein Ereignis der Zeitgeschichte bezieht. Der

---

803 Götting, in: Schricker/ Loewenheim (Hrsg.), a.a.O., § 60/ § 23 KUG Rdn. 106; Damm/ Rehbock, Widerruf, Unterlassung und Schadensersatz, Rdn. 289; Schertz in: Götting/ Schertz/ Seitz, a.a.O., § 12 Rdn. 85.

804 LG Köln, AfP 1991, 757–Beerdigungsbildnis; dazu auch v. Strobl–Albeg, in: Wenzel, a.a.O., Rdn. 8.88; Schertz in: Götting/ Schertz/ Seitz, a.a.O., § 12 Rdn. 85; Damm/ Rehbock, a.a.O., Rdn. 289.

805 Wanckel, a.a.O., Rdn. 240 ff. (insb. Rdn. 245).

806 Siehe unten 2. Teil § 7 III. 3.

807 Sog. Begleiterrechtsprechung, vgl. dazu OLG Hamburg, AfP 1991, 437–Begleiterin von Roy Black; LG Köln, AfP 1994, 166 (168)–Lebensgefährtin von Harald Schmidt; Wanckel, a.a.O., Rdn. 200.

808 Vgl. Wanckel, a.a.O., Rdn. 200.

809 Ähnlich OLG Hamburg, AfP 1991, 626 (627)–Boris Becker mit Journalistin; Wanckel, a.a.O., Rdn. 200.

810 Vgl. KG Berlin, NJW 2005, 605 (606 f.)–Grönemeyer II; BGH, Urteil v. 19.06.2007, Az. VI ZR 12/06 = GRUR 2007, 899 (901)–Lebensgefährtin von Herbert Grönemeyer; Wanckel, a.a.O., Rdn. 201.

BGH stellt in seinen Entscheidungsgründen im Grönemeyer- all[811] ausdrücklich fest, dass ein solches nicht vorliegt, wenn die betroffene Person lediglich in Begleitung eines Prominenten in der Öffentlichkeit auftritt und somit auch nicht selbst zu einer „Person der Zeitgeschichte" wird. Maßgeblich für die Bewertung der identifizierenden Berichterstattung über die Begleitperson ist die Rechtmäßigkeit dieser über die prominente Persönlichkeit. Dies heißt folglich, ist die Privatsphäre oder gar die Intimsphäre der Hauptperson durch die Berichterstattung verletzt, so gilt dies ebenso für die Privat- bzw. Intimsphäre der Begleitperson.[812] Die Rechtsprechung orientiert sich damit an dem Urteil des EGMR.[813] Danach soll nicht allein die Bekanntheit der abgebildeten Person für eine Zulässigkeit einer einwilligungsfreien Veröffentlichung ausschlaggebend sein, sondern ebenso das abgebildete Ereignis selbst. Demnach ist eine Veröffentlichung beispielsweise dann unzulässig, wenn es sich um alltägliche Vorgänge des Privatlebens handelt.[814] Dieser Rechtsprechung folgend hat der BGH[815] eine identifizierende Berichterstattung über eine Begleitperson in den Fällen für unzulässig erklärt, wenn es sich um eine alltägliche Situation handelt und sich sowohl Haupt- als auch Begleitperson durch ihr Verhalten nicht aus der Masse heraus heben.[816] Ereignisse des täglichen Lebens, etwa ein Einkaufsbummel durch Geschäfte oder ein Spaziergang im Park, begründen noch keinen zeitgeschichtlich bedeutenden Vorgang.

c. Minderjährige

Sowohl nach alter als auch neuer Rechtsprechung steht bei Abbildungen von Kindern oder Heranwachsenden der Minderjährigenschutz an erster Stelle.[817] Besonders anschaulich kann die Problematik an der Entscheidung des BGH zu Charlotte

---

811 Vgl. KG Berlin, NJW 2005, 605 (606 f.)-Grönemeyer II, bestätigt durch den BGH, Urteil v. 19.06.2007, Az. VI ZR 12/06 = GRUR 2007, 899 (901)-Lebensgefährtin von Herbert Grönemeyer.

812 Vgl. KG Berlin, NJW 2005, 605 (606 f.)-Grönemeyer II; BGH, Urteil v. 19.06.2007, Az. VI ZR 12/06 = GRUR 2007, 899 (901)-Lebensgefährtin von Herbert Grönemeyer; zit. von Wanckel, a.a.O., Rdn. 201.

813 Vgl. EGMR, Urteil v. 24.06.2004, Az. 59320/00 = GRUR 2004, 1051 (1054)-Caroline von Hannover/Deutschland Nr. 1.

814 Vgl. Wanckel, a.a.O., Rdn. 176, welcher sich auf die Rechtsprechung des EGMR bezieht.

815 BGH, Urteil v. 19.06.2007, Az. VI ZR 12/06 = GRUR 2007, 899 (901)-Lebensgefährtin von Herbert Grönemeyer; KG Berlin, NJW 2005, 605 (606 f.)-Grönemeyer II; BGH, Urteil v. 19.10.2004, Az. VI ZR 393/03 = GRUR 2005, 76 (78)-Rivalin von Uschi Glas; zit. von Wanckel, a.a.O., Rdn. 201.

816 BGH, Urteil v. 19.06.2007, Az. VI ZR 12/06 = GRUR 2007, 899 (901)-Lebensgefährtin von Herbert Grönemeyer; KG Berlin, NJW 2005, 605 (606 f.)-Grönemeyer II; BGH, Urteil v. 19.10.2004, Az. VI ZR 393/03 = GRUR 2005, 76 (78)-Rivalin von Uschi Glas; zit. von Wanckel, a.a.O., Rdn. 201.

817 OLG Hamburg, ZUM 2010, 61 (62 f.) zur Schutzbedürftigkeit Heranwachsender; Wanckel, a.a.O., Rdn. 202.

Casiraghi[818] aufgezeigt werden. Gegenstand des Verfahrens war eine identifizierende Berichterstattung in der Zeitschrift „Das Echo der Frau“ Nr. 7/02. Diese hatte Fotos der damals 15 Jährigen Tochter von Caroline von Monaco mit der Überschrift „Charlotte Casiraghi: Die ganze Welt feiert ihre Schönheit“ veröffentlicht. Die Fotos entstanden auf einem Galaabend nach dem Pferderennen in Vincennes bei Paris. Sie begleitet an diesem Abend ihre Mutter, Caroline von Monaco.[819] Die Veröffentlichung hat der BGH[820] für rechtswidrig erklärt. Ein berechtigtes Interesse der Klägerin gemäß § 23 Abs. 2 KUG werde verletzt. Dies ergebe sich insbesondere aus der begleitenden Wortberichterstattung.[821] Nach der neuen Rechtsprechung würde diese Feststellung natürlich bereits im Rahmen der Interessenabwägung bei § 23 Abs. 1 Nr. 1 KUG erfolgen. Der BGH führte hierzu hingegen noch aus, dass die fast ausschließliche Thematisierung des Aussehens der minderjährigen Klägerin zu einer Verletzung ihrer berechtigten Interessen gemäß Abs. 2 führe. Nach den damals geltenden Grundsätzen handelte es sich bei dem Galaabend um ein zeitgeschichtliches Ereignis im Sinne von § 23 Abs. 1 Nr. 1 KUG, sodass die Aufnahmen im Zusammenhang mit einem tagesaktuellen Ereignis angefertigt und veröffentlicht wurden. Lediglich nach § 23 Abs. 2 KUG ergebe sich eine Unzulässigkeit, weil die aufgenommenen Bilder aus dem Kontext gerissen wurden. Dass nach neuer Rechtsprechung eine Interessenabwägung bereits bei § 23 Abs. 1 Nr. 1 KUG vorzunehmen ist, wirkt sich insoweit nicht aus, weil nunmehr lediglich eine „vorgezogene“ Prüfung des § 23 Abs. 2 KUG erfolgt und die Abwägungskriterien weiterhin Anwendung finden. Diese Zweckentfremdung erfolgte durch die Bebilderung eines Artikels über Charlotte und ihre Schönheit.[822] Der BGH weist dabei explizit darauf hin, dass es sich bei der Abgebildeten um eine Minderjährige und somit verstärkt schutzbedürftige Person handelt, insbesondere im Hinblick auf die Gefahren, die vom Interesse der Medien und ihren Konsumenten an Bildpublikationen von Kindern und Jugendlichen ausgehen.[823] Folglich führt das gesteigerte Schutzbedürfnis im Rahmen der Interessenabwägung dazu, dass des Persönlichkeitsrechts der Abgebildeten gegenüber dem Grundrecht auf Presse- und Informationsfreiheit der

---

818 BGH, Urteil v. 09.03.2004, Az. VI ZR 217/03 = NJW 2004, 1795 (1796)–Charlotte Casiraghi I.

819 BGH, Urteil v. 09.03.2004, Az. VI ZR 217/03 = NJW 2004, 1795 (1796)–Charlotte Casiraghi I; dieselbe Problematik BGH, Urteil v. 28.09.2004, Az. VI ZR 305/03 = GRUR 2005, 74 (76)–Charlotte Casiraghi II.

820 BGH, Urteil v. 09.03.2004, Az. VI ZR 217/03 = NJW 2004, 1795 (1796)–Charlotte Casiraghi I.

821 Zur Unzulässigkeit einer Bildnisveröffentlichung auf Grund des Begleittextes ebenso BGH, Urteil v. 30.09.2003, Az. VI ZR 89/02 = VersR 2004, 205–Satirische Fotomontage; v. Strobl-Albeg, in: Wenzel, a.a.O., Rdn. 8.102 m.w.N.

822 Vgl. Wanckel, a.a.O., Rdn. 202.

823 BGH, Urteil v. 09.03.2004, Az. VI ZR 217/03 = NJW 2004, 1795 (1796)–Charlotte Casiraghi I; BVerfG, Urteil v. 15.12.1999, Az. 1 BvR 653/96 = GRUR 2000, 446 (448)–Caroline von Monaco II.

betreffenden Zeitschrift der Vorrang gebührt. Der BGH hatte sowohl die Problematik des Minderjährigenschutzes als auch die von zweckentfremdenden Begleittexten zu beurteilen, wobei er feststellte, dass es auf die Gesamtheit der Bildberichterstattung ankommt. Zusammenfassend bleibt festzuhalten, dass der besondere Schutz ihrer Persönlichkeitsrechte im Zentrum der Rechtsprechung steht und ein Recht auf eine freie und von der medialen Öffentlichkeit unbeobachtete Entwicklung zugesprochen wird.[824] Etwas anderes galt nach alter Rechtsprechung dann, wenn die Kinder bewusst in die Öffentlichkeit traten und sich den Medien präsentierten.[825]

d. Tatverdächtige und Straftäter

aa. Verdachtsgrade

Zunächst gebietet das Prinzip der Vollständigkeit einen kurzen Ausflug in das Strafrecht bzw. Strafprozessrecht und die verschiedenen Verfahrensabschnitte. Eine Berichterstattung kann sowohl im Ermittlungs- als auch Zwischenverfahren erfolgen. In diesem Stadium des Verfahrens sind identifizierende Berichterstattungen besonders heikel. Hier besteht regelmäßig nur ein sog. Anfangsverdacht. Dieser beruht gemäß § 152 Abs. 2 StPO auf „tatsächlichen zureichenden Anhaltspunkten" für eine Straftat. Ab dem Zeitpunkt der Anklageerhebung geht man von einem sog. hinreichenden Tatverdacht gemäß § 203 StPO aus. Anders formuliert haben sich die Verdachtsmomente gegen den Betroffenen zu diesem Zeitpunkt bereits so erhärtet, dass nach vorläufiger Beurteilung der Beweissituation eine Verurteilung wahrscheinlicher ist als ein Freispruch. Der Verdacht ist mithin ausreichend für eine Anklageerhebung. Darüber hinaus existiert noch ein dringender Tatverdacht. Ein solcher ist Voraussetzung für den Erlass eines Haftbefehls und liegt vor, wenn nach dem Stand der Ermittlungen eine hohe Wahrscheinlichkeit besteht, dass der Verdächtige schuldiger Täter oder Teilnehmer einer Straftat ist, § 112 Abs. 1 StPO. Grundsätzlich gilt festzuhalten, dass das Persönlichkeitsrecht des Abgebildeten umso schwerer wiegt, je geringer der Verdacht gegen ihn ist. Besteht ein reiner Anfangsverdacht gegen den Betroffenen, so wird eine identifizierende Berichterstattung in der Regel unzulässig sein. Zwar fällt auch die Kriminalberichterstattung grundsätzlich in den Schutzbereich des Art. 5 Abs. 1 GG, jedoch wird die Interessenabwägung im Einzelfall ergeben, dass das Recht der Medien hinter dem Persönlichkeitsrecht zurück zu treten hat. Die Diskussion, ob die identifizierende Kriminalberichterstattung zum Zeitpunkt des reinen Anfangsverdachtes gegen den Betroffenen überhaupt zulässig ist, kann weder mit einem klaren „ja" noch „nein" beantwortet werden. Auf Grund dessen, dass im Rahmen der vorliegenden Abhandlung ausschließlich die Fallkonstellationen des hinreichenden Tatverdachtes bzw. dringenden Tatverdachts behandelt werden und

---

824 BVerfG, Urteil v. 15.12.1999, Az. 1 BvR 653/96 = GRUR 2000, 446 (448)–Caroline von Monaco II; BGH, Urteil v. 28.09.2004, Az. VI ZR 305/03 = GRUR 2005, 74–Charlotte Casiraghi II.

825 So OLG Hamburg, AfP 1997, 535 (537); ebenso Götting, in: Schricker/ Loewenheim (Hrsg.), a.a.O., § 60/ § 23 KUG, Rdn. 41.

eine detaillierte Auseinandersetzung mit der Problematik den Rahmen der Arbeit bei weitem sprengen würde, kann eine Entscheidung folglich dahin stehen. Nur so viel sei zur Thematik gesagt. Das Verbot einer identifizierenden Berichterstattung zum Zeitpunkt des Bestehens eines Anfangsverdachtes verstoße gegen Art. 5 Abs. 1 GG und muss somit verneint werden. Dass der Betroffene durch eine visualisierte Berichterstattung während eines laufenden Ermittlungsverfahrens einem Maximum an Belastung ausgesetzt wird, ist dabei unbestritten. Bei der Interessenabwägung wird dies besonders schwer gewichtet werden müssen.

bb. Problembehandlung

Praxisrelevanz kommt vor allem Bildpublikationen der Presse im Zusammenhang mit einer Kriminalberichterstattung im Zeitpunkt der Anklageerhebung, während der Hauptverhandlung sowie nach dem rechtskräftigen Urteil des Gerichts zu.[826] Verdachtsberichterstattungen müssen so formuliert werden, dass es sich offensichtlich nur um einen Verdacht und nicht um eine feststehende Tatsache handelt.[827] Dies gilt umso mehr, wenn der Verdächtige noch nicht einmal angeklagt ist.[828] Die unermüdliche Suche der Medien nach neuen Informationen für eine aktuelle Berichterstattung führt dazu, dass die Kriminalberichterstattung in ihrer Bedeutung für die Massenmedien zunimmt. Provokant formuliert profitieren diese von der kontinuierlich steigenden Kriminalität.[829] Umso höher die Kriminalitätsrate umso unerschöpflicher die Quelle der Informationen. Garofalo[830] sieht einen bedeutenden Einfluss der Massenmedien auf die Vorstellung der breiten Öffentlichkeit von Kriminalität. Er erklärt dies vor allem mit der geringen Erfahrung des überwiegenden Teils der Bevölkerung, was Kriminalität betrifft.[831] Dass diese Erklärung Garofalos zutreffend ist, belegt eine Untersuchung, in deren Rahmen Probanden über ihre vorrangigen Informationsquelle(n) für Kriminalität befragt wurden. Davon benannten 95 % die Massenmedien als Quelle.[832] Eine Kriminalberichterstattung ist nach den Richtlinien der Presse nicht von vornherein unzulässig. An dieser Stelle bedarf es allerdings der Klarstellung, dass der Pressekodex ausschließlich für die Presse

---

826 Ähnlich Zielemann, a.a.O., S. 27.

827 Schlüter, a.a.O., S. 99; Rinsche, AfP 2013, 1 (5).

828 BGH, Urteil v. 07.12.1999, Az. VI ZR 51/99 = NJW 2000, 1036–Schleimerschmarotzerpack.

829 Polizeiliche Kriminalstatistik 2012, Anstieg der Straftaten im Vergleich zum Vorjahr 2011 um 6361 Fälle, Quelle: http://www.bmi.bund.de/SharedDocs/Downloads/DE/Broschueren/2013/PKS2012.pdf?__blob=publicationFile.

830 Garofalo, Crime and the Mass Media: A selectiv Review of Research. Journal of Research in Crime and Delinquency 18, 1981, S. 319–350 (334).

831 Vgl. Garofalo, Crime and the Mass Media: A selectiv Review of Research. Journal of Research in Crime and Delinquency 18, 1981, S. 319–350 (334); vgl. ebenso Baumann, Das Bild des Opfers in der Kriminalitätsdarstellung der Medien, S. 22 (26).

832 Vgl. Graber, Crime News and the Public, New York 1980, S. 49–50; vgl. ebenso Baumann, a.a.O., S. 22 (26).

und nicht die gesamte Medienlandschaft gilt.[833] Der sog. Pressekodex[834] verbietet eine Kriminalberichterstattung grundsätzlich nicht. In Ziffer 8 des Pressekodex[835], welcher den Schutz der Persönlichkeit betrifft, wird in der Richtlinie zu Ziffer 8, Nr. 8.1 Abs. 1 S. 1, festgelegt, dass an Informationen über Straftaten, Ermittlungs- und Gerichtsverfahren ein berechtigtes öffentliches Interesse besteht. Eine Veröffentlichung von Namen, Fotos und anderen Angeben, durch die Verdächtige oder Täter identifiziert werden könnten, ist zulässig, soweit das berechtigte öffentliche Interesse an der Veröffentlichung dem schutzwürdigen Interesse des Betroffenen überwiegt.[836] Es handelt sich um ein Regel-Ausnahme-Verhältnis, weil in der Regel eine identifizierende Berichterstattung nicht zulässig ist, außer es liegt ein berechtigtes öffentliches Informationsinteresse vor, welches zudem dem Geheimhaltungsinteresse des Betroffenen überwiegt. Dabei gilt, je höher der jeweilige Verdachtsgrad, desto eher ist eine identifizierende Verdachtsberichterstattung zulässig.[837]

(1) Tatverdächtige und Straftäter-Träger von Persönlichkeitsrechten?

Das auch ein Straftäter oder Tatverdächtiger Träger von Persönlichkeitsrechten ist, steht außer Frage.[838] Die Menschenwürde gemäß Art. 1 Abs. 1 GG gilt als unantastbar und kann einer Person nicht entzogen werden. Folglich ist auch ein Straftäter Träger der Menschenwürde.[839] Gegenteiliges wäre des Weiteren mit dem Selbstbestimmungsrecht des Menschen nach Art. 2 Abs. 1 GG unvereinbar. Diese Handlungsfreiheit äußert sich bei Straftäter bzw. Tatverdächtigen beispielsweise in der Aussagefreiheit nach § 136 Abs. 1 Satz 2, 163 a Abs. 4 Satz 2 StPO. Danach ist der Betroffene „(...) darauf hinzuweisen, dass es ihm nach dem Gesetz freistehe, sich zur Beschuldigung zu äußern oder nicht zur Sache auszusagen (...)“. Eine Einschränkung der Freiheitsrechte ist insoweit nicht vermeidbar, als dass es sich dabei um eine vom Gericht angeordnete Freiheitsstrafe handelt. Damit einhergehende Freiheitseinbußen sind für den Straftäter

---

833 Zum Wirkungsbereich des Pressekodex Roxin, NStZ 1991, 153 (157).

834 Richtlinien für die publizistische Arbeit nach den Empfehlungen des deutschen Presserates, in der Fassung vom 13. März 2013 Quelle: http://www.presserat.info/inhalt/der-pressekodex/pressekodex.html.

835 Ebenda.

836 Richtlinie zu Ziffer 8, Nr. 8.1 Abs. 2 S. 1, http://www.presserat.info/inhalt/der-pressekodex/pressekodex/richtlinien-zu-ziffer-8.html.

837 Schlüter, a.a.O., S. 109. Er bezieht sich hierbei jedoch auf die Namensnennung. Nichts anderes gilt für die Bildpublikation. Zu beachten ist hingegen, dass auf Grund der Schwere des Persönlichkeitsrechtseingriffs ein strenger Maßstab anzulegen ist als bei der reinen Namensnennung. Umso mehr, wenn es sich nur um eine unvollständige Namensnennung handelt.

838 Vgl. BVerfGE 33, 1 (10 f.)-Strafgefangene.

839 Vgl. BGH, Urteil v. 16.02.1954, Az. 1 StR 578/53 = NJW 1954, 649-Lügendetektor I; BGHZ 24, 72 (81)-Ärztliche Bescheinigungen; Schorn, DRiZ 1961, 7; zitierend Engau, a.a.O., S. 182.

unumgänglich und hinzunehmen.[840] Jedoch stellt § 4 Abs. 2 Satz 1, 2 StVollzG klar, dass die Rechte von Straftätern darüber hinaus bestehen bleiben.[841]

Den Urteilsbegründungen der höchstrichterlichen Rechtsprechung ist zu entnehmen, dass eine Straftat auf den Fortbestand der Grundrechte keinen Einfluss hat.[842] Bereits im Jahre 1916 hat Bewier[843] der Auffassung Kohlers widersprochen[844], dass das Interesse des staatlichen Strafanspruchs eine Minderung des Persönlichkeitsrechts bewirke. Vielmehr, so Bewier, handele es sich bei Straftätern um einen Ausnahmefall.[845] Es verbietet sich die Ansicht, eine Straftat führe zum Verlust der Persönlichkeitsrechte. Umso mehr muss dies für den bloßen Verdacht einer Straftat gelten.[846]

Lange Zeit war umstritten, ob die Straftat und somit ein Straftäter überhaupt von §§ 22, 23 KUG erfasst wird.[847] Begründet wurde eine Ablehnung mit dem der Argumentation, dass jemand der sich durch seine Straftaten bewusst gegen die Gesellschaft und Rechtsordnung stellt, im Nachgang nicht wieder auf das Gesetz berufen kann. Eine andere Schlussfolgerung sei widersprüchlich.[848] Diese, mittlerweile veraltete, Auffassung ging davon aus, dass lediglich die Sensationslust und Neugier in der Öffentlichkeit regiere, welche ausschließlich auf das Profitstreben und das Streben nach Polarisierung der Massenmedien zurück zu führen sei.[849] Mit der Veröffentlichung werde lediglich die Sensationslust befriedigt, welche jedoch nicht schützenswert sei. Damit gehe einher, dass das Argument der Veröffentlichungsfreiheit nicht greife.[850] Der Angeklagte gelte als Privatperson, sodass über ihn keine identifizierende Berichterstattung erfolgen dürfe.[851] Diese Auffassung

840 Vgl. Engau, a.a.O., S. 183; vgl. Neubacher, in: Laubenthal/ Nestler/ Neubacher/ Verrel, StVollzG, Rdn. 88 ff. (insb. 89).

841 Neubacher, in: Kaubenthal/ Nestler/ Neubacher/ Verrel, a.a.O., B § 4 StVollzG, Rdn. 88 ff. (insb. 100 ff.).

842 BVerfGE 35, 202 ff. (219 f.)–Lebach I; BGH, Urteil v. 16.09.1966, Az. VI ZR 268/64 = GRUR 1967, 205–Vor unserer eigenen Tür, ebenso NJW 1966, 2353 (2355).

843 Vgl. Bewier, Das Recht am eigenen Bilde, S. 52, 53.

844 Kohler, Eigenbild im Recht, S. 16.

845 Bewier, a.a.O., S. 53.

846 BVerfGE 32, 373 (379 f.)–Patientenkartei; zitierend Engau, a.a.O., S. 184.

847 Allfeld, Reichsgesetz betreffend das Urheberrecht an Werken der bildenden Künste und Photographie, § 23 KUG Anm. 2 S. 136 ff.; E. Müller, Das deutsche Urheber- und Verlagsrecht Bd. 2, S. 125; Rathert, a.a.O., S. 38; aufzählend Engau, a.a.O., S. 184.

848 Vgl. BGH, Urteil v. 21.02.1964, Az. 4 StR 519/63 = NJW 1964, 1139 (1143)–Tagebuch I; ebenso Fuld, Gesetz betreffend das Urheberrecht an Werken der bildenden Künste und der Photographie, § 23 KUG Anm. II. 2.; aufgreifend Engau, a.a.O., S. 184.

849 Vgl. Fuld, a.a.O., § 23 KUG Anm. II 2; Allfeld, a.a.O., § 23 KUG Anm. 2 S. 136; Heidelberg, a.a.O., S. 127 f.; E. Müller, a.a.O., S. 125; aufgreifend Engau, a.a.O., S. 184.

850 Ebenda.

851 So KG Berlin, JW 1924, 1780–Zeitschriftenverleger. Das KG stellte hierbei jedoch lediglich auf die Privatperson ab, welcher als Zeitschriftenverleger nicht die Eigenschaft einer „Person der Zeitgeschichte“ zukam. Hingegen wurde nicht

teilte auch das KG[852] und führt weiter aus, dass das Bedürfnis nach einer bildlichen Darstellung nur aus einem nicht schützenswerten Interesse der Öffentlichkeit an Sensationsmeldungen herrühre. Würde man hingegen Straftäter und Tatverdächtige als von § 23 Abs. 1 Nr. 1 KUG erfasst ansehen, so führte dies geradewegs zu einer Aushöhlung des Persönlichkeitsschutzes. Argumentiert wird mit dem Willen des Gesetzgebers. Eine solche Ausdehnung des Begriffs der Zeitgeschichte im Rahmen von § 23 Abs. 1 Satz 1 KUG kann dessen Willen unmöglich entsprechen. Ergänzt wurde die Argumentation um den einer Straftat inne wohnenden Aspekt des privaten Charakters. Sie stelle ein dem Privatleben des Täters zuzurechnendes Ereignis dar und rücke ihn gerade nicht in den Fokus der Öffentlichkeit.[853]

Bekanntester Vertreter der Gegenauffassung ist Kohler.[854] Er verfocht die Ansicht, dass es gleichgültig sei, mit welcher Handlung der Abgebildete die Aufmerksamkeit auf sich ziehe und ins Blickfeld der Öffentlichkeit rücke. Diese Schlussfolgerung, so Kohler, lasse die Ausführung zur amtlichen Begründung zum KUG[855] zu. Der Bereich der Zeitgeschichte müsse im weitesten Sinne verstanden werden und umfasse sowohl positive als auch negative Leistungen und Handlungen.[856] Das Informationsrecht der Bevölkerung schließe auch das Recht mit ein über Straftäter oder Tatverdächtige mittels identifizierender Bildberichterstattung unterrichtet zu werden. Es bestehe, so die Verfechter von Kohlers Ansicht[857], ein allgemein anerkanntes soziales und kulturelles Interesse der Öffentlichkeit an einer Kriminalberichterstattung. Der veralteten Auffassung, welche einen Straftäter lediglich als Privatperson ansieht und eine identifizierende Berichterstattung als unzulässig erachtet, ist eine Absage zu erteilen. Es erschließt sich nicht, warum eine Straftat, welche zweifelsfrei als Handlung gegen die Rechtsordnung und die Gesellschaft zu qualifizieren ist, als Teil des Privatlebens erachtet werden sollte. ausschlaggebend ist hierbei vor allem die Tatsache, dass der Straftäter bewusst durch seine Straftat in die Öffentlichkeit getreten ist. Die breite Masse

näher erläutert, wie es sich mit der Angeklagteneigenschaft verhält; Urteil des LG Hamburg in: Rathert, a.a.O., S. 39 ff., wobei das Gericht ebenfalls gegen eine Einordnung von Straftätern und Tatverdächtigen in die Gruppe der Personen der Zeitgeschichte ist, jedoch nicht ohne die Möglichkeit von Ausnahmen anzuerkennen; zu den verschiedenen Auffassungen über die Zulässigkeit von Kriminalberichterstattungen siehe auch Schwerdtner, Persönlichkeitsrecht, S. 216 f.

852 KG Berlin, JW 1928, 421–Harry Domela.

853 Vgl. Heidelberg, a.a.O., S. 127 f.; Allfeld, a.a.O., § 23 KUG, Anm. 2 S. 136; sinngemäß Schwerdtner, a.a.O., S. 216.

854 Vgl. Kohler, Kunstwerkrecht, S. 160 f. (161).

855 Vgl. Verhandlungen des Deutschen Reichstages, XI. Legislaturperiode, 2. Sitzung 1905/06, Stenographische Berichte, Bd. 220, Anl. 5/68, Aktenstück Nr. 30, S. 1530 (1540 f.); zit. Engau, a.a.O., S. 187.

856 Zur Thematik Schwerdtner, a.a.O., S. 216 f.

857 Vgl. Dumont, a.a.O., S. 47; Hansen, Das photographische Urheberrecht, Anm. zu § 23 KUG, S. 45; Specker, Persönlichkeitsrechte, S. 265; Engau, a.a.O., S. 187.

der Bevölkerung hat ein Recht auf eine informierende Kriminalberichterstattung. Zudem ist es nur schwerlich nachzuvollziehen, warum positive Handlungen eine identifizierende Berichterstattung gerechtfertigten sollen, negative hingegen nicht. Sie sind ebenso ein Teil des Lebens und müssen Einzug in die mediale Berichterstattung finden. Mithin ist ein Bildnis eines Straftäters durchaus als ein solches nach § 23 Abs. 1 Nr. KUG zu qualifizieren.

Der Ansicht, dass Straftäter und Tatverdächtige grundsätzlich Personen der Zeitgeschichte sein können, liegt der Gedanke zugrunde, dass es irrelevant ist, ob eine Person das Interesse in der Öffentlichkeit in positiver Form, beispielsweise durch herausragende Leistungen, oder in negativer Weise, wie etwa beispielsweise durch Straftaten, erregt hat.[858] Die Rechtsprechungsänderung nach dem Urteil des EGMR, unter der weitgehenden Aufgabe des Begriffs der „Person der Zeitgeschichte", ändert nichts an der Kernaussage, nämlich dass ein Bildnis eines Tatverdächtigen oder Straftäters durchaus ein solches nach § 23 Abs. 1 Nr. 1 KUG sein kann. Wie bereits zuvor dargestellt, betrifft diese Änderung insbesondere die Rechtsfigur der „absoluten Person der Zeitgeschichte". Auf die Rechtsprechung betreffend die „relative Person der Zeitgeschichte" kann auch aktuell noch zurückgegriffen werden. Das BVerfG hat es den Fachgerichten ausdrücklich frei gestellt auch den Begriff der „Person der Zeitgeschichte" weiterhin zu verwenden. Es hat zudem darauf hingewiesen, dass die Verwendung typisierender Hilfsbegriffe sogar der Rechtssicherheit dienlich sein kann.[859]

---

858 St. Rspr, BVerfGE 35, 202 (225 ff.)–Lebach I; KG Berlin, AfP 1975, 30–Jurastudentin; OLG Braunschweig, NJW 1975, 651, 652–Umschlagplatz von Dieben; OLG Düsseldorf, AfP 1980, 108 f.–Ladendiebstahl; OLG Frankfurt am Main, NJW 1971, 74 (79)–Aktenzeichen XY ungelöst; OLG Frankfurt am Main, AfP 1990, 229 f.–Untersuchungshäftling; OLG Hamburg, AfP 1971, 41–Doppelmörder; OLG Hamburg, AfP 1987, 518 f.–Annas Mutter; OLG Hamburg, AfP 1991, 537 (538 f.)–Mörder, die man nie vergisst; OLG Köln, AfP 1972, 277–Party-Prozess; OLG Köln, AfP 1985, 293 f.–Killerkommando; OLG Köln, AfP 1989, 683 (685 f.)–Drogenhandel; OLG München, NJW 1963, 658 f.–Lebensmittelskandal; OLG München, AfP 1978, 208 f.–Flüchtiger Straftäter; OLG München, AfP 1981, 360 f.–Blutenburger Madonna; OLG Oldenburg, NJW 1963, 920 (922)–Untersuchungsgefangener; OLG Stuttgart, JZ 1960, 126 (129 f.)–Brutaler Übergreifer; LG Berlin, NJW 1986, 1265–Kokainhandel; LG Oldenburg, AfP 1985, 299 f.–Schlächter; Coing, a.a.O., S. 25; Helle, a.a.O., S. 160 ff.; Hubmann, a.a.O., S. 300 Fn. 16; Rehbinder, a.a.O., S. 92 f.; Reinhardt, a.a.O., S. 15 f.; aufzählend Engau, a.a.O., S. 192 f.

859 Vgl. BVerfG, Urteile v. 26.02.2008, Az. 1 BvR 1602/07, 1 BvR 1606/07, 1 BvR 1626/07 = GRUR 2008, 539 (545)–Caroline von Monaco III; sinngemäß Fricke, in: Wandtke/Bullinger, a.a.O., § 23 KUG Rdn. 7.

(2) Abbildnis des Tatverdächtigen/Straftäters–illustrierte Kriminalberichterstattungen

Eine Bildpublikation stellt sich dann als problematisch dar, wenn eine Identifikation durch die Medien erfolgt. Gleichgültig ist dabei, ob dies durch eine Kombination von Fakten und Bild oder ausschließlich Bild bzw. Fakten erreicht wird. Unbestritten gewinnt eine bebilderte Berichterstattung an Aufmerksamkeit und ebenso an Glaubwürdigkeit, weshalb die Medien vermehrt auf Bildnisse zurückgreifen. Die Statistik unterstützt die These. Danach ist eine Visualisierung durch hinzutreten von Fotos oder Phantombildern bei jedem sechsten Bericht in den Massenmedien der Fall.[860] Dies betrifft insbesondere Artikel der Boulevardpresse, welche sich durch zumeist ausschweifende Berichterstattungen und reißerische Aufmachungen auszeichnen.[861] Der Fall Balko[862] dient hierbei als besonders gutes Beispiel. Die Medien machten sich hierbei den Umstand zunutze, dass der betroffene Schauspieler auf dem Oktoberfest verhaftet wurde. Das Ergebnis war eine in erheblichem Maße provokante und reißerische Berichterstattung. Die Annahme, dass sich die Massenmedien an dem Leitzsatz „je spektakulärer und enthüllender die Informationen, umso mehr steigt das Interesse des Publikums" orientieren, zwingt sich angesichts derartiger Berichterstattungen geradezu auf. Das gilt insbesondere für Kriminalitätsberichterstattungen. Selbst wenn es sich um eine prominente Persönlichkeit handelt, geht die Kriminalberichterstattung zumeist mit einer Bildpublikation einher. Denn ohne Bildnis bleibt eine solche häufig von der Öffentlichkeit unbemerkt. Ihr wird in den Printmedien zumeist nur ein Fünfzeiler gewidmet. Dies ändert sich schlagartig, wenn sich zu der Textberichterstattung noch ein Bild gesellt. Die Straftat bekommt dadurch ein „Gesicht", wird mithin „realer" und erregt nunmehr die öffentliche Aufmerksamkeit. Dies gilt umso mehr, wenn man davon ausgeht, dass die breite Masse der Bevölkerung die täglich erscheinenden Printmedien nur überfliegt und anhand der Überschriften ausselektiert. Die Grenzziehung zwischen dem durch Art. 5 Abs. 1 GG geschützten Informationsauftrag der Presse und einer unzulässigen Bildberichterstattung gestaltet sich zumeist schwierig. Eine zufriedenstellende Lösung lässt sich nur über eine Interessenabwägung im Einzelfall erreichen.

Zu beachten gilt, dass ein öffentliches Informationsinteresse nicht konstant angenommen werden kann. In den Urteilsbegründungen bei identifizierenden Kriminalberichterstattungen nach Rechtskraft des Urteils wird immer wieder betont, dass das Informationsbedürfnis gegenüber dem Persönlichkeitsschutz mit zunehmender zeitlicher Distanz zur Verurteilung immer weiter in den Hintergrund rückt, folglich irgendwann gänzlich zurück treten muss.[863] Umso größer die Zeitspanne zwischen Tat und Kriminalberichterstattung, umso mehr neigt sich bei der Abwägung der

860 Baumann, a.a.O., S. 22 (35).

861 Ebenda.

862 So oben § 7 I. 1 c. aa. (1) (a) (aa) S. 83 ff.

863 BVerfG, Urteil v. 25.02.1993, Az. 1 BvR 172/93 = NJW 1993, 1463 (1464)–Kriminaldirektor.

Interessen (öffentliches Informationsinteresse via Persönlichkeitsrecht des Straftäters) die Waagschale Richtung Persönlichkeitsrecht des Abgebildeten. Es versteht sich von selbst, dass dieser Grundsatz ebenso für einen Tatverdächtigen gilt. Allerdings sind hierbei strengere Maßstäbe anzulegen, da dessen Schutzbedürfnis von der Unschuldsvermutung geprägt wird.[864]

Bezug nehmend auf die obigen Ausführungen handelte es sich bei dem Tatverdächtigen auch nach alter Rechtsprechung, wenn überhaupt, um eine „relative Person der Zeitgeschichte". Ebenso wurde festgestellt, dass ein Straftäter vor dem EGMR–Urteil nur in seltenen Fällen zu dem Personenkreis der „absoluten Personen der Zeitgeschichte" gezählt wurde, sodass dem Rückgriff auf die alte Rechtsprechung zu Bildnisveröffentlichungen von Tatverdächtigen und Straftätern grundsätzlich nichts entgegen steht. Die nach alter Rechtsprechung bedeutsame Frage, ob es sich bei dem Straftäter um eine „absolute" oder „relative" Person der Zeitgeschichte handelt, was für diesen von überragender Bedeutung war, hat sich aktuell weitestgehend erübrigt. Bei ersterer wäre sein Persönlichkeitsschutz extrem eingeschränkt gewesen, weil über ihn umfassend und jederzeit hätte berichtet werden dürfte.[865] Die Presse wäre hinsichtlich einer Bildpublizität des Betroffenen nicht eingeschränkt.[866] Da nunmehr auch bei zuvor „absoluten Personen der Zeitgeschichte" eine komplexe Einzelfallabwägung im Rahmen des § 23 Abs. 1 Nr. 1 KUG erforderlich ist, hat die Unterscheidung gänzlich an Bedeutung verloren.

(3) Verbot der Gleichsetzung von Tatverdächtigen und Straftätern

Warum sich eine Gleichsetzung von Tatverdächtigem und Straftäter verbietet, kann nur durch eine nähere Betrachtung von Tatverdächtigen und Straftätern festgestellt werden. Beiden gemein ist das Anonymitätsinteresse. Auf die Unschuldsvermutung, welche bis zur positiven Feststellung der Schuld existiert,[867] kann sich hingegen ausschließlich der Tatverdächtige berufen. Dementsprechend „behutsamer" hat die Kriminalitätsberichterstattung zu erfolgen.[868] Insbesondere in dem Bereich

---

864 Der Grundsatz der Unschuldsvermutung wurde bereits 1948 in Art. 11 Abs. 1 der Allgemeinen Erklärung der Menschenrechte der Vereinten Nationen festgelegt. „Jeder Mensch, der einer strafbaren Handlung beschuldigt wird, ist solange als unschuldig anzusehen, bis seine Schuld in einem öffentlichen Verfahren, (...), gemäß dem Gesetz nachgewiesen ist.". Die Unschuldsvermutung wird in Deutschland aus dem Rechtsstaatsprinzip aus Art. 20 Abs. 3 sowie Art. 28 Abs. 1 S. 1 GG hergeleitet. Auf europäischer Ebene ist sie in Art. 6 Abs. 2 EMRK, „Jede Person, die einer Straftat angeklagt ist, gilt bis zum gesetzlichen Beweis ihrer Schuld als unschuldig.", verankert.

865 „Absolute Personen der Zeitgeschichte" siehe oben 2. Teil A. § 7 I. 1. A. aa.

866 Siehe 2. Teil A. § 7 I. 1. a. aa.

867 Grabenwarter/ Pabel, EMRK, § 24 Rdn. 124 f., „Die Unschuldsvermutung gilt bis zum „gesetzlichen Beweis der Schuld"; dazu auch Raschke, ZjS 1/2011, 38 (41), Quelle: http://www.zjs-online.com/dat/artikel/2011_1_418.pdf.

868 Grabenwarter/ Pabel, a.a.O., § 24 Rdn. 130.

der identifizierenden Kriminalberichterstattung existiert stets die unterschwellige Gefahr, dass die betroffene Person eine Prangerwirkung erfährt.

Insbesondere das Internet, man denke beispielsweise an Onlinenews, stellt eine Bedrohung für das Persönlichkeitsrecht eines Tatverdächtigen dar. Das gilt auch für zunächst in den klassischen Medien geäußerte Verdächtigungen, welche im Internet ein unkontrolliertes Eigenleben entwickeln.[869] Ein unschönes Beispiel bildet hierbei der „WM-Mörder"-Fall.[870] Am 14. Juli 2014, in der Nacht des WM-Finales, beging ein unbekannter Täter in Bad Reichenhall einen Raubmord an einem 72-jährigen Rentner, bevor er eine 17-Jährige brutal mit mehreren Messerstichen niederstreckte. Erstmals bediente sich die Polizei einer sog. „Cloud". Somit konnte sie über das Internet mit der Bevölkerung in Kontakt treten und bleiben, ohne auf die nächste Zeitungsausgabe warten zu müssen – ein erheblicher Fortschritt für die Sonderkommission. Eine schnellere und effektivere Bearbeitung sollte und wurde ermöglicht. Der Fortschritt offenbarte zugleich seine Schattenseiten, nämlich die gesteigerte Gefahr für das Persönlichkeitsrecht möglicher Tatverdächtiger. Das mussten zwei junge Männer aus Bad Reichenhall am eigenen Leibe erfahren. Sie gerieten unter Tatverdacht und wurden auf Grund dessen in U-Haft genommen. Diese Nachricht bereitete sich binnen Sekunden über das Internet aus. Wenngleich die Polizei keine Informationen über die Tatverdächtigen heraus gegeben hatte, um sie vor Vorverurteilungen zu schützen, so trug nicht zuletzt die „Cloud" zu zahlreichen Spekulationen bei. Es kam zu einer massiven Vorverurteilung im Internet. Auch der Polizeipräsident Oberbayern Süd, Franz Sommerauer, zeigte sich bei einem Interview mit MDR Info am 19.8.2014 bestürzt über die massiven Vorverurteilungen im Internet. Diese gipfelte regelrecht in einem sog. „Shitstorm". Auch wenn ein Tatverdächtiger erst schuldig ist, wenn er vor Gericht der Tat überführt wurde, so sieht die Realität in der Bevölkerung anders aus. Nachdem die Polizei einer weiteren Spur nachging und bei dem nunmehr Tatverdächtigen 20-jährigen Bundeswehrsoldaten Christoph R. blutige Kleider mit der DNA der Opfer fand, wurden die Tatvorwürfe gegen die zunächst der Tat Verdächtigten vollends ausgeräumt.[871] Dennoch bleibt zu befürchten, dass die Betroffenen, die nunmehr in ihr altes Leben zurückkehren müssen, gebrandmarkt bleiben. Unvorstellbar auch die Tortur für die Familie des Betroffenen in einem solch kleinen beschaulichen Kurort. Dieser Fall zeigt deutlich, dass mit zunehmender Verbreitung vernetzter informationstechnischer Systeme neue Persönlichkeitsgefährdungen für den Einzelnen entstehen.[872]

---

869 Vgl. Lehr, AfP 2013, 7 (8).

870 FAZ-Net, Artikel v. 06.08.2014, Autor: Antar, Der „WM-Mörder" ist gefasst, Quelle: http://www.faz.net/aktuell/gesellschaft/kriminalitaet/raubmoerder-von-bad-reichenhall-der-wm-moerder-ist-gefasst-13083984.html.

871 OVB online, Artikel v. 06.08.2014 von Woitsch, Mutmaßlicher Mörder auf der Flucht, Quelle: http://www.ovb-online.de/bayern/mutmasslicher-moerder-flucht-3758784.html.

872 BVerfG, Urteil v. 27.02.2008, Az. 1 BvR 370/07, 1 BvR 595/07 = BVerfGE 120, 274 (305)-Online Durchsuchungen.

Die intensive und über einen längeren Zeitraum stattfindende Berichterstattung in den Massenmedien birgt, je nach den Umständen des Einzelfalles, zudem die Gefahr einer Existenzvernichtung sowie einer auf unabsehbare Zeit bestehenden Rufschädigung.[873] Identifizierende Berichterstattungen über einen Straftäter müssen sich dessen Resozialisierungsinteresse entgegen halten lassen. Auf Grund der doch zum Teil erheblich unterschiedlichen Interessenlage ist eine Unterscheidung zwischen Tatverdächtigen und verurteilten Straftätern zwingend geboten.

cc. Tatverdächtige

Profitabilitätssteigerung und die Bedienung des Interesses der Öffentlichkeit führen bisweilen zu erheblichen Eingriffen in die Privatsphäre des Abgebildeten. Der Konkurrenzdruck treibt die Presse bei Kriminalitätsberichterstattungen zu immer reißerischeren Aufmachungen, die immer häufiger mit Rechtsverletzungen und schwerwiegenden Beeinträchtigungen des Betroffenen einhergehen. Berichterstattungen über Straftaten gehören zweifelsfrei zum Zeitgeschehen. Den Medien kommt die Aufgabe der Vermittlung zu.[874] Nicht selten bewirkt der Druck der Medien, dass die Wahrheit zu Tage kommt, was nahezu unmöglich wäre, wenn die Medien Sanktionen befürchten müssten, weil sie über reine Verdachtsmomente berichten.[875] Zu denken ist an den aktuellen Skandal bei dem Automobilclub ADAC, welcher Abstimmungsergebnisse manipuliert hatte. Doch wo ist die Grenze zwischen einer Berichterstattung im Rahmen des Öffentlichkeitsauftrags der Medien und einem unzulässigen Eingriff in die Privatsphäre des Betroffenen zu sehen? Ab wann schlägt die Zulässigkeit einer Kriminalberichterstattung in das Gegenteil um? Verbietet sich eine identifizierende Berichterstattung über Tatverdächtige in den Massenmedien am Ende gänzlich? Diese Fragen sollen im folgenden Verlauf der Arbeit beantwortet werden.

Die Zulässigkeit der Bildpublikation knüpft untrennbar an ein bestimmtes Ereignis an. In diesem Zusammenhang stellt sich zunächst die Frage nach Art und Weise der im Raum stehenden Straftat. Welche Voraussetzungen muss diese erfüllen, um die identifizierende Kriminalberichterstattung für zulässig erklären zu können? Worin das „zeitgeschichtliche Element“[876] der Straftat genau liegt, und welche Maßstäbe für eine Verdachtsberichterstattung anzusetzen sind, wird im weiteren Verlauf näher betrachtet werden. Festgelegte Anforderungen an die Straftat sollen eine Verletzung der Rechte des Tatverdächtigen auf ein Mindestmaß minimieren. Über die Notwendigkeit einer Reduzierung der Beeinträchtigungen

---

873 OLG Köln, AfP 1989, 685.

874 St. Rspr., statt Vieler BGH, Urteil v. 07.12.1999, Az. VI ZR 51/99 = NJW 2000, 1036– Schleimerschmarotzerpack.

875 Lehr, AfP 2013, 7 (8); Schlüter, a.a.O., S. 8 f.

876 So Braun, a.a.O., S. 73.

des Betroffenen auf ein Mindestmaß besteht heute überwiegend Einigkeit in Rechtsprechung[877] und Literatur.[878]

(1) Zulässigkeit von Verdachtsberichterstattungen

Nicht jede identifizierende Verdachtsberichterstattung ist zulässig oder von vornherein unzulässig. Jedoch birgt sie stets die Gefahr einer öffentlichen Vorverurteilung des Betroffenen.[879] Ebenso droht eine Stigmatisierung und Diskriminierung. Engau[880] formuliert zutreffend „eine Ansehensminderung erleidet bereits der mutmaßliche Straftäter". Abgeleitet wird die These von der Beeinträchtigung des guten Rufes in der gesellschaftlichen Wirklichkeit auf Grund des reinen Tatverdachtes.[881] Schlimmstenfalls könnte eine Verdachtsberichterstattung unter Preisgabe der Identität des Betroffenen einen Anschlag auf dessen Leben und somit die Begehung einer Straftat provozieren.[882] Fälle mit derartig hohem Gefahrenpotential sind allerdings nicht die Regel. Sie bilden in der Rechtspraxis vielmehr die Ausnahme. Für alle Verdachtsberichterstattungen ist die Unschuldsvermutung sowie das Interesse auf Anonymität zwingend zu beachten und dementsprechend eine besondere Sorgfalt walten zu lassen.[883] Diese stellt ein Strukturprinzip des Strafverfahrens dar[884] und gilt zugunsten jedes Tatverdächtigen in jedem Stadium des Verfahrens bis zur Rechtskraft des Urteils.[885] Jegliche gesellschaftliche Entwertung vor Rechtskraft verbietet sich demnach. Vielmehr bedarf es einer ausdrücklichen Klarstellung der Tatsache, dass die Schuld nur auf Grund eines bestehenden Tatverdachts noch keinesfalls erwiesen ist. Diesem Grundsatz kommt eine gravierende Bedeutung zu. Insbesondere die von der massenmedialen Berichterstattung

877 Vgl. BVerfGE 35, 202 (232)–Lebach I; BGH, Urteil v. 14.6.1960, Az. 1 StR 683/59 = MDR 1960, 856 f.–Tonband; OLG Frankfurt, NJW 1971, 47 f.; OLG Braunschweig, NJW 1975, 651; OLG Hamm, NJW 1993, 1209 f.

878 Vgl. Stapper, S. 141 ff.; Soehring, GRUR 1986, 518 (522); Kühl, in: FS Hubmann, S. 241 (252); Bornkamm, Pressefreiheit und Fairness des Strafverfahrens, S. 266 f.; v. Becker, a.a.O., S. 220; ; Lampe, NJW 1973, 217 f.; Engau, a.a.O., S. 325 ff.; ausführlich dazu auch Braun, a.a.O., S. 73 ff. Auch wenn jeweils völlig unterschiedliche Lösungsansätze heran gezogen werden, so besteht jedoch grundlegende Einigkeit darüber, dass eine Verdachtsberichterstattung nicht in jedem Fall zulässig ist.

879 Lehr, in: Widmaier, Strafverteidigung, § 20 Rdn. 17; Bornkamm, a.a.O., S. 241; Hassemer, NJW 1985, 1921 (1927); Schlüter, a.a.O., S. 10.

880 Engau, a.a.O., S. 203.

881 Ebenda.

882 BVerfG, Urteil v. 15.04.2002, Az. 1 BvR 680/02 = NJW 2002, 2021 (2022)–El-Kaida I.

883 Specht, in: Dreier/ Schulze, a.a.O., § 23 KUG Rdn. 16; Götting, in: Schricker/ Loewenheim (Hrsg.), a.a.O., § 60/ § 23 KUG Rdn. 33.

884 Vgl. Kühl, a.a.O., S. 11 f.; Engau, a.a.O., S. 224.

885 BVerfGE 35, 202 (232)–Lebach I; BGH, Urteil v. 14.06.1960, Az. 1 StR 683/59 = MDR 1960, 856 f.–Tonband; LG Köln, NJW 1964, 1181; Lampe, NJW 1973, 217 (220); Engau, a.a.O., S. 224.

ausgehende erhebliche Breitenwirkung und die mangelhaften Rechtskenntnisse der Bevölkerungsmehrheit stellen eine unkalkulierbare Gefahr für den Abgebildeten dar. Der Durchschnittsbürger in seiner Eigenschaft als Rechtsleihe[886] kann auf Grund einer „polarisierenden Kriminalberichterstattung" durchaus zu einer Vorverurteilung veranlasst werden. Leider ist dies keine Seltenheit. Ein Großteil der Bevölkerung ist häufig in dem Irrglauben, die Einleitung eines Ermittlungsverfahrens sei mit der Schuld des Betroffenen so gut wie gleichzusetzten.[887] Das Vertrauen in die Massenmedien scheint stark genug, dass in der Öffentlichkeit der Eindruck entsteht, dass eine Berichterstattung in der Presse nur dann erfolge, wenn mit unumstößlicher Sicherheit an den Schuldvorwürfen etwas Wahres dran ist. Selbst wenn die Medien darauf hinweisen, dass der Vorwurf als nicht sicher gelte, entsteht nur allzu oft ein entsprechend fataler Irrglauben.[888] Die Gefahr des „Damoklesschwertes" der Prangerwirkung[889] schwebt stets über dem Tatverdächtigen. Er ist dazu verdammt fortan mit einem Makel behaftet zu sein. Einschneidende, sogar existenzvernichtende Konsequenzen können die Folge sein.[890] Dies, obwohl gerade zu Beginn eines Ermittlungsverfahrens ein bloßer Anfangsverdacht besteht der sich häufig zudem noch als sehr vage herausstellt.[891] In der Phase des Ermittlungsverfahrens ist der Zusammenhang zwischen der Person selbst und des Ereignisses der Zeitgeschichte am geringsten ausgeprägt. Denn Gefahren für den Tatverdächtigen kann nur mit wesentlich strengeren Anforderungen an eine Zulässigkeit der Bildberichterstattung begegnet werden. Diese erhöhte Sensibilität ist hingegen bei einem Straftäter nicht erforderlich.[892]

Kühl[893] unternimmt den Versuch einer Lösung. Er plädiert für eine generelle Unzulässigkeit von identifizierenden Verdachtsberichterstattungen während eines

---

886 Definition Rechtslaie = dem Recht unkundige Person.

887 OLG Braunschweig, AfP 1975, 913 (913 f.); Huff, in: FS Damm, S. 70 (71); Steffen, in: Löffler, a.a.O., § 6 LPG Rdn. 210; Schlüter, a.a.O., S. 24.

888 Peters, Kriminalberichterstattung in den Medien, S. 156; v. Becker, a.a.O., S. 135; Treffer, ZUM 1989, 433 (437); Schlüter, a.a.O., S. 23.

889 Zur Prangerwirkung BVerfG, K&K 2009, 34 (36); Treffer, ZUM 1989, 433 (433 ff.); Kriele, NJW 1994, 1897 (1903); Schlüter, a.a.O., S. 24.

890 Siehe Fall Jörg Kachelmann LG Mannheim, Az. 5 Kls 404 Js 3608/10.

891 Vgl. Hassemer, NJW 1985, 1921 (1927).

892 Vgl. Stappler, Namensnennung in der Presse im Zusammenhang mit dem Verdacht strafbaren Verhaltens, S. 140; Engau, a.a.O., S. 441 f.; Braun, a.a.O., S. 74; ausführlich zu dieser Thematik auch das LG Berlin, NJW 1986, 1265.

893 Vgl. Kühl, in: FS Hubmann, S. 241 (252); ähnlich Borkmann, jedoch mit Einschränkungen für Veröffentlichung zu Fahndungszwecken während des Ermittlungsverfahrens, im Übrigen erfordert die Unschuldsvermutung sowie bei Personen, welche auf Grund ihrer Stellung und Bekleidung eines öffentlichen Amtes ein besonderes Vertrauen der Bevölkerung in ihre Integrität genießen. In allen übrigen Fällen verbietet die Wahrung der Anonymität des Verdächtigen eine identifizierende Verdachtsberichterstattung während des Ermittlungsverfahren, in: Borkmann, Pressefreiheit und Fairness des Strafverfahrens, S. 266 f.

laufenden Ermittlungsverfahrens. Andernfalls sei die Gefahr von Stigmatisierung, Prangerwirkung und sozialer wie auch emotionaler Einschnitte für den Tatverdächtigen unverhältnismäßig hoch. Dem ist entgegen zu halten, dass auch eine Verdachtsberichterstattung von Art. 5 Abs. 1 GG, der Pressefreiheit, gedeckt ist.[894] Kühls Auffassung führe zu einer Vorzensur und stellt einen erheblichen Eingriff in die grundrechtlich geschützte, für eine freiheitlich demokratische Rechtsordnung unverzichtbare, Pressefreiheit dar.[895] Gerade Straftaten sind Teil des Zeitgeschehens, deren Vermittlung Aufgabe der Medien ist.[896] Zwar verkennt auch Kühl die Problematik nicht gänzlich und führt an, dass von dem Grundsatz der generellen Unzulässigkeit einer Verdachtsberichterstattung ebenso Ausnahmen zu machen sind und ein generelles Verbot, wohl im Hinblick auf Art. 5 Abs. 1 GG, nicht vertretbar wäre. Ausnahmen seien dann notwendig, wenn dies auf Grund der Umstände des Einzelfalls zwingend geboten ist, oder die betreffende Person ohnehin öffentliche Bekanntheit genießt und auf Grund dessen bereits identifizierbar ist.[897] Eine Lösung der Frage, um was für Umstände es sich im Einzelfall handeln müsste, sodass eine identifizierende Berichterstattung zwingend notwendig wäre, lässt er hingegen vermissen.

Zielemann[898] argumentiert, dass eine anonyme Kriminalberichterstattung ebenso das öffentliche Informationsinteresse befriedigt und gleichzeitig das Anonymitätsinteresse des Tatverdächtigen gewahrt und den Grundsätzen der Unschuldsvermutung entsprochen wird. Die Berichterstattungsfreiheit gemäß Art. 5 Abs. 1 GG sei damit nicht in Frage gestellt. Vielmehr seien die Medien lediglich für eine bestimmte Zeit, bis zur Rechtskraft des Urteils, in ihrer Wahl des Informationsmittels eingeschränkt. Zudem spricht er den Medien jegliche Legitimation zur Wahrnehmung des öffentlichen Interesses an der Aufklärung von Straftaten ab[899] und stellt sich gegen anders lautende Gerichtsurteile.[900] Er verkennt, dass eine Untersagung von Bildpublikationen stets auch immer an eine Beeinträchtigung der Pressefreiheit gemäß Art. 5 Abs. 1 S. 2 GG nach sich zieht. Die Medien ohne Ausnahmen auf eine anonyme Verdachtsberichterstattung zu verweisen, könne im Hinblick auf die erhebliche Bedeutung von Art 5 Abs. 1 GG für eine freiheitliche demokratische Grundordnung nicht mit Zustimmung begegnet werden.

---

894 Zur Berichterstattung über Tatverdächtige aus dem Blickwinkel der Presse siehe Gerhardt/ Steffen/ Tillmanns, Knigge des Presserechts, S. 44 ff. (45); zu Art. 5 Abs. 1 GG siehe oben unter 2. Teil A. § 6 I.

895 Zu Art. 5 Abs. 1 GG siehe oben unter 2. Teil A. § 6 I.

896 Vgl. BVerfG, Urteil v. 10.06.2009, Az. 1 BvR 1107/09 = AfP 2009, 365 (366)–Medienberichterstattung über eine Sexualstraftat.

897 Vgl. Kühl, in: FS Hubmann, S. 241 (254).

898 Zielemann, a.a.O., S. 112, 114.

899 Vgl. Zielemann, a.a.O., S. 79.

900 Beispielhaft: OLG Frankfurt, NJW 1971, 47 f.; OLG Braunschweig, NJW 1975, 651.

Einen anderen Ansatzpunkt für die Beantwortung der Frage, ob über den Tatverdächtigen berichtet werden darf, verfolgen Soehring[901] und Stapper.[902] Sie sehen als Voraussetzung ein öffentliches Interesse am Namen des Betroffenen an. Dem geht eine Entscheidung des OLG Frankfurt[903] voraus, anhand derer das OLG Braunschweig[904] die maßgeblichen drei Kriterien entwickelte. Zum einen muss es sich um eine Straftat von erheblichem Ausmaß handeln. In diesem Zusammenhang muss eine identifizierende Berichterstattung über den Tatverdächtigen zur Verbrechensaufklärung notwendig und geeignet erscheinen. Zudem darf der gegen den Betroffenen bestehende Tatverdacht nicht nur lediglich vage sein. Ein solcher muss sich bereits durch wesentliche, einen erheblichen Tatverdacht begründende Umstände manifestiert haben.[905] Grundlage der entwickelten Kriterien war eine Entscheidung zur Sendung „Aktenzeichen XY–ungelöst". Sinn und Zweck der Sendung ist die Verbrechensaufklärung anhand einer identifizierenden Berichterstattung. Die Besonderheit der Sendereihe liegt in dem öffentlichen Fahndungsaufruf an die Bevölkerung. Dieser geht stets mit der Bitte an die Bevölkerung einher, durch Hinweise an der Aufklärung des Falls aktiv mitzuwirken. Soehring[906] und Stapper[907] orientieren sich grundsätzlich an einem Fahndungserfolg. Das Gesetz stellt für die Zulässigkeit einer öffentlichen Fahndung in § 131 StPO klare Regeln auf. Demnach muss auch bei einer steckbrieflichen Fahndung der Verhältnismäßigkeitsgrundsatz gewahrt bleiben. Eine unnötige Bloßstellung des Verdächtigen während des Ermittlungsverfahrens gilt es zu vermeiden.[908] Gestattet ist weder ein milderes gleich geeignetes Fahndungsmittel, noch darf es sich um ein Bagatelldelikt handeln.[909] Im Zentrum der genannten Vorschrift steht die Unschuldsvermutung. Dem Grunde nach bedeutet der Ansatz Stappers, dass nur dann eine mediale identifizierende Verdachtsberichterstattung erfolgen darf, wenn ebenso ein Aufklärungsinteresse besteht.[910] Er verkennt, dass es sich bei den Medien nicht um staatliche Strafverfolgungsbehörden handelt und identifizierende Berichterstattungen somit nicht den Voraussetzungen des § 131 StPO unterworfen sind. In der Konsequenz bedeute eine solche Unterwerfung eine Beschränkung der Pressefreiheit, weil die Medien vor jeder identifizierenden Verdachtsberichterstattung zunächst die Strafverfolgungsbehörden kontaktieren und sich nach der Möglichkeit eines Fahndungserfolges durch die Veröffentlichung erkundigen müssten. Orientierend an § 131 StPO bestünde für eine zulässige identifizierende Berichterstattung die Notwendigkeit eines mehr

901 Vgl. Soehring, GRUR 1986, 518 (522).
902 Vgl. Stapper, Namensnennung in der Presse, S. 141.
903 OLG Frankfurt, NJW 1971, 47 f.; zitierend Braun, a.a.O., S. 77.
904 OLG Braunschweig, NJW 1975, 651; aufgreifend Braun, a.a.O., S. 77.
905 Vgl. Stapper, a.a.O., S. 141; Soehring, GRUR 1986, 518 (522).
906 Soehring, GRUR 1986, 518 (522).
907 Vgl. Stapper, a.a.O., S. 141 f.
908 Vgl. Schmitt, in: Meyer–Goßner/ Schmitt, StPO, § 131 StPO Rdn. 2.
909 Ebenda.
910 Stapper, a.a.O., S. 141; aufgreifend Braun, a.a.O., S. 79.

als nur vagen Fahndungserfolgs, welcher zumindest dann wegfällt, wenn sich der Verdächtige bereits in Gewahrsam befindet. Gegenteiliges würde dem Grundsatz der Verhältnismäßigkeit wiedersprechen, weil ein Fahndungsaufruf in einem solchen Fall entbehrlich wäre. Einzig denkbare Ausnahme stellt hierbei die Notwendigkeit weiterer Ermittlungen für die Feststellung der Strafbarkeit dar. Allerdings nur dann, wenn die Mithilfe der Öffentlichkeit zwingend notwendig wäre und nur durch das Mittel der identifizierenden Verdachtsberichterstattung Aussicht auf Erfolg bestünde.[911] Stappers Anknüpfungspunkt des § 131 StPO und die folgende Argumentation führt dazu, dass den Medien im Ergebnis keinerlei Rechte über denen der Strafverfolgungsbehörde zu gestatten sind.[912] Dem kann auf Grund der zuvor genannten Einwände nicht gefolgt werden.

Für die Feststellung der Zulässigkeit einer Verdachtsberichterstattung nach § 23 Abs. 1 Nr. 1 KUG hat die höchstrichterliche Rechtsprechung[913] eigene Kriterien entwickelt. Auf diese kann, auch nach der Rechtsprechungsänderung, zurückgegriffen werden.[914] Demnach bemisst sich die Zulässigkeit von Kriminalberichterstattungen durch Massenmedien insbesondere nach der Ungewöhnlichkeit der Straftat. Handelt es sich um einen Fall von herausragender Kriminalität[915] kann eine identifizierende Berichterstattung zulässig sein. Entscheidend sind sowohl die Schwere der Tat, die Person des mutmaßlichen Täters sowie besondere Umstände der Straftat selbst. Durch diese Kriterien soll die Feststellung ermöglicht werden, ob sich die Straftat deutlich aus dem Kreis der alltäglichen Kriminalität heraushebt.[916] Sie muss auf Grund ihrer Art und Weise und/oder der Spezifika des Täters aus der Masse hervorstechen.[917] Dann handelt es sich um ein Verbrechen größeren Ausmaßes. Dadurch wäre auch eine identifizierende Verdachtsberichterstattung durch die Presse von einem erweiterten Informationsinteresse der Öffentlichkeit gedeckt. Die Klassifizierung als Serienverbrechen oder Delikte der Bandenkriminalität kann beispielsweise eine solche Berichterstattung rechtfertigen. Grundsätzlich gilt – über einen Verdacht darf nur dann berichtet werden, wenn ein berechtigtes öffentliches Interesse der Öffentlichkeit besteht.[918] Die vorherrschende Auffassung erkennt ein

---

911 So auch Braun, a.a.O., S. 80.

912 Stapper, a.a.O., S. 144; aufgreifend Braun, a.a.O., S. 80.

913 BVerfG, Urteil v. 24.03.1998, Az. 1 BvR 131/96 = AfP 1998, 386–Namensnennung sexueller Missbrauch; BVerfGE 35, 202 (207)–Lebach I.

914 Siehe oben 2. Teil A. § 7 I. 1. c. bb., auf die Rechtsprechung zur „relativen Person der Zeitgeschichte“ kann vollumfänglich zurückgegriffen werden.

915 BVerfG, Urteil v. 24.03.1998, Az. 1 BvR 131/96 = AfP 1998, 386–Namensnennung sexueller Missbrauch; BVerfGE 35, 202 (207)–Lebach I.

916 v. Strobl–Albeg, in: Wenzel, a.a.O., Rdn. 8.85.

917 Ähnlich formulierend BVerfGE 35, 202 (231)–Lebach I; OLG München, NJW 1963, 658 f.–Lebensmittelskandal; OLG Oldenburg, NJW 1963, 920 ff. (922)–Untersuchungsgefangener; LG Berlin, NJW 1986, 1265–Kokainhandel; Hubmann, a.a.O., S. 300 Rdn. 16; aufzählend Engau, a.a.O., S. 194 f.

918 Lehr, in: Widmaier, a.a.O., § 20 Rdn. 18.

solches berechtigtes Interesse an einer Bildpublikation im Verdachtsstadium nur bei schweren Straftaten an.[919] Der Begriff der schweren Straftat impliziert, dass es sich um ein Verbrechen und nicht lediglich um ein Vergehen handeln muss. Dass Bagatelldelikte für die Zulässigkeit einer identifizierenden Verdachtsberichterstattung nicht ausreichend sind, ist nach den obigen Ausführungen zur Thematik unbestritten. Doch auch eine schwere Straftat entbindet nicht von der Frage, ob dies allein für eine identifizierende Berichterstattung über einen Tatverdächtigen ausreicht.[920] Eine zusätzliche Legitimierung im Verdachtsstadium folgt aus der Tatsache, dass ein Verbrechen auch immer ein „Angriff auf die Gesellschaft" darstellt. Es ist legitim, dass die Mitglieder hierüber informiert werden wollen und durch die Medien auch informiert werden können.[921] Ist der Tatverdacht sehr vage, besteht mithin nur ein Anfangsverdacht, ist das Schutzbedürfnis des Betroffenen besonders hoch. Man könnte folglich argumentieren, dass das Anonymitätsinteresse des Betroffenen vom Stadium des Anfangsverdachtes bis zur Anklageerhebung proportional abnimmt, weil unbestritten ist, dass sich die Beweise zum Zeitpunkt der Anklageerhebung gegenüber dem frühen Ermittlungsstadium bereits verdichtet haben. Insbesondere im Hinblick auf die Unschuldsvermutung erscheint es allerdings fraglich, ob die Situation vor und während der Anklageerhebung unterschiedlich zu bewerten ist. Zu welchem Zeitpunkt genau die Verdachtsberichterstattung erfolgt, kann Einfluss auf die einzelfallbezogene Abwägung haben. Zusammenfassend ist zugunsten des Persönlichkeitsrechts des Betroffenen und seine nahezu identische Interessenlage eine einheitliche Erörterung für Verdachtsberichterstattungen zu bevorzugen. Zentrales Element ist die über allem stehende Unschuldsvermutung, die den Tatverdächtigen bis zu einem rechtskräftigen Urteil begleitet. Grundsätzlich bleibt festzustellen, dass eine Verdachtsberichterstattung im Stadium des Ermittlungsverfahrens von Art. 5 Abs. 1 GG gedeckt ist. Eine untergeordnete Rolle spielt dabei, ob eine Anklageerhebung bereits stattgefunden hat. Ist dem nicht so, kann darin noch keine generelle Unzulässigkeit einer identifizierenden Verdachtsberichterstattung gesehen werden.

Die Lösung der Konfliktsituation der soeben beschriebenen widerstreitenden Interessen sollte idealerweise in einer „sensiblen" und vorsichtigen Verdachtsberichterstattung liegen. Voreilige Schlüsse darf sie nicht zulassen, umso mehr, wenn die Verdachtsberichterstattung während des Ermittlungsverfahrens noch vor Anklageerhebung erfolgt. Wie bereits erläutert, findet dieser Punkt im Rahmen der Interessenabwägung Berücksichtigung. Leider driften Idealvorstellungen in der Theorie und die Realität zumeist auseinander. Nicht zuletzt auf Grund des Interesses der Öffentlichkeit, welches gerade im Verdachtsstadium besonders

---

919 OLG Frankfurt am Main, NJW 1971, 47 ff. (49)–Aktenzeichen XY ungelöst; OLG Frankfurt am Main, AfP 1990, 229–Untersuchungshäftling; OLG Hamburg, AfP 1991, 537 f.–Mörder, die man nie vergisst; OLG Köln, AfP 1989, 683 ff. (686)–Drogenhandel; OLG Oldenburg, AfP 1985, 299 f.–Schlachter; zur Berichterstattung über Tatverdächtige siehe v. Strobl–Albeg, in: Wenzel, a.a.O., Rdn. 8.86.

920 Braun, a.a.O., S. 75.

921 Limbach, AfP 1999, 413 (415).

groß ist, insbesondere wenn es sich um eine prominente Persönlichkeit handelt. Dementsprechend ist auch das Interesse der Medien zu Beginn strafrechtlicher Ermittlungen erheblich gesteigert.[922] Je reger das Interesse der Öffentlichkeit an der Berichterstattung, desto höher die Absatzzahlen bzw. Einschaltquoten. Eine entscheidende Rolle spielt hierbei der Konkurrenz[923]– und Aktualitätsdruck[924] der Massenmedien untereinander. Zwangsläufig trägt dieser zum Gegenteil der erstrebenswerten feinfühligen Berichterstattung bei. Probleme bereiten zudem die subjektive Färbung des überwiegenden Teils der Berichterstattungen und die häufig mangelnde Differenzierung zwischen einem bestehenden Tatverdacht und einer bereits erwiesenen Schuld. Die Folge sind zusätzliche und nachhaltige Belastungen für den Betroffenen. Die Gefahr, dass die Berichterstattung nicht auf die Wahrheit, sondern vielmehr auf den Voyeurismus zielt, ist als sehr hoch einzustufen.[925] Das Verlangen der Öffentlichkeit nach immer neuen Schlagzeilen soll zur eigenen Profitsteigerung möglichst vollumfänglich befriedigt werden. Dabei ist jedes Massenmedium bestrebt, den Bericht zuerst zu veröffentlichen und somit die Konkurrenz auszustechen.[926] Ganz nach dem Motto „das Volk bekommt, was es begehrt". Dies gilt umso mehr im Zusammenhang mit einer Berichterstattung der Massenmedien, weil von ihnen zumeist eine einschneidende Breitenwirkung ausgeht[927], welche unter Umständen sogar existenzvernichtende Auswirkungen zu entfalten vermag.[928] So hat das BVerfG festgestellt, dass eine Bildpublikation einen solch intensiven optischen Eindruck erzeugen kann, dass auf lange Sicht das Abbild des Angeklagten „mit dem Schrecken der Tat verbunden wird".[929] Anhaltspunkte für die Zulässigkeit bieten im Rahmen der Abwägung folgende Aspekte – Vorliegen eines Tatverdachts, Möglichkeit des Betroffenen zur Stellungnahme, keine Vorverurteilung und Bedienung des öffentlichen Interesses.[930] Dabei muss ernsthaft hinterfragt werden, ob die generelle Möglichkeit der Stellungnahme die Presse nicht unverhältnismäßig

---

922 Vgl. Weigend, in: Bannenberg (Hrsg.), Alternativ–Entwurf Strafjustiz und Medien, S. 33; ebenso Schlüter, a.a.O., S. 9.

923 Vgl. Gerhardt/ Steffen/ Tillmanns, a.a.O., S. 17 f., „erbarmungslosen Konkurrenzkampf"; Rhode, Publizistische Sorgfalt, S. 1; Behrschmidt, Dölling/ Gössel/ Waltos (Hrsg.), Kriminalberichterstattung in der Tagespresse, S. 335 (337).

924 Treffer, ZUM 1989, 433 (436 f.); ähnlich Schlüter, a.a.O., S. 18.

925 Steffen, AfP 1988, 117 (117); Schlüter, a.a.O., S. 16.

926 Zur Thematik „Wettlauf mit der Zeit" vgl. Gerhardt/ Steffen/ Tillmanns, a.a.O., S. 17 f.

927 Vgl. BGHZ 3, 270 (285)–Verlegerhaftung; BGH, Urteil v. 05.03.1963, Az. VI ZR 55/62 = NJW 1963, 902 (902)–Fernsehansagerin–„ausgemolkene Ziege"; Giger, JZ 1971, 249 (251); ähnlich auch Schlüter, a.a.O., S. 17.

928 Vgl. Ulsamer, in: Festschrift für Jauch, Einige Bemerkungen über Medien und Strafgesetz, S. 221 (224 ff.).

929 BVerfG, Urteil v. 27.11.2008, Az. 1 BvQ 46/08 = NJW 2009, 350 (352)–Holzklotzfall; aufgreifend Rinsche, AfP 2012, 1 (6).

930 Rinsche, AfP 2013, 1 (2).

beeinträchtigt. Lehr spricht gar von einer „Konfrontationspflicht".[931] Dem kann nicht gefolgt werden. Insbesondere im Hinblick auf die Tagespresse scheint die Anforderung überzogen. Gegen die Anerkennung einer solchen Pflicht sprechen sich auch Rinsche[932] und Schlüter[933] aus, ebenso Damm und Rehbock. Letztere fordern eine vorherige Anhörung des Betroffenen nur in Fällen, in denen eine besondere Aufklärung vom Betroffenen geboten oder eine Rücksprache leicht möglich ist.[934] Den Gegnern der generellen „Konfrontationspflicht" ist zu folgen. Wenngleich der Betroffene dadurch einen größeren Schutz seines Persönlichkeitsrechts erfahren würde, weil ihm zumindest die Möglichkeit einer vorherigen Reaktion bliebe, so erscheint es mit Blick auf den Auftrag der Medien, der notwendigen Aktualität von „News" und ihrer allgemeinen Handlungsfähigkeit interessengerechter eine solche Pflicht abzulehnen. Vielmehr sind alle Umstände des Einzelfalls bei der Interessenabwägung zu berücksichtigen. Ob man eine vorherige Möglichkeit der Stellungnahme des Betroffenen für erforderlich erachtet gilt es von Fall zu Fall zu entscheiden. Zumindest ist eine „Konfrontationspflicht" abzulehnen.

Stets verlangt es nach einer Würdigung der Gesamtumstände, mithin nicht nur des Bildes, sondern auch des Begleittextes.[935] Ein an sich harmloses und zulässiges Bild aus dem Bereich der Zeitgeschichte kann in Kombination mit einem vorverurteilenden Text, welcher den Tatverdächtigen als Täter benennt oder diese Rückschlüsse zumindest zulässt, gegen das allgemeine Persönlichkeitsrecht in der Ausprägung der Unschuldsvermutung verstoßen.

Welche Risiken eine identifizierende Berichterstattung der Massenmedien birgt und welche Konsequenzen diese für den Betroffenen hat, soll anhand des doch recht aktuellen Falls „Jörg Kachelmann" näher begutachtet werden. Er „erfreute" sich besonderer Beliebtheit in den Medien und eignet sich hervorragend zur Demonstration, dass von einer umfassenden Medienberichterstattung bereits im Verdachtsstadium eine erhebliche Prangerwirkung ausgehen kann. Unkalkulierbare existentielle Konsequenzen können die Folge sein. Dabei soll auch das Interesse der Medien und die Gefahr der Rechtsunsicherheit Berücksichtigung finden.[936] Eine

931 Vgl. Lehr, AfP 2013, 7 (10).

932 Singgemäß Rinsche. Sie erkennt an, dass es durchaus Sachverhaltskonstellationen gebe, in denen eine Anhörung entbehrlich sei. AfP 2013 1 (3).

933 Vgl. Schlüter, a.a.O., S. 101. Er geht davon aus, dass eine Stellungnahme unterbleiben kann, wenn keine spezielle Aufklärung erwartet werden kann. Als Beispiel führt er die Aufklärung politischer Skandale an, wo regelmäßig die Einholung einer Stellungnahme entbehrlich sei.

934 Damm/ Rehbock, a.a.O., Rdn. 679.

935 OLG Celle, NJW 1979, 57 f.; zur Bedeutung der begleitenden Wortberichterstattung siehe oben 2. Teil A. § 7 I. 1. c. aa. (5).

936 Zur Problematik der Rechtssicherheit der Medien im Fall Kachelmann siehe W. Janisch, Süddeutsche Zeitung, Artikel v. 15.06.2010, Fall Kachelmann: Streit um die Pressefreiheit. Laufende Ermittlungen, Quelle: http://www.sueddeutsche.de/medien/fall-kachelmann-streit-um-die-pressefreiheit-raufende-ermittlungen-1.959299.

eindimensionale Abwägung verbietet sich von selbst. Der Fall wird zeigen, dass auch ein Freispruch nicht immer ausreicht, um den Tatvorwurf aus dem Weg zu räumen, sodass dem Betroffenen ein Restzweifel an der Schuld ein Leben lang anhaftet.

(2) Praktischer Fall: Jörg Kachelmann

Es ist wohl nicht übertrieben zu behaupten, der Fall Kachelmann[937] sei einer der spektakulärsten, medienträchtigsten und höchst polarisierenden Fälle der vergangenen Jahre. Im Mittelpunkt stand der bekannte Wettermoderator des öffentlich-rechtlichen Rundfunks Jörg Kachelmann. Dieser wurde der schweren Vergewaltigung gemäß § 177 Abs. 4 StGB und gefährlichen Körperverletzung nach § 224 Abs. 1 StGB verdächtigt. Für das Fallverständnis erscheint eine kurze Sachverhaltsdarstellung unumgänglich.

(a) Problembeschreibung

Besonders pikant an dem Fall war die Tatsache, dass die Beschuldigung nicht von einer ihm unbekannten Frau, sondern vielmehr von seiner Ex-Geliebten Claudia D., erfolgte. Das mutmaßliche Opfer gab bei der polizeilichen Aussage an, dass sie in der Nacht zum 9. Februar 2010 mit einem Küchenmesser bedroht und vergewaltigt worden sei. Kachelmann selbst bestritt vehement die Vorwürfe und wies diese als falsch und „aus der Luft gegriffen" zurück. Wie häufig in derart gelagerten Fällen bestand eine Aussage-gegen Aussage-Situation. Auch die Beweislage konnte daran nichts ändern. Dennoch hat der mutmaßliche Täter nie bestritten mit dem mutmaßlichen Opfer intimen Kontakt gehabt zu haben und häufig in dessen Wohnung gewesen zu sein. Dennoch war die Verdachtslage nach Ansicht des Gerichts ausreichend um gegen den Wettermoderator im März 2010 Haftbefehl zu erlassen. Berufsbedingt hielt sich Kachelmann zum Zeitpunkt des Erlasses in Kanada auf, sodass der Haftbefehl erst am 20. März 2010 vollstreckt werden konnte.

Die Festnahme des Moderators am Frankfurter Flughafen löste eine wahre Medienflut aus. Das Landgericht Mannheim sprach Jörg Kachelmann am 31.05.2011 vom Vorwurf der schweren Vergewaltigung und gefährlichen Körperverletzung aus Mangel an Beweisen frei.[938] Der Grundstein für die detaillierte und mit privaten Einzelheiten gespickte Medienberichterstattung wurde jedoch bereits vor der Anklageerhebung gelegt. Zu Beginn des Ermittlungsverfahrens erblickten die gesamten Details des Falls durch die Medien das Licht der Öffentlichkeit. Die Intensität der öffentlichen Berichterstattung setzte sich während des gesamten Strafverfahrens fort. Intime Details aus dem Leben, insbesondere dem Sexualleben, des Tatverdächtigen wurden an die Öffentlichkeit getragen. Als Beispiel soll in diesem Zusammenhang ein Bericht dienen, welcher von „bild.de" veröffentlicht wurde.[939] Die Berichterstattung

937 LG Mannheim, Urteil v. 31.05.2011, Az. 5 Kls 404 Js 3608/10.
938 LG Mannheim, Urteil v. 31.05.2011, Az. 5 Kls 404 Js 3608/10.
939 Bild.de vom 13. Juni 2010.

informierte ausführlich über die Umstände jener Nacht aus Opfersicht. Das mutmaßliche Opfer Claudia D. habe demnach, am 9. Februar 2010, „wie immer", mit „hochgezogenem Strickkleid" und bereitgelegten „Handschellen und Reitgerte", auf Kachelmann gewartet.[940] Ob eine solche Berichterstattung aus dem Intimleben des Tatverdächtigen überhaupt zulässig ist, soll an dieser Stelle nicht näher erörtert werden. Der Bericht vom 9. Februar 2010 bediente sich ausschließlich der Wortberichterstattung, welche im Rahmen dieser Arbeit nur in Verknüpfung mit einer Bildberichterstattung an Bedeutung gewinnt. Die Erwähnung des Artikels erfolgt ausschließlich zur Verdeutlichung der Intensivität, welche die Medienberichterstattung in diesem Fall erlangt hatte. Nur am Rande sei erwähnt, dass der BGH dem Persönlichkeitsrecht des Betroffenen zwar Vorrang vor dem Informationsinteresse der Öffentlichkeit einräumt,[941] jedoch habe dieses bei Aktualität der Berichterstattung, zumindest nach Verlesung des Protokolls der haftrichterlichen Vernehmung in der öffentlichen Hauptverhandlung, zugunsten der Pressefreiheit zu weichen.[942]

Das hohe Interesse der Öffentlichkeit lässt sich insbesondere mit dem Bekanntheitsgrad des Tatverdächtigen erklären. Der sympathische Wettermoderator erfreute sich stets größter Beliebtheit. Beides war Teil des Anstoßes für eine alle tagesaktuellen Themen überlagernde Medienberichterstattung. Eine rege Diskussion über den Fall Kachelmann wurde damit in Gang gesetzt. Die Presse nutzte gezielt reißerische Schlagzeilen, um durch eine Auflagensteigerung zu profitieren.

Der Tatverdächtige Kachelmann war nach alter Rechtsprechung in die Rubrik der „Personen der Zeitgeschichte" einzuordnen. Mit dem Urteil des EGMR[943] haben sich Änderungen bezüglich der Verwendung des Rechtsbegriffs ergeben. Auch wenn die Unterscheidung an dieser Stelle nach dem Urteil des EGMR überflüssig erscheinen mag, so ist sie dennoch nicht völlig belanglos. Das BVerfG hat verdeutlicht,[944] dass es den Fachgerichten die Entscheidung der Verwendung der Rechtsfigur der „Person der Zeitgeschichte" überlässt. Das streitentscheidende Gericht bediente sich im Fall Kachelmann weiterhin der Begrifflichkeit „Person der Zeitgeschichte" und lässt diesen auch im Rahmen der Interessenabwägung fallen.[945] Zudem hat sich hinsichtlich der Abwägung bei zuvor einzustufenden „relativen Personen der Zeitgeschichte" wenig geändert. Einzig die Interessenabwägung erfolgt nunmehr bereits im Rahmen des § 23 Abs. 1 Nr. 1 KUG. Nachdem es den Gerichten selbst überlassen bleibt, ob sie sich von der Begrifflichkeit distanzieren oder diese weiterhin als Entscheidungskriterium heranziehen, sind sich die einzelnen Gerichte hinsichtlich der Abkehr oder des Fortsetzens der bisherigen Rechtsprechung uneins. Dies betrifft auch die Untergliederung der „Person der Zeitgeschichte" in „relative" und „absolute Personen". Selbst wenn

940 Ebenda.

941 BGH, Urteil v. 19.03.2013, Az. VI ZR 93/12 = GRUR 2013, 965–Berichterstattung über laufendes Strafverfahren.

942 Ebenda; vgl. Gounalakis, Legal Tribune Online, Artikel v. 20. 03.2013.

943 Siehe oben 2. Teil A. § 7 I. 1. c. aa.

944 Dazu siehe oben 2. Teil A. § 7 I. 1. c. aa.

945 LG Köln, Urteil v. 09.11. 2011, Az. 28 O 225/11.

man an der Figur der „absoluten Person der Zeitgeschichte" festhalten möchte, so ist jedoch mehr als fraglich, ob ein Wettermoderator als solche eingeordnet werden kann. Tatsächlich hat er in der Öffentlichkeit einen gewissen Bekanntheitsgrad erlangt. Der entscheidende Unterschied zu einer „absoluten Person der Zeitgeschichte" liegt darin, dass ihm weder auf Grund seines Status noch seiner überragenden Bedeutung öffentliche Aufmerksamkeit zu Teil wurde.[946] Die von ihm erregte Aufmerksamkeit ist eng mit einem bestimmten Ereignis verknüpft und besteht gerade nicht unabhängig und losgelöst. Er ist weder von herausragender Prominenz noch übt er eine Leitbildfunktion aus.[947] Es erscheint somit nachvollziehbar, Kachelmann, auch nach den Maßstäben der alten Rechtsprechung, die Eigenschaft als „absolute Person der Zeitgeschichte" abzusprechen. Der Zulässigkeit der Bildberichterstattung sind demnach, auch nach alter Rechtsprechung, wesentlich engere Grenzen gesetzt.

Davon ausgehend, dass Kachelmann die Voraussetzungen einer „relativen Person der Zeitgeschichte" erfüllt, ist eine Berichterstattung über ihn und seine mutmaßlichen Taten in den Medien zulässig.[948] Eine solche muss Kachelmann in Kauf nehmen. Die Medien dürfen allerdings nicht grenzenlos und ohne Rücksicht auf die Rechte des Beschuldigten im Rahmen der Verdachtsberichterstattung informieren. Der Balanceakt zwischen dem Informationsinteresse der Öffentlichkeit, der Pressefreiheit der Medien sowie den Persönlichkeitsrechten des Betroffenen und der über aller stehenden Unschuldsvermutung stellt sich als äußerst schwierig dar.[949]

Nachdem ein kurzer Überblick über den Prozessverlauf und sie einhergehende mediale Berichterstattung erfolgte, soll nunmehr der eigentlich thematische Schwerpunkt erörtert werden. Denn nicht nur die Wortberichterstattung stand im Zentrum diverser Diskussionen, sondern auch die Bildberichterstattung spielte eine zentrale Rolle. Tatbestandlich handelt es sich dabei um während der Untersuchungshaft[950] von Kachelmann angefertigte Bildnisse. Diese wurden von mehreren Medien veröffentlicht und Gegenstand zahlreicher Diskussionen. Nachdem bereits im Laufe der Abhandlung die Problematik von Bildveröffentlichungen von Tatverdächtigen abstrakt aufgezeigt wurde, sollen nunmehr im Folgenden die Rechtsfragen anhand des praktischen Falles erörtert werden. Die vorherigen Ausführungen zum Fall lieferten das fallrelevante Hintergrundwissen.

---

946 Vgl. zur Definition BVerfG, Urteil v. 15.12.1999, Az. 1 BvR 653/96 = GRUR 2000, 446 (450)–Caroline von Monaco II; Umkehrschluss aus den Ausführungen von v. Strobel- Albeg, in: Wenzel, Wort- und Bildberichterstattung, zur „absoluten Person der Zeitgeschichte" Rdn. 8.9 ff. sowie zur „relativen Person der Zeitgeschichte" Rdn. 8.13 ff.

947 Ähnlich KG Berlin, Urteil v. 04.12.2007, Az. 9 U 21/07–Fall Carsten Speck, Link: http://tlmd.in/u/397.

948 Siehe oben zu Tatverdächtigen als Person der Zeitgeschichte, 2. Teil A. § 7 I. 1. a. aa. (3).

949 Ähnlich Utler, Fall Kachelmann: Ein Prozess, sieben Fragen, Spiegel Online v. 06.09.2010.

950 Im folgenden Verlauf der Arbeit mit U–Haft abgekürzt.

(b) Veröffentlichung des „Gefängnishof-Fotos“

Streitgegenständlich sind die während eines Freigangs auf dem Gefängnishof aufgenommen Fotos, welche den Betroffenen Kachelmann in Gefängniskleidung bei einem Hofgang zeigen. Dieser befand sich sowohl zum Zeitpunkt der Bildaufnahme als auch der Veröffentlichung in U-Haft. Der Fotograf hatte die in Auftrag gegebenen Fotos heimlich angefertigt und später an verschiedene Medien weitergegeben. Die Printmedien veröffentlichten diese im Rahmen der Berichterstattung im Vergewaltigungsprozess um Jörg Kachelmann. Auf Grund der baulichen Beschaffenheit der JVA war es notwendig, dass sich der Fotograf auf ein in der Nähe der JVA befindliches Hochhaus begab. Die Entfernung war dennoch so weit, dass es eines Teleobjektives mit großer Brennweite bedurfte.[951] Anderenfalls wäre es nahezu unmöglich gewesen aus einer solchen Entfernung ein erkennbares Foto des Betroffenen zu erhalten. Sowohl die Aufnahme als auch die Verbreitung und Veröffentlichung geschah ohne Zustimmung des Abgebildeten. Die besagten Fotos wurden im Rahmen eines Artikels am 11.04.2010 zum einen unter „bild.de“ mit der Überschrift „NEUE GELIEBTE AUFGETAUCHT – Hat Kachelmann ihr die Ehe versprochen?“[952] sowie unter „blick.ch“ in der Rubrik „Bilder der Woche“ und den Seiten 18 und 19 in der Zeitung „Bild am Sonntag“ ebenfalls unter der Überschrift „Neue Geliebte aufgetaucht. Hat Kachelmann ihr die Ehe versprochen?“ veröffentlicht. Ein weiterer Artikel auf „bild.de“ erschien am 12.04.2010 unter der Überschrift „16 Grad, Wind von Nordost – Jörg Kachelmann genießt die Sonne im Gefängnishof“.[953]

(aa) Erlass einer einstweiligen Verfügung

Gegen diese mediale Berichterstattung wehrte sich der zwischenzeitlich freigesprochene ehemalige Wettermoderator vor dem LG Köln und begehrte Unterlassung im Verfahren des einstweiligen Rechtsschutzes.[954] In erster Instanz gab das LG Köln[955] dem Antrag des Moderators statt.

Das Gericht argumentierte, die Bildpublikation stelle einen unzulässigen Eingriff in das Persönlichkeitsrecht des Moderators dar. Es bediente sich des Begriffes der „Person der Zeitgeschichte“ und erklärte, dass es sich bei dem Antragsteller zwar um eine solche handele und ein zeitgeschichtliches Bildnis im Sinne des § 23 Abs. 1 Nr. 1 KUG vorliege, eine weitere Abwägung der widerstreitenden Interessen im Einzelfall jedoch keinesfalls unterbleiben könne. Dass es sich bei dem Bildnis um ein solches

---

951 OLG Köln, Urteil v. 15.11.2011, Az. 15 U 62/11.

952 Quelle: http://www.bild.de/news/2010/joerg-kachelmann/neue-geliebte-aufge taucht-12158144.bild.html.

953 Quelle: http://www.bild.de/news/2010/joerg-kachelmann/geniesst-sonne-haft-12151078.bild.html.

954 Siehe v. Grote, Foto- und Bildrechte, 29.11.2011, Quelle: http://www.wbs-law.de/internetrecht/lg-koln-veroffentlichung-der-abbildung-eines-paparazzi-recht masig-16839/.

955 LG Köln, Urteil v. 09.11. 2011, Az. 28 O 225/11.

von „hohem zeitgeschichtlichen Interesses und Aktualität“ handele vermag daran nichts zu ändern. Auch eine „Person der Zeitgeschichte“ müsse die tiefgreifende Verletzung ihrer Persönlichkeitsrechte nicht stillschweigend hinnehmen und erdulden. Im Rahmen der Abwägung stellte das Gericht insbesondere folgende Punkte heraus.

Erstens wirkte sich bei der Abwägung der Kammer die Heimlichkeit der Aufnahmen aus. Dabei führt das Gericht aus, der Abgebildete konnte und musste in der damaligen Lebenssituation weder mit der Herstellung noch einer zu einem späteren Zeitpunkt erfolgenden Verbreitung von Aufnahmen mit seinem Konterfei rechnen. Der Gefängnishof ist der Öffentlichkeit nicht frei zugänglich. Der zweite Aspekt, den das Gericht anführt, ist der der Inhaftierung an sich. Es war dem Abgebildeten nicht möglich sich von dort zurück zu ziehen. Nachdem die Verbreitung der Bilder bereits im einstweiligen Rechtsschutzverfahren untersagt wurde, ergingen am 22.06.2011 die Urteile im Hauptsacheverfahren.[956] Das LG Köln bestätigte darin, dass die Verbreitung der Bilder unzulässig war.

(bb) Berufung der Beklagten

Gegen das Urteil des LG Köln wehrten sich die Beklagten mit einer Berufung. Als Begründung führten sie an, dass das Gericht in erster Instanz die Bedeutung des Begriffs „zeitgeschichtliches Ereignis“ verkannt und keine den Anforderungen der Pressefreiheit gemäß Art. 5 Abs. 1 GG genügende Abwägung der widerstreitenden Interessen vorgenommen habe.[957] Des Weiteren wird argumentiert, dass die vom Kläger veröffentlichten Bilder eine erhebliche zeitgeschichtliche Relevanz aufwiesen. Ob diese aus dem Eindruckswert der betroffenen Bilder oder aber aus der Verknüpfung mit Schrift/ Überschrift und Bild resultiert sei dabei nicht von Belang. Die Bilder stellten einen Beleg für die Untersuchungshaft des Klägers dar. Zudem werde durch sie aufgezeigt, dass diesem trotz seines Prominentenstatus keinerlei Privilegien und Sonderrechte eingeräumt werden.[958] Die Beklagten merkten an, dass die Entscheidung des Gerichts in erster Instanz fehlerhaft gewesen sei, soweit sie das Vorliegen eines „zeitgeschichtlichen Ereignisses“ von einem aktuellen Anlass abhängig mache. Denn soweit es den Kläger betreffe, stand dieser bereits vor dem gegen ihn eingeleiteten Ermittlungs- und Strafverfahren und der U-Haft im Blickfeld der Öffentlichkeit. Er sei eine Person des Öffentlichen Lebens und in der Vergangenheit durch eine stetige Präsens in den Medien aufgefallen. Auch habe das Landgericht verkannt, dass eine umfassende Berichterstattung über den Täter, die mutmaßliche Tat und sein Privatleben über einen längeren Zeitraum in den verschiedensten Medien stattfand. Die Auffassung des Gerichts, das auch in einer JVA im Rahmen einer Untersuchungshaft ein „privater Rückzugsbereich“, ähnlich einer Urlaubssituation, gewährleistet sein müsse, könne nur mit Skepsis begegnet werden. Ebenso, dass der gesamte Aufenthalt in der JVA, unabhängig

956 LG Köln, Urteil v. 22.06.2011, Az. 28 O 952/10, 28 O 955/10.
957 OLG Köln, Urteil v. 15.11. 2011, Az. 15 U 62/11.
958 OLG Köln, Urteil v. 15.11.2011, Az. 15 U 62/11.

davon in welcher Situation der Kläger abgebildet worden sei, von dem Gericht der Privatsphäre zugeordnet wurde. Die gerichtlich angeordnete Unterlassung der weiteren Veröffentlichung und der Verbreitung gemäß § 22 KUG sei bei korrekter Gewichtung der soeben genannten Abwägungskriterien nicht haltbar.

Die Argumentation der Beklagten vermochte das Gericht nicht zu überzeugen. Die Berufung blieb erfolglos. Auch das OLG Köln sieht durch die Veröffentlichungen das Recht am eigenen Bild des Klägers gemäß § 22 KUG verletzt. Es folgte dem LG Köln und erklärte die Zuerkennung eines Unterlassungsanspruchs für berechtigt. Die Verurteilung der Beklagten zur Unterlassung der Verbreitung und öffentlichen Zurschaustellung gemäß § 22 KUG wurde durch das LG Köln bestätigt. Dabei bezieht sich das OLG Köln hinsichtlich seiner Urteilsbegründung darauf, dass das LG Köln völlig richtig das von der höchstrichterlichen Rechtsprechung zu § 22 f. KUG entwickelte abgestufte Schutzkonzept[959] angewendet habe. Die Veröffentlichungen der Fotos seien mangels Einwilligung des Abgebildeten unzulässig. Zudem fehle der Bezug zu einem Ereignis der Zeitgeschichte, was die Rechtswidrigkeit der begründe.[960] Dieser kann weder durch das Foto selbst,[961] noch in dem Zusammenhang mit der Wortberichterstattung hergestellt werden.[962] Es bezieht sich zudem auf die Ausführungen des LG Köln zur Heimlichkeit und der Verwendung von technischen Hilfsmitteln. Danach sei die Veröffentlichung der Hofgansbilder nicht gerechtfertigt, nur weil „gegen den Verfügungskläger ein Ermittlungsverfahren wegen des Vorwurfs der Vergewaltigung anhängig war, und er sich deswegen in Untersuchungshaft befand, (...), wenn die Bilder – wie hier – heimlich und unter Ausnutzung von technischen Mitteln aufgenommen wurden sind".[963] Offensichtlich schließt sich das OLG Köln dem LG Köln an und stellt unter anderem maßgeblich auf die Heimlichkeit der Aufnahmen ab. Der Paparazzo habe sich zum einen ohne Genehmigung Zugang zu einem Raum mit Blick auf den Gefängnishof verschafft und die Herstellung der Fotos erfolgte zudem mit einer Vielzahl von foto- und videotechnischen Geräten und Hilfsmitteln, unter anderem einem Teleobjektiv mit großer Brennweite.[964] Die Argumentation der Beklagten, das Gericht habe die von Art. 5 Abs. 1 GG geschützte Pressefreiheit nicht ausreichend bedacht, gehe fehl. Beziehend auf die höchstrichterliche Rechtsprechung führt das OLG Köln aus, dass es vielmehr entscheidend sei, „ob die Presse eine neue und wahre Information von allgemeinem Interesse für die öffentliche Meinungsbildung mitteilt, oder ob der Informationswert für die Öffentlichkeit wesentlich in der

959 Vgl. zusammenfassend BGH, Urteil v. 06.03.2007, Az. VI ZR 51/06 = NJW 2007, 1977–Caroline von Hannover.

960 OLG Köln, Urteil v. 15.11.2011, AZ. 15 U 62/11. Das OLG Köln bezieht sich hierbei auf die Argumentationen und Ausführungen des LG Köln. Es schließt sich diesen ohne Einschränkungen an. Zwecks der Vermeidung von Wiederholungen wird in weiten Teilen auf die obigen Ausführungen verwiesen.

961 Vgl. OLG Köln, Urteil v. 15.11.2011, AZ. 15 U 62/11, Abs.–Nr. 26 (27).

962 Vgl. OLG Köln, Urteil v. 15.11.2011, AZ. 15 U 62/11, Abs.–Nr. 28 (29).

963 OLG Köln, Urteil v. 15.11.2011, Az. 15 U 62/11, Abs.–Nr. 22.

964 So OLG Köln, Urteil v. 15.11.2011, AZ. 15 U 62/11, Abs.–Nr. 22.

Unterhaltung ohne gesellschaftliche Relevanz bestehe".[965] Dem vorliegenden Fall sei es gerade eigen, dass kein aktueller Anlass bestehe, welcher die Verbreitung der Bilder des Abgebildeten während des Hofganges in der JVA Mannheim rechtfertigen würde. Wenngleich die plakativ in den Vordergrund gestellt Formulierung „Neue Geliebte" als Artikelüberschrift eine neue Information vermuten lassen könnte, so reicht der reine „Deckmantel" nicht aus.[966] Vielmehr muss auch der Inhalt der Berichterstattung neue Informationen enthalten. Auch die Bezugnahme auf die U-Haft reicht dabei nicht aus. Mit Hinblick auf die seit drei Wochen andauernde U-Haft des Klägers in der JVA Mannheim kann der Anlass der Berichterstattung nicht mehr als aktuell im Sinne der Zulässigkeitsvoraussetzung bezeichnet werden.[967] Der am 12.04.2010 erschienene Artikel auf „bild.de", welcher u.a. Verfahrensgegenstand ist, nimmt sogar in seiner Überschrift, „16 Grad, Wind von Nordost (...) 22 Tage in U-Haft und noch kein Haftprüfungstermin", Bezug auf die lange Dauer der U-Haft.[968] Damit gelte es als bewiesen, dass die beanstandenden Veröffentlichungen keinerlei neue Informationen publizieren. Sie erschöpften sich lediglich darin, dass mutmaßliche Fehlverhalten des Tatverdächtigen wiederholt in die Öffentlichkeit zu tragen, ohne jedoch einen „öffentlichkeitsrelevanten" aktuellen Anlass für die Berichterstattung aufweisen zu können. Es könne, so das OLG Köln, auch keine Parallele zu Entscheidungen des BGH gezogen werden, in welchen dieser der Presse die berechtigte Funktion als „öffentlicher Wachhund" zusprach und eine Bildveröffentlichung als zulässig erachtete.[969] Das OLG geht auch insoweit konform, als dass das LG Köln richtiger Weise den „aktuellen Anlass" erst bei der Bewertung des Vorgangs des Persönlichkeitsschutzes des Verfügungsklägers geprüft hat.[970]

(cc) Eigene Stellungnahme

Sowohl den Ausführungen des LG Köln als auch dem darauf Bezug nehmenden OLG Köln ist vollumfänglich zuzustimmen. Um Wiederholungen zu vermeiden wird Auf eine Stellungnahme zum Verfahren im einstweiligen Rechtsschutz (Kachelmann= Verfügungskläger) sowie zum Berufungsverfahren (Kachelmann= Berufungsbeklagter)

---

965 OLG Köln, Urteil v. 15.11.2011, Az. 15 U 62/11 unter Bezugnahme auf BVerfG, Beschluss v. 21.8.2006–1 BvR 2606/04 = NJW 2006, 3406 ff. (3407).

966 OLG Köln, Urteil v. 15.11.2011, AZ. 15 U 62/11, Abs.-Nr. 30.

967 OLG Köln, Urteil v. 15.11.2011, AZ. 15 U 62/11, Abs.-Nr. 30.

968 Artikel unter http://www.bild.de/news/2010/joerg-kachelmann/geniesst-sonne-haft-12151078.bild.html.

969 Vgl. BGH, Urteil v. 28.10.2008–VI ZR 207/07 = GRUR 2009, 150–Karsten Speck. Das OLG Köln argumentiert vor allem mit der unterschiedlichen Fallkonstellation. Bei dem vom BGH entschiedenen Fall wurde dem inhaftierten Moderator Karsten Speck bereits zwei Wochen nach Haftantritt, welchem eine Verurteilung zu einer mehrjährigen Gefängnisstrafe voraus ging, ein Haftausgang genehmigt. Diese Situation weise jedoch keine Gemeinsamkeiten zum Fall Kachelmann auf und müsse aus diesem Grund auch anderes beschieden werden.

970 OLG Köln, Urteil v. 15.11.2011, AZ. 15 U 62/11, Abs.-Nr. 32.

wird verzichtet. Andernfalls wäre die Wiederholung von Argumenten unvermeidlich. Das OLG Köln nimmt im Rahmen seiner Urteilsbegründung umfangreich Bezug auf die Ausführungen des LG Köln im einstweiligen Rechtsschutzverfahren, sodass eine Aufsplitterung unterbleiben kann.

Zunächst bedarf es der klärenden Feststellung, dass sich eine Abwägung der widerstreitenden Interessen im vorliegenden Fall grundsätzlich nicht verbietet, weil kein Eingriff in die Intimsphäre des Verfügungsklägers vorliegt.[971] Die Ablichtung und Veröffentlichung des Verfügungsklägers in der Situation des Hofgangs in der JVA Mannheim ist vielmehr als ein Eingriff in dessen Privatsphäre zu qualifizieren.[972] Die Interessenabwägung des LG Köln stellt sich als schlüssig und nachvollziehbar dar. Sofern die Berufungskläger sich auf die Unfreiwilligkeit des Aufenthaltes berufen, kann darin kein Argument für die Zulässigkeit der Berichterstattung gesehen werden. Warum sollte der Umstand, dass sich der Verfügungskläger unfreiwillig in dem Umfeld aufhielt, in welchem er fotografiert wurde, relevant für die Zulässigkeit der Berichterstattung sein? Eine Parallele kann und wird hier vom LG Köln zur „Urlaubs-Rechtsprechung“ des BGH gezogen.[973] Bei Veröffentlichungen von Fotoaufnahmen während eines Urlaubsaufenthaltes des jeweiligen Prominenten hat der BGH bereits mehrfach entschieden, dass ein solcher regelmäßig zum geschützten Kernbereich der Privatsphäre zählt.[974] Der Verfügungsbeklagte befand sich zum Zeitpunkt der Bildnisaufnahmen in einem Bereich, welcher von der Öffentlichkeit abgeschieden war. Auch das OLG Köln weist auf die Irrelevanz des unfreiwilligen Aufenthaltes hin und schließt sich somit ebenfalls dem LG Köln an.[975] Die Unfreiwilligkeit des Aufenthalts bemächtigt die Presse nicht zur Herstellung und Verbreitung von Bildnissen gegen den Willen des Abgebildeten. Man könnte hierbei zu bedenken geben, dass die höchstrichterliche „Urlaubs-Rechtsprechung“ ausschließlich Fallkonstellationen betrifft, in welchen sich die bekannte Persönlichkeit an ihrem

971 Definition Intimsphäre siehe oben unter 2. Teil A. § 7 III. 3. a.

972 Ausführlich zur Privatsphäre siehe oben unter 2. Teil A. § 7 III. 3. b.

973 Vgl. dazu BGH, Urteil v. 01.07.2008, Az. VI ZR 243/06 = NJW 2008, 3138–Sabine Christiansen, Einkaufsbummel im Urlaub; BGH, Urteil v. 17.02.2009, Az. VI ZR 75/08 = NJW 2009, 1502–Sabine Christiansen, Liebespaar in Paris; BGH, Urteil v. 03.07.2007, Az. VI ZR 164/06 = GRUR 2007, 902–Oliver Kahn; BVerfG, Beschluss v. 26.02.2008, Az.1 BvR 1602/07–Caroline von Monaco III; BGH, Urteil vom 06.03.2007, Az.: VI ZR 52/06–Caroline von Hannover; BGH, Urteil v. 19.06.2007, Az.: VI ZR 12/06–Lebensgefährtin von Herbert Grönemeyer.

974 BGH, Urteil v. 01.07.2008, Az. VI ZR 243/06 = NJW 2008, 3138–Sabine Christiansen, Einkaufsbummel im Urlaub; BGH, Urteil v. 17.02.2009, Az. VI ZR 75/08 = NJW 2009, 1502–Sabine Christiansen, Liebespaar in Paris; BGH, Urteil v. 03.07.2007, Az. VI ZR 164/06 = GRUR 2007, 902–Oliver Kahn; BVerfG, Beschluss v. 26.02.2008, Az. 1 BvR 1602/07–Caroline von Monaco III; BGH, Urteil v. 06.03.2007, Az. VI ZR 52/06–Caroline von Hannover; BGH, Urteil v. 19.06.2007, Az. VI ZR 12/06 = GRUR 2007, 899 (901)–Lebensgefährtin von Herbert Grönemeyer.

975 OLG Köln, Urteil v. 15.11.2011, Az. 15 U 62/11, Abs.-Nr. 17.

Urlaubsort in öffentlich zugänglichen Plätzen aufgehalten hat. Daraus folgt jedoch keine Unzulässigkeit des Situationsvergleichs. Der Verfügungskläger befand sich, vergleichbar mit den Fällen der Urlaubsrechtsprechung, in einer Situation, in der er nicht erwarten musste, von der den Medien belästigt zu werden und mit einer heimlichen Ablichtung in seiner Privatsphäre rechnen zu müssen. Vielmehr kommt im Falle des Verfügungsklägers erschwerend hinzu, dass er sich gerade nicht an einem öffentlichen, mithin der Bevölkerung zugänglichen, Platz aufgehalten hat. Der Verfügungskläger befand sich in einem für die Öffentlichkeit nicht zugänglichen Verkehrsraum, weil der Gefängnishof von der Öffentlichkeit separiert und nicht einsehbar ist.

Die situative Beurteilung fällt eindeutig aus.[976] Der Gefängnishof der JVA Mannheim, in dem der Verfügungskläger abgelichtet wurde, ist ungeachtet der Unfreiwilligkeit des Aufenthalts ein von der Öffentlichkeit abgeschirmter Bereich. Ein solcher stellt auch nach höchstrichterlicher Rechtsprechung des BGH ein Teil der Privatsphäre dar.[977] Das Gefängnis ist für die Zeit der Inhaftierung ein „Ersatz-Zuhause" für die Insassen und ersetzt die privaten vier Wände. Die Situation erfordert eine Gleichbehandlung mit Bildnisaufnahmen im und Veröffentlichung aus dem geschützten Kernbereich der Privatsphäre. Das gilt auch für die anzusetzenden Maßstäbe. Andernfalls müsste man die Frage beantworten, warum die Gefängnissituation anders zu bewerten sei. Tatsächlich vermag der Aspekt, dass es sich bei einer klassischen Justizvollzugsanstalt um eine Anstalt öffentlichen Rechts (AöR) handelt und die Inhaftierten als Schutzbefohlene beherbergt daran nichts zu ändern. Entscheidend ist die Funktion der JVA für die Insassen. Das Argument, die Insassen geben mit dem Zeitpunkt der Inhaftierung ihr Recht auf Privatsphäre auf, vermag dabei nicht zu überzeugen. Dieses Ergebnis wird aus den Grundrechten der Art. 1 Abs. 1 GG und 2 Abs. 1 GG hergeleitet und kann auch einem Gefängnisinsassen nicht abgesprochen werden. Des Weiteren bestand für den Verfügungskläger zu keinem Zeitpunkt die Alternative sich „zurück zu ziehen". Anders als eventuell im privaten, vielleicht sogar häuslichen, Bereich, etwa durch Ortswechsel, war es ihm nicht möglich sich während des Hofganges zu entfernen. Er war der Situation mithin völlig „ausgeliefert", was als erschwerender Aspekt in die Interessenabwägung mit einfließen muss.

Darüber hinaus kommt dem Aspekt der Heimlichkeit sowie des Einsatzes technischer Hilfsmittel eine besondere Bedeutung im Rahmen der Interessenabwägung zu. Die Aufnahmen wurden von einem der JVA gegenüberliegenden Hochhausgebäude geschossen, welches der Paparazzi unbefugt erklommen hatte. Erschwerend kommt

976 Zur situativen Beurteilung der Voraussetzung der Abgeschiedenheit vgl. BVerfG, Urteil v. 15.12.1999, Az. 1 BvR 653/96–Caroline von Monaco II.

977 So auch die Rechtsprechung des BGH. Vgl. dazu BGH, Urteil v. 01.07.2008, Az. VI ZR 243/06 = NJW 2008, 3138–Sabine Christiansen, Einkaufsbummel im Urlaub; BGH, Urteil v. 17.02.2009, Az. VI ZR 75/08 = NJW 2009, 1502–Sabine Christiansen, Liebespaar in Paris; BGH, Urteil v. 03.07.2007, Az. VI ZR 164/06 = GRUR 2007, 902–Oliver Kahn.

hinzu, dass die identifizierenden Aufnahmen vom Verfügungskläger aus dieser Entfernung ausschließlich unter Verwendung eines Teleobjektivs mit hoher Brennweite angefertigt werden konnten. Aus diesem Grund erfüllt die Gefängnishofsituation alle Voraussetzungen einer Abgeschiedenheit. Im Ergebnis musste Kachelmann nicht damit rechnen von Personen außerhalb der JVA beobachtet und abgelichtet zu werden. Mithin konnte und musste er auch nicht erwarten, den Blicken der Öffentlichkeit durch Fotos ausgesetzt zu sein,[978] welche ohne seine Kenntnis unter Verwendung eines technischen Hilfsmittels in Gestalt eines Teleobjektives hergestellt und gelten somit als heimlich aufgenommen wurden.[979] Es verbietet sich die Annahme, dass eine Verbreitung und öffentliche Zurschaustellung der Bilder bereits dadurch gerechtfertigt sei, dass es sich bei dem abgebildeten Moderator um eine Person und bei dem Bildnis um ein solches der Zeitgeschichte handelt. Soweit die Berufungskläger behaupten, der Moderator dürfe als „Person der Zeitgeschichte" ungefragt abgelichtet werden, ist dem grundsätzlich zuzustimmen. Dies folgt aus dem Recht der Öffentlichkeit auf Information. Doch auch Personen der Zeitgeschichte müssen tiefgreifende Persönlichkeitsrechtsverletzungen nicht stillschweigend hinnehmen. Insbesondere müssen die Persönlichkeitsrechte gewahrt werden. Vorliegend bedeutet dies keine identifizierende Berichterstattung über eine Situation des Privatlebens ohne Einwilligung des Abgebildeten. Es bedarf stets einer Abwägung zwischen dem Informationsinteresse der Öffentlichkeit und dem Persönlichkeitsrecht des Betroffenen. Die situative Bewertung des Gefängnishofes als von der Öffentlichkeit abgeschieden und unzugänglich lässt nur den Schluss zu, dass es sich um einen privaten Rückzugsbereich handelte und der Verfügungskläger davon ausgehen konnte, von den Medien einmal nicht „behelligt", beobachtet oder belagert zu werden. Der Eingriff in das Persönlichkeitsrecht des Abgebildeten kann mithin nur als rechtswidrig gewertet werden, was durch die Heimlichkeit der Aufnahme unter Verwendung eines Teleobjektives mit großer Brennweite gestützt wird.

Dem OLG Köln ist darin beizupflichten, wenn es die Abwägung der Pressefreiheit und des allgemeinen Persönlichkeitsrechts durch das LG Köln für die Ergebnisfindung als rechtmäßig und völlig legitim erachtet.[980] Aus dem Kontext der Berichterstattung geht nicht hervor, dass neue und wahre Informationen von allgemeinem

---

978 BVerfG, Urteil v. 15.12.1999, Az. 1 BvR 653/96–Caroline von Monaco II.

979 Vgl. EGMR, Urteil v. 24.06.2004, Az. 59320/00 = NJW 2004, 2647 (2650)–Caroline von Hannover; BVerfG, Beschluss v. 21.08.2006, Az. 1 BvR 2606/04 = NJW 2006, 3406 (3408)–Prominenten–Partner; BGH, Urteil v. 06.03.2007, Az. VI ZR 51/06 = NJW 2007, 1977 (1981)–Caroline von Hannover; EGMR, Urteil v. 24.6.2004, Az. 59320/00 = GRUR 2004, 1051 (1054)–Caroline von Hannover; LG Hamburg, Urteil v. 10.07.2009, Az. 324 O 840/09, www.presserecht-aktuell.de.–Sabine Christiansen–Karibikinsel.

980 Das OLG Köln stellt fest, dass das LG Köln zu recht und mit zutreffender Begründung der Klage statt gegeben hat. Vgl. OLG Köln, Urteil v. 15.11.2011, Az. 15 U 62/11, Abs. –Nr. 17.

Interesse für die öffentliche Meinungsbildung vermittelt werden.[981] Vielmehr liegt es nahe, dass sich der Informationswert wesentlich in der reinen Unterhaltung der Öffentlichkeit erschöpft und keine gesellschaftliche Relevanz besteht. Die Bildveröffentlichung diente mangels neuer Erkenntnisse im Fall Kachelmann nicht wesentlich dem Informationsinteresse, sondern lediglich der Sensationsgier der Öffentlichkeit.[982] Die strittige Aufnahme wurde nicht im Zusammenhang mit neuen Informationen veröffentlicht, vielmehr wurde der klägliche Versuch unternommen, künstlich neue Informationen „zusammen zu basteln". Nur weil das Adjektiv „neu" in der Überschrift „neue Geliebte" vorkommt, bedeutet dies nicht automatisch die Publizierung einer noch nicht öffentlich bekannten Tatsache bzw. Ereignisses. Bei näherer Betrachtung des Inhalts offenbart sich, dass diese rein plakativ ist. Die Veröffentlichung der Bilder vom Hofgang in der JVA Mannheim kann dadurch nicht gerechtfertigt werden, sodass auch die begleitende Wortberichterstattung einen Sachbezug nicht herzustellen vermag. In Anbetracht der Art der Berichterstattung liegt es nahe, dass Sensationslust und Voyeurismus der Leserschaft durch wiederholte Darstellung des mutmaßlichen Fehlverhaltens des Verfügungsklägers bedient werden sollten, welche wiederum kein geschütztes Interesse darstellen.

Der Argumentation der Kläger im Berufungsverfahren vor dem OLG Köln, das Gericht habe eine ihm nicht zustehende differenzierte Bewertung der Veröffentlichung in wertlos und wertvoll vorgenommen, muss entschieden entgegen getreten werden. Im Rahmen der Abwägung hat das LG Köln lediglich die konkurrierenden Interessen bewertet und entsprechend gewichtet. Was zu dem Ergebnis führte, dass weder ein neues zeitgeschichtliches Ereignis vorlag, noch ein schützenswertes öffentliches Informationsinteresse gegeben war.[983] Bei näherer Auseinandersetzung mit der Berichterstattung kann man sich des Eindrucks nicht erwehren, dass den veröffentlichenden Medien die Eventualität einer Unzulässigkeit der reinen Bildnisveröffentlichung durchaus bewusst war. Aus eben diesem Grund versuchte man vorliegend mit „reißerischen" und ebenso „plakativen" Überschriften, begleitet von einer entsprechenden Wortberichterstattung, über die fehlende Neuigkeit hinweg zu täuschen. In Anbetracht der Art der Berichterstattung liegt das Ziel der Berufungskläger, die Freude der Leserschaft an Skandalen und menschlichen Abgründen befriedigen zu wollen, nahe. Über die Umstände des Falles Kachelmann sowie seiner Inhaftierung am 20.03.2010 wurde in den verschiedensten Medien bereits ausführlich berichtet. Die Argumentation der Berufungskläger, sie hätten „News" veröffentlicht, geht mithin fehl. Insoweit kann mit den Ausführungen des Gerichtes konform zu gehen, wenn es den Sachbezug zu einem der Öffentlichkeit noch nicht bekannten

981 Vgl. zur Thematik BVerfG, Beschluss v. 21.08.2006, Az. 1 BvR 2606/04 = NJW 2006, 3406 (3407)–Prominenten–Partner; OLG Köln, a.a.O., Abs.–Nr. 20.

982 Vgl. OLG Köln, a.a.O., Abs.–Nr. 12.

983 Ähnlich auch das OLG Köln, welches nur kurz feststellt, dass eine Bewertung der Berichterstattung hinsichtlich des Aspektes „wertlos" und „wertvoll" durch das LG Köln nicht stattgefunden hat, vgl. dazu OLG Köln, a.a.O., Abs.–Nr. 29.

„öffentlichkeitsrelevanten“ neuen Ereignisses verneint.[984] Worin sollte das neue Ereignis nach Ansicht der Berufungskläger überhaupt bestehen? Das Ereignis kann nur in der Inhaftierung Kachelmanns gesehen werden, welches jedoch zum Zeitpunkt der bebilderten Berichterstattung bereits drei Wochen zurück lag, mithin nicht mehr als „neu“ bezeichnet werden kann.[985] Obwohl sich die Berufungskläger redlich bemühten einen Zusammenhang zwischen der Veröffentlichung der Bilder und einem neuen Ereignis der Zeitgeschichte zu konstruieren, so ist ihnen dies im Ergebnis nicht gelungen.

Ins Leere geht ebenso die Argumentation, die Bilder bewiesen, dass der Abgelichtete sich in U-Haft befinde und ihm als Prominenten keinerlei Privilegien oder eine Sonderbehandlung zukomme. Für die Begründung eines zeitgeschichtlichen Ereignisses ist dieser Gesichtspunkt irrelevant. Darüber hinaus muss ernsthaft bezweifelt werden, ob die gegenständlichen Fotos überhaupt geeignet waren, einen Beweis für die fehlende Sonderbehandlung bzw. eine Privilegierung des Verfügungsklägers zu erbringen. Die Aufnahmen zeigen lediglich „einen Augenblick des Hofganges“, einen Ausschnitt von ca. einer Stunde des Tages. Aus diesem Grund erscheint es nicht nachvollziehbar, warum die Berufungskläger von einer Dokumentation des Haftalltags Kachelmanns sprechen. Erschwerend kommt hinzu, dass es keinerlei Hinweise auf eine bevorzugte Behandlung Kachelmanns während der U-Haft gab, sodass dafür auch kein Beweis bzw. Gegenbeweis erbracht werden musste. Im Gegenteil. Die Medien haben den Fall Kachelmann zum Anlass genommen, um über eine eventuelle Schlechterstellung eines Prominenten gegenüber einem „normalem Gefängnisinsassen“ zu diskutieren. Friedrichsen[986] sieht im Falle Kachelmann keinerlei Prominentenvorteil, im Gegenteil könne „von einem Prominentenbonus schon lange nicht mehr gesprochen werden (...), eher von einem Malus“. Diese Betrachtungsweise ist mit Blick auf den vorliegenden Strafrechtsprozess nicht fernliegend. Es erscheint hingegen eher fragwürdig, ob mit einem „Normalbürger“ in einem vergleichbaren Prozess ebenso verfahren worden wäre. Bereits die U-Haft galt hinsichtlich der Verhältnismäßigkeit nicht als unstrittig. Hinterfragt wurde vor allem, ob das Erfordernis einer effektiven Strafrechtspflege eine U-Haft des Verfügungsklägers erfordere, oder ob sie im betreffenden Fall auf Grund der Unschuldsvermutung eher als eine „Freiheitsberaubung von Unschuldigen“[987] anzusehen sei. Es entsteht durchaus der Eindruck, Gericht und Staatsanwaltschaft haben besonders streng und akkurat vorgehen wollen, um einer möglichen Kritik bezüglich

---

984 OLG Köln, Urteil v. 15.11.2011, Az. 15 U 62/11, Abs.-Nr. 17, www.presserecht-aktuell.de.

985 Ähnlich auch die Urteilsbegründung des OLG Köln, a.a.O., Abs.-Nr. 25.

986 Friedrichsen, Fall Kachelmann: Wehe sie sind prominent, in: Spiegel Online Panorama vom 29.7.2010, Quelle: http://www.spiegel.de/panorama/justiz/fall-kachelmann-wehe-sie-sind-prominent-a-709097.html.

987 So Schmitt, in: Meyer-Goßner, a.a.O., vor § 112 Rdn. 1; Zum Spannungsverhältnis von U-Haft und Unschuldsvermutung vgl. BVerfGE 19, 342 (347)-Wencker; Hilger, in: Löwe/ Rosenberg, StPO, vor § 112 Rdn. 37; Haberstroh, Jura 1984, 225 (232).

eines Prominentenbonus zu entgehen. Ob die U-Haft von über vier Wochen im vorliegenden Fall zulässig war oder nicht, ist für die vorliegende Fragestellung irrelevant und kann an dieser Stelle dahin stehen. Die Diskussion über eine solche Verhältnismäßigkeit der U-Haft ist jedoch ausreichend, um die Argumentation der Berufungskläger ins Leere gehen zu lassen. Ein öffentliches Informationsinteresse an der streitgegenständlichen Berichterstattung kann mithin auch nach diesem Gesichtspunkt nicht bejaht werden.

Die Argumentation der Berufungskläger wirft die Frage auf, ob die Bildveröffentlichungen auf Grund des Verhaltens des Verfügungsklägers nunmehr differenziert beurteilt werden müssen. Diese führen nämlich an, dass Kachelmann selbständig und eigenverantwortlich wiederholt in die Öffentlichkeit getreten sei. Dadurch habe er eine auf seine Privatsphäre bezogene Berichterstattung (Bildberichterstattung) selbst initiiert. Doch vermag diese Argumentation tatsächlich die Zulässigkeit der strittigen Bildnisveröffentlichung zu begründen? Die Frage muss klar mit „nein" beantwortet werden. Bezüglich des vorliegenden Sachverhaltes vermag sie die Unrechtmäßigkeit der Bildveröffentlichung nicht zu beeinflussen. Auch wenn man eine „mediale Omnipräsenz"[988] des Verfügungsklägers bejaht, so betrifft diese nicht den Hofgang in der JVA Mannheim. Nichts anderes gilt in Anbetracht der medialen Präsens des Verfügungsklägers. In ihrer Begründung zur Berufung führen die Berufungskläger zwar an, dass Kachelmann sowohl vor als auch nach seiner Inhaftierung sowie im Rahmen eines Haftprüfungstermins des AG Mannheim an die Medien heran getreten sei. Dies ist unbestritten. Die Berufungskläger verwechseln dies allerdings offensichtlich mit einer Einwilligung. Weder führen die medialen Auftritte des Verfügungsklägers zu einem Verzicht seiner Privatsphäre noch kann darin eine generelle Einwilligung in jegliche Form der medialen Berichterstattung gesehen werden. Streitgegenstand ist die Aufnahme und Veröffentlichung von Bildnissen des Verfügungsklägers während des Hofgangs in der JVA Mannheim. Hierbei hat er sich, im Unterschied zu den vorgebrachten Situationen, weder den Medien präsentiert, noch hatte er in eine Berichterstattung eingewilligt. Die vorherigen öffentlichen Auftritte können nicht dazu führen, dass er den Medien nunmehr schutzlos gegenüber steht und eine derartige Berichterstattung über sich ergehen lassen muss. Das OLG Köln kommt letztlich auch zu diesem Ergebnis und begründet kurz und bündig, dass einzig die Bilder vom betroffenen Hofgang in der JVA Mannheim Verfahrensgegenstand seien, sodass eine anderweitige Medienpräsens irrelevant ist.[989]

Wenngleich auch das allgemeine Persönlichkeitsrecht auf der Grundlage rechtsstaatlich legitimierter Inhaftierung gewissen Einschränkungen unterliegt, so darf dies jedoch nicht mit einer Schmälerung des Rechts am eigenen Bild gegenüber außerhalb des Justizvollzugs stehenden Personen verwechselt werden.[990]

988 Vgl. OLG Köln, a.a.O., Abs.-Nr. 23.
989 OLG Köln, Urteil v. 15.11.2011, AZ. 15 U 62/11, Abs.-Nr. 19.
990 Vgl. OLG Köln, Urteil v. 15.11.2011, AZ. 15 U 62/11, Abs.-Nr. 23.

(c) Zusammenfassung

Die Veröffentlichung des „Gefängnishof-Fotos" wurde in allen Instanzen für unzulässig erklärt. Der Abgebildete werde dadurch in seinem Recht am eigenen Bild verletzt. Dieser Eingriff könne auch nicht mit einem berechtigten Informationsinteresse der Öffentlichkeit gerechtfertigt werden. Insoweit überwiegt das Persönlichkeitsrecht des Abgebildeten denen der betroffenen Medien. Die Urteile der Gerichte sind nachvollziehbar und in sich widerspruchsfrei. Dies gilt umso mehr, wenn man sich verdeutlicht, dass die große Gefahr der Bildpublikation gerade darin liegt, dass Bilder in der Öffentlichkeit ein besonderes Vertrauen genießen.[991] Sie werden auch als sog. unvoreingenommene Nachrichtenträger bezeichnet.[992] Von je her besteht ein Vertrauen der Menschen in das Bild. Nicht selten hört man im Rahmen einer Zeugenvernehmung den Ausspruch „ich habe es mit eigenen Augen gesehen". Bilder vermitteln den Eindruck hundertprozentiger Objektivität, denn das Auge täuscht den Betrachter nicht, so die weit verbreitete Auffassung des Durchschnittsbürgers. Genau in dieser Annahme liegt das erhebliche Gefahrenpotential von Bildpublikationen. In der Verwendung von Tele- und Weitwinkelobjektiv liegt eine besondere Gefahr für das Persönlichkeitsrecht des Einzelnen.[993] Zuvor undenkbare Eingriffe werden dadurch ermöglicht. Die Verknüpfung des Bildes mit einer Wortberichterstattung erlaubt die Manipulation des Aussagegehaltes, sodass ein wahrheitsgetreu wiedergegebenes Bild durch den beigefügten Text in seiner Aussage verändert wird.[994] Der Betrachter kann im Extremfall dazu verleitet werden, auf Grund der Berichterstattung völlig falsche Rückschlüsse zu ziehen, die nicht mit der Realität übereinstimmenden.[995] Der vorliegende Fall ist ein Paradebeispiel für eine mediale Manipulation. Die Fotos vermitteln den Eindruck der Schuld des Verfügungsklägers. Zum Zeitpunkt der Aufnahme und der Veröffentlichung befand sich dieser noch in U-Haft, sodass er den Status eines Tatverdächtigen inne hatte und die Unschuldsvermutung galt. Insbesondere durch die Verknüpfung des Bildes mit der Überschrift „16 Grad, Wind von Nordost – Jörg Kachelmann genießt die Sonne im Gefängnishof"[996] wird unterschwellig die Schuld Kachelmanns suggeriert. Der Betrachter gewinnt den Eindruck, der Tatverdächtige sei bereits verurteilt und

---

991 Vgl. dazu BGH, Urteil v. 01.11.1961, Az. I ZR 78/60 = GRUR 1962, 211–Hochzeitsbild.

992 Vgl. dazu Mösslang, in: Dovifat (Hrsg.), a.a.O., S. 91 ff. (95), „(...) Nachrichtenträger, der einer unvoreingenommenen, kühlen, skeptischen Grundhaltung unserer Zeit entgegenzukommen scheint."; Engau, a.a.O., S. 58.

993 Siehe L. Martin, a.a.O., S. 143 ff.; Strietholt, in: Dovifat (Hrsg.), Publizistik, Bd. 2 Teil 1, S. 105 ff. (108); Meyn, a.a.O., S. 84; Engau, a.a.O., S. 59.

994 Zur Verknüpfung von Wort und Bild siehe insb. Huhndorf, a.a.O., S. 56 ff. (59 f.); ebenso Mösslang, in: Dovifat (Hrsg.), a.a.O., S. 91 ff. (103).

995 Vgl. Mösslang, in: Dovifat (Hrsg.), a.a.O., S. 91 ff. (103); U. Müller, a.a.O., S. 49 f., S. 58 f.; Engau, a.a.O., S. 59.

996 Siehe oben, Artikel vom 12.4.2010 auf bild.de.

verbüße nunmehr seine Haftstrafe. Diese Bildaussage wird durch die begleitende Überschrift verstärkt.[997]

Das Gericht verkennt die Bedeutung der Pressefreiheit keinesfalls. Der Presse kommt die Aufgabe zu, vollständig und sachlich zu berichten, um dem Leser somit die Möglichkeit zu geben, sich unter Würdigung der Verfahrensbeteiligten unvoreingenommen eine Meinung zu bilden.[998] Dieser Grundsatz wurde im vorliegenden Fall missachtet. Die Berichterstattung war geprägt von Unsachlichkeit und Subjektivität. Unseriöse Schlagzeilen wie „Neue Geliebte" und „16 Grad, Wind von Nordost – Jörg Kachelmann genießt die Sonne im Gefängnishof" sowie Formulierungen „Knackis drehen auf dem Sportplatz ihre Runde" dienen lediglich den Verkaufszahlen bzw. der Aufmerksamkeitssteigerung des jeweiligen Mediums und keinesfalls der Befriedigung des öffentlichen Informationsinteresses. In den saloppen und provokanten Formulierungen ist kein auch nur ansatzweise bestehender Informationswert immanent. Der Fall Kachelmann wurde bereits seit nunmehr drei Wochen in der öffentlichen Presse diskutiert. Die mit der Bildnisveröffentlichung einhergehende Wortberichterstattung enthielt ebenfalls keinerlei neue Erkenntnisse im Fall Kachelmann. Sie diente lediglich der Befriedigung des Sensations- und Unterhaltungsinteresses der Öffentlichkeit. Der Rechtsanwalt Kachelmanns, Matthias Siegmann, geht sogar noch einen Schritt weiter, wenn er die „bild.de"-Artikel als „schmuddelig" bezeichnet, welche beim Leser auf ein „Speichellecken" abzielen.[999]

Auch wenn Kachelmann von allen Vorwürfen durch das Gericht freigesprochen wurde, so dürfte die Fernsehkariere des beliebten Wettermoderators jedoch bereits durch den im Raum stehenden Tatverdacht unwiderruflich zerstört worden sein. Daran änderte auch ein späterer Freispruch nichts. Zu stark hat sich im kollektiven Gedächtnis festgesetzt, dass ein Verdacht bestand, welcher so fundiert war, dass es für eine Anklageerhebung und Inhaftierung ausreichte.[1000] Wie bereits zuvor erwähnt, gilt der Grundsatz der Unschuldsvermutung. Sie stellt einen gewichtigen Grundpfeiler des deutschen Rechtssystems dar und versucht die Beeinträchtigungen für den Betroffenen bis zum Beweis seiner Unschuld abzuschwächen.[1001]

---

997 Zur Wirkung von Bildbegleitenden Wortberichten vgl. Huhndorf, a.a.O., S. 56 ff. (59 f.); BGH, Urteil v. 10.12.1991, Az.VI ZR 53/91 = NJW 1992, 1312 f. (1313)-Korruptionsprozess; Engau, a.a.O., S. 59.

998 So auch in der Pressemitteilung des LG Köln zum Urteil v. 31.05.2011, Az. 5 Kls 404 Js 3608/10.

999 Vgl. Huff, in: Legal Tribune Online, Artikel v. 19.03.2013, Kachelmann gegen Springer Verlag: Grenzen der Medienberichterstattung vor dem BGH, Quelle: http://www.lto.de/persistent/a_id/8363/.

1000 Vgl. Boehme-Neßler, Die Kavallerie der Justiz, Artikel v. 06.09.2010, Legal Tribune Online, http://www.lto.de/recht/hintergruende/h/die-staatsanwaelte-und-der-fall-kachelmann-die-kavallerie-der-justiz/.

1001 Vgl. Boehme-Neßler, a.a.O.

Der Freispruch des Moderators im Mai 2011 durch das LG Mannheim[1002] führte nicht zu einer Rehabilitation in der Öffentlichkeit – viel zu umfangreich gestaltete sich die über mehrere Wochen andauernde mediale Berichterstattung. Zudem erfolgte der Freispruch nicht, weil das Gericht von der Unschuld Kachelmanns überzeugt war. Vielmehr betonten die Richter in ihrer Urteilsverkündung, dass der Freispruch allein aus Mangel an Beweisen erfolgte, mithin nach dem Zweifelsgrundsatz entschieden wurde. Die Überzeugung des Gerichts von der Unschuld des Angeklagten, und hier als Verfügungskläger auftretenden ehemaligen Wettermoderators, nach umfangreichen Beweisaufnahmen bestand nicht. Kachelmann erscheint mithin weit entfernt davon, in der Öffentlichkeit von allen Vorwürfen rein gewaschen zu sein. Ein Restzweifel bleibt nach diesem „Freispruch zweiter Klasse“[1003] in den Köpfen der Bevölkerung bestehen. Vielmehr haftet ihm weiterhin in der Öffentlichkeit der Vorwurf an, ein Sexualstraftäter zu sein, welcher lediglich nicht von der Justiz überführt werden konnte. Dies folgt bereits aus der Begründung „aus Mangel an Beweisen“. Mithin wird durch die Anhaftung eines dauerhaften Makels als angeklagter Sexualstraftäter in der Öffentlichkeit der Ruf irreparabel beschädigt. Die veröffentlichten Fotos trugen maßgeblich zu Restzweifeln der Bevölkerung an der Unschuld des Antragstellers bei. Ihre Veröffentlichung erfolgte ohne sachlichen Grund und diente ausschließlich der Profitsteigerung und Befriedigung der nicht schützenswerten Sensationsgier der Konsumenten. Ein öffentliches Informationsinteresse fehlte offensichtlich.

dd. Straftäter

Grundsätzlich gehören Straftaten zum Zeitgeschehen[1004] und sind Teil der von den Medien zu vermittelnden Informationen.[1005] Straftäter können Gegenstand medialer Berichterstattungen sein,[1006] vorausgesetzt ihre Tat fällt aus dem Rahmen des Alltäglichen heraus und erregt dadurch Aufsehen in der Öffentlichkeit.[1007] Handelt es sich

---

1002 LG Mannheim, Urteil v. 31.05.2011, Az. 5 KLs 404 Js 3608/10–Jörg Kachelmann.

1003 Es wurde im Nachhinein vielfach von einem Freispruch „zweiter Klasse“ gesprochen, welcher rechtlich gesehen nicht existiert. Dennoch erscheint es durchaus nachvollziehbar zwischen einem Freispruch auf Grund erfolgreichen Unschuldsbeweises und einem solchen aus Mangel an Beweisen zu unterscheiden. U.a. Barowski, Kommentar: Fall Kachelmann: Ein Prozess, der nur Verlierer kennt, Augsburger Allgemeine vom 31.05. 2011.

1004 BGH, NJW 2000, 1036 (1037); ebenso Lehr, in: Widmaier, a.a.O., § 20 Rdn. 43.

1005 BVerfGE 35, 202 (222); Lehr, in: Widmaier, a.a.O., § 20 Rdn. 43.

1006 Ausführungen zur „relativen Person der Zeitgeschichte“ und deren Definition siehe oben 2. Teil A. § 7 I. 1. a. bb.

1007 OLG Frankfurt, ZUM 2007, 546, 548; OLG Hamburg, NJW–RR 1991, 990, 991; AfP 1994, 232, 233; KG Berlin, NJW 2007, 703; KG Berlin, NJW–RR 2007, 345; Damm/ Rehbock, a.a.O., Rdn. 196; Engels, in: Möhring/ Nicolini, a.a.O.,§ 23 KUG Rdn. 8; Götting, in: Schricker/ Loewenheim (Hrsg.), a.a.O., § 60/ § 23 KUG Rdn. 34; Fricke in: Wandtke/ Bullinger, a.a.O., § 23 KUG Rdn. 15.

hingegen nur um Straftaten der sog. kleinen bzw. mittleren Kriminalität, so hat der Verurteilte ein Recht darauf von einer öffentlichen Berichterstattung verschont zu bleiben.[1008] Die Problematik des Begriffs „Person der Zeitgeschichte" nach dem Urteil des EGMR wurde bereits ausführlich behandelt. Insoweit wird auf die obigen Ausführungen verwiesen.[1009] Ebenso wurde bereits erläutert, dass Straftäter auch nach alter Rechtsprechung, abgesehen von ein paar Ausnahmen, wohl eher der Gruppe der „relativen Personen der Zeitgeschichte" zuzuordnen sind als der der „absoluten Personen der Zeitgeschichte". Da sich dem Grunde nach hinsichtlich ersterer auch nach dem EGMR-Urteil nichts geändert hat und die Gerichte den Begriff der „Person der Zeitgeschichte" zum überwiegenden Teil weiterhin verwenden, kann in diesem Zusammenhang auch auf die ältere Rechtsprechung Bezug genommen werden.

Nicht über jeden Straftäter darf automatisch berichtet werden. Vielmehr gilt er zunächst als Privatperson an der kein erweitertes öffentliches Interesse besteht.[1010] Zulässig sind ganz überwiegend Berichterstattungen über eine Verurteilung des oder der Täter um der Bevölkerung die Angst vor eventuell weiteren Straftaten zu nehmen. Zumeist wird dabei ein überwiegendes Informationsinteresse der Öffentlichkeit zu bejahen sein. Darüber hinaus muss ein Straftäter, der durch aktives widerrechtliches Handeln die öffentliche Aufmerksamkeit auf sich gezogen hat, mit einem öffentlichen Interesse an seiner Person rechnen. Im Rahmen der Abwägung kann dieser Aspekt für ein berechtigtes öffentliches Interesse sprechen. Inwieweit jedoch auch bei einem bereits rechtskräftig verurteilten Straftäter Grenzen für eine zulässige Berichterstattung bestehen soll im folgenden Verlauf der Arbeit näher begutachtet werden.

(1) Grenzen der Berichterstattung

Ein rechtskräftig verurteilter Täter kann sich, anders als ein Tatverdächtiger, nicht auf die Unschuldsvermutung berufen, weil das strafbare Verhalten nunmehr als erwiesen gilt. Ein primärer Unterschied besteht darin, dass im Gegensatz zum Tatverdächtigen die Gefahr der endgültigen Rufschädigung eine untergeordnete Rolle einnimmt. Dennoch birgt auch bei dem verurteilten Straftäter eine identifizierende Berichterstattung Gefahren. Sowohl hinsichtlich seines Persönlichkeitsrechts als auch seines Rechts auf Resozialisierung. Resozialisierung im weitesten Sinne ist die „Rückführung des Täters in die Gesellschaft",[1011] was jedoch nicht als „Einbahnstraße" zu verstehen ist. Auch der Öffentlichkeit, der Gesellschaft, muss daran gelegen sein, den Täter nach der Verbüßung seiner Haftstrafe wieder in die Gesellschaft zu integrieren. Grundsätzlich ist es Aufgabe des Staates eine Resozialisierung des Täters

1008 Vgl. Lehr, in: Widmaier, a.a.O., § 20 Rdn. 42.
1009 Siehe oben 2. Teil A. § 7 I. 1. c.
1010 Vgl. Eisenbarth, Das Recht am eigenen Bild, S. 110.
1011 Vgl. Cornel, in: Cornel/ Kawamura-Reindl/ Maelicke/ Sonnen (Hrsg.), Resozialisierung, S. 27.

sicher zu stellen.[1012] Eine erfolgreiche Resozialisierung ist nur dann gewährleistet, wenn bereits während der Strafverbüßung ein straffreies Leben in Freiheit eingeleitet und die Gesellschaft auf eine Wiedereingliederung ehemaliger Straftäter vorzubereitet wird.[1013] Auch im Rahmen der Kriminalberichterstattung erfüllen die Medien ihre Funktion als Sprachrohr der Öffentlichkeit und Anreger der öffentlichen Diskussion. In den letzten Jahren hat sich die Problematik jedoch zugespitzt. Als Auslöser gilt der erhebliche Konkurrenzkampf, welchem die Massenmedien vermehrt ausgesetzt sind, nicht zuletzt aufgrund des wachsenden Internetangebotes. Sinkende Auflagenzahlen bedeuten nicht selten das „Ende". In den vergangenen zwei Jahren haben allein zwei überregional bekannte Tageszeitungen Insolvenz angemeldet.[1014] Verständlich sind die Bemühungen um eine Auflagensteigerung und das Streben nach größtmöglichem Gewinn. Im Mittelpunkt stehen hierbei der Kunde und seine Vorlieben. Ganz überwiegend entscheidet der Aufmacher auf Seite 1 über den Kauf. Der Konsument soll durch besonders reißerische und detailgenaue Berichterstattung zum Kauf animiert werden. Es ist kein Geheimnis, dass die Massenmedien nach den Gesichtspunkten der Profitabilität und Rivalität die Themen auswählen.[1015] Es gilt: Je emotionaler die Berichterstattung desto höher die Auflagen und Quoten. Dabei wird nur allzu oft übersehen, dass eine Berichterstattung über Straftäter immer auch die Gefahr der Stigmatisierung und Ausgrenzung des Straftäters in sich birgt und ein resozialisierungsfeindliches Klima schafft.[1016] Das Recht am eigenen Bild ist nur dann verletzt, wenn der Straftäter in irgendeiner Form durch die Abbildung oder die Verknüpfung von Abbildung und Begleittext identifiziert werden kann.[1017] Eine solche Persönlichkeitsrechtsverletzung ist ebenso durch eine Nachstellung der Tat mit einem Schauspieler möglich, sofern dieser dem Straftäter zum Verwechseln ähnlich sieht und sich daraus die Erkennbarkeit ergibt.[1018] Bei der Berichterstattung über Straftäter existieren sowohl inhaltliche als

---

1012 Vgl. Art. 75 Abs. 1 Satz 1 StGB.

1013 BVerfGE 35, 202–Lebach I.

1014 Am 05.03.2014 erschien der Artikel über die Insolvenz der Münchner „Abendzeitung", Kuzmany, Insolvenz der „Abendzeitung" : Münchner Herzinfarkt, Quelle: http://www.spiegel.de/kultur/gesellschaft/abendzeitung-insolvent-noch-kein-nachruf-noetig-a-957121.html. Bereits zwei Jahre zuvor, am 13.11.2012, meldete die Süddeutsche Zeitung die Insolvenz der „Frankfurter Rundschau", Quelle: http://www.sueddeutsche.de/medien/zeitungskrise-frankfurter-rundschau-meldet-insolvenz-an-1.1521966.

1015 Vgl. zur Auswahl Löhr, in: Cornel/ Kawamura-Reindl/ Maelicke/ Sonnen (Hrsg.), Resozialisierung, S. 576 (585); zu reißerischer Wortwahl ders. S. 586 (beispielhaft: „Sex-Monster"), wobei sich Löhr auf einen Artikel der Bild-Zeitung v. 3.08.2002 bezieht.

1016 Vgl. Löhr, in: Cornel/ Kawamura-Reindl/ Maelicke/ Sonnen (Hrsg.), a.a.O., S. 576 (592).

1017 Vgl. BGH, Urteil v. 26.06.1979, Az. VI ZR 108/78 = NJW 1979, 2205–Fußballtor; BGH, Urteil v. 01.12.1999, Az. I ZR 226/97 = NJW 2000, 2201–Der baue Engel.

1018 BGH, Urteil v. 17.11.1960, Az. I ZR 87/59 = NJW 1961, 558–Familie Schölermann; BGH, Urteil v. 01.12.1999, Az. I ZR 226/97 = NJW 2000, 2201–Der baue Engel; Pietzko, AfP 1988, 209 ff.; v. Strobl-Albeg, in: Wenzel, a.a.O., Rdn. 8.85 f.

auch zeitliche Grenzen der Zulässigkeit. Nach ständiger Rechtsprechung des BVerfG tritt das Informationsinteresse der Öffentlichkeit gegenüber den Persönlichkeitsrechten des Einzelnen umso mehr zurück, je länger das Ereignis, die Straftat, über das berichtet werden soll, zurück liegt.[1019]

(a) Inhaltliche Grenzen

Eine identifizierende Kriminalberichterstattung darf nur im Zusammenhang mit der Straftat selbst erfolgen. Unzulässig ist eine umfangreiche Berichterstattung über Details aus dem Privatleben oder gar Intimleben des Täters.[1020] Die Berichterstattung über eine begangene Straftat beinhaltet immer auch eine solche über den Täter, sofern dieser der Öffentlichkeit bekannt ist. Fakten aus dem Lebenslauf, zumindest grob umrissen der berufliche Werdegang oder auch der Familienstand sind nicht selten Teil einer Kriminalberichterstattung. Häufig stehen die Suche nach Erklärungen, das „Verstehen" des Täters und die Beantwortung der Frage nach dem „Warum" der Tat im Zentrum der Berichterstattungen. Sie sind Teil des öffentlichen Interesses. Das Dilemma liegt darin, dass ohne Nennung von Fakten über Täter und Tat die Beantwortung der Fragen nahezu unmöglich ist. Eine Berichterstattung über Bagatelldelikte gilt als grundsätzlich unzulässig.[1021] Inhaltlich ist die Grenze für eine identifizierende Berichterstattung dort zu setzten, wo weder die Schwere der Tat noch die Person des Täters oder die Umstände der Straftat deutlich aus der Masse der begangenen Delikte hervortritt.[1022]

(b) Zeitliche Grenzen

Ein solches Interesse der Öffentlichkeit ist jedoch nicht zeitlich unbegrenzt anzunehmen. Insbesondere mit Blick auf die Schnelllebigkeit unserer Gesellschaft und den zunehmenden Abstand zur Tat hat das öffentliche Interesse hinter das Interesse der betreffenden Person zurück treten. Was dem Tatverdächtigen seine „Unschuldsvermutung" ist dem Straftäter die „Resozialisierung". Dieser kommt in der Interessenabwägung eine nicht unbedeutende Rolle zu.[1023]

Schwierig erweist sich die Grenzziehung zwischen zulässiger und unzulässiger Bildberichterstattung nach Zeitablauf. Vorausgesetzt wird stets die Aktualität. Eine spätere Berichterstattung kann dabei bereits als unzulässig gelten. Das BVerfG hat sich in seiner wegweisenden „Lebach-Entscheidung"[1024] klar dafür ausgesprochen,

---

1019 Vgl. BVerfG, Urteil v. 05.06.1973, Az. 1 BvR 536/72 = NJW 1973, 1226 (1231)–Lebach I.

1020 Vgl. Rehbinder, Presserecht, S. 85.

1021 Umkehrschluss aus v. Strobl–Albeg, in: Wenzel, a.a.O., Rdn. 8.21 f.

1022 Zu Veröffentlichungen von Straftätern bzw. Tatverdächtigen vgl. v. Strobl–Albeg, in: Wenzel, a.a.O., Rdn. 8.21 f., 8.85 f.; ähnlich auch Teitler, a.a.O., S. 42.

1023 BVerfG, Urteil vom 05.06.1973, Az. 1 BvR 536/72 = NJW 1973, 1226 (1231)–Lebach I; OLG Hamburg, AfP 1994, 232, 233; Fricke, in: Wandtke/ Bullinger, a.a.O., § 23 KUG Rdn. 22.

1024 Vgl. BVerfG, Urteil vom 05.06.1973, Az. 1 BvR 536/72 = BVerfGE 35, 202–Lebach I.

dass bei einer aktuellen Berichterstattung über Straftäter und ihre Taten das öffentliche Informationsinteresse dem Persönlichkeitsrecht des Täters zumeist überwiegt.[1025] Insbesondere begründet das Gericht seine Entscheidung damit, dass der Täter selbst den Rechtsfrieden gebrochen und durch seine Tat das Interesse der Öffentlichkeit erregt hat. Er muss demnach die Befriedigung des Informationsinteresses der Öffentlichkeit anhand von massenmedialer Berichterstattung hinnehmen. Während der Haftzeit ist eine umfassende Güter- und Interessenabwägung vorzunehmen. Dabei ist ein Bedürfnis nach Kontrolle der Strafverfolgung auch durch die Öffentlichkeit zu berücksichtigen.[1026] Liegt das zu berichtende Ereignis in der Vergangenheit, wird bei bevorstehender oder erfolgter Entlassung eines zu einer Haftstrafe verurteilten Täters in der Regel das Resozialisierungsinteresse dem Vorrang einzuräumen sein.[1027] Zu diesem Zeitpunkt hat der Täter bereits die strafgerichtlichen Konsequenzen seiner Tat erfahren, sodass es schwierig sein dürfte, einen erneuten Eingriff in sein Persönlichkeitsrecht zu rechtfertigen. Dem stimmt auch das BVerfG zu. Es sieht eine spätere Berichterstattung als erneute soziale Sanktion für den Täter an.[1028]

Doch wie jede Regel birgt auch diese eine Ausnahme. Berichterstattungen über weit zurückliegende Straftaten sind zulässig, wenn die zurückliegende Straftat mit einer neuen verknüpft wird. Besteht für die Berichterstattung ein auf die Straftat bezogener neuer Anlass, lebt die Abbildungsfreiheit wieder auf.[1029] Dabei ist die Art der neuen Straftat nicht unerheblich. Zu unterscheiden ist hierbei in gleiche und unterschiedliche Deliktsgattungen. Handelt es sich um eine Deliktsgattung kann das öffentliches Interesse an der Person des Straftäters wieder aufflammen.[1030] Die Berichterstattung über die zurückliegende Tat im Zusammenhang mit der neuen gleichartigen Straftat ist demnach zulässig. Sie stigmatisiert den Täter weder erneut noch werden die Resozialisierungschancen vermindert, weil die erneute Tat ebenso schwer wiegt wie die in der Vergangenheit abgeurteilte Straftat. Ist der Täter nunmehr erneut straffällig geworden und ist die Straftat einer anderen Gattung zuzuordnen, so wirft dies für die Zulässigkeit der identifizierenden Berichterstattung Fragen auf. Praktisch denkbar ist ein Fall, in dem ein bereits verurteilter Straftäter nach seiner Entlassung einen Diebstahl gemäß § 242 StGB begeht, seine vorherige Verurteilung jedoch auf Grund eines Mordes gemäß § 211 StGB erfolgte. Für die

---

1025 BVerfG, Urteil vom 05.06.1973, Az. 1 BvR 536/72 = BVerfGE 35, 202 (231 f.)–Lebach I.

1026 KG Berlin, AfP 2008, 199, 200; Fricke, in: Wandtke/ Bullinger, a.a.O., § 23 KUG Rdn. 22.

1027 BVerfG, Urteil v. 05.06.1973, Az. 1 BvR 536/72 = BVerfGE 35, 202 (233 f.)–Lebach I. ; OLG Hamburg, AfP 1994, 232, 233; zur Thematik siehe v. Strobl-Albeg, in: Wenzel, a.a.O., Rdn. 8.85.; Fricke, in: Wandtke/ Bullinger, a.a.O., § 23 KUG Rdn. 22.

1028 BVerfG, Urteil v. 05.06.1973, Az. 1 BvR 536/72 = BVerfGE 35, 202 (233 f.)–Lebach I.

1029 KG Berlin, AfP 1992, 302; Fricke, in: Wandtke/ Bullinger, a.a.O., § 23 KUG Rdn. 22.

1030 Vgl. Riemer, ZGB, N 381 a; vgl. ebenso Teitler, a.a.O., S. 50. Wenngleich es sich dabei um schweizerische Schriften handelt, können die Grundsätze auf das deutsche Recht übertragen werden.

Zulässigkeit einer Veröffentlichung spricht der Aspekt der Eigengefährdung. Der Täter hat durch eine erneute Straftat die Verschlechterung seiner Resozialisierungschancen verursacht. Der Rechtsfrieden wurde aus eigenem Antrieb wiederholt gebrochen. Eine identifizierende Berichterstattung verbunden mit der Gefahr des Aufgreifens der bereits verbüßten Straftat wird von ihm indirekt in Kauf genommen. Weiterhin könnte argumentiert werden, dass in der erneuten Straftat eine freiwillige Aufgabe auf sein Recht auf Anonymität gesehen werden kann. Diese Auffassung ist jedoch abzulehnen. Wenngleich unbestritten einige Aspekte für eine Zulässigkeit sprechen, so überwiegen doch die Argumente gegen eine umfassende Kriminalberichterstattung. Anderenfalls gebe man den Massenmedien geradezu einen „Freifahrtschein" für eine identifizierende Berichterstattung. Zudem trifft eine umfassende Berichterstattung den Täter empfindlich in seinen Bemühungen der Widereingliederung in die Gesellschaft. Diese erheblich erschwert oder gar unmöglich macht. Auch eine erneute Stigmatisierung des Täters auf Grund der früheren Verurteilung ist denkbar. Zu Recht stellt sich die Frage nach einer „Doppelbestrafung". Die Tat liegt weit in der Vergangenheit, der Täter hat sich womöglich verändert, die Strafe wurde zudem verbüßt. In der Rechtspraxis trifft man häufig auf diese Problematik im Zusammenhang mit Sexualdelikten. Hier ist eine Resozialisierung des Täters nach Bekanntwerden seiner in der Vergangenheit liegenden Tat(en) schlichtweg unmöglich. Die vergangene Tat wird wiederholt öffentlich thematisiert und die erneut begangene, wesentlich geringer wiegende, Straftat tritt dabei in den Hintergrund. Wenngleich die Argumente überzeugend erscheinen, so darf die reale Gefahr für das Persönlichkeitsrecht durch diese sich für die Massenmedien ergebende „Lücke" nicht verkannt werden. Dem Missbrauch wäre Tür und Tor geöffnet, wenn man eine erneute Straftat aus einer anderen Deliktsgattung als ausreichend für eine zulässige Berichterstattung über in der Vergangenheit liegende Straftaten erachten würde. Die Medien könnten eine neue Tat, ungeachtet ihrer Schwere, als Vorwand für eine erneute identifizierende Berichterstattung über die in der Vergangenheit liegende und bereits abgeurteilte Straftat nutzten. Insbesondere die Printmedien könnten den alten Fall für eine reißerische Aufmachung neu auflegen. Der Straftäter müsste nahezu tatenlos zusehen, wie seine Resozialisierungschancen sich gegen null bewegen. Er hätte keine Möglichkeit, sich gegen eine erneute identifizierende Berichterstattung zur Wehr zu setzen. Demnach würde im Beispielsfall die erneute Tat an sich nicht für eine zulässige Bildberichterstattung über den Täter und seine neuen und alten Straftaten ausreichen. Zu beachten gilt, dass für den BGH die Resozialisierung erst mit zeitlicher Distanz zur Straftat und zum Strafverfahren an Bedeutung gewinnt.[1031]

1031 Vgl. BGH, Urteil v. 07.06.2011, Az. VI ZR 108/10 = GRUR 2011, 750 (753)–Kein höherer Persönlichkeitsschutz im Rahmen sitzungspolizeilicher Verfügung; BGH, Urteil v. 28.10.2008, Az. VI ZR 307/07, Rdn. 23 = GRUR 2009, 125–Karsten Speck; BVerfG, Urteil v. 10.06.2009, Az. 1 BvR 1107/09 = NJW 2009, 3357–Verurteilter Sexualstraftäter; dazu auch Rinsche, AfP 2013, 1 (6).

Eine weitere Ausnahme von der Unzulässigkeit einer Kriminalberichterstattung über Täter und ihre in der Vergangenheit begangene Straftaten ist die Gewinnung neuer Erkenntnisse im Zusammenhang mit der früheren Straftat.[1032] In einem solchen Fall ist es den Medien gestattet über die in frühere Straftat zu berichten, weil die Aktualität wieder „aufflammt".

Die dritte Ausnahme bildet schließlich die Gruppe der Fälle, in denen der Straftäter von sich aus die Öffentlichkeit sucht. Der Betroffene kann sich dann nicht auf sein Resozialisierungsinteresse berufen. Gegenteiliges wäre widersprüchlich, wenn er selbst willentlich in die Öffentlichkeit tritt. Beispielsweise Interviews oder Buchveröffentlichungen tragen maßgeblich dazu bei, dass die Tat in der Öffentlichkeit aktuell bleibt, sofern sie in dem angesprochenen Rahmen thematisiert wird.[1033] Besteht ein Bezug zur begangenen Straftat ist stets in Betracht zu ziehen, ob der Betroffene auf sein Anonymitätsrecht verzichtet hat. Die Feststellung kann sich im Einzelfall als äußerst schwierig gestalten und muss von Fall zu Fall neu geprüft werden.

(2) Zwischenergebnis

Zusammenfassend kann festgehalten werden, dass eine identifizierende Kriminalberichterstattung über frühere, bereits abgeurteilte Taten ohne aktuellen Anlass stets einen massiven Eingriff in das Persönlichkeitsrecht des Betroffenen darstellt. Dieser ist aus den Gesichtspunkten der erfolgreichen Resozialisierung und auf Grund einer erneuten Stigmatisierung unzulässig. Der Täter würde durch eine bebilderte Berichterstattung erneut bestraft, indem ihm seine Chance auf ein normales gesellschaftliches Leben nach seiner Strafverbüßung genommen, zumindest erheblich erschwert, werden würde. Von dieser Regel sind jedoch Ausnahmen zu machen, sodass von Fall zu Fall eine individuelle Abwägung erfolgen muss. Pauschalisierungen verbieten sich in diesem Bereich.

(3) Praktischer Fall: Christian Klar

Wie schwierig die Abwägung im Einzelfall ist, lässt sich insbesondere an terroristisch motivierten Straftaten verdeutlichen. Die Thematisierung erfolgt anhand eines aktuellen Falls medialer Bildberichterstattung über einen entlassenen Straftäter.[1034]

(a) Problembeschreibung

Der Verurteilte beging Ende der 70er und Anfang der 80er Jahre mehrere terroristisch motivierte Straftaten. Diese erregten bereits vor mehreren Jahrzehnten erhebliche Aufmerksamkeit in der Bevölkerung. Das ehemalige RAF–Mietglied Christian

---

1032 LG Frankfurt, AfP 2006, 584, 585; Fricke, in: Wandtke/ Bullinger, a.a.O., § 23 KUG Rdn. 22.

1033 OLG Hamburg, AfP 2008, 95, 97; LG Berlin, AfP 2008, 222; Fricke, in: Wandtke/ Bullinger, a.a.O., § 23 KUG Rdn. 22.

1034 LG Berlin, Urteil v. 12.02.2009, Az. 27 O 30/09.

Klar war Gegenstand aktueller Bildpublikationen. Angesichts der spektakulären Straftaten erscheint dies zunächst nicht allzu ungewöhnlich. Die vorzeitige Haftentlassung nach 26 Jahren löste ein Medienecho aus, welches mit der Ablichtung des Antragstellers einherging.

Die Besonderheiten des Falls verlangen zunächst nach einer näheren Auseinandersetzung mit der terroristischen Organisation RAF. Ohne entsprechendes Hintergrundwissen scheint eine umfassende Interessenabwägung unmöglich. Die RAF war eine linksorientierte und regierungsfeindliche Gruppierung. Ihre Aktivitäten beschränkten sich vor allem zunächst auf die Aufarbeitung der NS-Vergangenheit Deutschlands und das Ende des Vietnamkrieges. Die Gruppierung der RAF unterteilt sich in drei Generationen. Am stärksten ausgeprägt war die politische Motivation der ersten Generation, auch Rote Armee Fraktion genannt. Die Manifestation der Ziele und politischen Ansichten in ihren Grundsatzpapieren lässt darauf schließen. Gegründet wurde sie 1970 und bestand aus einer heute nicht mehr eindeutig feststellbaren Anzahl von Mitgliedern. Die Rote Armee Fraktion agierte unter der Führung von Brigitte Mohnhaupt, Andreas Baader und Ulrike Meinhof. Sie sahen einzig und allein den bewaffneten Kampf als Möglichkeit an, ihre Ziele zu erreichen. Im Jahre 1972 verübte die Gruppe zur „Schwächung des Systems" Terroranschläge auf staatliche Einrichtungen sowie das US-Militär.[1035] Die Festnahme von fünf Mitgliedern gelang kurz darauf, im Juni 1972. Unter ihnen waren auch die Führungsmitglieder Baader und Meinhof. Das Gericht verurteilte sie zu lebenslanger Freiheitsstrafe.[1036] Darin ist der entscheidende Auslöser für die Gründung der zweiten Generation der RAF zu erblicken, welcher auch der Antragsteller angehörte. Im Gegensatz zur ersten verfolge die zweite Generation nunmehr nicht primär politische Ziele, sondern konzentrierte sich auf das „Big Raushole", die Gefangenenbefreiung der Mitglieder der ersten Generation der RAF.[1037] Bereits zuvor kurz erwähnt, wurde in jüngster Zeit die Zulässigkeit einer Bildpublikation des verurteilten RAF-Terroristen Christian Klar diskutiert.[1038] Zentrale Frage ist dabei die Einordnung der Taten und ihre zeitgeschichtliche Relevanz. Insbesondere unter dem Aspekt der Resozialisierung ist eine identifizierende Berichterstattung fragwürdig. Insbesondere, wenn sie losgelöst von den Straftaten der RAF mehr als 35 Jahre nach rechtskräftiger Verurteilung erfolgte. Eine Abwägung der widerstreitenden Interessen muss das Persönlichkeitsrecht des Täters, unter dem Aspekt des Zeitablaufs, dem öffentlichen Informationsinteresse besonders kritisch gegenüber stellen. Soweit es sich allerdings um eine Berichterstattung über die RAF selbst und deren Verbrechen handelt, darf der Antragsteller unbestritten weiterhin erwähnt

1035 Vgl. Sievers, Die „Rote Armee Fraktion" (RAF), 3.1 Die erste Generation (Gründergeneration), Artikel v. 02.08.2008, NilsOle.net, http://www.nilsole.net/referate/die-rote-armee-fraktion-raf/.

1036 Ebenda.

1037 Ebenda.

1038 Dazu erging eine Entscheidung des LG Berlin, Urteil v. 12.02.2009, Az. 27 O 30/09.

werden. Ein Zusammenhang zwischen der Person Christian Klars und den Straftaten der RAF gilt auf Grund des rechtskräftigen Urteils des Gerichts als erwiesen.

Die Verurteilung verursachte eine wahre Medienflut. Das Gericht befand den Angeklagten am 02.04.1985 des neunfachen Mordes und elffachen Mordversuches schuldig. Es verurteilte ihn zu lebenslanger Haft. Das OLG Stuttgart entschied am 13.11.1998, dass Christian Klar wegen „besonderer Schwere der Schuld" mindestens 26 Jahre in Haft bleiben müsse. Ihm wurde die Beteiligung an drei Anschlägen nachgewiesen.[1039] Explizit handelt es sich dabei um Tatbeteiligungen bei den Morden an dem ehemaligen Generalbundestaatsanwaltes Siegfried Buback und seinen zwei Begleitern, Wolfgang Göbel und Georg Wurster am 07.04.1977, sowie mittäterschaftlicher Beteiligung an der Entführung und Ermordung des Vorstandsvorsitzenden der Dresdener Bank, Jürgen Ponto, am 30.7.1977, sowie des Arbeitgeberpräsidenten Hans-Martin Schleyer am 5.9.1977. Unbestritten ist das Terrorjahr 1977 auch nach Jahrzehnten noch im kollektiven Gedächtnis. Dennoch ist die Zulässigkeit einer illustrierten Berichterstattung über die Privatperson Klars 35 Jahre nach der Verurteilung mehr als fraglich. Am 19.12.2008, nach 26 Jahren Strafhaft, wurde Christian Klar vorzeitige aus der Haft entlassen. Nicht zuletzt auf Grund der medialen Berichterstattung verstärkte sich das öffentliche Interesse an seiner Person, trotz der großen Zeitspanne zu den begangenen Taten, wieder erheblich. Die Thematik bekam gewisser Maßen wieder „neuen Schwung". Insbesondere nach Bekanntwerden der frühzeitigen Haftentlassung und der Zukunftspläne Klars. Dieser verfolgte im Rahmen seiner Resozialisierung nunmehr das Ziel, einen ihm angebotenen Praktikumsplatz als Bühnentechniker in einem Berliner Theater anzutreten. Die Kombination aus dem Beschluss des OLG Stuttgart[1040] und dem Praktikumsplatz gaben Anlass für erneute Berichterstattungen. Am 9.1.2009 veröffentlichte die „B.Z."[1041] aktuelle Bilder des Antragstellers. Diesem Vorbild folgte nur einen Tag später, am 10.1.2009, die „Bild"-Zeitung.[1042] Die aktuellen Bilder wurden am 7.1.2009 aufgenommen und identifizieren den Abgebildeten eindeutig als Christian Klar.[1043] Dieser befand sich zum Zeitpunkt der Aufnahme in der Öffentlichkeit, unweit des Brecht-Theaters in Berlin Mitte.

(b) Verfahrensgang

Gegen die illustrierte Berichterstattung regte sich Widerstand. Als Reaktion auf die Veröffentlichungen begehrte Christian Klar vor dem LG Berlin einen presserechtlichen Unterlassungsanspruch im einstweiligen Rechtsschutzverfahren gegen die

1039 Majid Sattar, RAF-Terrorist Christian Klar – Neun Morde, elf Mordversuche, FAZ Politik v. 25.06.2013.

1040 Ebenda.

1041 B.Z. v. 09.11.2009, Foto von Christian Klar auf der Titelseite sowie auf S. 6.

1042 Bild-Zeitung v. 10.01.2009.

1043 Ebenda.

Ullstein GmbH („B.Z.")[1044] sowie die Axel-Springer AG („BILD"-Zeitung).[1045] Das Gericht gab den Anträgen mit Beschluss vom 12.1.2009[1046] sowie 13.1.2009 statt.[1047] Am 12.2.2009 bestätigte das Gericht die einstweilige Verfügung vom 12.1.2009 sowie 13.1.2009 per Urteil.[1048] Die aktuellen Bilder verletzten ihn als Privatperson in seinem Recht am eigenen Bild. Weder hatte er Kenntnis von den Bildaufnahmen vor dem Berliner Theater Ensemble, noch sei er damit einverstanden gewesen. Der Antragsteller macht geltend, dass durch die Bildpublikation seine berufliche und soziale Wiedereingliederung gefährdet sein könnte. Aufgrund der erschienen Artikel[1049] entschloss sich dieser zur Absage des Praktikumsplatzes. Die in den Tageszeitungen „Bild" und „B.Z." erschienenen Artikel führten zu einem „Wiederaufflammen" des öffentlichen Interesses um seine Person. Obgleich er bereits ein Fernsehinterview mit dem Journalisten Günter Gaus im Jahre 2001 in den Räumen der JVA Bruchsal geführt habe, könne keinesfalls von einem selbst initiierten Schritt in den Fokus der Öffentlichkeit die Rede sein. Daran ändert auch die wiederholte Ausstrahlung 2007 nichts. Vielmehr war eine Haftentlassung zum Zeitpunkt des Interviews keinesfalls absehbar. Darüber hinaus könnte der Ruf des Berliner Theaters geschädigt werden. Auch eine dauerhafte Belagerung durch die Presse sei durchaus im Bereich des Möglichen. Bis dato hatte die Bevölkerung zudem keine Kenntnis von seinem aktuellen Aussehen. Vielmehr kursierten ausschließlich die alten Fahndungsfotos sowie die Interviewaufnahmen in der Öffentlichkeit. Mittlerweile habe sich sein Äußeres verändert. Er trage nunmehr eine Brille. Auch wusste die Öffentlichkeit bis zur Publikation nicht wie er sich kleide, welche Statur er nunmehr habe und welche Physiognomie. Das Gericht gab dem Antrag statt. Es erließ mit den Beschlüssen vom 12.1.2009 und 13.1.2009 einstweilige Verfügungen gegen die Antragsgegner, die Ullstein GmbH sowie die Axel-Springer AG.

Sowohl die Ullstein GmbH als auch die Axel-Springer AG legten gegen die am 12.1.2009 und 13.1.2009 vom LG Berlin erlassenen einstweiligen Verfügungen Widerspruch ein. Auf Grund dessen, dass es sich um die vor dem Berliner Theater aufgenommen Fotos handelt, sind die Ausführungen der Antragsgegner nahezu deckungsgleich. Die Antragsgegner brachten vor, dass es sich nicht um einen gewöhnlichen Straftäter handelte,[1050] vielmehr um einen wegen neunfachen Moders und elffachen Mordversuchs verurteilten Terroristen. Er zeige zudem weder Reue noch

1044 LG Berlin, Beschluss v. 12.01.2009, Az. 27 O 28/09, bestätigt durch das LG Berlin, Urteil v. 12.02.2009, Az. 27 O 28/09-Klar gegen Ullstein GmbH.

1045 LG Berlin, Beschluss v. 13.01.2009, Az. 27 O 30/09, bestätigt durch das LG Berlin, Urteil v. 12.02.2009, Az. 27 O 30/0 -Klar gegen Axel-Springer AG.

1046 LG Berlin, Beschluss v. 12.01.2009, Az. 27 O 28/09.

1047 LG Berlin, Beschluss v. 13.01.2009, Az. 27 O 30/09.

1048 LG Berlin, Urteil v. 12.02.2009, Az. 27 O 28/09-Klar gegen Ullstein GmbH.; LG Berlin, Urteil v. 12.02.2009, Az. 27 O 30/09-Klar gegen Axel-Springer AG.

1049 Siehe oben 2. Teil A. I. 2. dd. (3).

1050 Zu den Argumenten der Antragsgegner vgl. LG Berlin, Urteil v. 12.02.2009, Az. 27 O 28/09, S. 8.

trage er zur Aufklärung weiterer durch die RAF begangener Straftaten bei. Es könne nicht die Rede von einer stärkeren Beeinträchtigung des Resozialisierungsinteresses des Antragstellers durch die streitgegenständliche Berichterstattung sein. Vielmehr sei diese nur Teil einer ohnehin andauernden öffentlichen Diskussion, welche durch die frühzeitige Haftentlassung des Antragstellers angeregt wurde. Die Geschehnisse seien darüber hinaus von zeitgeschichtlicher Relevanz. Ein überragendes Interesse der Öffentlichkeit an den aktuellen, die Lebensumstände betreffenden Informationen ist zu bejahen. Dies umfasse sowohl die Haftentlassung als auch seine Beschäftigungsverhältnisse. Jan Hegemann, der Rechtsanwalt des Axel-Springer Blattes, führt hierzu aus, dass es sich bei dem Foto um ein „zeitgeschichtliches Ereignis" handelt und der Antragsteller eine „Person der Zeitgeschichte" sei[1051], sodass die Bilder selbst ein Dokument der Zeitgeschichte darstellen.[1052] Als solche dürfen sie auch durch Berichterstattungen dokumentiert werden.[1053] Das Verlassen des Berliner Ensembles nach Gesprächen über ein Praktikum könne mithin nur als zeithistorisches Ereignis angesehen werden. Bereits in einem Interview mit der Süddeutschen Zeitung vom 20.3.2008 beklagte der Intendant des Berliner Theater Ensembles das „tragische Scheitern der RAF", was Aufschluss über seine politischen Neigungen gibt.[1054] Ebenso müsse die Stellung des Berliner Theater Ensembles als „hochsubventioniertes Theater, das im intellektuellen Haushalt der Republik eine bedeutende Rolle spielt"[1055], gebührend Berücksichtigung finden. Die Information darüber, dass der Steuerzahler nunmehr indirekt die Praktikumsstelle eines Terroristen finanziere, sei von besonders hohem gesellschaftlichen Wert und einem überragenden Berichtensinteresse. Besonders vor dem geschichtlichen Hintergrund. Die ehemalige DDR, welche ihrerseits den politischen Meinungskampf der RAF in den 70er und 80er Jahren aktiv mit Geld und Waffen unterstützte, war seinerzeit Betreiber des Theaters. Dass nunmehr ein Ex-RAF-Terrorist einen Praktikumsplatz an eben diesem Theater antreten wolle, sei in höchstem Maße verachtenswert. Der Antragsteller hätte sich, sofern er dies tatsächlich bezwecke, aus der Öffentlichkeit begeben und den Praktikumsplatz von Anfang an ablehnen können. Im Gegenteil dazu habe er sich zu Gesprächen mit dem Intendanten begeben. Letztlich sei auch nicht erkennbar, inwieweit die Bildpublikationen zu einer stärkeren Beeinträchtigung seines Resozialisierungsinteresses beitragen sollten. Er habe ohnehin die Diskussionen in der medialen Öffentlichkeit betreffend seiner Haftentlassung hinzunehmen.

1051 Ebenda; Altrogge, Springer klagt weiter gegen Fotoverbot, Artikel v. 13.02.2009, Media Blogs, http://media.de/background/media-blogs/georg-altrogge/georg-altrogge-post/article/springer-klagt-weiter-gegen-foto-verbot_100016230.html.

1052 Ähnlich ebenda.

1053 Vgl. LG Berlin, Urteil v. 12.02.2009, Az. 27 O 30/09.

1054 Vgl. zur Argumentation der Antragsgegner siehe LG Berlin, Urteil v. 12.02.2009, Az. 27 O 28/09, S. 8-Klar gegen Ullstein GmbH.

1055 Mantel, Klar-Fotos: „B.Z." will Verbot nicht hinnehmen, Artikel v. 14.01.2009, DWDL.de, Quelle: http://www.dwdl.de/nachrichten/19325/klarfotos_bz_will_verbot_nicht_hinnehmen/.

Die Widersprüche blieben erfolglos. Mit den Urteilen vom 12.2.2009[1056] bestätigte das LG Berlin die einstweiligen Verfügungen vom 12.1.2009 und 13.1.2009.

In den Urteilsbegründungen heißt es, dass das Recht am eignen Bild mangels Einwilligung des Antragstellers beeinträchtigt und eine Publikation mithin unzulässig sei.[1057] Er habe auch nicht mit der Anwesenheit der Medien rechnen müssen, weil es sich nicht um eine offizielle Veranstaltung gehandelt habe. Mithin könne in dem Aufsuchen des Theaters auch keine konkludente Einwilligung des Antragstellers in die Bildaufnahme gesehen werden. Vielmehr ist der Besuch des Berliner Ensembles eine Privatangelegenheit. Er habe nach seiner Haftentlassung das Recht, sich frei in der Öffentlichkeit zu bewegen. Solange der Antragsteller sich der Öffentlichkeit nicht direkt zuwende, müsse er auch nicht eine dauerhafte Belagerung von Fotografen erwarten. Eine Ausnahme vom Einwilligungserfordernis mache § 23 Abs. 1 Nr. 1 KUG, sofern das Ereignis als zeitgeschichtlich qualifiziert werden kann und durch die Publikation berechtigte Interessen des Antragstellers nicht verletzt werden. Unstrittig sei, dass grundsätzlich über den Antragsteller berichtet werden darf, weil es sich um einen ehemaligen RAF-Angehörigen handelt.[1058] Dies begründete sich mit dem überragenden historischen Interesses an den Straftaten im Namen der RAF. Folglich kann eine Berichterstattung über das Privatleben des Antragstellers vom öffentlichen Informationsinteresse gerechtfertigt sein.[1059] Wenngleich eine aktuelle Berichterstattung über schwere Straftaten auch das persönliche Leben mit einschließt, gilt dies nur für Umstände die in irgendeiner Art und Weise mit der begangenen Straftat in Verbindung zu bringen sind.[1060] Das Gericht räumt ein, dass den Taten der Mitglieder der RAF eine besondere Bedeutung in der Geschichte der Bundesrepublik Deutschland zukommt, sodass von einem überragenden Interesse der Öffentlichkeit an Informationen darüber auszugehen sei. Ein wiederholter Eingriff in das Persönlichkeitsrecht des Antragstellers ist vorliegend gerechtfertigt, weil ein öffentliches Informationsinteresse an dem Werdegang des verurteilten und entlassenen RAF-Terroristen, dessen Wille und die Fähigkeit zur Wiedereingliederung in die Gesellschaft und seine zukünftige Gesetzestreue anzuerkennen ist.[1061] Von Wichtigkeit ist zudem der Zeitpunkt der Berichterstattung. Mit Haftentlassung ist auf das Interesse des Täters an der Resozialisierung und Wiedereingliederung in die Gesellschaft besonderes Augenmerk zu legen.[1062] Entscheidend sei

---

1056 LG Berlin, Urteile v. 12.02.2009, Az. 27 O 28/09–Klar gegen Ullstein GmbH, Az. 27 O 30/09–Klar gegen Axel Springer AG.

1057 LG Berlin, Urteile v. 12.02.2009, Az. 27 O 28/09, S. 9–Klar gegen Ullstein GmbH.

1058 Vgl. KG Berlin, Urteil v. 18.12.2008, Az. 9 U 95/07 = AfP 2008, 396.

1059 Vgl. LG Berlin, Urteil v. 12.02.2009, Az. 27 O 30/09–Klar gegen Axel Springer AG.

1060 Vgl. BVerfG, Urteil v. 05.06.1973, Az. 1 BvR 536/72 = NJW 1973, 1226 (1231)–Lebach I.

1061 Vgl. LG Berlin, Urteil v. 12.02.2009, Az. 27 O 30/09–Klar gegen Axel Springer AG; BVerfG, Urteil v. 05.06.1973, Az. 1 BvR 536/72 = NJW 1973, 1226 (1231)–Lebach I.

1062 Das BVerfG hat hinsichtlich einer zeitlichen Grenze für eine zulässige Berichterstattung die Haftentlassung als maßgeblich erachtet, vgl. BVerfG, Urteil v. 25.02.1993, Az. 1 BvR 172/93 = AfP 1993, 478 (479)–Getilgte Vorstrafe.

stets, in welchem Maße die Berichterstattung in die Persönlichkeitsentfaltung des Täters eingreife sowie die Dauer der zu verbüßenden Freiheitsstrafe, wenngleich das Resozialisierungsinteresse des Täters auch bei einer kürzeren Freiheitsstrafe angemessen Beachtung finden muss.[1063] Im Umkehrschluss gelte dies umso mehr für eine langjährige Inhaftierungszeit. Ein überragendes öffentliches Informationsinteresse an dem Werdegang des Antragstellers besteht hinsichtlich der Wortberichterstattung. Wesentlich kritischer sei hingegen die Bildpublikation zu beurteilen. Der Antragsteller müsse sich vor einer Identifizierung auf offener Straße und möglichen Repressalien fürchten. Das bringe die Eigenheit der begangenen Straftaten auch nach 35 Jahren mit sich. Ein „normales" Leben nach erfolgter Haftentlassung werde dadurch empfindlich gestört. Es könne nicht ausgeschlossen werden, dass er durch die aktuellen identifizierenden Bildberichterstattungen nunmehr um seine Sicherheit fürchten müsse. In der Veröffentlichung von aktuellen Fotos sei eine erneute soziale Sanktion zu erblicken.[1064]

Gegen die Urteile des LG Berlin legte eine der Antragsgegner, die Ullstein GmbH, Berufung beim KG Berlin ein. Der Senat teilte dieser am 18.8.2009 durch Beschluss mit, dass er beabsichtige, die Berufung durch einstimmigen Beschluss zurückzuweisen.[1065] Daraufhin zog die Antragsgegnerin ihre Berufung zurück. Das KG Berlin stellte klar, dass es sich den Entscheidungen des LG Berlin vollumfänglich anschließe. Die Chance des Antragstellers, sich auch als Straftäter, nach der Verbüßung seiner Strafhaft, wieder in die Gesellschaft einzuordnen, dürfe ihm nicht genommen werden. Der Resozialisierungsgedanke habe seine Wurzeln in dem Menschenwürdegehalt der Grundrechte, sodass die Argumentation der Antragsgegnerin, er zeige keine Reue und die Schwere der Tat sprechen für eine Zulässigkeit, nicht greifen könne.[1066] Darüber hinaus stellt der Senat eindeutig fest, dass der Antragsteller sich offensichtlich in seinem äußeren Erscheinungsbild derart verändert habe, dass die Erkennbarkeit auf Grund des Archivmaterials nicht gegeben sei. Dies gelte auch für das 2001 gegebene Interview. Erst die aktuelle Berichterstattung ermöglichte eine Verknüpfung zwischen den Taten und dem Täter, mithin die Erkennbarkeit in der Öffentlichkeit. Wenngleich er durch schwerste Straftaten in das Blickfeld der Öffentlichkeit getreten ist und allgemeine Missbilligung erweckt habe, so bleibt er dennoch ein Mitglied der Gesellschaft und besitzt einen Anspruch auf den Schutz seiner Individualität.[1067] Der Senat räumt ein, dass eine Visualisierung der RAF angesichts ihrer herausragenden zeitgeschichtlichen Bedeutung ein anhaltendes Informationsinteresse besteht, das grundsätzlich geeignet sein kann,

---

1063 Das LG Berlin verweist hierbei auf eine Entscheidung des BVerfG, welches insbesondere auf den erheblichen Zeitabstand der Berichterstattung zur Tatbegehung sowie das vollständige Verbüßen der Straftat abstellt. vgl. BVerfG, Urteil v. 25.11.1999, Az. 1 BvR 348/98, 1 BvR 795/98 = AfP 2000, 160 (162)–Lebach II.

1064 Vgl. BVerfG, Urteil v. 05.06.1973, Az. 1 BvR 536/72 = NJW 1973, 1226 (1231)–Lebach I.

1065 Vgl. KG Berlin, Beschluss v. 18.08.2009, Az. 9 U 33/09.

1066 Vgl. KG Berlin, Beschluss v. 18.08.2009, Az. 9 U 33/09, S. 3 f.

1067 Vgl. KG Berlin, Beschluss v. 18.08.2009, Az. 9 U 33/09, S. 5.

eine Bildveröffentlichung zu rechtfertigen.[1068] Er begründet seine Ablehnung mit dem beschränkten Informationswert, weil die Haftentlassung zum Zeitpunkt der Veröffentlichung bereits mehr als drei Wochen zurück lag und es sich bei dem Gespräch des Antragstellers mit dem Betriebsrat des Theaters auch nicht um einen offiziellen Termin handelte.

(c) Kritische Stimmen zu den Urteilen des LG Berlin

Die Entscheidungen des LG Berlin stießen nicht nur auf Zustimmung. Vielmehr wurde kritisch hinterfragt, ob der Antragsteller auch eine illustrierte Berichterstattung nach Jahrzehnten hinnehmen muss, weil es sich bei ihm um einen Terroristen handele. Seine Verbrechen seinen in die Kriminalgeschichte eingegangen und rechtfertigten auch eine Veröffentlichung aktueller Fotos aus seinem Privatbereich. So meldete sich der Sprecher des Deutschen Journalistenverbandes, Hendrik Zörner, zu Wort und reagierte mit Unverständnis auf die Entscheidung des LG Berlin.[1069] Schließlich sei Christian Klar eine „Person der Zeitgeschichte", sodass er eine identifizierende Berichterstattung hinnehmen müsse, zumindest dann, wenn er sich in der Öffentlichkeit zeige. Auch der Chefredakteur des „Focus", Helmut Markwort, ließ es sich nicht nehmen im aktuellen Fall Stellung zu beziehen und äußerte sich wie folgt: „Ich hänge an dem alten Begriff der „Person der Zeitgeschichte". Und nach meiner Auffassung hat die Öffentlichkeit ein Recht darauf, über Christian Klar informiert zu werden. Ein Mensch, der zu seinen Morden nicht das Geringste an Aufklärung beigetragen hat und den Plan hatte, bei einem mit Steuergeldern subventionierten Theater zu arbeiten, ist nach meiner Auffassung ein Thema in Wort und Bild."[1070] Die Bedeutung des Theaters für die Stadt Berlin rühre hierbei aus der Geschichte, weil es sich um ein ehemaliges Brecht–Theater handele. Nunmehr schlägt Markwort den Bogen zur heutigen Zeit und erklärt die Bedeutung des Praktikumsplatzes Klars mit der Geschichte des Theaters selbst.

(d) Eigene Stellungnahme

Soweit Hagemann, Zörner und Markwort den Antragsteller als „Person der Zeitgeschichte" ansehen, ist dem zuzustimmen. Wenngleich nach dem Urteil des EGMR einen Wandel in der deutschen Rechtsprechung eingeläutet wurde, so betrifft dies, wie bereits oben ausführlich erörtert, insbesondere die Rechtsfigur der „absoluten

---

1068 Vgl. KG Berlin, Beschluss v. 18.08.2009, Az. 9 U 33/09, S. 5 f.; KG Berlin, Beschluss v. 02.07.2007, Az. 9 U 66/07 = NJW–RR 2008, 492 (493).

1069 Zörner, im Interview mit der „B.Z.", in: Christian Garrels, Artikel v. 14.01.2009, B.Z. legt Widerspruch gegen einstweilige Verfügung ein, Axel–Springer Online, http://www.axelspringer.de/presse/B.Z.-legt-Widerspruch-gegen-einstweilige-Verfuegung-ein_474113.html.

1070 Markwort, in: Garrels, B.Z. legt Widerspruch gegen einstweilige Verfügung ein, Artikel v. 14.01.2009, Axel–Springer Online, http://www.axelspringer.de/presse/B.Z.-legt-Widerspruch-gegen-einstweilige-Verfuegung-ein_474113.html.

„Person der Zeitgeschichte". Das BVerfG stellt den Fachgerichten hingegen die Entscheidung frei, sich bei der Abwägung der widerstreitenden Interessen der Begrifflichkeit der „Person der Zeitgeschichte" auch weiterhin zu bedienen. Dies trage sogar zur Rechtssicherheit bei.[1071] Dies soll hingegen nicht darüber hinweg täuschen, dass dem Rechtsbegriff der „absoluten Person der Zeitgeschichte" mehr oder weniger eine Absage erteilt wurde. Aus eben diesem Grund kann auch Macioszek[1072] nicht zugestimmt werden. Er hält vehement an der Rechtsfigur der „absoluten Person der Zeitgeschichte" fest und sieht den Antragsteller bereits auf Grund der Art seiner Verbrechen als solche an. Terroristen begriffen sich seit jeher als politische Gefangene oder Widerstandskämpfer, und gerade nicht als Verbrecher. Er stellt grundsätzlich in Frage, ob bei dem Antragsteller überhaupt ein Resozialisierungsgedanke im Vordergrund steht. Zumindest sei dieser gegenüber „normalen" Straftätern als geringer einzustufen. Dem muss entschieden entgegengetreten werden. Es bestehen bei dem Antragsteller keine Anhaltspunkte, dass er die damaligen Ideale und eine regierungsfeindliche Einstellung aktuell noch vertritt. Würde man ihm ein Resozialisierungsinteresse absprechen, so bedeute dies eine erhebliche Benachteiligung gegenüber anderen entlassenen Straftätern. Hinzu kommt, dass nicht nur dem entlassenen Straftäter an einer Resozialisierung gelegen sein kann. Darüber hinaus kann auch die Gesellschaft kein Interesse daran haben, dass ein Straftäter nach seiner Haftentlassung nicht mehr sozialisiert wird und sich eine Abwärtsspirale in Gang setzt. Auch wenn die Delikte des Antragstellers nicht vermuten lassen, dass dieser erneut gleichgelagerte Straftaten begeht, so steigt mit der Chancenlosigkeit dennoch die Gefahr der Begehung erneuter Straftaten. Diese müssen nicht zwangsläufig aus der gleichen Deliktsgruppe stammen. Grundsätzlich eröffnen sich bei einer so langen Haftdauer erhebliche Problemen bei der Wiedereingliederung in die Gesellschaft. Der Antragsteller muss seinen Platz nach 26 Jahren Strafhaft finden, was hinsichtlich der Selbstversorgung und des sozialen Umgangs ohnehin zu erheblichen Schwierigkeiten führen dürfte. Es erscheint nicht übertrieben zu behaupten, dass eine erneute Entsozialisierung droht. Diese Ungleichbehandlung des Antragstellers und die Reduzierung seines Resozialisierungsinteresses lassen sich nicht mit der Bedeutung der RAF rechtfertigen. Wenngleich von dem Antragsteller vermehrt von einem der „ehemals größten Terroristen der deutschen Geschichte"[1073] gesprochen wird, so kommt man bei näherer Auseinandersetzung

---

1071 Siehe oben 2. Teil A. § 7 I. 1. c. bb.

1072 Altrogge, Springer klagt weiter gegen Fotoverbot, Zitat von Macioszek, Artikel v. 13.02.2009, MediaBlogs, http://media.de/background/media-blogs/georg-altrogge/georg-altrogge-post/article/springer-klagt-weiter-gegen-foto-verbot_100016230.html; ebenso unter: http://www.xing.com/net/kunstundrecht/art-lawyer-magazin-4663/presserecht-christian-klar-fotos-springer-will-weiter-gegen-verbot-klagen-18411642/18411642.

1073 Altrogge, Springer klagt weiter gegen Foto–Verbot, Aussage Maciszek, Artikel v. 13.02.2009, Media Blog, http://meedia.de/background/meedia-blogs/georg-altrogge/georg-altrogge-post/article/springer-klagt-weiter-gegen-foto-verbot_100016230.html.

mit den verschiedenen Generationen der RAF[1074] nicht umhin festzustellen, dass die wesentlichen Unterschiede in ihren primären Zielen bestehen. Der Antragsteller agierte Ende der 70er und Anfang der 80er Jahre als Teil einer gesamten Bewegung. Er gehörte der zweiten Generation der RAF an, welche das primären Ziel des „Big Raushole" verfolgte.[1075] Die radikalen politischen Ziele der ersten Generation standen nicht mehr im Zentrum. Sie waren als solche, anders als bei der ersten Generation, auch nicht in ihren Grundsatzpapieren verortet. Dabei dürfte es unbestritten sein, dass die Straftaten des Antragstellers als terroristisch motiviert bezeichnet werden können und als solche auch in die deutsche Kriminalgeschichte eingingen. All diese Aspekte gilt es im Rahmen der Abwägung zu beachten.

Den Kritikern ist außerdem entgegen zu halten, dass es äußerst fraglich erscheint, die Rechtfertigung der Bildberichterstattung über den Antragsteller aus der historischen Bedeutung des Berliner Theaters herzuleiten. Zum einen existiert der ehemalige Staat „DDR" bereits seit 25 Jahren nicht mehr. Demnach ist ernstlich zu bezweifeln, wie der Bogen zur Aktualität gespannt werden soll. Die früheren Unterstützer der RAF, welche zur damaligen Zeit auch Betreiber des Theaters waren, haben, sofern sie überhaupt noch am Leben sind, keinerlei Führungsposition mehr inne. Darüber hinaus ist keine extremistische politische Ausrichtung des heutigen Theater Ensembles erkennbar. Unbestritten ist die Tatsache, dass der ehemalige RAF–Terrorist Klar nach seiner Haftentlassung ein Gespräch über einen Praktikumsplatz mit dem geschichtsträchtigen Theater–Ensemble führte, eine Nachricht wert. Auch dürfte nicht zu bezweifeln sein, dass eine solche vom Informationsinteresse gedeckt ist. Insoweit ist dem Senat zuzustimmen. Hinzu tritt jedoch abermals der Aspekt des Zeitablaufs. Die Berichterstattung beinhaltet keine Nachricht im eigentlichen Sinn. Die frühzeitige Haftentlassung und eine damit verbundene zeitnahe Bildnisveröffentlichung vom Verlassen der JVA, wären eine Nachricht wert gewesen. Für diese Situation hätte man die Zulässigkeit der Bildpublikation mit einem überragenden Informationsinteresse der Öffentlichkeit durchaus diskutieren können. Jedoch müssen sich die Antragsgegner vorhalten lassen, dass die Haftentlassung bereits drei Wochen zurück liegt. Wenngleich dies auf den ersten Blick keine große Zeitspanne zu sein scheint, so genügt sie jedoch, um ein Überwiegen der Interessen des Antragstellers zu bejahen. Zudem scheinen die Antragsgegner zu verkennen, dass die Beeinträchtigung einer Bildpublikation nicht vergleichbar mit der einer reinen Wortberichterstattung ist. Im Verlauf dieser Arbeit wurde bereits mehrfach auf die Bedeutung der Bildberichterstattung und die damit einhergehenden Eingriffe in das Persönlichkeitsrecht des Abgebildeten, eingegangen. Obgleich private Informationen veröffentlicht werden, so kann sich der Antragsteller dennoch unerkannt und frei in der Öffentlichkeit bewegen. Seine Rehabilitation würde nicht in vergleichbarer Weise gefährdet. Die Zulässigkeit der aktuellen Bildpublikationen

1074 Siehe oben 2. Teil A. § 7 I. 2. d. dd. (3).

1075 Zu den unterschiedlichen Zielen der drei Generationen der RAF siehe oben unter 2. Teil A. § 7 I. 2. d. dd. (3) (a).

kann auch nicht damit begründet werden, dass die Öffentlichkeit den Antragsteller auf Grund früherer Publikationen erkennt. Eine Veröffentlichung von Fahndungsfotos liegt bereits mehr als drei Jahrzehnte zurück. Eventuell kann sich die Zulässigkeit aus dem gegebenen Fernsehinterview im Jahre 2001 ergeben. Vordergründig ist die Frage, ob das Äußere des Antragstellers sich in einer Zeitspanne von sieben Jahren überhaupt derart verändern konnte, dass eine öffentliche Erkennbarkeit ohne die streitgegenständlichen Bildpublikationen aktuell ausgeschlossen werden könnte. Wenn ja, so ist sein aktuelles Antlitz erst durch die Berichterstattungen der Antragsgegner in den Fokus der Öffentlichkeit gerückt. Dadurch wurde es der Bevölkerung ermöglicht, eine geistige Verknüpfung von äußerem Erscheinungsbild und früherer begangener Straftaten herzustellen. Wenngleich sich bei einer Zeitspanne von sieben Jahren eine Erkennbarkeit des Antragstellers vermutet lässt, so ist Gegenteiliges nicht auszuschließen. Der Senat merkt an, dass eine Erkennbarkeit des Antragstellers auf Grund seines veränderten Erscheinungsbildes ernsthaft zu bezweifeln ist. Selbst wenn es sich dabei um eine subjektive Einschätzung einer kleinen Personengruppe handelt, so ist nicht auszuschließen, dass die Erkennbarkeit des Antragstellers erst durch die streitgegenständlichen Bildpublikationen ermöglicht wird und ein Großteil der Bevölkerung die Auffassung des Senats teilt. Denn die Erkennbarkeit hängt von mehreren Faktoren ab – Bartwuchs, Ab- und Zunahme des Körpergewichts, Änderung des Haarschopfes, Tragen einer Brille. All diese Aspekte können dazu beitragen, dass der Antragsteller auf der Straße nicht mit dem Ex-RAF-Terroristen an sich und dessen begangener Straftaten in Verbindung gebracht wird. De facto existierten bis zu diesem Zeitpunkt keine aktuellen Fotos des Antragstellers in der Öffentlichkeit. Daraus resultiert die unmittelbare Verschlechterung der Resozialisierungschancen.

Ebenso wenig ist eine Einschränkung des Persönlichkeitsrechts des Antragstellers aus der Wahl seines Praktikumsplatzes herzuleiten. Eine solche käme nur dann in Betracht, wenn der Antragsteller dadurch selbst die Öffentlichkeit gesucht und in ihren Fokus gerückt wäre. Im vorliegenden Fall wird genau dieser Aspekt von Medienvertretern geltend gemacht.[1076] Wiederholt taucht das Argument auf, er habe durch die Wahl seines Praktikums in einem bekannten Theater der Stadt Berlin freiwillig den Schritt in die Öffentlichkeit gewählt. Es gelte der Grundsatz: „Jemand der sich selbst in die Öffentlichkeit begibt, darf natürlich auch öffentlich wahrgenommen werden."[1077] Sein Recht auf Anonymität würde er aufgeben, eine Bildberichterstattung mithin zulässig werden. Doch kann allein aus der Wahl des Praktikumsplatzes der freiwillige Schritt in Öffentlichkeit abgeleitet werden? Im streitgegenständlichen Fall ist dies sicherlich nicht gegeben. Zum einen handelt es

---

1076 Siehe oben, u. a. Zörner, Fn. 1068, Markwort, Fn. 1069.

1077 Pfeifer, Medienrechtler: Klar nur in RAF-Berichten nennen, in: Fraune, Artikel v. 19.12.2008, Hamburger Morgenpost Online, Quelle: http://www.mopo.de/news/terrorismus-medienrechtler-klar-nur-in-raf-berichten-nennen,5066732,5480294.html.

sich um ein Praktikum als Bühnentechniker. Einen solchen zeichnet gerade aus, dass er im Hintergrund agiert. Im Gegensatz zu Bühnenschauspielern, welche zwangsläufig im Fokus der Öffentlichkeit stehen. Der Intendanten des Berliner Ensembles, Claus Peymann, erklärt hierzu, die Praktikumsstelle sei „nicht weiter der Rede wert". Die mediale Aufmerksamkeit sei „hybrid".[1078] Bizarr erscheint zudem, dass die Urteilsgegner dem Antragsteller vorwerfen, dass sich dieser hinsichtlich seiner Resozialisierung bemüht zeigt.

Insbesondere die rechtsunkundige Bevölkerung könnte in den Entscheidungen des Gerichts eine unangemessene Behandlung des Antragstellers erkennen, hat er sich doch mit seinen Straftaten gegen die Werte des Rechtsstaates und der Gesellschaft gestellt. Nicht zuletzt mag das Verständnis anhand der Opferzahlen und der Einzigartigkeit der Verbrechen in der deutschen Nachkriegsgeschichte sehr gering sein. Manch einer zweifelt vielleicht sogar am System, wenn ein Ex–Terrorist sich erfolgreich auf sein Persönlichkeitsrecht berufen kann. Obgleich das allgemeine Unverständnis eines Rechtslaien nachvollziehbar ist, so kann dem Antragsteller aus der Sicht eines Rechtskundigen nur schwerlich das Persönlichkeitsrecht abgesprochen werden. Ganz gleich seiner Schuld. Die Einzigartigkeit der Verbrechen findet Berücksichtigung bei der Wortberichterstattung. Hinsichtlich der aktuellen Bildpublikation überwiegt das Persönlichkeitsrecht des Antragstellers, mithin sein Recht am eigenen Bild und der Resozialisierung. Wie bereits erwähnt, hat nicht zuletzt auch die Gesellschaft ein Interesse an der erfolgreichen Resozialisierung entlassener Straftäter. Eine Rückführung des Antragstellers in die „Normalität" des Alltags nach Haftentlassung ist bei aktuellen Bildpublikationen nahezu unmöglich.

Der Argumentation der Antragsgegner, die Bildpublikation müsse aber auf jeden Fall zulässig sein, weil sich der Betroffene nicht öffentlich von seinen Taten distanziert habe, ist ebenso nicht zu folgen. Es erscheint widersprüchlich, einerseits vom Antragsteller zu fordern, er müsse sich vollständig aus der Öffentlichkeit zurückziehen. Nur dann hätte er einen umfassenden Anspruch auf Resozialisierung und Anonymität, sodass eine Bildpublikation unzulässig wäre und im gleichen Atemzug zur Bedingung zu machen, dass der Abgebildete sich öffentlich von seinen Straftaten distanziert. Dies würde eine öffentliche Stellungnahme im Zuge einer selbst initiierten Kontaktaufnahme mit den Medien bedeuten.

Auch die Warnung der Öffentlichkeit vermag die Zulässigkeit der Bildberichterstattung nicht zu begründen. Wenngleich es sich bei der RAF um eine terroristische Gruppierung handelte, so existiert sie heute nicht mehr. Gleichmotivierte Straftaten Seitens des Antragstellers sind mithin keinesfalls zu erwarten, sodass die Veröffentlichung auch nicht mit einer Warnung der Öffentlichkeit gerechtfertigt werden kann.

1078 Claus Peymannt über Christian Klar, in: Interview von Roland Müller, Bewährungsauflagen könnten Praktikum verhindern, Artikel v. 09.12.2008, Stuttgarter Zeitung.

Dem LG Berlin sowie dem Senat ist anhand der obigen Ausführungen zuzustimmen. Zwingende Folge ist die Unzulässigkeit der Bildpublikation. Die Interessenabwägung betreffend die identifizierende Bildberichterstattung über Ereignisse seines Privatlebens fällt zugunsten des Resozialisierungsinteresses des Antragstellers aus.

Anhand des Falles „Christian Klar" wird deutlich, dass auch bei geschichtsträchtigen Kriminalfällen eine identifizierende Berichterstattung über die Person des Täters nach erheblichem Zeitablauf nicht generell zulässig ist. Vielmehr bedarf es stets einer Interessenabwägung im Einzelfall. Regelmäßig ziehen Straftäter durch ein Ereignis, nämlich die kriminelle Handlung selbst, das öffentliche Interesse auf sich. Für die Zulässigkeit von Bildpublikationen gelten die die zuvor herausgearbeiteten Grundsätze.

ee. Verbrechensopfer

Eine Untersuchung Baumanns[1079] ergab, dass in etwas mehr als 3 % der Fälle ein Foto des Opfers in dem Artikel veröffentlicht wird. Dies stellt eine erhebliche Diskrepanz zur Gruppe der Tatverdächtigen und Täter dar, welche bei jedem sechsten Artikel optisch in identifizierbarer Weise veröffentlicht werden.[1080] Zumeist begnügen sich die Massenmedien mit der Nennung von Name, Alter, Geschlecht, Beruf und/oder Art des Verbrechens.[1081] Regelmäßig erfolgen Opferdarstellungen nicht ausführlich, sondern kommen allenfalls am Rande vor.[1082] Die Ursache ist vorwiegend darin zu sehen, dass Opfer im Gegensatz zu Tatverdächtigen oder gar Tätern einen höheren Persönlichkeitsschutz genießen.[1083] Sogar für die Massenmedien. Ebenso ist das Interesse der Öffentlichkeit an den Tätern und ihren Taten wesentlich größer als am Opfer selbst. Eine Stigmatisierung der Opfer ist zwar nicht völlig auszuschließen, die Gefahr einer solchen ist jedoch relativ gering.[1084]

(1) Grenzen der Berichterstattung

Ein Verbrechensopfer rückt ausschließlich durch eine verübte Straftat in den Fokus der Öffentlichkeit. Ebenso wie bei den Berichterstattungen über Tatverdächtige und Straftäter sind an die Straftat selbst gewisse Voraussetzungen geknüpft. Nicht jede Tat ermächtigt die Medien dazu eine Berichterstattung über das Verbrechensopfer zu veröffentlichen, sodass Berichterstattungen zumeist Straftaten aus dem Bereich

---

1079 Vgl. Baumann, a.a.O., S. 22 (36).

1080 Siehe an oben 2. Teil A. § 7 I. 2. d. ff.

1081 Vgl. dazu Sherizen, in: Winick (Hrsg.), Deviance and the Mass Media, S. 203 (217); Mawby/ Brown, Newspaper Images of the Victim, 9 (1), 1984, 82 (87); Baumann, a.a.o., S. 31.

1082 Vgl. Uthemann, Kriminalfilm des Fernsehens, S. 230 f.; ebenso Baumann, a.a.O., S. 31.

1083 Lamnek, MSchKrim 73, 1990, 163 (169).

1084 Im Ergebnis auch Baumann, a.a.O., S. 36.

der Schwerstkriminalität zum Anlass haben.[1085] Nur dann, wenn die Straftat selbst aus dem Rahmen des Alltäglichen fällt und aus diesem Grund in der Öffentlichkeit Aufsehen erregt, ist eine zulässige Kriminalberichterstattung über das Verbrechensopfer überhaupt denkbar.[1086] Dabei gilt, je spektakulärer der Kriminalfall, desto größer die öffentliche Aufmerksamkeit. Anders als bei Medienberichten über Tatverdächtige bzw. Täter tritt bei der Opferberichterstattung als Besonderheit das durch die Tat erfahrene Leid hinzu. Die Situation der öffentlichen Medienberichterstattung, welcher sich das Opfer nicht entziehen kann, wirkt sich besonders belastend aus.[1087] Nicht selten hat die Medienberichterstattung zur Folge, dass das Opfer in seiner Menschenwürde verletzt und zum „bloßen Objekt des öffentlichen Interesses erniedrigt"[1088] wird. Die oft notwendige und langwierige psychische Verarbeitung der Tat wird durch mediale Berichterstattungen zumeist erschwert oder gar unmöglich gemacht. Ausschlaggebend für die Zulässigkeit der identifizierenden Berichterstattung ist stets die Aktualität. Jedoch ist das Zeitfenster einer zulässigen Bildberichterstattung kleiner als bei einem Straftäter. Dies folgt aus dem besonderen Schutzbedürfnis des Opfers. Mit Zeitablauf werden Verbrechensopfer wieder zu Privatpersonen.[1089] Sofern eine Aktualität festgestellt werden kann und eine Abbildung grundsätzlich zulässig ist, darf sie ausschließlich nur in unmittelbarem Zusammenhang mit dem Geschehen und einem sich anschließenden Strafverfahren hergestellt und verbreitet werden.[1090] Wie in den meisten Fällen existieren auch zu eben erläuterter Regelung Ausnahmen. Eine solche ist dann anzunehmen, wenn die verübte Straftat so außergewöhnlich ist, dass sie in die Kriminalgeschichte eingeht, weil sie derart aus der Masse der Straftaten hervorsticht.[1091] Ebenso besteht die Möglichkeit, dass die Aktualität der Tat wieder auflebt.[1092] Dies ist beispielsweise dann der Fall, wenn der Betroffene ein Wideraufnahmeverfahren betreibt.[1093]

1085 Ähnlich Eppenstein, Vermarktung von Verbrechen, S. 13 (16).

1086 OLG Frankfurt, ZUM 2007, 546, 548; OLG Hamburg, NJW- RR 1991, 990, 991; AfP 1994, 232, 233; KG Berlin, NJW 2007, 703; KG Berlin, NJW-RR 2007, 345; Damm/ Rehbock, a.a.O., Rdn. 196; Götting, in: Schricker/ Loewenheim (Hrsg.), a.a.O., § 60/ § 23 KUG Rdn. 34; Fricke, in: Wandtke/ Bullinger, a.a.O., § 23 KUG Rdn. 15 a.A.

1087 Ebenda.

1088 Eppenstein, a.a.o., S. 17.

1089 Vgl. Scholderer, Die Reprivatisierung des Täter/Opfer-Konflikts, 81 (82).

1090 Zur Thematik Fricke, in: Wandtke/ Bullinger, a.a.O., § 23 KUG Rdn. 22; OLG Hamburg, NJW 1975, 649, 651-Aus nichtigem Anlass?; Specht, in: Dreier/ Schulze, a.a.O., § 23 KUG Rdn. 16.

1091 OLG Hamburg, ZUM 2005, 169; Fricke, in: Wandtke/ Bullinger, a.a.O., § 23 KUG Rdn. 22.

1092 Fricke, in: Wandtke/ Bullinger, a.a.O., § 23 KUG Rdn. 22.

1093 OLG Frankfurt, AfP 2006, 584 (585).

(2) Sonderproblem: Mitverschulden des Opfers an der Medienberichterstattung

(a) Praktischer Fall: Ein weiterer „Kachelmann-Fall"

Das Recht auf Anonymität des Opfers ist im Hinblick auf die Opferstellung als weitaus gewichtiger zu bewerten als bei einem Tatverdächtigen oder gar Straftäter. Denn anders als diese hat das Opfer den Rechtsfrieden nicht willentlich gebrochen. Hinsichtlich der Frage, ob ein Opfer durch den Schritt in die Medienöffentlichkeit auf dieses Recht verzichtet, muss zwischen der Bildberichterstattung mit und ohne Wortberichterstattung unterschieden werden. Wie bedeutend die Einwilligung des vermeintlichen Verbrechensopfers in eine mediale Bildberichterstattung für die nachfolgende ungenehmigte Wortberichterstattung ist, soll beispielhaft an dem Beschluss des LG Mannheim[1094] und dem Urteil im Hauptsacheverfahren[1095] erläutert werden. Ebenso wird auf die Frage einzugehen sein, ob die Einwilligung in eine Fotoveröffentlichung zu einer Reduzierung des Opferschutzes führt. Auch wenn der Fall auf den ersten Blick die Wortberichterstattung, mithin die Nennung von persönlichen Fakten, als zentrales Thema zum Gegenstand hat, so lässt sich an ihm die Bedeutung der Einwilligung in eine Bildberichterstattung und ihre Reichweite im Rahmen der Verbrechensopferproblematik aufgreifen. Auch wenn es sich nicht um einen typischen Fall des Rechts am eigenen Bild handelt. Bei der Antragstellerin, spätere Klägerin, handelt es sich um das vermeintliche Opfer aus dem bereits zuvor ausführlich besprochenen medienträchtigen „Vergewaltigungsprozess" um Jörg Kachelmann und ist Teil der „Kachelmann-Prozesse".

Gegenstand des Falles war die Autobiographie des ehemaligen Angeklagten Jörg Kachelmanns, welcher, wie zuvor bereits ausführlich erörtert,[1096] der schweren Vergewaltigung und gefährlichen Körperverletzung angeklagt war, jedoch aus Mangel an Beweisen freigesprochen wurde.[1097] Unter Nennung des Vor- und Zunamens bezichtigt der Autor das mutmaßliche Opfer der Lüge. Dieses beantragte den Erlass einer einstweiligen Verfügung gegen die Veröffentlichung des Buches. Als Begründung führte die Antragstellerin aus, dass die Nennung ihres Vor- und Zunamens in ihr Persönlichkeitsrecht eingreife. Insbesondere sei ihr Recht auf Anonymität betroffen, sodass eine Verbreitung der Biographie unverzüglich zu unterlassen sei. Zwar räumte sie ein, bereits in der Vergangenheit sei ihr vollständiger Name von einem Medium veröffentlicht worden. Allerdings geschah dies ohne ihre Zustimmung und der Artikel habe zudem keinerlei öffentliche Aufmerksamkeit erregt. Somit müsse ihr Vor- und Zuname weiterhin als anonym gelten. Der Autor erklärte hingegen, dass die Antragstellerin bereits auf ihr Anonymitätsrecht

1094 LG Mannheim, Beschluss v. 11.10.2012, Az. 3 O 98/12-Fall Kachelmann-Namensnennung Claudia D.

1095 LG Mannheim, Urteil v. 25.10.2012, Az. 3 O 99/12-Fall Kachelmann-Namensnennung Claudia D.

1096 Siehe oben 2. Teil A. § 7 I. 2. d. cc. (2) ff.

1097 Ausführlich dazu siehe oben unter 2. Teil A. § 7 I. 2. d. cc. (2) (a).

verzichtet habe. Er bezog sich damit zum einen auf den Verkauf ihrer Geschichte an eine Filmproduktionsfirma Mitte 2011, die Bewerbungen des Projektes durch die Antragstellerin in mehreren Interviews sowie eine von ihr gestattete und in der Zeitschrift „Die Bunte" abgedruckte Fotostrecke. Des Weiteren wurde im „Tages-anzeiger" am 3.11.2011 ein Artikel veröffentlicht, der das Filmprojekt erläuterte und zudem ein Lichtbild der Antragstellerin zeigte. Die ausführliche Wortbericht-erstattung wurde dabei mit den Fotos der Antragstellerin unterfüttert. Darüber hinaus zierte ein Portraitfoto das Titelbild der Zeitschrift. Als Begründung für die einstweilige Verfügung führte sie an, die schriftliche Namensnennung verletze sie in ihrem allgemeinen Persönlichkeitsrecht, mithin ihrem Recht auf Anonymität. Daran ändere auch das gegebene Interview in der besagten Zeitschrift nichts, weil lediglich ihr Antlitz gezeigt, sie jedoch ausschließlich als Claudia D. benannt wurde. Das Gericht erließ eine einstweilige Verfügung und gab dem Antrag statt.[1098] Als Begründung führte es aus, dass eine vollständige Namensnennung die betroffene Person für die Allgemeinheit identifizierbar mache. Die Einwilligung in die Veröffentlichung ihres Abbildes führt nicht zu einem Verzicht auf das Anonymitätsrecht. Denn im Gegensatz zu einer vollständigen Namensveröffentlichung besteht hierbei lediglich eine Identifizierbarkeit der Person auf Grund des Fotos für ihre nähere Umgebung. Darin liege, so das Gericht weiter, der entscheidende Unterschied. Mithin lässt sich daraus schließen, dass ein wirksamer Verzicht auf ihr Recht auf Anonymität nur dann bestehen würde, wenn sie sowohl der Bildnis- als auch der Namensveröffentlichung zugestimmt hätte. Die Antragstellerin beantragte daraufhin die Bestätigung der einstweiligen Verfügung.[1099] Der Antragsgegner die Aufhebung der einstweiligen Verfügung und die Zurückweisung des Antrags auf ihren Erlass.[1100] Er führt primär an, die Antragstellerin habe ihr Persönlichkeitsrecht „kommerzialisiert", indem sie freiwillig gegen sehr hohe Honorare intimste Detail aus ihrem Privatleben preisgegeben bzw. zur Veröffentlichung frei gegeben habe. Als Begründung beruft er sich auf die Rechtsprechung des Bundesgerichtshofs, wonach derjenige sich nicht auf den Schutz seiner Privatsphäre berufen könne, der den Kernbereich privater Lebensgestaltung von sich aus geöffnet hat.[1101] Das Gericht hob die einstweilige Verfügung auf. Es begründet seine Entscheidung damit, dass die Antragstellerin ihr Recht auf Anonymität „vergeben" habe. Zwar stehe jeder Person grundsätzlich ein solches aus Art. 1 i.V.m. Art. 2 Abs. 1 GG zu. Dieses sei jedoch nur insoweit verletzt, als dass durch die Güter- und Interessenabwägung im Einzelfall die Rechtswidrigkeit des Eingriffs festgestellt werden kann. Es schließt sich insoweit den Ausführungen des Antragsgegners an, indem es auf die Rechtsprechung des BGH verweist. Danach ist derjenige in geringerem Maße schutzwürdig, der

1098 LG Mannheim, Beschluss v. 11.10.2012, Az. 3 O 98/12.
1099 LG Mannheim, Urteil v. 25.10.2012, Az. 3 O 99/12, Rdn. 35 f.
1100 LG Mannheim, Urteil v. 25.10.2012, Az. 3 O 99/12, Rdn. 37 f.
1101 Vgl. BGH, Urteil v. 19.10.2004, Az. VI ZR 292/03 = NJW 2005, 594–Rivalin von Uschi Glas.

die Veröffentlichung von Informationen aus seinem Privatleben duldet, billigt oder fördert.[1102] Durch den Verkauf ihrer Geschichte an eine Filmproduktionsfirma und die „werbenden" Interviews im Jahre 2011 hat die Antragstellerin eine Eigenvermarktung initiiert und sich dabei „zum Gegenstand einer Darstellung in der breiten Öffentlichkeit gemacht".[1103] Das Gericht weist ausdrücklich darauf hin, dass die Fotostrecke in der besagten Zeitschrift eventuell noch als Akt der Richtigstellung des Öffentlichkeitsbildes als „rachsüchtige Ex–Geliebte" hätte angesehen werden können. Dies jedoch nicht für eine Bewerbung des Filmprojektes gelte. Die Antragstellerin habe deutlich gemacht, dass sie es gerade nicht vorzieht fernab der medialen Öffentlichkeit zu leben. Vielmehr habe sie mehr als sieben Monate nach dem Ende des Strafverfahrens das erheblich „abgeflaute" mediale Interesse wieder angeregt. Hinzu käme die bereits erfolgte vollständige Namensnennung in einer medialen Berichterstattung.

(b) Eigene Stellungnahme

Das Urteil des LG Mannheims ist nachvollziehbar und schlüssig. Es zeigt auf, dass sich auch die Verbrechensopfer gegenüber den Medien mit Bedacht verhalten müssen. Gegebene Interviews oder Einwilligungen in Bildveröffentlichungen können zu einer Reduzierung des Schutzes des Persönlichkeitsrechts führen. Fraglich erscheint vorliegend, ob der Klägerin dies bewusst war oder ob sie tatsächlich der Überzeugung war, ihr Recht auf Anonymität werde auch bei einer Verfilmung gewahrt. Dies erscheint überaus naiv und ist nur schwerlich zu glauben. Das Gericht lässt dahin stehen, ob eine Einwilligung in eine Bildpublikation ebenfalls zu demselben Ergebnis, der Aufhebung der einstweiligen Verfügung, geführt hätte. Vielmehr könne darin ein Versuch gesehen werden, sich gegen Verleumdungen zur Wehr zu setzen. Dem kann nicht beigepflichtet werden. Das erwünschte Ziel, die eigene Darstellung der Dinge, hätte der freiwilligen Ablichtung für ein überregionales Presseerzeugnis nicht bedurft. Eine Wortberichterstattung hätte ebenso zum gewünschten Erfolg geführt. Die Veröffentlichung eines Bildnisses stellt den schwerwiegendsten Eingriff in das Persönlichkeitsrecht dar. Es erscheint somit nicht nachvollziehbar, warum die Antragstellerin in einen solchen einwilligt und andererseits hinsichtlich ihrer Namensnennung auf ihr Recht auf Anonymität beruft. Die Geltendmachung erscheint widersprüchlich. Die Bildpublikationen bewirkten eine Erkennbarkeit der Antragstellerin in der Öffentlichkeit. Sie hat sich gegenüber dieser geöffnet und Teile ihrer selbst preisgegeben.

Mithin war der Erlass einer einstweiligen Verfügung im einstweiligen Rechtsschutzverfahren mehr als fragwürdig, wenn nicht gar widersprüchlich. Wird doch stets davon ausgegangen, dass eine Bildveröffentlichung einen weit größeren

1102 LG Mannheim, Urteil v. 25.10.2012, Az. 3 O 99/12, Rdn. 49; zit. BGH, Urteil v. 19.10.2004, Az. VI ZR 292/03 = NJW 2005, 594–Rivalin von Uschi Glas; BGH, Urteil v. 25.10.2011, Az. VI ZR 332/09 = GRUR 2012, 422–Pornodarsteller.

1103 LG Mannheim, Urteil v. 25.10.2012, Az. 3 O 99/12, Rdn. 50.

Eingriff in das Persönlichkeitsrecht des Antragstellers darstellt, als eine vollständige Namensnennung. Die Besonderheit des Falles liegt gerade darin, dass die Bildpublikation mit Einwilligung der abgebildeten Antragstellerin erfolgte. Mithin ist die Zulässigkeit unstrittig. Einzig relevant ist nunmehr der Aspekt, ob dies zu einem Verzicht ihres Rechts auf Anonymität geführt hat. Dafür spricht die Freiwilligkeit der „Selbstentblößung" in der Öffentlichkeit. Sie hat willentlich in Kauf genommen identifiziert zu werden. Es erscheint auf Grund der obigen Ausführungen und nach Abwägung der widerstreitenden Interessen zumindest nicht abwegig, die Entscheidung des Gerichts zu kritisieren und eine gegenteilige Auffassung zu vertreten.

ff. Sonderproblem: Onlinearchive

(1) Überblick

Mit dem technischen Fortschritt gehen immer größere Gefahren für das Persönlichkeitsrecht des Einzelnen einher. Erhebliche Probleme ergeben sich bei Onlinearchiven. Zunächst bedarf es der Klarstellung, dass ein Onlinearchiv gegenüber einem „normalen" Archiv Besonderheiten aufweist. Solche Archive existieren beispielsweise in Gerichten oder Bibliotheken. Das Auffinden von Beiträgen erfordert stets eine persönliche Suche vor Ort. Hinzu kommt häufig noch eine weitere Zugangsbeschränkung, weil in der Regel ausschließlich Mitglieder, Angestellte, Studenten etc., mithin bestimmte Personengruppen, auf die Archivrecherche zurückgreifen können. Die Globalisierung macht es notwendig, dass die bestehenden Archive durch Onlinearchive erweitert bzw. ersetzt werden. Soweit dies Archive von Bibliotheken, Gerichten, Universitäten etc. betrifft, wird der Zugang zumeist mittels Passwort beschränkt sein. Eine weitere Gruppe bilden zudem Onlinearchive, die den Abruf von Archivbeiträgen von einer Entgeltzahlung abhängig machen, mithin ausschließlich kostenpflichtige Archivabrufe zur Verfügung stellen. Auf beide Besonderheiten wird im weiteren Verlauf noch einzugehen sein. Eine dritte Gruppe bilden die unbeschränkt öffentlich zugänglichen Onlinearchive. Ihnen ist gerade eigen, dass jedermann von einem beliebigen Ort der Welt Zugriff auf archivierte Beiträge nehmen kann. Einzig ein Internetzugang ist hierbei Voraussetzung. Die Qualität der Persönlichkeitsrechtsbeeinträchtigungen variiert je nach Inhalt der archivierten Beiträge erheblich. Teilweise ist eine Onlinearchivierung sogar vom Betroffenen gewollt.[1104] Problematisch sind hingegen archivierte Beiträge immer dann, wenn sie zu einer Beeinträchtigung des Lebens des Betroffenen führen können. Insbesondere von online archivierten Kriminalberichterstattungen gehen vielfältige Gefahren aus, weil Informationen über Straftat und Täter den Interessenten unbegrenzt zur Verfügung stehen. Sie bleiben auf Grund der online abrufbaren Beiträge und gespeicherten Bildnisse im „kollektiven Gedächtnis". Der Begriff „Archiv" impliziert bereits den Mangel an Aktualität, weil Dokumente, Artikel, Berichte etc. zeitlich unbegrenzt zur Verfügung gestellt werden. Trotz fehlender Aktualität

1104 Onlinedienste wie Cloud, Facebook, Twitter, Xing etc. bestätigen das.

ermöglichen sie das Bereithalten von Altmeldungen im „World-Wide-Web" nahezu zeitlich unbegrenzt. Die Erinnerung an den Täter und dessen Tat wird auf diese Weise „wachgehalten". Bei näherem Vergleich mit den Maßgaben an die Zulässigkeit einer aktuellen Kriminalberichterstattungen erscheint dies widersprüchlich, ist doch das wesentliche Element das berechtigte öffentliche Interesse an dem Täter/ Tatverdächtigen und dessen Tat, was untrennbar mit der Aktualität verknüpft ist. Andernfalls überwiegt das Persönlichkeitsrecht des Betroffenen. Während bei Tatverdächtigen das Recht auf Anonymität und die Unschuldsvermutung im Vordergrund stehen, ist es bei Straftätern nach Zeitablauf das Resozialisierungsinteresse. Dabei gilt, je größer die Zeitspanne zwischen Tat und Berichterstattung, desto mehr neigt sich die Waagschale Richtung Persönlichkeitsrecht des Betroffenen. Eine solche Abwägung fehlt bei einem Abruf im Onlinearchiv völlig. Lediglich ein paar „Clicks" trennen Interessenten von dem Zugriff auf passiv bereit gehaltene online archivierte Beiträge.[1105] Unbestritten ist hierin ein hohes Gefahrenpotential für das Persönlichkeitsrecht des Betroffenen zu erblicken.

Die Lösungsansätze gestalten sich unterschiedlich. Während das BVerfG einen Löschungsanspruch des Betroffenen dann als begründet ansieht, wenn die Resozialisierung des Antragstellers/ Klägers entweder ernsthaft gefährdet ist, oder eine Stigmatisierung bzw. soziale Isolierung durch die Abrufbarkeit eines gespeicherten Artikels in einem Onlinearchiv droht,[1106] hat der BGH in einer wegweisenden Entscheidung die Zulässigkeit eines online archivierten Beitrages auf Grund der geringen Breitenwirkung bejaht.[1107] Weil eine pragmatische und abstrakte Problembehandlung die wahren Tücken nur anzudeuten vermag, soll im Folgenden eine Analyse am praktischen Fall erfolgen.

(2) Praktischer Fall Nummer 1: Sedlmayr-Mörder gegen „Deutschlandradio"

(a) Problembeschreibung

Streitgegenstand ist ein von der Rundfunkanstalt „Deutschlandradio" betriebenes Onlineportal.[1108] Dieses stellte auch Altbeiträge, unabhängig vom Alter des Beitrages, online zur Verfügung. Dabei war das Onlinearchiv nicht passwortgeschützt. Hinzu kommt, dass der Abruf weder kostenpflichtig war, noch sonstigen Beschränkungen unterlag. Der streitgegenständliche Beitrag betraf den 1993 ermordeten Volksschauspieler Walter Sedlmayr. Das Verfahren hatte auf Grund der Bekanntheit des Opfers seinerseits für erhebliches Öffentlichkeitsinteresse gesorgt. Der Altbeitrag berichtete über die beiden Verurteilten und ihr Scheitern des Begehrens auf Wiederaufnahme des Verfahrens vor dem BVerfG. Dies erfolgte unter Nennung

1105 OLG Frankfurt, ZUM-RD 2012, 85; LG Hamburg, AfP 2011, 285; vgl. dazu auch Specht, in: Dreier/ Schulze, a.a.O., § 23 KUG Rdn. 17.

1106 Vgl. BVerfG, Beschluss v. 25.11.1999, Az. 1 BvR 348/98, 1 BvR 755/98 = NJW 2000, 1859 (1860)-Lebach II.

1107 Vgl. BGH, Urteil v. 15.12.2009, Az. VI ZR 227/08 = GRUR 2010, 266-Online Archiv.

1108 www.dradio.de.

der Vor- und Zunahmen der Verurteilten, welche mittlerweile, Anfang 2008, auf Bewährung aus der Haft entlassen worden waren. Beide klagten gegen das passive Bereithalten des Altbeitrages auf Unterlassung ihrer vollständigen Namensnennung vor dem LG Hamburg. Die Klage in der ersten Instanz vor dem LG Hamburg als auch in der Berufungsinstanz, dem OLG Hamburg, hatte Erfolg. Das OLG Hamburg ließ die Revision zu. Das hatte zur Folge, dass sich der BGH erstmals mit der Problematik der Onlinearchive und dem passiven Bereithalten von identifizierenden Berichterstattungen auseinander setzten musste.

(b) Rechtliche Wertung

Der BGH führte in seiner Urteilsbegründung aus, dass ein passives Bereithalten von vergangenen Berichterstattungen in Onlinearchiven grundsätzlich nicht gegen das Persönlichkeitsrecht des Betroffenen verstoße, wenn das Archiv der Dokumentation historischer und kultureller Ereignisse dient.[1109] Das Anonymitätsinteresse des (ehemaligen) Straftäters führe nicht zu einer Prüfungspflicht. Andernfalls bestünde die Gefahr, dass die Berichterstattung bereits von Anfang an vorsichtig und zurückhaltend erfolge.[1110] Vielmehr sei eine regelmäßige Überprüfung der archivierten Inhalte und seinerseits zulässigen Berichterstattungen nicht angezeigt.[1111] Wenngleich die Vorinstanzen[1112] in der vollständigen Namensnennung einen Eingriff in das allgemeine Persönlichkeitsrecht der Betroffenen bejaht haben und dies insbesondere mit der erheblichen Gefahr für eine erfolgreiche Resozialisierung der Betroffenen begründet wurde,[1113] sieht der BGH im individuellen Fall keine hinreichende Breitenwirkung. Zwar liege ein Eingriff in das Persönlichkeitsrecht der Betroffenen auf Grund der Berichterstattung unstrittig vor. Eine Kriminalberichterstattung unter Nennung des Namens des Straftäters beeinträchtigt zwangsläufig das Recht auf Schutz seiner Persönlichkeit und Achtung seiner Privatsphäre. Dadurch wird sein Fehlverhalten öffentlich bekannt gemacht und den Konsumenten vor Augen geführt.[1114] Dies gilt nicht nur für aktive Informationsübermittlungen,

1109 Vgl. BGH, Urteil v. 15.12.2009, Az. VI ZR 227/08 = GRUR 2010, 266-Online Archiv; ebenso BGH, Urteil v. 09.02.2010, Az. VI ZR 243/08 = GRUR 2010, 549-Spiegel-Dossier; vgl. dazu auch Specht, in: Dreier/ Schulze, a.a.O., § 23 KUG Rdn. 17.

1110 Vgl. BGH, Urteil v. 15.12.2009, Az. VI ZR 227/08 = GRUR 2010, 266-Online Archiv; Prof. Dr. Gounalakis, LMK 2010, 300818, 1 (2), beck-online, Quelle: http://www.unimaburg.de/fb01/lehrstuehle/zivilrecht/gounalakis/gounalakis_schriften/gouna_schriften_urteilsanmerkungen/sedlmayr.pdf.

1111 Vgl. BGH, Urteil v. 15.12.2009, Az. VI ZR 227/08 = GRUR 2010, 266-Online Archiv.

1112 Vgl. LG Hamburg, Urteil v. 29.02.2008, Az. 324 O 459/08, 324 O 469/08; OLG Hamburg, Urteil v. 29.07.2008, Az. 7 U 30/08, 7 U 31/08.

1113 Unter Bezugnahme auf BVerfG, Urteil v. 05.06.1973, Az. 1 BvR 536/72 = BVerfGE 35, 202 (233 ff.)-Lebach I; BVerfG, Beschluss v. 25.11.1999, Az. 1 BvR 348/98, 1 BvR 755/98 = NJW 2000, 1859 (1860 f.)-Lebach II.

1114 Vgl. BGH, Urteil v. 15.11.2005, Az. VI ZR 286/04 = NJW 2006, 599-Verkehrsverstoß von Ernst August von Hannover; BVerfG, Urteil v. 1 BvR 2847/04 = NJW 2006,

sondern auch für abrufbare Beiträge im Internet, bereitgestellt auf einer passiven Darstellungsplattform.[1115] Die Abwägung widerstreitender grundrechtlicher Belange führe jedoch zu dem Ergebnis, dass es sich nicht um eine rechtswidrige Persönlichkeitsrechtsverletzung handelt. Das Schutzinteresse des Betroffenen überwiegt vorliegend nicht die schutzwürdigen Belange der Gegenseite, unter anderem die Bedienung des öffentlichen Informationsinteresses durch die Bereitstellung des Beitrages im Onlinearchiv.[1116] Das Gericht lehnt demnach einen Löschungsanspruch der wegen Mordes verurteilter Straftäter ab. Vielmehr dürfen nicht aktuelle Rundfunkbeiträge auch weiterhin in einem Onlinearchiv des Radiosenders „Deutschlandradio", „www.dradio.de", zur Verfügung gestellt werden. Die Nennung der Kläger in identifizierender Weise mit Vor- und Zunamen in bereitgehaltenen Altmeldungen könne insoweit nicht beanstandet werden. Dabei unterscheidet das Gericht auf der „Ebene der Wahrnehmbarkeit" deutlich zwischen einem aktuellen und einem archivierten Beitrag.[1117]

Den Ausführungen des BGH ist zu entnehmen, dass vier Aspekten im Rahmen der Abwägung eine besondere Bedeutung zukommt. Entscheidend ist demnach, ob von dem passiv bereitgehaltenen Beitrag eine (geringe) Breitenwirkung ausgeht, ob die Berichterstattung ursprünglich zulässig war, mithin sachbezogen und nicht stigmatisierend wirkt und ob die Meldung nur durch gezielte Suche auffindbar ist[1118] und das es sich bei der Berichterstattung erkennbar nicht um eine Aktuelle handelt, was im individuellen Fall durch den Begriff „Altmeldung" gekennzeichnet war.

Leider ist festzustellen, dass der BGH eine nähere Erläuterung zur Problematik der Auffindbarkeit von archivierten Onlineberichten vermissen lässt. In diesem Zusammenhang ist zu hinterfragen, ob die gezielte Suche tatsächlich als schlagendes Argument für die Zulässigkeit eines archivierten Beitrages gelten kann. Der Aspekt der öffentlichen Zugänglichkeit für jedermann muss ebenso Beachtung finden,

---

2835-Berichterstattung über Straftat eines Prominenten; BGH, Urteil v. 09.02.2010, Az. VI ZR 243/08 = GRUR 2010, 549-Sedlmayr-Mord-Namensnennung im Pressearchiv.

1115 Vgl. BVerfG, Urteil v. 10.06.2009, Az. 1 BvR 1107/09 = AfP 2009, 365-Verurteilter Sexualstraftäter; BGH, Urteil v. 09.02.2010, Az. VI ZR 243/08 = GRUR 2010, 549-Sedlmayr-Mord-Namensnennung im Pressearchiv.

1116 Vgl. Prof. Dr. Gounalakis, LMK 2010, 300818, 1 (2), beck-online, Quelle: http://www.unimarburg.de/fb01/lehrstuehle/zivilrecht/gounalakis/gounalakis_schriften/gouna_schriften_urteilsanmerkungen/sedlmayr.pdf.

1117 Vgl. Prof. Dr. Gounalakis, LMK 2010, 300818, 1 (2), beck-online, Quelle: http://www.unimarburg.de/fb01/lehrstuehle/zivilrecht/gounalakis/gounalakis_schriften/gouna_schriften_urteilsanmerkungen/sedlmayr.pdf.

1118 Voraussetzung einer gezielten Suche, vgl. dazu BVerfG, Urteil v. 17.07.2003, Az. 1 BvR 2115/02 = NJW 2003, 2818 (2819)-Klinikwerbung im Internet; BVerfG, Urteil v. 19.02.2008, Az. 1 BvR 1886/06 = NJW 2008, 1298 (1299)-„Anwaltsversteigerung"; Prof. Dr. Gounalakis, LMK 2010, 300818, 1 (2), beck-online, Quelle: http://www.unimarburg.de/fb01/lehrstuehle/zivilrecht/gounalakis/gounalakis_schriften/gouna_schriften_urteilsanmerkungen/sedlmayr.pdf.

sofern es sich nicht um ein internes bzw. Zulassungsbeschränkungen unterliegendes Onlinearchiv handelt.[1119] Die Problematik der Suchmaschinen, beispielhaft seien hier die weltweit beliebtesten Google und Yahoo genannt, lässt der BGH weitgehend außen vor. Er „umschifft" das Problem des globalen Zugriffs auf online zugreifbare Beiträge. Ihr Auffinden über eine der Suchmaschinen setzt gerade keine gezielte Suche auf der Homepage bzw. Website des betreffenden Onlinearchivs voraus. Die simple Eingabe eines Namens oder Schlagwortes in den „Suchkasten" ist bereits ausreichend, um eine Vielzahl von Links und Verweisen zu erhalten. Binnen weniger Sekunden ist ein Zugriff auf die entsprechende Seite ohne jeglichen Zeit- und Rechercheaufwand möglich. Demnach kann auch ein Internetnutzer ohne jegliche Vorkenntnisse hinsichtlich bestimmter Ereignisse Jahrzehnte später durch Zufallsfunde von ihnen Kenntnis erlangen. Die Auffindbarkeit von online archivierten Beiträgen und die Gefahr der Auffindbarkeit mittels Suchmaschine stellt ein „erheblich intensiviertes und ganz eigenes Maß an perpetuierter Beeinträchtigung"[1120] dar.

(c) Stellungnahme

Besteht nach den vorangegangenen Ausführungen hinsichtlich online archivierter Beiträge ein Löschungsanspruch des Betroffenen, oder ist mit dem Urteil des BGH konform zugehen und ein solcher abzulehnen? Diese Frage kann nicht mit einem simplen „ja" oder „nein" beantwortet werden. Einerseits bedeutet das Urteil des BGH eine gewisse Rechtssicherheit für die Betreiber von Onlinearchiven. Andererseits lässt das Gericht eine Stellungnahme zu der Problematik der Suchmaschinen vermissen. Letztlich ist zu hinterfragen, ob die Auseinandersetzung damit zu einem anderen Ergebnis geführt hätte. Wie die meisten juristischen Probleme erfordert auch dieses eine differenzierte Beantwortung. Zunächst erscheint es fragwürdig, ob das Auffinden des Beitrages tatsächlich nur durch eine gezielte Suche möglich gewesen ist. Das Gericht lässt offen, inwiefern es eine „gezielte Suche" definiert. Geht man von einer Onlinesuche über eine Suchmaschine aus, so wird zumeist, wie bereits zuvor erwähnt, eine Vielzahl von Links und Verweisen zutage gefördert. Auf Grund der Ausführungen, der Bericht sei nur „als passive Darstellungsplattform geschalteten Website verfügbar, die typischerweise nur von solchen Nutzern zur Kenntnis genommen wird, die sich selbst aktiv informieren"[1121], lässt das Gericht erkennen, dass es dabei von einer Suche auf der Website des „Deutschlandradios" selbst ausgeht. Diese Annahme wird von der Äußerung gestützt, dass sich der Beitrag nicht auf den aktuellen Seiten des Internetauftritts des Beklagten befand. Dadurch könne

---

1119 Vgl. dazu LG Hamburg, Urteil v. 29.02.2008, Az. 324 O 459/07, 324 O 469/07.

1120 So auch das LG Hamburg, Urteil v. 29.02.2008, Az. 324 O 459/07, Rdn. 26, 324 O 469/07.

1121 Vgl. BGH, Urteil v. 15.12.2009, Az. VI ZR 227/08 = GRUR 2010, 266–Online Archiv ; zit. BVerfG, Urteil v. 17.07.2003, Az. 1 BvR 2115/02 = NJW 2003, 2818 (2819)–Klinikwerbung im Internet; BVerfG, Urteil v. 19.02.2008, Az. 1 BvR 1886/06 = NJW 2008, 1298 (1299)–„Anwaltsversteigerung".

der Nutzer auch nicht unmittelbar nach dem Aufrufen der Homepage Kenntnis von dem online archivierten Beitrag nehmen. Angenommen, das Auffinden des Beitrages setzte eine explizite Suche auf der Homepage voraus, wäre dem BGH hinsichtlich der mangelnden Breitenwirkung zuzustimmen. Ebenso könnte man die Ausführungen des BGH auch so verstehen, dass bereits die Namenseingabe, ganz gleich ob auf der Website oder in eine Suchmaschine, eine gezielte Suche darstellt. Gesucht wird ja gerade nach genau diesem Fall. In unmittelbarem Zusammenhang dazu steht die Breitenwirkung. Denn das Gericht verneint diese gerade auf Grund der Erforderlichkeit der „gezielten Suche". Nicht nur die Entscheidungen des BGH, sondern ebenso in der Vergangenheit liegende Urteile unterer Instanzengerichte zeigen, dass die Breitenwirkung des Beitrags zumeist der Knackpunkt bei Zulässigkeitsentscheidung ist.[1122] Auch das OLG Köln[1123] stufte die von einem Onlinearchiv ausgehende Breitenwirkung als lediglich gering ein. Die potentielle Gefahr der Suchmaschinen erwähnte es hingegen ebenso wenig. Wenngleich eine Suche durch Eingabe von Schlüsselbegriffen Voraussetzung ist, so muss sie nicht zielgerichtet sein. Anders verhält es sich mit der Suche nach einem bestimmten Artikel auf der entsprechenden Homepage bzw. Website selbst. Eine Ausnahme bilden Onlinearchive mit Zugangsbeschränkungen. Hier ist es ausschließlich einem ausgewählten Personenkreis erlaubt, Zugriff auf archivierte Beiträge zu nehmen. Regelmäßig wird nur ein Passwort die Zugangssperre aufheben können. Bei schrankenlosen Onlinearchiven kann hingegen durchaus diskutiert werden, ob von den archivierten Berichten eine Breitenwirkung ausgeht, welche einen Unterlassungsanspruch auf Löschung rechtfertigt. Denn grundsätzlich impliziert ein zum Zeitpunkt der Veröffentlichung zulässiger Artikel nicht automatisch die Zulässigkeit der Abrufbarkeit eines Berichtes in einem Onlinearchiv.

Wie ist demnach nun die Frage der Breitenwirkung zu beantworten? Der BGH stuft die Breitenwirkung des konkreten Mediums, dem Onlinearchiv des „Deutschlandradios" www.dradio.de, in der betreffenden Entscheidung als gering ein. Doch ist ernsthaft zu hinterfragen, ob diese Ansicht in Anbetracht der Suchmaschinen nicht zu eindimensional ist. Die Argumentation des Gerichts, von einer vergleichbaren Breitenwirkung wie der Fernsehdokumentation zur besten Sendezeit im Fall Lebach könne nicht ausgegangen werden,[1124] ist nachvollziehbar und schlüssig. Die Grenzziehung ist nicht zu beanstanden, weil die Breitenwirkung einer Fernsehsendung zweifelsfrei ungleich höher ist. Selbst wenn auf den ersten Blick die Annahme einer Breitenwirkung zu verneinen ist, so ergeben sich zumindest auf den zweiten Blick Zweifel. Der weltweite Zugriff auf das uneingeschränkt zugängliche Onlinearchiv des „Deutschlandradio" durch einfache Stichwortsuche bei Google, Yahoo etc. lässt darauf schließen, dass die Breitenwirkung größer ist als

1122 So das OLG Köln, Beschluss v. 14.11.2005, Az. 15 W 60/05; ebenso das OLG Frankfurt am Main, Urteil v. 22.05.2007, Az. 11 U 72/06.

1123 OLG Köln, Beschluss v. 14.11.2005, Az. 15 W 60/05.

1124 Vgl. BGH, Urteil v. 15.12.2009, Az. VI ZR 227/08 = GRUR 2010, 266–Online Archiv.

vom BGH angenommen. Wenngleich sie im gegebenen Fall schwächer ist als in anderen Fallkonstellationen, so ist sie jedoch im allgemeinen nicht als „gering“, mithin unbedeutend, anzusehen. Trotz aller Zweifel über die Breitenwirkung und die Auslegung des Begriffs „gezielte Suche“ darf nicht vergessen werden, dass es sich seinerzeit um einen zulässigen Beitrag handelte. Die Tat fällt zudem unter die Rubrik der Schwerstkriminalität. Ins Gewicht fällt vor allem die Tatsache, dass die Meldung als „Altbeitrag“ gekennzeichnet war. Den Vorinstanzen kann zugestimmt werden, soweit sie das Resozialisierungsinteresse des Straftäters auch durch das Bereithalten von „Altmeldungen“ als beeinträchtigt ansehen, weil sie ihn erneut „in das Licht der Öffentlichkeit zerrt“[1125] und wieder ins Gedächtnis des Lesers ruft. Auch kann nicht bestritten werden, dass ein solcher Bericht grundsätzlich geeignet erscheint, die Straftat wieder zu reaktualisieren. So die Argumentation des LG Hamburg, welches in dem ständigen Bereithalten des Artikels in einem Onlinearchiv die Gefahr der „ständigen Reaktualisierung der Persönlichkeitsrechtsverletzung“ des Betroffenen sieht.[1126] Die Gewichtung dieser Aspekte ist Teil des Abwägungsprozesses mit dem Recht des Beklagten aus Art. 5 Abs. 1 GG und der Bedienung des öffentlichen Interesses. Jedoch ist der annähernden Gleichstellung von aktuellen und archivierten Beiträgen auf einer „Ebene der Wahrnehmbarkeit und Reichweite“ eine klare Absage zu erteilen. Die Suche mit Hilfe einer Suchmaschine, welche sowohl alte als auch aktuelle Beiträge auflistet, stellt keine hinreichende Begründung für die Gleichstellung dar. Keinesfalls ist darin eine ganz eigene intensivierte Form der Beeinträchtigung gegenüber herkömmlichen Veröffentlichungen zu sehen. Auch wenn die Suchmaschinen ein erhebliches Maß an Gefahrenpotential aufweisen, so wiegen doch aktuelle Meldungen in der Tagespresse, sowohl auf Papier als auch unter der Rubrik „Aktuelles“ auf den ersten Blick auf der Website sichtbar, ungleich schwerer, als dies bei Archivmeldungen der Fall ist. Auch unter Verwendung von hocheffizienten Suchmaschinen erscheinen die Berichte nach Aktualität sortiert und eben nicht wahllos durcheinander. Zumeist ist das Suchergebnis mit einem individuellen Hinweis, beispielsweise „vor zwei Stunden“, versehen. Aktuelle Berichterstattungen sind gegenüber offensichtlichen Altmeldungen eine wesentlich größere Gefahr für den Betroffenen und sein Resozialisierungsinteresse. Die Lösung kann auch nicht in der nachträglichen Entfernung des Namens der Kläger liegen. Das Verlangen nach Teillöschung der Altmeldung stellt vielmehr eine unverhältnismäßige Beeinträchtigung des Beklagten dar. Die Folge wäre ein erheblicher personeller Aufwand. Würde man den Klägern insoweit zustimmen, so müsste man eine Überprüfungspflicht für Altmeldungen generell bejahen – ein Präzedenzfall wäre geboren. Die Beeinträchtigungen des Auftrags der Medien, davon sind ausnahmslos alle Onlinemedien umfasst, in die für unsere demokratische Grundordnung unerlässliche Medien-, Presse- und Meinungsfreiheit, wäre nicht hinnehmbar. Im Ergebnis ist die Entscheidung des BGH zu begrüßen, wenngleich

1125 LG Hamburg, Urteil v. 07.11.2006, Az. 324 O 521/06, Rdn. 21.
1126 Vgl. LG Hamburg, Urteil v. 07.11.2006, Az. 324 O 521/06.

die Problembehandlung der Suchmaschinen wünschenswert gewesen wäre. Der BGH hatte die Chance, bestehende Unklarheiten zu beseitigen. Diese hat er leider nicht genutzt. Zusammenfassend bleibt festzuhalten, dass das Persönlichkeitsrecht der Kläger hinter dem öffentlichen Informationsinteresse zurücktreten muss. Die Kläger hatten keinen Anspruch auf Unterlassung der Namensnennung, die Klage war unbegründet.

(3) Praktischer Fall Nummer 2: Sedlmayr–Mörder gegen „Spiegel Online"

(a) Problembeschreibung

In dem Zusammenhang mit dem Kriminalfall Sedlmayr entschied der BGH einen weiteren Onlinearchiv–Fall. Doch diesmal handelte es sich um die Zulässigkeitsproblematik des Bereithaltens von illustrierten Berichterstattungen im Onlinearchiv von „Spiegel Online".[1127] Unter der Rubrik „Dossier" hatte die Onlineredaktion fünf verschiedene Altmeldungen, teils aus der Druckausgabe des Nachrichtenmagazins „Der Spiegel" und teils aus dem Internetauftritt des Magazins, zum kostenpflichtigen Abruf bereitgehalten. In drei der Berichte wurde der Kläger lediglich namentlich genannt. Die zwei weiteren Artikel illustrierten zudem die Wortberichterstattung mit kontextbezogenen Bildern des Verurteilten. Die Parallele zum „Deutschlandradio"–Fall besteht vor allem im Erfolg der Klage in den Vorinstanzen. Der BGH hob ebenfalls die Urteile der Vorinstanzen auf und wies die Klage ab. Die Veröffentlichung war seinerzeit zulässig.[1128] Berichtet wurde sowohl über die Anklageerhebung als auch den Beginn der Hauptverhandlung in Wort und Bild.

(b) Rechtliche Wertung

Wenngleich das Bereithalten der den Kläger identifizierenden Meldungen als Eingriffe in das allgemeine Persönlichkeitsrecht zu werten sind, so ist die Rechtswidrigkeit abzulehnen. Die Abwägung der widerstreitenden grundrechtlich geschützten Belange ergab, dass die schutzwürdigen Belange der Gegenseite das Schutzinteresse des Betroffenen überwogen. Berichterstattungen über Straftaten gehören zum Zeitgeschehen. Dessen Vermittlung ist gerade Aufgabe der Medien. Dies gilt zumindest für Straftaten aus dem Bereich der Schwerstkriminalität, weil hierbei zumeist ein berechtigtes Interesse der Bevölkerung besteht. Die Öffentlichkeit habe ein anerkennenswertes Interesse an der Recherche vergangener zeitgeschichtlicher Ereignisse.[1129] Wenngleich es sich streitgegenständlich nicht um

---

1127 BGH, Urteil v. 09.02.2010, Az. VI ZR 243/08 = GRUR 2010, 549–Sedlmayr–Mord–Namensnennung im Pressearchiv.

1128 Ebenda.

1129 BGH, Urteil v. 09.02.2010, Az. VI ZR 243/08, Rdn. 23 = GRUR 2010, 549–Sedlmayr–Mord–Namensnennung im Pressearchiv; ebenso OLG Köln, Urteil v. 14.11.2005, Az. 15 W 60/05 = AfP 2007, 126 (127); OLG Frankfurt, Urteil v. 12.07.2007, Az. 16 U 2/07 = ZUM 2007, 915 (917).

eine aktuelle Berichterstattung handelte und mit zeitlicher Distanz zur Straftat das Recht des Straftäters von einer „Reaktualisierung seiner Straftat verschont zu bleiben" immer bedeutender wird, sei das Überwiegen des Interesses des Klägers auf Grund der Art und Weise der Darstellung sowie dem Grad der Verbreitung des Mediums abzulehnen.[1130] Der Verbreitungsgrad des konkret gewählten Mediums sei im vorliegenden Fall gering. Zudem enthielt das Dossier weder neue Veröffentlichung noch wurden die Berichte in irgendeiner Art und Weise in einen Kontext eingebettet, welcher den Anschein der Aktualität erweckt. Das Gericht erklärt, dass das Resozialisierungsinteresse des Klägers unter den gegebenen Umständen nicht in besonderem Maße beeinträchtigt werde. „Altmeldungen" seien nicht geeignet, um diesen „an den Pranger zu stellen" oder „in das Licht der Öffentlichkeit zu zerren". Eine (erneute) Stigmatisierung ist nicht zu befürchten.[1131] Die illustrierten Berichterstattungen gaben wahrheitsgemäß, sachbezogen und objektiv die Anklageerhebung gegen die Kläger wegen Mordes an dem prominenten Volksschauspieler Sedlmayr sowie den Beginn der Hauptverhandlung wieder. Folglich knüpften sie an ein zeitgeschichtliches Ereignis an. Nach sorgfältiger Abwägung sei man zu dem Ergebnis gelangt, dass unter Berücksichtigung der Schwere der Tat, der Bekanntheit des Opfers, das erregte öffentliche Interesse sowie der Tatsache, dass die Verurteilten zuletzt vier Jahre vor ihrer Entlassung um die Aufhebung ihrer Verurteilung bemüht waren, beide Berichterstattungen mit kontextbezogenen Bildveröffentlichungen zulässig waren. Ob sich der Kläger zum Zeitpunkt der Abrufbarkeit der „Altmeldungen" noch in Haft befand oder bereits entlassen wurde vermag daran nichts zu ändern. Einem generellen Verbot der Einsicht oder gar der Löschung von Altmeldungen identifizierender Darstellungen über Straftäter in „Onlinearchiven" müsse vehement entgegen getreten werden. Andernfalls werde die Geschichte getilgt und der Straftäter vollständig immunisiert,[1132] obwohl ein Straftäter auf eine solche Tilgung keinerlei Anspruch geltend machen kann.[1133] Eine Ausnahme mag hier das Jugendstrafrecht bilden. Auf Grund der Volljährigkeit des Klägers erübrigt sich eine nähere Auseinandersetzung mit der Thematik. Die Tilgung würde vielmehr zu einer unzulässigen Einschränkung der Meinungs- und Medienfreiheit führen und eine ständige Kontroll-, Lösch- und Änderungspflicht sämtlicher online archivierter Altmeldungen die Medien unverhältnismäßig beeinträchtigen.[1134] Der erforderliche Einsatz von Ressourcen, sowohl finanziell als auch personell, ließe befürchten,

1130 Ebenda.

1131 BGH, Pressemitteilung Nr. 30/2010; ebenso BGH, Urteil v. 09.02.2010, Az. VI ZR 243/08 = GRUR 2010, 549–Sedlmayr–Mord–Namensnennung im Pressearchiv.

1132 BGH, Urteil v. 09.02.2010, Az. VI ZR 243/08, Rdn. 23 = GRUR 2010, 549–Sedlmayr–Mord–Namensnennung im Pressearchiv.

1133 Vgl. BVerfG, Beschluss v. 25.11.1999, Az. 1 BvR 348/98, 1 BvR 755/98 = NJW 2000, 1859 (1860)–Lebach; BVerfG, Urteil v. 10.06.2009, Az. 1 BvR 1107/09 = AfP 2009, 365–Verurteilter Sexualstraftäter.

1134 Vgl. BGH, Urteil v. 09.02.2010, Az. VI ZR 243/08, Rdn. 23 = GRUR 2010, 549–Sedlmayr–Mord–Namensnennung im Pressearchiv.

dass die Beklagten womöglich gänzlich von einer der Öffentlichkeit zugänglichen Onlinearchivierung von Altmeldungen absehen. Alternativ dazu ist zu befürchten, dass die Medien die „Vorsichtsmaßnahme“ ergreifen und von Anfang an von einer identifizierenden Berichterstattung abrücken.

(c) Stellungnahme

Ebenso wie im obigen Fall stellt der BGH vier wesentliche Aspekte heraus – die geringe Breitenwirkung, die Zulässigkeit der Berichterstattung zum erstmaligen Veröffentlichungszeitpunkt, das Auffinden durch gezielte Suche sowie die Kennzeichnung des Beitrages als „Altmeldung“. Man könnte meinen, dass der „Spiegel Online“-Fall bis dato gegenüber dem zuvor entschiedenen „Deutschlandradio“-Fall keine erheblichen Unterschiede aufweist. Allerdings besteht ein solcher in den archivierten „Altmeldungen“ selbst. Die abrufbare identifizierende (Alt)Berichterstattung beinhaltet nicht ausschließlich die Namensnennung der Kläger, sondern ebenso die Veröffentlichung kontextbezogener Bilder. Das eine Foto war Teil einer Meldung vom 21.9.1992 und zeigt den Kläger mit dem späteren Mordopfer vor dessen Lokal „Beim Sedlmayr“, wohin gegen das zweite Foto Teil der Meldung vom 30.11.1992 war und den Kläger als Angeklagten im Gerichtssaal zeigt. Beide Bildnisse illustrierten die jeweiligen Meldungen, welche selbst wahrheitsgemäß, sachbezogen und objektiv über die Anklageerhebung gegen den Kläger wegen Mordes bzw. den Beginn der Hauptverhandlung berichteten. Die besagten Bildnisse sind solche aus dem Bereich der Zeitgeschichte gemäß § 23 Abs. 1 Nr. 1 KUG. In der Konsequenz durften sie auch ohne Einwilligung des Klägers als Teil des beanstandeten Dossiers zum Abruf im Internet bereitgehalten werden.[1135] Von einem der Verbreitung entgegen stehenden berechtigten Interesse des Klägers gemäß § 23 Abs. 2 KUG ist, so der BGH, nicht auszugehen. Der BGH nimmt die Zulässigkeitsprüfung der Bildveröffentlichung nach dem abgestufte Schutzkonzept der §§ 22, 23 KUG vor.[1136] Dies sei sowohl nach verfassungsrechtlichen Vorgaben[1137] als auch mit der Rechtsprechung des EGMR[1138] vereinbar. Der Rechtsprechungsänderung folgend, nimmt der BGH bereits im Rahmen des § 23 Abs. 1 Nr. 1 KUG eine Interessenabwägung zwischen

1135 BGH, Urteil v. 09.02.2010, Az. VI ZR 243/08, Rdn. 31= GRUR 2010, 549–Sedlmayr–Mord–Namensnennung im Pressearchiv.

1136 Der BGH nimmt hierbei Bezug auf die bisherige ständige Rechtsprechung. Statt vieler BGH, Urteil v. 11.03.2009, Az. I ZR 8/07 = NJW 2009, 3032–Wer wird Millionär?; vgl. BGH, Urteil v. 09.02.2010, Az. VI ZR 243/08, Rdn. 32 = GRUR 2010, 549–Sedlmayr–Mord–Namensnennung im Pressearchiv.

1137 Vgl. BVerfG, Beschlüsse v. 26.02.2008, Az. 1 BvR 1602/07, 1 BvR 1606/07, 1 BvR 1626/07 = GRUR 2008, 539 (546)–Caroline von Monaco III.

1138 EGMR, Urteil v. 24.06.2004, Az. 59320/00 = GRUR 2004, 1051–Caroline von Hannover; EGMR, Urteil v. 16.11.2004, Az. 53678/00 = NJW 2006, 591–Karhuvaara and Iltalehti v. Finland.

den Rechten des Abgebildeten und der der Medien vor.[1139] Der Beurteilung sei ein normativer Maßstab zu Grunde zu legen, welcher die Pressefreiheit und zugleich den Schutz der Persönlichkeit und ihrer Privatsphäre ausreichend berücksichtigt.[1140] Dem Informationsinteresse, sowohl an Vorgängen mit historisch–politischer Bedeutung als auch solche von allgemeinem gesellschaftlichem Wert sind dort Grenzen gesetzt, wo der Eingriff in die persönlichen Sphären des Abgebildeten unverhältnismäßig ist.[1141] Voraussetzung ist der Bezug zu einem zeitgeschichtlichen Ereignis, sodass die Veröffentlichung nicht nur ausschließlich der Befriedigung der Sensationsgier der Bevölkerung dient. Insbesondere mit Blick auf die Beeinträchtigungen einer Bildberichterstattung für einen Straftäter, welche ihn für die Öffentlichkeit visualisiert und mit der Straftat in Verbindung bringt, bedarf es einer eingehenden Zulässigkeitsprüfung unter Beachtung des Ereignisses und des Zeitablaufs. Eine „Reaktualisierung" der Straftat ist zu befürchten. Die illustrierten Meldungen knüpfen beide an ein zeitgeschichtliches Ereignis, Anklageerhebung und Beginn der Hauptverhandlung, an. Nach Abwägung der widerstreitenden Interessen ist von einem überwiegenden öffentlichen Informationsinteresses auszugehen, sodass auch die Onlinearchivierung der betreffenden Fotos an der Zulässigkeit nichts zu ändern vermag.

Angesichts des Resozialisierungsinteresses und der Gefahr einer „Reaktualisierung" der Straftat nach Haftentlassung des Klägers bedarf es einer näheren Betrachtung der Zulässigkeitsentscheidung des BGH. Insbesondere der Zeitablauf bereitet vorliegend Zweifel. Zwischen der Straftat und der Abrufbarkeit der Berichterstattungen online liegen mehr als 15 Jahre. Zudem erfolgte die zwischenzeitliche Haftentlassung des Klägers, wodurch dieser in die Resozialisierungsphase eingetreten ist. Nunmehr erscheint unbestritten, dass der Kläger durch die Abrufbarkeit der Beiträge in einem Onlinearchiv dauerhaft mit der begangenen Straftat in Verbindung zu bringen ist und diese im „kollektiven Gedächtnis" wach gehalten wird. Die zentrale Frage ist hierbei, ob der Straftäter einen Anspruch auf das „Vergessen" der Straftat besitzt. Dies muss verneint werden. Die abgeurteilte Straftat kann durch Verbüßen der Haftstrafe nicht ungeschehen gemacht werden. Wird über den Straftäter persönlich berichtet, bedarf es stets des Bezuges zur Tat selbst. Ein solcher bestand bei den Beiträgen zweifelsfrei. Sowohl die Anklageerhebung als auch der Beginn der Hauptverhandlung sind als zeitgeschichtliche Ereignisse zu qualifizieren. Die Berichterstattung war seinerzeit auch zulässig. Allein der

1139 Vgl. statt vieler BGH, Urteil v. 06.03.2007, Az. IV ZR 51/06–Caroline von Hannover; BVerfG, Beschlüsse v. 26.02.2008, Az. 1 BvR 1602/07, 1 BvR 1606/07, 1 BvR 1626/07 = GRUR 2008, 539–Caroline von Monaco III; BGH, Urteil v. 09.02.2010, Az. VI ZR 243/08, Tz. 33 = GRUR 2010, 549–Sedlmayr–Mord–Namensnennung im Pressearchiv.

1140 Vgl. BGH, Urteil v. 06.03.2007, Az. IV ZR 51/06–Caroline von Hannover; BGH, Urteil v. 09.02.2010, Az. VI ZR 243/08, Rdn. 33= GRUR 2010, 549–Sedlmayr–Mord–Namensnennung im Pressearchiv.

1141 Vgl. BGH, Urteil v. 09.02.2010, Az. VI ZR 243/08, Tz. 33 = GRUR 2010, 549–Sedlmayr–Mord–Namensnennung im Pressearchiv.

Zeitablauf vermag diese Zulässigkeit nicht zu beseitigen. Zudem handelt es sich nicht um aktuelle Berichterstattungen. In diesem Fall könnte in Erwägung gezogen werden, dass die erneute Bildnisveröffentlichung unabhängig von einem zeitgeschichtlichen Ereignis erfolgte, mithin unzulässig ist. So bei der Berichterstattung über Christian Klar.[1142] Jedoch mangelte es im Fall Klar nicht nur an einem aktuellen Ereignis, das Foto zeigte ihn darüber hinaus in seinem jetzigen Erscheinungsbild und stammte nicht aus der Zeit der aktuellen Kriminalberichterstattung. Demnach war Klar zum Zeitpunkt der Veröffentlichung für die Adressaten eindeutig identifizierbar. Die streitgegenständlichen Fotos sind hingegen 15 Jahre alt. Damit stellt sich die Frage, ob der Kläger anhand der alten Fotos von der Öffentlichkeit überhaupt noch zu identifizieren ist. Zumindest ist die Veröffentlichung aktueller Fotos als erheblich schwerwiegender für den Abgebildeten zu gewichten.

Zusammenfassend ist die Entscheidung des BGH zu begrüßen. Demnach sind Veröffentlichungen von Fotos in Onlinearchiven, sofern diese kontextbezogen sind und die Wortberichterstattung ergänzen, zulässig. Die Entscheidung des BGH ist wegweisend für die Zukunft und muss als Stärkung der Meinungs- und Medienfreiheit gesehen werden. Auch trägt sie bis zu einem gewissen Maß zur Rechtssicherheit bei. Bei allem Positiven bleibt jedoch festzuhalten, dass es sich letztlich um eine Einzelfallentscheidung handelt. Sie berechtigt die Gerichte nicht zu einer Pauschalisierung oder gar dem Unterlassen einer Abwägung der widerstreitenden Interessen im Einzelfall. Denkbar sind Fälle, in denen Altmeldungen mit neuen Fotos oder alte Fotos mit neuen Berichterstattungen verbunden werden. Hierbei entstehen erhebliche Probleme, welche in der „Spiegel Online"-Entscheidung des BGH gänzlich irrelevant waren, mithin nicht zur Sprache kamen. Derlei Fallkonstellationen dürften eher als unzulässig einzustufen sein. Die Veröffentlichung eines aktuellen Bildes unabhängig von einem zeitgeschichtlichen Ereignis erinnert sehr an den Fall Christian Klar. Dort hat das Gericht, wie bereits zuvor erläutert, die Veröffentlichung für unzulässig erklärt. Wenngleich es sich hierbei um die Problematik der Onlinearchive handelt, dürfte ein solcher Fall ähnlich zu entscheiden sein. Ebenso im Hinblick auf weniger schwerwiegendere Straftatbestände. Dies sind wichtige Eckpfeiler, welche im Individualfall die Waagschale zugunsten des Betroffenen neigen können. Mord ist ein Delikt der Schwerstkriminalität. Zudem muss sich der Kläger vorliegend entgegen halten lassen, dass das öffentliche Interesse auf Grund der Prominenz des Opfers besonders hoch war.

Schließlich ist noch auf die Art des Onlinearchivs einzugehen. Die betreffenden Altberichte sind nicht mit einer Suchmaschine auffindbar bzw. einsehbar. Vielmehr setzt die Kenntnisnahme durch einen Internetnutzer dessen kostenpflichtigen Abruf des Dossiers voraus. Im Gegensatz zum ersten Onlinearchiv-Fall wird der Zugang zur Altmeldung erheblich erschwert. Die Problematik der Suchmaschinen und Zufallsfunde stellt sich vorliegend nicht. Auch wenn die Stichwortsuche bei Google, Yahoo etc. einen Verweis auf die Website von „Spiegel Online" anzeigt, so kommt

1142 Siehe oben unter 2. Teil A. § 7 I. 2. d. dd. (3).

es jedoch entscheidend darauf an, dass dem Abruf der Altmeldungen eine Schranke vorgeschoben wurde. Der kostenpflichtige Abruf begründet die Entscheidung der geringen Breitenwirkung, weil die Zahlung eines Entgeltes eine bedeutende Zugangsbeschränkung darstellt und eine verminderte Breitenwirkung begründet. Dem BGH ist insoweit zuzustimmen, dass nur diese Nutzer die „Altmeldungen" kostenpflichtig abrufen, welche sich selbst aktiv informieren wollen.[1143] Wenn die Abwägung im „Deutschlandradio"-Fall die Zulässigkeit des Bereithaltens der Altmeldungen ergab, so muss dies insbesondere für den „Spiegel Online"-Fall gelten. Obgleich der Eingriff durch die Bildnisveröffentlichung schwerwiegender sein mag als im ersten Fall, so wird dies durch die Tatsache, dass es sich bei den Fotos um 15 Jahre alte Bilder handelt, abgemildert. Zudem war, im Gegensatz zum ersten Fall, eine Kenntnisnahme von den die Kläger identifizierenden Inhalten durch den durchschnittlichen Internetnutzer nicht ohne weiteres möglich, sondern setzte vielmehr einen kostenpflichtigen Abruf des Dossiers voraus. Der Zugang wurde erheblich erschwert, sodass die Breitenwirkung gegenüber dem „Deutschlandradio"-Fall im Ergebnis als geringer einzustufen ist.

II. Postmortaler Schutz gemäß § 23 Abs. 1 Nr. 1 KUG

Wie bereits zuvor erwähnt,[1144] existiert ein Bildnisschutz auch über den Tod des Abgebildeten hinaus, welcher durch die Angehörigen wahrgenommen werden kann. Diese können vermögenswerte Bestandteile des postmortalen Persönlichkeitsrechts bis zu zehn Jahre nach dem Tod der abgebildeten Person geltend machen. Die Beschränkung auf zehn Jahre nach dem Tod hat der BGH in Analogie zur Regelung des Rechts am eignen Bild gemäß § 22 Satz 3 KUG festgesetzt.[1145] Ob eine solche Begrenzung geeignet ist um einen ausreichenden Schutz post mortem zu erreichen ist fraglich. Die Gefahren für das Persönlichkeitsrecht haben sich durch den technischen Fortschritt um ein Vielfaches erhöht. Als der Gesetzgeber 1907 die Schutzdauer für das Recht am eignen Bild festsetzte, bedrohten lediglich die Printmedien das Persönlichkeitsrecht des Einzelnen. Mit dem unaufhaltsamen Fortschritt erschlossen sich auch neue Gefahrenquellen. Zunächst hielt das Fernsehen Einzug in alle Haushalte, danach folgte das Internet. Letzteres ermöglicht es Bilder binnen Sekunden rund um den Globus zu versenden und zu verbreiten. Zudem gilt, dass was einmal im „World Wide Web" im Umlauf ist auch dort bleibt. Es ist praktisch fast unmöglich, den Umlauf von Fotos zu stoppen und diese aus dem Internet zu entfernen. Auf Grund der fundamentalen Veränderungen bleibt die Frage bestehen:

1143 Vgl. die Ausführungen zur passiven Darstellungsplattform des BGH, Urteil v. 09.02.2010, Az. VI ZR 243/08 = GRUR 2010, 549-Sedlmayr-Mord-Namensnennung im Pressearchiv; ebenso BVerfG, Urteil v. 17.07.2003, Az. 1 BvR 2115/02 = NJW 2003, 2818 (2819)-Klinikwerbung im Internet; BVerfG, Urteil v. 19.02.2008, Az. 1 BvR 1886/06 = NJW 2008, 1298 (1299)-„Anwaltsversteigerung".

1144 Siehe oben 2. Teil A. § 7 III.

1145 BGHZ 169 (193)-kinski-klaus.de-Entscheidung.

Ist der postmortale Schutz von zehn Jahren noch zeitgemäß? Götting[1146] hat bereits 1985 vorgeschlagen, sich bei der Lösung der Problematik nicht an § 22 Satz 3 KUG, sondern vielmehr am Urheberrecht zu orientieren. Dieses sieht eine Schutzdauer von 70 Jahren vor. Er begründet seine Ansicht mit der damit einhergehenden Rechtssicherheit und der vergleichbaren Interessenlage im Urheberrecht. Wie ist im Ergebnis nun die Dauer der Schutzfrist zu beurteilen? Die Ansicht Göttings, d.h. die Übertragung der Schutzfrist aus § 64 Abs. 1 UrhG, erscheint wenig überzeugend, weil es sich bei dem Recht am eigenen Bild nicht um ein Leistungsschutzrecht, sondern ein Persönlichkeitsrecht handelt. Aus eben diesem Grund vermag auch die Argumentation nicht zu überzeugen, es sei unbillig, ein Lichtbildwerk 70 Jahre nach dem Tod des Urhebers zu schützen, während die auf dem Lebenswerk des nunmehr verstorbenen Abgebildeten beruhenden vermögenswerten Bestandteile des Persönlichkeitsrechts in der Regel bereits nach 10 Jahren erlöschen.[1147] Götting zufolge gelte dies insbesondere unter dem Aspekt, dass das Bildnis seinen Marktwert ausschließlich der Prominenz der abgebildeten Person verdanke.[1148] Hingegen erscheint die starre Schutzfrist des KUG von 10 Jahren zu unflexibel. Die Zeitspanne eines Jahrzehnts ist schnell überschritten. Ob nun die Lösung der Problematik in einer Festsetzung auf 30 Jahre gesehen werden kann[1149] ist ebenfalls im Hinblick auf die Starre der Frist fraglich. Die Argumentation der Befürworter, es handele sich dabei um die zeitliche Spanne einer Generation, ist grundsätzlich nachvollziehbar. In sich schlüssig ist die Orientierung der Schutzfrist an der Lebensdauer der Angehörigen. Doch kann diese tatsächlich auf 30 Jahre festgesetzt werden? Diese Frage muss mit „nein" beantwortet werden. Entscheidungen der Gerichte zum postmortalen Persönlichkeitsschutz stützen dies. So wurde ein postmortaler Persönlichkeitsschutz bei 15 Jahre post mortem[1150], bei 30 Jahre nach dem Tode[1151] sowie 67 Jahre nach dem Ableben des Rechtsinhabers[1152] bejaht. Mit Verweis auf die Ausführungen zur Einwilligung post mortem[1153] dürfte eine Schutzfrist von 25 bis 30 Jahren in der Regel sach- und interessengerecht sein. Dies entspricht ungefähr einer Generation. Zu beachten gilt, dass die tatsächliche Dauer der ideellen Bestandteile des postmortalen Persönlichkeitsrechts ebenso von den Umständen

---

1146 Götting, a.a.O., S. 281.

1147 Zur Thematik M. Martin, a.a.O., S. 240 f.

1148 Vgl. Götting, in: Schricker/ Loewenheim (Hrsg.), a.a.O, § 60/ § 22 KUG Rdn. 63; ebenso M. Martin, a.a.O., S. 240.

1149 So etwa Burkhardt, in: Wenzel, a.a.O., Rdn. 5.124; Gregoritza, Die Kommerzialisierung von Persönlichkeitsrechten Verstorbener, S. 132; Lichtenstein, Persönlichkeitsrecht vor und nach dem Tode, S. 369; aufzählend M. Martin, a.a.O., S. 240.

1150 So im Fall Wilhelm Kaisen OLG Bremen, AfP 1994, 145 (146).

1151 So im Fall Emil Nolde BGH, Urteil v. 08.06.1989, Az. I ZR 135/87 = GRUR 1995, 668 (670)–Emil Nolde; ebenso OLG Köln, AfP 1998, 647–Adenauer; LG Hamburg, AfP 1993, 595–NS-Künstler.

1152 OLG Bremen, NJW-RR 1993, 726 (727)–Ebert.

1153 Siehe oben 2. Teil A. § 5 III. 7.

des Einzelfalls abhängt. In zwei viel zitierten Entscheidungen des BGH, Mephisto[1154] sowie Emil Nolde[1155], erkennt der BGH ein Schutzbedürfnis der Angehörigen des Verstorbenen insoweit an, als das die Erinnerung an diesen noch nicht verblasst ist. Im Umkehrschluss bedeutet dies, dass das Schutzbedürfnis zumindest proportional zum Verblassen der Erinnerungen schwindet.[1156]

III. Erweiterte Interessenabwägung im Rahmen des § 23 Abs. 1 Nr. 1 KUG

1. Abwägungskriterien

Wie bereits zuvor erläutert,[1157] ist nach dem abgestuften Schutzkonzept der Rechtsprechung die Abwägung der gegenläufigen Interessen nunmehr bereits im Rahmen von § 23 Abs. 1 Nr. 1 KUG anhand der jeweiligen Grundrechte vorzunehmen. Die entwickelten Grundsätze zu § 23 Abs. 2 KUG gelten jedoch nach wie vor. Der Unterschied besteht lediglich in der Vorverlagerung der Abwägung der Belange des Abgebildeten und der der Medien.[1158]

2. Veröffentlichung zu Werbezwecken

Nur der Vollständigkeit halber wird an dieser Stelle auf Veröffentlichung von Bildnissen zu Werbezwecken eingegangen. Nach dem abgestuften Schutzkonzept des BGH bedarf es nunmehr bereits im Rahmen der Feststellung, ob es sich um ein Bildnis aus dem Bereich der Zeitgeschichte handelt einer umfassenden Interessenabwägung. Während vor dem Jahre 2004 die Nutzung Prominenter zu Werbezwecken im Rahmen des § 23 Abs. 2 KUG zu erfolgen hatte, wird nunmehr davon ausgegangen, dass es in diesen Fällen der Heranziehung des Abs. 2 nicht mehr zwingend bedarf.[1159] Als unzulässig wurde die Verwendung von Personenbildnissen zu Werbezwecken erachtet, wenn diese ihre Einwilligung nicht erteilt haben. Niemand müsse sich gefallen lassen ungewollt kommerzielle Interessen eines Dritten zu fördern.[1160] Ganz gleich ob es sich dabei um Veröffentlichungen auf Plakaten[1161],

1154 BGH, Urteil v. 20.03.1968, Az. I ZR 44/66 = GRUR 1968, 552 (555)–Postmortaler Persönlichkeitsschutz.

1155 BGH, Urteil v. 08.06.1989, Az. I ZR 135/87 = GRUR 1995, 668 (670)–Bildfälschung mit Signatur.

1156 Steffen, in: Löffler, Presserecht, § 6 LPG Rdn. 71 m.w.N.

1157 Siehe oben 2. Teil A. § 7 I. 1. c. bb.

1158 So Specht, in: Dreier/ Schulze, a.a.O., § 23 KUG Rdn. 23.

1159 Fricke, in: Wandtke/ Bullinger, a.a.O., § 23 KUG Rdn. 29.

1160 So der BGH, in: BGH, Urteil v. 8.5.1956, Az. I ZR 62/54 = GRUR 1956, 427–Paul Dahlke; BGH, Urteil v. 26.01.1971, Az. VI ZR 95/70 = NJW, 1971, 698–Liebestropfen; BGH, Urteil v. 1.12.1999, Az. I ZR 49/97 = NJW 2000, 2195–Marlene Dietrich.

1161 LG Berlin, NJW 1996, 1142–Politikerwerbung.

Anzeigen[1162] oder Computerspielen[1163] handelt. Letzteres wird mit technischem Fortschritt immer bedeutender werden. Bedient die Werbung zugleich das öffentliche Informationsinteresse, dann muss der Abgebildete zumeist eine Veröffentlichung selbst dann hinnehmen, wenn zugleich kommerzielle Interessen Dritter befriedigt werden.[1164] Für die Feststellung, ob das Informationsinteresse trotz kommerzieller Nutzung gegen den Willen des Abgebildeten überwiegt, die Veröffentlichung mithin zulässig ist, bedarf es stets einer umfassenden Einzelfallabwägung.

3. Die einzelnen Sphären

Auch nach neuer Rechtslage ist auf die Sphärentheorie zurückzugreifen. Auf eine zu detaillierte Untergliederung in vier oder mehr Sphären wird vorliegend verzichtet. Eine solche würde zu erheblichen Grenzverwischungen führen und dem Sinn und Zweck der Sphärentheorie zuwider laufen. Orientierend an der vom BVerfG entwickelten Sphärentheorie erfolgt vielmehr eine Einteilung in drei Sphären.[1165]

a. Intimsphäre

Die Intimsphäre genießt gegen Angriffe Dritter den stärksten Schutz. Als von der Intimsphäre erfasst gelten alle Vorgänge der inneren Gefühls- und Gedankenwelt, des Sexualbereichs, medizinische Details über Krankheiten[1166] sowie Lebensvorgänge die zur Wahrung und Entwicklung der Individualität vor Einblicken der Öffentlichkeit abgeschirmt bleiben müssen.[1167] Anders formuliert umfasst sie „den letzten unantastbaren Bereich menschlicher Freiheit“[1168], eine letzte „Distanz zum Mitmenschen“ als „Voraussetzung und Kennzeichnung jeder Kultur“.[1169] Im Besonderen schützt sie das Eigenleben der Person. Voraussetzung ist hingegen nicht

---

1162 BGH, Urteil v. 8.5.1956, Az. I ZR 62/54 = GRUR 1956, 427–Paul Dahlke; BGH, Urteil v. 26.01.1971, Az. VI ZR 95/70 = NJW, 1971, 698–Liebestropfen; BGH, Urteil v. 1.12.1999, Az. I ZR 49/97 = NJW 2000, 2195–Marlene Dietrich.

1163 Vgl. OLG Hamburg, ZUM 2004, 309–Oliver Kahn gegen Electronic Arts; LG München I, AfP 2002, 340–Fall Ermakova.

1164 BGH, Urteil v. 6.2.1979, Az. VI ZR 46/77 = GRUR 1979, 425–Fußballkalender; BGH, Urteil v. 14.11.1995, Az. VI ZR 410/94 = GRUR 1996, 195 (196)–Willy Brandt Gedenkmünze; BGH, Urteil v. 26.10.2006, Az. I ZR 182/04 = GRUR 2007, 139–Oskar Lafontaine.

1165 Erstmals BVerfG 6, 32 (41)–Elfes; BVerfGE 6, 389 (433)–Homosexuelle; BVerfGE 27, 344 (350 f.)–Ehescheidungsakten; 32, 373 (378 f.)–Ärztliche Schweigepflicht; BVerfGE 34, 238 (245)–Tonband.

1166 BVerfGE 34, 238 (245)–Tonband; BVerfGE 80, 367 (380)–Tagebuch; Rehm, AfP 1999, 416 (418); Brandner, JZ 1983, 689 (690); Ricker, NJW 1990, 2097 (2099); ebenso Loock, a.a.O., S. 142; Böhnstedt, a.a.O., S. 189.

1167 BGH, Urteil v. 20.01.1981, Az. VI ZR 163/79 = NJW 1981, 1366–Der Aufmacher II; BVerfGE 34, 238 (241)–Tonband.

1168 BVerfGE 6, 32 (41)–Elfes.

1169 Vgl. Burkhardt, in: Wenzel, a.a.O., Rdn. 5.47 f.

ein öffentliches zutage treten der Verletzung.[1170] Zentraler Aspekt ist die Definition der Begrifflichkeit „intim". Rössler[1171] definiert „intim" im erotischen Sinne als „zumeist sexuelle Konnotationen, Konnotationen von Nähe und Verletzlichkeit, die auch aber nicht nur mit der Entblößung des eigenen Körpers zu tun haben". Demnach bildet die Intimsphäre einen Kernbereich dessen, was man „privat" nennt und halten will.[1172] Dabei darf „privat" jedoch keinesfalls mit dem Begriff „intim" gleichgesetzt werden. Ersterer umfasst wesentlich mehr Ereignisse und Vorgänge aus dem Leben einer Person.[1173] Praxisrelevante Eingriffe in die Intimsphäre einer Person sind vor allem Veröffentlichungen aus dem Sexualleben. Der BGH[1174] führt in einer Urteilsbegründung aus, dass „bei allen Kulturvölkern der schützende und bergende Schleier der Scham und des nur den beiden Partnern vorbehaltenen Geheimnisses gebreitet" ist. Dies verdeutlicht, dass im Speziellen das Schamgefühl im sexuellen Bereich der Geheimhaltung unterliegen soll. Die Unantastbarkeit indiziert bereits die Rechtswidrigkeit der Verletzung.[1175] Einer weiteren Abwägung bedarf es nicht. Sie bleibt einer ungenehmigten Erörterung verschlossen.[1176] Schlussfolgernd steht den Medien unter keinen Umständen ein Rechtfertigungsgrund zu Seite. Ebenso ist das öffentliche Informationsinteresse für eine Veröffentlichung nicht ausreichend. Das BVerfG stellt die Intimsphäre mit dem unantastbaren Würdegehalt des allgemeinen Persönlichkeitsrechts auf eine Ebene, indem es diese mit dem „letzen unantastbaren Bereich menschlicher Freiheit" gleichsetzt.[1177] Die Interpretation der Intimsphäre durch das BVerfG stößt nicht nur auf Zustimmung.[1178] Kritisiert wird eine Reduzierung des Schutzbereichs durch die erhebliche Eingrenzung. Im Ergebnis werde somit regelmäßig ein Eingriff abgelehnt.[1179] Dem ist entgegen zu halten, dass eine Ausweitung der Intimsphäre dem Schutzzweck zuwider laufen würde. Es soll ja gerade der kleinste Bereich menschlicher Freiheit geschützt werden. Die bisweilen auftretenden Abgrenzungsprobleme zwischen Privatsphäre und Intimsphäre sind individuell zu lösen. Die Häufigkeit der richterlichen Zuordnung der betreffenden Ereignisse in den Bereich der Privatsphäre ist maßgeblich den veröffentlichten Einzelheiten zuzuschreiben. Wenngleich die Berichterstattung auf den ersten Blick eine Verletzung der Intimsphäre vermuten lässt, so bedarf es zumeist auf den

1170 Hubmann, a.a.O., S. 269.
1171 Rössler, Wert des Privaten, S. 223.
1172 Rössler, a.a.O., S. 17.
1173 Rössler, a.a.O., S. 17.
1174 BGHSt 11, 67 (71); aufgreifend Burkhardt, in: Wenzel, a.a.O., Rdn. 5.48.
1175 BGHZ 73, 124; OLG Köln, NJW 1988, 1985.
1176 Burkhardt, in: Wenzel, a.a.O., Rdn. 5.47.
1177 BVerfGE 6, 32 (41)–Elfes.
1178 Di Fabio, Maunz/ Dürig, a.a.O., Art. 2 Abs. 1, Rdn. 158; Starck, in: v. Mangoldt/ Klein/ Starck (Hrsg.), a.a.O., Art. 2 Abs. 1, Rdn. 16.
1179 Vgl. dazu Rspr. des BVerfG, BVerfGE 32, 372 (379)–Ärztliche Schweigepflicht; 27, 344 (351)–Ehescheidungsakten; BVerfGE 34, 205 (209)–Ehescheidungsakten im Disziplinarverfahren; BVerfGE 34, 238 (248)–Tonband; 90, 145 (171)–Cannabis.

zweiten Blick, mithin bei näherer Begutachtung der Umstände, einer Korrektur. Die Frage der Zulässigkeit stellt sich auch bei Wiederholungen. Selbst wenn zum Zeitpunkt der Veröffentlichung die Informationen bereits öffentlich bekannt waren, kann nicht ausgeschlossen werden, dass die Veröffentlichung an sich rechtswidrig war. Auch Fälle, in welchen ein Verhalten in Widerspruch zu der von der Person öffentlich beanspruchten Rolle eines Moralapostels oder Tugendwächters steht[1180], können eine Durchbrechung der Intimsphäre ermöglichen[1181] und somit aus dieser „herausfallen". Beispielhaft sei ein vom BGH[1182] entschiedener Fall genannt. Zentrale Bedeutung spielte dabei, ob bereits ein Hinweis auf ehebrecherische Beziehungen zu mehreren Frauen eine Verletzung der Intimsphäre darstellt. Dies wurde mit dem Hinweis abgelehnt, dass sich die Schilderung sexueller Verhaltensweisen auf die bloße sachliche Mitteilung ohne Darstellung von Details beschränkte.[1183] Es mangelte an Detailliertheit der veröffentlichen Hinweise und Andeutungen um den absoluten Schutzbereich der Intimsphäre für sich beanspruchen zu können. Eine Ausnahme des absoluten Schutzes der Intimsphäre kommt ebenso dann zum Tragen, wenn der Persönlichkeitsträger wissentlich und willentlich selbst Details aus dem Bereich seiner Intimsphäre an die Öffentlichkeit trägt.[1184] Der BGH[1185] stellt hierbei jedoch klar, dass die Schilderung von Details aus der Intimsphäre nur im Rahmen des konkreten Zwecks verwendet werden dürfen. Um es profaner auszudrücken: „Es gilt nicht der Grundsatz „einmal nackt, immer nackt"".[1186] Grundsätzlich bleibt festzuhalten, dass die Entscheidung, was dem Schutz der Intimsphäre unterliegt, einzelfallbezogen ist. Sofern es sich um Fälle betreffend die Sexualität von Personen handelt, ist der Maßstab der Freizügigkeit der jeweiligen Zeit anzulegen. Was zu Zeiten von Woodstock (1969) nicht als beschämend und „intim" galt, wird gegenwärtig auch durchaus anders beurteilt werden können.

b. Privatsphäre

Der Schutz der Privatsphäre weist zwei Dimensionen auf.[1187] Zum einen lässt er sich in einen thematischen Schutzbereich, zum anderen in einen räumlich geschützten Bereich gliedern. Aus Gründen der Übersichtlichkeit erfolgt eine getrennte Darstellung beider Bereiche.

1180 BGH, Urteil v. 05.05.1964, Az. VI ZR 64/63 = NJW 1964, 1471–Sittenrichter.

1181 Zur Thematik vgl. Soehring, Presserecht, Rdn. 19.6 a, b.; ähnlich M. Martin, a.a.O., S. 120.

1182 BGH, Urteil v. 05.05.1964, Az. VI ZR 64/63 = NJW 1964, 1471–Sittenrichter.

1183 BGH, Urteil v. 05.05.1964, Az. VI ZR 64/63 = NJW 1964, 1471 (1472)–Sittenrichter.

1184 Vgl. Hamburg, ArchPR 74, 128.

1185 BGH, Urteil v. 22.01.1985, Az. VI ZR 28/83 = NJW 1985, 1617–Nacktfoto.

1186 Prinz/ Peters, a.a.O., Rdn. 58.

1187 BVerfG, Urteil v. 26.02.2008, Az. 1 BvR 1602/07; 1 BvR 1606/07, 1 BvR 1626/07 = GRUR 2008, 539–Caroline von Monaco III.

aa. Thematischer Schutzbereich

In thematischer Hinsicht sind vom Schutz der Privatsphäre insbesondere Angelegenheiten erfasst, in denen die Privatperson als Grundrechtsträger eine öffentliche Erörterung oder Zurschaustellung vermeidet, sodass der Bereich der Lebensgestaltung der vor öffentlicher Einsichtnahme geschützt ist. Das BVerfG ordnet Verhaltensweisen und Situationen dann dem Privatleben zu, wenn sie typischerweise als privat eingestuft werden können. Dabei stellt es unter anderem auf die Peinlichkeit der Information ab.[1188] Eine Berichterstattung aus dem Bereich der Privatsphäre ist grundsätzlich nur zulässig, wenn eine Einwilligung des Betroffenen vorliegt. Andernfalls hängt die Zulässigkeit von dem Ergebnis der Abwägung des öffentlichen Informationsinteresses und dem Persönlichkeitsrecht des Privatrechtssubjets ab.[1189] Als Abwägungsmaßstab können die Grundsätze herangezogen werden, die sich aus dem in den §§ 22, 23, 24 KUG geregelten Bildnisschutz ergeben.[1190] Demnach kommt es ebenso auf die Stellung einer Person in der Gesellschaft wie auch ihre Handlungsweise und die allgemeine Bedeutsamkeit des berichteten Ereignisses an. Eine Berichterstattung ist dann zulässig, wenn der Öffentlichkeitswert gegenüber dem persönlichen Schutzbedürfnis des Privaten überwiegt.[1191] Wie bereits beim öffentlichen Informationsinteresse erläutert, ist dies keinesfalls mit reiner Sensationsgier zu verwechseln. Eine solche ist grundsätzlich nicht schützenswert. Ebenso zählt das Bedürfnis nach gesteigerter Auflagenzahl, mithin das reine Gewinnstreben, des betreffenden Massenmediums, nicht dazu.[1192]

bb. Räumlicher Schutzbereich

In räumlicher Hinsicht ist der Rückzugsbereich des Einzelnen ein Teil seiner Privatsphäre. Insbesondere im häuslichen, aber auch im außerhäuslichen Bereich muss das Privatrechtssubjekt die Möglichkeit des Zu-Sich-Selbst-Kommens und der Entspannung haben.[1193] Ebenso soll dem menschlichen Bedürfnis „in Ruhe gelassen zu werden“[1194] entsprochen werden. Das BVerfG betont, dass die Privatsphäre einen Bereich erfasse, in dem sich der Einzelne einfach „gehen lassen kann“ ohne stets darauf achten zu müssen, wie er auf Außenstehende Personen bzw. in

---

1188 Vgl. BVerfGE 102, 347 (382)-Benetton-Schockwerbung. Nach dem BVerfG sind Informationen dann als privat einzustufen, wenn sie „wegen ihres Informationsgehaltes typischerweise als „privat“ eingestuft werden, weil ihre öffentliche Erörterung oder Zurschaustellung als ungeschicklich gilt, das Bekanntwerden als peinlich empfunden wird oder nachhaltige Reaktionen in der Umwelt auslöst (...).“

1189 BVerfGE 35, 202-Lebach I.

1190 BGHZ 13, 334-Schacht-Brief; BGHZ 24, 72-Ärztliche Bescheinigungen.

1191 Vgl. Hamburg, ArchPR 71, 107; NJW 1975, 649; zur Privatsphäre vgl. Burkhardt, in: Wenzel, a.a.O., Rdn. 5.54 ff.

1192 Hamburg AfP 71, 32; ähnlich Burkhardt, in: Wenzel, a.a.O., Rdn. 5.56.

1193 BVerfGE 101, 316 (382 ff.)-Caroline von Monaco II.

1194 BVerfGE 27, 1 (6 f.)-Mikrozensus.

der Öffentlichkeit wirkt.[1195] Die Grenzen der geschützten Privatsphäre lassen sich nicht generell und abstrakt festlegen.[1196] Unbestritten sind Wohnungen, Häuser sowie nicht einsehbare Grundstücksbereiche räumlich von dem Schutzbereich der Privatsphäre erfasst.[1197] Die Rechtsprechung[1198] weist in diesem Zusammenhang darauf hin, dass ein absoluter Schutz der Privatsphäre nicht existiert und auch nicht existieren kann. Dies folge aus der der Privatsphäre eigenen sozialen Komponente. Hierin besteht übrigens auch der Hauptunterschied zur Intimsphäre.

In der Rechtsprechung des BGH ist hinsichtlich des räumlichen Schutzbereichs der Privatsphäre eine Kehrtwende zu erkennen. Von der ihm früher favorisierte Ansicht, der Schutz der Privatsphäre in der Öffentlichkeit sei in räumlicher Hinsicht auf Orte der Abgeschiedenheit beschränkt, hat er sich in seinen neueren Entscheidungen distanziert.[1199] Demnach sei der räumliche Schutzbereich der Privatsphäre auch dann betroffen, wenn es sich um Urlaubsaufnahmen handelt, wenngleich sie auf einer öffentlichen Straße aufgenommen wurden.[1200] Der BGH sieht den räumlichen Bereich der Privatsphäre nicht nur auf das häusliche Umfeld beschränkt. Vielmehr wird nunmehr auch höchstrichterlich ein in der Öffentlichkeit, außerhalb der eigenen vier Wände, geschützter Bereich der Privatsphäre anerkannt,[1201] wohingegen nach alter Rechtsprechung eine klare Unterscheidung zwischen Orten der Abgeschiedenheit und der Nichtabgeschiedenheit in der Öffentlichkeit ausschlaggebend war,[1202] mithin ob sich der Betroffene offensichtlich in eine örtliche Abgeschiedenheit zurückgezogen hat, in der er objektiv erkennbar für sich allein sein will.[1203] Danach entschied sich, ob die abgebildete Person in der jeweiligen Situation davon ausgehen konnte, den Blicken der Öffentlichkeit, auch für Dritte erkennbar, verborgen zu bleiben.[1204] Entscheidend war, „ob der Einzelne begründeter Maßen erwarten darf, unbeobachtet zu sein, oder ob er Plätze aufsucht, an denen er sich

1195 BVerfGE 101, 361 (382 f.)–Caroline von Monaco II.

1196 BVerfGE 101, 361 (384)–Caroline von Monaco II.

1197 Vgl. BVerfGE 101, 347 (383)–Benetton–Schockwerbung; BVerfGE 109, 279 (326)–Großer Lauschangriff.

1198 Vgl. BGH, Urteil v. 13.11.1990, Az. VI ZR 104/90 = NJW 1991, 1532 (1533)–Notfalldienstarzt; BGH, Urteil v. 20.01.1981, Az. VI ZR 163/79 = NJW 1981, 1366–Der Aufmacher II; OLG Celle, NJW–RR 1999,1477; Loock, a.a.O., S. 145.

1199 BGH, Urteil v. 06.03.2007, Az. VI ZR 13/06 = AfP 2007, 121 (124)–Prominentenbilder; BGH, Urteil v. 3.7.2007, Az. VI ZR 164/06 = AfP 2007, 475 (475 f.)–Oliver Kahn.

1200 BGH, Urteil v. 06.03.2007, Az. VI ZR 13/06 = AfP 2007, 121 (124)–Prominentenbilder; BGH, Urteil v. 03.07.2007, Az. VI ZR 164/06 = AfP 2007, 475 (475 f.)–Oliver Kahn.

1201 BVerfGE 101, 361 (392 f.)–Caroline von Monaco II; BGHZ 131, 332 (339)–Caroline von Monaco.

1202 BVerfGE 101, 361–Caroline von Monaco II.

1203 BGH, Urteil v. 19.12.1995, Az. VI ZR 15/95 = GRUR 1996, 923–Caroline von Monaco; BVerfGE 101, 361–Caroline von Monaco II; Götting, in: Schricker/ Loewenheim (Hrsg.), a.a.O., § 60/ § 23 KUG Rdn. 88.

1204 Dies wurde im Fall eines schwach beleuchteten hinteren Lokals bejaht. BGH, Urteil v. 19.12.1995, Az. VI ZR 15/95 = GRUR 1996, 923 (926)–Caroline von Monaco II;

unter den Augen der Öffentlichkeit bewegt".[1205] Nicht sein Verhalten konstruiert hierbei die Privatsphäre, sondern die objektive Begebenheit der Örtlichkeit zur fraglichen Zeit.[1206] Ein solcher Rückzug ist nach neuester Rechtsprechung nicht mehr notwendig. Vielmehr ist es ausreichend, dass es sich um private Lebensvorgänge einer der Öffentlichkeit bekannten Persönlichkeit handelt, auch wenn diese in der Öffentlichkeit stattfinden.[1207] Legt man nunmehr der Entscheidung die neuen Maßstäbe zugrunde, so ist selbstverständlich in einer Bildpublikation von Bildnissen in örtlicher Abgeschiedenheit, eine besonders schwerwiegende Verletzung des Persönlichkeitsrechts zu sehen.[1208]

Die Festlegung auf das Verhalten der betreffenden Person als bestimmendes Merkmal der Konkretisierung der „Privatheit in der Öffentlichkeit" birgt jedoch die Gefahr der Rechtsunsicherheit. Die objektive Beurteilung eines individuellen Verhaltens einer Person, geprägt durch ein subjektives Empfinden eines Betrachters, bringt dies zwangsläufig mit sich. Wann möchte der Betreffende trotz Auftretens in der Öffentlichkeit für sich allein sein und wann gerade nicht? Dabei ist zu bedenken, dass bereits zwischen introvertierten und extrovertierten Charakteren erhebliche Unterschiede im Verhalten auszumachen sind. Trotz aller Bedenken bleibt festzuhalten, dass im Fall einer Persönlichkeitsrechtsverletzung immer die Einzelfallabwägung entscheidend ist. Durch die von Hubmann[1209] entwickelten Sphären und die Weiterentwicklung zur Sphärentheorie durch das BVerfG wird die Umgrenzung des Schutzbereichs des generalklauselartigen allgemeinen Persönlichkeitsrechts erleichtert. Der Versuch einer Fixierung in räumlicher Hinsicht entwickelt die Privatsphäre und die Möglichkeit einer genaueren Präzisierung der Grenzen weiter. Denn der Grundgedanke der Sphärentheorie ist ja gerade die Möglichkeit der Herausarbeitung einer präzisen Situation, die der jeweiligen Sphäre zugeordnet werden kann.[1210]

cc. Aufhebung des Schutzes durch relevantes Vorverhalten?

Nach dem BVerfG entfällt der Schutz der Privatsphäre vor öffentlicher Kenntnisnahme, wenn der Betroffene durch ein entsprechendes Vorverhalten eine Berichterstattung über sein Privatleben zugelassen hat. Dies wurde im Fall des ehemaligen RAF Terroristen Christian Klar bereits diskutiert.[1211] Das BVerfG hat es in einer

---

zur Problematik der Privatsphäre umfassend Specht, in: Dreier/ Schulze, a.a.O., § 23 KUG Rdn. 24.

1205 BVerfGE 101, 361–Caroline von Monaco II.

1206 BVerfGE 101, 361 (389 ff.)–Caroline von Monaco II.

1207 Vgl. BGH, Urteil v. 17.02.2009, Az. VI ZR 75/08 = GRUR 2009, 665–Sabine Christiansen und Begleitung.

1208 BGH, Urteil v. 24.06.2008, Az. VI ZR 156/06 = GRUR 2008, 1017 (1020)–Heide Simonis.

1209 Siehe oben 2. Teil, A. § 7 III. 3.

1210 So auch Ahrens, a.a.O., S. 47 f. Rdn. 36.

1211 Siehe oben 2. Teil A. § 7 I. 2 d. dd. (3), im Fall Klar wurde ein solches Vorverhalten abgelehnt.

Entscheidung als gegeben angesehen, dass sich der Betroffene durch die einmalige Öffnung seiner Privatsphäre konkludent damit einverstanden erklärt, dass auch in Zukunft darüber berichtet werden darf.[1212] Der Schutz der Privatsphäre vor öffentlicher Kenntnisnahme müsse im Rahmen der Abwägung zurücktreten, wenn der Abgebildete zuvor sein Einverständnis in die Veröffentlichung von privaten Angelegenheiten erklärt habe.[1213] Die nachträgliche Geltendmachung des Privatsphärenschutzes liefe auf ein „venire contra factum proprium", ein widersprüchliches Verhalten, hinaus.[1214] Dies soll insbesondere für Exklusivverträge gelten.[1215] Exklusivverträge betreffen zumeist nur die Einwilligung in die Veröffentlichung bestimmter Teile der Privatsphäre, sodass das Alles oder Nichts- Prinzip demnach abzulehnen ist.[1216] Durch einen Exklusivvertrag verzichtet der Betroffene nicht auf jeglichen Schutz. Er erklärt sich gegen die Zahlung eines Geldbetrages mit der teilweisen Preisgabe seiner Privatsphäre einverstanden. Bei dem Abschluss von derartigen Verträgen ist stets der Inhalt zu prüfen. Der Schutz beschränkt sich, auch nach Rechtsprechungsänderung, lediglich auf Tatsachen, welche nicht durch Eigeninitiative des Betroffenen in die Öffentlichkeit gelangt sind. Hinsichtlich der bewusst in die Öffentlichkeit getragenen Tatsachen kann sich der Betroffene auch weiterhin nicht auf seine Privatsphäre berufen.[1217]

c. Sozialsphäre

Die Sozialsphäre wird von der herrschenden Auffassung in Rechtsprechung und Literatur als ein Wirkungskreis aufgefasst, welcher dem Einzelnen nicht allein gehört.[1218] Sie wird auch „Öffentlichkeitsphäre"[1219] genannt, weil sie den größten Bezug zur Öffentlichkeit aufweist. Bereits aus der Begrifflichkeit lässt sich schlussfolgern, dass über Ereignisse aus dem Bereich der Öffentlichkeitssphäre ungehindert berichtet werden darf, weil sie allen offen steht und niemandem verschlossen ist.[1220]

1212 BVerfG, Urteil v. 15.12.1999, Az. 1 BvR 653/96 = GRUR 2000, 446 (450)–Caroline von Monaco II; kritisch Specht, in: Dreier/ Schulze, a.a.O., § 23 KUG Rdn. 25.

1213 Vgl. BVerfG, Urteil v. 15.12.1999, Az. 1 BvR 653/96 = GRUR 2000, 446 (450)–Caroline von Monaco II; BVerfG, Urteil v. 21.08.2006, Az. 1 BvR 2606/04, 1 BvR 2845/04, 1 BvR 2846/04, 1 BvR 2847/04 = GRUR 2006, 1051 (1053)–Bernd Tewaags Lebensgefährtin.

1214 Schmitt, in: Götting/ Lauber–Rönsberg (Hrsg.), Persönlichkeitsrecht, S. 79.

1215 BVerfG, Urteil v. 15.12.1999, Az. 1 BvR 653/96 = GRUR 2000, 446 (450)–Caroline von Monaco II; zur Zulässigkeit einer einschränkende Berichterstattung vgl. BGH, Urteil v. 25.10.2011, Az. VI ZR 332/09 = GRUR 2012, 422–Wenn Frauen zu sehr lieben; Götting, in: Schricker/ Loewenheim (Hrsg.), a.a.O., § 60/ § 23 KUG Rdn. 79.

1216 Zur Thematik Fricke, in: Wandtke/ Bullinger, a.a.O., § 23 Rdn. 32.

1217 Vgl. BGH, Urteil v. 14.10.2008, Az. VI ZR 272/06 = GRUR 2009, 86–Gesundheitszustand von Prinz Ernst August von Hannover.

1218 Prinz/ Peters, a.a.O., S. 83.

1219 Gounalakis, NJW 1995, 809 (815).

1220 Vgl. Kienapfel, Privatsphäre und Strafrecht, S. 37; ähnlich auch Engau, a.a.O., S, 155 m.w.N.

Burkhardt[1221] hingegen geht von der Existenz einer Sozialsphäre[1222] sowie einer Öffentlichkeitssphäre[1223] aus. Der Untergliederung Burkhardts in Wenzel kann nicht gefolgt werden. Zum einen weisen beide Sphären eine erhebliche gemeinsame Schnittmenge auf, sodass ihre Unterschiede minimal, quasi verschwindend gering sind. Beide Sphären betreffen einen Lebensbereich, der sich in der Öffentlichkeit abspielt. Aus Gründen der Praktikabilität ist die Öffentlichkeitssphäre demnach als Teil der Sozialsphäre zu betrachten, sie geht sozusagen in ihr auf. Der Bereich der Sozialsphäre unterscheidet sich erheblich von dem der Intim- und Privatsphäre. Diesen ist ein autonomer Bereich privater Lebensgestaltung immanent, welcher dem Einzelnen allein gehört und über welchen er eigenmächtig verfügen kann. In der Sozialsphäre ist mithin der Schutz des allgemeinen Persönlichkeitsrechts am geringsten ausgeprägt. Die Anforderungen an die Rechtfertigung eines Eingriffs sind dementsprechend gering.[1224] Veröffentlichungen aus dem Bereich der Sozialsphäre sind grundsätzlich zulässig, das Informationsinteresse der Öffentlichkeit überwiegt. Nach Art. 5 Abs. 1 GG kommt diesem grundsätzlich eine herausragend Bedeutung zu. Die Massenmedien sind die wichtigste allgemein zugängliche Informationsquelle.[1225] Ob der Vorgang absichtlich oder unabsichtlich in den Bereich der Öffentlichkeitssphäre gelangte, ist irrelevant.[1226] Naturgemäß zählen dazu unter anderem Beruf, Straßenverkehr, Konsumverhalten, Gewerbetreiben, Politik usw. Ebenso sind Berichte über sonstiges öffentliches Zurschaustellen regelmäßig der Sozialsphäre zuzuordnen.[1227] Gleichgültig ist, ob die betreffende Berichterstattung von einem positiv oder negativ zu bewertenden Vorgang handelt.[1228] Problematisch stellt sich die Zulässigkeit von Veröffentlichungen aus dem Bereich der Sozialsphäre nur in absoluten Ausnahmefällen dar. Dazu zählen mediale Veröffentlichungen über begangene Straftaten. Straftaten sind Teil der Sozialsphäre, sodass über sie als solche auch berichtet werden darf.[1229] Hinsichtlich der unterschiedlichen Abwägungskriterien

1221 Burkhardt, in: Wenzel, a.a.O., Rdn. 5.40 ff.

1222 Burkhardt, in: Wenzel, a.a.O., Rdn. 5.65 ff. Die Sozialsphäre erfasse demnach den gesamten Bereich der Person, „der der Öffentlichkeit zwar nicht mehr zugewandt ist, aber nach außen so in Erscheinung tritt, dass er von jedem, der es will, ohne Erlaubnis wahrgenommen werden kann: (...), der Mensch als Glied der sozialen Gemeinschaft."

1223 Burkhardt, in: Wenzel, a.a.O., Rdn. 5.71 ff. Die Öffentlichkeitshäre ist danach „eine Sphäre die der Öffentlichkeit zugewandt ist".

1224 Vgl. Scholz/ Konrad, AöR (123) 1998, 60 (64).

1225 Vgl. Paschke, Medienrecht, S. 9.

1226 Burkhardt, in: Wenzel, a.a.O., Rdn. 5.71.

1227 Dies ergibt sich aus den Ausführungen von Burkhardt, in: Wenzel, a.a.O., Rdn. 5.65 f.

1228 Beispielhaft BGH, Urteil v. 05.01.1962, Az. VI ZR 72/61 = NJW 1962, 1004– Doppelmörder.

1229 Dazu siehe oben 2. Teil A. § 7 I. 2. d.

wird auf Grund der Individualität jedes einzelnen Falles sowie der Vielzahl an denkbaren Fallkonstellationen kein Anspruch auf Vollständigkeit erhoben. Die Verfasserin beschränkt sich hierbei auf Abwägungskriterien die bei einer Vielzahl von Fallgestaltungen von Bedeutung sind.

IV. Interessenabwägung gemäß § 23 Abs. 2 KUG

1. Überblick

Problematisch erscheint nunmehr die Handhabe des § 23 Abs. 2 KUG. Zu § 23 Abs. 1 Nr. 1 KUG bildet § 23 Abs. 2 KUG eine sog. Gegenausnahme. Auch wenn alle Voraussetzungen des § 23 Abs. 1 Nr. 1 KUG vorliegen, das Bildnis ohne Einwilligung des Abgebildeten veröffentlicht werden darf, muss die Veröffentlichung bzw. öffentliche Zurschaustellung unterbleiben, sofern die berechtigten Interessen des Abgebildeten verletzt werden. Das gleiche gilt für Fälle in denen die berechtigten Interessen eines Angehörigen im Sinne von § 24 S. 4 KUG durch eine der beiden Alternativen des § 23 Abs. 1 Nr. 1 KUG verletzt werden. Zu beachten ist, dass der Angehörige seine Interessen nicht zeitlich unbegrenzt geltend machen kann.

Für die Anwendung von § 23 Abs. 2 KUG ist folglich erst dann Raum, wenn nach § 23 Abs. 1 KUG Publikationsfreiheit besteht. Anders ausgedrückt, wird bei der Ausnahmevorschrift des § 23 Abs. 1 Nr. 1 KUG eine vorgeschaltete, indizielle Abwägung zwischen den Kommunikationsfreiheiten und den Interessen des Abgebildeten vorgenommen, während bei § 23 Abs. 2 KUG die konkrete und abschließende Interessenabwägung erfolgt.[1230] Die Abwägung findet zwischen dem Interesse des Abgebildeten und dem Informationsinteresse der Öffentlichkeit an der visuellen Darstellung der Person statt.[1231] Fraglich ist allerdings, welche Bedeutung § 23 Abs. 2 KUG nach der Entscheidung des EGMR und der nunmehr geänderten Rechtsprechung von BGH und BVerfG noch zukommt. Eine umfassende Abwägung im Rahmen des § 23 Abs. 1 Nr. 1 KUG ist bereits für die Feststellung der Zeitgeschichtlichkeit des Ereignisses geboten. Es drängt sich mithin die Frage nach der aktuellen Bedeutung des § 23 Abs. 2 KUG geradezu auf. Klar ist, dass die korrigierende Funktion des § 23 Abs. 2 KUG nicht mehr den gleichen Stellenwert einnimmt. Denn die praktische Relevanz von § 23 Abs. 2 KUG bestand bis zur Rechtsprechungsänderung insbesondere für den Personenkreis der absoluten Personen der Zeitgeschichte, bei welchen eine Korrektur der weitest gehenden uneingeschränkten Zulässigkeit der Bildpublikation erst über die Interessenabwägung nach § 23 Abs. 2 KUG erfolgte. Nach neuerer Rechtsprechung wurde diese nunmehr vorverlagert sowie von der Rechtsfigur der „absoluten Person der Zeitgeschichte" abgerückt.[1232] Ist der § 23 Abs. 2 KUG mithin gänzlich

1230 Vgl. Schulz/ Jürgens, JuS 1999, 770 (774 f.); Soehring, Presserecht, § 21 Rdn. 15 ff.; Kerscher, Gerichtsberichterstattung, S. 340 ff.; umfassend Schlüter, a.a.O., S. 123 ff.
1231 Wanckel, a.a.O., Rdn. 214.
1232 Siehe oben 2. Teil A. § 7 I. 1. c. bb.

überflüssig geworden? Der BGH verneint diese Frage. Er sieht zumindest dort die Auffangvorschrift als anwendbar an, wenn es sich um Bildnisse handelt die ausnahmsweise auf Grund des Inhalts der Abbildung ein berechtigtes Interesse des Abgebildeten im Sinne von § 23 Abs. 2 KUG verletzten könnten, obwohl ihnen ein hinreichender Informationswert zukommt.[1233] Der Anwendungsbereich von § 23 Abs. 2 KUG beschränkt sich nunmehr auf Fragen der Herstellung und Verwertung eines Bildnisses,[1234] sowie Fälle, in denen außerhalb der eigentlichen Abbildung liegende Umstände, wie die Personengefährdung, eine Rolle spielen. In diesen Bereich fallen auch die zuvor im Rahmen des Kachelmann- Falls diskutierten heimlichen Bildaufnahmen des Betroffenen.[1235] In dem Urteil des BGH zum „abgestuften Schutzkonzept", welches als Reaktion auf das Caroline-Urteil des EGMR entwickelt wurde, stellt dieser fest, dass der Anwendungsbereich des § 23 Abs. 2 KUG nunmehr nur noch dann eröffnet ist, wenn es sich um einen eigenständigen Verletzungseffekt handelt.[1236] Obwohl der BGH für diese Fälle § 23 Abs. 2 KUG zu Anwendung bringen will, ist die Rechtsprechung hierzu widersprüchlich. Sowohl im Fall der Bildveröffentlichung von Terroristen[1237] als auch der Berichterstattung über den Gesundheitszustand von Prinz Ernst August[1238] hat der BGH Umstände bereits im Rahmen der Interessenabwägung von § 23 Abs. 1 Nr. 1 KUG zugunsten des Abgebildeten gewichtet, welche eine eigenständige Verletzung gewesen wären. Dagegen wurde es im Fall von Belagerungszuständen und Verfolgungen Prominenter durch Paparazzi als notwendig erachtet, dies zugunsten des Betroffenen im Rahmen des § 23 Abs. 2 KUG zu berücksichtigen.[1239]

1233 KG Berlin, GRUR-RR 2010, 378-Sitzungspolizeiwidrige Abbildung; Specht, in: Dreier/ Schulze, a.a.O., § 23 KUG Rdn. 48.

1234 Specht, in: Dreier/ Schulze, a.a.O., § 23 KUG Rdn. 48.

1235 Siehe oben 2. Teil A. § 7 I. 2. d. cc. (2); ebenso zu der Thematik der heimlichen Aufnahmen BGH, Urteil v. 06.03.2007, Az. VI ZR 51/06 = GRUR 2007, 527-Winterurlaub.

1236 Vgl. BGH, Urteil v. 06.03.2007, Az. VI ZR 13/06 = GRUR 2007, 523-Abgestuftes Schutzkonzept I; zur Thematik Specht, in: Dreier/ Schulze, a.a.O., § 23 KUG Rdn. 48.

1237 Im betreffenden Fall hatte die Bild-Zeitung ungepixelt Bilder von Irak-Terroristen, trotz einschränkender sitzungspolizeilicher Anordnung, in einer identifizierenden Bildberichterstattung veröffentlicht, was der BGH als zulässig erachtete, weil es sich um eine Bildveröffentlichung über ein zeitgeschichtliches Ereignis handelte. BGH, Urteil v. 07.06.2011, Az.: VI ZR 108/10 = GRUR 2011, 750-Bildveröffentlichung von Irak-Terroristen.

1238 BGH, Urteil v. 14.10.2008, Az. VI ZR 272/06 = GRUR 2009, 86-Gesundheitszustand von Prinz Ernst August von Hannover.

1239 Allerdings nicht laut BGH, sondern nach dem KG, KG Berlin, ZUM 2007, 475.

2. Personengefährdung

Im Rahmen der Abwägung kann zum Tragen kommen, ob die Berichterstattung eine Personengefährdung zu Folge hatte. Seit dem Flick–Urteil des BVerfG[1240] ist es nunmehr auch höchstrichterlich anerkannt, dass zulässige Bildpublikationen unzulässig sein können, wenn diese zu einer Personengefährdung führen. Im genannten Fall ergab sich die Personengefährdung aus einer Entführungsgefahr für die Angehörigen einer wohlhabenden Familie, welche mit der bildlichen Darstellung in der Öffentlichkeit einherging. Das Gericht schränkte den Schutz jedoch insoweit ein, als dass die betreffenden Personen ihr Verhalten der jeweiligen Gefährdungssituation anpassen müssen.[1241] So bedarf der Verhinderung des öffentlichen Erscheinens das Treffen von Vorkehrungen.[1242] Übertriebene Anforderungen an die betroffenen Personen sind zu vermeiden. So kann auch einer Person, welche einer gefährdeten Personengruppe angehört, grundsätzlich nicht untersagt werden, sich in der Öffentlichkeit frei und unauffällig zu bewegen. Dies ist Ausfluss des allgemeinen Persönlichkeitsrechts aus Art. 1 Abs. 1 GG i.V.m. Art 2 Abs. 1 GG. Damit stellen beispielsweise Besuche in einem Einkaufszentrum, einer Arztpraxis, einer Theateraufführung oder einer Bank noch keine leichtfertigen, eine Eigengefährdung begründenden, Handlungen dar.[1243] Lediglich derjenige, welcher sich trotz bestehender Gefährdungslage wissentlich und willentlich der Presse zuwendet, kann sich im Nachhinein nicht mehr auf die Gefährdung seiner Person berufen.[1244] In diese Richtung weist auch das Urteil des OLG Hamburg.[1245] Das Gericht entschied über die Zulässigkeit einer Bildpublikation von einem öffentlichen Fest. Dabei handelte es sich um die Tochter einer angesehenen und in Deutschland bekannten Unternehmerfamilie. Diese wurde auf einem Kostümfest anlässlich der Verhüllung des Reichstages in Berlin durch den Aktionskünstler Christo und seine Ehefrau Jeanne–Claude abgebildet. Eine Eigengefährdung wurde abgelehnt. Strobl–Albeg[1246] nennt zudem weitere Personengruppen, bei denen eine Personengefährdung im Einzelfall in Betracht kommt. Detektive, Polizisten, jegliche Art von Sicherheitskräften kommen als gefährdete Personengruppen in Betracht. Ebenso Richter, Verteidiger, Zeugen oder Schöffen, deren Bildpublikation grundsätzlich nach § 23 Abs. 1 Nr. 1 KUG zulässig

---

1240 BVerfG, Urteil v. 31.03.2000, Az. 1 BvR 2223/96 = NJW 2000, 2194–Flick; zuvor bereits OLG München, AfP 1991, 435 f.; Prinz/ Peters, a.a.O., Rdn. 880; zur Thematik Wanckel, a.a.O., Rdn. 248.

1241 Vgl. BVerfG, Urteil v. 31.03.2000, Az. 1 BvR 2223/96 = NJW 2000, 2194–Flick.

1242 Ebenda.

1243 Ähnlich Wanckel mit Verweis auf das unveröffentlichte Urteil des OLG Hamburg, Urteil vom 24.09.1996, Az. 7 U 2/96, Wanckel, a.a.O., Rdn. 248, welcher beispielhaft den Aufenthalt an öffentlichen Plätzen oder die Teilnahme an Feierlichkeiten nennt.

1244 Wanckel, a.a.O., Rdn. 248.

1245 OLG Hamburg, Urteil v. 24.09.1996, Az. 7 U 2/96; zitierend Wanckel, a.a.O., Rdn. 248.

1246 v. Strobl–Albeg, in: Wenzel, a.a.O., Rdn. 8.83 f.

wäre, da sie an einem Verfahren oder Ereignis von zeitgeschichtlicher Bedeutung beteiligt sind, diese jedoch scheitert, weil sich die abgebildeten Personen durch eine öffentlich identifizierende Bildpublikation der Gefahr von Rache und Vergeltung aussetzen würden.[1247] Das BVerfG stellt klar, dass Sicherheitsbedenken im Rahmen der Interessenabwägung Berücksichtigung finden müssen, jedoch nicht zwangsläufig zu einer Unzulässigkeit der Veröffentlichung führen.[1248] Das Abwägungsergebnis wird unter Berücksichtigung der Gesamtheit aller Umstände des Einzelfalls ermittelt. Nur der Vollständigkeit halber sei darauf hingewiesen, dass die Interessenabwägung in der Urteilsbegründung des BVerfG noch bei § 23 Abs. 2 KUG stattfand, weil die Entscheidung vor der Rechtsprechungsänderung erging. Nunmehr erfolgt diese bereits im Rahmen der Prüfung des § 23 Abs. 1 Nr. 1 KUG.

Schließlich bleibt festzustellen, dass der Anwendungsbereich von § 23 Abs. 2 KUG erheblich geschmälert und seine Bedeutung dementsprechend eingeschränkt ist.

§ 8 Behördenbefugnis gemäß § 24 KUG

I. Zielsetzung

Während § 23 Abs. 1 Nr. 1 KUG Veröffentlichung der Medien und mithin auch deren Interessen Rechnung trägt, erlaubt § 24 KUG hingegen ausschließlich den Behörden, Bildnisse zu veröffentlichen. Zum Zweck der Rechtspflege und der öffentlichen Sicherheit ist es diesen gestattet, Bildnisse ohne Einwilligung des Abgebildeten bzw. seiner Angehörigen zu vervielfältigen und zu veröffentlichen,[1249] betreffend die Strafverfolgung sowie die dabei vorgenommen Maßnahmen der Strafverfolgungsbehörden bei der Fahndung von Straftätern. Mithin gilt § 24 KUG gegenüber § 23 KUG als Sonderfall.[1250] Neben den Fahndungsfotos der Strafverfolgungsbehörden

---

1247 BVerfG, Beschluss v. 07.06.2007, Az. 1 BvR 1438/07 = AfP 2007, 344–Bernhard Töpper; BVerfG, Urteil v. 15.03.2007, Az. 1 BvR 620/07 = NJW–RR 2007, 986–Medienberichterstattung über Strafverfahren.

1248 BVerfG, Beschluss v. 07.06.2007, Az. 1 BvR 1438/07 = AfP 2007, 344, Das Bundesverfassungsgericht erkennt zwar an, dass bei Richtern und Schöffen durchaus eine Gefährdung der Sicherheit ihrer Person im Rahmen der Abwägung Berücksichtigung finden muss, allerdings angesichts der Bedeutung des Grundsatzes der Öffentlichkeit für ein rechtsstaatliches Strafverfahren regelmäßig nicht zuerkannt werden kann, zumindest dann nicht, wenn keine konkreten Anhaltspunkte für eine solche vorliegen; BVerfG, Urteil v. 15.03.2007, Az. 1 BvR 620/07 = NJW–RR 2007, 986–Medienberichterstattung über Strafverfahren, wobei das Gericht über die Zulässigkeit der Fernsehberichterstattung im Gericht außerhalb der mündlichen Verhandlung bei gewichtigem öffentlichen Informationsinteresse zu entscheiden hatte. Dabei entschied das Bundesverfassungsgericht, dass diese grundsätzlich zulässig, da andernfalls das Grundrecht der Rundfunkfreiheit verletzt sei.

1249 Vgl. Helle, a.a.O., S. 200 ff.

1250 Vgl. Hassemer, AfP 1989, 418 zur Fahndung durch die Medien; ebenso Schlüter, a.a.O., S. 123.

erfasst § 24 KUG auch die Suche nach Vermissten und die Identifizierung von aufgefundenen Toten.[1251] Die öffentliche Sicherheit erfordert zudem die Prävention von Straftaten.[1252]

II. Übertragung der Befugnis auf die Medien?

Gemäß § 24 KUG muss die Initiative zur identifizierenden Öffentlichkeitsfahndung von der Strafverfolgungsbehörde ausgehen, da dieser ausdrücklich nur eine „Behörde“ ermächtigt. Weder die Eigenrecherche der Medien noch die Veröffentlichung von Personenfotos zu Fahndungszwecken aus eigenem Antrieb ist davon umfasst.[1253] Vielmehr geben die öffentlichen Behörden sowohl das Fahndungsfoto als auch den Namen des Tatverdächtigen, sofern bekannt, an die Medien weiter. Zulässig ist lediglich eine Kooperation mit den Strafverfolgungsbehörden.

III. Grenzen der medialen Berichterstattung

Die mediale Berichterstattung im Rahmen des § 24 KUG ist nicht grenzenlos zulässig, wenngleich den Interessen des Betroffenen das Informationsinteresse der Allgemeinheit und das Strafverfolgungsinteresse des Staates gegenüber stehen,[1254] sie dem öffentlichen Ermittlungs- und Fahndungsinteresse während einer laufenden Fahndung dient und den Fahndungserfolg bezweckt. Grundsätzlich sieht § 24 KUG auch keine eigene Interessenabwägung vor.[1255] Dennoch ist nicht jede Personenfahndung ohne Einwilligung in die Bildpublikation gerechtfertigt. Vielmehr unterliegt die Ermächtigungsnorm für behördliches Handeln dem allgemeinen Verhältnismäßigkeitsgrundsatz.[1256] Voraussetzung für eine zulässige Fahndung ist das Vorliegen einer schweren Straftat, Bagatelldelikte reichen hingegen nicht aus.[1257] Hinzutreten muss ein dringender Tatverdacht der gesuchten und abgebildeten Person.[1258] Dem liegt die Unschuldsvermutung zu Grunde. Unbestritten geht mit

---

1251 Vgl. KG Berlin, AfP 2007, 569; Vgl. Götting, in: Schricker/ Loewenheim (Hrsg.), a.a.O., § 60/ § 24 KUG Rdn. 4; aufgreifend Fricke, in: Wandtke/ Bullinger, a.a.O., § 24 KUG Rdn. 2.

1252 v. Gamm, UrhG, Einführung, Rdn. 127.

1253 Vgl. LG Köln, AfP 2004, 459 (460)–Heimliche Fahndungsaufnahmen; Wanckel, a.a.O., Rdn. 255.

1254 Bornkamm, NStZ 1983, 103 (106); Helle, a.a.O., S. 192 ff.; ähnlich Wanckel, a.a.O., Rdn. 254 f.; aufgreifend Schlüter, a.a.O., S. 124; Weimann, in: Weimann/ Leppert/ Höbermann, Gerichtsreporter, S. 211 f.

1255 Vgl. dazu OLG Frankfurt, NJW 1971, 47 (49)–Aktenzeichen XY–ungelöst.

1256 Vgl. Lampe NJW 1973, 218; Prinz/ Peters, a.a.O., § 24 KUG Rdn. 883; OLG Hamm, GRUR 1993, 154 (155); Fricke, in: Wandtke/ Bullinger, a.a.O., § 24 Rdn. 2.

1257 OLG Frankfurt, NJW 1971, 47 (49)–Aktenzeichen XY–ungelöst; OLG Hamm, NJW 1982, 458; ähnlich Specht, in: Dreier/ Schulze, a.a.O., § 24 KUG Rdn. 7; Wanckel, a.a.O., Rdn. 254.

1258 OLG Hamm, NJW 1982, 458.

einer Veröffentlichung durch die Medien auch die Gefahr der Vorverurteilung und der Prangerwirkung einher. Keinesfalls ist eine Berichterstattung zulässig, welche lediglich den Tatverdächtigen sensationsheischend in der Öffentlichkeit vorführt.[1259] Wie bereits erwähnt, hat die Abwägung stets auch unter dem Aspekt des Bevölkerungsschutzes zu erfolgen. Hinzuweisen ist auf die Existenz eines grundsätzlich bestehenden Interesses an der schnellen Ergreifung des mutmaßlichen Täters bei dringendem Tatverdacht.[1260] Die Rechtfertigung der Öffentlichkeitsfahndung durch die Medien ist zeitlich begrenzt. Ist der Fahndungserfolg bereits eingetreten, entfällt die Berechtigung der Medien nach § 24 KUG. Eine erneute identifizierende Berichterstattung unterliegt dann nicht mehr den Anforderungen des § 24 KUG. Sie richtet sich vielmehr nach §§ 22, 23 KUG.[1261] Liegen die Voraussetzungen nach § 23 Abs. 1 Satz 1 KUG vor, so dürfen auch die offiziellen Fahndungsfotos im Rahmen einer späteren Berichterstattung publiziert werden, so wenn im Einzelfall ein berechtigtes Interesse der Öffentlichkeit an der Bildpublikation des Tatverdächtigen besteht.[1262] Insoweit sei auf die obigen Ausführungen zur Bildnisveröffentlichung von Tatverdächtigen/Straftätern verwiesen.

§ 9 Rechtsfolgen bei Verletzung des Rechts am eigenen Bild

Das KUG weist nur eine Teilregelung bezüglich der Rechtsfolgen aus. Die §§ 33 ff. KUG lassen Ansprüche auf Unterlassung und Schmerzensgeld gänzlich vermissen. Insoweit kann der Abgebildete gegen eine rechtswidrige Veröffentlichung die Instrumente des Unterlassungsanspruchs und Schadensersatzes über einen Rückgriff auf §§ 823, 1004 BGB (entweder §§ 823 Abs. 1, 1004 Abs. 1 BGB oder § 823 Abs. 2 BGB i.V.m. §§ 22, 23 KUG), geltend machen. Zudem kommen Ansprüche in Betracht, die auf den Ausgleich immaterieller Beeinträchtigungen durch Zahlung einer Geldentschädigung gerichtet sind.[1263] Die Geldentschädigung ist Gegenstand eines besonderen Anspruchs, der auf den Schutzauftrag des allgemeinen Persönlichkeitsrechts aus Art. 1 i.V.m. Art. 2 Abs. 1 GG zurück geht und aus § 823 Abs. 1 BGB i.V.m. Art. 1, Art. 2 GG hergeleitet wird.[1264]

1259 Bornkamm, a.a.O., S. 265; ebenso das LG Köln, AfP 2004, 459 (460)–heimliche Fahndungsaufnahmen; zitiert in Schlüter, a.a.O., S. 124.

1260 Zur Voraussetzung des dringenden Tatverdachts siehe Fricke, in: Wandtke/ Bullinger, a.a.O., § 24 Rdn. 2; OLG Hamm, NJW 1982, 458; OLG Frankfurt, NJW 1971, 47 (49); Wanckel, a.a.O., Rdn. 254.

1261 Damm/ Rehbock, a.a.O., Rdn. 311 f.; Weimann, a.a.O., S. 211 f.; ähnlich auch Schlüter, a.a.O., S. 124.

1262 Ähnlich Fricke, in: Wandtke/ Bullinger, a.a.O., § 24 Rdn. 3; LG Köln, AfP 2004, 459 (460)–heimliche Fahndungsaufnahmen.

1263 BGHZ 143, 214 (220 ff.)–Marlene Dietrich; BGHZ 160, 298 (302)–Prominentenkinder; BGHZ 165, 203 (204 f.)–Postmortaler Geldentschädigungsanspruch.

1264 BGHZ 160, 298 (302)–Prominentenkinder; BGHZ 165, 203 (204)–Postmortaler Geldentschädigungsanspruch; Pentz, AfP 2013, 20 (27).

Demnach stehen dem Abgebildeten gemäß §§ 12, 862, 1004 Abs. 1 Satz 2 BGB analog oder § 823 Abs. 2 BGB i.V.m. §§ 22, 23 KUG Ansprüche auf Schmerzensgeld, Beseitigung und Vernichtung/Herausgabe zu. Das Recht am eigenen Bild stellt ein sonstiges Recht i.S.v. § 823 Abs. 1 BGB dar, sodass die Voraussetzungen der obigen Vorschriften erfüllt sind. Ohne die Möglichkeit des Rückgriffs auf die Vorschriften des BGB könnte ein effektiver Schutz der Persönlichkeit nicht gewährleistet werden. Verletzungen von Würde und Ehre blieben häufig ohne rechtliche Konsequenzen,[1265] eine unerträgliche Missachtung der Persönlichkeitsrechte des Einzelnen wäre die Folge.

I. Anspruch auf finanzielle Entschädigung

Erleidet der Abgebildete materielle und/oder immaterielle Einbußen durch die widerrechtliche Veröffentlichung und/oder Verbreitung von Bildnissen, so kann er Ansprüche auf Geldentschädigung, Schadensersatz- bzw. Schmerzensgeld auf dem Klageweg geltend machen. Über einen Schadensersatzanspruch besteht die Möglichkeit des finanziellen Ausgleichs für Eingriffe in die vermögensrechtlichen Bestandteile des Rechts am eigenen Bild. Dadurch werden allerdings nicht die durch den Eingriff hervorgerufenen Schäden an ideellen Bestandteilen des Rechts ausgeglichen. In einem solchen Fall muss der Betroffene den Schädiger auf Schmerzensgeld in Anspruch nehmen. Beide Ansprüche können nebeneinander bestehen, schließen sich mithin nicht aus. Die ursprünglich vom BGH vertretene Auffassung, beide Ansprüche stünden in einem Konkurrenzverhältnis zueinander,[1266] hat er aufgegeben.[1267] Das Recht am eigenen Bild besitzt eine sog. Doppelnatur. Es ist zugleich Persönlichkeits- als auch Vermögensrecht.[1268] Die höchstrichterliche Rechtsprechung räumt nunmehr ein, dass beide Ansprüche in keinem Konkurrenzverhältnis zueinander stehen.[1269] Sowohl der Schadensersatz- als

---

1265 So auch BGH, Urteil v. 16.02.1971, Az. VI ZR 150/69 = NJW 1971, 884 (996)–Petite Jacqueline; BGH, Urteil v. 14.10.1986, Az. VI ZR 10/86 = GRUR 1987, 128–NENA; BGH, Urteil v. 14.04.1992, Az. VI ZR 285/91 = NJW 1992, 2084–Fotoveröffentlichungen; OLG Frankfurt, NJW 2000, 594; Dreyer, in: Dreyer/ Kotthoff/ Meckel, Komm. UrhR, § 50 KUG Rdn. 1.

1266 BGH, Urteil v. 14.2.1958, Az. I ZR 151/56 = GRUR 1958, 408 (410)–Herrenreiter.

1267 BGH, Urteil v. 01.12.1999, Az. I ZR 49/97 = NJW 2000, 2195–Marlene Dietrich I; BGH, Urteil v. 01.12.1999, Az. I ZR 226/97 = NJW 2000, 2201 f.–Der blaue Engel; BGH, Urteil v. 14.05.2002, Az. VI ZR 220/01 = GRUR 2002, 690 (691)–Marlene Dietrich II; Dreyer, in: Dreyer/ Kotthoff/ Meckel, a.a.O., Anh. § 60/ §§ 33–50 KUG, § 50 Rdn. 9.

1268 BGH, Urteil v. 01.12.1999, Az. I ZR 49/97 = NJW 2000, 2195–Marlene Dietrich I; NJW 2000, 2201 (2202)–Der blaue Engel; BGH, Urteil v. 06.12.2005, Az. VI ZR 265/04 = GRUR 2006, 252–Mordkommission Köln; Dreyer/ Kotthoff/ Meckel, a.a.O, Kap. III Einl. Rdn. 5.

1269 BGH, Urteil v. 01.12.1999, Az. I ZR 49/97 = NJW 2000, 2195–Marlene Dietrich I; BGH, Urteil v. 01.12.1999, Az. I ZR 226/97 = NJW 2000, 2201 f.–Der blaue Engel;

auch der Schmerzensgeldanspruch verjähren gemäß § 195 BGB innerhalb von drei Jahren. Die Verjährungsfrist beginnt mit dem Tag an dem die verletzende Handlung stattgefunden hat.[1270]

1. Anspruch auf Schadensersatz

a. Anspruchsvoraussetzungen

Das Recht am eigenen Bild ist eine besondere Ausprägung des allgemeinen Persönlichkeitsrechts. Ein Anspruch auf Schadensersatz kann sich zum einen aus § 823 Abs. 2 BGB i.V.m. § 22 KUG und zum anderen aus § 823 Abs. 1 BGB ergeben. Ersterer, weil es sich bei § 22 KUG um ein Schutzgesetz handelt und Letzterer, weil eine Verletzung des allgemeinen Persönlichkeitsrechts aus Art. 1 i.V.m. 2 Abs. 1 GG einen solchen begründet.[1271] Gegen die Anfertigung von Bildnissen kann der Betroffene sich nicht auf das KUG berufen. Die §§ 22, 23 KUG sehen einen solchen Schutz nicht vor.[1272] Erforderlich ist vielmehr ein Rückgriff auf das allgemeine Persönlichkeitsrecht.

Der Abgebildete kann auf zivilrechtlichem Weg gegen die unbefugte Anfertigung von Bildaufnahmen vorgehen. Das Beschreiten des zivilrechtlichen Weges bietet gegenüber dem strafrechtlichen nach § 201 a StGB gleich zwei erhebliche Vorteile. Erstens ist der Kläger nicht auf die Geltendmachung von Eingriffen in die höchstpersönliche Lebenssphäre, mithin dem häuslichen Bereich, beschränkt und kann vielmehr gegen Bildanfertigungen in allen Bereichen seiner Persönlichkeitssphäre vorgehen.[1273] Zweitens ermöglicht ihm das Zivilrecht Schadensersatz für die erlittenen Beeinträchtigungen auf Grund der unbefugten Anfertigung von Bildnissen einzufordern.

Ein Schadensersatzanspruch kommt folglich nur in Betracht, wenn die Tatbestandsvoraussetzungen von §§ 22, 23 KUG vorliegen[1274] oder ein Eingriff in das allgemeine Persönlichkeitsrecht stattgefunden hat. Bezüglich des Umfangs der geschützten Privatsphäre und die Untergliederung in räumliche und thematische Hinsicht wird auf die obigen Ausführungen verwiesen.[1275]

BGH, Urteil v. 14.05.2002, Az. VI ZR 220/01 = GRUR 2002, 690 (691)–Marlene Dietrich II.

1270 Vgl. auch Dreyer, in: Dreyer/ Kotthoff/ Meckel, a.a.O., Anh. § 60/ §§ 33–50 KUG, § 50 KUG Rdn. 25.

1271 OLG Frankfurt, NJW 2000, 594.

1272 Vgl. Fricke, in: Wandtke/ Bullinger, a.a.O., § 22 KUG Rdn. 9.

1273 Vgl. zum Verhältnis von strafrechtlichem und zivilrechtlichem Schutz bei unbefugten Bildaufnahmen, Ernst, NJW 2004, 1277 (1278).

1274 Siehe oben 2. Teil A. § 5, § 7.

1275 Siehe oben 2. Teil A. § 7 III. 1. b.

b. Verschulden

Zum schuldhaften Handeln i.S.d. § 276 BGB zählen vorsätzliches und fahrlässiges Herbeiführen einer Rechtsgutsverletzung. Fahrlässig handelt, wer bei Presseveröffentlichungen die publizistische Sorgfalt missachtet.[1276] Der BGH[1277] setzt eine Prüfung der Zustimmung des Abgebildeten voraus. Diese müsse der Veröffentlichung, Vervielfältigung und Verbreitung von Personenbildnissen vorgeschaltet werden. Die Medien haben die Pflicht, sich zu vergewissern, dass der Zweck sowie der Umfang der gegebenen Einwilligung die geplante Verbreitung umfasst.[1278] Sorgfaltspflichten können hierbei unproblematisch auf Dritte übertragen werden. Durch die Delegation einer bestimmten Sorgfaltspflicht auf einen Dritten entsteht beim Delegierenden eine Überwachungspflicht. Voraussetzung ist allerdings die Sicherstellung einer ordnungsgemäßen Wahrung der Sorgfaltspflicht. Demnach setzt die Wahl der verantwortlichen Person eine ordnungsgemäße Prüfung der Geeignetheit voraus. Des Weiteren haben klare Anweisungen zu erfolgen und die Übertragung muss sich durch sorgfältige Organisation und regelmäßige Überprüfungen auszeichnen.[1279] Eine Missachtung der Sorgfaltspflicht ist insbesondere in einer Bildnisveröffentlichung zu sehen, welche wissentlich ohne vorliegende Einwilligung des Abgebildeten zur Befriedigung rein kommerzieller Interessen erfolgt. Eine unterbliebene Prüfung stellt im Regelfall ebenso ein schuldhaftes Verhalten dar.[1280] Kompliziert ist hierbei die Problematik der Veröffentlichung von Bildnissen aus „dritter Hand". Gelten die Sorgfaltspflichten auch für alle von Dritten stammenden Abbildungen? Der BGH fordert eine ausführliche Prüfung der Veröffentlichungsbefugnisse immer dann, wenn die Veröffentlichung eines Fotos aus „dritter Hand" aus Gründen des Eigennutzes erfolgt.[1281] Der käufliche Erwerb des Bildes von einem Berufsfotografen oder einer Agentur soll nicht von einer Prüfungspflicht entbinden.[1282] Das OLG Hamm räumte bereits in der Vergangenheit ein, dass eine Prüfungspflicht durchaus delegiert werden kann.[1283] Diese ist jedoch nur dann zulässig, wenn der Delegierende durch geeignete Organisation und Überwachung eine ordnungsgemäße Prüfung

---

1276 Sinngemäß vgl. Soehring, Presserecht, Rdn. 2.13; Fricke, in: Wandtke/ Bullinger, a.a.O., § 22 KUG Rdn. 29.

1277 BGH, Urteil v. 01.11.1961, Az. I ZR 78/60 = GRUR 1962, 211 (214)–Hochzeitsbild; ebenso BGH, Urteil v. 26.01.1971, Az. VI ZR 95/70 = NJW 1971, 698 (670)–Liebestropfen.

1278 Vgl. LG München, ZUM 2004, 321 (323).

1279 Vgl. BGH, Urteil v. 27.11.1979, Az. VI ZR 148/78 = NJW 1980, 994 (995)–Wahlkampfillustrierte.

1280 BGH, Urteil v. 14.04.1992, Az. VI ZR 285/91 = NJW 1992, 2084–Fotoveröffentlichung.

1281 BGH, Urteil v. 14.04.1992, Az. VI ZR 285/91 = NJW 1992, 2084–Fotoveröffentlichung.

1282 Vgl. BGH, Urteil v. 14.04.1992, Az. VI ZR 285/91 = NJW 1992, 2084–Fotoveröffentlichung.

1283 Vgl. OLG Hamm, AfP 1998, 304 f.

der Zulässigkeit der Bildnisveröffentlichung sicherstellt.[1284] Anhand der vom BGH aufgestellten Grundsätze besteht eine Sorgfaltspflichtverletzung des Veröffentlichenden immer dann, wenn eine Nachrecherche hinsichtlich einer bestehenden Einwilligung des Abgebildeten in die Veröffentlichung unterbleibt. Erfahrungsgemäß wird eine ausführliche Nachrecherche auf Grund des stetigen Aktualitätsdrucks der Massenmedien oft erheblich erschwert.[1285] Eine Pauschallösung erscheint angesichts der Eigenarten des Tagesgeschäftes oft schwierig. Vor diesem Hintergrund ist eine generelle Pflicht der Nachrecherche auch für die Tagespresse abzulehnen. Dies würde das Recht der Massenmedien aus Art. 5 Abs. 1 GG unverhältnismäßig einschränken. Es ist zu befürchten, dass Abbildungen von Dritten aus Angst vor Schadensersatzansprüchen im Falle einer nicht vollumfassenden Einwilligung des Abgebildeten letztendlich nicht mehr veröffentlicht werden würden. Bei einem üblichen Redaktionsschluss von 17 bis 18 Uhr wäre eine vollumfängliche Nachrecherche praktisch unmöglich, sodass dies zwangsläufig zu einer Einschränkung der Pressefreiheit nach Art. 5 Abs. 1 GG führen würde. Ein Hinzutreten von Umständen kann eine Nachrecherche dennoch zwingend erforderlich machen und ein Unterbleiben zu einer Verletzung der Sorgfaltspflicht führen. Denkbar sind Widersprüche bei der Anpreisung des Bildes, die Unmöglichkeit der Vorlage weiterer Bilder oder die Geheimhaltung des Namens der abgebildeten Person, was Anlass für weitere Nachforschungen ist.[1286] Erhöhte Pflicht zur Sorgfalt gilt bei der Veröffentlichung von Nacktaufnahmen.[1287] Eine solche Veröffentlichung stellt einen erheblichen Eingriff in die Intimsphäre des Abgebildeten dar und hat unter Umständen unabsehbare Folgen für die Person, sodass eine Pflicht zur Nachrecherche unabdingbar ist.[1288] Andernfalls missachtet der Veröffentlicher die publizistische Sorgfaltspflicht und handelt mithin fahrlässig.

c. Umfang des Schadensersatzes

Der ersatzfähige Schaden richtet sich nach den §§ 249 ff. BGB. Wie im Urheberrecht ist eine dreifache Schadensberechnung möglich.[1289] Der Verletze hat die Wahl zwischen einer angemessenen Lizenzgebühr, der Herausgabe des Verletzergewinns oder dem Ersatz des konkreten Schadens,[1290] wobei nur der materielle und nicht der

---

1284 Vgl. auch Dreyer, in: Dreyer/ Kotthoff/ Meckel, a.a.O., Anh. § 60/ §§ 33–50 KUG, § 50 KUG Rdn. 13.

1285 Vgl. dazu OLG Hamm, AfP 1998, 304); für eine generelle Recherchepflicht auch bei Abbildungen von Dritten BGH, Urteil v. 15.01.1965, Az. Ib ZR 44/63 = GRUR 1965, 495 (496)–Wie uns die Anderen sehen; OLG Hamburg, AfP 1977, 351 (353); OLG Düsseldorf, AfP 1984, 229 (230)–Rückenakt.

1286 Vgl. dazu OLG Hamm, AfP 1998, 304 f.; ebenso Dreyer, in: Dreyer/ Kotthoff/ Meckel, a.a.O., Anh. § 60/ §§ 33–50 KUG, § 50 KUG Rdn. 13.

1287 Vgl. OLG Hamm, AfP 1998, 304 f.

1288 Vgl. dazu BGH, 22.01.1985, Az. VI ZR 28/83 = GRUR 1985, 398 (399)–Nacktfoto.

1289 Dreyer, in: Dreyer/ Kotthoff/ Meckel, a.a.O., Anh. § 60/ §§ 33–50 KUG, § 50 Rdn. 14.

1290 So die st. Rspr, statt Vieler BGH, Urteil v. 01.12.1999, Az. I ZR 226/97 = NJW 2000, 2201 (2202)–Der blaue Engel; Fricke, in: Wandtke/ Bullinger, a.a.O., § 22 KUG Rdn. 28.

ideelle Schaden ersatzfähig ist. Von einem materiellen Schaden ist dann auszugehen, wenn der tatsächliche Wert des Vermögens des Geschädigten geringer ist als der Wert, den das Vermögen ohne das die Ersatzpflicht begründende Ereignis haben würde.[1291] Der Abgebildete kann den vom Verletzer erwirtschafteten Gewinn herausverlangen. Dieser besteht in dem Reingewinn nach Abzug der Kosten.[1292] Fällt die Wahl des Geschädigten auf die Methode der konkreten Schadensberechnung, muss er nachweisen können, dass seine Vermögenssituation sich durch den Eingriff in das Recht am eigenen Bild konkret verschlechtert hat. Das ist beispielsweise dann der Fall, wenn der Abgebildete durch die Veröffentlichung eines kompromittierenden Bildes seinen Arbeitsplatz verloren hat. Ebenso ist denkbar, dass dem Abgebildeten durch die erfolgte Veröffentlichung eine eigene Vermarktungsmöglichkeit genommen wurde.[1293]

Der Betroffene kann einen Schadensersatzanspruch entweder durch die Herausgabe des konkret entstandenen Schadens geltend machen, den Verletzergewinn herausverlangen oder aber den Schaden nach der Lizensanalogie berechnen lassen.[1294] Zumeist wird in der Praxis die Zahlung einer angemessenen Lizenzgebühr als Schadensersatz geltend gemacht. Besondere Bedeutung kommt dabei Bildnisveröffentlichungen im Rahmen einer Werbekampagne zu.[1295] Zu ersetzen ist das Honorar, das der Abgebildete üblicherweise für die Verwendung seines Abbildes fordern kann.[1296] Wie ist im Falle der Veröffentlichung von Bildnissen einer unbekannten Persönlichkeit zu entscheiden? Der BGH lehnte in der Vergangenheit die Zahlung einer üblichen Lizenzgebühr an Privatpersonen ab.[1297] Diese stünden nicht in der Öffentlichkeit, sodass ihr Konterfei keinen berechenbaren Wert hätte. Dahinter steckt der Gedanke, dass nur öffentlich bekannte Personen die Veröffentlichungen ihres Abbildes gegen Entgelt gestatten. Dem kann nicht gefolgt werden. Insbesondere die Werbeindustrie setzt ganz überwiegend Privatpersonen in Anzeigen und Werbespots ein. Viele Produzenten wollen „volksnah" wirken und der Konsument soll sich mit dem Produkt identifizieren können. Der BGH entschied in der Vergangenheit, dass ein Schadensersatzanspruch ausscheide, wenn der Abgebildete die Verwendung seines Bildnisses gegen Entgelt grundsätzlich nicht gestattet, ein

---

1291 BGHZ 99, 182 (196) –Rudolf –Heß–Veranstaltung; Grüneberg, in: Palandt, BGB, Vorb. § 249 BGB Rdn. 10; Fricke, in: Wandtke/ Bullinger, a.a.O., § 22 KUG Rdn. 28.

1292 Vgl. Dreyer, in: Dreyer/ Kotthoff/ Meckel, a.a.O., Anh. § 60/ §§ 33–50 KUG, § 50 Rdn. 17.

1293 Vgl. Dreyer, in: Dreyer/ Kotthoff/ Meckel, a.a.O., Anh. § 60/ §§ 33–50 KUG, § 50 KUG Rdn. 15.

1294 BGHZ 143, 214 (220, 232)–Marlene Dietrich.

1295 BGH, Urteil v. 08.05.1956, Az. I ZR 62/54 = GRUR 1956, 427 (429)–Paul Dahlke; BGH, Urteil v. 18.3.1959, Az. IV ZR 182/58 = GRUR 1959, 430 (433)–Caterina Valente.

1296 Vgl. BGH, Urteil v. 26.06.1979, Az. VI ZR 108/78 = GRUR 1979, 732 (734)–Fußballtor.

1297 BGH, Urteil v. 26.06.1979, Az. VI ZR 108/78 = GRUR 1979, 732 (734)–Fußballtor.

Lizenzvertrag mithin überhaupt nicht zustande gekommen wäre.[1298] Die neuere Rechtsprechung[1299] hält an dieser Einschränkung jedoch nicht fest. Vielmehr sieht sie einen Anspruch auf eine angemessene Lizenzgebühr als Schadensersatz unabhängig von der Bereitschaft zur Zustimmung der Veröffentlichung als gegeben an. Liege hingegen kein Verschulden des Verletzers vor, sei im gegebenen Fall anders zu entscheiden. Grundgedanke ist, dass derjenige der ein Bildnis veröffentlicht, mithin kommerziell verwertet, in den Vermögenswert des Rechts am eigenen Bild eingreift und somit auch eine Lizenzgebühr spart. Die Höhe der ersparten Lizenzgebühr ist unerheblich, sodass auch eine sehr geringe Lizenzgebühr bei Bildnissen von Privatpersonen zu ersetzen ist. Hinsichtlich der Höhe der zu zahlenden Lizenzgebühr ist auf den Marktwert des Bildnisses sowie die branchenüblichen Gepflogenheiten zurückzugreifen.[1300]

2. Anspruch auf Geldentschädigung

Der Betroffene kann einen Ausgleich seiner immateriellen Beeinträchtigungen durch Zahlung einer Geldentschädigung geltend machen, soweit die notwendigen Voraussetzungen vorliegen.[1301] Im Gegensatz zum Schadensersatzanspruch wird eine besondere Eingriffsintensität der Rechtsverletzung vorausgesetzt.[1302] Ohne einen entsprechenden Geldentschädigungsanspruch ist zu befürchten, dass Verletzungen der Würde und Ehre häufig ohne Sanktionen bleiben. Mit anderen Worten muss der Eingriff schwerwiegend sein und die Beeinträchtigung nicht in anderer Weise befriedigend abgefangen werden können.[1303] Zudem sind Bedeutung und

---

1298 BGH, Urteil v. 14.02.1958, Az. I ZR 151/56 = GRUR 1958, 408 (409)–Herrenreiter; BGH, Urteil v. 18.03.1959, Az. IV ZR 182/58 = GRUR 1959, 430 (433)–Caterina Valente; OLG Hamburg, ZUM 1995, 202 (204); Beuthien/ Hieke, AfP 2001, 353 (362); Prinz/ Peters, a.a.O., Rdn. 904; Schubert AfP 2007, 20 (23).

1299 BGH, Urteil v. 01.12.1999, Az. I ZR 49/79 = GRUR 2000, 709 (711)–Marlene Dietrich ; BGH, Urteil v. 01.12.1999, Az. I ZR 226/97 = NJW 2000, 2201 f.–Der blaue Engel; BGH, Urteil v. 26.10.2006, Az. I ZR 182/04 = GRUR 2007, 139 (141)–Lafontaine; auch Götting, in: Schricker/ Loewenheim (Hrsg.), a.a.O., §§ 33–50 KUG Rdn. 5; Wandtke, GRUR 2000, 949.

1300 Vgl. Dreyer, in: Dreyer/ Kotthoff/ Meckel, a.a.O., Anh. § 60/ §§ 33–50 KUG, § 50 KUG Rdn. 16.

1301 St. Rspr. BGH, Urteil v. 12.12.1995, Az. VI ZR 223/94 = NJW 1996, 985 (986)–Kumulationsgedanke; OLG Frankfurt, NJW 2000, 594; vgl. auch Dreyer, in: Dreyer/ Kotthoff/ Meckel, a.a.O., § 60/ §§ 33–50 KUG, § 50 KUG Rdn. 18.

1302 Vgl. BGH, Urteil v. 01.12.1999, Az. I ZR 226/97 = NJW 2000, 2201 (2202)–Der baue Engel.

1303 St. Rspr. statt Vieler BGH, Urteil v. 15.01.1965, Az. Ib ZR 44/63 = NJW 1965, 1374–Wie uns die Anderen sehen; BGH, Urteil v. 26.01.1971, Az. VI ZR 95/70 = NJW 1971, 698 (699)–Liebestropfen; BGH, Urteil v. 27.11.1979, Az. VI ZR 148/78 = NJW 1980, 994 (995)–Wahlkampfillustrierte; BGH, Urteil v. 22.01.1985, Az. VI ZR 28/83 = NJW 1985, 1617 (1619); BGH, Urteil v. 30.01.1996, Az. VI ZR 386/94 = NJW 1996, 1131

Tragweite des Eingriffs, der Anlass und die Beweggründe des Verletzers und der Grad seines Verschuldens zu berücksichtigen.[1304] Die Geldentschädigung besitzt eine Doppelfunktion. Zum einen soll sie dem Abgebildeten Genugtuung verschaffen und zum anderen eine präventive Funktion erfüllen.[1305] Ersteres ist an der Bedeutung und Tragweite des Eingriffs, dem Anlass und den Beweggründen sowie dem Grad des Verschuldens zu messen.[1306] Der Grad des Verschuldens ist nicht unumstritten. Die Rechtsprechung sieht ein Verschulden des Verletzers nicht als eigenständige Anspruchsvoraussetzung an. Vielmehr findet es als Variable im Rahmen der Gesamtabwägung aller Umstände Beachtung.[1307] Die stetige Rechtsprechung des BGH spricht jedoch dafür, dass eine Geldentschädigung in der Regel nur bei beträchtlichem Verschulden des Verletzers zugesprochen wird.[1308] Der überwiegende Teil der Vertreter der Literatur will ein einfaches Verschulden ausreichen lassen.[1309] Unter dem Gesichtspunkt der Präventionsfunktion wird man zumindest in Fällen, bei denen die Abschreckungsfunktion des Schmerzensgeldes im Vordergrund steht, nicht ein einfaches Verschulden genügen lassen können. Denn die Prävention impliziert gerade eine besonders große Missachtung der Sorgfaltspflichten.[1310]

Der Schmerzensgeldanspruch ist hingegen nicht schon von vornherein ausgeschlossen, wenn der Abgebildete gegen Entgelt mit der Veröffentlichung des Bildnisses einverstanden gewesen wäre.[1311] Jedoch muss dies im Rahmen Abwägung hinsichtlich der Intensität des Eingriffs Beachtung finden. Insbesondere kommt in

(1134)–Lohnkiller; BGH, Urteil v. 12.12.1995, Az. VI ZR 223/94 = GRUR 1996, 227 (229)–Wiederholungsveröffentlichung; BGH, Urteil v. 01.12.1999, Az. I ZR 226/97 NJW 2000, 2201 (2202)–Der blaue Engel; dazu auch Pentz, AfP 2013, 20 (27).

1304 BGHZ 165, 203 (210)–Postmortaler Persönlichkeitsschutz; BGHZ 183, 227–Esra; Pentz, AfP 2013, 20 (27).

1305 BGH, Urteil v. 15.11.1994, Az. VI ZR 56/94 = GRUR 1995, 224 (229)–Caroline von Monaco I; GRUR 1997, 233 (236)–Gynäkologe; BGH, Urteil v. 05.10.2004, Az. VI ZR 255/03 = GRUR 2005, 179 (180)–Prominentenkinder.

1306 BGH, Urteil v. 15.11.1994, Az. VI ZR 56/94 = GRUR 1995, 224 (228)–Caroline von Monaco I; BGH, Urteil v. 30.01.1996, Az. VI ZR 386/94 = NJW 1996, 1131 (1134)–Lohnkiller; BGH, Urteil v. 22.1.1985, Az. VI ZR 28/83= GRUR 1985, 398 (400)–Nacktfoto. St. Rspr. statt Vieler BGH, Urteil v. 01.12.1999, Az. I ZR 226/97 = NJW 1971, 698 (700)–Liebestropfen; BGH, Urteil v. 27.11.1979, Az. VI ZR 148/78 = NJW 1980, 994 (995)–Wahlkampfillustrierte; BGH, Urteil v. 12.12.1995, Az. VI ZR 223/94 = NJW 1996, 985 (986)–Kumulationsgedanke.

1307 BGH, Urteil v. 26.01.1971, Az. VI ZR 95/70 GRUR 1972, 97 (99)–Liebestropfen; KG Berlin, AfP 2007, 569 (571).

1308 Vgl. BGH, Urteil v. 22.01.1985, Az. VI ZR 28/83 = GRUR 1985, 398 (400)–Nacktfoto; ebenso Fricke, in: Wandtke/ Bullinger, a.a.O., § 22 KUG Rdn. 33.

1309 Vgl. Burkhardt, in: Wenzel, a.a.O., Rdn. 14.115 ff.

1310 So auch Soehring, Presserecht, Rdn. 32.28a; zur Schwere des Eingriffs siehe Specht, in: Dreier/ Schulze, a.a.O., §§ 33–50 KUG Rdn. 23.

1311 Vgl. BGH, NJW 2000, 2195 ff.–Marlene Dietrich I; BGH, NJW 2000, 2201 f.–Der blaue Engel; Dreyer, in: Dreyer/ Kotthoff/ Meckel, a.a.O., Anh. § 60/ §§ 33–50

solchen Fällen der Präventionsgedanke des Schmerzensgeldes nicht zum Tragen. Eine vorsätzliche und rücksichtslose Zwangskommerzialisierung der Persönlichkeit des Abgebildeten spielt bei der Bemessung der Höhe der Geldentschädigung eine entscheidende Rolle. Im Rahmen der Abwägung ist zu beachten, dass die Veröffentlichung auch einen positiven Effekt haben kann, sofern es sich um eine prominente Persönlichkeit handelt. Zu denken ist sowohl an eine Aufmerksamkeitssteigerung als auch die Herbeiführung eines imagefördernden Effektes durch die Veröffentlichung. Dann fällt die Zubilligung einer Geldentschädigung im Wege des Vorteilsausgleichs zumindest erheblich geringer aus.[1312] Selbstredend sind davon Bildnisveröffentlichungen ausgeschlossen, die den Abgebildeten in kompromittierender Weise, beispielsweise beim Drogen- oder Alkoholkonsum, zeigen. Der Fall Kate Moss[1313] dürfte den meisten noch ein Begriff sein. Es gelangten von ihr Bilder in die Presse, welche sie bei dem Konsum von Kokain zeigten. Die Fotos gingen um die ganze Welt und führten zu dem Verlust von lukrativen Werbeverträgen, unter anderem mit dem schwedischen Modehaus Hennes & Mauritz (H&M)[1314] sowie der Luxusmarke Burberry.[1315] Bereits zuvor hatte Chanel angekündigt, aufgrund des „ausschweifenden Lebensstils" von Kate Moss den Werbevertrag nicht verlängern zu wollen.[1316] Anders als die weitläufige Meinung verdeutlicht der Fall, dass eben nicht jede Publicity auch gute Publicity ist. Schlagzeilen wie diese gehen zumeist mit erheblichen finanziellen Einbußen einher. Auch Bilder eines verheirateten Mannes in eindeutiger Situation mit einer anderen Frau bzw. einem anderen Mann können sich in erheblicher Weise imageschädigend auswirken. Umso mehr, wenn es sich bei der prominenten Persönlichkeit um einen Politiker oder eine Führungskraft handelt. Personengruppen wie diese leben gerade vom „Saubermann"-Image und dem Anschein der Seriosität. Die Rechtsprechung billigt in Fällen der Veröffentlichung

KUG, § 50 KUG Rdn. 18; Dreyer, in: Dreyer/ Kotthoff/ Meckel, a.a.O., Anh. § 60/ vor §§ 22 ff. KUG Rdn 2 f.

1312 Vgl. LG Berlin, AfP 2006, 388 (390); Boksanyi, AfP 2006, 390; Ladeur, NJW 2004, 393 (397); Fricke, in: Wandtke/ Bullinger, a.a.O., § 22 KUG Rdn. 30.

1313 Die britische Boulevardzeitung „Daily Mirror" veröffentlichte am 15.9.2005 Fotos von einer Kokain konsumierenden Kate Moss auf der Titelseite mit der Schlagzeile „Cocaine Kate-Supermodel Kate Moss snorts line after line".

1314 Kate Moss konsumiert Kokain, „Focus Online", Meldung vom 20.09.2005, Quelle: http://www.focus.de/fotos/verliertwerbevertraege-top-model-kate-moss_id_1247184.html.

1315 Burberry sagt geplante Werbekampagne ab, Spiegel Online vom 22.09.2005, Quelle: http://www.spiegel.de/wirtschaft/koks-skandal-kate-moss-verliert-weitere-werbevertraege-a-375955.html.

1316 Keine Verlängerung des Werbevertrages für das Parfüm „Coco Mademoiselle" wegen ausschweifenden Lebenswandels, vgl. Clare Newborn, Chanel dumps Kate Moss, Artikel vom 27.06.2004, Mail on Sunday, Quelle: http://www.dailymail.co.uk/tvshowbiz/article-308135/Chanel-dumps-Kate-Moss.html; ebenso Schwäbische Zeitung vom 27.06.2004, Quelle: http://www.schwaebische.de/home_artikel,-_arid,1158185.html.

von Nacktaufnahmen bereits eine Geldentschädigung zu und begründet diese mit der Verletzung der Intimsphäre.[1317] Ebenso wurde ein Geldentschädigungsanspruch in einem Fall zugebilligt, in welchem sich ein katholischer Priester auf Grund einer Bildverwechslung des Vorwurfs der sexuellen Verfehlungen mit Minderjährigen konfrontiert sah.[1318]

Die Würdigung aller Umstände muss ein „unabwendbares Bedürfnis für die Zuerkennung einer Geldentschädigung“[1319] hervor rufen. Hätte der Abgebildete gegen Zahlung eines Entgeltes in die Veröffentlichung eingewilligt, so scheitert ein Schmerzensgeldanspruch zumeist an der erforderlichen Schwere der Verletzung. Es müssen stets alle Umstände des Einzelfalls in die Beurteilung einbezogen werden.[1320] Die Eingriffsintensität kann sich auch erst aus dem Begleittext ergeben.[1321] Dabei stellt der BGH fest, dass eine wiederholte und hartnäckige Verletzung des Rechts am eigenen Bild aus reiner Profitgier einen Anspruch auf Schmerzensgeld rechtfertigt, selbst dann, wenn die einzelne Bildveröffentlichung an sich betrachtet nicht als schwerwiegend anzusehen ist.[1322] Bei der Berechnung der Höhe des Schmerzensgeldes ist die Genugtuungsfunktion hinreichend zu würdigen. Zudem soll die Geldentschädigung der Prävention dienen, woran sich auch die Höhe der Entschädigung orientiert.[1323] Je nach Einzelfall wirkt sich dies unterschiedlich aus.[1324] Darüber hinaus muss der finanzielle Ausgleich im Verhältnis zu der Persönlichkeitsrechtsverletzung in einem angemessenen Verhältnis stehen. Nach der Rechtsprechung des BGH[1325] sind im Rahmen der Berechnung der Höhe des Schmerzensgeldes die persönlichen sowie wirtschaftlichen Verhältnisse der jeweiligen Parteien zu berücksichtigen.[1326] Setzt sich der Abgebildete durch eigenes Verschulden der Gefahr

---

1317 BGH, Urteil v. 22.01.1985, Az. VI ZR 28/83 = GRUR 1985, 398–Nacktfoto; OLG Frankfurt, GRUR 1987, 195; LG Hamburg, ZUM 2002, 68.

1318 OLG Koblenz, NJW 1997, 1375.

1319 Vgl. Burkhardt, in: Wenzel, a.a.O., Rdn. 14.101; ebenso Fricke, in: Wandtke/ Bullinger, a.a.O., § 22 KUG Rdn. 30.

1320 Vgl. BGH, Urteil v. 26.01.1971, Az. VI ZR 95/70 = GRUR 1972, 97 (99)–Liebestropfen.

1321 BGH, Urteil v. 15.01.1965, Az. Ib ZR 44/63 = NJW 1965, 1374 (1375)–Wie uns die Anderen sehen; BGH, Urteil v. 05.01.1962, Az. VI ZR 72/61 = GRUR 1962, 324–Doppelmörder.

1322 BGH, Urteil v. 12.12.1995, Az. VI ZR 223/94 = NJW 1996, 985–Kumulationsgedanke; BGH, GRUR 1996, 227 (229)–Wiederholungsveröffentlichung; BGH, Urteil v. 05.10.2004, Az. VI ZR 255/03 = GRUR 2005, 179 (181)–Prominentenkinder; Dreyer, in: Dreyer/ Kotthoff/ Meckel, a.a.O., Anh. § 60/ §§ 33–50 KUG, § 50 Rdn. 18.

1323 BGHZ 128, 1 (15)–Caroline von Monaco; BGHZ 160, 298 (302)–Prominentenkinder; Pentz, AfP 2013, 20 (27).

1324 BGHZ 160, 298 (303)–Prominentenkinder.

1325 BGH, Urteil v. 15.01.1965, Az. Ib ZR 44/63 = NJW 1965, 1374 (1375)–Wie uns die Anderen sehen.

1326 Vgl. auch Dreyer, in: Dreyer/ Kotthoff/ Meckel, a.a.O., Anh. § 60/ §§ 33–50 KUG, § 50 KUG Rdn. 19.

einer persönlichkeitsrechtsverletzenden Berichterstattung aus, so ist die Höhe der Geldentschädigung entsprechend geringer zu bemessen.[1327]

Die Geltendmachung eines Geldentschädigungsanspruchs nach dem Tode des Abgebildeten ist ausgeschlossen,[1328] weil das zentrale Element der Genugtuung nicht von den Angehörigen beansprucht werden kann. Vielmehr entfällt es nach dem Tode des Abgebildeten.[1329]

II. Anspruch aus ungerechtfertigter Bereicherung

Nach §§ 812 ff. BGB kann der Abgebildete einen Anspruch aus ungerechtfertigter Bereicherung geltend machen. Ein solcher besteht jedoch nur bei einer tatsächlichen ungerechtfertigten Bereicherung auf Seiten des Verletzers im rechtlichen Sinn. Folglich, wenn er durch die Nutzung des Bildes in den vermögensrechtlichen Zuweisungsgehalt des Abgebildeten eingreift und dadurch einen vermögensrechtlichen Vorteil erlangt.[1330] Geschuldet ist dann die Herausgabe des Erlangten. Nicht unumstritten ist die Definition des „Erlangten". Erlangt könnte dabei die Nutzung des Bildnisses sein.[1331] Notwendige Konsequenz der Verwendung des Bildnisses ist der Wertersatz gemäß § 818 Abs. 2 BGB.[1332] Dagegen vertrat der BGH in seiner Entscheidung „Fußballtor"[1333] die Auffassung, dass nicht die Nutzung des Bildes selbst erlangt worden sei, sondern vielmehr die Ersparnis des für die rechtmäßige Nutzung zu entrichtenden üblichen Entgeltes. Ein Verschulden des Verletzers ist für das Bestehen eines Anspruchs aus ungerechtfertigter Bereicherung nicht notwendig. Der geschuldete Wertersatz aus § 812 Abs. 1 S. 1 Alt. 2 BGB kann nach der Lizensanalogie berechnet werden. Die Berechnung der Höhe des zu zahlenden Betrages richtet sich demnach nach der Angemessenheit einer fiktiven Lizenzgebühr im Einzelfall. Der Verletzer ist verpflichtet dem Abgebildeten das seinerseits ersparte Honorar für

---

1327 Specht, in: Dreier/ Schulze, a.a.O., §§ 33–50 KUG Rdn. 26; LG Köln, AfP 1978, 149; Fricke, in: Wandtke/ Bullinger, a.a.O., § 22 KUG Rdn. 31.

1328 BGH, Urteil v. 04.06.1974, Az. VI ZR 68/73 = GRUR 1974, 797 (800)–Fiete Schulze; BGH, Urteil v. 01.12.1999, Az. I ZR 49/79 = GRUR 2000, 709 (711)–Marlene Dietrich; BGH, Urteil v. 06.12.2005, Az. VI ZR 265/04 = GRUR 2006, 252 (253)–Postmortaler Persönlichkeitsschutz; BVerfG, Urteil v. 19.10.2006, Az. 1 BvR 402/06 = ZUM 2007, 380; LG Berlin, AfP 2002, 540.

1329 Vgl. BGH, Urteil v. 06.12.2005, Az. VI ZR 265/04 = GRUR 2006, 252 (253)–Postmortaler Persönlichkeitsschutz; Götting, GRUR 2004, 801 (802).

1330 BGH, Urteil v. 26.06.1979, Az. VI ZR 108/78 = NJW 1979, 2205 (2206)–Fußballtor; BGH, Urteil v. 14.04.1992, Az. VI ZR 285/91 = GRUR 1992, 557 (558)–Joachim Fuchsberger; OLG Frankfurt, NJW 2000, 594.

1331 Vgl. OLG München, WRP 1995, 744 (747); Specht, in: Dreier/ Schulze, a.a.O., §§ 33–50 KUG Rdn. 14; Götting, in: Schricker/ Loewenheim (Hrsg.), a.a.O., § 33–50 KUG Rdn. 14.

1332 Vgl. Götting, in: Schricker/ Loewenheim (Hrsg.), a.a.O, §§ 33–50 KUG Rdn. 14; ebenso Fricke, in: Wandtke/ Bullinger, a.a.O., § 22 KUG Rdn. 26.

1333 BGH, Urteil v. 26.06.1979, Az. VI ZR 108/78 = NJW 1979, 2205 (2206)–Fußballtor.

die Nutzung des Bildnisses zu zahlen.[1334] Der BGH stellte fest, dass es unerheblich sei, ob die objektive Fähigkeit der Nutzungsvergütung gegeben war.[1335] Es kommt auch nicht auf eine grundsätzliche Bereitschaft des Bereicherungsschuldners zur Entgeltzahlung an.[1336] Hinsichtlich der Problematik, ob eine nicht prominente Persönlichkeit einen Anspruch auf ungerechtfertigte Bereicherung geltend machen kann, ist auf die obigen Ausführungen zum Schadensersatz zu verweisen.

Problematisch ist eine Berechnung der Höhe des vom Verletzers zu zahlenden Entgeltes über die Lizenzgebühr immer dann, wenn der Abgebildete auch bei vorheriger Anfrage seine Einwilligung in die Bildnisveröffentlichung nicht erteilt hätte. Ist eine Lizenzgebühr nur dann zu entrichten, wenn der Abgebildete bereit gewesen wäre gegen Entgelt seine Einwilligung in die Bildnisveröffentlichung zu erteilen? Der BGH hat in seiner „Catarina Valente"–Entscheidung[1337] einen Bereicherungsanspruch mit dem Hinweis abgelehnt, dass die Abgebildete auch bei Kenntnis die Veröffentlichung nicht gestattet hätte. Er lehnte die Zahlung einer angemessenen Lizenzgebühr nach den Grundsätzen des Bereicherungsrechts ab, wenn eine Vereinbarung über die Veröffentlichung des Bildes gegen Zahlung eines Entgeltes auch bei vorherigen Verhandlungen zwischen den betreffenden Parteien nicht zustande gekommen wäre.[1338] Diese für den Abgebildeten unbillig erscheinende Lösung hat der BGH in der Folgezeit zugunsten des Betroffenen wieder aufgegeben.[1339] Demnach soll es für das Bestehen eines Bereicherungsanspruchs nicht mehr auf den subjektiven Willen des Berechtigten ankommen.[1340] Einerseits bedeutet die Zahlung einer angemessenen „Lizenzgebühr" im Rahmen des Bereicherungsrechts bereits begrifflich, dass die Zahlung einen subjektiven Vermarktungswillen des Abgebildeten in die Veröffentlichung des Bildnisses voraussetzt. „Lizenz" wird abgeleitet von dem lateinischen Wort „licet" und bedeutet wortwörtlich „es ist erlaubt".[1341] Andererseits widerspricht es dem Sinn und Zweck des Bereicherungsrechtes einen grundlosen

1334 Vgl. BGH, Urteil v. 14.04.1992, Az. I ZR 285/91= GRUR 1992, 557 (558)–Joachim Fuchsberger; vgl. Fricke, in: Wandtke/ Bullinger, a.a.O., § 22 KUG Rdn. 26.

1335 So BGH, Urteil v. 14.04.1992, Az. I ZR 285/91 = GRUR 1992, 557 (558)–Joachim Fuchsberger.

1336 Dreyer, in: Dreyer/ Kotthoff/ Meckel, a.a.O., Anh. § 60/ §§ 33–50 KUG, § 50 KUG Rdn. 21.

1337 BGH, Urteil v. 18.03.1959, Az. IV ZR 182/58 = GRUR 1959, 430 (433)–Catarina Valente.

1338 OLG Hamburg, AfP 1995, 504 (505); NJW–RR 1999, 1204 (1205)–Heidemörder; Steffen, NJW 1997, 13; Fricke, in: Wandtke/ Bullinger, a.a.O., § 22 KUG Rdn. 26.

1339 BGH, Urteil v. 26.10.2006, Az. I ZR 182/04 = GRUR 2007, 139 (141)–Oskar Lafontaine.

1340 Der Rspr. des BGH folgend OLG München, ZUM 1996, 160 (162)–Telefonsex–Foto; ebenso Balthasar, NJW 2007, 664 (665); Beuthien/ Hieke, AfP 2001, 353 (361); Götting, a.a.O., S. 55; Prinz/ Peters, a.a.O., Rdn. 901; Schubert, AfP 2007, 20 (23); Ullmann, AfP 1999, 209 (212); Burkhardt, in: Wenzel, a.a.O., Rdn. 14.16; Fricke, in: Wandtke/ Bullinger, a.a.O., § 22 KUG Rdn. 26.

1341 Vgl. Wikipedia zu „Lizenz".

Vermögenszuwachs beim Rechtsverletzer zu gestatten. Das läuft dem objektiven Rechtsempfinden zuwider. Das Bereicherungsrecht soll nicht die Vermögensminderung aufseiten des Betroffenen, sondern eine ungerechtfertigte Vermögensmehrung seitens des Verletzers ausgleichen.[1342] Der Zahlungsanspruch fingiert mithin nicht eine Zustimmung des Betroffenen, er stellt vielmehr den Ausgleich für den rechtswidrigen Eingriff in eine dem Betroffenen ausschließlich zugewiesene Dispositionsbefugnis dar.[1343] Die Wende in der höchstrichterlichen Rechtsprechung zugunsten des Abgebildeten ist folglich zu begrüßen. Die Höhe der Lizenzgebühr orientiert sich nach dem Entgelt, welches vernünftige Vertragspartner als angemessenes Honorar ausgehandelt hätten.[1344] Berücksichtigung finden dabei Aspekte wie Sympathie, Marktwert oder Bekanntheitsgrad in der Öffentlichkeit. Dies gilt insbesondere für Bildnisveröffentlichungen im Rahmen einer Werbekampagne.[1345] Die Verjährungsfrist für bereicherungsrechtliche Ansprüche beträgt gemäß § 195 BGB drei Jahre.

III. Anspruch auf Vernichtung

Der Anspruch auf Vernichtung ist eine besondere Form des Beseitigungsanspruchs. Demnach hat der Verletzte nach § 37 KUG einen Anspruch auf Vernichtung der verbreiteten und öffentlich zur Schau gestellten Bildnisse. Dieser dient der Durchsetzung des Unterlassungsanspruchs.[1346] Die Vernichtung bezieht sich auf alle Vervielfältigungsstücke.[1347] Dazu gehören die Originalbildnisse, bei Fotografien die angefertigten Abzüge und alle Negative.[1348] Der Anspruch besteht hinsichtlich widerrechtlich hergestellter, verbreiteter oder öffentlich zur Schau gestellter Bildnisse. Er setzt eine rechtskräftige Verurteilung des Eigentümers des/der Bildnis/se voraus (§ 37 Abs. 4 S. 1 KUG). Hingegen ist weder eine Wiederholungsgefahr, noch ein Verschulden des Verletzers von Nöten.[1349] Insoweit besteht der Vernichtungsanspruch abhängig vom Besitz der Originale bzw. Vervielfältigungsstücke. Diese

1342 So auch Götting, a.a.O., S. 55; Götting, in: Schricker/ Loewenheim (Hrsg.), a.a.O, §§ 33–50 KUG Rdn. 15; LG Hamburg, ZUM 2006, 858; zur Thematik der ungerechtfertigten Bereicherung siehe ebenso Fricke, in: Wandtke/ Bullinger, a.a.O., § 22 KUG Rdn. 26.

1343 BGH, Urteil v. 20.03.2012, Az. VI ZR 123/11 = AfP 2012, 260–Bildnisveröffentlichung eines verstorbenen Unfallopfers; dazu auch Pentz, AfP 2013, 20 (28).

1344 Vgl. BGH, Urteil v. 14.04.1992, Az. I ZR 285/91 = GRUR 1992, 557 (558)–Joachim Fuchsberger.

1345 Vgl. LG Hamburg, ZUM 2004, 399 (402); LG Hamburg, AfP 2006, 585 (588); LG Berlin, NJW 1996, 1142 (1143); Fricke, in: Wandtke/ Bullinger, a.a.O., § 22 KUG Rdn. 27.

1346 Vgl. Götting, in: Schricker/ Loewenheim (Hrsg.), a.a.O, §§ 33–50 KUG, Rdn. 6; ebenso Fricke, in: Wandtke/ Bullinger, a.a.O., § 22 KUG Rdn. 37.

1347 BGH, Urteil v. 17.11.1961, Az. I ZR 87/59 = GRUR 1961, 138 (140)–Familie Schölermann; ebenso Fricke, in: Wandtke/ Bullinger, a.a.O., § 22 KUG Rdn. 37.

1348 Dreyer, in: Dreyer/ Kotthoff/ Meckel, a.a.O., Anh. § 60/ §§ 33–50 KUG, § 50 KUG Rdn. 7.

1349 BGH, Urteil v. 17.11.1961, Az. I ZR 87/59 = GRUR 1961, 138 (149)–Familie Schölermann; ebenso Fricke, in: Wandtke/ Bullinger, a.a.O., § 22 KUG Rdn. 37.

müssen sich im Eigentum des Verletzers bzw. seiner Erben befinden. Maßgeblich ist der Zeitpunkt der letzten mündlichen Verhandlung.[1350] Im Fall einer außergerichtlichen Geltendmachung der Zeitpunkt des Verlangens.[1351]

IV. Anspruch auf Herausgabe

Ein Herausgabeanspruch ergibt sich aus (§ 1004) §§ 985, 861, 1007 Abs. 1, 2 BGB und kann vom Verletzten nur an Stelle der Vernichtung verlangt werden. Beide Ansprüche schließen sich gegenseitig aus. Die Herausgabe bezieht sich auf alle Vervielfältigungen unzulässiger Aufnahmen, hauptsächlich Bildnisse und/oder deren Negative.

V. Anspruch auf Auskunft

Dem Verletzten steht zudem ein Anspruch auf Auskunftserteilung zu. Relevant ist ein solcher Anspruch vor allem dann, wenn der Abgebildete einen finanziellen Ausgleich für die Bildnisveröffentlichung begehrt.[1352] Ein solcher ist jedoch weder im KUG noch im BGB ausdrücklich geregelt. Mangels einer gesetzlichen Grundlage muss auf §§ 242, 249 BGB die Vorschriften über Treu und Glauben, zurückgegriffen werden. Für die erfolgreiche Durchsetzung des Auskunftsanspruchs bedarf es zum einen der nicht eigens verursachten Unkenntnis des Verletzten betreffend das Bestehen und den Umfang seiner Ersatzansprüche, sowie das Vorliegen der Voraussetzungen für das Bestehen eines Zahlungsanspruchs.[1353] Die Verjährung des Auskunftsanspruchs richtet sich nach der des Schadensersatzanspruchs. Hintergrund ist die Abhängigkeit des Bestehens eines Auskunftsanspruchs vom Vorliegen der Voraussetzungen eines Schadensersatzanspruchs. Der Auskunftsanspruch selbst ist unselbständig und verjährt ebenfalls binnen drei Jahren, beginnend mit dem Tag der Handlung gemäß § 195 BGB.

VI. Gegendarstellung und Urteilsveröffentlichung

Nach den Landespressegesetzen und sonstigen Mediengesetzen kann eine unrechtmäßige Bildnisveröffentlichung zu einem Gegenanspruch führen.[1354] Mit der Bildnisveröffentlichung muss allerdings zeitgleich eine unwahre Tatsachenbehauptung verbreitet werden. Beispielhaft sei die Bildverwechslung genannt.[1355] Ebenso kann der Betroffene eine Gegendarstellung begehren, wenn die Bildveröffentlichung in

1350 Dreyer, in: Dreyer/ Kotthoff/ Meckel, a.a.O., Anh. § 60/ §§ 33–50 KUG, § 50 KUG Rdn. 7.
1351 Dreyer, in: Dreyer/ Kotthoff/ Meckel, a.a.O., Anh. § 60/ §§ 33–50 KUG, § 50 KUG Rdn. 7.
1352 Vgl. BGH, Urteil v. 01.12.1999, Az. I ZR 226/97 = NJW 2000, 2201 f.–Der blaue Engel.
1353 Dreyer, in: Dreyer/ Kotthoff/ Meckel, a.a.O., Anh. § 60/ §§ 33–50 KUG, § 50 KUG Rdn. 24.
1354 Vgl. Aufstellung in Seitz/ Schmidt, Der Gegendarstellungsanspruch, S. 365 ff.
1355 OLG Koblenz, NJW 1997, 1375; Fricke, in: Wandtke/ Bullinger, a.a.O., § 22 KUG Rdn. 25.

Verbindung mit dem Begleittext einen falschen Eindruck über den Abgebildeten vermittelt,[1356] oder eine als solche nicht erkennbare Fotomontage einen unzutreffenden Aussagegehalt enthält.[1357] Das Gegendarstellungsbegehren kann sich sowohl auf die textliche als auch bildliche „Richtigstellung" beziehen. Letzteres bildet denn Ausnahmefall und kommt nur in Betracht, wenn diese für das Verständnis der Gegendarstellung unabdingbar ist.[1358]

VII. Unterlassungs- und Beseitigungsanspruch

Das Bestehen eines Unterlassungsanspruchs setzt entweder eine Erstbegehungs- oder Wiederholungsgefahr voraus. Die Rechtsgrundlage bilden §§ 823 Abs. 1, 1004 BGB sowie §§ 823 Abs. 2 BGB i.V.m. §§ 22, 23 KUG.

1. Nachträglicher Unterlassungsanspruch

Ein Unterlassungsanspruch setzt eine individuelle Betroffenheit auf Grund einer medialen Veröffentlichung voraus.[1359] Er ist stets gegen denjenigen zu richten, der die Verletzung des Rechts am eigenen Bild unmittelbar herbeigeführt hat. Zugleich muss er an eine bestimmte, konkret feststellbare Verletzungshandlung anknüpfen. Andernfalls ist der Antrag mangels Bestimmtheit unbegründet. Sind an der Beeinträchtigung mehrere Personen beteiligt, so richtet sich der Unterlassungsanspruch grundsätzlich unabhängig von Art und Umfang des Tatbeitrags gegen jeden. Vorausgesetzt, derjenige hat in irgendeiner Weise willentlich und adäquat kausal an der Herbeiführung der rechtswidrigen Beeinträchtigung mitgewirkt. Der in Anspruch Genommene muss die rechtliche Möglichkeit zur Verhinderung der Veröffentlichung und/oder Verbreitung tatsächlich gehabt haben.[1360] Des Weiteren bedarf es einer Wiederholungsgefahr. Erfolgte die Veröffentlichung des Bildmaterials rechtswidrig, besteht grundsätzlich die Vermutung, dass von einer Wiederholungsgefahr ausgegangen werden muss.[1361] Doch auch hier gilt der Grundsatz: keine Regel ohne Ausnahme. Die vermutete Wiederholungsgefahr kann dann wiederlegt werden, wenn sie auf Grund der Natur der Veröffentlichung ausgeschlossen ist. Etwa die in

---

1356 Vgl. OLG München, ZUM 1996, 160; ebenso Fricke, in: Wandtke/ Bullinger, a.a.O., § 22 KUG Rdn. 25.

1357 LG München, AfP 2003, 373; ebenso Fricke, in: Wandtke/ Bullinger, a.a.O., § 22 KUG Rdn. 25.

1358 So OLG Hamburg, AfP 1984, 115; vgl. auch Specht, in: Dreier/ Schulze, a.a.O., §§ 33–50 KUG Rdn. 12; vgl. auch Fricke, in: Wandtke/ Bullinger, a.a.O., § 22 KUG Rdn. 25.

1359 BGH, Urteil v. 26.05.2009, Az. VI ZR 191/08, 6/9 = NJW 2009, 3576–Kannibale von Rotenburg.

1360 BGH, Urteil v. 26.05.2009, Az. VI ZR 191/08, 8/12 = NJW 2009, 3576–Kannibale von Rotenburg; BGH, Urteil v. 09.12.2003, Az. VI ZR 373/02 =GRUR 2004, 438 (440)–Luftbildaufnahmen vom Ferienhaus.

1361 BGH, Urteil v. 12.07.1994, Az. VI ZR 1/94 = GRUR 1994, 913 (915)–IM–Liste; Steffen, in: Löffler, Presserecht, § 6 LPG Rdn. 264.

Printmedien einmalig veröffentlichten Schreiben in der Rubrik „Leserbriefe".[1362] Das stetige Bemühen um Aktualität schließt zumeist eine wiederholte Veröffentlichung aus. Ein Sonderfall ist die Verknüpfung von visueller und geistiger Kommunikation. Die Rechtswidrigkeit der Bildnisveröffentlichung ergibt sich aus der Verbindung mit der Wortberichterstattung und nicht allein aus dem Bild selbst. In einem solchen Fall beschränkt sich der nachträgliche Unterlassungsanspruch ausschließlich auf den Begleittext. Andernfalls ist zu bedenken, ob der Verletzer nicht besser die Unterlassungserklärung hinsichtlich der konkret beanstandeten Formulierung abgibt, sodass ebenfalls die Wiederholungsgefahr für die Veröffentlichung des an sich neutralen Bildes im rechtswidrigen Kontext entfällt.[1363] Mann[1364] gibt diesbezüglich zu bedenken, dass eine Veröffentlichung des Abbildes, trotz Unterlassungserklärung, im Zusammenhang mit einem anders formulierten Begleittext gleichen Inhalts zulässig wäre. Mithin bestünde die Gefahr der Umgehung einer Unterlassungserklärung und zugleich einer Wiederholung. Dem Missbrauch öffne man mithin Tür und Tor. So hat das LG Hamburg[1365] entschieden, dass mit der Unterlassungserklärung grundsätzlich „die Ernstlichkeit des Unterwerfungswillens mit der erforderlichen Deutlichkeit zum Ausdruck" gebracht werden muss. Der Betroffene ist durch die Unterlassungserklärung dann nicht ausreichend geschützt, wenn sie sich ausschließlich auf den konkreten Wortlaut der angegriffenen Erstveröffentlichung bezieht.[1366] Die Problemlösung könnte in dem Rückgriff auf die sog. Kerntheorie liegen. Fraglich ist, ob die Rechtskraftwirkung der Unterlassungserklärung auch solche Änderungen betrifft, die den Kern der Verletzungsform unberührt lassen, was es durch Auslegung zu ermitteln gilt.[1367] In der Anwendung der Kerntheorie auf dem Gebiet des Äußerungsrechts sieht der BGH die Möglichkeit, durch Auslegung eines bestehenden Verbots den Kern festzustellen.[1368] Eine einmal abgegebene Unterlassungserklärung umfasst folglich auch eine Fotoveröffentlichung mit im Kern gleichem Wortlaut.[1369] Unterlassungserklärungen können hingegen weder so formuliert noch ausgelegt werden, dass eine spätere Veröffentlichung des an sich kontextneutralen Bildes im Zusammenhang mit einem gänzlich anderen Begleittext

---

1362 Vgl. BGH, Urteil v. 27.05.1986, Az. VI ZR 169/85 = GRUR 1986, 683–Ostkontakte.

1363 So Damm/ Rehbock, a.a.O., Rdn. 576; Mann, in: FS Damm, S. 78 (83).

1364 Mann, a.a.O., S. 83 f.

1365 LG Hamburg, Urt. v. 29.10.2004, Az. 324 O 549/04, zit. in Mann, a.a.O., S. 84.

1366 Ebenda.

1367 Vgl. zur Heranziehung der zur Kerntheorie entwickelten Grundsätze im Äußerungsrecht, BGHZ 5, 189 (193); BGH, Urteil v. 03.02.1976, Az. VI ZR 23/72 = GRUR 1977, 114 (115)–Vjesnik u srijedu; BGH, Urteil v. 27.05.1982, Az. I ZR 35/80 = GRUR 1982, 681 (683)–Irreführung; BGH, Urteil v. 11.05.1983, Az. I ZR 64/81= GRUR 1984, 467 (469)–Das unmögliche Möbelhaus aus Schweden; zit. in Mann, a.a.O., S. 85.

1368 Vgl. BGH, Urteil v. 30.03.1989, Az. I ZR 85/87 = NJW 1989, 2327–Bioäquivalenz–Werbung; zit. von Mann, a.a.O., S. 85.

1369 So Mann, a.a.O., S. 85.

davon umfasst ist.[1370] Ein derartiges Veröffentlichungsverbot ist zu weitreichend. Gegenteiliges lässt sich auch nicht mit dem Argument der Rechtsunsicherheit für den Antragsteller begründen. Eine Absicherung für alle Eventualitäten zukünftiger Veröffentlichungen durch nur eine Unterlassungserklärung des Verletzers ist unmöglich. Dies käme einer vorbeugenden Unterlassungserklärung gleich. Ihr Erlass ist jedoch nur unter strengen Voraussetzungen zulässig.[1371] Zudem mangelt es an der Wiederholungsgefahr, weil die Veröffentlichung des Fotos in anderem Kontext erfolgt. Auch die Unbestimmtheit einer solchen Unterlassungserklärung wäre mehr als problematisch.[1372] Zwingende Voraussetzung ist hingegen, dass aus ihr deutlich hervor gehen muss, worin genau die konkrete Wiederholungsgefahr besteht und worauf sich die Unterlassung erstrecken soll.

2. Vorbeugender Unterlassungsanspruch

Die Frage der Zulässigkeit eines vorbeugenden Unterlassungsanspruchs wird in der Rechtsprechung kontrovers beurteilt.[1373] Laut BGH könne „ein derartig umfassender Unterlassungsanspruch einer Person nicht zukommen“[1374], wenngleich ihr Recht am eigenen Bild durch Berichterstattung der Presse mehrfach verletzt wurde.[1375] Notwendig für die Beantwortung der Frage der Zulässigkeit der Bildpublikation sei stets eine einzelfallbezogene Abwägung des Informationsinteresses der Öffentlichkeit sowie dem Schutz der Privatsphäre des Abgebildeten.[1376] Naturgemäß sind Interessenabwägungen für in einem Zeitraum in der Zukunft entstehende Fotos noch nicht möglich. Ebenso ist der Veröffentlichungskontext völlig offen. In Bezug auf bereits veröffentlichte Bilder gilt, dass deren Veröffentlichung sich in einem anderen Kontext als der zu beanstandenden Berichterstattung als zulässig erweisen könnte.[1377] Dieser Aspekt des BGH trifft jedoch nur auf solche Bildberichterstattungen zu, die bereits ohne Wortberichterstattung eine für die öffentliche Meinungsbildung bedeutsame Aussage enthalten. Dies folgt daraus, dass häufig erst der Informationswert eines

---

1370 Vgl. Mann, a.a.O., S. 85.

1371 Näher zur vorbeugenden Unterlassungserklärung siehe unten zu 2.

1372 Bestimmtheitsgebot gemäß § 253 Abs. 2 Nr. 2 ZPO; so argumentierend auch Mann, a.a.O., S. 86.

1373 Dafür plädieren: LG Hamburg , Urteile v. 29.08.2008, Az. 324 O 24/08 und 324 O 23/08 sowie Hanseatisches OLG Hamburg , Urteile v. 11.11.2008, Az. 7 U 87/08, 7 U 86/08; dem wiedersprechend: BGH, Urteil v. 06.10.2009, Az. VI ZR 314/08, VI ZR 315/08 = GRUR 2010, 173–Prominentenkinder.

1374 BGH, Urteil v. 06.10.2009, Az. VI ZR 314/08, VI ZR 315/08 = GRUR 2010, 173–Prominentenkinder.

1375 BGH, Urteil v. 06.10.2009, Az. VI ZR 314/08, VI ZR 315/08 = GRUR 2010, 173–Prominentenkinder.

1376 BGH, Urteil v. 06.10.2009, Az. VI ZR 315/08, S. 6 = GRUR 2010, 173–Prominentenkinder.

1377 BGH, Urteil v. 06.10.2009, Az. VI ZR 315/08, S. 6 = GRUR 2010, 173–Prominentenkinder.

Bildnisses im Kontext der dazugehörigen Wortberichterstattung zu ermitteln ist.[1378] Ohne eine Erstbegehungsgefahr ist der vorbeugende Unterlassungsanspruch bereits unbegründet. Eine solche ist anzunehmen, wenn konkrete und greifbare Anhaltspunkte dafür vorliegen, dass ein Rechtsverstoß ernstlich droht.[1379] Dem Antragsgegner muss darüber hinaus eine Absicht nachweisbar sein.[1380] Aus bloßen Recherchen,[1381] zu denen auch die Aufzeichnung eines Interviews im Recherchestadium zählt,[1382] oder dem Anfertigen von Filmaufnahmen kann eine solche nicht geschlussfolgert werden. Der Unterlassungs- und Beseitigungsanspruch besteht in zeitlicher Hinsicht nur solange der Rechtsverstoß noch fortdauert. Einer Verjährungsregelung bedarf es insoweit nicht.

VIII. Exkurs: Strafrechtlicher Schutz

1. Ehrdelikte

a. Strafvorschriften: Beleidigung gemäß § 185 StGB, üble Nachrede gemäß §§ 186, 188 StGB, Verleumdung gemäß § 187 StGB

Die Beleidigung gemäß § 185 StGB umfasst die Kundgabe der Miss- oder Nichtachtung in Form von Tastsachenbehauptungen oder Werturteilen. Nach der herrschenden Lehre ist der normative Ehrbegriff einschlägig.[1383] Dieser folgt einem sozialethischen Ansatz. Die Würdigung der Person und ihre Wertung in der Gesellschaft erfolgen nach sozialethischen Prinzipen.[1384] Danach ist das Schutzgut der tatsächliche Geltungswert einer Person, wobei die Strafbarkeit bereits bei erfolgreichem Beweis der Wahrheit der Äußerung entfällt.[1385] Bezeichnet die Presse einen lediglich Tatverdächtigen öffentlich als Täter, äußert sie mithin nicht erweislich wahre Tatsachenbehauptungen gegenüber Dritten,[1386] kommt der Straftatbestand

---

1378 BGH, Urteil v. 17.02.2009, Az. VI ZR 75/08, S. 8 (14) = GRUR 2009, 665–Liebesfoto Sabine Christiansen.

1379 BGH, Urteil v. 16.01.1992, Az. I ZR 20/90 = GRUR 1992, 404 (405)–Erstbegehungsgefahr; BGH, Urteil v. 26.04.1990, Az. I ZR 99/88 = GRUR 1990, 687 (688)–Anzeigenpreis II.

1380 LG München, AfP 1997, 559 (560).

1381 OLG Hamburg, AfP 1992, 279; OLG Frankfurt, AfP 1991, 545; AfP 2003, 63; OLG Karlsruhe, AfP 2008, 213; OLG Nürnberg, NJW–RR 2002, 1471; LG Stuttgart, AfP 2003, 471; Burkhardt, in: Wenzel, a.a.O., Rdn. 12.35; Fricke, in: Wandtke/ Bullinger, a.a.O., § 22 Rdn. 23.

1382 BGH, Urteil v. 21.04.1998, Az. VI ZR 196/97 = NJW 1998, 2141–Hotelanlageninterview; OLG Hamburg, AfP 2000, 118.

1383 Vgl. Leckner/ Eisele, in: Schönke/ Schröder (Hrsg.), Komm. StGB, vor § 185 Rdn. 1; Maurach/ Schröder/ Maiwald, StGB BT TBd. 1, § 24 Rdn. 3.

1384 Vgl. Otto, in: FS Schwinge, S. 71 (78).

1385 Zum Schutzgut der Beleidigung vgl. Leckner/ Eisele, in: Schönke/ Schröder (Hrsg.), a.a.O., vor § 185 Rdn. 1; Maurach/ Schröder/ Maiwald, a.a.O., § 24 Rdn. 3.

1386 Zur Definition der üblen Nachrede vgl. Leckner/ Eisele, in: Schönke/ Schröder (Hrsg.), a.a.O., § 186 Rdn. 1.

der üblen Nachrede gemäß §§ 186, 188 StGB in Betracht.[1387] Die Erfüllung des Tatbestands ist unabhängig vom Beweis der Unwahrheit der Tatsachenbehauptung. Ausreichend ist vielmehr die Nichterweislichkeit der behaupteten Tatsache. Die Strafbarkeit des Tatverdächtigen bei Vorliegen eines hinreichenden Tatverdachts zum Zeitpunkt der Berichterstattung ist nicht erwiesen. Erst ein rechtskräftiges Urteil vermag den Beweis der Täterschaft zu erbringen.

Zu den oben genannten Straftatbeständen kommt noch der der Verleumdung gemäß § 187 StGB in Betracht. Tatbestandsvoraussetzung ist die positive Kenntnis der Unwahrheit der veröffentlichten Tatsachenbehauptungen.

b. Wahrnehmung berechtigter Interessen gemäß § 193 StGB

Die Verurteilung der Medien kann dann entfallen, wenn zwar die Voraussetzungen der Strafrechtsparagraphen § 185 StGB bzw. §§ 186, 188 StGB erfüllt sind, jedoch der Rechtfertigungsgrund des § 193 StGB greift. Im Umkehrschluss stellt sich die Frage nach der Wahrnehmung berechtigter Interessen ausschließlich, sofern die Tatbestandsvoraussetzungen vorliegen. Dennoch scheidet auch bei Vorliegen eine Strafbarkeit der Medien aus, wenn sie sich auf den Rechtfertigungsgrund des § 193 StGB berufen können. Wie jedoch der Gesetzeswortlaut bereits nahe legt, muss das von der Presse wahrgenommene Interesse berechtigt sein. Dabei ist ein echtes Interesse noch nicht von Vornherein ausgeschlossen, wenn die Berichterstattung im Zusammenhang mit einem Skandal oder einer öffentlichen Sensation erfolgt.[1388] Allerdings stellt Hilgendorf[1389] klar, dass ausschließlich Neugier, Sensationslust und Gefallen am Klatsch allein noch kein berechtigtes Informationsinteresse begründen. Eine Rechtfertigung nach § 193 StGB ist auszuschließen, wenn kein schützenswertes Interesse der Allgemeinheit an Information besteht.[1390] Darüber hinaus muss die Veröffentlichung an sich unter Berücksichtigung aller Umstände des Einzelfalls angemessen sein. Entscheidend ist die von der Rechtsprechung entwickelte Prüfungs- und Informationspflicht der Medien. Die Haftung der Presse hängt grundsätzlich von der Beachtung der journalistischen Sorgfaltspflicht ab.[1391] Diese erstreckt sich auf den Inhalt, die Wahrheit als auch die Herkunft des veröffentlichten Berichtes. Die der Presse auferlegte Prüfungspflicht darf ihr Recht aus Art. 5 Abs. 1 GG jedoch nicht gefährden oder unverhältnismäßig beschränken, weil es der Presse andernfalls unmöglich wäre ihre Aufgabe der öffentlichen Meinungsbildung zu erfüllen. Die

---

1387 Vgl. Weigend, in: Bannenberg (Hrsg.), a.a.O., S. 33 (41 ff.); Danziger, Medialisierung des Strafprozesses, S. 399.

1388 Vgl. Braun, a.a.O., S. 92.

1389 Vgl. Hilgendorf, in: LK StGB, Bd. 6, § 193 Rdn. 18; ebenso Braun, a.a.O., S. 92.

1390 Zum Informationsinteresse der Allgemeinheit siehe oben 2. Teil A. § 7 I. 1. c. aa. (3); im Umkehrschluss auch Hilgendorf, a.a.O., § 193 Rdn. 18.

1391 Vgl. Leckner/ Eisele, in: Schönke/ Schröder (Hrsg.), a.a.O., 193 Rdn. 18.

Begründung des BGH[1392] ist nachvollziehbar. Den (Massen –) Medien stehen grundsätzlich nur begrenzte Mittel bei der Wahrheitsfindung zur Verfügung. Der Druck der Aktualität schränkt sie zudem in ihrer Recherchemöglichkeit erheblich ein. Dies bedeutet im Gegenzug jedoch keinen „Freifahrtschein" für die Presse. Eine umfängliche Entbindung der Medien von ihrer Sorgfaltspflicht kann und darf nicht sein. Sie müssen nach Kräften versuchen falsche Berichterstattungen zu vermeiden. Erst nach einer Abwägung der widerstreitenden Interessen und der Umstände des Einzelfalls darf eine Veröffentlichung erfolgen.

Neben den obigen Straftatbeständen kommt rein theoretisch noch die Verleumdung gemäß § 187 StGB in Betracht. Allerdings ist zu hinterfragen, ob bei Vorliegen der Tatbestandsvoraussetzungen, nämlich der positiven Kenntnis von der Unwahrheit der veröffentlichten Tatsachenbehauptungen, überhaupt der Rechtfertigungsgrund des § 193 StGB greifen kann. Die Verbreitung von erweislich unwahren Tatsachenbehauptungen kann nicht im Interesse der Öffentlichkeit liegen. So sieht es bereits die frühe höchstrichterliche Rechtsprechung[1393] als auch die heutige Lehre[1394].

2. *§ 33 KUG*

Das KUG sieht einen strafrechtlichen Schutz des Abgebildeten über §§ 22, 23 KUG i.V.m. § 33 KUG vor. Danach wird mit Freiheitsstrafe oder Geldstrafe bestraft, wer entgegen den §§ 22 ff. KUG ein Bildnis verbreitet oder öffentlich zur Schau stellt. Hinsichtlich der Tatbestandsvoraussetzungen der §§ 22, 23 KUG wird auf die obigen Ausführungen verwiesen. § 33 KUG stellt ausschließlich die Veröffentlichung jeglicher rechtswidriger Personenabbildungen unter Strafandrohung, nicht hingegen die Herstellung von Bildnissen. Reine Vorbereitungshandlungen gelten als straflos.[1395] Der subjektive Tatbestand erfordert ein vorsätzliches Handeln.[1396] Fahrlässigkeit reicht hingegen nicht aus.

3. *§ 201 a StGB*

Die Schutzrichtung des 2004 eingeführten § 201 a StGB bezieht sich ausschließlich auf die Anfertigung von Bildnissen, nicht auf die Verbreitung.[1397] Sie unterscheidet sich mithin erheblich von der der §§ 22 ff. KUG, weil sie berechtigte Interessen

---

1392 BGH, Urteil v. 03.05.1977, Az. VI ZR 36/74 = NJW 1977, 1288 (1289)–Abgeordnetenbestechung.

1393 Vgl. BGH, Urteil v. 08.12.1959, Az. 2 StR 486/59 = BGHSt 14, 48 (51)–Ehrenkränkender Verdacht.

1394 Statt vieler Leckner/ Eisele, in: Schönke/ Schröder (Hrsg.), a.a.O., § 187 Rdn. 6.

1395 Vgl. Hegemann, a.a.O., S. 445 (448).

1396 Vgl. OLG Celle, Urteil v. 25.09.1978, Az. 2 Ss 157/78 = NJW 1979, 57; LG Frankfurt am Main, NStZ 1982, 35.

1397 Vgl. Hoyer, in: SK StGB, § 201 a StGB, Rdn. 1.

des Herstellers an der Bildherstellung und –verbreitung außen vor lässt. Gemäß § 201 a Abs. 1 StGB wird mit Geldstrafe oder mit Freiheitsstrafe bis zu einem Jahr bestraft, wer von einer anderen Person, die sich in einer Wohnung oder einem gegen Einblicke besonders geschützten Raum befindet, unbefugte Bildaufnahmen herstellt oder auch überträgt und dadurch deren höchstpersönlichen Lebensbereich verletzt.[1398] Die Wohnung genießt hierbei absoluten Schutz, wohingegen außerhalb liegende Orte nur bei vorhandenen Sichtschutzvorkehrungen diesen Schutz genießen.[1399] Unter den Begriff des „Herstellens" von Aufnahmen fallen sämtliche Vorgänge, mit denen ein Bild auf einem Bild– oder Datenträger gespeichert wird.[1400] Dagegen ist das reine Beobachten einer Person nicht vom Tatbestand des § 201 a StGB erfasst.[1401] Ist der Tatbestand des „Herstellens" erfüllt, bedarf es in einem zweiten Schritt der Prüfung, ob diese auch unbefugt war, mithin die Rechtswidrigkeit zu bejahen ist.[1402] Eine Ergänzung findet durch § 201 a Abs. 2 StGB statt, wonach ebenso derjenige bestraft wird, der eine durch eine Tat nach § 201 a Abs. 1 StGB hergestellte Bildaufnahme gebraucht oder einem Dritten zugänglich macht. Darunter fällt sowohl das Speichern, Archivieren als auch Kopieren der entsprechenden Bilder oder Bilddateien.[1403] Mit der technischen Weiterentwicklung ergaben sich bis dato nicht bestehende Gefahren für das Persönlichkeitsrecht des Einzelnen in gänzlich neuer Qualität. Nahezu unbegrenzt erscheinen die Möglichkeiten, unbemerkt ein Foto anzufertigen. Im Laufe der Zeit wurde die Auflösung von Kleinkameras erheblich verbessert. Auch die Technik der Handykameras ist aus den „Kinderschuhen" herausgewachsen. Während früher mittels Handykamera angefertigte Fotos mehr Schattenumrisse als erkennbare Abbildnisse zeigten, ermöglicht die neueste Technik gestochen scharfe Fotos an beliebigen Orten sogar aus einigen Metern Entfernung anzufertigen und zu verbreiten. Die so aufgenommenen und identifizierenden Abbildnisse können direkt ins Internet eingestellt und nahezu unbeschränkt verbreitet werden. Diese Strafbarkeitslücke hat der Gesetzgeber gesehen und durch die Einführung des § 201 a StGB geschlossen. Die fortschreitende technische Entwicklung führt zu weiteren Gefahren. Nunmehr, anders als noch zum Zeitpunkt des Inkrafttretens des Gesetzes, geht diese nicht mehr nur von den Handykameras, sondern ebenso von den mit einer Webkamera ausgestatteten Tablet–PCs aus. Beispielhaft sei hier das neue iPad von Apple genannt.

1398 Vgl. dazu Borgmann, NJW 2004, 2133; Flechsig, ZUM 2004, 605; Bosch, JA 2009, 308. in: SK StGB, § 201 a StGB, Rdn. 1, er verwendet in diesem Zusammenhang wiederholt die Begrifflichkeit der „optischen Selbstbestimmung".

1399 Kühl, AfP 2004, 190 (192); Hoppe, GRUR 2004, 990 (992); Böhnstedt, a.a.O., S. 251.

1400 Vgl. BR–Drs. 164/1/03, S. 7.

1401 Das „Beobachten" anderer Personen unterfällt dem „Stalking"–Paragraphen § 238 StGB. Vgl. Flechsig, ZUM 2004, 605 (607 f.); Kühl, AfP 2004, 190 (194).

1402 Vgl. Lackner/ Kühl, StGB Komm., § 201 a StGB, Rdn. 9; Fischer, StGB, § 201 a StGB Rdn. 16.

1403 Vgl. Fischer, a.a.O., § 201 a StGB, Rdn. 18.

Nach den vorangegangenen Ausführungen kann sich nicht nur der Fotograf gemäß § 201 a Abs. 1 StGB strafbar machen, sondern nach § 201 a Abs. 2 StGB vielmehr auch die an der Herstellung des Mediums Beteiligten. Darunter fallen Personengruppen wie Verleger oder verantwortliche Redakteure, weil diese die hergestellten Fotos nach Abs. 1 gebrauchen bzw. den Adressaten bzw. Konsumenten zugänglich machen und dadurch kommerziell nutzen. Mangels gegenteiliger Angaben im Gesetzestext ist eine private Nutzung ebenso vom Tatbestand umfasst. Ausgeschlossen ist eine Strafbarkeit nach § 201 a Abs. 1 StGB dann, wenn der bedingte Vorsatz fehlt. Der Betreffende darf nicht mit der Möglichkeit rechnen, dass es sich um eine unbefugte Bildaufnahme handelt und dies auch nicht billigend in Kauf nehmen.[1404]

Letztlich sei § 201 a Abs. 3 StGB noch kurz erwähnt. Danach macht sich derjenige strafbar, der ein ursprünglich befugt hergestelltes Bildnis einem Dritten unbefugt zugänglich macht. Das Merkmal „unbefugt" ist Tatbestandselement.[1405] Er muss wissentlich unbefugt, mithin vorsätzlich, gehandelt haben.[1406] Ein Rechtfertigungsgrund gemäß § 193 StGB steht den Medien im Rahmen des § 201 a StGB nicht zu. Dieser ist, wie bereits oben erwähnt, nach ganz herrschender Meinung nur auf die Beleidigungsdelikte anwendbar. Eine analoge Anwendung scheidet hingegen aus.[1407]

B. Blick in das Persönlichkeitsrecht der USA

§ 1 Das amerikanische Rechtssystem

I. Überblick und Eckpfeiler

Für das Grundverständnis des zweiten Kapitels bedarf es zunächst eines kurzen Überblicks des US-amerikanischen Rechtssystems. Dieses ist geprägt vom „common law system". Es baut als Fallrecht (case law) auf den Rechtsgrundsätzen von Vorentscheidungen auf und stellt ein durch richterliche Entscheidungen fortentwickeltes Common Law dar.[1408] Die Vorentscheidungen von gleichrangigen oder höheren Gerichten entfalten Bindungswirkung.[1409] Der Umfang der Bindungswirkung richtet sich nach dem speziellen Fall. Weicht dieser erheblich von bereits ergangenen Vorentscheidungen ab, liegt es im Ermessen des Richters die Rechtsregeln des individuellen Falls anzupassen. Sonst ist er an die genaue Rechtsregel der Vorentscheidung gebunden. Ersteres bedarf der besonderen Begründung im Rahmen

1404 Vgl. Heinrich, ZIS 5/2011, 416 (420).
1405 Vgl. Flechsig, ZUM 2004, 605 (615); Fischer, a.a.O., § 201 a StGB Rdn. 24.
1406 Vgl. Heinrich, ZIS 5/2011, 416 (420).
1407 Vgl. Fischer, a.a.O., § 201 a StGB, Rdn. 16; Düsseldorf NStZ 2006, 243 (244); Hoyer, a.a.O., § 201 a StGB, Rdn. 24.
1408 Vgl. Dazu Schumacher, Medienberichterstattung, S. 44.
1409 Prinzip des "stare decisis", siehe Fine, American Legal Systems: A Resource and Reference Guide, 1997, S. 13 ff.

der Entscheidungsgründe.[1410] Das bedeutet jedoch nicht, dass der Richter nicht ebenso wie im deutschen Recht bereits aus bestehenden Regelungen ableitet.[1411] Darüber hinaus existieren, wenn auch nur vereinzelt, gesetzliche Ausgestaltungen der Rechtspositionen, sog. „statutory law". Ein für den Kläger bestehender Risikofaktor im US-amerikanischen Rechtssystem ist die aus Rechtslaien bestehende Geschworenenjury. Anders als in Deutschland kommt dem Richter im US-amerikanischen Rechtssystem nicht die entscheidende Funktion der Wahrheitsfindung zu. Vielmehr fungiert er, indem er während des Prozesses über prozessrechtliche Fragen (beispielsweise eine Einspruchseinlegung) entscheidet, ausschließlich als Schiedsrichter.[1412] Die Wahrheitsfindung obliegt der Geschworenenjury. Das letzte Wort kommt zwar theoretisch dem Richter zu. Bei der Theorie bleibt es jedoch zumeist, weil dieser in der Praxis nur in absoluten Ausnahmefällen davon Gebrauch macht.

II. Grundlegende Unterschiede zum deutschen Rechtssystem

Obgleich eine vergleichende Gegenüberstellung zu einem späteren Zeitpunkt erfolgt, so dient es dem besseren Verständnis des US-amerikanischen Systems, wenn im Folgenden die grundlegenden Unterschiede zum deutschen Rechtssystems kurz heraus gestellt werden. Das US-amerikanische System ist, wie bereits erwähnt, geprägt vom „common law system", wohingegen Deutschland das sog. „civil law system" besitzt. Im „civil law system" sind das Gesetz und dessen Interpretation durch die Rechtsprechung entscheidend. Es baut sozusagen darauf auf. Zudem obliegt dem Richter im deutschen Rechtssystem die entscheidende Funktion der Wahrheitsfindung. Der Kläger muss sich mithin nicht dem unberechenbaren Risiko einer aus Rechtslaien bestehenden Geschworenenjury aussetzen. Darüber hinaus leitet der Richter im deutschen Recht aus bereits existierenden Regelungen ab.

§ 2 „Law of defamation"

Die Schwerpunktsetzung dieser Arbeit liegt auf dem Persönlichkeitsschutz, explizit dem Recht am eigenen Bild. Aus diesem Grund soll ausschließlich der Vollständigkeit halber ein kurzer Abriss des Ehrenschutzes erfolgen. Dieser wird im US-amerikanischen Recht als „defamation law" bezeichnet und durch den staatenrechtlichen „defamation tort" gewährleistet.[1413] Der einfachgesetzliche Bildnisschutz ist gegen herabsetzende Darstellungen abzugrenzen. Davon werden ausschließlich die Veröffentlichungen von erwiesen unwahren Tatsachenbehauptungen erfasst.[1414] Voraussetzung ist des Weiteren, dass der Verletzer die Tatsachen in Kenntnis ihrer

1410 Umfassend Schumacher, a.a.O., S. 45.
1411 Schumacher, a.a.O., S. 44 f.
1412 Schumacher, a.a.O., S. 46 f.
1413 Vgl. dazu Böhnstedt, a.a.O., S. 4 ff.
1414 Vgl. New York Times vs. Sullivan, 376 U.S. 254 (261) (1964).

Unwahrheit veröffentlicht hat.[1415] Somit wird der Verletzte gegenüber dem Verletzer erheblich schlechter gestellt. Dies spiegelt sich nicht nur im Haftungsmaßstab, sondern auch in der Beweislastverteilung wieder. Der Betroffene muss beweisen, dass der Verletzer die Äußerung trotz Kenntnis der Unwahrheit veröffentlicht hat.[1416] Die positive Kenntnis bzw. die rücksichtslose Missachtung der Wahrheit wird im Einzelfall nur schwer nachweisbar sein.

§ 3 Das Recht am eigenen Bild im US-amerikanischen Recht

I. Ermangelung einer einheitlichen, staatenübergreifenden gesetzlichen Regelung

Im Unterschied zum deutschen Bildnisschutz fehlt eine einheitliche gesetzliche Regelung des Rechts am eignen Bild. Vielmehr wird dieses im US-amerikanischen Recht durch das „right of privacy" im „common law" geschützt. Später hat sich daraus das „right of publicity" entwickelt. Wenngleich alle Bundesstaaten sowohl das „right of privacy" als auch das „right of publicity" kennen, so haben die Einzelstaaten verschiedene gesetzliche Regelungen erlassen. Mithin ist das Recht am eigenen Bild im „common law" der Einzelstaaten verankert. Folglich bestehen zum Teil erhebliche Unterschiede zwischen den einzelnen Bundesstaaten und deren Handhabung bezüglich der Ausgestaltung des Persönlichkeitsrechts. Als gemeinsame Basis existiert jedoch die über allem stehende Bundesverfassung.

II. Gerichtliche Zuständigkeit

Die Zuständigkeit des jeweiligen Gerichts bestimmt sich nach der verfassungsrechtlichen Vorschrift des Art. III Sec. 2 der US-amerikanische Verfassung,[1417] welche einfachgesetztlich durch Title 28 U.S.C. § 1332 (a) konkretisiert wurde, zum einen aus dem Streitwert und zum anderen der Ortsansässigkeit der Parteien (diversity jurisdiction).[1418] Keine Relevanz kommt der Regelung zu, wenn beide Streitparteien

---

1415 Der Veröffentlicher muss mit "actual malice" handeln, vgl. New York Times vs. Sullivan, 376 U.S. 254 (261) (1964).

1416 Ebenda.

1417 Art. III Sec. 2 der U.S. Verfassung lautet: „The judicial power shall extend to all cases, in law and equity, arising under this Constitution, the laws of the United States, and treaties made, or which shall be made, under their authority;-to all cases affecting ambassadors, other public ministers and consuls;-to all cases of admiralty and maritime jurisdiction;-to controversies to which the United States shall be a party;-to controversies between two or more states;-between a state and citizens of another state;-between citizens of different states;-between citizens of the same state claiming lands under grants of different states, and between a state, or the citizens thereof, and foreign states, citizens or subjects."

1418 Title 28 U.S.C. § 1332 (a), als einfachgesetzliche Konkretisierung der verfassungsrechtlichen Vorschrift in Art. III Sec. 2. „The district courts shall have original

aus dem gleichen Bundesstaat kommen und/oder der Streitwert unter $ 75,000 liegt.[1419] In diesem Fall bleibt es bei der Zuständigkeit der Staatengerichte und der Anwendung des jeweiligen Rechtes. Bedeutung hat die Frage der Zuständigkeit demnach nur dann, wenn der von der Bildveröffentlichung Betroffene und der Veröffentlichende in verschiedenen US-Bundesstaaten ortsansässig sind. Dies wird in der Regel bei landesweiten Bildnisveröffentlichungen der Fall sein. Hier konkurriert die Zuständigkeit des jeweiligen Staatengerichts zur bundesstaatlichen Zuständigkeit. Diese Problematik wird in der US-amerikanischen Rechtsprechung unter dem Begriff „diversity jurisdiction" zusammengefasst. Danach hat die beklagte Partei ein Wahlrecht. Entweder sie beantragt eine Verweisung an ein Bundesgericht, vorausgesetzt die Streitwertgrenze von $75,000 wird erreicht, oder sie akzeptiert die Zuständigkeit des „Federal District Courts". Damit soll erreicht werden, dass ein eventueller Heimvorteil der ortsansässigen Streitpartei vermieden wird. Vielmehr soll die Möglichkeit bestehen den Rechtsstreit auf „neutralem Boden" auszufechten.[1420] Liegt ein Fall der „diversity jurisdiction" vor, so sind die Bundesgerichte an die Auslegung der Verfassung des Einzelstaates durch den State Supreme Court gebunden.[1421] Liegt hingegen kein Fall der „diversity jurisdiction" vor, so sind die Staatengerichte in einem Verfahren zum Recht am eigenen Bild an das First Amendment der US-amerikanischen Verfassung gebunden. Das US-amerikanische System des „case law" verlangt, dass der Konflikt zwischen Meinungs- bzw. Pressefreiheit sowie dem Recht am eigenen Bild bereits weitestgehend durch Auslegung höchstrichterlich konkretisiert worden ist. Gewährleisten die einzelnen Staatenverfassungen dieses Schutzmaß des First Amendment nicht, so kommt es direkt zur Anwendung. Geht der Staatenschutz hingegen über den verfassungsrechtlich gewährleisteten Schutz der Meinungs- und Pressefreiheit hinaus, kann er zwar als Maßstab herangezogen werden, allerdings liegt die abschließende letztinstanzliche Entscheidung dann beim State Supreme Court, weil als Maßstab die einzelstaatliche Verfassung dient.

Im Folgenden soll zunächst ein Überblick über die Rechtsfiguren des „right of privacy" und „right of publicity" erfolgen. Die Entwicklung des „right of publicity" gebietet es die Eckpfeiler des „right of privacy" näher zu beleuchten, weil Ersteres aus ihm hervorgegangen ist.

---

jurisdiction of all civil actions where the matter in controversy exceeds the sum or value of $75,000, exclusive of interest and costs, and is between-(1) citizens of dofferent States; (2) citizens of a State and citizens or subjects of a foreign state; (3) citizens of different States and in which citizens or subjects of a foreign state are additional parties; and (4) a foreign state, defined in section 1603(a) of this title, as plaintiff and citizens of a State or of different States."

1419 Ebenda.

1420 Zu den positiven Aspekten der diversity jurisdiction siehe Wright, Restructuring Federal Jurisdiction: The American Law Institute Proposals, 26 Wash. & Lee L. Rev. 185 (207) (1969).

1421 Ausführlich zur Thematik der Konkurrenz von Bundes- und Staatenverfassungsrecht siehe Böhnstedt, a.a.O., S. 46 ff.

§ 4 „Right of privacy“

Ursprünglich beschränkte sich der Persönlichkeitsschutz auf den Schutz der persönlichen Ehre.[1422] Demnach kann mit gutem Grund behauptet werden, dass einem Recht des „right of privacy“ im „common law“ traditionell keine Bedeutung zukam.[1423] Die Entwicklung begann zu Ende des 19. Jahrhunderts. Der technische Fortschritt und die Weiterentwicklung der Fotografie brachten völlig neue Gefahren zum Vorschein. Den Medien wurde es nunmehr ermöglicht, ein größeres Publikum zu erreichen und den Einzelnen aus der Masse der Anonymität hervor zu heben. Hinzu kam, dass die Presse ihr öffentliches Forum nicht ausschließlich zur öffentlichen Debatte wichtiger Themen nutzte. Nunmehr wurden Stimmen laut, die Presse trage das Privatleben Prominenter ausschließlich für Sensationsberichterstattungen in die Öffentlichkeit.[1424]

Der Begriff des „right of privacy“ wurde durch einen Aufsatz der Bostoner Anwälte Warren und Brandeis im Jahre 1890 geprägt, welcher heute noch als einer der bedeutendsten Beiträge in einer Rechtszeitschrift gilt.[1425] Warren und Brandeis erklärten, dass die mit der Entwicklung der Presse einhergehende steigende Gefahr für das Persönlichkeitsrecht nur mit einem stärkeren Schutz begegnet werden könne.[1426] Durch die Entwicklung der Presse zum Massenmedium entstand eine Gefährdungslage von gänzlich unbekannten Dimensionen. Dabei merkten sie an, dass das Zivilrecht, einen Schutz der Privatsphäre zwar anerkennt, dieser allerdings nicht explizit in einer gesetzlichen Norm genannt wird.[1427] Das wiederrum verhindert einen umfassenden Schutz der Privatsphäre des Einzelnen.[1428] Warren und Brandeis sahen als zentrales Element des „right of privacy“ den Schutz vor Verletzungen des Gefühlslebens an.[1429] Sie erklärten, dass das „common law“ das übergeordnete Rechtsprinzip des „right of privacy“ anerkennt,[1430] worin ein „right to be let alone“ zu sehen sei, mithin ein Recht darauf allein gelassen zu werden.[1431] Zwar war aufgrund der Rechtsprechung bereits erkennbar, dass die von Warren und Brandeis

1422 Vgl. dazu Prosser/ Keeton, The Law of Torts, S. 785 ff. (5. Edition).

1423 Das Common Law ist das Gesetz, auf welchem die das Recht der Vereinigten Staaten von Amerika beruht. Dazu, dass das Right to Privacy dem Common Law ursprünglich unbekannt war Prosser/ Keeton, a.a.O., S. 785 ff.

1424 Metcalf/ Strom/ Wilson, in: FS Raue, S. 537 (537).

1425 Warren/ Brandeis, Right to Privacy, 4 Harv.L.Rev. 193 ff. (1890).

1426 Warren/ Brandeis, a.a.O., 193 (196) (1890).

1427 Warren/ Brandeis, a.a.O., 193 (197 ff.) (1890).

1428 Warren/ Brandeis, a.a.O., 193 (213) (1890).

1429 Zum dt. Recht am eigenen Bild Keyßner; zum US–amerikanischen Right to Privacy Warren/ Brandeis, a.a.O., 193 (206, 213) (1890).

1430 Warren/ Brandeis, a.a.O., 193 (207) (1890).

1431 Warren/Brandeis, a.a.O., 193 (196) (1890); vgl. M.G. vs. Time Warner, Inc., 89 Cal. App. 4th 623, 107 Cal. Rptr. 2d 504 (4th Dist. 2001); Mitnaul vs. Fairmount Presbytherian Church, 149 Ohio App. 3d 769 (8th Dist. 2002).

aufgestellten Grundsätze auf Zustimmung stießen,[1432] der Erlass einer gesetzlichen Regelung erfolgte jedoch erst im Jahr 1903. Dieses Gesetz galt allerdings nur für den erlassenden Bundesstaat New York, welcher jedoch nicht dem Vorbild von Warren und Brandeis folgte, ausschließlich das Gefühlsleben zu schützen. Vielmehr stellte das erlassene Gesetz die kommerziellen Interessen des Betroffenen unter Schutz, wonach die Veröffentlichung von Name, Portrait oder Bild einer Person zu kommerziellen Zwecken der schriftlichen Einwilligung desjenigen bedurfte.[1433] Rechtswidrig war demnach die einwilligungsfreie, kommerzielle Nutzung des Namens oder Bildnisses.[1434] Mit dem Gesetzerlass 1903 ging hingegen nicht die Anerkennung des „right of privacy" als allgemeines Rechtsprinzip einher.[1435] Diese manifestierte sich erst durch eine Entscheidung des Supreme Court of Georgia,[1436] welcher über die Rechtmäßigkeit einer einwilligungsfreien Bildpublikation mit Namensnennung für eine Werbekampagne zu entscheiden hatte. Unter Berufung der von Warren und Brandeis entwickelten These erklärte das Gericht eine solche Veröffentlichung auf Grund des „right of privacy" des Klägers für unzulässig.[1437] Auch wenn das Gericht ein „right of privacy" anerkannte, so gab es doch auch zu bedenken, dass damit die Gefahr negativer Auswirkungen auf das Recht der freien Presse einhergehe und dass das „right of privacy" in irgendeiner Weise begrenzt werden müsse, um die Interessen des First Amendment zu schützen.[1438] Wie jedoch Götting[1439] zurecht erklärt, erlebte das „right of privacy" erst durch die Aufnahme als selbstständiger „tort"[1440] in die „Restatement of Torts" im Jahre 1939, den endgültigen Durchbruch. Wenngleich das US-amerikanische Recht eine Staaten übergreifende einheitliche Regelung vermissen lässt, so ist festzustellen, dass alle Bundesstaaten ein Recht auf Schutz der Privatsphäre, entweder aufgrund des „common law", einer spezialgesetzlichen Regelung, oder beides, anerkennen.[1441]

1432 Vgl. Prosser, 48 Cal.L.Rev. 383 (385) (1960), welcher eine Entscheidung eines New Yorker Gerichts benennt, in welcher das Gericht entschied, dass die einwilligungsfrei Bildnisveröffentlichung von einer Schauspielerin gegen das Right to Privacy verstoße.

1433 New Yorker „Civil Rights Law" (§§ 50 f.) in: McCarthy, Publicity and Privacy, § 6.9.

1434 Zur ursprünglichen gesetzlichen Regelung des Staate New Yorks zum Schutz der Privatsphäre siehe McCarthy, a.a.O., § 6:74.

1435 Vgl. Götting, a.a.O., S. 178.

1436 *Supreme Court of Georgia Pavesich vs. New England Life Ins. Co., 50 S.E. 68 (Ga. 1905)*; dazu ebenso McCarthy, a.a.O., § 1.4.

1437 Ebenda.

1438 *Pavesich vs. New England Life Ins. Co., 50 S.E. 68 (80–81) (Ga. 1905).*

1439 Vgl. Götting, a.a.O., S. 178.

1440 Dt. = Deliktstatbestände.

1441 Auf die Aufzählung der jeweiligen Staatengesetzte wird verzichtet und an dieser Stelle auf die ausführliche Übersicht in McCarthy, a.a.O., §§ 6.1 ff. verwiesen.

I. Inhalt des „right of privacy“[1442]

Mehr als 50 Jahre nach der Grundsteinlegung des „right of privacy“ entwickelte der Amerikaner William L. Prosser im Jahre 1960, nach eingehender Analyse der Rechtsprechung von mehr als 300 Entscheidungen,[1443] ein Schema, das nicht nur das Recht allein gelassen zu werden erfasste, und bis heute im Bereich des „right of privacy“ Anwendung findet.[1444] Es gilt heute als modernes amerikanisches Konzept des „right of privacy“.[1445] Er stellte fest, dass es nicht das eine „right of privacy“ geben kann und entwickelte auf dieser Grundlage und mit der Zielsetzung des Schutzes des Einzelnen vor Eingriffen in seine Privatsphäre insgesamt vier Tatbestände[1446] – „intrusion“[1447], „public disclosure of privat facts“[1448], „false light in the public eye“[1449] sowie „appropriation“[1450], welche alle das „right let to be alone“ betreffen. Dabei fällt auf, dass der letzte Tatbestand etwas aus dem Rahmen fällt. Dies ist darin begründet, dass die ersten drei Tatbestände das immaterielle Recht des Betroffenen schützen, während der vierte und letzte Tatbestand auch die materiellen Interessen schützt. Eine Überschneidung mit dem „right of publicity“ ist darin

---

1442 Das “Right of Privacy” wird nicht nur als “right to be let alone” bezeichnet, sondern auch über die Definition des Begriffs “privater Fakten”. “A private fact concerning a truly intimate or private matter such as one’s private sexual affairs or the health of one’s self or one’s family, which is not already known to the public, and the disclosure of which is offensive to a reasonable person.” Vgl. Smolla, Law of Defamation §§ 10:39, 10:42; Glasser, Jr., International Libel Privacy Handbook, S. 56; ähnlich American Jurisprudence 2d, Premises Liability §§ 471–773 to Privacy, § 1; *Jacksonville State Bank vs. Barnwell, 481 So. 2d 863 (Ala. 1985).*

1443 Vgl. *Motschenbacher vs. Reynolds Tabacco Co., 498 f.2d 821 (824 Fn6) (9th Cir. 1974).*

1444 Prosser, 48 Cal. L. Rev. 383 (1960).

1445 Prosser, 48 Cal. L. Rev. 383 (389) (1960).

1446 Zu den von Prosser entwickelten vier Tatbeständen siehe u.a. Prosser/ Keeton, a.a.O., S. 389 ff.; Prosser/ Keeton, a.a.O., S. 851 ff.; McCarthy, a.a.O., § 1.5; Kamlah, Right of Privacy, S. 71 f.; Götting, a.a.O., S. 180.

1447 „intentional intrusion upon the plaintiff’s secusion or into his private affairs“ zit. In: Metcalf/ Strom/ Wilson, a.a.O., S. 575, zu dt. der Tatbestand des unbefugten Eindringens in die Privatsphäre.

1448 „the publication of , often truthful, private information about the plaintiff that is highly offensive to a reasonable person and it not of legitimate public concern“ zit. In: Metcalf/ Storm/ Wilson, a.a.O., S. 575 = zu dt. der Tatbestand der Preisgabe oder Veröffentlichung von Informationen aus dem persönlichen Bereich.

1449 „public of information about the plaintiff that is false light and is published with knowledge or in reckless disregard of the truth“ zit. In: Metcalf/ Storm/ Wilson, a.a.O., S. 575 = zu dt. der Tatbestand „falsche Darstellung in der Öffentlichkeit“.

1450 „use of the plaintiff’s name or likeness for the defendant’s commercial advantage without plaintiff’s consent” zit. in: Metcalf/ Storm/ Wilson, a.a.O., S. 575 = zu dt. der Tatbestand der „Verwertung von Name oder Bildnis einer anderen Person zu eigenen Vermarktungszwecken“, zur Thematik siehe auch v. Bassewitz, Prominenz und Celebrity, S. 52 ff.

allerdings nicht zu sehen. Die Rechtsprechung sieht vom vierten Tatbestand nicht die Geltendmachung von allgemeinen kommerziellen Interessen erfasst, sondern vor allem psychische Schäden.[1451] Vielen Gerichten geht ein solches Verständnis vom „appropriation“-Tatbestand zu weit.[1452] Der Fokus soll, wie ursprünglich von Warren und Brandeis gewollt, auf dem Gefühlsleben der Person liegen und nicht auf den rein kommerziellen Interessen. Indem die Gerichte den Tatbestand des „right of privacy“ nur dann als erfüllt ansehen, wenn ein immaterieller Schaden vorliegt, ziehen sie eine deutliche Grenze zum „right of publicity“.[1453]

1. *Tatbestand Nummer 1: „intrusion“*[1454]

a. Überblick

Der Tatbestand beschreibt das Eindringen in die Privatsphäre einer Person.[1455] Er betrifft mithin im Kern die Unrechtmäßigkeit der Informationsgewinnung und nicht die Entscheidung der Presse was veröffentlicht wird.[1456] Eine Verletzung des „right of privacy“ ist zu bejahen, wenn nach allgemeiner Anschauung ein Eingriff erfolgt, der den privaten Bereich betrifft und von dem die Öffentlichkeit auszuschließen ist.[1457]

b. Anspruchsvoraussetzungen

Tatbestandsvoraussetzung ist zum einen, dass der Beklagte absichtlich (intentional) in die Privatsphäre eingedrungen ist (intrusion upon seclusion) und zum Zweiten, dass das Verhalten des Beklagten in hohem Maße verletzend gewesen sein muss (highly offensive).[1458] Hierbei gilt festzuhalten, dass die Anerkennung einer Privatheit in der Öffentlichkeit eine Ausnahme in der US-amerikanischen Rechtsprechung

---

1451 McCarthy, a.a.O., §§ 1:25; 5:65 f.; ebenso Gorman, 53 DePaul L.Rev. 1247 (1258) (2004); zusammenfassend v. Bassewitz, a.a.O., S. 55 f.

1452 Vgl. McCarthy, a.a.O., § 1:38.

1453 Dies wurde auch im Fall der Vermarktung von Name bzw. Bild des nicht einwilligenden Betroffenen als Voraussetzung für die Erfüllung des Appropriation-Tatbestandes angesehen *vgl. Miller vs. Madison Square Garden Corp., 28 N.Y.S.2d 811 (812 f.) (N.Y. App.Div. 1941); Fairfield vs. Am. Photocopy Euip. Co., 138 Cal. App.2d 82 (88) (1955); Bi-Rite Enterprises. vs. Button Master, 555 F. Supp. 1188 (1198) (S.D.N.Y.1983)*; dazu auch v. Bassewitz, a.a.O., S. 56 f.

1454 Gesetzeswortlaut: „one who intentionally intrudes, physically or otherwise, upon the solitude or seclusion of another or his privat affairs or concerns ... of the intrusion would be highly offensive to a reasonable person”, Restatement 2nd Torts § 652B (1977).

1455 Strömholm, Right of Privacy, S. 65 ff.; Götting, a.a.O., S. 180 f.

1456 *Ritzman vs. Weekly World News, Inc., 614 f. Supp. 1336 (1340) (Tex. Dist. Ct. 1985).*

1457 Kamlah, a.a.O., S. 147 ff.; Götting, a.a.O., S. 180.

1458 *Williams v. American Broadcasting Co., 9 Media L. Rep. 1687 (Ark. Dist. Ct. 1983)*; Restatement (2nd) of Torts sec. 652B, comment a.; vgl. dazu auch Borger, Deliktischer Rechtsschutz gegenüber Presseveröffentlichungen, S. 147.

darstellt. Nach dem Ausnahmetatbestand ist entscheidend, ob eine Person freiwillig und bewusst in der Öffentlichkeit verweilt (reasonable expectation of privacy).[1459] In der Regel erfolgt eine Entscheidung nach dem sog. „public places concept“. Demnach fallen Bildnisse von Personen, welche in der Öffentlichkeit aufgenommen wurden, aus dem Schutz der Privatsphäre heraus.[1460] Ob die Veröffentlichung einen sog. „unantastbaren Kernbereich der Privatsphäre“[1461] betrifft, lässt sich nur nach Berücksichtigung der individuellen Besonderheiten des Einzelfalls feststellen.[1462] Im Zusammenhang mit Eingriffen in den ersten Tatbestand des „right of privacy“ spielt das Bestehen eines öffentlichen Informationsinteresses nur eine untergeordnete Rolle.

Das Eindringen in den Privatbereich einer Person ist grundsätzlich ungenügend und muss sich vielmehr durch seinen höchst verletzenden Charakter auszeichnen. Doch wann ist ein solcher anzunehmen? Einigkeit besteht darüber, dass es nicht ausreichend ist, wenn sich der Betroffene lediglich gestört oder belästigt fühlt. Das Verhalten seitens der Presse muss vielmehr als äußerst empörend qualifiziert werden können, wobei als Maßstab die Moral- und Wertvorstellungen der Gesellschaft heranzuziehen sind.[1463] Da sich Letztere jedoch im Fluss befinden, scheitert zwangsläufig der Versuch einer starren Konkretisierung. Moralvorstellungen richten sich immer nach den aktuellen gesellschaftlichen Werten, sodass eine individuelle Feststellung im Einzelfall notwendig ist. Fälle in denen ein US-amerikanisches Gericht eine Rechtfertigung annahm, sind eher selten und zumeist von besonderer Problematik geprägt. Im Zentrum steht vor allem das Wohl der Bevölkerung. Aus diesem Grund ist es auch zu erklären, dass ein Gericht in Missouri die Anfertigung von Fotos in einem Krankenhauszimmer gegen den Willen der Patienten für zulässig erachtet hat, weil die Patientin an einer hoch ansteckenden Krankheit litt.[1464] Eine wirksame Einwilligung schließt eine Haftung aus. Liegt eine solche vor, so hat die

---

1459 Vgl. *Key vs. Compass Bank, Inc., 826 So. 2 d 159 (165) (2001)*; Böhnstedt, a.a.O., S. 260.

1460 Vgl. *Barber vs. Time, Inc., 159 S.W. 2 d 291 (292) (1942); Morton vs. Hartigan, 495 N.E. 2 d 1159 (1166) (1986); Williams vs. Collins, 728 F.2d 721 (728) (1984)*; zur Thematik auch Böhnstedt, a.a.O., S. 260.

1461 So auch Götting, a.a.O., S. 180 f.

1462 Wann demnach eine Bildpubliktion auf Grund des Eindringens in den unantastbaren Kern der Privatsphäre unzulässig ist und einen Eingriff in das Right to Privacy darstellt, wurde zum einen 1964 vom *Supreme Court of Alabama, Daily Times Democrat vs. Graham, 162 So. 2nd 474 (1964)* sowie 1973 vom *United States Court of Appeals forth Second Circuit, Gallella vs. Onassis, 487 F. 2nd 986 (2nd Cir. 1973)* diskutiert.

1463 Vgl. *Showler vs. Harper's Magazine Foundation, 222 Fed.App. 755 (760) (2007)*; Böhnstedt, a.a.O., S. 259.

1464 *Barber vs. Time, Inc., 159 S.W.2d 291 (295) (Mo. Sup. Ct. 1942)*; ebenso bejahte ein Gericht in Illinois die Zulässigkeit von heimlich anfertigten Filmaufnehmen eines Polizisten bei einem Undercovereinsatz auf Grund des Bestehens eines öffentlichen Informationsinteresse, *Cassidy vs. American Broadcasting Companies, Inc., 377 N.E.2d 126 (132) (Ill. App. Ct. 1978).*

„right of privacy"-Klage des Betroffenen keine Aussicht auf Erfolg. Aus Gründen der Übersichtlichkeit werden die Voraussetzungen einer solchen im Anschluss an die Tatbestände des „right of privacy" erörtert.

c. Rechtsprechung

Der Ausnahmetatbestand „reasonable expectation of privacy" soll anhand des Falles *Galella vs. Onassis*[1465] näher verdeutlicht werden. Der Paparazzo Galella wurde wegen Verletzung des „right of privacy" von Jackie Kennedy Onassis verurteilt. Indem der Beklagte der Klägerin und ihren beiden Kindern sowohl in den Central Park, in Restaurants, Verkaufsläden sowie die Privatschule der Kinder gefolgt war, habe dieser in unzumutbarer Weise die Klägerin und ihre Kinder belagert und verfolgt. Das Gericht begründet seine Haltung damit, dass die Art und Weise der Informationsgewinnung in hohem Maße anstößig gewesen sei und somit den Tatbestand Nr. 1 des „right of privacy" erfülle.[1466] Es habe eine unzumutbare Belagerung und Verfolgung der gesamten Familie, inklusive der Kinder, stattgefunden. Die Aufdringlichkeit und ständige Präsenz Galellas ginge weit über die Grenzen einer vernünftigen Informationsbeschaffung hinaus.[1467] Die Argumentation Galellas, sein Handeln sei vom First Amendment der Verfassung gedeckt, weil Journalisten nicht für ihr Verhalten bei der Beschaffung von Nachrichten haftbar gemacht werden sollten, begegnete das Gericht mit dem Argument, dass in dem Verlangen eines Handelns innerhalb des Gesetzes keine Gefahr für die Pressefreiheit bestünde.[1468]

2. Tatbestand Nummer 2: „public disclosure of privat facts"

a. Überblick

Der zweite Tatbestand des „right of privacy" betrifft die Unrechtmäßigkeit der Informationsverbreitung, mithin die Veröffentlichung von Informationen aus dem privaten Bereich. Im Gegensatz zum „defamation tort"[1469], welcher ausschließlich die Verbreitung unwahrer Behauptungen erfasst,[1470] beinhaltet der zweite Tatbestand des „right of privacy" die Veröffentlichung von wahren, aber verletzenden Behauptungen.[1471] Es muss sich nach Anschauung einer vernünftigen durchschnittlichen Person um eine hochbeleidigende Veröffentlichung handeln,[1472] welche weder vom

---

1465 *Galella vs. Onassis, 487 F.2d 986 (998 f.) (2d Cir. 1973).*

1466 Ebenda.

1467 *Galella vs. Onassis, 487 F.2d 986 (995) (2d Cir. 1973),* "...obtrusive and intruding presence that went far beyond the reasonable bounds of newsgathering".

1468 *Galella vs. Onassis, 487 F.2d 986 (996) (2d Cir. 1973).*

1469 Zu dt. Beleidigungstatbestand.

1470 Elder, The Law of Privacy, 149; Börger, Deliktischer Rechtsschutz, S. 154.

1471 Vgl. *Cape Publications vs. Hitchner, 549 So.2d 1374 (1377) (Fla. 1989),* zit. Restatement 2d Torts § 652D (1977); ebenso Elder, a.a.O., 149; Börger, a.a.O., S. 154.

1472 "reasonable person", Restatement (2nd) of Torts sec. 652 D (a).

Interesse der Öffentlichkeit gedeckt, noch von Aktualität ist.[1473] Zentrale Bedeutung kommt dem Aspekt zu, dass die veröffentlichten Tatsachen für den Betroffenen peinlich und/oder herabwürdigend sind.[1474] Der Tatbestand selbst sieht keinerlei Einschränkungen hinsichtlich der Verbreitungsarten vor, sodass von ihm nicht nur Wort–, sondern vielmehr auch Bildberichterstattungen erfasst sind.[1475] Daraus lässt sich schließen, dass er dem im deutschen Recht nach §§ 22 ff. KUG geschützten Recht am eigenen Bild am nächsten kommt.

Darüber hinaus darf die Publikation nicht vom Interesse der Allgemeinheit gedeckt sein.[1476] Der U.S. Supreme Court bringt im Tatbestand Nr. 2 des „right of privacy“ die Rechtsfigur der „public figure“ zu Anwendung, was zu einer Ausformung des Tatbestandes durch die Wertungen des First Amendments führt, wenngleich es sich dabei um einzelstaatlich verankerte Normen handelt. Auf diesem Weg wird der Schutz des Betroffenen über den „public discolsure tort“ erheblich geschmälert.[1477]

b. Anspruchsvoraussetzungen

Bezug nehmend auf die obigen Ausführungen müssen die verbreiteten Informationen erweislich wahr und privat sein. Darüber hinaus muss die Veröffentlichung des privaten Ereignisses aus der Sicht eines durchschnittlichen Betroffenen höchst empörend sein (1. Voraussetzung: highly offensive) und nicht im berechtigten Interesse der Allgemeinheit erfolgen (2. Voraussetzung: legitimate public concern).[1478]

aa. Positive Tatbestandsmerkmale

Entscheidend ist demnach zunächst, ob die personenbezogenen Informationen privat oder öffentlich sind. Öffentlich sind (private) Informationen, wenn sie aus öffentlichen Registern/ Akten entnommen wurden, oder sich auf Vorgänge beziehen, die sich vor den Augen der Öffentlichkeit abgespielt haben.[1479] Erfolgte die

---

1473 Vgl. *Cape Publications vs. Hitchner, 549 So.2d 1374 (1377) (Fla. 1989), zit. Restatement 2d Torts § 652D (1977).*

1474 “Public disclosure of embarrassing private facts about the plaintiff”, vgl. Götting, a.a.O., S. 180 f.; Gauß, Der Mensch als Marke, S. 203.

1475 Zwei Entscheidungen der Bundesstaaten Kalifornien und Alabama belegen den Schutz vor Bildpublikationen über den Tatbestand des „public disclosure of private facts“, vgl. *Lugosi vs. Universal Pictures, 25 Cal.3 d 813 (819) (Cal. 1979); Daily Times Democrat vs. Graham, 276 Ala. 380 (382) (Ala. 1964).*

1476 Restatement (2nd) of Torts, § 652 D, “One who gives publicity to a matter concerning the private life of another is subject to liability to the other for invasion of his privacy, if the matter publicized is of a kind that: (a) would be highly offensive to a reasonable person, and (b) is not of legitimate concern to the public.”.

1477 Vgl. *Curtis Pub. Co. vs. Butts, 388 U.S. 130 (1975); Gertz vs. Robert Welch, Inc., 418 U.S. 323 (1974).*

1478 Restatement 2d Torts, § 652 D.

1479 Vgl. *Melvin vs. Reed, 112 Cal. App. 285 (Cal. 1931)*; Prosser, 48 Cal. L. Rev. 383 (393) (1960).

öffentliche Erörterung der Angelegenheiten, beispielhaft sei hier die gerichtliche Hauptverhandlung genannt, so handele es sich im eigentlichen Sinne nicht mehr um „private", sondern nunmehr um „öffentliche" Informationen.[1480] Hatte die Öffentlichkeit bereits Kenntnis von den veröffentlichten Tatsachen, ist ein Anspruch ausgeschlossen,[1481] weil es an der Privatheit der Information mangelt. Dabei werden Vorgänge in der Öffentlichkeit, mithin außerhalb der „eigenen vier Wände", vom Tatbestand nicht erfasst. Als privat erachtet wird, was nicht öffentlich zugängig ist.[1482] Hat sich der Betroffene freiwillig aus seinem Schutzbereich entfernt und ist nunmehr selbst Teil der Öffentlichkeit geworden,[1483] ist ein Anspruch abzulehnen. Typische Fälle des zweiten Tatbestandes sind Nacktaufnahmen,[1484] Darstellungen von körperlichen Fehlfunktionen,[1485] Veröffentlichungen aus dem Sexualleben,[1486] über den Gesundheitszustand[1487] oder die finanzielle Lage[1488].[1489] Eine Sanktion der Medien setzt denknotwendig die Erkennbarkeit des Betroffenen voraus.[1490] Für die Bewertung der Tatsachen wird auf die Perspektive eines vernünftigen Menschen und dessen durchschnittlicher Empfindsamkeit abgestellt.[1491]

1480 Vgl. dazu *Melvin vs. Reed, 112 Cal. App. 285 (Cal. 1931)*; dazu auch Prosser, 48 Cal. L. Rev. 383 (393) (1960); vgl. Auch Götting, a.a.O., S. 181.

1481 Dies ist der Fall bei einer bloßen Weiterverbreitung einer bereits bekannten und veröffentlichten Tatsache. So entschieden in, *Jackson vs. Playboy Enterprises, Inc., 574 f. Supp. 10 (13) (Ohio Sup. Ct. 1983); Cox Broadcasting Corp. vs. Cohn, 420 U.S. 469 (494) (1975).*

1482 Vgl. Restatement 2d Torts, § 652 D, comment b.

1483 Vgl. *Puckett vs. American Broadcasting Companies, 18 Med.L.Rep. 1482 (1487)*; dazu auch Böhnstedt, a.a.O., S. 243.

1484 *Gallon vs. Hustler Magazine, Inc., 732 f. Supp. 322 (325) (N.Y. Dist. Ct. 1990).*

1485 *Taylor vs. KTVB, Inc. 525 P.2d 984 (986) (Idaho Sup. Ct. 1974).*

1486 *Diaz vs. Oakland Tribune, Inc., 188 Cal. Rptr. 762 (767) (Cal. Ct. App. 1983); Booth Newspapers, Inc., vs. Kalamazoo School District, 450 N.W.2d 286 (288) (Mich. Ct. App. 1989).*

1487 *Horne vs. Patton, 287 So.2d 824 (831) (Ala. Sup. Ct. 1973); Crippen vs. Charter Southland Hospital, Inc., 534 So.2d 286 (288) (Ala. Sup. Ct. 1988).*

1488 *Mason vs. Williams Discount Center, Inc., 639 S.W.2d 836 (838) (Mo. Ct. App. 1982); Sacco vs. Eagle Finance Corp., 234 So.2d 406 (408) (Fla. App. 1970).*

1489 Siehe auch Metcalf/ Strom/ Wilson, a.a.O., S. 573 (579); Börger, a.a.O., S. 176 f.

1490 *Bernstein vs. National Broadcasting Co., 129 f. Supp. 817 (834) (D.C. Dist. Ct. 1955); Young vs. That Was The Week That Was, 312 f. Supp. 1337 (1341) (Ohio Dist. Ct. 1969)*; dazu auch Börger, a.a.O., S. 156 a.E.

1491 „highly offensive", ebenso wie im deutschen wird ein objektiver Maßstab angesetzt, dazu Restatement (2nd) of Torts sec. 652 D, comment. C. (1977); *Samuel vs. Curtis Publishing Co., 122 f. Supp. 327 (329) (Cal. Dist. Ct. 1954); Briscoe vs. Reader's Digest Assn., 483 P.2d 34 (42) (Cal. Sup. Ct. 1971)*; Börger, a.a.O., S. 175; Götting, a.a.O., S. 182; Prosser/ Keeton, a.a.O., S. 857.

bb. Negative Tatbestandsmerkmale

Negatives Tatbestandsmerkmal ist das Fehlen eines legitimen öffentlichen Informationsinteresses. Demnach hat die Klage nur Aussicht auf Erfolg, wenn an der Veröffentlichung kein berechtigtes Informationsinteresse besteht.[1492] Verwirrung mag hinsichtlich der Differenzierung zum „newsworthy privilege" bestehen. Die US–amerikanischen Gerichte bestimmen das öffentliche Interesse (public interest), indem sie den Nachrichtenwert (newsworthiness) der Veröffentlichung bestimmen. Dabei erstreckt sich das „newsworthy privilege" auf Veröffentlichungen durch die Medien über Privatpersonen von öffentlichem Interesse.[1493] Es gilt als „Schnittstelle" zwischen dem „right of privacy" und dem First Amendment.[1494] An einer einheitlichen Definition des „newsworthy privilege" fehlt es jedoch.[1495] Die Entscheidung, welche Informationen einen Nachrichtenwert besitzen überlassen die Gerichte zu weiten Teilen der Presse (leave it to the press–Prinzip).[1496] Grundsätzlich erachten die Gerichte Berichterstattungen über Ereignisse der Zeitgeschichte als vom legitimen Allgemeininteresse gedeckt. Dazu zählen Geburten, Todesfälle, Hochzeiten, Scheidungen, Verhaftungen, menschliche Tragödien sowie Aktivitäten von „celebrities" und anderen prominenten Persönlichkeiten.[1497] Auch wurden bereits Unfälle[1498] und Verbrechen[1499] als zeitgeschichtliche Ereignisse eingestuft. Die Bestimmung des Nachrichtenwertes richtet sich ebenso nach der abgebildeten Person. Handelt es sich bei dem Abgebildeten um eine „public figure", so ist ein legitimes Allgemeininteresse an Aktivitäten oder Ereignissen außerhalb des räumlich umgrenzten Privatbereichs stets zu bejahen.[1500] Der Schutz im Rahmen des „public disclosure tort" ist weitaus geringer. Denn im Gegensatz zu „private figures" müssen „public figures" auch Berichterstattungen über ihr Privatleben über sich ergehen lassen. Ähnlich dem deutschen Recht bedarf es einer Einzelfallabwägung. Danach ist zu fragen, ob das Öffentlichkeitsinteresse an der Veröffentlichung privater Informationen das

---

1492 Vgl. *Cox Broadcasting vs. Cohn, 420 U.S. 469 (495) (1975); McCormack vs. Oklahoma Publishing Co., 613 P.2d 737 (741 (1980).*

1493 *Haskell vs. Stauffer Communications, Inc., 26 Kan. App. 2d 541, 990 P.2d 163 (Kan. 1999), "The privilege extends to matters about private individuals that are of interest to the public.";* vgl. auch *Bernstein vs. National Broadcasting Company, 129 F.Supp. 817 (D.D.C.1955)*; vgl. American Jurisprudence 2d, Premises Liability §§ 471–773 to Privacy, § 190.

1494 So Böhnstedt, a.a.O., S. 312.

1495 Vgl. Restatement (Second) of Torts, § 652D comm. d; aufgreifend Böhnstedt, a.a.O., S. 312 f.

1496 Vgl. Zimmerman, Requiem for a Heavyweight–A Farewell to Warren & Brandeis's Privacy Tort, 68 Corn. L. Rev. 291, 353 (1983).

1497 Eine Reihe von Beispielen nennt Smolla, a.a.O., § 10:50; ebenso Elder, a.a.O., 3.11.

1498 *Kelly vs. Post Publishing Co., 98 N.E. 2 d 286 (287) (1951).*

1499 Elmhurst vs. Pearson, 153 F. 2d 467 (468) (1948).

1500 Vgl. *Johnson vs. Evening Star Newspaper Co., 344 F.2d 507 (508) (1965).*

Geheimhaltungsinteresse des Betroffenen überwiegt.[1501] Maßgeblich ist das Ereignis, aufgrund dessen eine Person in der Öffentlichkeit steht.[1502] Sensationsgier und reine Neugierbefriedigung sollen hingegen auch dann nicht geschützt sein, wenn es sich um eine „public figure" handelt.[1503] Wie die Abwägung des „newsworthy privilege" sowie die Gewichtung der Eigenschaft als „public figure" im Einzelnen von den US-amerikanischen Gerichten gewichtet wird und welchen Abwägungskriterien dabei eine besondere Bedeutung zukommt, wird im Abschnitt II. ausführlich erörtert.

c. Rechtsprechung

Nachdem die Tatbestandsvoraussetzungen des „public disclosure tort" vorliegend heraus gearbeitet wurden, soll die praktische Umsetzung anhand von Entscheidungen aufgezeigt werden. Besondere Bedeutung kommt hierbei Kriminalberichterstattungen zu.

Zur Veranschaulichung der Schlechterstellung eines Straftäters gegenüber den Medien dient die Entscheidung eines Gerichts in Washington D.C.[1504] Streitgegenstand waren Veröffentlichungen aus dem Privat- und Alltagsleben eines verurteilten Straftäters. Die Besonderheit bestand darin, dass die privaten Informationen während bzw. unmittelbar nach dem Gerichtsprozess veröffentlicht wurden. Das Gericht erklärte die Berichterstattungen für zulässig. Insbesondere seien die veröffentlichten Informationen geeignet Aufschluss über den Täter und dessen Motiv zu geben. Der Entscheidung lässt sich ebenso entnehmen, dass der Zeitpunkt der Kriminalberichterstattung eine wesentliche Rolle spielt. Dabei ist der Umstand der Aktualität einer Berichterstattung nicht explizit erwähnt. Vielmehr ist im (Second) Restatement of Torts nur geregelt, dass die Rechtmäßigkeit des Interesses an der Veröffentlichung von privaten Angelegenheiten maßgeblich vom Zeitablauf (sowie anderen Faktoren) abhängt.[1505] Besonders brisant ist der Konflikt zwischen dem First Amendment und dem Persönlichkeitsrecht immer dann, wenn es sich um eine Berichterstattung über eine bereits weit in der Vergangenheit liegende Straftat handelt. Doch nicht nur der Zeitablauf spielt eine Rolle, ebenso die Art und Weise der erlangten Informationen sowie deren Qualifikation als öffentlich oder privat.

1501 Vgl. Böhnstedt, a.a.O., S. 247.

1502 Zur Thematik der "public figures" siehe unten 2. Teil B. § 4 II. 1.

1503 So erklärte ein Gericht in Kalifornien, dass auch eine "public figure" nicht jede Berichterstattung über ihr Privatleben hinnehmen muss. Zumindest dann nicht, wenn diese ausschließlich der Befriedigung der Sensationslust der Konsumenten dient. Von einem legitimen Informationsinteresse der Allgemeinheit könne dann keine Rede mehr sein. Vgl. *Diaz vs. Oakland Tribune, Inc., 139 Cal. App.3 d 118 (126) (Cal. 1983).*

1504 Vgl. *Bernstein vs. National Broadcasting Co., 129 F.Supp. 817 (834) (D.D.C. 1955.)*

1505 Restatement (2nd) of Torts, § 652D, comm. k.

Mit der Argumentation, eine Veröffentlichung von Fakten, welche bereits anderweitig publiziert wurden, begründe keine Basis für einen Eingriff in die Privatsphäre, lehnte ein Gericht in Florida ebenfalls einen Anspruch des Klägers ab.[1506] Den Entscheidungen ist zu entnehmen, dass die US-amerikanischen Gerichte stets darauf abstellen, ob es sich um eine öffentliche Tatsache mit Nachrichtenwert handelt. Nur so könne eine Verletzung des First Amendment (Meinungs- und Pressefreiheit) verhindert werden.[1507] Mögliche Haftungsansprüche durch die Verbreitung wahrheitsgemäßer Informationen würde eine Berichterstattung durch die Medien erheblich erschweren. Sie müssten zu jedem Zeitpunkt mit Sanktionen rechnen und es entstünde eine nicht hinzunehmende Unsicherheit hinsichtlich der Grenzen einer zulässigen Berichterstattung.[1508] Gegenmaßnahmen zum Schutz der Privatsphäre, so die Gerichte, seien unter anderem die Verwendung von Pseudonymen oder die Versiegelung von Unterlagen, um diese dem Zugriff Dritter zu entziehen.[1509] Es stehe, so der Supreme Court, den einzelnen Bundesstaaten frei, sicher zu stellen, dass Informationen nicht in offizielle, der Allgemeinheit zugängliche Dokumente gelangen.[1510] Die Argumentation stößt allerdings nicht nur auf Zustimmung. Den Gerichten wird vorgeworfen den Verlegern die Festlegung des Nachrichtenwertes einer Veröffentlichung zu überlassen.[1511]

Ein kalifornisches Gericht erachtete die Berichterstattung über einen Straftäter als zulässig, weil die publizierten Informationen aus offiziellen frei zugänglichen Aufzeichnungen über ein Strafverfahren stammten.[1512] Die Veröffentlichung derartiger Informationen begründet keinen Anspruch, weil es sich hierbei nicht um private Fakten handelt. So hat der Supreme Court entschieden, dass legal erlangte und öffentlich zugängliche Informationen auch dann publiziert werden dürfen, wenn sie nicht aus einem Register oder öffentlich zugänglichen Dokumenten stammen.[1513] Entscheidend sei, dass sie rechtmäßig erlangt wurden und ihre

---

1506 *Heath vs. Playboy Enterprises, Inc., 732 F. Supp. 1145 (1149) (S.D. Fla. 1990).*

1507 So erstmals in *Broadcasting vs. Cohen, 420 U.S. 469 (491) (1975).*

1508 Sinngemäß *Cox Broadcasting Corp. vs. Cohen, 420 U.S. 469 (496) (1975).*

1509 *Alma Society Inc., vs. Mellon, 601 f.2d 1225 (2d Cir. 1979), cert. denied, 444 U.S. 995 (1979),* das Gericht stellte fest, dass eine Versiegelung von Adoptionsunterlagen zum Schutz der leiblichen Eltern zulässig ist; *Anonymous vs. Dun & Bradstreet, Inc., 3 Media L. Rep. 2376 (Ill. Dist. Ct. 1978)*, in diesem Fall erklärte das Gericht in Illinois, das ein Privatsphärenschutz eines ehemaligen Straftäters durch die Verwendung von Pseudonymen gewährleistet werden könne.

1510 *Cox Broadcasting Corp. vs. Cohen, 420 U.S. 469 (496) (1975)*; dazu ebenso Börger, a.a.O., S. 160.

1511 "newsworthiness", so Kalven Jr., Privacy in Tort Law–Where Warren and Brandeis Wrong?, 31 Law & Contemp. Probs. 326 (366) (1966); zit. Metcalf/ Strom/ Wilson, a.a.O., S. 581.

1512 *Gates vs. Discovery Communications, Inc., 34 Cal. 4th 679 (696) (2004).*

1513 *Smith vs. Daily Mail Publishing Co., 443 U.S. 97 (103) (1979)*; zur Thematik umfassend Börger, a.a.O., S. 164 f.

Verbreitung im öffentlichen Interesse erfolgte.[1514] Gegenstand des Verfahrens war die Namensveröffentlichung eines jugendlichen Straftäters, dessen Namen die Journalisten investigativ am Tatort recherchiert hatten. Einzig ein überragendes staatliches Interesse könne hierbei eine Haftung der Medien begründen.[1515]

In dem vor einem kalifornischen Gericht verhandelten Fall *Briscoe vs. Readers Digest Ass.*[1516] ging es um die Namensnennung eines wegen Autodiebstahls verurteilten Straftäters in der Zeitschrift „Readers Digest". Problematisch war dabei, dass die Tat bereits elf Jahre zurück lag und der Betroffene nunmehr sein Leben grundlegend geändert hatte. Er lebte zurückgezogen in einer Kleinstadt und ging einer geregelten Arbeit nach. Darin sah auch das kalifornische Gericht das Hauptproblem. Es führte in seiner Urteilsbegründung aus, dass das Rehabilitationsinteresse des Täters besondere Beachtung finden müsse.[1517] Darüber hinaus sei eine Rehabilitation auch im Interesse der Gesellschaft an einem gesicherten Zusammenleben. Wenngleich ein öffentliches Interesse an Straftaten grundsätzlich anzunehmen ist,[1518] so bedarf es einer Unterscheidung zwischen aktuellen und in der Vergangenheit liegenden Straftaten. Eine Identifizierung des Straftäters, obwohl dieser sich erkennbar in die Anonymität zurückgezogen habe, diene hierbei, zumindest bei einer längeren Zeitspanne, nur der Neugierbefriedigung der Konsumenten.[1519]

Auch bei identifizierenden Berichterstattungen über weit zurückliegende Straftaten gilt der Grundsatz: keine Regel ohne Ausnahme. Das Interesses der Betroffenen muss dann zurück treten, wenn es sich um ein Kapitalverbrechen handelt, welches bereits zum Zeitpunkt seiner Begehung ein solches öffentliches Interesse erregt hat, dass die Namen der Beteiligten sich in das Gedächtnis der Öffentlichkeit eingebrannt haben.

1514 *Smith vs. Daily Mail Publishing Co., 443 U.S. 97 (103) (1979).*

1515 *Smith vs. Daily Mail Publishing Co., 443 U.S. 97 (104) (1979)*, der Supreme Court lehnte dies mit der Begründung ab, dass der Schutz der Anonymität eines jugendlichen Straftäters nicht dazu gehöre.

1516 *Briscoe vs. Readers Digest Ass., 93 Ca. Rptr. 866, 1 Media L. R. 1845 (1971), Briscoe vs. Readers Digest Ass., 4 Cal.3d 533 (1971).*

1517 *Briscoe vs. Readers Digest Assn., 4 Cal.3d 533 (544) (1971).*

1518 *"There can be no doubt that reports of current criminal activities are the legitimate province of a free press. It is also generally in the social interest to identify adults currently charged with the commission of a crime. While such an identification may not presume guilt, it may legitimately put others on notice that the named individual is suspected of having committed a crime. For these reasons, while the suspect or offender obviously does not consent to public exposure, his right to privacy must give way to overriding social interest.", Briscoe vs. Readers Digest Assn., 93 Ca. Rptr. 866, 1 Media L. R. 1845 (1971). Briscoe vs. Readers Digest Assn., 4 Cal.3d 533 (537) (1971).*

1519 *"Unless the individual has reattracted the public eye to himself in some independent fashion, the only public "interest" that would usually be served is that of curiosity", Briscoe vs. Readers Digest Assn., 93 Ca. Rptr. 866, 1 Media L. R. 1845 (1971), Briscoe vs. Readers Digest Assn., 4 Cal.3d 533 (538) (1971).*

Beispielhaft sei hier das *Saint Valentine's Day Massacre*[1520] sowie der Straftäter *Charles Manson*[1521] genannt. Bedeutsam im Rahmen der Rehabilitation ist, dass sich der Täter selbst rehabilitiert habe, mithin eine Rehabilitierung stattgefunden hat.[1522]

Einer der bedeutendsten Fälle des zweiten Tatbestandes des „right of privacy" ist der Fall *Melvin vs. Reed.*[1523] Dieser beschäftigte ein kalifornisches Gericht mit der Frage, wann und in welcher Art und Weise über einen Straftäter und dessen Verbrechen in identifizierender Weise berichtet werden darf. In dem Fall *Melvin vs. Reid*[1524] war der von Dorothy Davenport Reid produzierte und geschriebene Film „Red Kimona" streitgegenständlich. Dieser griff die wahre Lebensgeschichte der ehemaligen Prostituierten Gabrielle Malvin (Darley) auf, welche vor acht Jahren wegen Mordes vor Gericht stand und für unschuldig befunden wurde. Die Klägerin heiratete nach dem Prozess den angesehenen Bürger Bernard Melvin und ließ ihr altes Leben hinter sich. Sie habe sich, so die Klägerin selbst, in den vergangenen Jahren grundlegend verändert und führe nunmehr ein ehrbares Leben. Die Beklagte argumentierte zum einen damit, dass der Film auf einer wahren Geschichte beruhe und zum anderen alle Fakten den öffentlich zugänglichen Gerichtsakten entnommen werden konnten. Das Gericht gab der Beklagten insoweit Recht, als das die Fakten über die Lebensumstände der Klägerin in dem acht Jahre zurückliegenden Mordprozess thematisiert wurden und somit Eingang in die Gerichtsakten fanden. Diese waren unstrittig auch frei zugänglich. Dennoch sei die Verfilmung des Lebens der Klägerin unzulässig, weil ihre Lebensumstände sich in den vergangenen Jahren grundlegend verändert hätten, die Veröffentlichung nicht der Strafrechtspflege diene und die Klägerin gesellschaftlich bloß stelle.[1525] Die Berichterstattung ziele vielmehr auf die privaten Bereiche der Beklagten ab.[1526] Der Fall weist erhebliche Parallelen zur Lebach-Entscheidung[1527] im deutschen Recht auf. Er gilt als US-amerikanisches

---

1520 *"There may be times, of course, when an event involving private citizens may be so unique as to capture the imagination of all. In such cases–e.g., the horror of Saint Valentine's Day Massacre–purely private individuals may be an accident of history lose their privacy regarding the incident for all time. There need be no "reattraction" of the public eye because the public interest never wavered. An individual whose name is fixed in the public's memory, (...), never becomes an anonymous member of the community again.", Briscoe vs. Readers Digest Assn., 4 Cal.3d 533 (539) (1971).*

1521 Vgl. *Forsher vs. Buglioso, 608 P2d 716 (728)*; 6 Media L. Rev. 1097 (1980, Cal.).

1522 *„One of the premises of the rehabilitative process is that the rehabilitated offender can rejoin the great bulk of community from which he has been ostracized for his anti-social acts. In return for becoming a "new man", he is allowed to melt into the shadows of obscurity", Briscoe vs. Readers Digest Assn., 4 Cal.3d 533 (554) (1971).*

1523 *Melvin vs. Reed, 112 Cal. App. 285 (1931).*

1524 *Melvin vs. Reed, 112 Cal. App. 285 (1931).*

1525 *Melvin vs. Reed, 112 Cal. App. 285 (290 ff.) (1931). "Any person living a life of rectitude has that right to happiness which includes a freedom from unnecessary attacks on his character, social standing, or reputation."*

1526 *Melvin vs. Reed, 112 Cal. App. 285 (290 ff.) (1931).*

1527 BVerfG, NJW 1973, 1226-Lebach.

Pendant. Im Wesentlichen wurden dabei die gleichen Grundsätze aufgestellt wie seinerzeit vom BVerfG.[1528] In der Gegenwart der US-amerikanischen Rechtsprechung wäre der Fall *Melvin vs. Reid* wohl anders entschieden worden. Der U.S. Supreme Court macht in seinen Entscheidungen *Cox Broadcasting Corp. vs. Cohn*[1529] sowie *Smith vs. Daily Mail Publishing Co.*[1530] deutlich, dass Informationen aus öffentlichen und frei zugänglichen Gerichtsakten privilegiert sind.

3. *Tatbestand Nummer 3: „false light in the public eye"*[1531]

a. Überblick

Der Tatbestand ist dann erfüllt, wenn der Betroffene durch unrichtige Tatsachenbehauptungen in ein falsches Licht gerückt wird[1532] und die Abbildungen als in hohem Maße verletzend anzusehen sind.[1533]

b. Anspruchsvoraussetzungen und Rechtsprechungsübersicht

Vorausgesetzt wird nicht, dass die Veröffentlichung einen ehrenrührigen Charakter aufweist. Die Berichterstattung muss für den Kläger in hohem Maße verletzend sein.[1534] Ausreichend ist, dass eine vernünftige Person die Tatsachenbehauptung in einem hohen Maß als anstößig empfindet.[1535] Mithin ist, ebenso wie für Nr. 2 des Tatbestandes, ein objektiver Maßstab anzulegen, sodass der Anwendungsbereich auf ernsthafte Nachteile beschränkt ist[1536] und eine individuelle Empfindsamkeit des Betroffenen außen vor bleibt.[1537]

1528 BVerfG, NJW 1973, 1226–Lebach; ebenso NJW–RR 1991, 990 –Mörder die man nie vergisst; ebenso Götting, a.a.O., S. 181 f.

1529 *Cox Broadcasting Corp. vs. Cohn, 420 U.S. 469 (1975).*

1530 *Smith vs. Daily Mail Publishing Co., 443 U.S. 97 (1979).*

1531 Der dritte Tatbestand des "right to privacy" erweitert die bestehenden "defamation torts" (dt. Ehrdelikte) libel (dt. Beleidigung) and slander (dt. Verleumdung). Vgl. Gauß, a.a.O., S. 203.

1532 "Publicity which places the plaintiff in false light in the public eye", McCarthy, a.a.O., § 1.5, 5.12.; Prosser, 48 Cal. L. Rev. 383 (398 ff.) (1960); Götting, a.a.O., S. 182.

1533 Restatement (2nd) of Torts sec. 652 E.

1534 Restatement (2nd) of Torts sec. 652 E, comment c "(...) the publicity given to the plaintiff has placed him in a false light before the public, of a kind that would be highly offensive to a reasonable person."

1535 Restatement (2nd) of Torts sec. 652 E, comment c "(...) that serious offensive may reasonably be expected to be taken by a reasonable man in his position, that there is a cause of action for invasion of privacy."; Prosser/ Keeton, a.a.O., S. 864; Bezug nehmend Götting, a.a.O., S. 182.

1536 Als Begründung führt das Gericht die im First Amendment garantierte Pressefreiheit, *Crump vs. Beckley Newspapers, Inc., 320 S.E.2d 70 (90) (W.Va. Sup. Ct. 1983).*

1537 Vgl. *Bitsie vs. Walston 515 P.2d 659 (662) (N.M. Ct. App. 1973); Godbehere vs. Phoenix Newspapers, Inc., 783 P.2d 781 (786) (Ariz. Sup. Ct. 1989)*; dazu Börger, a.a.O., S. 195.

Im Fall *Time vs. Hall*[1538] hat der Supreme Court dargelegt, dass die Auferlegung einer Prüfungspflicht zur Feststellung der Richtigkeit der veröffentlichten Fakten eine unzumutbare Bürde und eine schwere Beeinträchtigung der Bedeutung der freien Presse für eine freie Gesellschaft darstelle. Eine freie Presse käme allen zugute, sie sei von fundamentaler Bedeutung für das politische System und eine offene Gesellschaft.[1539] Demnach liege hinsichtlich des Verschuldens der Presse die Beweislast beim Kläger, sofern der Gegenstand der Publikation von öffentlichem Interesse ist.[1540] Betreffen die Veröffentlichungen Politiker (public officials) oder prominente Persönlichkeiten (public figure) haftet der Veröffentlicher dann, wenn er mit dem Wissen um die Falschheit die Tatsache publiziert hat oder die Wahrheit rücksichtslos missachtet.[1541] Danach haften die Medien nur bei grobem Verschulden (constitutional malice).[1542] Der U.S. Supreme Court stellte fest, dass die Grundsätze für Beleidigungstatbestände (defamation torts) ebenso für Tatbestand Nr. 3 des „right of privacy" Anwendung finde. Folglich gilt für Privatpersonen: Einfache Fahrlässigkeit ist ausreichend um eine Haftung zu begründen.[1543]

4. Tatbestand Nummer 4: „appropriation"

a. Überblick

Unter der Fallgruppe der „appropriation cases" werden die Fälle zusammengefasst, welche die Ausnutzung von Persönlichkeitsmerkmalen betreffen.[1544] Darunter fällt vor allem die Verwendung von Bildnissen zu kommerziellen Zwecken in Werbekampagnen ohne Einwilligungserteilung.

1538 *Time vs. Hill, 385 U.S. 374 (376–379) (1967)*; zit. Von Metcalf/ Strom/ Wilson, a.a.O., S. 581 f.

1539 *Time vs. Hill, 385 U.S. 374 (389) (1967), "In this context, sanctions against either innocent or negligent misstatement would present a grave hazard of discouraging the press for exercising the constitutional guarantees. Those guarantees are not for the benefit of the press so much as for the benefit of all of us. A broadly defined freedom of the press assures the maintenance of our political system and an open society. Fear of large demage suits for innocent or merely negligent misstatement, even the fear of the expense involved in their defense, must inevitably cause publishers to steer wider of the unlawful zone."*

1540 *Time vs. Hill, 385 U.S. 374 (387) (1967), "We hold that the constitutional protections for speech and press preclude the application of the New York statue to redress false reports of matters of public interest in the* absence of proof that the defendant published the report with knowledge of its falsity on in reckless disregard of the truth."

1541 *New York Times vs. Sullivan, 376 U.S. 254, 280 (1964), "with knowledge that it was false or with reckless disregard of whether it was false or note".*

1542 *Time vs. Hill, 385 U.S. 374 (387 f.) (1967).*

1543 Ebenda, Bezug nehmend auf die Entscheidung *New York Times vs. Sullivan, 37 U.S. 254 (1964).*

1544 Prosser/ Keeton, a.a.O, S. 851 ff.; Prosser, 48 Cal. L. Rev. 383 (341 ff.) (1960); McCarthy, a.a.O., § 1.5.

b. Anspruchsvoraussetzungen und die von der Rechtsprechung angelegten Maßstäbe

Der Tatbestand kann durch eine Bildpublikation, Namensnennung oder die Verknüpfung beider erfüllt sein. Ihm liegt die Überzeugung zu Grunde, dass jede Person ein Recht darauf hat allein gelassen zu werden.[1545] Maßgeblich ist die seelische Beeinträchtigung des Betroffenen und nicht der Eingriff in die vermögenswerten Persönlichkeitsrechtsmerkmale eines Dritten.[1546] Nicht nur für die vorliegende Arbeit, sondern auch in der Praxis, handelt es sich bei Nr. 4 um den bedeutendsten Tatbestand des „right of privacy". Darüber hinaus war er der erste anerkannte Tatbestand.[1547] Viele Bundesstaaten haben ausschließlich diesen spezialgesetzlich geregelt,[1548] was seine Bedeutung belegt. Zudem ging aus ihm das heute eigenständige „right of publicity" hervor, welches die kommerziellen Interessen des Betroffenen betrifft. Der Unterschied zum „appropriation"–Tatbestand besteht darin, dass die Rechtsprechung von ihm vor allem psychische Schäden, die durch die Aneignung fremder Persönlichkeitsmerkmale hervorgerufen werden, als erfasst ansieht.[1549] Diskutiert wurde häufig die Problematik der Freiwilligkeit. Eine Person, die sich freiwillig und willentlich in die Öffentlichkeit begeben habe, könne sich letztlich nicht auf ihr „right of privacy" berufen, man spricht hierbei von der sog. „waiver"–Theorie.[1550] Wenngleich sie eine Verletzung des „right of privacy" geltend mache sei darin keine zu erblicken. Denknotwendig habe sie mit dem Schritt in die Öffentlichkeit konkludent auf das Recht verzichtet und ihre Bekanntheit sogar forciert.[1551] Ergebnis war, dass sich die Prominenten gegenüber der kommerziellen Verwertung ihrer Persönlichkeit nicht gerichtlich zur Wehr setzten konnten, weil die Rechtsprechung klargestellt hatte, dass vom „right of privacy" nicht ausschließlich kommerzielle Interessen verfolgt werden können. Für „public figures" hatte dies weitreichende Folgen, weil die Durchsetzung des Anspruchs vor Gericht so gut wie unmöglich war. Die Kläger seien es gewohnt, häufig mit ihrem Bild bzw. ihrem Namen in der Öffentlichkeit zu stehen.[1552] Es entstand eine allgemein als ungerecht

---

1545 *Estate of Presley vs. Russen, 513 f. Supp. 1339 (1353) (N.J. Dist. Ct. 1981). "(...) the individual has a right personal to him to be let alone and, thus, to prevent others from invading his privacy, injuring his feelings, or assaulting his peace of mind."*

1546 *Pavesich vs. New England Life Insurance Co., 50 S.E. 68 (1905), "Appropriation for the defendant's benefit and advantages of the plaintiff's name or likeness".*

1547 Supreme Court of Georgia, *Pavesich vs. New England Life Ins. Co., 50 S.E. 68 (80–81) (Ga. 1905).*

1548 Dazu McCarthy, a.a.O., § 6:1 ff.

1549 Siehe oben 2. Teil B. § 4.

1550 *Paramount Pictures, Inc., vs. Leader Press, Inc., 24 F. Supp. 1004 (W.D. Okla. 1938); Gautier v. Pro–Football, Inc., 124 F.2d 167 (5th Cir. 1941).*

1551 Vgl. Dazu Götting, a.a.O., S. 184.

1552 Eine Gefühlsverletzung durch die Verwendung von Identitätsmerkmalen in der Werbung scheidet für „public figures" zumeist aus. Vgl. dazu *O'Brian vs. Pabst Sales Co., 124 F.2d 167 (169) (5th Cir. 1941).*

und unerträglich empfundene Rechtslücke.[1553] Das „right of publicity“ wurde geboren, welches die Rechtslücke ausfüllt.[1554] Der „appropriation“-Tatbestand erfasst die widerrechtliche Nutzung der Identität des Betroffenen (Name, Portrait, Abbild einer anderen Person (likeness)) zu kommerziellen Zwecken (purposes of trade).[1555] Ebenso wie im deutschen Recht ist bei einer Bildpublikation bzw. Namensnennung im Zusammenhang mit einer medialen Berichterstattung die Meinungs- und Pressefreiheit zu beachten. Im US-amerikanischen Recht ist diese Ausfluss des First Amendment der Verfassung. Mit einer medialen Publikation ist stets das Ziel der Auflagen- und Umsatzsteigerung verbunden. Dieser Aspekt kann nicht zu einer Unzulässigkeit der Veröffentlichung führen.[1556] Die Beweislast der Erkennbarkeit trägt der Kläger.[1557] Sowohl die Namensnennung[1558] als auch die Umstände können zu einer Erkennbarkeit des Klägers beitragen.[1559] Ausreichende Erkennbarkeit wurde von den Gerichten bereits bei einer Abbildung eines roten Rennwagens, der als Markenzeichen des Klägers galt,[1560] als auch einer schemenhaften Zeichnung[1561] bejaht. Die Feststellung der Erkennbarkeit im Zusammenhang mit der Doppelgängerproblematik gestaltet sich häufig schwierig. Einer der prominentesten Fälle ist der vom New Yorker Supreme Court verhandelte und entschiedene Fall von

---

1553 Zur Entwicklung des Right of Publicity Felcher/ Rubin, 88 Yale L.J. 1577 (1588 ff.) (1979); Shipley, 66 Corn. L. Rev. 673 ff. (1981); Gross, 62 Boston Univ. L. Rev. 967 ff. (1982); Fikes, 14 Cumberland L. Rev. 348 ff. (1984); Singer, 10 Cardozo Arts & Ent. L.J. 1 (6 ff.) (1991); McCarthy, a.a.O., § 1.6–11.

1554 *Estate of Presley v. Russen, 513 F. Sup. 1339 (1353) (D.N.J. 1981)*; Nimmer, 19 L & Contemp. Probs. 203 (212) (1954); R. Hoffmann, 31 De Paul L. Rev. 1 (5) (1981); Shipley, 66 Corn. L. Rev. 673 (677) (1981); Gross, 62 Boston Univ. L. Rev. 965 (967) (1982); Fikes, 14 Cumberland L. Rev. 347 (1984).

1555 Prosser/ Keaton, a.a.O., S. 117; Schumacher, a.a.O., S. 188.

1556 Prosser, 48 Cal. L. Rev. 383 (405) (1960); Prosser/ Keeton, a.a.O., S. 853; zusammenfassend Götting, a.a.O., S. 184.

1557 Vgl. *Nurmi vs. Perterson, 16 Media L. Rep. 1606 (Cal. Dist. Ct. 1989).*

1558 Vgl. *Zim vs. Western Publications Co., 573 f.2d 1318 (5th Cir. 1978).*

1559 Vgl. *Midler vs. Ford Motor Co., 849 f.2d 460 (462) (Cal. Ct. App. 1988); Onassis vs. Christian Dior, Inc., 472 N.Y.S.2d 254 (261) (N.Y. Sup. Ct. 1982).*

1560 *Motschenbacher vs. Reynold Tabacco Co., 498 f.2d 821(827) (9th 1974), “(...) these markings were not only peculiar to the plaintiff's case but they caused some persons to think the car question was plaintiff's and to infer that the person driving the car was the plaintiff. Fn. 17 (...) No likeness, face, image, form or silhouette of the plaintiff or of any person is shown. (...) But in this case, the car under consideration clearly has a driver and displays several uniquely distinguishing features.*

1561 *Ali vs. Playgirl, Inc., 447 F. Supp. 723 (727 Fn.8) (N.Y. Dist. Ct. 1978), “Although the picture is captioned “Mystery Man”, the identification of the individual as Ali is further implied by an accompanying verse which refers to the figure as “the Greatest”. This court may take judicial notice that plaintiff Ali has regularly claimed that appellation for himself and that his efforts to identify himself in the public mind as “the Greatest” have been so successful that he is regularly identified as such in the news media.”*

Jacky Onassis vs. Christian Dior, Inc.[1562] Hierbei machte Jacky Onassis geltend, dass sie durch eine Werbekampagne der Firma Dior unter Verwendung eines Doppelgängerfotos in ihrem „right of privacy" verletzt werde. Obwohl eine gesetzlich normierte bundesstaatliche Regelung existierte, die forderte, dass der Kläger selbst auf dem beanstandeten Bild abgebildet sein muss, entschied das Gericht zugunsten der Klägerin.[1563] Die Auslegung der Gesetzesvorschrift führe im Ergebnis dazu, dass die Identitätsausbeutung des Verletzten das Wesen des Verbots ausmache. Folglich sei eine Werbekampagne mit einer identisch aussehenden Person eine Verletzung der Klägerin, weil andernfalls eine Umgehung des gesetzlichen Verbotes möglich wäre.[1564] Im Zusammenhang mit dem „appropriation tort" bedarf es noch der Erwähnung, dass US-amerikanische Gerichte auch die Werbung als vom „newsworthy privilege" erfasst sehen. Danach erstreckt sich das öffentliche Interesse an der illustrierten Berichterstattung ebenso auf den werbenden Teil.[1565]

II. Abwägungskriterien des „right of privacy"

1. „Public figure"-Status

a. Überblick

Wie bereits erörtert, wird das „right of privacy" durch das im First Amendment der US-amerikanischen Verfassung statuierte Recht der Meinungs- und Pressefreiheit begrenzt.[1566] Im Falle der Kollision zwischen Persönlichkeitsrechten des Betroffenen und dem Interesse der Allgemeinheit an freier Berichterstattung muss nach der US-amerikanischen Rechtsprechung zumeist Ersteres zurücktreten.[1567] Bedeutend für die Begründetheit der Klage sind zum einen die Qualifizierung der veröffentlichten Person und zum anderen das Bestehen eines öffentlichen Interesses (public interest) an der Veröffentlichung. Ist Letzteres nicht feststellbar, spricht dies für eine Begründetheit der Klage. Der Kläger muss beweisen, dass ein „public interest" abzulehnen ist.[1568] In einem zweiten Schritt stellt sich die Frage des Nachrichtenwertes der

---

1562 *Onassis vs. Christian Dior, Inc., 472 N.Y.S.2d 254 (N.Y. Sup. Ct. 1984).*

1563 Section 50 N.Y. Civil Rights Law; dazu auch Börger, a.a.O., S. 202 f.

1564 *Onassis vs. Christian Dior, Inc., 472 N.Y.S.2d 254 (261) (N.Y. Sup. Ct. 1984).*

1565 Ausdehnung des „newsworthy privileges", sog. „extension of newsworthy privilege", vgl. *Stephana vs. News Group Publications, Inc., 474 N.E.2 d 580 (585) (1984); Friedan vs. Friedan, 414 f. Supp. 77 (79) (1976)*; Böhnstedt, a.a.O., S. 280.

1566 Siehe oben 2. Teil B. § 4 II.

1567 Prosser/ Keeton, a.a.O., S. 860; McCarthy, a.a.O., § 8:43; Stadler, JZ 1989, 1084 (1085 ff.); Schwenk, in: Wahl/ Serick/ Niederländer, FS IPR Heidelberg, S. 233 (242 f.), Götting, in: Götting/ Schertz/ Seitz, Persönlichkeitsrecht, § 69 Rdn. 12.

1568 Nach der Rechtsprechung obliegt die Beweislast des Fehlens eines öffentlichen Informationsinteresses beim Kläger. Statt Vieler: *Diaz vs. Oakland Tribune, Inc., 188 Cal. Reptr. 762 (772) (Cal. Ct. App. 1983); Bisbee vs. John C. Conover Agency, Inc., 425 A.2d 689 (691) (N.J. Sup. Ct. 1982); McCormack vs. Oklahoma Publishing Co., 613 P.2d 737 (741) (Okla. Sup. Ct. 1980).*

Veröffentlichung. Entscheidend für die Interessenabwägung im Rahmen der „right of privacy"-Klagen und den Kommunikationsfreiheiten, mithin dem First Amendment, ist demnach zunächst die Person des Abgebildeten. Grundlegend wurde erstmals in *New York Times vs. Sullivan* die Bedeutung der Qualifikation einer Persönlichkeit als „public figures" oder „private figure" herausgestellt.[1569] Letzteres sind Privatpersonen, welche sich hinsichtlich ihres Persönlichkeitsschutzes auf die US-amerikanische Verfassung berufen können.[1570]

b. Entwicklung der „public figure"

Ausgangspunkt für die Entwicklung und Abgrenzung der „public figure" war die *New York Times vs. Sullivan Entscheidung*[1571] des U.S. Supreme Court, bei welcher jedoch nicht eine „public figure", sondern ein „public offical"[1572] im Mittelpunkt stand.[1573] Die Entwicklung der „public figure" durch den U.S. Supreme Court vollzog sich in zwei Schritten. Diese gilt es im Folgenden näher zu betrachten.

aa. „Public officials" als Vorläufer[1574]

Ausgangspunkt war die „public officials"-Problematik der *New York Times vs. Sullivan Entscheidung*[1575] des U.S. Supreme Courts. Die Veröffentlichung von strittigen Äußerungen des Polizeichefs von Montgomery, welchen das Gericht als „public offical[1576] konkretisierte, war Klagegegenstand. Die Festlegung von Konkretisierungsmerkmalen für die Eigenschaft eines „public officals" ließ das Gericht jedoch vermissen.[1577] Vielmehr erklärte es, dass wohl nicht jeder Amtsträger als „public official" zu qualifizieren sei.[1578] Nach dem New York Times Standard sind jedenfalls solche Staatsbediensteten als „public officials" zu qualifizieren, welchen entweder

---

1569 Vgl. *New York Times Co. vs. Sullivan, 376 U.S. 254 (1964).* Diese vom Gericht entwickelten Standards werden heute als "New York Times-Standards" von den Gerichten heran gezogen.

1570 Vergleichbar mit der Menschenwürde im dt. Rechtssystem. *Gertz vs. Welch, 418 U.S. 323 (341) (1974)*; Schumacher, a.a.O., S. 122.

1571 *New York Times Co. vs. Sullivan, 376 U.S. 254 (1964).*

1572 Def. in *Rosenblatt vs. Bear, 383 U.S. 75 (1966)*; zur Thematik siehe auch Schumacher, a.a.O., S. 120.

1573 Siehe oben unter 2. Teil B. § 4 II. 1. b. aa.

1574 Zum Begriff der "public officials" in *Rosenblatt vs. Bear, 383 U.S. 75 (1966).* Demnach handelt es sich um einen „public official", wenn der Amtsträger entweder wesentliche Verantwortung im Verwaltungssektor trägt, oder aber die Kontrolle über wesentliche Verwaltungsaufgaben (governmental affairs) besitzt bzw. es zumindest für eine außenstehende Person so erscheint.

1575 *New York Times Co. vs. Sullivan, 376 U.S. 254 (1964).*

1576 Def. in *Rosenblatt vs. Bear, 383 U.S. 75 (1966)*; zur Thematik siehe auch Schumacher, a.a.O., S. 120.

1577 Vgl. Böhnstedt, a.a.O., S. 287 f.

1578 *Rosenblatt vs. Baer, 383 U.S. 81 (85) (1967).*

eine Position mit Verantwortung für wesentliche Vorgänge innehaben oder die Kontrolle über wichtige Regierungsangelegenheiten ausüben. Es kommt darauf an, dass die Öffentlichkeit von einer solchen Position ausgeht. Solange es den Anschein hat, ist die tatsächlich ausgeübte Funktion zweitrangig.[1579] Wesentlich sind mithin zum einen die Position des Betroffenen und zum anderen, dass die Veröffentlichung die individuelle Eignung des Amtsträgers zum Gegenstand hat.[1580] Ab welcher Hierarchieebene übt der Kläger eine Tätigkeit aus, welche ihn als „public officials" qualifiziert? Die Komplexität der Thematik verbietet eine pauschalisierte Betrachtungsweise. Es bedarf einer eingehenden Beurteilung im individuellen Einzelfall. Die streitgegenständliche Veröffentlichungen kann sowohl ein Fehlverhalten im Amt, als auch im privaten Bereich, betreffen. Voraussetzung ist jedoch stets, dass die Veröffentlichung die individuelle Tauglichkeit bzw. Untauglichkeit des Klägers für das von ihm bekleidende Amt zum Gegenstand hat. Konsequenz der Qualifizierung des Betroffenen als „public officials" ist eine Beweislastumkehr. Seit der Entscheidung *New York Times vs. Sullivan*[1581] trägt dieser die Beweislast, dass der Publizierende hinsichtlich der Wahrheit der veröffentlichten Informationen seine Sorgfaltspflichten verletzt hat. Er muss nunmehr im Rahmen einer „defamation"-Klage, d.h. bei Vorliegen eines Beleidigungstatbestandes, den Nachweis erbringen, dass der Herausgeber zumindest unter rücksichtsloser Inkaufnahme der Unwahrheit (actual malice) veröffentlicht hat. Gelingt dies nicht, ist die Klage unbegründet und hat somit keine Aussicht auf Erfolg. Hintergrund der Beweislastumkehr ist der besondere Fokus der Öffentlichkeit auf das Verhalten eines Amtsträgers. Dieser wird zum einen von Steuergeldern bezahlt, sodass die Öffentlichkeit ein Recht auf Information und Aufklärung besitzt. Zum anderen sind Handlungen und Verhalten eines Amtsträgers nicht selten Gegenstand von öffentlichen Debatten und ihnen kommt in einer demokratischen Gesellschaft besondere Bedeutung zu.[1582]

1579 *Clawson vs. Longview Publishing, Co., 589 P. 2d 1223 (1228) (1979), "That term (public officials) applies at the very least to those among the hierarchy of government employees who have, or appear to the public to have, substantial responsibility for or control over the conduct of governmental affairs.", cert. cited Rosenblatt vs. Baer, 383 U.S. 81 (85) (1967)*; ebenso *Forrest vs. Lynch, 347 So. 2d 1255 (1258), 3 Media L. Rep. 2478 (La. App. 1st Cir. 1977).*

1580 *Clawson vs. Longview Publishing, Co., 589 P. 2d 1223 (1228) (1979), "(...); exposure is limited to matters more closely connected to actual job performance. In essence, we find two pertinent variables: (1) the importance of the position held, and (2) the nexus between that position and the allegedly defamatory information specifically, how closely the defamatory material bears upon fitness for office."*

1581 *New York Times vs. Sullivan, 376 U.S. 254 (1964).*

1582 *Nelson vs. Globe Intern., Inc., 626 F.Supp. 969 (974) (S.D. N.Y. 1986), "(...), protecting speech about "public officials" should encourage debate about an issue of the highest importance in any democratic society, (...).";* vgl. Dazu ebenso *Nelson vs. Globe International, 12 Med. L. Rep. 1785 (1789) (1986).*

bb. „Public figure“[1583]

Ob es sich bei dem Kläger um eine „public figure“ oder eine „private figure“ handelt, ist insbesondere hinsichtlich der Beweislast von entscheidender Bedeutung. Ist der Kläger in die erste Gruppe einzuordnen, so obliegt ihm die Beweislast, dass der Beklagte in „actual malice“[1584] handelte.[1585] Das gilt für den „defamation tort“ als auch für den eng verwandten „false light tort“, der Tatbestand Nr. 3 des „right of privacy“.[1586] Darüber hinaus entfaltet die Qualifizierung des Betroffenen als „public figure“ auch im Rahmen des TatbestandesNr. 1 (intrusion)[1587] und Nr. 2 (public disclosure of private facts)[1588] Wirkung. In erstem Fall darf der Betroffene nur bedingt auf seine Privatsphäre in der Öffentlichkeit vertrauen und in Letzterem ist die Einordnung für das Bestehen eines öffentlichen Interesses von Bedeutung. Allem zugrunde liegt die Bedeutung der Meinungs- und Pressefreiheit, mithin dem First Amendment. Darauf wird an späterer Stelle der Arbeit nochmal Bezug genommen.

Die „public figure“ wurde erst in der Leitentscheidung des U.S. Supreme Court *Gertz vs. Welch, Inc.*[1589] näher konkretisiert. Als solche werden Persönlichkeiten angesehen, die auf Grund ihrer Stellung, ihrer herausragenden Leistungen oder gesellschaftlichen Bedeutung die öffentliche Aufmerksamkeit auf sich ziehen.[1590] Der Supreme Court entschied, dass bei Vorliegen der Voraussetzungen die in der *New York Times vs. Sullivan* Entscheidung entwickelten Kriterien (sog. New York Times Standard) für „public officials“ auch auf „public figures“ anzuwenden sind.[1591] Vor allem zwei Kriterien entscheiden über die Zuordnung. Der Betroffene muss Zugang zu den Medien haben, was seine Gegenwehr gegen die Medien wesentlich einfacher gestaltet als bei einer Privatperson (self-help). Eine „public figure“ zeichnet

---

1583 Vgl. *National Bonding Agency vs. Demeson, 648 S.W.2d 748 (Tex. Ct. App. 1983); Sidis vs. F.-R. Publishing Corporation, 113 F.2d 806 (1940); Carlisle vs. Fawcett Publications, Inc., 20 Cal. Rptr. 405 (1962)*; Prosser, 48 Cal. L. Rev. 410; Kamlah, a.a.O., S. 174; Börger, a.a.O., S. 179.

1584 *Wolston vs. Reader's Digest Assn., 429 F.Supp. 167 (179) (D.D.C. 1977),* "Actual malice" wird definiert als "actual knowledge of falsity or reckless disregad for the truth".

1585 *New York Times Co. vs. Sullivan, 376 U.S. 254 (1964),* hier hat der Supreme Court festgestellt, dass der Kläger, sofern es sich bei ihm um eine „public officials“ handelt, beweisen muss, dass die Beleidigung (defamation) mit „actual malice“ begangen wurde. Später wurde der sog. New York Times Standard auf "public figures" erweitert. Siehe *Asssociation Press vs. Walker, 388 U.S. 130 (1967)*; ebenso in *Wolston vs. Reader's Digest Assn., 443 U.S. 157 (161) (1979), "(The person) was therefore a private figure and not required to prove the existence of actual malice in order to recover."*.

1586 Vgl. *Time, Inc. vs. Hill, 385 U.S. 374 (387 f.) (1967)*; dazu auch Böhnstedt, a.a.O., S. 287.

1587 *Barber vs. Time, Inc., 159 S.W.2d 291 (295) (1942).*

1588 Restatement (Second) of Torts, § 652D, comment e.

1589 *Gertz vs. Welch, Inc., 418 U.S. 323 (1974).*

1590 McCarthy, a.a.O., § 8:43, "celebrities, public "personalities", politcans".

1591 *Gertz vs. Welch, Inc., 418 U.S. 323 (342) (1974).*

zudem aus, dass sie sich freiwillig in den Fokus der Öffentlichkeit begibt bzw. an einer öffentlichen Debatte beteiligt. Denn dadurch setzt sie sich bewusst der Gefahr der negativen bzw. unliebsamen Berichterstattung über ihre Person aus.[1592] Bejaht wird der Status als „public figures" häufig allein auf Grund des Bekanntheitsgrades einer Person.[1593] Wenngleich der U.S. Supreme Court zwei allgemeine Kriterien für die Feststellung des „public figure"-Status festgelegt hat, gestaltet sich die Unterscheidung von „public figures" und „private figures" oftmals schwierig. Erleichterung soll hierbei die ergänzende Festlegung von Untergruppen der „public figure" schaffen. Doch auch hierbei gilt: Eine pauschalisierte Betrachtung verbietet sich. Vielmehr bedarf es stets der detaillierten Untersuchung anhand aller Umstände des individuellen Einzelfalles.

(1) Unterscheidungsformen der „public figure"

Wie bereits angerissen, unterscheidet der U.S. Supreme Court die „public figures" in zwei Unterkategorien, die „all-purpose public figures" und die „limited public figures".[1594]

(a) „All-purpose public figures"

Beschrieben wurde die „all-purpose public figures" durch den U.S. Supreme Court als besonders einflussreiche Persönlichkeit mit einem hohen Bekanntheitsgrad.[1595] Hinzu komme eine erhebliche Macht auf gesellschaftliche Angelegenheiten sowie auf die Lösung von gesellschaftlichen Fragestellungen.[1596] Mit steigendem Einfluss in der Gesellschaft geht die steigende Macht auf die Medien einher. Umso einflussreicher die Person umso höher die Möglichkeit der Kontrollausüben.[1597] Dies kann beispielsweise für Wirtschaftsmagnaten wie Applegründer Steve Jobs oder Microsoft Gründer Bill Gates diskutiert werden. Wann eine Person nun eine „all-purpose public figure" ist, liegt grundsätzlich im Ermessen des Gerichts, abhängig vom individuellen Einzelfall. Ob der Betroffene überregional bekannt sein muss

---

1592 *Gertz vs. Welch, Inc., 418 U.S. 323 (345) (1974).*

1593 *Young vs. Meyer, 527 So.2d 391 (392) (La. App. 4th Cir. 1980).*

1594 Erstmals unterschied der U.S. Supreme Court in die zwei Gruppen der „public figure" in *Gertz vs. Welch, Inc., 418 U.S. 323 (1974).*

1595 *Gertz vs. Welch, Inc., 418 U.S. 323 (345) (1974), „Some occupy positions of such persuasive power and influence that they are deemed public figures for all purpose."*

1596 *Gertz vs. Welch, Inc., 418 U.S. 323 (345) (1979)*; zur umfassenden Thematik Böhnstedt, a.a.O., S. 290 f.

1597 Vgl. *Waldbaum vs. Fairchild Publications, 627 F.2d 1287 (1294) (1980), "The media serve as a check on the power of famous, and the check must be strongest when the subject's influence is strongest. Fame often brings power, money, respect, adulation, and self-gratification."*

kann dahin stehen. Einige Gerichte haben das bereits bejaht.[1598] Die kalifornischen Gerichte stellen hingegen auf die allgemeine Bekanntheit des Betreffenden in der breiten Bevölkerungsmasse ab und hinterfragen darüber hinaus, ob diesem eine Vorbildfunktion zukommt.[1599] Man wird jedoch davon ausgehen können, dass der U.S. Supreme Court eine solche Ausdehnung des Begriffs der „all–purpose public figure“ nicht befürworten würde. Eine solche Positionierung U.S. Supreme Courts lässt sich der Begründung im *Fall Gertz vs. Welch* entnehmen. Der U.S. Supreme Court mahnte hier vor einer zu weiten Ausdehnung des Begriffs und der in diesem Fall drohenden Klagewelle.[1600] Bejaht wurde die Eigenschaft als „public figure for all purpose“ unter anderem bereits für bekannte Fernsehprediger[1601] und Entertainer[1602]

(b) „Limited public figures“

„Limited public figures“, werden im Gegensatz zu „all–purpose public figures“, als Personen beschrieben, die von sich aus an exponierter Stelle an einer öffentlichen Auseinandersetzung mit dem Ziel teilnehmen, deren Ausgang zu beeinflussen,[1603] indem sie sich an vorderste Stelle einer bestimmten öffentlichen Debatte drängen.[1604] Voraussetzung ist mithin, dass zum Zeitpunkt der Berichterstattung grundsätzlich eine öffentliche Auseinandersetzung stattfand (public controversy)[1605] und dass der Kläger daran auch aktiv und bewusst teilgenommen hat (involvement of

---

1598 *Steere vs. Cupp, 602 P.2d 1267 (1273) (Kan. Sup. Ct. 1979); Adams vs. Frontier Broadcasting Co., 555 P2d 556 (562) (Wyo. Sup. Ct. 1976); Lewis vs. Coursolle Broadcasting, Inc., 377 N.W.2d 166 (Wis. Sup. Ct. 1985).*

1599 *Harris vs. Tomczak, 94 F.D.R. 687 (701) (E.D. Cal. 1982), "(...) a person whose name is immediately recognizes by a large percentage of the relevant population, whose activities are followed by that group with interest, and whose opinions and conduct by virtue of these facts, can reasonable be expected to be known and considered by that group in the course of their own individual decision–making."*

1600 *Gertz vs. Welch, Inc., 418 U.S. 323 (352 (1974), „We would not lightly assume that a citizen's participation in community and professional affairs rendered him a public figure for all purpose. Absent clear evidence of general fame or notoriety in the community, and pervasive involvement in the affairs of society, an individual should not be deemed a public personality for all aspects of his life.“*

1601 *Hustler Magazine vs. Falwell, 485 U.S. 46 (50) (1988).*

1602 *John W. Carson vs. Allied News Co., 529 F.2d 206 (210) (1979).*

1603 *Gertz vs. Welch, Inc., 418 U.S. 323 (345) (1974), „Some occupy positions of persuasive power and influence that they are deemed public figures for all purpose. More commonly, those classed as public figures have thrust themselves to the forefront of particular public controversies in order to influence the resolution of the issues involved. In either event, they invite attention and comment.“*; zur Thematik siehe auch Börger, a.a.O., S. 81.

1604 *Gertz vs. Welch, 418 U.S. 323 (342, 347) (1974). „(...) thrust themselves to the forefront of a particulare public controversy.“*

1605 *Waldbaum vs. Fairchild Publications, Inc., 627 f.2d 1287 (1296 f.) (D.C. Cir. 1980).*

plaintiff)[1606].[1607] Fehlt Eigeninitiative und wird der Betroffene eher zufällig selbst zum Gegenstand einer öffentlichen Debatte, lehnen die Gerichte den „limited public figure"–Status ab.[1608] Die öffentliche Auseinandersetzung ist nur dann öffentlich, wenn sie einen weiteren Kreis und nicht nur das unmittelbare Umfeld von Personen betrifft und ernsthaft geführt wird.[1609] Ausgeschlossen sind mithin Scherzdebatten oder sog. Flashmobs. Darüber hinaus gelten hierzu die allgemeinen Öffentlichkeitskriterien.[1610] Zudem muss der öffentliche Diskussionsprozess bereits vor Agieren des Klägers in Gang gesetzt worden sein. Andernfalls wird seine Eigenschaft als „limited public figure" von den Gerichten abgelehnt.[1611] Nicht ausreichend wurde die Veröffentlichung eines Wissenschaftlers in Fachzeitschriften als auch die Inanspruchnahme von Forschungsgeldern angesehen.[1612] Als Argument führte das Gericht an, dass andernfalls jeder Empfänger öffentlicher Gelder als „limited public figure" angesehen werden müsse. Dieses Ergebnis kann nicht gewollt sein und würde den Begriff der „limited public figure" zu weit ausdehnen.[1613] Wenngleich die Natur von Strafverfahren vermuten lassen könnte, dass sie stets als „public controversary" anzusehen sind, muss dem entgegen gehalten werden, dass es jeweils auf die Art und Weise bzw. den Täter der Straftat ankommt. Im Fall *Wolston vs. Reader's Digest Assn.*[1614] hat der U.S. Supreme Court klargestellt, dass die „public figure"–Eigenschaft einer Person nicht bereits dadurch begründet werden kann, dass die Person mit einem Ereignis in Verbindung gebracht werden kann, was das

1606 *Waldbaum vs. Fairchild Publications, Inc., 627 f.2d 1287 (1296) (D.C. Cir. 1980); Bruno & Stillman, Inc., vs. Globe Newspaper Co., 633 f.2d, 583 (590) (1st Cir. 1980); Wilson vs. Scripps–Howard Broadcasting Co., 642 f.2d 371 (374) (6th Cir. 1981)*; Börger, a.a.O., S. 81.

1607 *Clark vs. ABC, 684 F.2d 1208 (1218) (6th Cir. 1982).*

1608 *Walston vs. Reader's Digest Assn., 443 U.S. 157 (166) (1979); Franklin vs. Benevolent etc. Order of Elks, 97 Cal. App.3d 915 (929) (Cal. App. Ct. 1979), "In our view the definition of "public figure" (...) incorporates as an element a requirement that the libel plaintiff must have voluntarily and actively sought, in connection whith any given matter of public interest, to influence the resolution of the issues involved. To us it seems clear that only by such voluntary and active participation could an individual be said to have "relinquished... his interest in the protection of his own name"."*

1609 *Waldbaum vs. Fairchild Publications, Inc., 627 f.2d 1287 (1297) (D.C. Cir. 1980); Warford vs. Lexington Herald–Reader, 17 Media L. Rep. 1785 (1793) (Ken. Sup. 1990).*

1610 Siehe oben 2. Teil B. II. 1. b. bb. (1) (b), im Zusammenhang mit den "limited public figures", *Waldbaum vs. Fairchild Publications, Inc., 627 f.2d 1287 (1297) (D.C. Cir. 1980).*

1611 So in *Gannett Co. vs. Re, 496 A.2d 553 (557) (Del. Sup. Ct. 1985); Fairley vs. Peekskill Star Corp., 83 A.D.2d 294 (300 f.) (N.Y. Sup. Ct. 1981).*

1612 *Hutchinson vs. Proxmire, 443 U.S. 111 (135) (1979)*; dazu auch Börger, a.a.O., S. 82.

1613 *Hutchinson vs. Proxmire, 443 U.S. 111 (135) (1979).*

1614 *Wolston vs. Reader's Digest Assn., 443 U.S. 157 (1979).*

Interesse der Öffentlichkeit auf sich gezogen hat,[1615] insbesondere wenn der Kläger die Aufmerksamkeit nicht bewusst auf sich ziehen wollte.[1616]

(c) Exkurs: „private figures“

Der Grundstein für die Festsetzung des Haftungsmaßstabs wird mit der Entscheidung über die Gruppenzugehörigkeit des Betroffenen gelegt.[1617] Unweigerlich drängt sich die Frage nach dem Haftungsmaßstab bei Veröffentlichungen über Privatpersonen auf. Während der U.S. Supreme Court in der Vergangenheit zunächst eine Gleichstellung von „public figures“ und „private figures“ favorisierte[1618] revidierte er seine Ansicht in der Zukunft und stellte nunmehr die bedeutsamen Unterschiede zwischen beiden Gruppen heraus. Eine Ungleichbehandlung sei demnach zwingend erforderlich.[1619] Bei Privatpersonen verbiete sich der Haftungsmaßstab „actual malice“, weil dadurch der jeweils Betroffene wesentlich schlechter gestellt werden

---

1615 *Wolston vs. Reader's Digest Assn., 443 U.S. 157 (1979), "Petitioner's failure to appear before the grand jury and citation for contempt no doubt were "newsworthy", but the simple fact that these events attacted media attention also is not conclusive of the public–figure issue. A private individual is not automatically transformed into public figure just becoming involved in or associated with a matter that attracts public attention."*

1616 *Wolston vs. Reader's Digest Assn., 443 U.S. 157 (166) (1979), "(The plaintiff had not) voluntarily thrust or injected himself into the forefront of the public controversy surrounding the investigation (…) in order to influence public opinion."; Wolston vs. Reader's Digest Assn., Brigham Young University L. Rev. 449 (451) (Provo, UT, 1980).*

1617 Siehe dazu oben 2. Teil B. § 4 II.; *New York Times Co. vs. Sullivan, 376 U.S. 254 (1964); Associated Press vs. Walker, 388 U.S. 130 (1967).*

1618 *Rosenbloom vs. Metromedia, Inc., 403 U.S. 29 (42) (1971).* Der U.S. Supreme Court vertrat die Ansicht, dass der Schutz des First Amendment eine Gleichbehandlung in den Fällen erforderlich mache, in welchen ein öffentliches Interesse an der berichteten Angelegenheit bestehe (ereignisbezogener Maßstab). Vordergründig sei hierbei der Schutz der Berichterstattung. Das Interesse der Gesellschaft und nicht die gesellschaftliche Stellung der Beteiligten müsse ausschlaggebend für die Heranziehung des „actual malic“ Haftungsmaßstabes sein.

1619 *Gertz vs. Welch, Inc.,418 U.S. 323 (344 f.) (1974).* Nunmehr revidierte der U.S. Supreme Court seine im Rosenbloom vs. Metromedia, Inc. vertretene Auffassung dahingehend, dass er nunmehr ebenso einen personenbezogenen Maßstab ansetzte. Dies bedeutet hingegen nicht, dass er die Feststellung des öffentlichen Interesses an dem publizierten Ereignis für obsolet erklärt. Vielmehr sieht er die Lösung in einer Kombination aus beiden Ansätzen und einer Interessenabwägung im individuellen Einzelfall. Im Fokus der Rechtsprechungsänderung stehen vor allem die Unterschiede beider Personengruppen welche eine differenzierende Betrachtung erforderlich machen. „Public figures“ und „public officials“ treten zum einen freiwillig in den Fokus der Öffentlichkeit und setzen sich der Gefahr einer öffentlichen Berichterstattung aus. Des Weiteren können sie sich auf Grund ihres Status gegen die Medien zur Wehr setzen. Nur in seltenen Ausnahmefällen

würde. „Private figures“ sind, so die US-amerikanischen Gerichte, schützenswerter als „public figures“, weil sie nicht im selben Umfang Zugang zu den Medien und somit auch nicht die Möglichkeit zur „Selbsthilfe“ haben. Ebenso spielt die Unfreiwilligkeit eine bedeutende Rolle. Sie haben sich dem Risiko einer öffentlichen Berichterstattung über ihre Person, gleich ob positiv oder negativ, gerade nicht aussetzten wollten.[1620] Folglich wird auf Fahrlässigkeit (negligence) abzustellen sein. Der Haftungsmaßstab richtet sich nach den Vorgaben des „common law“.[1621]

c. Zeitablauf des „public figure“-Status

Hat der Kläger den Status einer „public figure“ erlangt, so stellt sich die Frage nach dem Wegfall durch Zeitablauf. Ob die Möglichkeit besteht, darüber sind sich die US-amerikanischen Gerichte uneins.[1622] Der U.S. Supreme Court lässt in seiner Entscheidung indem Fall *Wolston vs. Reader's Digest* jedoch erkennen, dass er Zweifel an der Richtigkeit der Auffassung „einmal public figure, immer public figure“ hat. Er stellt klar, dass unter gewissen Voraussetzungen der Status mit Zeitablauf verloren gehen kann. Im Falle des Rückzugs aus der öffentlichen Kontroverse könne und müsse darüber nachgedacht werden, ob der Kläger tatsächlich noch das Risiko einer Berichterstattung über seine Person in der Öffentlichkeit bewusst in Kauf nehmen müsse.[1623]

---

sei „hypothetisch“ die Möglichkeit denkbar, dass auch „private figures“ ohne ihr Zutun zu „public figures“ werden.

1620 Zu “negligence”-Haftung bei Klagen von “private figure” ausführlich Bogler, Schadensersatz wegen unwahrer Presseveröffentlichungen, S. 38 ff.

1621 Bei defamierenden Veröffentlichungen über “private figures” wird der Fahrlässigkeitsmaßstab von der überwiegenden Zahl Bundesstaatlichen Gerichte herangezogen. Vgl. *Scripps Texas Newspapers, L.P. vs. Belalcazar, 99 S.W.3d 829 (837) (2003), “(...) while acting with negligence if the plaintiff was a private individual, regarding the truth of the statement. (WFAA-TV, Inc. vs. McLemore, 978 S.W.2d 568 (571) (Tex. 1998)). The private individual may recover damages from a publisher for defamation upon a showing that: (1) the media defendant knew or should have known that the publication was false; and (2) the content of the publication would warn a reasonably prudent editor of its defamatory potential. Foster vs. Laredo Newspapers, Inc., 541 S.W.2d 809 (819 f.) (Tex. 1976).”*; Eine Übersicht über die Handhabung in den einzelnen Bundesstaaten gibt Michael A. DiSabatino, State constitutional protection of allegedly defamatory statements regarding private individual, 33 A.L.R.4th 212, § 5; vgl. auch Böhnstedt, a.a.O., S. 297.

1622 Zeitablauf des “public figure”-Status, pro: *Wolston vs. Reader's Digest Assn., 443 U.S. 157 (169) (1979)*; contra: *Brewer vs. Memphis Publishing Co., 626 f.2d 1238 (5th Cir. 1980)*; *Street vs. National Broadcasting Co., 645 f.2d 1227 (1235) (6th Cir. 1991)*; *Mobile Press Register, Inc. vs. Faulkner, 372 So.2d 1282 (1286) (Ala. Sup. Ct. 1979)*; *Zerangue vs. TSP Newspaper, Inc., 814 f.2d 1066 (5th Cir. 1987).*

1623 *Wolston vs. Reader's Digest Assn., 443 U.S. 157 (169) (1979), “The passage of time, (...), often will be relevant in deciding whether a person possesses these two public-figure characteristics. First, a lapse of years between a controversial event and a libelous*

d. Rechtsfolgen

Die US-amerikanischen Gerichte gehen davon aus, dass derjenige, der sich freiwillig in die Öffentlichkeit begibt und dadurch Aufmerksamkeit erregt, in weiten Teilen auf den Schutz seiner Privatsphäre verzichtet. Eine „public figures", ähnlich wie die nunmehr überholte Rechtsfigur der „absoluten Person der Zeitgeschichte" im deutschen Recht, muss demnach großzügig auch Berichterstattungen über ihr Privatleben hinnehmen.[1624] Privatpersonen bedürfen hingegen eines stärkeren Schutzes, weil sie nicht freiwillig, sondern unerwartet in das Blickfeld der Öffentlichkeit geraten sind. Sie unterhalten keinerlei Kontakte zu den Medien. Ihr Aktionsradius wird dadurch erheblich eingeschränkt. Sie sind gegenüber den medienerprobten „public figures" wesentlich verletzlicher und angreifbarer.[1625] Ist die „public figure" durch ein Ereignis unfreiwillig in den Fokus der öffentlichen Aufmerksamkeit geraten, vergleichbar mit der deutschen Rechtsfigur der „relativen Person der Zeitgeschichte", ändert sich am Ergebnis wenig. Auch sie muss einen Eingriff in ihre Privatsphäre hinnehmen, weil das „right to know", mithin das Informationsrecht der Öffentlichkeit, überwiegt.[1626] Die Grenzziehung zwischen dem, was im legitimen Öffentlichkeitsinteresse und vom First Amendment gedeckt ist und was nicht ist fließend. An den öffentlichen Auftritten und Aktivitäten einer „public figure", zu denen alle außerhalb ihrer eigenen „vier Wände" zählen, besteht grundsätzlich ein legitimes Informationsinteresse.[1627] Die US-amerikanische Rechtsprechung legt das Informationsrecht der Öffentlichkeit derart weit aus, dass davon auch Details aus dem Privatleben der Person erfasst sind, sofern sie nicht im häuslichen Bereich stattfinden.[1628] Ein berechtigtes öffentliches Interesse an der Veröffentlichung stets vorausgesetzt.[1629] Literatur und Rechtsprechung setzen unterschiedliche Maßstäbe bei der Bewertung an. Zimmermann kritisiert in einem 1983 erschienen Aufsatz, dass ein Schutz der Privatsphäre quasi nicht existent ist und die Gerichte konsequent ein berechtigtes Öffentlichkeitsinteresse, auch bei Berichterstattungen über intime

---

utterance may diminish the defamed party's access to the means of counterargument. (...). Second, the passage of time may diminish the "risk of public scrunity" that a putative public figure may fairly be said to have assumed."; auseinandersetzend auch Börger, a.a.O., S. 87.

1624 Vgl. McCarthy, a.a.O., § 8:43.

1625 *Gertz vs. Robert Welch, 418 U.S. 323 (344 f.) (1974), „Public officials and public figures usually enjoy significantly greater access to the channels of effective communication, and hence have more realistic opportunity to counteract false statements than private individuals normally enjoy. Private individuals are therefore more vulnerable to injury, and the state interest in protecting them is correspondingly greater."*

1626 Ähnlich Götting, a.a.O., S. 186 f.

1627 Vgl. *Johnson vs. Evening Star Newspaper Co., 344 F.2 d 507 (508) (1965)*; Böhnstedt, a.a.O., S. 246.

1628 McCarthy, a.a.O., § 8:43; Zimmerman, a.a.O., 291 (353) (1983), "simply accept the press's judgment about what is and is not newsworthy".

1629 „matters of legetimate concern to the public".

Details, bejahen.[1630] Er sieht die Missstände der ständigen Rechtsprechung darin, dass jegliche Berichterstattung der Medien als berichtenswert gilt (leave it to the press approach) und sich die Rechtsprechung in aller Regel den tatsächlichen Gegebenheiten beugt.[1631] Tatsächlich bevorzugt die Rechtsprechung das beschriebene Vorgehen. Der Urteilsbegründung in dem vom U.S. Supreme Court im Jahr 1975 entschiedenen Fall *Cox Broadcasting Corp. vs. Cohn* bestätigt diese These.[1632] Darin erklärte er ein vom Bundesstaat Georgia erlassenes Gesetz für verfassungswidrig, weil es ein Verstoß gegen den Grundsatz „freedom of the press“ darstelle.[1633] In der betreffenden Konstellation hatte die Presse einen durch öffentlich zugängige Gerichtsunterlagen recherchierten Namen einer jungen Frau veröffentlicht, welche Opfer eines sexuellen Übergriffs geworden war. Ursprung des Verfahrens war ein Gesetz, das eine identifizierende Berichterstattung über weibliche Opfer von Sexualdelikten in den Medien verbot und eine solche mit einer zivilgerichtlichen Haftung der Medien verband. Der U.S. Supreme Court erklärte, dass Georgia, ebenso wie die anderen Bundesstaaten, kein Gesetz erlassen dürfe, welches die Veröffentlichung wahrer, in öffentlichen Gerichtsakten enthaltener und der Öffentlichkeit zugänglicher, Informationen sanktioniert und somit gegen das First und Fourteenth Amendment der amerikanischen Verfassung, gegen einen Teil der „Bill of Rights“, verstoße.[1634] Diese Haltung hat der U.S. Supreme Court 14 Jahre später bekräftigt, indem es ein vom Bundesstaat Florida erlassenes Gesetz für verfassungswidrig erklärte.[1635] Das betreffende Gesetz stellte die Veröffentlichung von Namen angeblicher Vergewaltigungsopfer durch die Medien unter Strafe. An der Rechtsprechung des U.S. Supreme Courts kann durchaus Kritik geübt werden. Die Preisgabe des Namens eines Vergewaltigungsopfers ist mit keiner anderen Fallkonstellation vergleichbar. Das Wissen der Öffentlichkeit beschämt das Opfer und erschwert vor allem die psychische Genesung. Die Rechtsprechung ließ eine ausreichende Würdigung des Opferschutzes vermissen. Wenngleich der U.S. Supreme Court insbesondere eine andere Entscheidung hätte treffen können, ist doch auch nicht in Zukunft von einem Abrücken des eingeschlagenen Kurses auszugehen. Zu hoch steht das First Amendment auf einem alles überragenden Podest.

1630 Dazu Zimmerman, a.a.O., 291 (353) (1983).

1631 Ebenda; McCarthy, a.a.O., § 8:43; zusammenfassend dazu Götting, a.a.O., S. 187 sowie ders., in: Götting/ Schertz/ Seitz, a.a.O., § 69 Rdn. 13; *Cox Broadcasting Corp. vs. Cohn, 420 U.S. 469 (1975).*

1632 Vgl. *Cox Broadcasting Corp. vs. Cohn, 420 U.S. 469 (1975).*

1633 Ebenda.

1634 *Cox Broadcasting Corp. vs. Cohn, 420 U.S. 469 (1975).* Das Gericht erklärt, *"the First and Fourteenth Amendments command nothing less than the States may not impose sanctions on the publication of truthful information contained in official court records open to public inspection".*

1635 *Florida Star vs. B. J. F., 491 U.S. 524 (1989).*

2. „*Public interest*“

Sind die Voraussetzungen für einen Eingriff in das „right of privacy“ erfüllt, bedarf es nunmehr der Prüfung, ob die Interessen des Betroffenen nicht hinter einem überwiegenden Interesse zurücktreten müssen. Die Veröffentlichung muss geeignet sein einen von der Allgemeinheit anerkannten Zweck (public interest) zu verfolgen.[1636] Einfluss auf das Bestehen eines rechtmäßigen öffentlichen Interesses hat zudem der Zeitablauf.[1637] Wie bereits erwähnt, gewinnt der Aspekt insbesondere bei der Kriminalberichterstattung an Bedeutung. Die US-amerikanischen Gerichte bestimmen das öffentliche Interesse (public interest) indem sie den Nachrichtenwert (newsworthiness) der Veröffentlichung bestimmen.

a. „Newsworthy privilege“

Wie bereits im Rahmen des zweiten Tatbestandes des „right of privacy“ angerissen,[1638] kommt der Presse ein „newsworthiness privilege“, auch „newsworthy privilege“ genannt, zu.[1639] Dieses umfasst Geburten, Tode, Hochzeiten, Scheidungen, Verbrechen, Unfälle, Verhaftungen, menschliche Tragödien sowie Aktivitäten von „celebrities“ und anderen prominenten Persönlichkeiten.[1640] Dabei erstreckt sich das „newsworthy privilege“ auf Veröffentlichungen durch die Medien über Privatpersonen von öffentlichem Interesse.[1641] Es gilt als „Schnittstelle“ zwischen dem „right of privacy“ und dem First Amendment[1642] und stellt bei der Erfüllung des Tatbestandes Nr. 2 (public disclosure of private facts) ein negatives Tatbestandsmerkmal sowie bei Nr. 3 (false light into public eye) einen Rechtfertigungsgrund des Beklagten dar. An einer einheitlichen Definition des „newsworthy privileges“ fehlt es jedoch.[1643] Die Entscheidung, welche Information einen Nachrichtenwert besitzt überlassen die Gerichte zu weiten Teilen der Presse (leave it to the press-Prinzip[1644]). Darüber

---

1636 Vgl. *National Bonding Agency vs. Demeson, 648 S.W.2d 748 (Tex. Ct. App. 1983)*; Börger, a.a.O., S. 179.

1637 Restatement (Second) Torts, § 652D comm. k.

1638 Siehe oben 2. Teil B. § 4 I. 2. b. bb.

1639 *Time vs. Hill, 385 U.S. 374 (388) (1967), "Freedom of discussion, if it would fulfill its historic functioning this nation, must embrace all issues about which information is needed or appropriate to enable the members of society to cope with the exigencies of their period."*

1640 Vgl. Smolla, a.a.O., § 10:50.

1641 *Haskell vs. Stauffer Communications, Inc., 26 Kan. App. 2d 541, 990 P.2d 163 (Kan. 1999), "The privilege extends to matters about private individuals that are of interest to the public."*; vgl. auch *Bernstein vs. National Broadcasting Company, 129 F.Supp. 817 (D.D.C.1955)*; vgl. American Jurisprudence 2d, Premises Liability §§ 471–773 to Privacy, § 190.

1642 So Böhnstedt, a.a.O., S. 312.

1643 Vgl. Restatement (Second) of Torts, § 652D comm. d; aufgreifend Böhnstedt, a.a.O., S. 312 f.

1644 Vgl. Zimmerman, a.a.O., 291 (353) (1983).

hinaus entscheidet letztendlich die Jury in einem Gerichtsverfahren.[1645] Im Fall *Diaz vs. Oakland Tribune* sah das Gericht Veröffentlichungen als „newsworthy" an, weil einige vernünftige Mitglieder Gesellschaft ein legitimes Interesse an der Kenntnisnahme hätten.[1646] Es wird die Vermutung angestellt, dass alles was in der Presse veröffentlicht wird, von allgemeinem Interesse, dem Interesse der Konsumenten, ist und einen entsprechenden Nachrichtenwert besitzt. Die Presse kommuniziert damit das „public interest".[1647] Dies geht sogar so weit, dass der U.S. Supreme Court der Presse aufgrund ihrer überragenden Bedeutung das Recht zugesteht, sich auch einmal sanktionslos irren zu dürfen, weil andernfalls die Gefahr einer schwerwiegenden Beeinträchtigung der für eine freie Gesellschaft so bedeutsamen freien Presse drohe.[1648] Jedoch nur solange die Redakteure ausschließlich fahrlässig und nicht skrupellos, unter Missachtung ihrer Nachprüfungspflicht, gehandelt haben.[1649] Zimmermann sieht trotz des erheblichen Ermessenspielraums der Medien eine Sanktionierung und Kontrolle.[1650] Letztlich entscheide nämlich der Konsument, ganz im Sinne einer freien Marktwirtschaft, was sein Interesse weckt und was er als uninteressant empfindet. Dies schlägt sich in den Absatzzahlen und Quoten nieder.[1651] Grenzen erfährt das Privileg der Presse dort, wo der Nachrichtenwert aufhört und die reine Sensationsgier anfängt.[1652] Bereits im Rahmen des zweiten Tatbestandes des „right of privacy"

1645 *Diaz vs. Oakland Tribune, Inc., 139 Cal. App. 3d 118, 188 Cal. Rptr. 762, 8 Ed. Law Rep. 746 (1st Dist. 1983).*

1646 *Diaz vs. Oakland Tribune, Inc., 139 Cal. App. 3d 118,188 Cal. Rptr. 762, 8 Ed. L. Rep. 746 (1st Dist. 1983); Shulman vs. Group W Productions, Inc., 18 Cal. 4th 200, 74 Cal. Rptr. 2d 843, 955 P.2d 469 (1998)*; American Jurisprudence 2d, Premises Liability §§ 471–773 to Privacy, § 189, "(...) publication is newsworthy if some reasonable members of community could entertain a legitimate interest in it."

1647 *Haskell vs. Stauffer Communications, Inc., 26 Kan. App. 2d 541, 990 P.2d 163 (Kan. 1999), „The case uniformly apply the newsworthiness privilege to matters published by the media even though they are published to make a profit."; Mendonsa vs. Time, Inc., 678 F.Supp. 967 (D.R.I. 1988); Guglielmi vs. Spelling–Goldberg Productions, 25 Cal. 3d 860, 160 Cal. Rptr. 352, 603 P.2d 454 (1979)*; Böhnstedt, a.a.O., S. 313.

1648 Vgl. *Time vs. Hill, 385 U.S. 374 (389) (1967), "Some degree of abuse is inseparable from the proper use of everything, and in no instance is this more true than in that of the press. (...) We create a grave risk of serious impairment of the indispensable service of a free press in a free society if we saddle the press with the impossible burden of verifying to a certainty the facts associated in news articles with a person's name, picture or portrait, particularly as related to nondefamatory matter."*

1649 Vgl. *Time vs. Hill, 385 U.S. 374 (387 f.) (1967), "We hold that the constitutional protections for speech and press preclude the application of the New York statute to redress false reports of matters of public interest in the absence of proof that the defendant published the report with knowledge of its falsity or in reckless disregard of the truth."*

1650 Vgl. Zimmerman, a.a.O., 291 (353) (1983); dazu auch Böhnstedt, a.a.O., S. 313.

1651 Vgl. Zimmerman, a.a.O., 291 (353) (1983); Böhnstedt, a.a.O., S. 313.

1652 So in *Virgil vs. Time, Inc., 527 F.2d 1122 (1129) (9th Cir. 1975), cite Restatement (Second) of Torts, § 652D comm. h, "In determining what is a matter of legitimate*

(public disclosure of private facts) wurde die Bedeutung von „newsworthiness“ und die Gewichtung durch die Gerichte begutachtet. Dennoch soll auch an dieser Stelle nicht unerwähnt bleiben, dass die Presse grundsätzlich eine privilegierte Stellung besitzt. Solange sie im Interesse der Öffentlichkeit handelt, kann sie neben den klassischen Nachrichten auch andere Berichterstattungen veröffentlichen. In Prosser & Keeton werden Nachrichten (news) als Ereignisse und Informationsstücke beschrieben. Zum einen dürfen sie nicht schlechthin gewöhnlich sein und zum anderen müssen sie die öffentliche Aufmerksamkeit wecken.[1653] Dabei wird immer wieder die Kritik laut, dass der Presse das Privileg der Entscheidung über das Konsumenteninteresse zukommt. Sie bestimmt den Nachrichtenwert der Berichterstattungen, mithin was „newsworthy“ ist und was nicht. Anders als nach allgemeinem Verständnis des Begriffs „news“, sind davon nicht nur tagesaktuelle Ereignisse, beispielsweise Kriminalberichterstattungen,[1654] erfasst. Ebenso sind politisch bedeutsame Ereignisse, soziale Belange oder andere Vorgänge von öffentlichem Interesse inkludiert.[1655] Auch rein unterhaltende Berichte oder Reiseberichte gelten als „newsworthy“.[1656] Dabei führt vor allem die bereits angesprochene Entfaltungsmöglichkeit der Presse dazu, dass alles, was von der Presse gedruckt wird als „newsworthy“ einzustufen ist. Sie schwingt sich somit selbst zum endgültigen Schiedsrichter über die Frage der „newsorthiness“ auf.[1657] Dass ein solch immenser Spielraum existiert, haben die Gerichte bereits mehrfach bestätigt. Sie argumentieren, dass nur so eine Verletzung des First Amendment (Meinungs- und Pressefreiheit) verhindert werden könne.[1658] Im Fall *Time vs. Hill* definierte der U.S. Supreme Court das „newsworthiness privilege“ als die Freiheit der Diskussion.[1659] Diese müsse alle Fragen aufgreifen, über die die Mitglieder der Gesellschaft Informationen benötigen und die zudem angebracht sind, um mit den Erfordernissen ihrer Zeit fertig zu werden.[1660] Wie weit die „newsworthiness defense“ geht haben die US-amerikanischen

public interest, account must be taken of the customs and conventions of the community; and in the last analysis what is proper becomes a matter of the community mores. The line is to be drawn when the publicity ceases to be the giving of information to which the public is entitled, and becomes morbid and sensetional prying into private lives for its own sake, with which a reasonable member of the public, with decent standards, would say that he had no concern.”

1653 Prosser/ Keeton, a.a.O., S. 855 f. (§ 117 m.w.N).; Schumacher, a.a.O., S. 214 f.

1654 Vgl. Prosser/ Keeton, a.a.O., S. 855 f. (§ 117 m.w.N.); Schumacher, a.a.O., S. 215.

1655 American Jurisprudence 2d, Premises Liability §§ 471–773 to Privacy, § 190.

1656 Prosser/ Keeton, a.a.O., S. 855 f. (§ 117 m.w.N.); Schumacher, a.a.O., S. 215.

1657 So Kalven, a.a.O., 326 (336) (1966); Schumacher, a.a.O., S. 217.

1658 So erstmals in *Cox Broadcasting vs. Cohen, 420 U.S. 469 (491) (1975).*

1659 *Time vs. Hill, 385 U.S. 374 (388) (1967).*

1660 *Time vs. Hill, 385 U.S. 374 (388) (1967), "Freedom of discussion, if it would fulfill its historic function in this nation, must embrace all issues about which information is needed or appropriate to enable the members of society to cope with the exigencies of their period.";* dazu kommentierend Schumacher, a.a.O., S. 215.

Gerichte nicht explizit aufgezeigt. Es kommt vielmehr auf den individuellen Einzelfall an. Im Fall *Sadis vs. F.–R. Pub. Corporation*[1661] bezieht sich das Gericht auf die Ausführungen von Warren und Brandeis, welche die Privatsphäre von „public officials" für begrenzt einschränkbar hielten.[1662] Dabei machten Warren und Brandeis deutlich, dass auch ein Amtsträger Berichterstattungen über seine Privatsphäre nicht grenzenlos hinnehmen muss.[1663] Dem schließt sich das Gericht im Fall *Sidis vs. F.–R. Pub. Corporation* an und bejaht einen begrenzten Schutz von „public officials ". Diese müssen zwar Eingriffe in ihre Privatsphäre hinnehmen, jedoch nicht Veröffentlichungen bezüglich aller Details ihres Privatlebens erdulden.[1664] Hinsichtlich der „public figures" erachtet das Gericht zumindest einen begrenzten Einblick in das Privatleben für zulässig.[1665] Die Zulässigkeit einer Berichterstattung ist bei „public figures" unmittelbar mit dem enthaltenen Nachrichtenwert verknüpft.[1666] Grundsätzlich bilden Entscheidungen der Gerichte die den Nachrichtenwert (newsworthiness) privater Tatsachen ablehnen eher die Ausnahme. Eine solche Ausnahmeentscheidung stellt die Entscheidung des Alabama Supreme Court aus dem Jahre 1964 dar.[1667] Die Klägerin war mit ihren beiden Söhnen in der Öffentlichkeit unterwegs, als eine Windböe ihr Kleid hob, sie von der Taille abwärts entblößte und den Blick auf ihre Panties frei gab. In der Entscheidung hieß es, dass das „right of privacy" der Klägerin durch die Veröffentlichung verletzt werde, weil sie in einer peinlichen Pose abgelichtet wurde. Daran ändere auch die Tatsache, dass sie sich in dem zufälligen Moment in der Öffentlichkeit aufgehalten habe, nichts. Es sei, so das Gericht, geradezu unlogisch, falsch und ungerecht ihr in einer solchen peinlichen Situation das „right of privacy" abzusprechen.[1668] Wie unterschiedlich

---

1661 *Sidis vs. F.–R. Pub. Corp., 113 F.2d 806 (2nd Cir. 1940).*

1662 *Sidis vs. F.–R. Pub. Corp., 113 F.2d 860 (808) (2nd Cir. 1940), "Warren and Brandeis realized that the interest of the individual in privacy must inevitably conflict with the interest of the public in news. Certain public figures, they conceded, such as holders of public office, must sacrifice their privacy and expose at least part of their lives to public scrutiny as the price of the powers they attain. But even public figures were not to be stripped bare."*

1663 Warren/ Brandeis, a.a.O., S. 216. „Some things all men alike are entitled to keep from popular curiosity, whether in public life or not, while others are only private because the persons concerned have not assumed a position which makes their doings legitimate matters of public investigation."

1664 *Sidis vs. F.–R. Pub. Corp., 113 F.2d 806 (809) (2nd Cir. 1940).*

1665 *Sidis vs. F.–R. Pub. Corp., 113 F.2d 806 (809) (2nd Cir. 1940), "Warren und Brandeis were willing to lift the veil somewhat in the case of public officers. We would go further, though we are not yet prepared to say how far. At least we would permit limited scrutiny of the "private" life of any person who has achieved, or has had thrust upon him, the questionable and indefinable status of a "public figure".*

1666 Prosser, 48 Cal. L. Rev. 412; Note, 33 Brookl. L. Rev. 319 f. (1967); Kamlah, a.a.O., S. 175.

1667 *Daily Times Democrat vs. Graham, 162 So.2d 474 (Ala. Sup. Ct. 1964).*

1668 Vgl. *Daily Times Democrat vs. Graham, 162 So.2d 474 (Ala. Sup. Ct. 1964)*, das Gericht nimmt hierbei Bezug auf *Gaultier vs. Pro–Football, Inc., et al., 304 N.Y. 354, 107 N.E.2d 485; Jacova vs. Southern Radio and Television Co., Fla., 83 So.2d 34.*

die Ausnahmefälle gelagert sind verdeutlicht ein Fall aus Kentucky.[1669] Im zu entscheidenden Fall wurde der Kläger vom Kreditgeber gewarnt, er solle seine Schulden umgehenden zahlen, andernfalls veranlasse er eine Veröffentlichung in der lokalen Presse. Trotz Intervention des Klägers veröffentlichte die Zeitung die Höhe seines Saldos. Das Gericht lehnte ein öffentliches Interesse an der Nennung einer Saldohöhe in einer lokalen Tageszeitung ab. Es entschied zugunsten des Klägers auf Verletzung seines „right of privacy".[1670] Es begründete seine Entscheidung mit dem Inhalt der Veröffentlichung. Eine Angelegenheit von öffentlichem Interesse sei nicht zu erkennen. Zudem war dem Verletzer bewusst, dass eine solche Veröffentlichung geeignet war, den Kläger einer öffentlichen Schande und Verachtung sowie dem Spott auszusetzen.[1671]

Mit dem Argument einer fehlenden Verbindung hat ein Gericht in Washington D.C. ein öffentliches Interesse an einer Publikation abgelehnt.[1672] Ein plastischer Chirurg hatte zur Verdeutlichung seiner Ausführungen Vorher- und Nachherfotos einer Patientin, ohne deren Einverständnis, im Rahmen eines Berichtes veröffentlicht. Das Gericht entschied zugunsten der Klägerin, weil die Veröffentlichung auch ohne die Fotos möglich gewesen wäre und diese weder zum Bewusstsein der Allgemeinheit noch zur Glaubwürdigkeit des Berichts einen Beitrag leisten.[1673]

Folglich spielt bei der Bestimmung des öffentlichen Informationsinteresses neben der Einzelfallbewertung auch das Kriterium der logischen Verbindung zwischen dem Gegenstand der Berichterstattung und der Person des Klägers (Fotografien, private Tatsachen) eine Rolle.[1674] Dadurch eröffnet sich ein noch weiterer Spielraum bei der Bestimmung des öffentlichen Interesses. Ein anerkannter Zweck der Berichterstattung wird insbesondere im Zusammenhang mit Kriminalfällen bejaht.[1675] Ebenso das „public interest" an der Identität eines Tatverdächtigen.[1676] Eine allgemeingültige

1669 *Trammell vs. Citizens News Co., 148 S.W.2d 708 (Ky. Ct. App. 1941).*

1670 Ebenda.

1671 *Trammell vs. Citizens News Co., 148 S.W.2d 708 (Ky. Ct. App. 1941).*

1672 *Vassiliadis vs. Garfinckel's, Brooks Brothers, 11 Media L. Rep. 2057 (2062) (D.C. Ct. App. 1985)*; zit. Börger, a.a.O., S. 184.

1673 *Vassiliadis vs. Garfinckel's, Brooks Brothers, 11 Media L. Rep. 2057 (2062) (D.C. Ct. App. 1985)*; zit. Börger, a.a.O., S. 184.

1674 "logical nexus", *Bichler vs. Union Bank, 715 f.2d 1059 (6th Cir. 1983); Dressbach vs. Doubleday, 518 f. Supp. 1285 (D.C. Dist. Ct. 1981); Pierson vs. News Group Publications, Inc., 549 f. Supp. 635 (Ga. Dist. Ct. 1982)*; dazu Börger, a.a.O., S. 181.

1675 Zum "public interest" bei Verbrechensopfern vgl. *Wavell vs. Calle –Times Publishing Co., 809 S.W.2d 633 (Tex. Ct. App. 1991); Moloney vs. Tribune Publishing Co., 613 P.2d 1179 (Wash. Ct. App. 1980)*; zu Zeugen vgl. *Valentine vs. CBS, Inc., 698 f.2.d 430 (11th Cir. 1983); Harrison vs. Washington Post Co., 391 A.2d 781 (D.C. Ct. App. 1978)*; zur Thematik Börger, a.a.O., S. 179 f.

1676 Vgl. *Morgan vs. Celender, 780 f. Supp. 307 (Pa. Dist. Ct. 1992); Cape Publications, Inc., vs. Hitchner, 549 So.2d 1374 (Fla. Sup. Ct. 1989); Penwell vs. Taft Broadcasting Co., 469 N.E.2d 1025 (Ohio Ct. App. 1984); Spradley vs. Sutton, 9 Media L. Rep. 1481 (Fla. Cir. Ct. 1982).*

„Schablone", nach welcher einige Fälle ins Raster des „public interest" und andere herausfallen, existiert nicht. So wurden bereits Berichterstattungen über Vaterschaftsklagen,[1677] Drogenmissbrauch,[1678] Drogenüberdosen,[1679] persönliche Verbindungen zum organisierten Verbrechen[1680] oder Meinungen in Bezug auf die geistigen Fähigkeiten eines Angeklagten[1681] als „newsworthy" angesehen.[1682] Im Falle *Smith vs. Daily Mail Publishing Co.*[1683] hat der Supreme Court sogar eine identifizierende Berichterstattung betreffend eines jugendlichen Straftäters für zulässig erachtet. Auch wenn das Gericht ein Interesse des Jugendlichen an der Geheimhaltung seiner Identität und einer späteren Rehabilitation anerkennt, so macht es deutlich, dass dies nichts an dem Bestehen eines überwiegenden Interesses der Öffentlichkeit ändere. Das Gericht erkennt zwar die reale Gefahr, dass der jugendliche Straftäter zu weiterem antisozialen Verhalten ermutigt werden könnte, was einen Arbeitsplatzverlust oder die Verstärkung des Leidens unter der Ersttat zur Folge haben könnte, hat dieses Interesse jedoch nicht als überwiegend angesehen.[1684] Ebenso erachtete der Supreme Court in New Mexiko einen Artikel über einen jugendlichen Straftäter trotz namentlicher Nennung seiner Schwester, welche Opfer eines Sexualverbrechens geworden war, aufgrund der Privilegierung der Presse als zulässig.[1685] Auch die Veröffentlichung von Fotos, welche den Tatverdächtigen mit seinen Angehörigen zeigen und für diese unbestritten äußerst unangenehm sein dürften, hat ein washingtoner Gericht im Zusammenhang mit einer Kriminalberichterstattung als zulässig erachtet.[1686]

Wenngleich die Entscheidungen des U.S. Supreme Court themenübergreifend darauf hin deuten, dass die Berichterstattung weder außerordentlich informativ, unterhaltend, aktuell oder von besonderer Bedeutung sein muss um ein „public interest" zu bejahen,[1687] so ist ein solches, wie bereits erwähnt, jedoch bei der

---

1677 *Peckham vs. Boston Herald, Inc., 48 Mass. App. Ct. 282, 719 N.E.2d 888 (1999).*

1678 *Virelli vs. Goodson–Todman Enterprises, Ltd., 142 A.D.2d 479, 536 N.Y.S.2d 571 (3d Dep't 1989).*

1679 *Beresky vs. Teschner, 64 Ill. App. 3d 848, 21 Ill. Dec. 532, 381 N.E.2d 979 (2d Dist. 1978).*

1680 *McCormack vs. Oklahoma Pub. Co., 1980 OK 98, 613 P.2d 737 (Okla. 1980).*

1681 *McNally vs. Pulitzer Pub. Co., 532 F.2d 69 (8th Cir. 1972).*

1682 Umfassende Übersicht siehe American Jurisprudence 2d, Premises Liability §§ 471–773 to Privacy, § 192.

1683 *Smith vs. Daily Mail Publishing Co., 443 U.S. 97 (1979).*

1684 *Smith vs. Daily Mail Publishing Co., 443 U.S. 97 (104) (1979).*

1685 *Hubbard vs. Journal Publishing Company, 368 P.2d 148 f. (Sup. Ct. N.M. 1962), "Caught up and entangled in this web of news and public interest are a great many people who have not sought publicity, but indeed, as in the case of the accused criminal, have tried assiduously to avoid it. They have nevertheless lost some part of their right of privacy. They (...) can be broadcast to the world, and they have no remedy. (...). We conclude that the article was privileged.", cite Prosser, 48 Cal. L. Rev. 413; comp. Melvin vs. Reid, 112 Cal. App. 285*; Restatement (first) of Torts § 867 comm. c.

1686 Vgl. *Hillman vs. Star Publishing Co., 117 Pac. 594 (Wash. 1911)*; Kamlah, a.a.O., S. 175.

1687 *Time, Inc., vs. Hill, 385 U.S. 374 (388) (1967).*

Befriedigung reiner Sensationsgier ausgeschlossen.[1688] Dabei handelt es sich vielmehr um ein unnatürliches Spionieren in das Privatleben anderer Personen und weniger um eine Informationsvermittlung an die Öffentlichkeit. Das Empfinden eines vernünftigen Mitglieds der Gesellschaft gilt dabei als Maßstab für die Privatheit der übermittelten Informationen.[1689] Tratsch (gossip) limitiert das „newsworthy privilege" hingegen nicht.[1690] Anders als bei der reinen Sensationsgier trägt er sowohl zur Information/Meinungsbildung der Öffentlichkeit als auch zur Stärkung der Werte der Gesellschaft bei.[1691] Unter dem Begriff „gossip" werden eventuell missbilligende informelle Gespräche oder Geschichten über das Privatleben anderer Personen, die als wenig schmeichelhaft anzusehen sind und zudem noch erfunden sein können, zusammengefasst.[1692] Diese Problematik taucht immer wieder im Zusammenhang mit einschlägigen Magazinen, beispielhaft seien hier „People Magazine", „inTouch", „Closer" und „OK!" genannt, auf. Während Bloustein[1693] zwischen Kleinstadtklatsch (small town gossip) und Zeitungsklatsch (gossip) unterscheidet, wobei er Letzteren als Gefahr für das Persönlichkeitsrecht des Einzelnen ansieht, verzichtet Zimmerman[1694] auf eine solche Unterscheidung. Anders als Bloustein glaubt er nicht, dass die Gefahr von „gossip" darin liegt, dass Zeitungsberichte als Quelle von Wahrheit und Authentizität angesehen werden und die Öffentlichkeit dazu neigt, ohne Hinterfragung alles „Aufgetischte" zu glauben. Vielmehr sei „gossip" vom First Amendment geschützt. Durch ihn werde der Marktplatz der Ideen bereichert. Er trage zur Änderung oder Stärkung von Werten in der Gesellschaft bei. Mitteilung und Austausch persönlicher Informationen über Charaktere, Gewohnheiten und Lebensstile sei Instrument sozialer Kontrolle und ermögliche die indirekte Teilhabe am Leben anderer Gruppen der Gesellschaft. Hierdurch werde der Gemeinschaftssinn verstärkt und der reine Tratsch zum gesellschaftlichen Gewinn.[1695] Die Rechtsprechung gewichtet die Bedeutung von Tratsch im Konflikt mit dem Persönlichkeitsrecht des

1688 Restatement (2nd) of Torts sec. 652 D, comment h, "...The line is to be drawn when the publicity ceases to be the giving of information to which the public is entitled, and becomes a morbid and sensational prying into private lives for its own sake."; Börger, a.a.O., S. 181.

1689 Restatement (Second) of Torts, § 652D comm. h. "The line is to be drawn when the publicity ceases to be the giving of information to which the public is entitled, and becomes a morbid and sensational prying into private lives for its own sake, with which a reasonable member of the public would say that he had no concern."; dazu ebenso Schumacher, a.a.O., S. 216.

1690 Dazu ausführlich oben § 1, S. 193 f.

1691 Vgl. dazu Zimmerman, a.a.O., 291 (332 ff.) (1983).

1692 Steverson, Oxford Dictionary, "gossip: (disapproving) informal talk or stories about other people's private lives, that may be unkind or tot true".

1693 Bloustein, Privacy as an Aspect of Human Dignity: An Answer to Dean Prosser, 39 NYU Law Rev. 962 (984 f.) (1964); Schumacher, a.a.O., S. 218 f.

1694 Zimmerman, a.a.O., 291 (332 ff.) (1983); Schumacher, a.a.O., S. 219.

1695 Zimmerman, a.a.O., 291 (332 ff.) (1983); Schumacher, a.a.O., S. 219.

Einzelnen unterschiedlich. Ein kalifornisches Gericht hat zudem festgestellt, dass bei aller menschlichen Neugierde bezüglich der inneren Geheimnisse seines Nachbarn eine völlige Offenlegung der intimen Gedankenwelt und der Lebensgeschichte auch in der Vergangenheit der Vereinigten Staaten von Amerika weder die Regel noch die Norm darstellte.[1696] Der U.S. Supreme Court entschied in *Time vs. Hill*, dass die Öffnung des Einzelnen gegenüber den Anderen in verschiedenen Graden eine Begleiterscheinung des Lebens in einer zivilisierten Welt sei, und die Gefahr zugunsten der Rede- und Pressefreiheit hingenommen werden müsse.[1697]

Die Waagschale des U.S. Supreme Courts neigt sich mithin nur allzu oft in Richtung des First Amendments. Der Kläger unterliegt häufig trotz positiver Feststellung der Persönlichkeitsrechtverletzung. Einen Lösungsversuch haben die kalifornischen Gerichte unternommen. Sie haben eine eigene Rechtsprechungspraxis zur „newsworthiness" entwickelt, indem Sie sich nicht mit dem hohen Ermessensspielraum der Medien und ihrer freien Entscheidungsmöglichkeit über den Nachrichtenwert von Veröffentlichungen begnügen. Wenngleich sie ebenso wie der U.S. Supreme Court auf die Abwägung der widerstreitenden Interessen im Einzelfall abstellen, so messen sie bestimmten Aspekten besonderes Gewicht zu und gehen anhand eines Stufenprinzips vor (sliding scale).[1698] Nach diesem Prinzip ist der in dem veröffentlichten Inhalt enthaltene soziale Wert, das Ausmaß der Persönlichkeitsrechtsverletzung sowie die mediale Präsenz des Betroffenen in der Vergangenheit auf unterschiedlichen Stufen zu gewichten.[1699] Obgleich der von den kalifornischen Gerichten entwickelte Schutz auf den ersten Blick den Kläger besser stellt, als dies durch die Rechtsprechung des U.S. Supreme Court der Fall ist, muss man auf den

---

1696 So in *Briscoe vs. Reader's Digest Assn., 4 Cal.3d 529 (539) (1971)*; dazu Schumacher, a.a.O., S. 219.

1697 *Time vs. Hill, 385 U.S. 374 (388) (1967), "Exposure of the self to others in varying degrees in a concomitant of life in a civilized community. The risk of this exposure is an essential incident of life in a society which places a primary value on freedom of speech and of the press."*; dazu auch Schumacher, a.a.O., S. 219.

1698 Die Begriffsbestimmung wurde im *Diaz vs. Oakland Tribune, Inc.*–case geprägt, *139 Cal. App. 3d 118 (132) (1983), „As discussed above,(...) whether the fact (...) was newsworthy is measured along a sliding scale of competing interests: the individual's right to keep private facts from the public's gaze versus the public's right to know. In an effort to reconcile these competing interests, our courts have settled on a three–part test for determining whether matter published is newsworthy."*; vgl. dazu auch *Kapellas vs. Kofman, 1 Cal.3d 20 (36) (1969); Briscoe vs. Reader's Digest Assn., Inc., 4 Cal.3d 529 (541) (1971)*; siehe auch Böhnstedt, a.a.O., S. 316.

1699 Im *Kapellas vs. Kofman case, 1 Cal.3d 20 (36) (1969)*, wurde das "Stufenkonzept" entwickelt und erstmals in einem Urteil genannt, *„We have previously set forth criteria for determining whether an incident is newsworthy. We consider (1) the social value of the facts published, (2) the depth of the article's intrusion into ostensibly private affairs, and (3) the extend to which the party voluntarily acceded to a position of public notoriety."*; nachfolgend ebenso *Briscoe vs. Reader's Digest Assn., Inc., supra, 4 Cal.3d 529 (541) (1971); Diaz vs. Oakland Tribune, Inc., 139 Cal.App.3d 118 (132) (1983).*

zweiten Blick einen fast ebenso starken Schutz des Beklagten, gestützt auf das First Amendment, erkennen. Auch wenn die differenzierte Stufenprüfung eine „newsworthiness" der Veröffentlichung ergibt und in einem weiteren Schritt festgestellt werden kann, dass diese lediglich der Neugierbefriedigung und Sensationsgier dient, bedarf es dennoch der Prüfung, ob dem Beklagten hinsichtlich der Persönlichkeitsrechtsverletzung überhaupt eine rücksichtslose Missachtung vorgeworfen werden kann.[1700] Dies gilt auch dann, wenn ein Eingriff in das „right of privacy" des Klägers als bewiesen gilt. Andernfalls scheitert zugunsten des First Amendment auch nach kalifornischem Standard die Klage. Bei allem Bemühen um eine klägerfreundlichere Rechtsprechung beweisen die kalifornischen Gerichte, das auch sie sich letztlich an der Rechtsprechung des U.S. Supreme Court orientieren. Dessen „public figure"-Rechtsprechung zum „right of privacy" lässt eine deutlich stärkere Gewichtung des First Amendment erkennen.[1701]

Zusammenfassend bleibt festzuhalten, dass sich eine Pauschalisierungen verbietet. Die Entscheidung, ob die konkrete Veröffentlichung im öffentlichen Interesse liegt und der Eingriff in die Privatsphäre des Einzelnen auf Grund des „newsworthiness privilege" mithin gerechtfertigt ist, muss anhand des Einzelfalls entschieden werden.[1702]

b. Sonderfall: Kriminalberichterstattungen

Die mögliche Begehung einer Straftat sowie die daraus resultierenden Folgen sind grundsätzlich von öffentlichem Interesse.[1703] Zudem beinhaltet ein öffentliches Gerichtsverfahren auch die Offenlegung privater Fakten des Angeklagten.

Im Fall *WJLA-TV vs. Levin*[1704] hatte das Gericht über die Zulässigkeit einer identifizierenden Berichterstattung im TV zu entscheiden. Dem Orthopäden Stephen M. Levin wurde vorgeworfen, mehrere Patientinnen sexuell missbraucht zu haben. Der Fernsehsender WJLA-TV berichtete im Verlauf einer Nachrichtensendung über Dr. Levin und den Vorwurf des sexuellen Missbrauchs an Patientinnen. Er wies zudem auf seine Ungeeignetheit hinsichtlich der Durchführung medizinischer Verfahren hin. Dabei erfolgte die identifizierende Kriminalberichterstattung unter Verwendung einer von Levin zuvor geschalteten Werbeanzeige, die ihn sowohl namentlich als

---

1700 *Briscoe vs. Reader's Digest Assn., Inc., 4 Cal.3d 529 (543) (1971)*; vgl. Dazu auch Böhnstedt, a.a.O., S. 316.

1701 Zur Gesamtproblematik vgl. Böhnstedt, a.a.O., S. 316.

1702 *Crumrine vs. Harte-Hanks Television, Inc., 37 S.W.3d 124 (127) (Tex. App. San Antonio 2001), "The determination of whether the matter is one of "legitimate public concern" must be made on a case-by-case basis, "considering the nature of the information and the public's legitimate interest in its disclosure.", cite Star Telegram, Inc., vs. Doe, 915 S.W.2d 471 (474) (Tex. 1995).*

1703 Vgl. *Doe vs. Mobile Video Tapes, Inc., 43 S.W.3d 40, 153 Ed. L. Rep. 805 (Tex. App. Corpus Christi 2001).*

1704 *WJLA-TV vs. Levin, 264 Va. 140, 564 S.E.2d 383 (2002).*

auch visuell identifizierte. Das Gericht im Bundesstaat Virginia konnte darin keine unzulässige Veröffentlichung erkennen. Vielmehr sei die Berichterstattung über den Angeklagten und die ihm vorgeworfenen Straftaten als „newsworthy“ anzusehen, da es sich um Ereignisse von öffentlichem Interesse (matter of public interest) handele.[1705] Die identifizierende Berichterstattung, visuell und/oder namentlich, wurde mithin für zulässig erklärt. Grundsätzlich erachten die US-amerikanischen Gerichte eine Veröffentlichung von privaten Informationen einer Person immer dann als zulässig, wenn diese allgemein zugänglich sind. Etwa dann, wenn sie öffentlichen Registern oder Akten (public records) entnommen werden können oder es sich um Ereignisse handelt, die sich ohnehin vor den Augen der Öffentlichkeit abgespielt haben.[1706] Der U.S. Supreme Court hat in seinen Urteilsbegründungen in den Fällen *Cox Broadcasting Corp. vs. Cohn*[1707] sowie *Smith vs. Daily Mail Publishing Co.*[1708] deutlich gemacht, dass die Zulässigkeit einer identifizierenden Veröffentlichung untrennbar mit der Art und Weise der Rechtmäßigkeit der Informationsgewinnung zusammen hängt. Wurden Informationen öffentlichen Aufzeichnungen entnommen und handelt es sich um solche aus öffentlichen und frei zugänglichen Quellen so gelten sie als privilegiert.[1709] Dabei soll ein verfassungsrechtliches Informationsrecht durchaus Eingriffe in das „right of privacy“ gestatten.[1710] Aus den rechtlichen Ausführung des U.S. Supreme Courts im Fall *Zemel vs. Rusk*[1711], lässt sich schlussfolgern, dass das Informationsrecht keinesfalls schrankenlos ist. Vielmehr muss es unter dem Vorbehalt der allgemeinen Gesetzte gesehen werden.[1712] Zu den allgemeinen Gesetzen zählt auch das „right of privacy“.[1713] Zur Urteilsfindung tragen jedoch letztlich die über das erforderliche Maß hinausgehenden richterlichen Überlegungen bei, sodass sich die Urteilsbegründung nicht auf die allgemeinen Gesetze und ihre Bedeutung als Schranken bezieht.[1714] Zusammenfassend bleibt festzuhalten, dass das

---

1705 *WJLA-TV vs. Levin, 264 Va. 140, 564 S.E.2d 383 (2002), “Is it a newsworthy event and a matter of public interest when a physician is accused by his patients of sexually assaulting them. Accordingly, we hold that the use of Dr. Levin's image in WJLA's promotional announcements was not an unauthorized use (...).”*

1706 Götting, a.a.O., S. 181; Prosser, 48 Cal. L. Rev. 383 (393) (1960); Zweigert/ Kötz, Rechtsvergleichung, S. 458.

1707 *Cox Broadcasting Corp. vs. Cohn, 420 U.S. 469 (1975).*

1708 *Smith vs. Daily Mail Publishing Co., 443 U.S. 97 (1979).*

1709 In diesem Zusammenhang fällt häufig die Begrifflichkeit “right to know”.

1710 Karst, 31 L.a.C.P. 348 f.; Kamlah, a.a.O., S. 192.

1711 *Zemel vs. Rusk, 381 U.S. 1 (17) (1964).*

1712 Vgl. Kamlah, a.a.O., S. 192.

1713 So auch Kamlah, a.a.O., S. 192.

1714 Der U.S. Supreme Court nennt als Beispiel für die Verdeutlichung der Notwendigkeit einer Beschränkung des „right to know“ den ungehinderten Zugang zum Regierungssitz in Washington D.C. *„For example, the prohibition of unauthorized entry into the White House diminishes the citizen's opportunities to gather information he might find relevant to his opinion of the way the country is being run, but that does not make entry into the White House a First Amendment right. The right to speak and*

Informationsrecht (right to know) mithin allein noch keinen willkürlichen Eingriff in das „right of privacy“ rechtfertigt. Kriminalberichterstattungen sind nicht in jedem Fall zulässig, nur weil die identifizierende Berichterstattung auf Informationen aus „public records“ basiert. Eine Verallgemeinerung verbietet sich auch hierbei.

aa. Tatverdächtige (accused criminals)

Berichterstattungen über Tatverdächtige sehen sich immer mit dem Unschuldsbeweis konfrontiert. Dieser muss besonders herausgestellt werden. Für eine identifizierende Berichterstattung können im Einzelfall gewichtige Gründe, wie die Verbrechensbekämpfung durch Abschreckung oder gar die Aufklärung, sprechen. Der Bevölkerung wird nachhaltig die Konsequenz aufgezeigt, die eine Straftat nach sich zieht. Doch wo ist die Grenze zu ziehen, wenn es sich um identifizierende Berichterstattungen handelt? Wann schlägt die Zulässigkeit in eine Unzulässigkeit um? Welche Parameter geben hierbei den Ausschlag?

Dabei sind die Vorteile einer identifizierenden Kriminalberichterstattung aus aktuellem Anlass nicht von der Hand zu weisen. So kann eine solche wesentlich zu Fahndungserfolgen beitragen und zugleich dem Schutz der Bevölkerung dienen. In den Fokus rückt die verstärkte Wirkung von Kriminalberichterstattungen in der Öffentlichkeit, wenn diese den Täter namentlich oder optisch identifizieren. Neben dem Schutzaspekt trägt die Kriminalberichterstattung zum einen dazu bei, dass die Glaubwürdigkeit des Berichtes gestützt und zum anderen die Schwere der begangenen Straftat untermauert wird.[1715] Wenngleich die soeben genannten Aspekte für eine identifizierende Kriminalberichterstattung aus aktuellem Anlass sprechen, so darf keine Vorverurteilung des Täters forciert werden. Kriminalberichterstattungen erfordern eine klare Feststellung, dass die Schuld des Täters nicht bewiesen, er vielmehr einer Straftat lediglich verdächtig, ist.[1716] Bei Angeklagten, welche wegen eines außergewöhnlichen Verbrechens vor Gericht stehen (accused of a sensational crime), ist nicht nur die Veröffentlichung von identifizierenden Angaben, sondern ebenso von privaten Informationen aus dem Leben des Angeklagten zulässig.[1717]

---

publish does not carry with it the unrestrained right to gather information.", Zemel vs. Rusk, 381 U.S. 1 (17) (1964).

1715 So in *Montesano vs. Donrey Media Group, Nev. 668 P.2d. 1081 (1983); Howard vs. Des Moines Register & Tribune Co., 283 N.W.2d 289 (Iowa 1979), cert. denied, 445 U.S. 904 (1980) (303)*; Schumacher, a.a.O., S. 222.

1716 *Briscoe vs. Reader's Digest Assn., 4 Cal.3d 529 (536) (1971)*; ebenso Schumacher, a.a.O., S. 222.

1717 Restatement (Second) of Torts § 652D comm. e, f, worin festgestellt wird, dass auch die Veröffentlichung von bestimmten privaten Tatsachen zulässig ist, wenn es sich um eine „public figure“ handelt. Comment i bestimmt darüber hinaus, dass davon auch Familienangehörige einer „public figure“ erfasst werden. Siehe dazu Prosser, Handbook of the Law of Torts 809–12 (4th Edition 1971); aufgreifend Schumacher, a.a.O., S. 223.

Einer der viel zitierten und angeführten Gerichtsentscheidungen ist in diesem Zusammenhang der Fall *Melvin vs. Reid.*[1718] Das Gericht verneinte einen sachlichen Grund für die Berichterstattung auf Grund der Zeitspanne von fünf Jahren zwischen Gerichtsverhandlung und Gegenwart.[1719] Wie das kalifornische Gericht im Fall *Malvin vs. Read* feststellte, bedarf es bei Kriminalberichterstattungen nach Ablauf eines längeren Zeitraums zwischen Veröffentlichung und Straftat eines sachlichen Grundes. Dies gilt auch dann, wenn die Öffentlichkeit zum damaligen Zeitpunkt über das öffentliche Strafverfahren ausführlich informiert wurde, sodass die Informationen dem Grunde nach nicht mehr als „privat", sondern vielmehr als „öffentlich" einzustufen sind.[1720]

bb. Straftäter (criminals)

Im Fall *Bernstein vs. National Broadcasting Company*[1721] berichtete die Presse über einen wegen Mordes verurteilten Straftäter und dessen spätere Begnadigung. Anders als im Fall *Melvin vs. Reid* war der Kläger jedoch schuldig.

Man kommt nicht umhin, bei einer identifizierenden Berichterstattung über einen Straftäter dessen Resozialisierungsinteresse im Blick zu behalten. In diesem Sinne gilt: Wird nach Ablauf eines längeren Zeitraums nach Aburteilung in identifizierender Weise sowohl über Person als auch Verbrechen berichtet, so bedarf es eines sachlichen Grundes. Auch dann, wenn das Gerichtsverfahren öffentlich war und über den Betroffenen bereits eine umfassende Berichterstattung in den Medien erfolgte. Der Schutz der Privatsphäre nimmt gegenüber dem des First Amendment mit Zeitablauf nach der Tat proportional zu. Mithin kommt auch in der Rechtsprechung der US-amerikanischen Gerichte dem Zeitfaktor eine erhebliche Bedeutung zu.[1722] Dies gilt insbesondere im Hinblick auf die Resozialisierung des Täters. Es gilt zwischen Kriminalberichterstattungen über aktuelle sowie in der Vergangenheit liegende Straftaten zu unterscheiden. Während Erstere sich mit einem wesentlich schwächeren Resozialisierungsinteresse konfrontiert sehen, bedarf es bei Letzteren einer gesonderten Gewichtung. Diesbezüglich wird auf die obigen Ausführungen betreffend der Personengruppe der Tatverdächtigen verwiesen. Eine nähere Behandlung der Problematik erübrigt sich an dieser Stelle.

1718 *Melvin vs. Reid, 112 Cal.App. 285, 297 P. 91 (Cal. App. 1931).*

1719 Ausführlich zur Bedeutung des Zeitablaufs bei Kriminalberichterstattungen anhand des Falls *Melvin vs. Reid*, siehe oben 2. Teil B. § 4 II. 2. b.

1720 So in *Melvin vs. Reed, 112 Cal. App. 285 (1931)*; dazu auch Götting, a.a.O., S. 181 f.; Prosser, 48 Cal. L. Rev. 383 (393) (1960).

1721 *Bernstein vs. National Broadcasting Company, 129 F. Supp. 817 (1955).*

1722 *Montesano vs. Donrey Media Group, Nev. 668 P.2d. 1081 (1086) (1983). "Passage of time, of course, is a relevant factor, with other facts, in determining whether the publicity involves a matter of legitimate public concern."*, (Restatement (Second) of Torts § 652D, comm. k (1977).

Der Fall *Briscoe vs. Reader's Digest Assn.*[1723] veranschaulicht die Thematik des Zeitablaufes. Wenngleich das kalifornische Gericht zunächst herausstellte, dass es an dem Nachrichtenwert eines weit zurückliegenden Kriminalfalls grundsätzlich keinen Zweifel hege,[1724] weil Fälle denkbar seien, in denen das öffentliche Interesse niemals abreisst,[1725] so sprach es auch seine Bedenken bezüglich einer Zulässigkeit der Veröffentlichung im betreffenden Einzelfall aus. Der Umstand, dass es sich um eine weit zurückliegende Tat handele, führe bei einer umfassenden Abwägung aller Umstände des individuellen Einzelfalls zu einer Unzulässigkeit der Veröffentlichung.[1726] Das Gericht argumentierte, dass die betreffende Berichterstattung ausschließlich die Neugier der Bevölkerung bediene[1727] und das Rehabilitationsinteresse des Betroffenen gestört werde.[1728]

cc. Verbrechensopfer (crime victim)

Doch nicht nur die Täter, auch die Opfer stehen häufig im Mittelpunkt des Interesses. Die US-amerikanischen Gerichte gehen von einer grundsätzlichen Zulässigkeit einer Opferberichterstattung aus.[1729] In § 652D des Restatement (Second) of Torts wird festgestellt, dass es den Publizierenden erlaubt sein muss, die Neugier der Bevölkerung über eine Person von öffentlichem Interesse (public figure) zu befriedigen.[1730] Personen, die mit aktuellen Ereignissen in direkter Verbindung stehen, müssten zugunsten des öffentlichen Interesses, auch Berichterstattungen in den

---

1723 *Briscoe vs. Reader's Digest Assn., 4 Cal.3d 529 (1971).*

1724 *Briscoe vs. Reader's Digest Assn., 4 Cal.3d 529 (538) (1971), "We (the court) have no doubt that reports of the facts of past crimes are newsworthy."*

1725 So bei Straftaten welche in die Annalen der Kriminalgeschichte eingegangen sind. *Briscoe vs. Reader's Digest Assn., 4 Cal.3d 529 (538) (1971). "There may be times, of course, when an event involving private citizens may be so unique as to capture the imagination of all. In such cases –e.g., the behavior of the passengers on the sinking Titanic, the heroism of Nathian Hale, the horror of the Saint Valentine's Day Massacre—purely privat individuals may by an accident of history lose their privacy regarding that incident for all time. There need be no "reattraction" of the public eye because the public interest never wavered. An individuel whose name is fixed in the public's memory, such as that of the political assassin, never becomes an anonymous member of the community again."*

1726 *Briscoe vs. Reader's Digest Assn., 4 Cal.3d 529 (537) (1971).*

1727 *Briscoe vs. Reader's Digest Assn., 4 Cal.3d 529 (538) (1971), "(...). Unless the individual has reattracted the public eye to himself in some independent fashion, the only public "interest" that would usually be served is that of curiosity."*

1728 *Briscoe vs. Reader's Digest Assn., 4 Cal.3d 529 (539) (1971), "Another factor militating in favor of protecting the individuals privacy here is the state's interest in the integrity of the rehabilitativ process."*

1729 Restatement (Second) of Torts § 652D comm. f.

1730 Restatement (Second) of Torts § 652D comm. f.; ebenso Schumacher, a.a.O., S. 223.

Medien hinnehmen, welche mit einem Eingriff in ihre Privatsphäre einhergehen.[1731] Die Betroffenen haben keine Möglichkeit sich gegen die Medien zur Wehr zu setzten. Unabhängig von dem Aspekt der Resozialisierung ist der Zeitablauf auch bei einer Kriminalberichterstattung über Verbrechensopfer ein wesentlicher Faktor. Die Zulässigkeitsprüfung erfordert stets die Abwägung aller Umstände des Einzelfalls. So hat ein Gericht in Iwoa im Fall *Howard vs. Des Moines Register & Tribune Co.*[1732] eine identifizierende Berichterstattung über ein Opfer einer fünf Jahre zurückliegende Zwangssterilisation für zulässig erachtet, weil es sich um eine Angelegenheit von großem öffentlichen Interesse handele und der Artikel mithin als „newsworthy" eingestuft werden müsse.[1733] Die Aktualität leitet das Gericht, trotz der Zeitspanne von fünf Jahren, aus dem Anlass der Berichterstattung ab. Der Artikel war eine Reaktion auf die schlechte gesundheitliche Versorgung und die Missstände des staatlichen Gesundheitsministeriums. Es handele sich dabei um eine Angelegenheit von größerem Interesse und die Glaubwürdigkeit des Beitrages werde durch die Veröffentlichung der Identität des Betroffenen unterstützt.[1734]

dd. Wahrnehmung berechtigter Interessen als besonderer Rechtfertigungsgrund

Die Wahrnehmung berechtigter Interessen kommt vor allem bei der Polizei und den Strafverfolgungsbehörden in Betracht. Erstere an der Prävention und Letztere an der Aufklärung.[1735] Aufgrund der vorliegenden Schwerpunktsetzung soll im folgenden Verlauf nicht näher auf diese Rechtfertigungsmöglichkeiten eingegangen werden.

III. Reichweite des „right of privacy"

Eine klassische Einteilung in Tatbestandsvoraussetzungen und Rechtfertigungsgründe existiert im US-amerikanischen „common law" nicht. Vielmehr versteht die Rechtsprechung die Lösung der Rechtsfrage bis hin zur Urteilsfindung als einheitlichen, stufenlosen Prozess, wobei die Lösung der individuellen Interessenkonflikte im Zentrum steht.[1736] Dennoch ist anerkannt, dass eine Feststellung der Verletzung

1731 *Carlisle vs. Fawcett Publications, Inc., 201 Cal.App.2d 733 (745 f.) (1962), "It is clear that as current news occurs those involved in the happening may be named and discussed in newspapers or over the air even through the process actually invades the privacy of the individual. If a householder is burglarized, or a pedestrian is held up and robbed in the street, or two automobiles collide at an intersection, news media may properly give an account of what happened even through the individual objects."*

1732 *Howard vs. Des Moines Register & Tribune Co., 283 N.W.2d 289 (303) (Iowa 1979).*

1733 *Howard vs. Des Moines Register & Tribune Co., 283 N.W.2d 289 (303) (Iowa 1979).*

1734 *Howard vs. Des Moines Register & Tribune Co., 283 N.W.2d 289 (303) (Iowa 1979).*

1735 Vgl. Silver, 44 Minn. L. Rev. 835 (1960); Strömholm, a.a.O., S. 147; Kamlah, a.a.O., S. 166.

1736 Vgl. Kamlah, a.a.O., S. 180.

des „right of privacy" nicht automatisch zu einer Haftung des Beklagten führt. Vielmehr stehen ihm verschiedene Verteidigungsmöglichkeiten zur Verfügung (defenses against privacy lawsuits).

1. *Einwilligung als Haftungsausschlussgrund*

Eine wirksame, vorherige Einwilligung schließt die Verletzungshandlung, mithin eine Haftung aus.[1737] Die Einwilligung kann sowohl ausdrücklich als auch konkludent erteilt werden.[1738] Eine Ausnahme bilden dabei die US-amerikanischen Bundesstaaten, welche das Gesetz nach dem Vorbild des § 50 New York Civil Rights anwenden und eine schriftliche Einwilligung als erforderlich ansehen.[1739] Doch auch der formlosen Einwilligung kommt in diesen Einzelstaaten eine Bedeutung zu, explizit beim Schadensersatzanspruch.[1740] Fallgestaltungen einer konkludenten Einwilligung sind vielseitig denkbar. Freiwillige Auskünfte gegenüber einem Reporter betreffend das Privatleben,[1741] oder das Posieren vor einer Kamera[1742] haben amerikanische Gerichte bereits ausreichen lassen. Das Auftreten von „public figures" (prominenten Persönlichkeiten) in der Öffentlichkeit wurde nach der sog. „waiver theory" (dt.: Verzichtserklärungstheorie) bereits als konkludente Einwilligung in die identifizierende Berichterstattung angesehen.[1743] Lediglich die Einordnung der Einwilligung wird teilweise unterschiedlich bewertet. Während einige Vertreter die Einwilligung eher als einen Verteidigungsgrund betrachten,[1744] entfällt für andere bereits der Tatbestand.[1745] Darüber hinaus muss die Einwilligung vom

---

1737 *Rawls vs. Conde Nast Publications, Inc., 446 F.2d 313 (316) (5th Cir. 1971), cert. denied, 404 U.S. 1038 (1972).*

1738 *Engman vs. Southwestern Bell Telephone Co., 631 S.W.2d 98 (101) (Mo. App. Ct. 1982); Rawls vs. Conde Nast Publications, Inc., 446 F.2d 313 (316) (5th Cir. 1971), cert. denied, 404 U.S. 1038 (1972)*; zit. von Börger, a.a.O., S. 151.

1739 So New York Civil Rights Law § 50; Oklahoma State Ann. Tit. 21, § 839; Utah Code Ann. Tit. 76, § 4–6; Virginia Code Ann. § 8–650; Übersicht dazu siehe Kamlah, a.a.O., S. 180.

1740 Prosser, 48 Cal. L. Rev. 374 (420), „The statutes all require that the consent be given in writing. As against the contention that this can still be "waived" by consent given orally, the rule which has emerged in New York is that the oral consent will not bar the cause of action, but is to be taken into account in mitigation of damages."; *Buschelle vs. Conde Nast Publications, 173 Misc. 674, 19 N.Y.S.2d 129 (Sup. Ct. 1940); Miller vs. Madison Square Garden Corp., 176 Misc. 714, 28 N.Y.S.2d 811 (Sup. Ct. 1941).*

1741 *Wolf vs. Regardie, 553 A.2d 1213 (1218) (Col. Dist. Ct. 1989).*

1742 *Gill vs. Hearst Publishing Co., 253 P.2d 441 (444) (Cal. Supp. Ct. 1953).*

1743 Nizer, 39 Mich. L. Rev. 556; Feinberg, 48 Colum. L. Rev. 726; Kamlah, a.a.O., S. 181.

1744 Vgl. *Engman vs. Southwestern Bell Telephone Co., 631 S.W.2d 98 (100) (Mo. App. Ct. 1982), "defense".*

1745 *Leggett vs. First Interstate Bank, 739 P.2d 1083 (1086) (Or. Ct. App. 1987); Turner vs. State, 494 So.2d 1292 (1297) (2d Cir. 1986).*

Rechtsinhaber erteilt werden.[1746] Die Bindungswirkung einer vom Rechtsinhaber erteilten Einwilligung ist absolut. Inhaltlich wird sie durch den Erklärungsinhalt begrenzt. Die Lösung liegt hierbei stets in der Würdigung aller Umstände des Einzelfalls und der betreffenden Berichterstattung. Die Einwilligung kann unwiderruflich erteilt werden.[1747] Argumentiert wird weitestgehend mit der Autonomie der Vertragsparteien.[1748] Einwilligungsmängel hingegen eröffnen der einwilligenden Partei die Möglichkeit der Anfechtung.[1749]

2. Zeitliche Begrenzung der Geltendmachung

Wie bereits festgestellt, liegt der Fokus des „right of privacy" auf dem Gefühlsleben der Betroffenen, woraus sich auch die Reichweite des Rechts ableiten lässt. Diese ist nur als „äußerst schwammig" zu bezeichnen. Denn der Verletzungstatbestand ist erst erfüllt, wenn die betroffene Person sich überhaupt in ihrem Gefühlsleben gestört fühlen kann.[1750] Ab wann kann von einer solchen Störung ausgegangen werden? Abzulehnen ist eine solche zumindest für Kleinstkinder, welche noch nicht in der Lage sind, sich zu artikulieren.[1751] Andernfalls müsste das Gericht die Gefühlslage des Betroffenen gleichsam erraten. Die Bewertung des Gefühlslebens durch einen Vormund ist ebenso abzulehnen. Dieser kann ausschließlich mit der „privacy"-Klage eine eigene Verletzung geltend machen. Daraus lässt sich schlussfolgern, dass der Kläger für eine erfolgreiche „privacy"-Klage am Leben sein muss. McCarthy[1752] sieht das Erlöschen der klassischen Privatrechte untrennbar mit dem Ableben der Person in dessen Privatsphäre angeblich eingedrungen wurde verbunden. Seine Ansicht entspricht der gängigen Rechtsprechung.[1753] In dem Fall *James vs. Screen Gems. Inc.* bezeichnet das Gericht das „right of privacy" als persönliches Recht, welches nicht über den Tod der Person hinaus fortwirkt.[1754]

1746 *Anderson vs. WROC-TV, 7 Media L. Rep. 1987 (1989) (N.Y. Supp. Ct. 1981)*; anders *Florida Publishing vs. Fletcher, 2 Media L. Rep. 1088 (Fla. Sup. Ct. 1976)*, hier bejaht das Gericht die Wirksamkeit der Einwilligung durch eine dritte Person.

1747 McCarthy, a.a.O., § 10:21; Restatement (Second) of Torts, § 892 A (5) (1979).

1748 *Shields vs. Gross, 58 N.Y.2d 338 (347) (1983)*; McCarthy, a.a.O., § 10:14.

1749 McCarthy, a.a.O., § 10:43.

1750 Vgl. *Slocum vs. Sears Roebuck & Co., 542 So. 2d 777 (La.Ct.App. 1989)*; McCarthy, a.a.O., § 5:63.

1751 So auch entschieden in Slocum vs. Sears Roebuck & Co., 542 So. 2d 777 (La. Ct.App. 1989).

1752 McCarthy, a.a.O., § 9:1. "Such classic privacy rights die with the person whose privacy was allegedly invaded."

1753 *James vs. Screen Gems, Inc., 174 Cal. App. 2d 650 (653) (344 P.2d 799) (2nd Dist. 1959); Lugosi vs. Universal Pictures, 25 Cal. 3d 813 (820, 833), 160 Cal. Rptr. 323, 603 P.2d 425, 5 Media L. Rep. (BNA) 2185, 205 U.S.P.Q. 1090, 10 A.L.R. 4th 1150 (1979).*

1754 *James vs. Screen Gems, Inc., 174 Cal. App. 2d 650 (653) (2nd Dist. 1959).*

IV. Rechtsnatur und Übertragbarkeit

Das „right of privacy" gilt als höchstpersönliches Recht und ist als solches nicht übertragbar.[1755] Eine Geltendmachung ist durch den bezweckten Schutz des „right of privacy" vor psychischen Beeinträchtigungen somit untrennbar mit der Person verknüpft und kann nach dem Ableben durch Dritte denknotwendig nicht geltend gemacht werden. Daraus folgt, dass das US-amerikanische Recht kein postmortales „right of privacy" kennt.[1756]

V. Rechtsfolgen und Rechtsschutzmöglichkeiten

Wie bereits eingangs erwähnt, schützt das „right of privacy" das seelische Gefühlsleben einer Person. Wird in das „right of privacy" eingegriffen so kann der Betroffene zum einen „general damages" als auch „special damages" geltend machen. Bei Ersterem handelt es sich um den immateriellen Schadensersatz aufgrund der seelischen Beeinträchtigungen, bei Letzterem um Vermögensschäden, die der Betroffene durch den Eingriff erlitten hat, weil er beispielsweise Arztkosten aufwenden musste oder Verdienstausfälle hatte. Ein immaterieller Schadensersatz wird angenommen, wenn das „right of privacy" auf Grund eines Eingriffs Beeinträchtigungen erfährt, welche je nach Schwere des immateriellen Schadens unterschiedlich sanktioniert werden.[1757] Der Kläger ist sowohl für die Verletzung des „right of privacy" als auch für die Intensität des Eingriffs beweispflichtig. Eine Ausnahme stellt der Bundesstaat Kalifornien dar. Die kalifornischen Gerichte sprechen dem Kläger auch dann einen Mindestschadensersatz von $ 750 zu, wenn er weder die Art noch den Umfang der psychischen Beeinträchtigungen benennen kann.[1758] Die Bemessung der Schadenshöhe liegt Bundesstaaten übergreifend im Ermessen des jeweiligen Gerichts. Liegt dem Eingriff ein schwerwiegendes Verschulden zu Grunde, so kann das Gericht den Schädiger aus Abschreckungs- und Präventionsgründen zu einer besonders hohen Schadensersatzzahlung verurteilen.[1759] Für „false light cases" gilt als Haftungsmaßstab grobes Verschulden, sog. „malice". Danach haften die Medien, wenn sie die Veröffentlichung falscher Tatsachenbehauptungen in Kenntnis ihrer Unrichtigkeit oder auf Grund einer rücksichtslosen Missachtung der Wahrheit vorgenommen

---

1755 McCarthy, a.a.O., § 10.1 f.; vgl. Ebenso Restatement of Tort, § 652I, comment a (2nd 1977).

1756 Vgl. Restatement of Torts, § 652 I, comment a (1977, 2nd): "The right protected by the action for invasion of privacy is a personal right, peculiar to the individual whose privacy is invaded. The cause of action is not assignable,...", zit. Auch von Götting, a.a.O., S. 188.

1757 McCarthy, a.a.O., § 11.7.

1758 § 3344 (a) California Civil Code „..., the person who violated the section shall be liable to the injured party or parties in an amount equal to the greater of seven hundred fifty dollars ($750) or the actual damages suffered by him or her as a result of the unauthorized use,..."; zur Thematik umfassend McCarthy, a.a.O., § 6.4.

1759 Sog. malice = dt. Bosheit; siehe dazu Götting, a.a.O., S. 190.

haben.[1760] Andernfalls haftet das veröffentlichende Medium nicht für falsche oder verzerrende Berichterstattungen über eine in der Öffentlichkeit starke Bekanntheit genießende Persönlichkeit (public figures).[1761] Eine Ausnahme begründen jedoch reine Privatpersonen (privat figures). Wurde über sie falsch oder verzerrend in den Medien berichtet, haften diese bereits bei einfacher Fahrlässigkeit.[1762] Hinsichtlich des vierten Tatbestandes des „right of privacy“ und dem Einfluss des First Amendments ist festzuhalten, dass die Verwendung des Namens oder Konterfeis einer Person im Rahmen der Berichterstattung durch die Medien unabhängig von der umsatzsteigernden Wirkung und des wirtschaftlich gezogenen Nutzens zulässig ist.[1763]

Unterlassung zukünftiger Verletzungen des „right of privacy“ steht dem Verletzten nur bei den Tatbeständen Nr. 1 „introdution“ und Nr. 4 „appropriation“ zu. Bei den Tatbeständen Nr. 2 „public disclosure of privat facts” und Nr. 3 „false light in the public eye” steht der Geltendmachung eines Unterlassungsanspruchs die sog. „prior restraint rule“ entgegen. Diese besagt, dass die Unterbindung der Verbreitung von Informationen und Meinungen gegen das im First Amendment der Verfassung geschützte „right of free speech“ verstößt. Diese Vermutung führt dazu, dass ein Unterlassungsanspruch einer „Vorab-Zensur“ gleich käme, welche es zu vermeiden gilt.[1764]

§ 5 „Right of publicity“

Der Betroffene kann sich in zweierlei Hinsicht auf das „right of publicity“ berufen. Einerseits gebietet es ihm eine Abwehrmöglichkeit bei unbefugter kommerzieller Nutzung seiner Identitätsmerkmale. Andererseits ermöglicht es ihm die Verwertung seiner Persönlichkeitsmerkmale zu genehmigen, und den Vermögensvorteil zu erlangen.[1765] Es gilt festzuhalten, dass der Kläger beide Rechtsinstitute kumulativ

---

1760 *Gertz vs. Robert Welch, Inc., 418 U.S. 323 (1974), “with knowledge of falsity or in reckless disregard of the truth”.*

1761 *Gertz vs. Robert Welch, Inc., 418 U.S. 323 (1974)*; zur Thematik ebenso Post, GRUR Int. 2006, 283 (291).

1762 Vgl. *Time, Inc. vs. Hill, 385 U.S. 374.*

1763 Prosser 48 Cal. L. Rev. 383 (405) (1968); Posser/ Keeton, a.a.O., S. 853; Götting, in: Götting/ Schertz/ Seitz, a.a.O., § 69 Rdn. 14.

1764 Vgl. *Noor vs. Minnesota, 283 U.S. 697 (1931),* worin das Gericht erklärt, dass eine nachträgliche Bestrafung, sog. „subsequent punishment“ vorzugswürdig sei; Smolla/ Nimmer, Freedom of the Speech, § 4.03, § 4.04; Götting, a.a.O., S. 190.

1765 *Memphis Dev. Found. vs. Factors Etc., Inc., 616 F. 2nd 956 (957) (6th Cir.), cert. denied, 449 U.S. 953 (1980); Estate of Presley vs. Russen, 513 F. Sup. 1339 (1353) (D.N.J. 1981)*; Nimmer, 19 L & Contemp. Prob. 203 (212) (1954); Treece, 51 Texas L. Rev. 651 (652) (1973); Rader, 61 JPOS 228 (1979); R. Hoffmann, 31 De Paul L. Rev. 1 (5) (1981); Shipley, 66 Corn. L. Rev. 673 (677) (1981); Gross, 62 Boston Univ. L. Rev. 965 (967) (1982); Samuelson, 57 Tulane L. Rev. 836 (1983); Fikes, 14 Cumberland L. Rev. 347 (1984); vgl. auch Götting, a.a.O., S. 191.

geltend machen kann. Das „right of privacy“ für den erlittenen psychischen Schaden (immateriell) sowie das „right of publicity“ für die kommerziellen Einbußen.[1766]

I. Entwicklung und Inhalt des „right of publicity“

Bezug nehmend auf die obigen Ausführungen hat das „right of publicity“ seinen Ursprung im „right of privacy“. Das Fundament des „right of publicity“ wurde bereits 1905 durch die Entscheidung des Supreme Court of Georgia betreffend der unbefugten Bildpublikation für kommerzielle Zwecke begründet.[1767] Der Fall machte erstmals deutlich, dass der Schutz des „right of privacy“ nicht ausreicht, um den Betroffenen auch in materieller Hinsicht abzusichern. Wenngleich in den früheren Entscheidungen der US-amerikanischen Gerichte auch prominenten Persönlichkeiten ein „right of privacy“ zugesprochen wurde,[1768] weil die Bekanntheit des Betroffenen noch keine Rolle spielte, so war dies doch spätestens mit der Erschließung des Werbemarktes überholt. Mit den technischen Entwicklungen der Medien eröffnete sich der Prominenz eine völlig neue Verdienstmöglichkeit.[1769] Durch den Abschluss lukrativer Werbeverträge war die Rechtsprechung, wonach der Betroffene durch die Verwendung seines Bildnisses oder/und Namens seelische Beeinträchtigungen erleidet, nicht mehr haltbar. Warum sollte die seelische Beeinträchtigung eines „celebrities“ von dem schriftlichen Einverständnis in die kommerzielle Nutzung seiner Identitätsmerkmale abhängen? Durch diese Diskrepanz entstand eine Gesetzeslücke.[1770] Die Gerichte räumten in aller Regel nur noch Privatpersonen einen umfassenden Persönlichkeitsschutz nach dem „right of privacy“ ein. Es etablierte sich mehr und mehr die Ansicht, dass eine prominente Persönlichkeit die ohnehin stets die öffentliche Aufmerksamkeit sucht bei einer ungenehmigten kommerziellen Nutzung ihrer Identitätsmerkmale zu Werbezwecken nicht auf das „right of privacy“

1766 *National Bank of Commerce vs. Shaklee Corp., 503 F.Supp. 533 (545 ff.) (W.D.Tex. 1980); Candebat vs. Flanagan, 487 So.2d 207 (212) (Miss. 1986)*; McCarthy, a.a.O., § 4:21; v. Bassewitz, a.a.O., S. 69.

1767 *Pavesich vs. New England Life Ins. Co., 50 S.E. 68 (1905), "photo for advertisement".*

1768 *Pavesich vs. New England Life Ins. Co., 50 S.E. 68 (1905); von Thodorovich vs. Franz Joseph Beneficial Association, 154 F. 911 (C.C.Pa. 1907)*; Ein New Yorker Gericht gewährte auch einem Prominenten das Recht sich auf sein Right to Privacy zu berufen, allerdings räumte es als materiellen Schaden nur einen obligatorischen Schadensersatz von $ 6 Cent pro Persönlichkeitsrechtsverletzung ein (nominal damages). *Miller vs. Madison Square Garden, 28 N.Y.S.2d 811 (Sup. Ct. 1941)*; ausführlich dazu Klüber, Persönlichkeitsschutz und Kommerzialisierung, S. 162.

1769 Gordon, 55 Nw. U. L. Rev. 553 (606) (1960), mit Nachweisen, dass sich der Werbemarkt mit Weiterentwicklung der technischen Möglichkeiten bereits in den 20er Jahren derart entwickelte, dass prominente Persönlichkeiten lukrative Werbeverträge abschlossen.

1770 Dazu auch McCarthy, a.a.O., § 1.1.

zurück greifen konnte.[1771] Das alleinige Abstellen auf das Gefühlsleben und die daraus resultierende „waiver doctrine“ machte es prominenten Persönlichkeiten geradezu unmöglich gegen die unbefugte wirtschaftliche Nutzung ihrer Identitätsmerkmale vorzugehen. Das „right of privacy“ weist erhebliche Defizite auf.[1772] Demnach verzichtet derjenige konkludent auf sein Recht, der sich um Präsenz in den Medien bemüht.[1773] Der U.S. Supreme Court charakterisierte das „right of publicity“ in dem Fall *Zacchini vs. Scripps-Howard Broadcasting* als „property right“ (Eigentumsrecht) an der menschlichen Identität.[1774] Stattdessen kann der Kläger nunmehr das ihm an seiner Identität zustehende Eigentumsinteresse und „property right“ (Eigentumsrecht) im Rahmen des „right of publicity“ geltend machen.[1775] Gestützt wird diese Eigentumstheorie mit der Argumentation, jedem stehe das Recht an den Früchten seiner Arbeit zu.[1776] Grundgedanke ist, dass jeder durch Einsatz und harte Arbeit erst die Vermarktung seiner Identität ermöglicht hat, auch den Nutzen daraus ziehen soll. Dem kann entgegen gehalten werden, dass nicht jeder Bekanntheitsstatus auf harte Arbeit zurückzuführen ist. Auch zufällig Berühmtheit oder Prominenz durch Geburt ist denkbar. Dennoch vermag das Argument zu überzeugen, dass der Persönlichkeitsrechtsinhaber ein Eigentumsinteresse an seiner Identität besitzt und gegen unbefugte Verwendungen ein „right of publicity“ geltend machen kann. Andernfalls stünde der Betroffene einer widerrechtlichen Nutzung machtlos gegenüber, was jeglichem Rechtsempfinden widerspräche. In absoluten Ausnahmefällen gewähren Gerichte auch „public figures“ (celebrity cases) einen Schutz aus dem „right of privacy“, beispielsweise wenn von einer Werbekampagne

1771 So Yankwich, 27 Notre Dame Law 499 ff. (1952); Nimmer, 19 L & Contemp. Prob. 203 (204 ff.) (1954); Treece, 51 Texas L. Rev. 637 (641) (1973); Ausness, 55 Temple Law Quarterly 977 (981 f.) (1982); zur Thematik zusammenfassend Götting, a.a.O., S. 193.

1772 Vgl. Nimmer, 19 L. & Contemp. Probs. 203 (1954).

1773 Sog. Waiver Theorie, diese wurde unter anderem in folgenden Gerichtsverfahren als Urteilsbegründung angeführt *Paramount Pictures Inc. vs. Leader Press, Inc., 24 F. Supp. 1004 (W.D. Okla. 1938); Gaultier vs. Pro-Football, Inc., 124 F. 2d 167 (5th Cir. 1941).*

1774 *Zacchini vs. Scripps-Howard Broadcasting Co., 433 U.S. 564 (1977), "(...) right of publicity is in protecting the proprietary interest of the individual in his act (...)".*

1775 McCarthy, a.a.O., § 2:1 ff.; *Reeves vs. United Artists, 572 F. Supp. 1231 (1233) (Ohio Dist. Ct. 1982). Ausführungen zum Right of Publicity zitiert aus Carson vs. Here's Johnny Portable Toilets, Inc., 698 F.2d 831 (835) (6th Cir. 1983): "Most recently, it has developed to protect a performer from unauthorized commercial exploitation of his identity, thereby preserving the value of the performer's identity to promoters of goods and services."*

1776 Nimmer, 19 L. & Contemp. Probs. 203, 216 (1954); *Uhlaender vs. Henricksen, 316 F. Supp. 1277 (1282) (D.Minn. 1970)*; McCarthy, a.a.O., § 2:5; v. Bassewitz, a.a.O., S. 63.

eine herabwürdigende Wirkung ausgeht.[1777] Neben dem Bild und dem Namen schützt das „right of publicity“ auch die Stimme als Teil der Identität.[1778]

Wann hingegen eine Herabwürdigung durch Werbung bejaht werden kann ist fraglich. Beispielhaft sei hier der Fall eines prominenten professionellen Footballers, welcher sich aktiv in der Öffentlichkeit gegen Alkoholkonsum aussprach und in diesem Zusammenhang Aufklärungskampagnen für Jugendliche aktiv unterstützte, genannt.[1779] Eine Brauerei verwendete sein Konterfei für einen Bierwerbekalender. Dagegen wehrte sich der Betroffene mit der Argumentation, er fühle sich, insbesondere auf Grund seiner Aktivitäten im Kampf gegen Alkoholismus unter Jugendlichen, besonders nachhaltig beeinträchtigt. Das Gericht lehnte hingegen einen Anspruch des Klägers ab. Als Begründung führte es an, dass das Braugewerbe anständig und legitim sei. Zudem sei nicht ersichtlich, warum die ideellen Interessen des Klägers durch die lediglich zusätzliche Öffentlichkeit verletzt sein sollen. Daran ändere auch die Tatsache nichts, dass die erweiterte Öffentlichkeit aufgezwungen und unerwünscht war.[1780] Das „right of publicity“ wurde erstmals im Fall *Haelan Laboratoris, Inc., vs. Topps Chewing Gum, Inc.*[1781] als eigener Deliktstatbestand heraus gearbeitet. Zwei Unternehmen stritten über die Nutzung von Fotos eines bekannten Baseballspielers zu Werbezwecken. Dabei hatte sich eines der beiden Unternehmen die ausschließlichen Nutzungsrechte zu Werbezwecken durch einen exklusiven Lizenzvertrag einräumen lassen, um dessen Bedeutung die Parteien nun stritten. Denn der Baseballspieler hatte zu einem späteren Zeitpunkt mit dem Beklagten Abrede widrig einen zweiten Lizenzvertrag über die Nutzungsrechte seiner Identitätsmerkmale zu Werbezwecken abgeschlossen. Das Gericht gab dem Begehren des Klägers statt und entschied, dass die Beeinträchtigungen der Verdienstmöglichkeiten des Klägers ausreichend für die Gewährung eines eigenen Ersatzanspruches sind, mithin der erhebliche wirtschaftliche Wert des „right of publicity“ zum Tragen kommt.[1782] Damit schlug sich das Bedürfnis nach einem Recht, welches den Betroffenen auch in ökonomischer Hinsicht gegen unbefugte

---

1777 So wurde dies von einem kalifornischen Gericht für einen sog. „offensive use“ bejaht, *Gill vs. Hearst Publishing Co., 40 Cal. 2d 224 (253) (1953)*; ein „right to privacy” wurde bei public figures auch in folgenen Fällen bejaht: *Brinkley vs. Casablancas, 438 N.Y.S.2d 1004 (N.Y. App. Div. 1981); Motschenbacher vs. R.J. Reynolds Tabacco Co., 498 F.2d 821 (824) (9th Cir. 1974).*

1778 *Midler vs. Ford Motor Co., 849 F. 2d 460 (9th Cir. 1988)*; kommentierend Wohl, 57 Fordham L. Rev. 445 (461 f.) (1988); Bloom, 13 Hasting Comm./ Ent. L.J. 489 (499 ff.) (1991); Götting, in: Götting/ Schertz/ Seitz, a.a.O., § 69 Rdn. 27.

1779 *O'Brian vs. Pabst Sales Co., 124 F. 2d 167 (5th Cir. 1941)*; auch zit. von Klüber, a.a.O., S. 162; Götting, a.a.O., S. 194.

1780 *O'Brian vs. Pabst Sales Co., 124 F. 2d 167 (170) (5th Cir. 1941).*

1781 *Haelan Laboratories, Inc., vs. Topps Chewing Gum, Inc., 202 F.2d 866 (868) (2d Cir.), cert. denied, 346 U.S. 816 (1953).*

1782 *Haelan Laboratories, Inc., vs. Topps Chewing Gum, Inc., 202 F.2d 866 (868) (2d Cir.), cert. denied, 346 U.S. 816 (1953), "This right of publicity would usually yield them no*

Veröffentlichungen schützt, nieder. Bis dato bestand aufgrund des rein ideellen Schutzes vor psychischen Beeinträchtigungen (mental distress)[1783] durch das „right of privacy“ ein solches nicht. Auch wenn bereits im Jahre 1953 der Deliktstatbestand des „right of publicity“ herausgearbeitet wurde, so etablierte sich dieser doch erst durch die Anerkennung des U.S. Supreme Courts im Jahre 1977.[1784] Dieses stellte die unterschiedlichen Schutzrichtungen des „right of privacy“, „mental distress“, und des „right of publicity“, „proprietary interest“, deutlich heraus. In der Folgezeit haben die meisten US-amerikanischen Bundesstaaten das „right of publicity“ nach und nach anerkannt. Es ist heute in zehn Staaten im Common Law und in achtzehn Bundesstaaten durch Gesetz geregelt.[1785] Durch seine Entscheidung bezieht der U.S. Supreme Court Stellung zur Vereinbarkeit des „right of publicity“ mit dem First Amendment und bejaht diese im Ergebnis.[1786] Einer Abwägung bedarf es immer dann, wenn es sich nicht ausschließlich nur um eine gewerbliche Nutzung der Identität einer Person handelt, sondern vielmehr auch Informationen vermittelt werden oder literarische bzw. journalistische Elemente vorliegen.[1787] Weiterhin stellt sich die Frage, ob der Zweck der gewerblichen Vermarktung bei der Verwendung der Identität des Klägers überwiegt, sodass das „right of publicity“ des Klägers betroffen ist.[1788] Eine Romanveröffentlichung war Streitgegenstand eines von einem Gericht in New York zu entscheidenden Konfliktfalls zwischen dem First Amendment und dem „right of publicity“.[1789] Das Gericht räumte der Redefreiheit, mithin dem First

---

money unless it could be made the subject of an exclusive grant which barred any other advertiser from using their picture.”

1783 “mental distress”, dazu siehe oben 2. Teil B. § 4 II.

1784 Erstmals anerkannt vom U.S. Supreme Court in *Zacchini vs. Scripps-Howard Broadcasting Co., 433 U.S. 562 (1977)*; vgl. auch *Bi-Rite Enterprises, Inc., vs. Button Master, 555 F. Supp. 1188 (1198) (N.Y. Dist. Ct. 1983).*

1785 Vgl. McCarthy, a.a.O., § 6:1 ff.

1786 *Zacchini vs. Scripps-Howard Broadcasting Co., 433 U.S. 562 (573, 578) (1977).*

1787 Börger, a.a.O., S. 212 f.

1788 *Groucho Marx Products, Inc., vs. Day & Night Co., 523 f. Supp. 485 (492) (N.Y. Dist. Ct. 1981), “If, however, the defendants use of the celebrity's name or likeness is largely for commercial purposes, such as the sale of merchandise, the right of publicity prevails.”*

1789 Im vorliegenden Fall hatten die Erben die Verletzung des auf sie übergegangenen Right of Publicity beklagt, weil der Name der Verstorbenen in einem Buch bzw. Romanverfilmung verwendet wurde. Das Gericht wies die Klage ab und gab auf Grund der Verwendung der Redefreiheit gegenüber dem Right of Publicity den Vorzug. *Hicks vs. Casablanca Records, 464 f. Supp. 425 (430) (N.Y. Dist. Ct. 1978). “ Here, the Court is faced with the novel and rather complex question of whether the right of publicity attaches where the name or likeness is used in connection with a book or movie. The question is novel in view of the fact that more so than posters, bubble gum cards, or some other such merchandise books or movies are vehicles through which ideas and opinions are disseminated and, as such, have enjoyed certain constitutional protections, not generally accorded merchandise.”*; vgl. dazu eingehend Börger, a.a.O., S. 213 f.

Amendment, den Vorrang ein. Als Begründung führte es aus, dass die Identität des Klägers nicht ausschließlich zu gewerblichen Zwecken verwendet wurde und die angegriffenen Werke keine bewusst unwahren Behauptungen enthielten. Der fiktionale Charakter sei für die Konsumenten eindeutig erkennbar.[1790] Die Maßstäbe, wann sich der Beklagte auf die Redefreiheit berufen kann, werden nicht sehr hoch angelegt. Bereits die Einhaltung literarischer Mindestkriterien sowie der Ausschluss einer Schleichwerbung wird als ausreichend erachtet.[1791] Im Fall *Virgina State Board of Pharmacy vs. Virginia Citizen Consumer Council* erklärte der U.S. Supreme Court erstmals im Jahre 1976, dass das vom First Amendment geschützte Grundrecht der Meinungsfreiheit auch das „right of commercial speech" mit einschließt.[1792] Argumentativ wurde angeführt, dass es die Zielsetzung eines vollkommenen Marktes sei, durch Werbung Informationen über die Existenz und Eigenschaften von Produkten zu vermitteln. Nur so könne der Verbraucher beim Kauf eines Produktes gut informiert sein und eine rationale Entscheidung über den Kauf treffen. Dieses Ziel werde nur durch die freie Strömung der kommerziellen Informationen erreicht.[1793] Der Supreme Court weist darauf hin, dass die Annahme Virginias, Werbung sei nicht vom First Amendment gedeckt, falsch sei, mithin revidiert werden müsse.[1794] Eine Einschränkung erfährt das „right of commercial speech"

1790 *Hicks vs. Casablanca Records, 464 F. Supp. 425 (433) (N.Y. Dist. Ct. 1978), "(...), this Court finds that the First Amendment protection usually accorded novels and movies outweighs whatever publicity rights plaintiffs may possess and for this reason their complaints must be dismissed. Accordingly, the Court finds that the right of publicity does not attach here, where a fictionalized account of an event in the life of a public figure is depicted in a novel or a movie, and in such novel or movie it is evident to the public that the events so depicted are fictitious."*; Börger, a.a.O., S. 213 f.

1791 *Frosch vs. Grosset & Dunlap, Inc., 75 A.D.2d 768 (769) (N.Y. Sup. Ct. 1980), "It is enough that the book is a literary work and not simply disguised commercial advertisement for the sale of goods and services."*; Börger, a.a.O., S. 214.

1792 *Virginia State Board of Pharmacy vs. Virginia Citizens Consumer Council, Inc., 425 U.S. 748 (764) (1976), "(...) As to the particular consumer's interest in the free flow of commercial information, that interest may be as keen, if not keener by far, than his interest in the day's most urgent political debate (p 763). (...) Generalizing, society also may have a strong interest in the flow of commercial information. Even an individual advertisement, though entirely "commercial", may be of general public interest (p 764)."*

1793 *Virginia State Board of Pharmacy vs. Virginia Citizens Consumer Council, Inc., a.a.O., S. 765, "So long as we preserve a predominantly free enterprise economy, the allocation of resources in large measure will be made through numerous private economic decisions. It is matter of public interest that those decisions, in the aggregate, be intelligent and well informed. To this end, the free flow of commercial information is indispensable."*

1794 *Virginia State Board of Pharmacy v. Virginia Citizens Consumer Council, Inc., a.a.O., S. 770, "(...) Virginia (...), far from persuading us that the flow (of commercial speech) is not protected by the First Amendment, have reinforced our view that it is. We so hold.".*

jedoch als Rechtfertigungsgrund. Wirbt der Beklagte mit Identitätsmerkmalen des Rechtsinhabers, ohne dass dieser sein Einverständnis erklärt hat, kann er sich nicht auf „commercial speech" berufen.[1795] Ausschließlich wahre Informationen sollen geschützt werden. Eine Werbekampagne vermittelt hingegen in der Öffentlichkeit den Eindruck, der Werbende stehe für und hinter dem Produkt. Bei einer unautorisierten Vermarktung ist davon gerade nicht auszugehen. Wenngleich die Werbekampagne informative, satirische oder künstlerische Elemente enthält, ändert das an der Rechtswidrigkeit der ungenehmigten Nutzung von fremden Identitätsmerkmalen nichts.[1796] Die größte Bedeutung gewinnt das „right of publicity" im Bundesstaat Kalifornien. Nicht zuletzt aufgrund der dort ansässigen nationalen und internationalen Film- und Fernsehindustrie und dem häufigen Versuch sich Identitätsmerkmalen Prominenter zu Werbezwecken zu bedienen. Augenzwinkernd wird der zuständige 9th Circuit Court auch als „Circuit of the Stars" bezeichnet.[1797] Die Regelungen zum „right of publicity" sind dort in den §§ 3344, 3344.1 California Civil Code geregelt.[1798]

Wo es an der Erkennbarkeit des Betroffenen mangelt besteht kein Anspruch. Andernfalls kann nicht von einer Vermarktung seiner Identitätsmerkmale ausgegangen werden.[1799] Wie bereits festgestellt, gilt es als ausreichend, wenn der Betroffene für einen nicht ganz unerheblichen Personenkreis erkennbar ist.[1800] Das nicht nur das Bildnis, sondern auch der Name sowie die Stimme Identitätsmerkmale einer Person sind ist selbstredend. Der Thematik dieser Arbeit ist es geschuldet, dass im Rahmen der Abhandlung auf die Darstellung Letzterer verzichtet wird. Der Bildnisbegriff ist grundsätzlich weit auszulegen und erfasst jedes, für die Identifikation geeignete, visuelle Identitätsmerkmal einer Person.[1801] Beispielhaft seien hier die als abschließend geltenden §§ 50, 51 New York Civil Rights Law genannt, welche trotz ihrer engen Formulierung (portrait or picture) von den Gerichten in New York

1795 *Virginia State Board of Pharmacy vs. Virginia Citizens Consumer Council, Inc., 425 U.S. 748 (771) (1976), "Untruthful speech, commercial or otherwise, has never been protected for its own sale.";* ebenso *Gertz vs. Robert Welch, Inc., 418 U.S. 323 (340) (1974)*; Götting, in: Götting/ Schertz/ Seitz, a.a.O., § 69 Rdn. 29; McCarthy, a.a.O., § 7:2 ff. (§ 7:7).

1796 *White vs. Samsung Electronics America, Inc., 971 F.2d 1395 (1401) (9th Cir. 1992)*; McCarthy, a.a.O., § 7:4; v. Bassewitz, a.a.O., S. 67.

1797 Reber, GRUR Int. 1997, 884; Gauß, a.a.O., S. 205.

1798 Aufführend Magold, a.a.O., S. 671 ff.

1799 Columbia Pictures Industrie, Inc., 860 F. Supp. 30 (E.D. N.Y. 1994); *Leval vs. Prudential Health Care Plan, Inc., 610 F. Supp. 279 (N.D. Ill. 1985).*

1800 Als Maßstab gilt die Identifizierbarkeit der betreffenden Person unter Würdigung aller Umstände durch einen vernünftigen Durchschnittsbürger (reasonable person). McCarthy, a.a.O., § 3:4; *Motschenbacher vs. R. J. Reynolds Tabaccco Co., 489 F.2d 821 (9th Cir. 1974).*

1801 Vgl. Götting, a.a.O., S. 216 f.; Gauß, a.a.O., S. 211.

weit ausgelegt werden.[1802] Die „look alike“-Rechtsprechung bildet das Pendant zur deutschen Doppelgängerrechtsprechung.[1803] Dabei hängt die Zulässigkeit unmittelbar davon ab, ob der Doppelgänger für die Öffentlichkeit als solcher erkennbar ist und nicht mit der prominenten Persönlichkeit verwechselt werden kann. Überträgt man die Maßstäbe auf die kommerzielle Vermarktung, so muss der Bevölkerung ein deutlicher Hinweis auf die Doppelgängereigenschaft gegeben werden, sog „disclaimer“.[1804] Doch auch das wurde bis dato nur von den Gerichten des Districts New York für notwendig erachtet und entfaltet darüber hinaus keine Bindungswirkung für andere Gerichte.[1805] Die übrigen Einzelstaaten entscheiden im Fall der „look alike“-Problematik nach den gesetzlichen Regelungen bzw. nach dem ergänzend anzuwendendem „common law“.[1806] Der Einsatz eines Doppelgängers ist nur dann als unzulässig anzusehen, wenn er ausschließlich erfolgt, um beim Betrachter einen falschen Eindruck zu erwecken, nämlich dass es sich tatsächlich um die prominente Persönlichkeit handelt. Besonders relevant ist die Fallgruppe der „look alike“-Fälle im Zusammenhang mit „commercial campaigns“. Das Image einer prominenten Persönlichkeit soll hier der Umsatzsteigerung dienen. Zu diesem Zweck bedient man sich, nicht zuletzt aus Kostengründen, einem Double. So geschehen im Fall *Onassis vs. Christian Dior.*[1807]

II. Anspruchsberechtigte Personen

Die Gerichte räumen insbesondere prominenten Persönlichkeiten (celebrities) ein Eigentumsinteresse (proprietary interest) an der gewerblichen Verwertung ihrer Persönlichkeit ein.[1808] Das lässt sich auch daraus schlussfolgern, dass das „right of publicity“ dem Betroffenen einen Schutz vor kommerzieller Verwertung seines Namens oder Konterfeis gewährt und mithin vor der unrechtmäßigen Ausnutzung der Bekanntheit oder des Images schützen soll.[1809] Aufgrund dessen, dass eine Privatperson regelmäßig unbekannt ist und ihre Identitätsmerkmale keinen real berechenbaren Marktwert aufweisen, wollen einige Gerichte sowie Vertreter der

---

1802 Vgl. *Ali vs. Playgirl, Inc., 44 F. Supp. 723 (S.D. N.Y. 1978); Onassis vs. Christian Dior, Inc., 472 N.Y.S.2d 254 (Supr. Ct. N.Y. County 1987); Allen vs. Men's World Outlet, Inc., 679 F. Supp. 360 (S.D. N.Y. 1988)*; Gauß, a.a.O., S. 211.

1803 Vgl. *Ali vs. Playgirl, Inc., 44 F. Supp. 723 (S.D. N.Y. 1978); Onassis vs. Christian Dior, Inc., 472 N.Y.S.2d 254 (Supr. Ct. N.Y. County 1984).*

1804 Vgl. *Allen vs. Man's World Outlet, Inc., 679 F. Supp. 360 (S.D. N.Y. 1988)*; Gauß, a.a.O., S. 212.

1805 Magold, a.a.O., S. 335 f.

1806 Vgl. Gauß, a.a.O., S. 213; Magold, a.a.O., S. 335 f.

1807 *Onassis vs. Christian Dior, Inc., 472 N.Y.S.2d 254 (Supr. Ct. N.Y. County 1984).*

1808 Vgl. *Reeves vs. United Artists, 572 F. Supp. 1231 (1233) (Ohio Dist. Ct. 1983)*, zitierend *Carson vs. Here's Johnny Portable Toilets, Inc., 698 F.2d 831 (835) (6th Cir. 1983); Capeda vs. Swift & Co., 415 F.2d 1205 (8th Cir. 1969)*; dazu auch Börger, a.a.O., S. 211.

1809 Vgl. Nimmer, 19 Law & Contemp. Prob. 203 ff. (1954); Götting, a.a.O., S. 211; Götting, in: Götting/ Schertz/ Seitz, a.a.O., § 69 Rdn. 24; Reber, GRUR Int. 1997, 884.

Literatur ausschließlich „public figures" für klageberechtigt erklären.[1810] Diese Einschränkung sei notwendig, so die Argumentation der Befürworter, weil ein abstrakter potentieller Vermögenswert nicht ausreichend sei. Vielmehr müsse sich der zu ersetzende Vermögenswert an der Person auch konkret realisiert haben.[1811] Diese Auffassung gilt mittlerweile als veraltet. Die neueren Gerichtsentscheidungen weisen darauf hin, dass das „right of publicity" nunmehr allen Personen, unabhängig vom Bekanntheitsgrad, zusteht.[1812] Dem Argument, die Identitätsmerkmale einer nicht prominenten Persönlichkeit weisen keinerlei Marktwert auf, kann entgegengehalten werden, dass Produkte zumeist aus Kostengründen überwiegend mit unbekannten Personen beworben werden. Agenturen stellen in der Regel den Mittelsmann zwischen Privatperson und Firma dar. Durch den Abschluss eines Lizenzvertrages erhält der Auftraggeber das Vermarktungsrecht und der Rechtsinhaber erhält eine Vergütung. Aus der Tatsache, dass jemand die Identitätsmerkmale einer Person kommerziell verwerten kann lässt sich schlussfolgern, dass auch bei fehlender Publizität ein kommerzieller Wert angenommen werden muss.[1813] Demnach steht jeder Person ein Eigentumsrecht an ihren Identitätsmerkmalen zu. Eine Versagung jeglicher vermögensrechtlicher Ansprüche käme einer Enteignung gleich.[1814] Nicht zu bestreiten ist hingegen, dass der kommerzielle Wert, mithin der Marktwert einer Person, bei Privatpersonen erheblich von dem der „celebrities" abweicht. Das stellt einen maßgeblichen Faktor für die Bemessung des Schadensersatzes dar. Dieser ist aufgrund der Publizität/Bekanntheit bei Prominenten ungleich höher.

1810 Vgl. *Ali vs. Playgirl, Inc., 447 F. Supp. 723 (729) (S.D. N.Y. 1978); Martin Luther King, Jr., Comm. For Social Change vs. American Heritage Products, 296 S.E.2d 697 (703) (Ga. Sup. Ct. 1982); Jackson vs. Playboy Enterprises Inc., 574 F. Supp. 10 (13) (S.D. Ohio 1983)*; aufgreifend Börger, a.a.O., S. 212; Felcher/ Rubin, 88 Yale L.J. 1577 (1591 ff.) (1979); S.J. Hoffmann, 28 Bull., Cr. Soc. 111 (112 ff.) (1981); R. Hoffmann, 2 Merchandising Rep. 5 (9) (1983).

1811 Sog. "prior exploitation requirement", vgl. dazu Felcher/Rubin, a.a.O.; *Lerman vs. Chuckleberry Publishing Co., 521 F. Supp. 228 (S.D. N.Y. 1981); Pesia vs. Midway Manufactoring Co., 948 F. Supp. 40 (N.D. Ill. 1996)*; Gauß, a.a.O., S. 207 f.

1812 *Motschenbacher vs. R. J. Tabacco Co., 489 F.2d 821 (9th Cir. 1974); Onassis vs. Christian Dior/ New York, Inc., 472 N.Y.S. 2d 254 (260) (1984); Cohen vs. Herbal Concepts, Inc., 473 N.Y.S. 2d 426 (431) (1984), aff'd. 482 N.Y.S. 2d 457 (1984); Tellado vs. Time Life Books, 643 F. Supp. 904 (913) (D.N.J. 1986); Aintsoworth vs. Century Supply Co., 693 NE 2d 610 (614) (IU APP 1998)*; Nimmer, 19 Law & Contemp. Problems 203 (217) (1954); Rosenthal Kwall, U.C. Davis L. Rev. 191 (202) (1983); McCarthy, a.a.O., § 4:18 ff.

1813 So auch Rosenthal Kwall, U.C. Davis L. Rev. 191 (202) (1983); McCarthy, a.a.O., § 4:18 ff.; Götting, in: Götting/ Schertz/ Seitz, a.a.O., § 69 Rdn. 25.

1814 Gordon, a.a.O., 533 (611) (1960); McCarthy, a.a.O., § 4:3; Gauß, a.a.O., S. 208.

III. Rechtsübergang pre und post mortem

Anders als beim „right of privacy" handelt es sich bei dem „right of publicity" nicht um ein höchstpersönliches Recht. In der Konsequenz ergibt sich, dass es als solches zu Lebzeiten des Rechtsinhabers (pre mortem) voll übertragbar und auch lizensierbar ist.[1815] Umfang und Gegenstand der übertragenen Befugnisse ist der individuellen Rechtsvereinbarung zu entnehmen.[1816] Je nach Bedürfnis kann der Rechtsinhaber entweder vollumfänglich oder nur teilweise seine Rechte übertragen.[1817] Fraglich ist nunmehr, ob diese Grundsätze auf eine Übertragung nach dem Tod des Rechtsinhabers (post mortem) anwendbar sind. Die Gegenansicht, welche das „right of publicity" lediglich als Fallgruppe des „right of privacy" ansieht, mithin sowohl eine Übertragbarkeit als auch Vererblichkeit ablehnt,[1818] überzeugt nicht. Die Widersacher argumentieren vor allem mit dem Zweck des „right of publicity". Dieser liege in der Förderung und Kreativität der Leistungen.[1819] Der verstorbene Rechtsinhaber habe nunmehr nicht mehr diesen Anreiz, weil die aus dem „right of publicity" resultierenden Rechte nach seinem Ableben nicht mehr ihm zugutekommen können.[1820] Das Argument erscheint bei genauerer Betrachtung nicht nachvollziehbar. Der Kern des „right of publicity" ist nicht die Förderung der Kreativität und der Leistung, sondern dem Rechtsinhaber soll vielmehr im Falle einer unzulässigen Vermarktung seiner Identitätsmerkmale eine Rechtsschutzmöglichkeit zur Verfügung stehen. Nebenbei erscheint es unklar, warum eine Publizität des Rechtsinhabers ausschließlich auf seine Leistungen zurückzuführen sein soll. In der Realität ist es nicht selten der Fall, dass jemand ohne jegliches Talent in den Olymp der Prominenz aufsteigt. Beispielhaft seien hier die Realitystars aus Formaten wie „Keeping Up with the Kardashians", „The Real Houswifes", „Big Brother" oder „America's Next Topmodel" genannt. Wobei sich bei Letzterem darüber streiten ließe, ob das Posieren vor der Kamera an sich bereits als Talent im weitesten Sinne bezeichnet werden kann. Erstaunlicherweise erlangen zumindest die Mitwirkenden der übrigen Formate ohne jegliche Fähigkeiten oder Talente einen erheblichen Bekanntheitsstatus, sodass das Hauptargument der Gegner der Vererblichkeit eines „right of

---

1815 Zur Übertragbarkeit (Assignment) siehe *Healen Laboratories, Inc., vs. Topps Chewing Gum, Inc., 202 F.2d 866 (2d Cir. 1953).*

1816 McCarthy, a.a.O., § 10:10 ff.

1817 Zum Umfang und der Wahlmöglichkeit dazu *Factors, etc., Inc., vs. Pro Arts, Inc., 579 F.2d 215 (221) (2d Cir. 1981); Corps Ltd. vs. Andirondacks Group, 476 N.Y.S. 2d 716 (717) (Sup. Ct. N.Y. 1983); Apple Corps. vs. Button Master P.C.P., Inc., 47 U.S.P.Q. 2d 1236, 1988 WL 126935 (E.D. Pa. 1998)*; siehe auch Götting, in: Götting/ Schertz/ Seitz, a.a.O., § 69 Rdn. 34.

1818 Sog. „Privacy-Modell", vgl. Prosser, 48 Cal. L. Rev. 383 ff. (1960); Gauß, a.a.O., S. 235.

1819 *Memphis Development Foundation vs. Factors, etc., Inc., 616 F. 2d 956 (958 f.) (6th Cir. 1980)*; S. J. Hoffmann 28 Bull., Cr. Soc. 111 (136) (1981).

1820 So *Memphis Development Foundation vs. Factors, etc., Inc., 616 F. 2d 956 (6th Cir. 1980) cert. denied 449 U.S. 953)*; S. J. Hoffmann 28 Bull., Cr. Soc. 111 (136 ff.) (1981).

publicity" nicht haltbar ist. Die Befürworter eines „right of publicity" post mortem verweisen auf die eigentumsrechtliche Natur (property right).[1821] Die Argumentation ist schlüssig und nachvollziehbar. Warum soll das „right of publicity", das unbestritten einen Vermögenswert besitzt, nicht ebenso Teil der Erbmasse sein wie alle anderen Rechte und Pflichten (etwa Schuldenübernahmen) auch? Die Anerkennung eines „right of publicity" post mortem durch insgesamt 19 Bundesstaaten bestätigt dies.[1822] Bei der Schutzdauer variieren die Festlegungen hingegen deutlich. Während die Literatur davon ausgeht, dass der Werbewert von Persönlichkeitsmerkmalen Prominenter irgendwann gemeinfrei wird[1823] und aus Gründen der Rechtssicherheit die Schutzdauer post mortem festgelegt werden sollte,[1824] gehen die Auffassungen der einzelnen Bundesstaaten erheblich auseinander. Diese reichen von gänzlichem Verschweigen der Schutzdauer,[1825] der schwammigen Festlegung auf die „Kontinuität" der Nutzung bei deren Bestehen der Schutz theoretisch unbegrenzt andauern kann,[1826] sowie von hundert,[1827] über fünfzig,[1828] vierzig,[1829] dreißig,[1830] zwanzig[1831] bis hin zu zehn Jahren[1832] Schutz post mortem.[1833]

1821 Sog. "Property-Modell", vgl. *Martin Luther King, Jr. Center for Social Change vs. American Heritage Products, Inc., 296 S.E.2d 697 (706) (Sup. Ct. Ga. 1982)*; Comment 96 Havard L. Rev. 1703 (1717 (1983); Rosenthal Kwall ,17 U.C. Davis L. Rev. 191 (223) (1983); so auch *Price vs. Hall Roach Studios, Inc., 400 F. Supp. 836 (844) (S.D. N.Y. 1975)*; McCarthy, a.a.O., § 9:2.

1822 Übersicht in McCarthy, a.a.O. , § 9:11 ff., Erlass gesetzlicher Regelungen in 14 US -Bundesstaaten: Florida, Illinois, Indiana, Kalifornien, Kentucky, Nebraska, Nevada, Ohio, Oklahoma, Pennsylvania, Tennessee, Texas, Virginia; McCarthy, a.a.O., § 9:18, Anerkennung durch die Gerichte auf Grundlage des Common Law in 5 US-Bundesstaaten: Connecticut, Georgia, Michigan, New Jersey, Utha. In New York wird die Vererblichkeit abgelehnt, McCarthy, a.a.O., § 6:95.

1823 Felcher/ Rubin, 89 Yale L.J. 1125 (1131) (1980); Rosenthal Kwall, 70 Ind. LJ 47 (84) (1994); McCarthy, a.a.O., § 9:16; v. Bassewitz, a.a.O., § 78.

1824 Die Vorschläge betreffend die Schutzdauer post mortem reichen von zehn bis siebzig Jahre, Übersicht bei McCarthy, a.a.O., § 9:16; Rosenthal Kwall, 70 Ind. LJ 47 (84 f.) (1994).

1825 So in Nebraska, McCarthy, a.a.O., § 9:18.

1826 So in Tennessee, McCarthy, a.a.O., § 9:18.

1827 McCarthy, a.a.O., § 9:18, so in Indiana, Oklahoma.

1828 McCarthy, a.a.O., § 9:18, so in Illinois, Kentucky, Nevada, Texas.

1829 McCarthy, a.a.O., § 9:18, so in Florida.

1830 McCarthy, a.a.O., § 9:18, so in Pennsylvania.

1831 McCarthy, a.a.O., § 9:18, so in Virginia.

1832 McCarthy, a.a.O., § 9:18, so in Tennessee.

1833 Vgl. Dazu auch Götting, in: Götting/ Schertz/ Seitz, a.a.O., § 69 Rdn. 40.

§ 6 Rechtsschutz und Rechtsschutzmöglichkeiten

I. Schadensersatz (damages)

Ein Anspruch auf Schadensersatz hängt grundsätzlich nicht vom Verschulden des Beklagten ab.[1834] Dieses kann jedoch im Zusammenhang mit der Bemessung der Schadensersatzhöhe eine Rolle spielen. Etwas anderes gilt hingegen für Verteiler bzw. Vermittler von Werbekampagnen, welche ausschließlich im Auftrag handeln. Sie haften nur im Falle einer groben Fahrlässigkeit. Ist offensichtlich oder zumindest durch klare und eindeutige Anzeichen erkennbar, dass es sich um eine Verletzung des „right of publicity" handelt und geht der Beklagte dennoch darüber hinweg begründet das eine Haftung.[1835] Denkbar ist die Veröffentlichung einer Werbeannounce trotz Kenntnis. Allerdings führt das Gericht aus, dass keine grundsätzliche Nachforschungspflicht besteht, vielmehr besondere Umstände eine solche rechtfertigen müssen.[1836] Im Bundesstaat Kalifornien trägt der Kläger die Beweislast für den Nachweis positiver Kenntnis des Beklagten vom Rechtsverstoß.[1837] Der Kläger kann im Falle des Vorliegens der Haftungsvoraussetzungen den Ersatz aller aus der Rechtsgutsverletzung resultierender Vermögensschäden geltend machen.[1838] Hinsichtlich der Berechnung des Schadensersatzes wird, ähnlich wie im deutschen Recht, auf eine fiktive Lizenzgebühr zurückgegriffen.[1839] Mit anderen Worten, dem Kläger steht der Geldbetrag in Schadensersatz zu, welchen er auch im Falle eines Lizenzvertrages vergütet bekommen hätte. Dieser richtet sich nach dem Marktwert des Klägers, welcher je nach der Person und den Umständen des Einzelfalls unterschiedlich zu bewerten ist. Bei öffentlich bekannten Persönlichkeiten, die in der Vergangenheit bereits Lizenzverträge für eine ähnliche Vermarktung der Persönlichkeit abgeschlossen haben,[1840] gilt der dort bezahlte Betrag als Maßstab für die Schadensersatzhöhe. Hat der Kläger hingegen in der Vergangenheit kein Kapital aus seiner Selbstvermarktung geschlagen, so richtet sich die Höhe des Betrages

1834 Vgl. *Grover Washington Jr. vs. Brown & Williamson Tobacco Corp., 223 USPQ 1116 (E.D. Pa. 1984); Douglas vs. Hustler Magazine, Inc., 769 F.2d 1128 (1140) (7th Cir. 1985)*; McCarthy, a.a.O., § 11:30 f.; Götting, in: Götting/ Schertz/ Seitz, a.a.O., § 69 Rdn. 44.

1835 *Brinkley vs. Cassablanca, 212 USPQ 783 (N.Y. App. Div. 1981); Lermann vs. Flynt Distributing Co., Inc., 745 F.2d 123 (135) (2d Cir. 1984)*; Götting, in: Götting/ Schertz/ Seitz, a.a.O., § 69 Rdn. 45.

1836 *Lermann vs. Flynt Distributing Co., Inc., 745 F.2d 123 (141) (2d Cir. 1984), "Absent are any facts demonstrating that anyone in the defendant distributing company had a subjective awareness of probably falsity. (...) Moreover, mere failure to investigate, while relevant, is also not itself sufficient to show actual malice."*

1837 McCarthy, a.a.O., § 6:48; 6:50; §§ 990 (1), 3334 (f) California Civil Code.

1838 Vgl. auch Götting, in: Götting/ Schertz/ Seitz, a.a.O., § 69 Rdn. 46.

1839 McCarthy, a.a.O., § 11:32.

1840 *Hogan vs. A. S. Barnes & Co., Inc., 114 USPQ 314 (Pa. Tr. Ct. 1957); Clark vs. Celeb Publishing, In., 530 F. Supp. 979 (983) (S.D. N.Y. 1981).*

nach dem gezahlten Honorar von Persönlichkeiten vergleichbarer Popularität.[1841] Steht einer Privatperson ebenfalls ein Schadensersatzanspruch zu? Hinsichtlich der Berechnung über den Marktwert des Klägers kann argumentiert werden, ein solcher sei nonexistent und ein Schadensersatzanspruch mithin abzulehnen. Diese Argumentation erweist sich jedoch als zu eindimensional. Insbesondere die Werbeindustrie bedient sich häufig Laien die sie über Agenturen castet. Andernfalls würden die Werbekosten explodieren. Als Grundlage der Berechnung gelten die zwischen Agenturen und Laien geschlossenen Verträge.[1842] Alternativ zur Lizenzgebühr steht dem Verletzten ein Anspruch auf Herausgabe des Verletzungsgewinns zu, wenn ein schuldhafter Eingriff vorliegt.[1843] Gedanklich steht hinter dem Anspruch die Herausgabe der ungerechtfertigten Bereicherung, die der Beklagte durch unbefugte Nutzung eines Identitätsmerkmals des Klägers erlangt hat.[1844] Die Höhe des zu leistenden Schadensersatzes richtet sich nach den im „Lanham Trademarks Act" und im „Copyright" niedergelegten Grundsätzen, welche für Warenzeichen- und Urheberrechtsverletzungen gelten.[1845] Die Bundesstaaten Kalifornien, Illinois, Indiana, Tennessee und Texas[1846] haben diese in die gesetzlichen Bestimmungen der Bundesstaaten zum „right of publicity" aufgenommen, sodass es eines Rückgriffs nicht bedarf.

Des Weiteren steht dem Kläger ein Anspruch auf Schadensersatz zu, wenn sein Marktwert auf Grund der Werbekampagne gesunken ist, mithin eine Wertminderung eintrat. Eine nachhaltige Beeinträchtigung kann beispielsweise vorliegen, wenn der Kläger nunmehr stets mit negativen, qualitativ schlechten oder anstößig empfundenen Produkten in Verbindung gebracht wird und aufgrund dessen sein Image irreparabel geschädigt ist.[1847] Die Höhe des Schadensersatzes richtet sich nach den zu erwartenden Einkommensverlusten. Beispielhaft genannt sei hier der Fall *Douglass vs. Hustler Magazine, Inc.*, in welchem die Klägerin gegen eine Nacktbildveröffentlichung in einem bekannten einschlägigen Magazin vorging.[1848] Die Veröffentlichung führte zum Verlust von lukrativen

1841 *Uhlander vs. Henrickson, 316 F. Supp. 1277 (D. Minn. 1970)*; vgl. dazu Götting, in: Götting/ Schertz/ Seitz, a.a.O., § 69 Rdn. 47.

1842 Treece, 51 Texas L. Rev. 637 (651 f.) (1973); McCarthy, a.a.O., § 11:31; Götting, in: Götting/ Schertz/ Seitz, a.a.O., § 69 Rdn. 47.

1843 McCarthy, a.a.O., § 11:34.

1844 Vgl. Götting, in: Götting/ Schertz/ Seitz, a.a.O., § 69 Rdn. 48.

1845 Vgl. *Factors, Inc., vs. Pro Arts, 496 F. Supp. Ct. 1090 (1104) (S.D. N.Y. 1980).*

1846 McCarthy, a.a.O., § 6:48 (California), § 6:56 (Illinois), § 6:59 (Indiana), § 6:116 (Tennessee), § 6:120 (Texas); aufzählend Götting/ Schertz/ Seitz, a.a.O., § 69 Rdn. 48.

1847 McCarthy, a.a.O., § 11:33.

1848 So in *Douglass vs. Hustler Magazine, Inc., 769 F.2d 1128 (1138) (7th Cir. 1985), "The more than $700,000 in lost earnings to which Robyn Douglass's economic expert testified was his estimate of the present value of the earnings she would have has from making commercials for advertising agencies in Chicago, had not the publication of "Robyn Douglass Nude" in Hustler cut off that stream of earnings by scaring away the agencies."*

Werbeverträgen aufgrund der irreparablen Imageschädigung der als Model und Schauspielerin tätigen Klägerin.

Neben den soeben beschriebenen Schadensersatzansprüchen kann der Kläger unter besonderen Voraussetzungen in den überwiegenden Einzelstaaten einen Anspruch auf Strafschadensersatz (punitive damages) geltend machen.[1849] Voraussetzung ist, dass der Schädiger in böser Absicht bzw. mit schwerem Verschulden gehandelt hat (malice).[1850] Die Funktion des Strafschadensersatzes liegt einerseits in der von ihr ausgehenden Abschreckungswirkung und verfolgt das Ziel ein Exempel zu statuieren (exemplary damages).[1851] Daran orientiert sich auch die Höhe des zugesprochenen Schadensersatzes. Bedeutung gewinnt der Strafschadensersatz insbesondere dann, wenn der Kläger den eingetretenen Schaden nicht beweisen kann, sodass ihm lediglich ein symbolisch zugesprochener Schadensersatz (nominal damages) zusteht.[1852] Hier kann dieser dem Kläger zu seinem Recht verhelfen.

II. Unterlassungsanspruch (injuctive relief)

Denkbar ist, wie im deutschen Recht, ein nachträglicher sowie vorbeugender Unterlassungsanspruch. Ersterer betreffend einer erneuten Veröffentlichung, Letzterer im einstweiligen Rechtsschutz (preliminary injuction) zur Verhinderung einer Erstveröffentlichung[1853].

1. Nachträglicher Unterlassungsanspruch (injuction)

Der Kläger hat einen Anspruch auf Unterlassung zukünftiger erneuter Veröffentlichungen, wenn in einem Gerichtsverfahren festgestellt wurde, dass die Veröffentlichung den Deliktstatbestand erfüllt und der Kläger in seinen Rechten verletzt wurde.[1854] Die Voraussetzungen liegen vor, wenn nach einer prognostischen Abwägung aller Umstände eine ganz überwiegende Erfolgsaussicht besteht und dem Geschädigten ein schwerwiegender, irreparabler Schaden droht. Sind die Voraussetzungen erfüllt, wäre es unzumutbar und unverhältnismäßig

---

1849 Prosser/ Keeton, a.a.O., S. 9 ff.; McCarthy, a.a.O., § 11:36.

1850 § 3344 (a) California Civil Code; McCarthy, a.a.O., § 11:36; Götting, in: Götting/ Schertz/ Seitz, a.a.O., § 69 Rdn. 50; Götting, a.a.O., S. 268 f.

1851 Zur Abschreckungsfunktion sowie zur Statuierung eines Examples des "punitive damages" vgl. Götting, in: Götting/ Schertz/ Seitz, a.a.O., § 69 Rdn. 50.

1852 Vgl. *Cohan vs. Hallmark Cards, Inc., 396 N.Y.S. 2d 397 (1977), rev'd 410 N.Y.S. 2d 282 (1978)*; Götting, in: Götting/ Schertz/ Seitz, a.a.O., § 69 Rdn. 50.

1853 McCarthy, a.a.O., § 11:21 ff.

1854 *Lemons vs. Mycro Group Co., 667 f. Supp. 665 (667) (Iowa Dist. Ct. 1987); Retail Credit Co. vs. Russel, 218 S.E.2d 54 (63) (Ga. Sup. Ct. 1976); O'Brian vs. University Community Tennants Union, 327 N.E.2d 753 (Ohio Sup. Ct. 1975)*; Börger, a.a.O., S. 219; McCarthy, a.a.O., § 11:21.

den Geschädigten lediglich auf den Rechtsanspruch des Schadensersatzes zu verweisen.[1855]

2. Vorbeugender Unterlassungsanspruch (preliminary injuction)

Problematisch für den Kläger ist die gerichtliche Durchsetzung eines vorbeugenden Unterlassungsanspruchs. Bereits am 1. Juni 1931 hatte der U.S. Supreme Court über einen Fall von Zensurverbot zu entscheiden.[1856] Mit der Begründung, ein Verbot einer Äußerung bereits vor Veröffentlichung verstoße gegen das First Amendment und betreffe den Kern der Pressefreiheit an sich, lehnte das Gericht einen Anspruch des Klägers ab.[1857] Grundsätzlich neigen die US–amerikanische Gerichte dazu, einen vorbeugenden Unterlassungsanspruch mit dem Argument der Redefreiheit abzulehnen.[1858] Es sei unzulässig eine Äußerung bereits von vornherein zu verbieten[1859] und verstoße gegen das Zensurverbot.[1860] Auch der U.S. Supreme Court bestätigte seine Rechtsprechung zur vorbeugenden Unterlassung in der Folgezeit mehrfach.[1861]

1855 Zur Problematik eines Unterlassungsanspruchs siehe *Ali vs. Playgirl, Inc., 447 F. Supp. 723 (729) (S.D. N.Y. 1978)*; einen Überblick bietet Götting in: Götting/ Schertz/ Seitz, a.a.O., § 69 Rdn. 51.

1856 *Near vs. Minnesota, 283 U.S. 697 (723) (1931).*

1857 Der U.S. Suprem Court hatte vorliegend über die Zulässigkeit eines im Bundesstaate Minnisota erlassenen Gesetzes zu entscheiden (Minn. State. 1927, 10, 123–1), welches gezielt gegen Verleger vorging und „böswillige“ oder „skandalöse“ Äußerungen in regelmäßig erscheinenden Presseerzeugnissen von vornherein verbot, sofern sie in irgend einer Art und Weise anstößig, laszive, obszön oder verleumdend sind. Das Gericht entschied ein solches Gesetzt verstoße gegen das First Amendment und Fourteenth Amendment. Es schränke die Pressefreiheit (freedom of the press) sowie die freie Rede (free speech) ein und verstoße gegen ein Zensurverbot (prior restraint), *Near vs. Minnesota, 283 U.S. 697 (723) (1931).*

1858 *Corpus Christi Caller–Times vs. Mancias, 794 S.W.2d 852 (Tex. Ct. App. 1990); Franklin Chalfont Assn. vs. Kalikow, 573 A.2d 550 (Pa. Sup. Ct. 1990); Leonardi vs. Shell Oil Co., 264 Cal. Rptr. 883 (904) (Cal. Ct. App. 1989); Brannon vs. American Micro Distributors, 342 S.E.2d 301 (Ga. Sup. Ct. 1986)*; Börger, a.a.O., S. 219.

1859 *Sampson vs. Murray, 415 U.S. 61 (91) (1974); Sunward Corp. vs. Dun & Bradstreet, 568 f. Supp. 602 (609) (Colo. Distr. Ct. 1983); Dworkin vs. Hustler Magazine, 634 F. Supp. 727 (730) (Wyo. Dist. Ct. 1986); Georgia Society of Plastic Surgeons vs. Anderson, 363 S.E.2d 140, 14 Media L. Rep. 2065 (Ga. Sup. Ct. 1987); Matchett vs. Chicago Bar Assn., 467 N.E.2d 271, 10 Media L. Rep. 2131 (Ill. App. Ct. 1984); Hajek vs. Bill Mowbray Motors, 647 S.W.2d 253 (Tex. Sup. Ct. 1983); Brannon vs. American Micro Distributors, 342 S.E.2d 301 (Ga. Sup. Ct. 1986)*; Börger, a.a.O., S. 215.

1860 „prior restrains“ Emerson, The Doctrine of Prior Restraint, 20 L. & Contemp. Prob. 648 (1955); *Freedman vs. Maryland, 380 U.S. 51 (1965); Bantam Books vs. Sullivan, 372 U.S. 58 (1963); Joseph vs. Burstyn, Inc., vs. Wilson, 343 U.S. 495 (1952)*; Börger, a.a.O., S. 215 f.

1861 *Curtis Publishing vs. Butts, 388 U.S. 130 (149) (1967).* Das Gericht lehnte alle Möglichkeiten eines Verbots vor Veröffentlichung als unzulässig ab, „It is because of the

III. Widerruf (retraction)

Ein Widerruf betrifft Berichterstattungen, die sich im Nachhinein in wesentlichen Aspekten als unwahr herausstellen. Einen Berichtigungsanspruch hat der Betroffene hingegen nicht. Folgerichtig kann er ihn auch nicht klageweise geltend machen.[1862] Die richtigstellende Veröffentlichung besitzt lediglich eine Schadensersatzminderungsfunktion. Hierbei können die veröffentlichenden Medien den Weg der Richtigstellung wählen, um die zu zahlende Schadensersatzsumme nach unten zu drücken.

IV. Gegendarstellungen (right to reply)

Im Rahmen der behandelten Thematik entfällt ein Gegendarstellungsanspruch im US-amerikanischen Recht. Grundgedanke ist ein generelles Zensurverbot. Der Presse darf nicht vorgeschrieben werden was sie drucken oder veröffentlichen muss. Anders als im deutschen Recht hat der Betroffene kein „right to reply".[1863]

---

personal nature of this right (First Amendment) that we have rejected all manner of prior restraint on publication (...)."; ebenso *Pittsburgh Press Co., vs., Pittsburgh Commission on Human Relations, 413 U.S. 376 (390) (1973).* Das Gericht begründet seine Entscheidung mit der mangelnden Prüfungsmöglichkeit bei verbeugendem Unterlassungsgewähr; *Nebraska Press Assn. vs. Stuart, 427 U.S. 539 (1976).*

1862 Vgl. *Brown vs. Murphy, 355 F. Supp. 416 (417) (S.D. N.Y. 1973).* Hier lehnte das Gericht einen Anspruch mangels Präzedenzfällen ab.; vgl. dazu auch Bogler, a.a.O., S. 114.

1863 Vgl. Lehnig, Verfassungsrechtlicher Schutz der Würde des Menschen, S. 212 f.

3. Teil: Zusammenfassung und Ergebnisse

A. Rechtsvergleichende Untersuchung

§ 1 Überblick

Aufbauend auf die obigen Darstellungen soll ein Überblick über die wesentlichen Gemeinsamkeiten und Unterschiede zwischen der deutschen Rechtsfigur des „Rechts am eigenen Bild" und dem US-amerikanischen „right of privacy" erfolgen. Wenngleich sowohl der deutschen als auch der US-amerikanischen Rechtsordnung das Menschenbild eines freien und zur Selbstbestimmung fähigen Individuums zugrunde liegt, so wird dennoch ein Vergleich aufzeigen, dass insbesondere im zulässigen Umfang der Persönlichkeitsrechtseingriffe erhebliche Abweichungen bestehen. Während im US-amerikanischen Recht der Pressefreiheit eine überragende Stellung eingeräumt wird, steht im deutschen Recht der Versuch eines Ausgleichs zwischen der Pressefreiheit der Medien und dem Persönlichkeitsrecht des Einzelnen im Zentrum der Abwägung.

I. Entwicklung

Parallelen zum deutschen Recht lassen sich bereits bezüglich des Zeitpunkts der Entwicklung des Persönlichkeitsrechts ziehen. Diese begannen sowohl in Deutschland als auch den USA zu Ende des 19. Jahrhunderts. Das Voranschreiten des technischen Fortschritts und die Weiterentwicklung der Fotografie ermöglichten es den Medien, ein größeres Publikum zu erreichen und den Einzelnen aus der Masse der Anonymität hervor zu heben. Darin ist der Hauptgrund zu sehen, warum die Entwicklung zu seinerzeit auf beiden Kontinenten parallel verlief. Sowohl die Entstehung des „Rechts am eignen Bild" als auch die des „right of privacy" geht auf zwei bedeutende Schriften zurück. Wie Keyßner mit seinem Aufsatz im Jahre 1896 das Gebilde des „Rechts am eigenen Bild" prägte, so prägte der Aufsatz der Bostoner Anwälte Warren und Brandeis aus dem Jahre 1890 das „right of privacy".[1864] Erstaunlich ist, dass beide Schriften die gleichen Gefahren für das Persönlichkeitsrecht des Einzelnen benennen. Die Entwicklung der Presse zum Massenmedium und einem damit einhergehenden gesteigerten Konsum der Bevölkerung, bedeutete eine bis dato gänzlich unbekannte Dimension der Gefahr, denn weder in Deutschland noch den USA bestand ein gesetzlicher Schutz. Wie Keßner führten auch Warren und Brandeis aus, dass den steigenden Gefahren für das Persönlichkeitsrecht durch die Entwicklung der Presse mit einem stärkeren Schutz begegnet werden müsse.[1865] Der Unterschied besteht jedoch darin, dass Warren und Brandeis im Gegensatz

1864 Warren/ Brandeis, a.a.O., 193 ff. (1890).
1865 Warren/ Brandeis, a.a.O., 193 (196) (1890).

zu Keyßner den Schutz vor Verletzungen des Gefühlslebens als zentrales Element ansahen. Der Erlass einer gesetzlichen Regelung erfolgte im US-amerikanischen Recht etwas früher, nämlich 1903. Jedoch galt dieser Gesetzeserlass, welcher allerdings ausschließlich die kommerziellen Interessen des Betroffenen schützte, anders als die gesetzliche Regelung zum „Recht am eigenen Bild" im deutschen Recht, nur für den erlassenden Bundesstaat New York. Rechtswidrig war demnach die einwilligungsfreie, kommerzielle Nutzung des Namens oder Bildnisses.[1866] Das „right of privacy" manifestierte sich, anders als das „Recht am eigenen Bild" im deutschen Recht, erst durch eine Gerichtsentscheidung, nämlich der des Supreme Court of Georgia.[1867] Dieser hatte über die Rechtmäßigkeit einer einwilligungsfreien Bildpublikation incl. Namensnennung für eine Werbekampagne zu entscheiden. Den endgültigen Durchbruch erlebte das „right of privacy" jedoch letztlich erst durch die Aufnahme als selbständiger „tort"[1868] in die „Restatement of Torts" im Jahre 1939. Deutschland war den USA, was die gesetzliche Manifestation betraf, zu diesem Zeitpunkt bereits 32 Jahre voraus.

Eine weitere Gemeinsamkeit besteht hinsichtlich der Eigenschaft als allgemeines Gesetz. Sowohl das KUG, mithin das „Recht am eigenen Bild" gemäß §§ 22 ff. KUG, als auch das „right of privacy" stellt ein allgemeines Gesetz dar. Beide schränken die Meinungs- und Pressefreiheit, in Deutschland Art. 5 Abs. 1 GG und das First Amendment in den USA, ein.

II. Schutzkonzept

Die Berichterstattung der US-amerikanischen Presse zeichnet sich dadurch aus, dass derlei Eingriffe oftmals gnadenlos erfolgen und von reiner Sensationsgier getrieben sind. Dennoch räumen die US-amerikanischen Gerichte den Medien einen erheblichen Freiraum hinsichtlich einer sanktionsfreien Berichterstattung ein. Insbesondere die „public figure"-Rechtsprechung macht dies deutlich. Parallelen existieren hinsichtlich der deutschen „Person der Zeitgeschichte" und der US-amerikanischen „public figure". Übereinstimmend richtet sich die Zulässigkeit einer Bildpublikation nach dem Status der abgebildeten Person, ihrem öffentlichen Bekanntheitsgrad sowie dem medialen Vorverhalten in der Vergangenheit. Sowohl die deutsche als auch die US-amerikanische Rechtsordnung weisen eine personenbezogene Schutzhierarchie auf.[1869] Die Differenzierung erfolgt in drei Stufen. Auf der ersten Stufe stehen die im deutschen Recht als „absolute Personen der Zeitgeschichte" einzuordnende Persönlichkeiten und ihrem US-amerikanischen Pedant der „all purpose public figure". Sie werden von beiden Rechtsordnungen als am geringsten schützenswert

---

1866 Zur ursprünglichen gesetzlichen Regelung des Staate New Yorks zum Schutz der Privatsphäre siehe McCarthy, a.a.O., § 6:74.

1867 Supreme Court of Georgia, *Pavesich vs. New England Life Ins. Co., 50 S.E. 68 (Ga. 1905)*; dazu ebenso McCarthy, a.a.O., § 1.4.

1868 Dt. = Deliktstatbestände.

1869 Vgl. zur Begrifflichkeit Böhnstedt, a.a.O., S. 356.

eingestuft. Dagegen kommt den „relativen Personen der Zeitgeschichte" und der den im US-amerikanischen Recht vergleichbaren „limited public figures" auf der zweiten Hierarchiestufe ein lediglich eingeschränkter Schutz zu. Schlussendlich steht auf der dritten Ebene die Privatperson, welche keine der charakteristischen Merkmale einer „public figure" bzw. „Person der Zeitgeschichte" aufweist. In letzter Zeit haben sich jedoch Unterschiede im Schutzkonzept beider Rechtsordnungen heraus kristallisiert. Während die US-amerikanischen Gerichte weiterhin an der „all purpose public figure" festhalten, distanzieren sich die deutschen Gerichte nunmehr von der „absoluten Person der Zeitgeschichte". Auslöser war das Caroline von Hannover/Deutschland Nr. 1-Urteil[1870] des EGMR. Der Gerichtshof kritisierte vor allem die pauschalisierte Handhabung der Einordnung, den erheblich verkürzten Schutz und die Rechtsunsicherheit für den Kläger, weil er die Eingruppierung mangels objektiver Merkmale nicht nachvollziehen könne. Er stellte fest, dass es stets der Feststellung eines explizitem öffentlichem Informationsinteresse an der individuellen Berichterstattung bedarf. Auch wenn die deutschen Gerichte teilweise an der „relativen Person der Zeitgeschichte" festhalten, so rücken sie überwiegend entschieden von der „absoluten Person der Zeitgeschichte" ab.[1871] Das BVerfG hat deutlich gemacht, dass nunmehr für die Zulässigkeit einer Bildberichterstattung im deutschen Recht das öffentliche Informationsinteresse im Rahmen der Abwägung nach § 23 Abs. 1 Nr. 1 KUG das entscheidende Kriterium darstellt, wobei für dessen Feststellung auch der Gegenstand der Berichterstattung zum Tragen kommt. Diese Entwicklung führte zu einem auseinanderdriften der Abwägungen im deutschen und US-amerikanischen Recht. Das Urteil des EGMR stärkte die Rechtsposition Prominenter, während sich eine solche Entwicklung in den USA nicht vollzog. Jedoch nimmt das öffentliche Informationsinteresse in beiden Rechtsordnungen einen besonderen Stellenwert ein. Ebenso erfolgt die Abwägung zwischen den Persönlichkeitsrechten des Einzelnen und der Meinungs- und Pressefreiheit. Zentraler Aspekt ist in den USA das „newsworthy privilege" unter Berücksichtigung des First Amendment und das in Deutschland für eine freiheitliche-demokratische Grundordnung schlechthin konstituierende Grundrecht der Meinungs- und Pressefreiheit aus Art. 5 Abs. 1 GG.

Darüber hinaus führt eine wirksame Einwilligung in beiden Rechtordnungen zur Unbegründetheit der Klage. Diese kann, bis auf einzelne Bundesstaaten der USA, welche eine konkludente Einwilligung im Rahmen der Schadensberechnung berücksichtigen, ausdrücklich oder konkludent erteilt werden. Während in Deutschland unter bestimmten Umständen eine Widerrufsmöglichkeit eingeräumt wird,[1872] gehen die US-amerikanischen Gerichte von einer Unwiderruflichkeit

1870 EGMR, Urteil v. 24.06.2004, Beschwerde-Nr. 59320/00-Caroline von Hannover/ Deutschland Nr. 1.

1871 Siehe oben zur „Person der Zeitgeschichte", 2. Teil A. § 7 I. 1. c. bb.

1872 Siehe oben 2. Teil A. § 5 III. 6.

aus.[1873] Argumentiert wird auf US-amerikanischer Seite weitestgehend mit der Autonomie der Vertragsparteien.[1874] Wenngleich der Kläger vor einem US-amerikanischen Gericht keine Widerrufsmöglichkeit der Einwilligung geltend machen kann, so eröffnet sich ihm bei Einwilligungsmängeln die Möglichkeit der Anfechtung.[1875] Eine wesentliche Schlechterstellung ist durch die Unwiderruflichkeit folglich nicht ersichtlich.

III. Bindungswirkung

Einer der bedeutendsten Unterschiede zum US-amerikanischen Rechtssystem ist die Bindungswirkung von Urteilen. In Deutschland sind die Richter nach Art. 97 Abs. 1 GG ausschließlich an das Recht gebunden und nicht der Rechtsprechung anderer Gerichte unterworfen. Die Gerichtsurteile wirken inter oartes, mithin nur zwischen den Parteien. Anders im US-amerikanischen System. Gerichtsentscheidungen gelten nicht nur als Auslegungsvarianten, sondern stellen bindendes Recht dar. Handelt es sich um einen gleichgelagerten Fall ist das Urteil von unteren Gerichten als zwingend zu beachten.[1876] Die Entscheidungen des U.S. Supreme Court binden alle Bundesgerichte.[1877] Diese Bindungswirkung beschränkt sich allerdings nur auf die identische Fallkonstellation und den vorliegenden Originalfall. Die Rechtsauffassungen der Richter, welche sich nicht unmittelbar auf den Fall beziehen, können lediglich als minderverbindlich berücksichtigt und aufgegriffen werden (persuasive authority).[1878] Somit entfaltet die Urteilsbegründung keine gesetzesgleiche Wirkung, sodass die Bindungswirkung vielmehr streng auf den Streitgegenstand beschränkt ist.[1879]

§ 2 Verfassungsrechtliche Stellung des Bildnisschutzes in Deutschland und den USA

Das „Recht am eigenen Bild" ist als besonderes Persönlichkeitsrecht Ausfluss des verfassungsrechtlich verankerten allgemeinen Persönlichkeitsrechts aus Art. 2 Abs. 1 i.V.m. Art. 1 GG. Die Rechte des Abgebildeten stehen denen des Beklagten aus Art. 5 Abs. 1 GG gleichwertig gegenüber. Im deutschen Rechtssystem ist

1873 McCarthy, a.a.O., § 10:21; Restatement (Second) of Torts, § 892 A (5) (1979).
1874 *Shields vs. Gross, 58 N.Y.2d 338 (347) (1983)*; McCarthy, a.a.O., § 10:14.
1875 McCarthy, a.a.O., § 10:43.
1876 Förster, Fair Use, S. 16.
1877 Zur Bindungswirkung siehe Hay, US-amerikanisches Recht, Rdn. 20; Burnham, Introduction, S. 64 f.; Förster, a.a.O., S. 15.
1878 Hay, a.a.O., Rdn. 22, die Rechtsauffassungen der Richter gehören zu der Rubrik „obiter dicta" und sind, anders als der „ratio decidendi" (aufgestellten Rechtsgrundsätze), nicht Teil der Entscheidung; zur Thematik des sog. „Richterrechts" umfassend Rüthers/ Fischer/ Birk, Rechtstheorie, Rdn. 235 ff. (238); Förster, a.a.O., S. 16.
1879 Zur Thematik vgl. Hay, a.a.O., Rdn. 20 ff.; ebenso Ohly, AcP 201 (2001), 1 (25).

die nach Art. 5 Abs. 1 GG geschützte Meinungs- und Pressefreiheit nicht nur ein Abwehrrecht gegen den Staat. Vielmehr stellt sie nach der Lehre von der mittelbaren Drittwirkung eine objektive Werteordnung dar. Im US-amerikanischen Recht hingegen existiert eine solche Lehre nicht. Während einige US-amerikanische Gerichte argumentieren, dass kein nachvollziehbarer Grund bestünde die Pressefreiheit dem „right of privacy" den Vorrang einzuräumen, weil beide verfassungsrechtlich garantiert sind[1880] und ein Verfassungsrang des „right of privacy" anzuerkennen ist,[1881] lehnen andere die These kategorisch ab.[1882] Betrachtet man die dazu ergangenen Urteile in den letzten Jahrzehnten so ist festzustellen, dass sich die These, dem „right of privacy" käme verfassungsrechtlicher Rang zu, nicht durchgesetzt hat. Zudem haben die bejahenden Entscheidungen stets das unbefugte Eindringen in den privaten Bereich des Betroffenen zum Gegenstand.[1883] Daraus einen verfassungsrechtlichen Rang für alle Tatbestände des „right of privacy" abzuleiten wäre wohl zu weit hergeholt. Das „right of privacy" lässt einen Einzug in die Verfassung der Vereinigten Staaten von Amerika vermissen. Mit Sicherheit kann festgehalten werden, dass das verfassungsrechtlich verankerte First Amendment auch im Rahmen des staatenrechtlichen „right of privacy" zum Tragen kommt, über die „Einbruchstellen" „newsworthiness" und/ oder „public interest". Folgerichtig kann angenommen werden, dass auch ohne klassische Drittwirkungslehre im US-amerikanischen Recht eine ähnliche Handhabung der verfassungsrechtlich geschützten Pressefreiheit bei der Prüfung des „right of privacy" erfolgt, obgleich es lediglich im „Common Law" der einzelnen Bundesstaaten verankert ist. Man kommt nicht umhin darin ein Ungleichgewicht des „right of privacy" und des in der Verfassung der USA verankerten First Amendment zu erkennen. In der Konsequenz bedeutet das für den Konfliktfall, eine schwächere Position des Klägers in einer „privacy"-Klage.

1880 *Dietemann vs. Time, Inc., 284 F. Supp. 925 (932f.) (C.D. Cal. 1968).*

1881 *Dietemann vs. Time, Inc., 284 F. Supp. 925 (C.D. Cal. 1968); Galella vs. Onassis, 353 F. Supp. 196 (S.D. N.Y. 1972)*; Bogler, a.a.O., S. 94 f.

1882 Vor allem die unteren Gerichte sprachen sich gegen eine solche verfassungsrechtliche Verankerung aus. *Drake vs. Corrington County Board of Education, 371 F. Supp. 974 (980) (M.D. Ala. 1974); Rosenberg vs. Martin, 478 F.2d 520 (524) (2d Cir. 1973); Mimms vs. Philadelphia Newspapers, Inc., 352 F. Supp. 862 (865) (E.D. Pa. 1972).*

1883 Im Fall *Jackie Onassis, Galella vs. Onassis, 353 F. Supp. 196 (S.D. N.Y. 1972)*, reichte Onassis eine „privacy"-Klage auf Schadensersatz ein. Das Gericht sah diese als begründet an und führte aus, der Schutz vor dem Eindringen in die Privatsphäre einer Person ergebe sich aus der Verfassung. Ähnlich argumentierte das kalifornische Gericht im Fall *Dietemann, Dietmann vs. Time, Inc., 284 F. Supp. 925 (C.D. Cal. 1968)*. Gegenstand der „privacy"-Klage war das heimliche Aufnehmen des Klägers auf Bild und Band in seinen eigenem Haus, nachdem ein Times-Reporter unter Vorspiegelung falscher Tatsachen in das Haus des Klägers eingedrungen war. Beide Fälle betreffen zudem den ersten Tatbestand des „right to privacy"-„intrusion", siehe oben 2. Teil B. § 4 I. 1.

§ 3 Gemeinsamkeiten und Unterschiede des deutschen und US-amerikanischen Bildnisschutzes

Wenngleich der Persönlichkeitsschutz im deutschen und US-amerikanischen Recht, wie bereits aufgezeigt, viele Parallelen aufweist, so bestehen doch auch erhebliche Unterschiede. Hier gilt der Grundsatz: Wo Licht ist, ist auch Schatten. Die einzelnen Aspekte sollen im Folgenden gegenüber gestellt und analysiert werden.

I. Recht am eigenen Bild–„intrusion"

Der erste Tatbestand des „right of privacy" sanktioniert bereits deren Anfertigung von Bildnissen, nicht erst die Veröffentlichung. Im Zentrum steht der Schutz der Privatsphäre. Parallelen zur Privatsphärenrechtsprechung im deutschen Recht[1884] sind deutlich erkennbar, was sich in der Unterscheidung zwischen dem häuslichen und dem öffentlichen Bereich wiederspiegelt. Auch wird in der Rechtsprechung beider Länder eine Privatheit in der Öffentlichkeit anerkannt.[1885] Darüber hinaus ist bei der Privatsphäre in räumlicher und thematischer Hinsicht zu differenzieren. Die Qualifizierung von „privat" und „öffentlich" verläuft jedoch unterschiedlich. Während im US-amerikanischen Recht nach subjektiven Gesichtspunkten entschieden wird, geschieht dies in Deutschland anhand objektiver Maßstäbe. Das BVerfG verlangt die objektive Erkennbarkeit, dass der Betroffene im Zeitpunkt des Eingriffs entweder offensichtlich allein sein wollte oder sich in einer privaten Situation befand, in der er nicht mit Beobachtung rechnen musste.[1886] Im US-amerikanischen Recht ist hingegen auf die Beurteilung der Gegebenheiten durch den Betroffenen abzustellen. Gefragt wird, ob dieser vernünftigerweise von der situativen Privatheit in dem Moment der Aufnahme ausgehen konnte.[1887] Der bedeutendste Unterschied im Rahmen des „intrusion tort" ist die Begrenzung des Schutzes auf „private figures", weil „public figures" Teil des öffentlichen Lebens sind. Der Tatbestand ist nur dann erfüllt, wenn sich Erstere in einer höchst verletzenden und ungeplanten Situation befindet bzw. befunden hat.[1888] Auch im Rahmen des „intrusion tort" wird deutlich, dass der Persönlichkeitsschutz in den USA schwächer ausgeprägt ist. Eine „Beschneidung des Persönlichkeitsrechts" durch die US-amerikanische Rechtsprechung ist die Folge. Wohingegen in Deutschland auch einer prominenten Persönlichkeit das Recht zugestanden wird, sich frei und unbeobachtet in der Öffentlichkeit zu bewegen. Wie bereits festgestellt, distanzieren sich die deutschen Gerichte von der „absoluten Person der Zeitgeschichte". Dies führt zu einer weiteren Entfernung

---

1884 Siehe oben 2. Teil A. § 7 III. 1.

1885 Zum deutschen Recht siehe oben 2. Teil A. § 7 III. 3.; zum US-amerikanischen Recht siehe Prosser/ Keeton, S. 855 f.; ebenso Götting, a.a.O., S. 180 f.

1886 Siehe oben 2. Teil A. § 7 III.1. b. bb; vgl. dazu BVerfGE 101, 361 (382 f.).

1887 Siehe oben 2. Teil B. § 4 I. 1. b.

1888 Vgl. *Daily Times Democrat vs. Graham, 276 Ala. 380 (382) (Ala. 1964); Shulman vs. Group W. Productions, Inc., 18 Cal. 4 200 (243) (Cal. 1998)*; Böhnstedt, a.a.O., S. 262 f.

von der US-amerikanischen Rechtsprechung zum Persönlichkeitsschutz. Ob diese Kehrtwende der deutschen Rechtsprechung auch ohne das Caroline von Hannover/Deutschland Nr. 1-Urteil des EGMR stattgefunden hätte, kann dahin stehen. Fakt ist, sie hat im Gegensatz zu den Vereinigten Staaten von Amerika stattgefunden und die deutschen Gerichte unternehmen den Versuch einer Stärkung der Rechtsposition sowie Privatsphäre prominenter Persönlichkeiten seit dem Jahr 2004. Wenngleich neueste Kritikerstimmen wie Lehr und Frenz allein eine Stärkung der Pressefreiheit erkennen wollen,[1889] so spricht die Abkehr von der „absoluten Person der Zeitgeschichte" sowie die vorverlagerte Abwägung im Rahmen des § 23 Abs. 1 Nr. 1 KUG doch dagegen. Wäre dem zuzustimmen, so müsste man eher eine Annäherung der deutschen Rechtsprechung an die der US-amerikanischen Gerichte anerkennen. Dem steht jedoch die einzelfallbezogene Abwägung entgegen, bei der sich das Persönlichkeitsrecht des Betroffenen und die Pressefreiheit der Medien grundsätzlich gleichwertig gegenüberstehen. Obgleich auch in der US-amerikanischen Rechtsprechung Ausnahmen gemacht werden, sind diese doch rar gesät. Vielmehr stärken die US-amerikanischen Gerichte unverdrossen weiterhin die Position der Medien und deren Vertreter. Eine der wenigen Ausnahmen machte ein Gericht im Fall *Galella vs. Onassis.* Ein Privatsphärenschutz des Prominenten in der Öffentlichkeit wurde anerkannt. Doch bereits der Urteilsbegründung ist zu entnehmen, dass es sich dabei um eine Ausnahme handelt.[1890] Zumindest könne eine Abwägung zugunsten des Klägers dann nicht ausgeschlossen werden, wenn die „public figure" von den Medien belagert und verfolgt werde. Da der überwiegende Teil der Fälle in der Rechtspraxis wohl eine Verfolgungs- und Belagerungssituation vermissen lässt, ist weiterhin davon auszugehen, dass im Großteil der Fälle gegen den Privatsphärenschutz von „public figures" zugunsten der Medien entschieden wird. Es entspricht dem US-amerikanischen Prinzip, nach dem eine in der Öffentlichkeit stehende Person sich nur beschränkt auf ihren Privatsphärenschutz berufen kann. Darin besteht ein erhebliches Schutzdefizit gegenüber dem deutschen Recht.

II. Recht am eigenen Bild-„public disclosure of private facts"

In Deutschland kann der Abgebildete gegen eine Bildnisveröffentlichung gemäß §§ 22, 23 KUG wegen Verletzung seines Rechts am eigenen Bild klagen. Das US-amerikanische Recht sieht einen solchen Schutz über den „public disclosure tort", den zweiten Tatbestand des „right of privacy", vor.

Es existieren zwei Hauptunterschiede zum deutschen Recht: zum einen die Einwilligung und zum anderen die unterschiedliche Beweislastverteilung. Wenngleich beide Rechtsordnungen ein Regel-Ausnahme-Verhältnis vorsehen, so unterscheidet es sich jedoch in seiner Ausgestaltung. Während in Deutschland für eine zulässige

---

1889 Siehe oben 2. Teil A. § 7 I. 1. c. bb. (2).

1890 Lediglich höchst aggressive Belästigungen können eine „intrusion"-Klage eines Prominenten rechtfertigen. Vgl. *Galella vs. Onassis, 487 F.2d 986 (995) (1973).*

Bildnisveröffentlichung gemäß § 22 KUG stets die Einwilligung des Abgebildeten erforderlich ist (Regel), orientiert sich die Zulässigkeit im US-amerikanischen Recht an der Veröffentlichung selbst. Es darf sich nicht um private und höchst verletzende Abbildungen handeln, die nicht von berechtigtem Interesse für die Allgemeinheit sind (Regel). Fehlt die Einwilligung bedarf es im deutschen Recht der Voraussetzungen des § 23 Abs. 1 Nr. 1 KUG (Ausnahme). Liegen die Voraussetzungen für einen „public disclosure tort" vor, bedarf es in seltenen Fällen der Einwilligung der Abgebildeten (Ausnahme). Auch wenn beide Länder die Zulässigkeit von der Personeneigenschaft abhängig machen, so findet im deutschen Recht auch bei § 23 Abs. 1 Nr. 1 KUG eine Interessenabwägung mit den entgegenstehenden berechtigten Interessen des Abgebildeten statt, während bei der „public figure" im US-amerikanischen Recht eine solche außerhalb der Erstprüfung nicht vorgesehen ist.

Weiterhin lassen sich in der Abwägung selbst Unterschiede ausmachen. Während die deutsche Rechtsprechung sich weitestgehend von der „Person der Zeitgeschichte" verabschiedet hat, zumindest was die „absolute Person der Zeitgeschichte" betrifft, und die Bestimmung der Zeitgeschichtlichkeit im Rahmen des § 23 Abs. 1 Nr. 1 KUG nunmehr durch eine Abwägung der widerstreitenden Interessen erfolgt, hält die US-amerikanische Rechtsprechung an der stark pressefreundlichen Abwägung zugunsten des First Amendments fest. Über die Begrifflichkeit der „public figure" ist ein Schutz des Abgebildeten dann erheblich eingeschränkt, wenn es sich um eine in der Öffentlichkeit stehende Persönlichkeit handelt. Das zeigt sich deutlich in der Bestimmung der „newsworthiness" einer Berichterstattung. Die Gerichte orientieren sich nicht nur maßgeblich am First Amendment, sondern überlassen die Entscheidung was als „newsworthy" anzusehen ist teilweise gänzlich den Medien. Auch im Schutzbereich bestehen erhebliche Unterschiede hinsichtlich des Schutzumfangs. Während im deutschen Recht der Sphärengedanke des BVerfG vorherrscht, der Privatsphärenschutz mithin auch auf Ereignisse in der Öffentlichkeit ausgedehnt wird, beschränkt sich dieser im US-amerikanischen Recht ausschließlich auf private Informationen aus dem häuslichen oder vor öffentlichen Einblicken besonders geschützten Bereich der abgebildeten Person. Voraussetzung ist, dass dieser dem Zugriff der Öffentlichkeit entzogen ist. Einen darüber hinaus bestehenden Schutz in der Öffentlichkeit ist dem US-amerikanischen Bildnisschutzrecht fremd. Wie bereits zuvor erwähnt, kommt dem „right of privacy", anders als dem „Recht am eigenen Bild", kein Verfassungsrang zu, sodass es denknotwendig nicht mit dem First Amendment auf einer Ebene stehen kann. Wie bereits oben ausgeführt, haben die Gerichte einen Weg gefunden die Belange des Betroffenen in die Abwägung einfließen zu lassen, wenngleich ihnen kein verfassungsrechtlicher Status zukommt. Ähnlich wie dem deutschen Recht gehen sie davon aus, dass sensationsheischende Berichterstattungen die lediglich die Sensationsgier am Privatleben von prominenten Persönlichkeiten befriedigt nicht als „newsworthy" angesehen werden können. Obwohl die Unterschiede klar und deutlich erkennbar sind, insbesondere hinsichtlich der Gewichtung des First Amendment versus das Persönlichkeitsrecht sowie Art. 5 Abs. 1 GG gegen bestehende Persönlichkeitsrechtsverletzungen, sind die

Parallelen zum deutschen öffentlichen Informationsinteresse nicht zu leugnen.[1891] Letztlich kommt den Gerichten hinsichtlich der Feststellung eines öffentlichen Interesses ein Ermessensspielraum zu, sodass die Zulässigkeit einer Veröffentlichung in beiden Rechtsordnungen im konkreten Einzelfall individuell zu bewerten ist.[1892] Der Schutz des „public disclosure tort" hat jedoch durch die exzessive Auslegung des First Amendments durch den U.S. Supreme Court eine erhebliche Schmälerung erfahren.[1893]

III. Recht am eigenen Bild–„appropriation tort" und „right of publicity"

Vorliegend gilt es zu erörtern, wie sich die kommerzielle Verwertung des deutschen Rechts am eigenen Bild zum US-amerikanischen „appropriation tort" bzw. dem „right of publicity" verhält. In Gegensatz zum Tatbestand des „public disclosure of private facts", welcher die Einwilligung des Abgebildeten nur ausnahmsweise für notwendig erachtet, haftet der Verwender von Bildnissen zu kommerziellen Zwecken vorliegend (commercial advertising) immer dann, wenn keine Einwilligung des Abgebildeten vorliegt. Im Vergleich zum deutschen Recht bestehen insoweit keine nennenswerten Unterschiede, weil die §§ 22, 23 KUG ebenso eine Einwilligung verlangen. Soweit es sich jedoch nicht um Privatpersonen (private figures) handelt, werden die Unterschiede deutlich. Während im US-amerikanischen Recht eine „public figure" zumeist keine Gefühlsverletzung durch die Verwendung ihres Bildnisses zu Werbezwecken geltend machen kann,[1894] wird sie hinsichtlich der Geltendmachung von Verletzungen finanzieller Interessen auf das „right of publicity" verwiesen,[1895] wohingegen im deutschen Recht eine Geltendmachung von finanziellen Interessen ebenso über §§ 22, 23 KUG erfolgt. Ergibt die erforderliche Interessenabwägung im Rahmen des § 23 Abs. 1 Nr. 1 KUG, das die kommerzielle Verwertung des Bildnisses berechtigte Interessen des Abgebildeten verletzt, steht ihm ein Schadensersatzanspruch zu. Dieser berechnet sich nach der Lizensanalogie. Im US-amerikanischen Recht existiert ein solcher Anspruch ebenso. Dieser ergibt sich jedoch aus dem „right of publicity", welcher wie im deutschen Recht eine Interessenabwägung vorsieht.

Ein kurzer Vergleich des „right of publicity" mit dem deutschen Recht drängt sich an dieser Stelle geradezu auf. Die Voraussetzungen sind denen im deutschen Recht ähnlich. Es findet auch im Rahmen des „right of publicity" eine Abwägung der widerstreitenden Interessen statt. Allerdings nimmt das First Amendment

---

1891 Zum Begriff des dt. Öffentlichen Informationsinteresses siehe oben 2. Teil A. § 7 I. 1. c. aa. (3).

1892 So entschieden vom U.S. Supreme Court, *"In this case, (...) do not fall under the rubric of matters of "public concern. (...), we do not believe these questions are of public import (...)."* In: *Connick vs. Myers, 461 U.S. 138 (148 n.7) (1983).*

1893 Siehe oben 2. Teil B. § 4 I. 2.

1894 Siehe oben unter „appropriation", 2. Teil B. § 4 I. 4.

1895 Siehe oben unter „right of publicity", 2. Teil B. § 5.

im Bereich „commercial speech" nicht die überragende Stellung ein, wie dies im Zusammenhang mit dem „public disclosure tort" der Fall ist. Vielmehr gewichten die Gerichte „commercial speech" gegenüber „non-commercial speech" wesentlich geringer.[1896] Der Unterschied zum deutschen Recht wird offensichtlich. Nach Art. 5 Abs. 1 GG kommt der kommerziellen Verwertung eines Bildes ein gleichwertiger Schutz zu. Erst im Rahmen der Verhältnismäßigkeitsprüfung erfolgt eine differenzierende Wertung. Im US-amerikanischen Recht hingegen ist zu fragen, ob es sich um eine Ausnahme des „commercial speech" handelt, welche ihrerseits als „non-commercial speech" zu qualifizieren ist. In diesem Fall genießt sie den vollen Schutz des First Amendment. Als praktisches Beispiel eignet sich ein im U.S.-Bundesstaat New York entschiedener Fall.[1897] Streitgegenständlich waren Kandidatenposter, die vor einem unmittelbar stattfindenden politischen Wahlkampf verkauft wurden. Zwar, so das Gericht, handele es sich um eine Werbekampagne, jedoch überwiege der „non-commercial speech"-Charakter, sodass ein umfassender verfassungsrechtlicher Schutz im vorliegenden Fall nicht versagt werden könne.[1898] Kann eine Abbildung nicht den Schutz des „non-commercial speech" für sich in Anspruch nehmen ist „publicity"-Klage unbegründet. Das „right of publicity" macht deutlich, dass den kommerziellen Interessen des Abgebildeten im US-amerikanischen Recht ein wesentlich stärkerer Schutz zukommt, als dies im deutschen Recht der Fall ist. Während im deutschen Bildnisschutzrecht der Schutzbereich der Meinungs- und Pressefreiheit gemäß Art. 5 Abs. 1 GG auch werbende Bildpublikationen umfasst, führt die Unterscheidung im US-amerikanischen Recht in „commercial- " und „non-commercial speech" zu einem stark abgeschwächten Schutz der kommerziellen Nutzung von Bildnissen. Dies führt im Ergebnis zumeist dazu, dass der Schutz der kommerziellen Interessen überwiegt.

IV. Recht am eigenen Bild-„false light tort"

Auch die Gegenüberstellung „fals light tort"-Bildnisschutz nach §§ 22, 23 KUG fördert die Erkenntnis zutage, dass dem Persönlichkeitsschutz im US-amerikanischen Recht ein geringerer Stellenwert zukommt. Dies zeigt sich sogleich bei dem Haftungsmaßstab „actual malice". Dieser gilt auch bei verfälschenden Abbildungen. Allerdings wird es dem Kläger nur schwerlich der Nachweis gelingen, dass der Verwender bei der Bildpublikation positive Kenntnis von den verfälschenden Umständen hatte. Das ist besonders hart, weil ihn die Beweislast trifft. Im deutschen Recht muss hingegen der Beklagte darlegen, dass er seine Sorgfaltspflichten nicht verletzt hat, weil er die Unwahrheit zum Zeitpunkt der Veröffentlichung nicht erkennen konnte. Gelingt ihm der Beweis nicht, gilt die Tatsache nach deutschem Recht als

---

1896 *Zacchini vs. Scripps-Howard Broadcasting, Co., 433 U.S. 562 (573) (1977).*

1897 *Paulsen vs. Personality Posters, Inc., 299 N.Y.S. 2 d 501 (506) (1968)*; siehe auch Böhnstedt, a.a.O., S. 283.

1898 Vgl. dazu *Paulsen vs. Personality Posters, Inc., 299 N.Y.S. 2 d 501 (506) (1968)*; dazu auch Böhnstedt, a.a.O., S. 283.

erwiesen unwahr. Darüber hinaus werden dem Kläger im US-amerikanischen Recht noch weitere Steine in den Weg gelegt. So wie Anforderung, dass die verfälschte Abbildung geeignet sein muss, eine für die Gesellschaft nachvollziehbare Gefühlsverletzung beim Kläger herbeizuführen (highly offensive). Sowohl die deutschen als auch die US-amerikanischen Gerichte differenzieren zwischen Privatpersonen (private figures) und Personen der Öffentlichkeit (public figures). Wenngleich auf den ersten Blick ein solcher Schutz der Privatpersonen ausschließlich im deutschen Recht zu existieren scheint, so besteht er doch ebenso im US-amerikanischen Recht, wenn auch nicht in allen Bundesstaaten. Diese Problematik zeigt deutlich die rechtliche Spaltung und Autonomie der Einzelstaaten. Während ein Gericht in New York bereits einen Schutz der Privatpersonen anerkannt hat, verneinte der U.S. Supreme Court eine solche Privilegierung noch im Fall *Rosenbloom vs. Metromedia, Inc.*[1899] Von dieser Rechtsprechung rückte der U.S. Supreme Court in seiner Entscheidung *Gertz vs. Welch*[1900] allerdings wieder ab. Nunmehr stellte er fest, dass eine Privatperson die Beweispflicht der Fahrlässigkeit (negligence) des Beklagten treffe und „actual malice" auf Grund der Unterschiede zwischen „public figures" und „private figures" unbillig wäre. Obgleich dem nicht alle Einzelstaaten gefolgt sind, so kann die Existenz einer Besserstellung von Privatpersonen auch im US-amerikanischen Bildnisschutzrecht nicht geleugnet werden.

§ 4 Auswirkungen der Gemeinsamkeiten und Unterschiede für den deutschen und US-amerikanischen Kläger in der Rechtspraxis

Die Untersuchung hat bereits mehrfach gezeigt, dass der U.S. Supreme Court dem First Amendment eine überragende Bedeutung zugesteht. Das äußert sich in der Praxis dahin gehend, dass der Persönlichkeitsschutz nicht selten zurücktreten muss.[1901] Der Grundstein für eine extrem pressefreundliche Rechtsprechung bei „privacy"-Klagen wurde durch die *New York Times vs. Sullivan* Entscheidung gelegt. Als „Basis" gilt die vom U.S. Supreme Court eingeräumte Sonderstellung der „public figure". Fällt die Entscheidung des Gerichts positiv im Sinne der „public figure"-Eigenschaft aus, wird dem Kläger mit einem Schlag die Beweislast für einen Verschulden des Beklagten aufgebürdet und zum anderen haftet er ausschließlich nach den „actual malice"-Standard.

Eine Übertragbarkeit des deutschen Rechts am eigenen Bild sowie des US-amerikanischen „right of privacy" wird auf Grund der Höchstpersönlichkeit in beiden

---

1899 *Rosenbloom vs. Metromedia, 403 U.S. 29 (1971).*

1900 *Gertz vs. Welch, Inc.,418 U.S. 323 (344 f.) (1974)*; ebenso *Cantrell vs. Forest City Pub. Co., 419 U.S. 452 (1974).*

1901 Bezug nehmend auf das First Amendment erklärte der U.S. Supreme Court in *Murdock vs. Commonwealth of Pennsylvania, 319 U.S. 105 (1943), "Freedom of press, freedom of speech, freedom of religion are in a preferred position."*

Rechtsordnungen abgelehnt. Dagegen ist eine Lizensierung des Bildes grundsätzlich möglich. Der Grundgedanke ist, dass die Identitätsmerkmale einer prominenten Persönlichkeit einen berechenbaren kommerziellen Gegenwert aufweisen. Unterschiedlich sind die Konsequenzen einer einmal erteilten Einwilligung in die Vermarktung. Während im deutschen Recht ein Widerruf als möglich erachtet wird, lehnen die US-amerikanischen Gerichte auf der Grundlage des Prinzips der Vertragsbindung eine Widerrufsmöglichkeit konsequent ab. Auch eine geänderte Einstellung zur Veröffentlichung bleibt grundsätzlich unberücksichtigt und der Betroffene an die Einwilligung gebunden.

Für das „right of publicity" ist ein Schutz post mortem überwiegend anerkannt. Einzige Ausnahme bildet hier der Bundesstaat New York. Die Schutzdauer variiert zwischen zehn und hundert Jahren. Auch im deutschen Recht ist ein Persönlichkeitsschutz nach dem Ableben des Rechtsinhabers nicht unbekannt. Allerdings ist dieser weitreichender als im US-amerikanischen Recht. Während hierzulande sowohl ein postmortaler Persönlichkeitsschutz gegen schwerwiegende ideelle Beeinträchtigungen und gegen die unbefugte Kommerzialisierung des verstorbenen Rechtsinhabers besteht, erkennen die US-amerikanischen Gerichte ausschließlich den Schutz der vermögenswerten Persönlichkeitselemente an.

§ 5 Vergleichende Betrachtung der identifizierenden Kriminalberichterstattung

Identifizierende Kriminalberichterstattung darf aus aktuellem Anlass erfolgen, jedoch nicht eine Vorverurteilung des Täters forcieren. Insoweit besteht Einigkeit bei den deutschen und US-amerikanischen Gerichten. Auch im US-amerikanischen Recht bedarf es im Rahmen der Kriminalberichterstattung der klaren Feststellung, dass die Schuld des Täters nicht bewiesen und er einer Straftat lediglich verdächtigt wird.[1902] Die US-amerikanischen Gerichte gehen jedoch noch einen Schritt weiter. Handelt es sich bei der angeklagten Tat um ein außergewöhnliches Verbrechen, ist neben den identifizierenden Informationen über den Angeklagten auch die Veröffentlichung von privaten Informationen aus seinem Leben zulässig.[1903] Während in Deutschland bei Angeklagten eines Schwerverbrechens, trotz bestehender Aktualität, nicht beliebig Privatinformationen veröffentlicht werden dürfen, weil die Unschuldsvermutung und die besondere Schutzbedürftigkeit vor Urteilsverkündung dies verbieten, werden solche Bedenken im Rahmen der

---

1902 *Briscoe vs. Reader's Digest Assn., 4 Cal.3d 529 (536) (1971)*; ebenso Schumacher, a.a.O., S. 222.

1903 Restatement (Second) of Torts § 652D comm. e, f, worin festgestellt wird, dass auch die Veröffentlichung von bestimmten privaten Tatsachen zulässig ist, wenn es sich um eine „public figure" handelt. Comment i bestimmt darüber hinaus, dass davon auch Familienangehörige einer „public figure" erfasst werden. Siehe dazu Prosser, Handbook of the Law of Torts 809–12 (4th Edition 1971); aufgreifend Schumacher, a.a.O., S. 223.

Abwägung mit dem First Amendment von der US-amerikanischen Rechtsprechung wesentlich geringer gewichtet. Darin spiegelt sich die Bedeutsamkeit des ersten Zusatzartikels zur Verfassung der Vereinigten Staaten von Amerika wieder. Eine Parallele zum deutschen Recht besteht insoweit, als dass der Schutz der Privatsphäre gegenüber dem des First Amendment mit Zeitablauf nach der Tat proportional zunimmt. Ein Vergleich zwischen Kriminalberichterstattungen in Deutschland und den USA verdeutlicht, dass die Namensnennung und Bildnisveröffentlichung von Straftätern, ja sogar Tatverdächtigen, in allen Medien an der Tagesordnung ist.

Die Grenzen der Zulässigkeit einer identifizierenden Berichterstattung über Verbrechensopfer werden verschieden gehandhabt. Während im deutschen Recht eine mit privaten Informationen gespickte identifizierende Berichterstattung aus Opferschutzgründen zumeist als unzulässig bewertet wird, gehen die US-amerikanischen Gerichte von einer grundsätzlichen Zulässigkeit einer derartigen Berichterstattung aus.[1904] Personen, die mit aktuellen Ereignissen in direkter Verbindung stehen, müssen Berichterstattungen in den Medien zugunsten des öffentlichen Interesses hinnehmen.[1905] Selbst, wenn damit Eingriffe in ihre Privatsphäre verbunden sind. Die US-amerikanischen Gerichte lassen dabei das besondere Schutzbedürfnis der Opfer nahezu völlig außen vor. Die Betroffenen stehen den Medien schutzlos gegenüber. Eine solche Entscheidung ist in der deutschen Rechtsprechung undenkbar. Doch bei näherer Betrachtung ist die US-amerikanische Rechtsprechung konsequent. Im Mittelpunkt steht die Frage nach der „newsworthiness" und der gerechten Abwägung mit dem First Amendment. Die alles überragende Bedeutung des ersten Zusatzartikels der Verfassung lässt auch bei Opferberichterstattungen keine Kursabweichungen zu. Wenngleich die Gerichte einräumen, dass der Zeitablauf bei der Abwägung Berücksichtigung finden muss, zeigt ein Blick in die Rechtspraxis, dass damit keine nennenswerte Stärkung des Opferschutzes einhergeht. Denn dort wo eine Opferberichterstattung fünf Jahre nach der eigentlichen Tat noch für zulässig erachtet wird,[1906] gerät der Schutz der Opfer bei der Abwägung mit dem First Amendment ins Abseits, sodass der Opferschutz nur noch eine leere Hülle bleibt.

1904 Restatement (Second) of Torts § 652D comm. f.

1905 *Carlisle vs. Fawcett Publications, Inc., 201 Cal.App.2d 733 (745 f.) (1962), "It is clear that as current news occurs those involved in the happening may be named and discussed in newspapers or over the air even through the process actually invades the privacy of the individual. If a householder is burglarized, or a pedestrian is held up and robbed in the street, or two automobiles collide at an intersection, news media may properly give an account of what happened even through the individual objects."*

1906 *Howard vs. Des Moines Register & Tribune Co., 283 N.W.2d 289 (303) (Iowa 1979).*

I. Entscheidung im Fall „Gefängnishoffoto–Jörg Kachelmann" durch ein US–amerikanisches Gericht

Fraglich ist, ob der Fall nach der US–amerikanischen Rechtsprechung ebenso zugunsten Jörg Kachelmanns entschieden worden wäre. Denn das deutsche Gericht gab der Klage statt und entschied, dass der Kläger nicht mit einer Behelligung seinerseits rechnen musste,[1907] weil das Gefängnishoffoto an einem nicht öffentlichen Platz aufgenommen wurde.

Einschlägig ist der zweite Tatbestand des „right of privacy", „public disclosure of private facts". Die Klage ist dann begründet, wenn alle vier Voraussetzungen gegeben sind – die Information muss verbreitet worden sein (public disclosure), es muss sich um private Informationen handeln (private facts), diese muss eine vernünftige Person als beleidigend empfinden (offensive to a reasonable person) und die offenbarten Informationen dürfen nicht berichtenswert, d.h. nicht von berichtenswertem Interesse sein (not newsworthy).

1. „Public disclosure"

Das „Gefängnishof–Foto" wurde in der Presse veröffentlicht, sodass die Grundvoraussetzung des „public disclosure tort" gegeben ist. Kachelmann war auch eindeutig identifizierbar, mithin nicht nur für den engsten Freundes– bzw. Familienkreis erkennbar abgebildet.[1908] Wenngleich eine Namensnennung für den Tatbestand nicht erforderlich ist, so erfolgte diese im Zusammenhang mit der Bildpublikation.

2. „Private facts"

Die veröffentlichten Informationen gelten überwiegend dann als privat, wenn sie von der Öffentlichkeit ferngehalten wurden.[1909] Es handelt sich dabei um nicht allgemein bekannte intime Details des Privatlebens. Hingegen fällt die Publikation von bereits öffentlich bekannten Ereignissen aus dem Tatbestand heraus. Dazu zählen alle öffentlich zugänglichen Informationen aus Quellen wie Akten oder Gerichtsprotokollen. Das streitgegenständliche Foto „Kachelmanns" ist unzweifelhaft kein öffentliches und allgemein zugängliches Dokument. Jedoch fallen ebenso auf öffentlichen Plätzen aufgenommene Fotos aus dem „public disclosure tort" heraus. Darüber hinaus auch Ereignisse, die sich ohnehin vor den Augen der Öffentlichkeit abgespielt haben. Öffentlich ist ein Platz, wenn bereits eine kleinere Gruppe

---

1907 OLG Köln, Urteil v. 15.11.2011, Az. 15 U 62/11.

1908 Zur Tatbestandsvoraussetzung der Identifizierbarkeit der abgebildeten Person vgl. *Bernstein vs. National Broadcasting Co., 129 F Supp. 817 (D.C. 1955); Faloona vs. Hustler Magazin, Inc., 607 F Supp. 1341 (1357), 11 Media R 2121 (Tex. 1985); Beck vs. Interstate Brands Corp. 953 F.2d 1275 (1276) (Fla. 1992).*

1909 Vgl. *Heath vs. Playboy Enterprises, Inc., 732 F Supp. 1145 (1148), 17 Media L. Rev. 1298 (Fla. 1990); Sipple vs. Chronicle Publishing Co., 210 Cal. Rptr. 665 (669), 10 Media L. Rev. 1690 (Cal. 1984).*

von Personen außerhalb des engsten Familien- und Bekanntenkreises von dem Ereignis Kenntnis genommen hat. Der entgegenstehende Wille des Abgebildeten ist dabei irrelevant.

Fraglich ist mithin die Einordnung des Gefängnishofes als privat. Für einen öffentlichen Platz spricht zunächst die Tatsache, dass es sich um eine staatliche Einrichtung handelt. Zudem war Kachelmann während des Hofgangs lediglich einer unter vielen Insassen. Mithin könnte man argumentieren, dass die Privatheit des Ortes nur schwerlich begründet werden kann. Er stand ohnehin unter ständiger Beobachtung der Gefängniswärter, Schließer und sonstiger Wachposten. Auch eine Kameraüberwachung des Gefängnishofes ist Standard. Gegen die Einordnung als öffentlicher Platz spricht hingegen die Tatsache, dass der Kläger sich nicht freiwillig aus seinem geschützten und zurückgezogenen Privatbereich heraus begeben und der Allgemeinheit präsentiert hat. Auch stellt das Gefängnis zur Zeit der Inhaftierung ein „Ersatz-Zu Hause" für die Insassen dar. Dieser Argumentation folgend, könnte man das Gefängnis mit dem häuslichen Bereich gleichsetzen, sodass das Foto die Wiedergabe einer privaten Information darstellt. Nach der Rechtsprechungspraxis der US-amerikanischen Gerichte ist auch der häusliche Bereich von „public figures" schützenswert. Jedoch stellt sich die Frage, ob nach US-amerikanischem Verständnis der Gefängnishof grundsätzlich noch mit dem häuslichen Bereich gleichzusetzen ist. Die thematische und räumliche Begrenzung der Privatsphäre wird wesentlich strenger gehandhabt als von den deutschen Gerichten. Somit könnte man das Bildnis als nicht private Information erachten, weil es auf dem Gefängnishof und eben nicht im Gebäude aufgenommen wurde. Die Durchschlagskraft des Arguments ist zweifelhaft, wenn der Gefängnishof so gegen die Einblicke von außen geschützt ist, dass die Öffentlichkeit ausgeschlossen wird. Fraglich ist, ob durch das Foto mehr von dem Privatleben einer Person gezeigt wird, als jeder ohnehin sehen kann.[1910] Ist dem so, könnte das Vorliegen einer Privatinformation verneint werden. Der Versuch einer Lösung über einen vergleichbaren Fall einer Bildpublikation von Uniformierten scheitert. Hier hatte ein Gericht entschieden, dass die Ablichtung von Navy Seals in ihrer Uniform und während ihrer beruflichen Ausübung nicht als private Information einzustufen sei.[1911] Kachelmann trat zwar in einheitlicher Gefängniskleidung auf, er stand jedoch weder im Dienste des Staates noch kann in dem Overall eine staatliche Uniform gesehen werden.

Wenngleich nach den obigen Ausführungen in die gegenteilige Richtung argumentiert werden kann, so erscheint es dennoch auch nach US-amerikanischer Rechtsprechung vertretbar, den Gefängnishof als einen nicht öffentlichen Platz anzusehen. Entscheidend wird im Falle einer Bildpublikation betreffend „public figures" vor allem die „newsworthiness" der veröffentlichten „private facts" sein. Eine ausführliche Auseinandersetzung erfolgt im weiteren Verlauf.

1910 Vgl. *Nelson vs. Main Times, 373 A2d 1221 (1225), 2 Media L. Rev. 2011 (Me. 1977).*

1911 Vgl. *Four Navy Seals vs. Associated Press, 413 F. Supp. 2d 1136 (S.D. Cal. 2005).*

3. *„Offensive to a reasonable person“*

Die Bildpublikation ist nur dann unzulässig, wenn die Verbreitung aus dem Blickwinkel eines durchschnittlichen Betroffenen in höchstem Maße verletzend oder empörend ist. Aus dem Tatbestand fallen beispielsweise mehr oder weniger zufällige Beobachtungen durch Nachbarn von normalen Aktivitäten oder beiläufig in der Presse erwähnten Vorgängen des alltäglichen Lebens heraus.[1912] Es stellt sich die Frage, ob ein gewöhnlicher Mensch die Veröffentlichung eines Bildes im Gefängnisoverall beim Hofgang während der andauernden U-Haft als in höchstem Maße verletzend empfinden würde. Auf die subjektive Sicht Kachelmanns kommt es hingegen nicht an. Unbestritten wird eine solche Veröffentlichung für eine durchschnittliche Person, ohne dass diese als besonders empfindlich einzustufen ist, als äußerst peinlich empfunden werden. Daran ändert auch das Wissen der Öffentlichkeit bezüglich der Inhaftierung Kachelmann nichts. Die Illustrierung von Fakten stellt gegenüber der reinen Wortberichterstattung eine andere Qualität des Eingriffs dar. Es ist mithin durchaus vertretbar, dass die Bildpublikation im Gefängnisoverall für einen inhaftierten Tatverdächtigen nicht nur lediglich als peinlich, sondern vielmehr als im höchsten Maße verletzend empfunden wird.

4. *„Not newsworthy“*

Bedeutend ist dann die Frage nach dem Nachrichtenwert des Gefängnishoffotos. Die Eigenschaft Kachelmanns als „public figure“ ist für die Bestimmung des Nachrichtenwertes hilfreich.[1913] Der bedeutendste Unterschied zum deutschen Recht besteht darin, dass die US-amerikanischen Gerichte dazu neigen, alles was veröffentlicht wird, auch als „newsworthy“ anzuerkennen.[1914]

Ähnlich des von Jörg Kachelmann veröffentlichten Bildnisses, wurden in den USA Bildnisse von Paris Hilton in Gefängniskleidung während ihres Gefängnisaufenthaltes angefertigt und veröffentlicht. Diese zeigen sie unter anderem beim Fegen des Gefängnishofes. Argumentiert wurde, dass sie ihren Privatsphärenschutz bereits verloren habe, weil sie in diversen Talkshows ihre Verurteilung selbst thematisierte.[1915] Hierbei könnte man durchaus anmerken, dass Kachelmann sich mehrfach den Medien gestellt und selbst ausgesagt hat. Eine Vergleichbarkeit hinkt jedoch, weil im Gegensatz zu Jörg Kachelmann Paris Hilton bereits verurteilt worden war. Die Fotos stammen also nicht aus der U-Haft, sondern aus der Strafhaft.

1912 Vgl. Digital Media Law Project, Quelle: http://www.dmlp.org/legal-guide/publication-private-facts.

1913 *Spahn vs. Julian Messner, Inc., 274 N. Y. S. 2d 879; Prosser, 48 Cal. L. Rev. 412.*

1914 In einer Vielzahl von Entscheidungen haben die US-amerikanischen Gerichte zugunsten der Medien entschieden, weil sie die Berichterstattung für „newsworthy“ erachteten. Statt vieler vgl. *Jenkins vs. Dell Publishing Co., 251 F. 2d 447 (451) (1958).*

1915 Schmitt, in: Götting/ Lauber-Rönsberg (Hrsg.), a.a.O., S. 71 (79).

Eine Entscheidungshilfe könnte der Fall *Howell vs. New York Post Co.*[1916] bieten. Howell klagte gegen die Zeitschrift, weil sie bei einem Spaziergang auf dem Gelände einer psychiatrischen Privatklinik abgelichtet und ihr Bild später veröffentlicht wurde. Das Gericht entschied, dass die Frau nicht erfolgreich gegen die Veröffentlichung ihres Fotos mit einer „privacy"-Klage vorgehen könne. Grund war die Ablichtung an der Seite einer berühmten Persönlichkeit. Diese sei als „public figure" zu qualifizieren und Informationen über eine geistige und körperliche Rehabilitation grundsätzlich berichtenswert, mithin „newsworthy". Dem Urteil ist zu entnehmen, dass eine Bildpublikation des prominenten Patienten beim Spaziergang im klinikeigenen Parkgelände grundsätzlich für zulässig erachtet wird. Das Persönlichkeitsrecht des Prominenten trete zugunsten des First Amendments zurück.

Wenngleich der Kachelmann-Fall von den Begebenheiten etwas anders gelagert ist, so sind doch gewisse Parallelen zu der obigen Entscheidung nicht zu leugnen. Zunächst ist festzustellen, dass sich Kachelmann zum Zeitpunkt der Bildentstehung auf einem, von den Begebenheiten vergleichbarem Freigelände aufhielt. Auch ist er als Moderator als „public figure" einzuordnen. Ihm kommt eine Position zu, in welcher die öffentliche Aufmerksamkeit auf ihn gerichtet ist. Sein Beruf begründet mithin die „public figure"-Eigenschaft.[1917] Berichterstattungen über prominente Persönlichkeiten mit gewissem Einfluss auf die Gesellschaft sollen der Öffentlichkeit Gelegenheit geben, sich ein vollständiges Bild von der Persönlichkeit zu machen. Andernfalls sei es nahezu unmöglich die Glaubwürdigkeit der Aussagen abzuschätzen. Grundsätzlich gehen die US-amerikanischen Gerichte davon aus, dass durch die Veröffentlichung der Identität dem Bericht Bestimmtheit und Glaubwürdigkeit verliehen wird. Zudem werde die Wahrnehmung der Schwere des Problems verstärkt.[1918] Die Anwendbarkeit dieses Grundsatzes im Kachelmann-Fall muss jedoch verneint werden, weil die Identität Kachelmanns bereits zum Zeitpunkt der Bildpublikation bekannt war.

Ob eine Veröffentlichung von legitimem öffentlichem Interesse ist, wird von den US-amerikanischen Gerichten sehr weit gefasst. So wurde entschieden, dass ein legitimes Interesse an nahezu fast allen aktuellen Ereignissen besteht. Davon umfasst werden auch Berichterstattungen über Verbrechen, Verhaftungen etc. Der von den Gerichten großzügig eingeräumte Schutz endet hingegen dort, wo die Berichterstattung die Grenzen des Anstands überschreitet. Dies sei dann der Fall, wenn krankhaft und von Sensationslust getrieben über Informationen des Privatlebens einer Person berichtet wird, an denen ein anständiges Mitglied der Gesellschaft kein Interesse hat.[1919] Die „newsworthiness" der Bildpublikation muss in einem solchen Fall verneint werden. Unbestritten bedient die Veröffentlichung des Gefängnishoffotos die Neugier der Bevölkerung. Angesichts der strengen Maßstäbe der

---

1916 *Howell vs. New York Post Co., 181 AD2d 597 (N.Y. App. Div. 1992).*

1917 Siehe oben 2. Teil B. § 4 II. 1. b. bb.

1918 *Montesano vs. Donrey Media Group, 99 Nev. 644 (655) (Nev. 1983).*

1919 Vgl. *Virgil vs. Time, Inc., 527 F.2d 1122, 1129 (9th Cir. 1975).*

US-amerikanischen Gerichte muss ein krankhaftes sensationslustiges Ausspähen jedoch abgelehnt werden. Darüber hinaus entscheiden die US-amerikanischen Gerichte im Falle einer „public figure" meist zugunsten der Medien und bejahen ein „public interest". Die Zone der Privatsphäre ist bei „public figures" eng begrenzt und beschränkt sich zumeist, wie bereits oben erwähnt, nur auf Informationen aus ihrem Sexualleben bzw. medizinische Fakten.[1920]

5. *Entscheidung*

Die Gesamtbetrachtung führt zu dem Ergebnis, dass die Veröffentlichung des Gefängnishoffotos von einem US-amerikanischen Gericht höchst wahrscheinlich für zulässig erachtet worden wäre.

Das deutsche Gericht erklärte die Bildpublikation für unzulässig, weil sie den Kläger als Häftling stigmatisiere und keinen Beitrag zur öffentlichen Meinungsbildung leiste. Diese enge Eingrenzung kennt das US-amerikanische Recht nicht. Die Veröffentlichung muss nicht maßgeblich zur Meinungsbildung beitragen, sondern vielmehr „newsworthy" sein. Ist dies der Fall, müsse ein „public interest" bejaht werden. Eine mögliche Stigmatisierung im Zusammenhang mit einer Kriminalberichterstattung wird von den US-amerikanischen Gerichten nicht in dem Ausmaß diskutiert, ist zumindest nicht streitentscheidend. Richtigerweise würde man von einer im höchsten Maße verletzenden Situation, hingegen nicht von einer Stigmatisierung als Häftling sprechen. Hinzu kommt, dass die Öffentlichkeit zum Zeitpunkt der Bildpublikation bereits von der U-Haft-Situation des Klägers in Kenntnis gesetzt war. Das deutsche Gericht führt in seiner Urteilsbegründung aus, dass die Prominenz einer Person die Medien nicht dazu berechtige, diesen in seinem privaten Rückzugsbereich abzulichten.[1921] Zudem besitze das Foto nur einen begrenzten Nachrichtenwert. Stets habe eine Abwägung zwischen dem Persönlichkeitsrecht und der Pressefreiheit zu erfolgen. Beide stehen sich dabei gleichwertig gegenüber.

Zunächst gilt es auf die obigen Ausführungen zurückzugreifen und festzuhalten, dass sich das „right of privacy" und das First Amendment nicht gleichwertig gegenüber stehen. Zum anderen hat der Privatsphärenschutz einer „public figure", welche Kachelmann unzweifelhaft ist, zumeist hinter dem First Amendment zurückzutreten. Die von den US-amerikanischen Gerichten aufgestellten Grundsätze lassen es als durchaus vertretbar erscheinen, ein legitimes Interesse an der Bildnisveröffentlichung zu bejahen. Ebenso vertretbar ist die Bejahung der „newsworthiness" der Publikation. Die Ablichtung auf dem Gefängnishof und die begleitende Wortberichterstattung sind durchaus geeignet um nach US-amerikanischer Rechtsprechung ein „public interest" zu begründen. Der Bericht informierte ausführlich über den Tagesablauf, den Gefängnisalltag und die Dauer der U-Haft. Ein solches legitimes Interesse an dem Tagesablauf Kachelmanns ist insbesondere mit Blick auf seine „public figure"-Eigenschaft und der Schwere der vorgeworfenen Taten vertretbar.

1920 Siehe oben 2. Teil B. § 4 II. 1. b. bb.

1921 Siehe oben 2. Teil A. § 7 I. 2. c. cc. (2).

In die Abwägung fließt zudem ein, dass Kachelmann vor den Medien zur U–Haft–Situation umfassend Stellung genommen hat. Die Berichterstattung ist auch nicht geeignet eine Vorverurteilung herbei zu führen, weil der Kläger ausdrücklich nicht als Täter bezeichnet wird. Aus dem Blickwinkel des US–amerikanischen Rechtes ist die Entscheidung für eine Unbegründetheit der „privacy"–Klage nachvollziehbar. Insbesondere wird diese durch die Bedeutung der „public figure"–Eigenschaft, sowie die überragende Stellung der Meinungs– und Pressefreiheit, mithin dem First Amendment, gestützt.

II. Beurteilung des Falls „Christian Klar" aus der Sicht der US–amerikanischen Gerichte

Im Rahmen dieser Abhandlung stellt sich nunmehr die Frage, ob die US–amerikanischen Gerichte auch die Zulässigkeit einer identifizierenden Bildberichterstattung des Ex–RAF–Terroristen Christian Klar anders beurteilt hätten. Teil der Abwägung ist hierbei die Rechtmäßigkeit der Informationsgewinnung. Nach Zeitablauf wird auch für öffentlich zugängliche Informationen ein sachlicher Grund für die Berichterstattung verlangt, selbst dann, wenn bereits in der Vergangenheit eine umfassende identifizierende Berichterstattung erfolgte. Insoweit räumen auch die US–amerikanischen Gerichte dem Zeitfaktor eine Bedeutung ein.[1922] Wenngleich insoweit eine Parallele zum deutschen Recht besteht, als dass der Schutz der Privatsphäre gegenüber dem First Amendment mit Zeitablauf nach der Tat proportional zunimmt, so ist die US–amerikanische Rechtsprechung von der Anerkennung eines gleichwertigen Schutzbedürfnisses des Täters weit entfernt. Teil der Abwägung ist ebenso das Verhalten des Täters. Fraglich ist hierbei, ob dieser sich selbst einer Bekanntheit ausgesetzt hat und wie schwer der Eingriff und das Ausmaß der Persönlichkeitsrechtsverletzung wiegen.[1923]

1. „Public disclosure"

Christian Klar wurde in aller Öffentlichkeit vor dem Eingang des Berliner Theaters abgelichtet und das so entstandene Foto in Zeitschriften veröffentlicht.[1924] Klar war eindeutig identifizierbar, mithin nicht nur für den engsten Freundes– bzw. Familienkreis erkennbar abgebildet.[1925]

1922 *Montesano vs. Donrey Media Group, Nev. 668 P.2d. 1081 (1086) (1983). "Passage of time, of course, is a relevant factor, with other facts, in determining whether the publicity involves a matter of legitimate public concern. (Restatement (Second) of Torts § 652D, comm. k (1977)*; dazu auch oben Teil 2, B. § 4 II. 2. b. bb., S. 265 ff.

1923 Vgl. *Times–Mirror Company vs. The Superior Court of San Diego County, 198 Cal. App. 3d 1420 (1429) (1988); Baugh vs. CBS, 828 F. Supp. 745 (755) (N.D. Cal. 1993).*

1924 Siehe oben 2. Teil A § 7 I 2 d. dd. (3).

1925 Zur Tatbestandsvoraussetzung der Identifizierbarkeit der abgebildeten Person vgl. *Bernstein v. National Broadcasting Co., 129 F Supp. 817 (D.C. 1955); Faloona vs.*

2. *„Private facts“*

Die Offenlegung privater Tatsachen, das Recht Informationen privat zu halten und die Pressefreiheit stehen im Konflikt miteinander.[1926] Die vom Kläger beanstandete Berichterstattung muss Informationen enthalten, welche als überwiegend privat einzustufen sind, weil sie von der Öffentlichkeit ferngehalten wurden.[1927] Erforderlich ist, dass es sich um nicht allgemein bekannte intime Details aus dem Privatleben des Klägers handelt. Hingegen fällt die Publikation von bereits öffentlich bekannten Ereignissen aus dem Tatbestand heraus. Über die mögliche Praktikumsstelle in dem Berliner Theater Ensemble wurde bereits berichtet. Unter anderem gab der Intendant ein Interview, in dem er zu der Thematik Stellung bezog. Auch die Haftentlassung auf Bewährung im Jahre 2008 wurde allseits kontrovers diskutiert und rückte Christian Klar wieder in das Blickfeld der Öffentlichkeit. Das deutsche Gericht stellte hierzu fest, dass der Antragsteller dies auf Grund seiner früheren Zugehörigkeit zur RAF hinnehmen müsse.[1928] Die Wortberichterstattung wurde nicht beanstandet. Durch die „Brille“ der US-amerikanischen Gerichte beinhaltet die Wortberichterstattung an sich keine neuen und als privat einzustufenden Informationen, sodass sie bereits aus dem Tatbestand heraus fällt. Ab dem Zeitpunkt, in dem eine private Tatsache in die Öffentlichkeit gelangt ist, ist sie nicht mehr als privat anzusehen. Jedoch wurde die Wortberichterstattung mit einem aktuellen Bildnis Klars illustriert. Möglicherweise liegt darin eine Veröffentlichung privater Tatsachen. Argumentativ kann angeführt werden, dass die Öffentlichkeit bereits Kenntnis vom Aussehen des Klägers erlangte. Unmittelbar vor und nach der Gerichtsverhandlung wurden Bildnisse vom Kläger veröffentlicht. Allerdings sind die Fotos mehr als zwei Jahrzehnte alt, sodass es denkbar ist, die Erkennbarkeit durch die neuen Fotos anzuzweifeln. Die äußerlichen Veränderungen im Laufe der Jahre könnten dazu geführt haben, dass die Jahrzehnte zurückliegenden Veröffentlichungen nicht die Privatheit der aktuellen Bildnisse verhindern. Der Antragsteller macht geltend, er trage nunmehr eine Brille. Auch wisse die Öffentlichkeit nicht, wie er sich kleide, welche Statur er habe und welche Physiognomie.[1929] Die Argumentation ist nicht von der Hand zu weisen. Jedoch wird eine Privatheit aus Sicht der US-amerikanischen Gerichte nur schwerlich zu begründen sein, weil es sich um ein Ereignis handelt, welches sich ohnehin vor

---

Hustler Magazin, Inc., 607 F Supp. 1341 (1357), 11 Media R 2121 (Tex. 1985); Beck vs. Interstate Brands Corp. 953 F.2d 1275 (1276) (Fla. 1992).

1926 Vgl. *Gill vs. Curtis Publishing Co., 38 Cal. 2d 273 (277 f.).*

1927 Vgl. *Heath vs. Playboy Enterprises, Inc., 732 F Supp. 1145 (1148), 17 Media L. Rev. 1298 (Fla. 1990); Sipple vs. Chronicle Publishing Co., 210 Cal. Rptr. 665 (669), 10 Media L. Rev. 1690 (Cal. 1984).*

1928 Vgl. KG Berlin, Urteil v. 02.07.2007, Az. 9 U 66/07 = AfP 2007, 376; ebenso LG Berlin, Beschluss v. 12.01.2009, Az. 27 O 28/09, S. 10.

1929 Vgl. LG Berlin, Beschluss v. 12.01.2009, Az. 27 O 28/09, S. 7.

den Augen der Öffentlichkeit abspielte.[1930] Die Bilder wurden zweifellos an einem öffentlichen Platz aufgenommen. Darüber hinaus begründen die begangenen Straftaten die „public figure"-Eigenschaft. Das deutsche Gericht argumentierte, der Abgebildete habe sich nicht bewusst der Öffentlichkeit zugewandt. Vielmehr hielt er sich lediglich in der Öffentlichkeit auf. Er habe das freie Bewegungsrecht, ohne dabei andauernd gewärtig sein zu müssen, bei jeder Gelegenheit fotografiert zu werden.[1931] Die Anerkennung der Privatheit in der Öffentlichkeit wird von den US-amerikanischen Gerichten für „public figures" nahezu durchgängig abgelehnt. Folglich fallen die vom Kläger aufgenommenen Fotos aus dem „public disclosure tort" heraus, weil sie auf offener Straße in Berlin Mitte, mithin in der Öffentlichkeit, aufgenommen wurden. Auch die begleitende Wortberichterstattung enthielt keine privaten Informationen im eigentlichen Sinn.

Die „privacy"-Klage (public disclosure tort) vor einem US-amerikanischen Gericht wird höchst wahrscheinlich bereits an der Privatheit der veröffentlichten Informationen scheitern.

Aus Gründen der Vollständigkeit und dem Restrisiko einer gegenteiligen Entscheidung zur Privatheit, bedarf es der Begutachtung, ob die „privacy"-Klage nicht ebenso an der „newsworthiness" scheitert. Mithin erfolgt im weiteren Verlauf der Abhandlung eine rechtsvergleichende Analyse zur Thematik.

3. *„Offensive to a reasonable person"*

Die Identifikation als ehemaliger Straftäter, welcher gerade auf Bewährung aus der Strafhaft entlassen wurde, stellt sich als höchst verletzend für einen durchschnittlichen Betroffenen dar. Wie das Gericht im Fall *Briscoe vs. Reader's Digest Assn.*[1932] feststellte, ist davon auszugehen, dass ein ehemaliger Straftäter stets von der Angst der Offenlegung seiner vergangenen Taten getrieben ist.[1933]

4. *„Not newsworthy"*

Ist die Bildpublikation mit begleitender Wortberichterstattung als nicht berichtenswert einzustufen, würde die Entscheidung des US-amerikanischen Gerichtes, vorausgesetzt der Bejahung der Privatheit der Informationen, zu der Entscheidung das LG Berlin gelangen. Die Klage bzw. der Antrag wäre begründet und die Bildpublikation unzulässig.

Die Tatsache, dass es sich um eine Berichterstattung über einen Straftäter handelt, erfordert auch im US-amerikanischen Recht eine besondere Abwägung. Nämlich dem Rehabilitationsinteresse/ Recht auf Anonymität des Betroffenen und dem

1930 Als öffentlich wird ein Platz qualifiziert, an dem bereits eine kleinere Gruppe von Personen außerhalb des engsten Familien- und Bekanntenkreises von dem stattfindenden Ereignis Kenntnis nehmen konnte.

1931 LG Berlin, Beschluss v. 12.01.2009, Az. 27 O 28/09, S. 9.

1932 *Briscoe vs. Reader's Digest Assn., 4 Cal. 3d 529 (537) (Cal. 1971).*

1933 *Kapellas vs. Kofman, 1 Cal. 3d 20 (36) (Cal. 1969).*

konkurrierenden Recht der Zeitschrift aus dem First Amendment, wovon das Recht der identifizierenden Berichterstattung erfasst ist. Die US-amerikanischen Gerichte haben in der Vergangenheit eine Berichterstattung über aktuelle Ereignisse grundsätzlich für zulässig erachtet.[1934] Demnach werden wahrheitsgemäße Berichte von Verbrechen und identifizierende Berichterstattungen über einen Täter, vom First Amendment geschützt, weil Informationen hierüber von „public interest" sind. Das Gericht im Fall *Briscoe vs. Reader's Digest Assn.* stellte fest, dass es kein klares Profil zur Abgrenzung der konkurrierenden Interessen gebe, vielmehr müsse von Fall zu Fall entschieden werden. Es weist jedoch darauf hin, dass nur allzu oft zugunsten des First Amendments entschieden wird. Das gilt es zu bedenken.

Das „public interest" wird zumeist an drei Parametern gemessen – der soziale Wert der veröffentlichten Tatsachen, die Tiefe mit der der Bericht in die privaten Tatsachen eindringt sowie das Ausmaß, in dem die Person freiwillig zu einer Position der öffentlichen Bekanntheit beigetragen hat.[1935] Das deutsche Gericht hinterfragt, ob Klar nach seiner Entlassung einen Anspruch auf Anonymität hat und bejaht dies im Ergebnis. Durch die aktuelle Bildpublikation sei er in seinem individuellen Lebensbereich, in seiner sozialen Existenz als Grundlage dafür, sich in die freie Gesellschaft wieder einzugliedern, betroffen.[1936] Die Bildpublikation müsse als Verhängung einer erneuten sozialen Sanktion verstanden werden. Dabei spiele die Schwere der begangenen Straftaten keine Rolle, weil er dennoch weiterhin ein Mitglied der Gesellschaft sei und Anspruch auf Schutz seiner Individualität habe.[1937] Auch wenn das LG Berlin nach nationalem Recht nachvollziehbar argumentierte, dass das Persönlichkeitsrecht des Klägers (Rehablilitationsinteresse) dem der Presse bedienenden öffentlichen Informationsinteresse überwiege, so ist die Gewichtung der US-amerikanischen Gerichte eine andere. Alle Aspekte des Persönlichkeitsrechts des Straftäters werden auch seitens der US-amerikanischen Gerichte abgewogen. Bereits die Tatsache, dass Klar eine Praktikumsstelle an einem Theater antreten wollte, welches seinerzeit mit der RAF in Verbindung zu bringen war, würde nach dem US-amerikanischen Verständnis eine Nachricht darstellen. Den als solche gelten nicht nur Berichte über aktuelle Ereignisse, sondern vielmehr auch Tatsachenberichte mit „undefinierbarer Qualität des Interesses, welches die öffentliche Aufmerksamkeit auf sich zieht" (all factual reports with „that indefinable quality of interest, which attacs public attention").[1938]

Ebenso wie im deutschen Recht erkennen die US-amerikanischen Gerichte durchaus die Gefahr, dass ein erneutes Aufflammen der Aktualität der zurückliegenden Straftat zu einem „Rückfall" bzw. einer erneuten Straffälligkeit führen könnte. Die

1934 *Matter vs. Los Angeles Examiner, 35 Cal. App. 2d 304 (95 P.2d 491); Coverstone vs. Davies, 38 Cal. 2d 315 (239 P.2d 876).*

1935 Vgl. *Kapellas vs. Kofman, 1 Cal. 3d 20 (36).*

1936 Vgl. LG Berlin, Beschluss v. 12.01.2009, Az. 27 O 28/09, S. 12.

1937 Vgl. BVerfG, NJW 1973, 1227 (1231)-Lebach I.

1938 *Associated Press vs. International News Service, 245 F. 244 (248) (2d Cir. 1917).*

Angst vor dem Verlust der Arbeitsstätte nach der Entlassung aus der Strafhaft ist durchaus real. Auch kann die identifizierende Bildberichterstattung zu einer Steigerung des Leidens unter der begangenen Tat führen. Fälle, in denen der Straftäter eine erfolgreiche „privacy"-Klage bestreitet, sind in der US-amerikanischen Rechtsprechung wesentlich dünner gesät, als dies bei vergleichbaren Fällen auf nationaler Ebene der Fall ist. Zumeist scheitert es hierzulande im Rahmen der Abwägung am Überwiegen des Interesses des verurteilten, zwischenzeitlich entlassenen, Straftäters. So hat ein US-amerikanisches Gericht im Falle eines jugendlichen, wegen Mordes verurteilten Straftäters, welcher eine „privacy"-Klage wegen identifizierender Berichterstattung durch Namensnennung anstrebte, diese als unbegründet zurückgewiesen. Die oben genannten Aspekte überwiegen, so das Gericht, nicht dem berechtigten Interesse der Öffentlichkeit bzw. dem First Amendment.[1939]

Es gilt zu hinterfragen, ob die Bildpublikation, über die mehr als zwei Jahrzehnte zurückliegenden Straftaten, dem öffentlichen Interesse diente. Mit Bestimmtheit ist festzustellen, dass die Veröffentlichung nicht mehr der Justiz diente, ein „public interest" mithin nicht auf diese Weise hergeleitet werden kann. Dennoch ist nicht generell auszuschließen, dass die Bildpublikation als „newsworthy" anzusehen ist. Ein Ausschluss des „public interest" mangels Aktualität der Straftaten wird abgelehnt.[1940] Die Besonderheit im Fall Klar ist jedoch nicht die erneute Berichterstattung über die zurückliegenden Straftaten, sondern besteht vielmehr in der Veröffentlichung von aktuellen Informationen aus der privaten Gegenwart. Selbst das LG Berlin hat festgestellt, dass aufgrund der Schwere der begangenen Straftaten ein öffentliches Interesse auch an der Haftentlassung und aktuellen Lebensführung anzunehmen sei.[1941] Auch ein US-amerikanisches Gericht wird zu keinem anderen Ergebnis gelangen. Darüber hinaus könnte ein „public interest" durch das während der Strafhaft gegebenen Interviews aus dem Jahr 2001 begründet sein. Argumentativ ist anzuführen, dass der Betroffene sich dadurch selbst wieder in den Fokus der Öffentlichkeit gerückt hat. Wenn ja, so dient der Berichterstattung nicht nur die Neugier der Öffentlichkeit[1942] und das „public interest" müsste bejaht werden. Das LG Berlin erblickt in dem gegeben Interview im Jahr 2001 einen solchen Schritt Klars nicht. Vielmehr gebe das Interview nicht sein heutiges Aussehen wieder.[1943] Eine konsequente Ablehnung aus Sicht der US-amerikanische Gerichte ist im Hinblick auf die Bedeutung des First Amendments hingegen fraglich. Der Schritt in den Fokus der Öffentlichkeit kann auch in der Summe der Umstände erblickt werden. Selbst wenn man das gegebene Interview während der Strafhaft nicht anerkennt, so könnte dies zumindest für den Praktikumsplatz diskutiert werden. Der Umstand, dass das Persönlichkeitsrecht vor den deutschen Gerichten wesentlich schwerer wiegt, lässt

1939 *Smith vs. Daily Mail Publishing Co., 443 U.S. 97 (104) (1979).*
1940 Vgl. *Briscoe vs. Reader's Digest Assn., 4 Cal. 3d 529 (537) (1971).*
1941 Vgl. LG Berlin, Beschluss v. 12.01.2009, Az. 27 O 28/09, S. 11.
1942 *Briscoe vs. Reader's Digest Assn., 4 Cal. 3d 529 (538) (1971).*
1943 Vgl. LG Berlin, Beschluss v. 12.01.2009, Az. 27 O 28/09, S. 13.

eine Abwägung zugunsten des First Amendments durch die US-amerikanischen Gerichte vermuten. Der Fall *Briscoe vs. Reader's Digest Assn.*[1944] könnte zur Lösungsfindung im Fall Christian Klar beitragen. Das kalifornische Gericht stellte zunächst heraus, dass es an dem Nachrichtenwert eines weit zurückliegenden Kriminalfalls grundsätzlich keinen Zweifel hege.[1945] Es seien durchaus Fälle denkbar, in denen das öffentliche Interesse niemals abreist.[1946] Dennoch sprach es seine Bedenken bezüglich einer Zulässigkeit der Veröffentlichung im betreffenden Einzelfall aus. Eine umfassende Abwägung aller Umstände des individuellen Einzelfalls trage zur Begründetheit der Klage bei.[1947] Denn die Berichterstattung bediene ausschließlich die Neugier der Bevölkerung,[1948] und störe das Rehabilitationsinteresse des Betroffenen.[1949] Jedoch stand dabei die Tatsache im Mittelpunkt, dass der Kläger seit mehr als 11 Jahren rehabilitiert war und sich ein neues, ehrbares Leben aufgebaut hatte. Die Vergleichbarkeit mit dem Fall Christian Klar hinkt an dieser Stelle, sodass der Fall nicht maßgeblich zur Lösungsfindung beitragen kann. Obgleich die Urteilsbegründung nicht gänzlich nutzlos ist. Dieser können Hinweise auf die gerichtliche Bewertung bestimmter Aspekte entnommen werden, sodass im weiteren Verlauf durchaus an einigen Stellen Bezug genommen werden kann.

Bedeutsam ist die Eigenschaft Christian Klars als „public figure". Dass er aufgrund der begangenen Straftaten als Mitglied einer terroristischen Gruppierung eine solche geworden ist, steht außer Frage.[1950] In Betracht kommt lediglich der Verlust durch Zeitablauf. Dieser wurde beispielsweise bei einem Ex-Profibasketballer

---

1944 *Briscoe vs. Reader's Digest Assn., 4 Cal.3d 529 (1971).*

1945 *Briscoe vs. Reader's Digest Assn., 4 Cal.3d 529 (538) (1971), "We (the court) have no doubt that reports of the facts of past crimes are newsworthy."*

1946 So bei Straftaten welche in die Annalen der Kriminalgeschichte eingegangen sind. *Briscoe vs. Reader's Digest Assn., 4 Cal.3d 529 (538) (1971), "There may be times, of course, when an event involving private citizens may be so unique as to capture the imagination of all. In such cases –e.g., the behavior of the passengers on the sinking Titanic, the heroism of Nathian Hale, the horror of the Saint Valentine's Day Massacre—purely privat individuals may by an accident of history lose their privacy regarding that incident for all time. There need be no "reattraction" of the public eye because the public interest never wavered. An individuel whose name is fixed in the public's memory, such as that of the political assassin, never becomes an anonymous member of the community again."*

1947 *Briscoe vs. Reader's Digest Assn., 4 Cal.3d 529 (537) (1971).*

1948 *Briscoe vs. Reader's Digest Assn., 4 Cal.3d 529 (538) (1971). "(...). Unless the individual has reattracted the public eye to himself in some independent fashion, the only public "interest" that would usually be served is that of curiosity."*

1949 *Briscoe vs. Reader's Digest Assn., 4 Cal.3d 529 (539) (1971)."Another factor militating in favor of protecting the individuals privacy here is the state's interest in the integrity of the rehabilitativ process."*

1950 Zu den Voraussetzungen der „public figure"-Eigenschaft siehe oben 2. Teil B. § 4 II. 1.

bejaht.[1951] Bei einem Ex-Terroristen wie Christian Klar scheitert es jedoch bereits an der Vergleichbarkeit der Situation. Die Rückkehr in den Schatten der Privatheit richtet sich auch nach der Einzigartigkeit des Ereignisses bzw. der Straftat. Ist von einer solchen auszugehen, so verliert er sein Recht auf Privatsphäre im Zusammenhang mit diesem Ereignis für immer. So sieht es auch das deutsche Gericht. Die Tat muss nicht wieder in das Gedächtnis der Allgemeinheit gerufen werden, weil das öffentliche Interesse daran niemals versiegte. Das US-amerikanische Gericht stellt im Fall *Briscoe vs. Reader's Digest Assn.* deutlich heraus, dass ein politischer Attentäter niemals ein anonymes Mitglied der Gemeinschaft werden kann, weil er sich in das kollektive Gedächtnis eingebrannt habe.[1952] Die begangenen Straftaten sind als solche in die nationale Kriminalgeschichte eingegangen, was wohl ebenso für die USA gelten würde. Hier besteht nach dem 11. September 2001 eine besondere Sensibilität bezüglich terroristisch motivierter Straftaten. Das „never forget" steht ganz klar im Vordergrund. Das Persönlichkeitsrecht des Täters muss dem First Amendment noch weiter weichen, als dies bei einem „normalen" Schwerverbrecher anzunehmen ist.

Auch wenn zugunsten Klars auch von den US-amerikanischen Gerichten ein Interesse des Staates an der Integrität des Rehabilitationsinteresses bejaht werden würde und Teil des Persönlichkeitsrechts ist,[1953] so bleibt doch ernsthaft zu hinterfragen, ob dieses nach den US-amerikanischen Wertvorstellungen dem First Amendment tatsächlich überwiegen kann. Der Straftäter soll Gelegenheit bekommen sich der großen Masse der Gemeinschaft, in der er auf Grund seines gesellschaftsfeindlichen Verhaltens geächtet wurde, wieder anzuschließen und sich in den Schatten der Dunkelheit zurück zu ziehen. Sinn und Zweck sei der Anreiz an den Straftäter sich selbst zu sanieren. Seine Wiedereingliederung in die Gesellschaft bietet ihm die Möglichkeit, den durch die Inhaftierung entstandenen Schaden selbst zu minimalisieren.[1954] Christian Klar ist nicht bereits in ein rechtmäßig anerkanntes Leben zurückgekehrt. Nach nur wenigen Wochen kann er nicht als erfolgreich resozialisiert angesehen werden. Doch nur dann muss er nicht mehr der Befriedigung der Neugier der Öffentlichkeit dienen. Die US-amerikanischen Gerichte unterscheiden zwischen dem Resozialisierungsinteresse an sich und einer erfolgreich stattgefundenen Resozialisierung. Obgleich die deutschen Gerichte diese Unterscheidung nicht explizit treffen, so räumen sie dem Resozialisierungsinteresse mit Zeitablauf eine proportional ansteigende Bedeutung ein.

1951 *Johnston vs. Time, Inc., 321 F. Supp. 837 (M.D. N.C. 1979).*
1952 Ebenso KG Berlin, Urteil v. 02.07.2007, Az. 9 U 66/07 = AfP 2007, 376.
1953 *Melvin vs. Reid, 112 Cal. App. 285.*
1954 Vgl. *People vs. Wade, 266 Cal. App. 2d 918 (928).*

5. Entscheidung

Wenngleich man den „public disclosure tort“ bereits an der Privatheit scheitern lassen möchte, so scheitert er doch in jedem Fall an der Einstufung als „not newsworthy“.

Folglich ist es durchaus denkbar, dass die Veröffentlichung von einem US-amerikanischen Gericht als privilegiert angesehen werden würde. Hinzu kommt die Tatsache, dass Klar durch die Verbrechen zu einer „public figure“ geworden ist. Zeitablauf trägt auch nicht zu der Rückentwicklung zur „private figure“ bei. Sowohl der Name als auch das Bild des Betroffenen ging seinerzeit durch die gesamte Presse. Bei beiden handelt es sich nunmehr nicht um private, sondern vielmehr öffentliche Informationen. Wie bereits Dittrich[1955] zutreffend feststellte, ist den Entscheidungen der US-amerikanischen Gerichte nicht zu entnehmen, dass sie dem Straftäter die Entscheidungsgewalt einräumen, über die Veröffentlichung von privaten Tatsachen zu entscheiden. Ebenso wenig wird ein Interesse der verurteilten Straftäter unbehelligt zu bleiben bzw. allein gelassen zu werden anerkannt.

B. Resümee und abschließende Zusammenfassung

Die Untersuchung hat aufgezeigt, dass die Globalisierung und Öffnung der Märkte eine Entwicklung in den Medien bewirkt. Ob diese positiv ist, muss ernstlich angezweifelt werden. Die mediale Berichterstattung erfolgt unter der Devise „aktueller, exklusiver, reißerischer“. Diese Entwicklung ist nicht nur im Boulevardjournalismus zu beobachten. Auch klassische Formate wie die Tagesschau oder der Weltspiegel, ebenso die seriösen Tageszeitungen wie die Frankfurter Allgemeine und die Süddeutsche Zeitung, ringen um Konsumenten und beugen sich dem Druck. Die objektive, nüchterne und reine Nachrichtenübermittlung wird immer seltener. Der fragwürdige Trend geht zum Sensationsinfotainment. Dabei stellen Bildberichterstattungen eines der wichtigsten publizistischen Mittel dar.[1956] Der Konsument wird auf den ersten Blick „gefesselt“. Sie weckt nicht selten überhaupt erst das Interesse an der Wortberichterstattung und den Wunsch nach weiteren Informationen.[1957] Die Untersuchung hat ergeben, dass das Recht am eigenen Bild durch die Rechtsprechungsänderung nach dem Caroline von Hannover/Deutschland Nr. 1-Urteil des EGMR auf nationaler Ebene eine Stärkung erfahren hat. Durch die Abkehr von der Rechtsfigur der „absoluten Person der Zeitgeschichte“ wird insbesondere das Recht der Prominenten in größerem Maße geschützt. Nunmehr bedarf es auch bei Bildberichterstattungen über diese eines aktuellen Ereignisses.

1955 Schumacher, a.a.O., S. 224.

1956 BVerfG, Urteil v. 15.12.1999, Az. 1 BvR 653/96= BVerfGE 101, 361 (390)-Caroline von Monaco II.

1957 BVerfG, Urteil v. 26.02.2008, Az. 1 BvR 1602/07, 1 BvR 1606/07, 1 BvR 1626/07 = NJW 2008, 1793 (1797) Caroline von Monaco III.

Besondere Bedeutung erfährt zudem die begleitende Wortberichterstattung. Kommt dem Bildnis kein eigener Informationswert zu, so kann der begleitende Bericht im Einzelfall den Ausschlag für das Überwiegen der Pressefreiheit gegenüber dem Persönlichkeitsrecht des Betroffenen geben. Beispielhaft sei hier der viel diskutierte Caroline von Hannover Fall vom 06.03.2007[1958] genannt, indem das Gericht auf die Zulässigkeit des Artikels erkannt hat, weil das an sich neutrale Urlaubsbild von der Klägerin und ihrem Ehemann mit einer Berichterstattung über die schwere Krankheit des ehemals regierenden Fürsten von Monaco verknüpft wurde und die Aufnahme Rückschlüsse auf das Verhalten der Kinder während der Erkrankung des Vaters zuließe, so der BGH. Die Rechtsprechungsänderung der deutschen Gerichte wurde vom Gerichtshof begrüßt und das entwickelte „abgestufte Schutzkonzept" unbeanstandet durchgewunken.

Das Sonderproblem der Kriminalberichterstattung hat aufgezeigt, dass ein Schutz über die Vorschriften der Ehrendelikte, insbesondere der §§ 186, 188 StGB, im Hinblick auf die Tatbestandsvoraussetzung selten greift. Zumeist wird es sich um Kriminalberichterstattungen handeln, welche gerade nicht wahrheitswidrig über die mögliche Täterschaft oder die erwiesene Schuld des Betroffenen berichten. Der Schutz ist bereits aus dem Grund lückenhaft, weil die Zulässigkeit der identifizierenden Bildpublikation in diesem Zusammenhang gänzlich irrelevant ist.

Problematisch ist die Durchsetzung einer präventiven Maßnahme. Ein vorbeugender Unterlassungsanspruch im Rahmen der einstweiligen Verfügung wird zumeist an der Kenntnis des Abgebildeten von der bevorstehenden Veröffentlichung scheitern. Hingegen ist ein nachträglicher Unterlassungsanspruch zwar denkbar, die Effektivität wird insbesondere bei Veröffentlichungen in der Tagespresse in Frage gestellt werden müssen. Der Aktualitätsdruck zwingt die Presse zum Aufspüren neuer Informationen, welche ihrerseits wieder eine Schlagzeile wert sind. Grundsätzlich erfolgt mithin äußerst selten ein weiterer Abdruck des bereits veröffentlichten Fotos in einer späteren Auflage. Eine notwendige Anspruchsvoraussetzung läge somit nicht vor. Der Anspruch ist nur dann begründet, wenn auch zum Zeitpunkt der letzten Tatsachenverhandlung eine Wiederholungsgefahr zu bejahen ist. Die angestrebten Ziele der Presse, die Befriedigung der Leserschaft durch neue Schlagzeilen und die Erzielung einer Auflagensteigerung, wurden zumeist durch die Erstveröffentlichung erreicht. Zudem ist bei einer erfolgten Veröffentlichung „das Kind bereits in den Brunnen gefallen". Im Zweifel wird die Geldentschädigung das einzig effektive Mittel sein.

Die Geltendmachung von Schadensersatz gestaltete sich früher durch den zu führenden Nachweis eines materiellen Schadens oft schwierig. Seitdem die Berechnung über die fiktive Lizenzgebühr erfolgt, welche im Fall einer Einwilligung an den Abgebildeten hätte gezahlt werden müssen, scheitert der Schadensersatzanspruch gemäß § 823 Abs. 1 BGB bzw. § 823 Abs. 2 BGB i.V.m. § 22 KUG nun nicht mehr an dem Nachweis des materiellen Schadens. Nach der sog. Lizensanalogie wird

1958 BGH, Urteil v. 06.03.2007, Az. VI ZR 51/06–Caroline von Hannover.

der zu ersetzende Schaden nach der angemessenen Vergütung berechnet, die im Falle eines Vertragsabschlusses zu den üblichen Bedingungen für eine Lizenz zu zahlen gewesen wäre.[1959] Lange Zeit war es umstritten, ob die Anwendbarkeit der Lizensanalogie von der Einwilligungsbereitschaft des Abgebildeten bei vorheriger Kenntnis abhängig zu machen ist. Während die alte Rechtsprechung das Bestehen eines Schadensersatzanspruchs von der grundsätzlichen Vermarktungsbereitschaft des Abgebildeten abhängig machte,[1960] rückte der BGH erstmals in seiner Lafontaine–Entscheidung davon ab.[1961] Der BGH erklärte, dass die Lizenzbereitschaft des Betroffenen für die Begründung eines Schadensersatzanspruchs nunmehr irrelevant ist. Dies führte zu einer begrüßenswerten Beseitigung der Unklarheit über die Anwendbarkeit der Lizensanalogie für Fälle der Einwilligungsversagung auch im Falle vorheriger Kenntnis des Abgebildeten. Besonders zu begrüßen ist die Kehrtwende, weil der Verletzer bei unrechtmäßiger Veröffentlichung andernfalls besser gestellt worden wäre, als bei einem rechtmäßigen Vorgehen. Nicht die Vermögensminderung beim Betroffenen, sondern der erlangte Vermögenszuwachs des Verletzers steht im Vordergrund. Neben dem Schmerzensgeld, welches dem Betroffenen auch bei nicht hinreichend nachweisbaren, potenziell weiteren Vermögensschäden zusteht, kommt ein Anspruch aus ungerechtfertigter Bereicherung in Betracht.[1962] Die Berechnung sowie Höhe der finanziellen Entschädigungssumme richtet sich ebenfalls nach der fiktiven Lizenzgebühr.[1963] Insoweit wird auf die obigen Ausführungen verwiesen. Ein Schmerzensgeldanspruch des Betroffenen aus §§ 823, 847 BGB kann der Abgebildete nur dann geltend machen, wenn die Bildpublikation eine besondere Eingriffsintensität aufweist, mithin schwerwiegend ist.[1964] Ob eine solche bereits in der Bildnisveröffentlichung gesehen werden kann, ist fraglich. In Betracht kommt darüber hinaus ein notwendiges Hinzutreten von weiteren Umständen. Solche können beispielsweise in der fälschlichen Verdächtigung oder der Verknüpfung der Bildberichterstattung mit einer unwahren Wortberichterstattung vorliegen. Eine besondere Schwere der Beeinträchtigung bejaht der BGH bei einer großen Auflagenzahl sowie einer erheblichen territorialen Ausdehnung des Verbreitungsgebietes eines Massenmediums.[1965] Dabei reicht das Vorliegen einer der Voraussetzungen für die Schwere der Beeinträchtigung zumeist aus. Vor dem Hintergrund des Präventionsgedankens bedarf es einer besonders großen Missachtung der

---

1959 Vgl. Wandtke, GRUR 2000, 942 (943, 947 f.).

1960 Vgl. BGH, Urteil v. 14.02.1958, Az. I ZR 151/56 = GRUR 1958, 408 (409)–Herrenreiter; BGH, Urteil v. 18.03.1959, Az. IV ZR 182/58= GRUR 1959, 430 (433)–Caterina Valente; BGH, Urteil v. 19.09.1961, Az. VI ZR 259/60 = GRUR 1962, 105 (106)–Ginsengwurzel.

1961 BGH, Urteil v. 26.10.2006, Az. I ZR 182/04 = GRUR 2007, 139 (140 f.)–Lafontaine–Rücktritt des Finanzministers.

1962 Vgl. Rixecker, in: MK BGB, Bd. 1, Anh. zu § 12, Allg. PersönlR, Rdn. 285 ff.

1963 Siehe Rixecker, a.a.O., Anh. zu § 12, Allg. PersönlR, Rdn. 285.

1964 Vgl. Rixecker, a.a.O., Anh. zu § 12, Allg. PersönlR, Rdn. 270.

1965 Vgl. BGH, Urteil v. 22.01.1985, Az. VI ZR 28/83 = NJW 1985, 1617 (1619)–Nacktfoto.

Sorgfaltspflichten.[1966] Um der Funktion der Genugtuung ausreichend Berücksichtigung zu schenken, hängt die Zuerkennung des Anspruchs von einem unabwendbaren Bedürfnis zur Geldleistung ab.[1967] Die Berechnung der Schadensersatzhöhe orientiert sich ebenfalls daran. Die Summe der zu zahlenden Entschädigung muss zudem angemessen sein. Mit nur einem reißerischen Titelbild, welches zur Auflagensteigerung beiträgt, erzielen die Massenmedien einen erheblichen Gewinn. Die Zuerkennung einer lediglich geringen Geldentschädigung würde die Massenmedien in keiner Weise tangieren. Darin liegt die größte Gefahr für das Recht am eigenen Bild des Abgebildeten. Die durch die deutschen Gerichte zugesprochenen Geldbeträge für einen gerechten Ausgleich sind häufig zu niedrig bemessen. Die Auflagensteigerung durch ein reißerisches Titelbild ist zumeist mit einen erheblichen Gewinn für das Presseerzeugnis verbunden. Darin besteht eine reale Gefahr, dass die Presse zugunsten der Auflagensteigerung Geldentschädigungen billigend in Kauf nimmt, weil ihre Gewinnspanne ungleich höher ist und die Summe im Verhältnis zur Gewinnabschöpfung nicht ins Gewicht fällt. Ein effizienter Rechtsschutz wäre mithin ausgeschlossen. Um der Genugtuungsfunktion gerecht werden zu können, ist es wichtig, dass die Entschädigungssummen nicht zu niedrig bemessen werden. Andernfalls führt dies zwangsläufig dazu, dass dem unfreiwillig Abgebildeten nur theoretisch Genugtuung verschafft wird. Wenngleich die zugesprochenen Beträge in der Vergangenheit gestiegen sind, was durchaus begrüßenswert ist, so ist zu beklagen, dass diese Summen bei Weitem noch nicht ausreichen, um die Medien empfindlich zu treffen. Der Abschreckungseffekt ist eher als gering einzustufen. Was sich in einer rapide steigenden Zahl von Verstößen gegen das Recht am eigenen Bild durch die Medien manifestiert. Dem versucht auch die Rechtsprechung entgegen zu steuern. Der Anstieg der zugesprochenen Summen lässt dies vermuten. Unter diesem Gesichtspunkt ist es wünschenswert, dass die Rechtsprechung die Höhe der Geldentschädigungen weiter anhebt. Wenngleich mittlerweile höhere Summen durch die Gerichte zugesprochen werden und ein langsames Herantasten an die Schmerzgrenzen der Medien erkennbar ist, reichen die zugesprochenen Summen zumeist nicht aus, um die Medien tatsächlich zu tangieren. Dass die Entwicklung zumindest in die richtige Richtung geht zeigt die im Fall Boris Becker zugesprochene Rekordsumme von 1,2 Mio. Euro wegen unerlaubter illustrierter Werbekampagnen, initiiert von der Frankfurter Allgemeinen Sonntagszeitung, welche in 50 Mio. Exemplaren verbreitet wurde.[1968] Eine solche Summe ist jedoch auch bei Prominenten nicht üblich. In der Regel pendelt sich der zu zahlende Betrag auf eine niedrige

1966 Umfänglich zum Präventionsgedanken siehe Burkhardt, in: Wenzel, a.a.O., Rdn. 14.94 ff.

1967 Zur Genugtuungsfunktion vgl. Rixecker, a.a.O., Anh. zu § 12, Allg. PersönlR, Rdn. 272 f.

1968 Vgl. LG München I, Urteil v. 22.02.2006, Az. 21 O 17367/03 = ZUM-RD 2006, 465 (468 f.), bestätigt durch OLG München, ZUM-RD 2007, 360.

sechsstellige Summe ein.[1969] Bei nicht prominenten Persönlichkeiten bewegen sich die zu zahlenden Beträge naturgemäß wesentlich weiter nach unten. Dies liegt bei der fiktiven Lizenzgebühr an dem geringeren Marktwert und kann an sich nicht beanstandet werden. Während in den Standardfällen zumeist nur wenige tausend Euro zugesprochen werden, so ist ein Anstieg bei außergewöhnlichen Fällen zu verzeichnen. Darin ist eine begrüßenswerte Entwicklung zu sehen. Die Gerichte scheinen nunmehr den Versuch zu unternehmen, sich an Summen heranzuwagen, welche auch geeignet sind, eine Abschreckungswirkung bei den Medien zu erzielen. Doch immer wieder kommt es zu „Rückschlägen". Selbst wenn ein relativ hohes Schmerzensgeld in erster Instanz zugesprochen wurde, so ist es nicht ungewöhnlich, dass das Urteil in der nächsten Instanz wieder aufgehoben wird. So im Fall Oskar Lafontaine.[1970] Ihm wurde zunächst ein immaterieller Schadensersatz i.H.v. 100.000 € zuerkannt, weil eine Autovermietung nach seinem Ausscheiden aus dem Bundeskabinett mit dem Slogan „Sixt verleast auch Autos für Mitarbeiter in Probezeit" warb.[1971] Der BGH gab hingegen der Revision statt, weil die Bildnisnutzung aufgrund der satirischen Natur zulässig und keine Rufschädigung erkennbar sei. Ein einmal erfolgter Eingriff in das Recht am eigenen Bild ist auch durch eine spätere Verurteilung nicht ungeschehen.[1972] Der Betroffene kann lediglich Wiedergutmachung erlangen, niemals jedoch den Eingriff ungeschehen machen. Nach den obigen Ausführungen ist eine Entwicklung zu höheren Entschädigungssummen zu begrüßen. Es bleibt zu hoffen, dass diese fortgesetzt und den Medien somit noch effektiver Einhalt geboten wird.

Die Abhandlung hat aufgezeigt, dass die freie Presse ein wesentliches Element einer freiheitlichen demokratischen Gesellschaft ist. Ihr kommt zu Recht das Privileg zu, kritisch zu hinterfragen, Missstände aufzudecken und eben auch über Straftaten zu berichten, auch bereits im Verdachtsstadium. Dazu gehören auch die Verfehlungen konkreter Personen.[1973] Ob tatsächlich im Einzelfall eine

1969 Vgl. LG Hamburg, Az. 324 O 280/01–Sabrina Setlur gegen Nacktfotos in „Max" 256.000 €; LG Hamburg, Urteil v. 27.10,2006, Az. 324 O 381/06–Joschka Fischer gegen Axel–Springer Verlag 200.000 € Schadensersatz.

1970 LG Hamburg, Urteil v. 09.01.2004, Az. 324 O 554/03 bestätigt vom OLG Hamburg, Urteil v. 09.11.2004, Az. 7 U 18/04 = AfP 2004, 566, aufgehoben vom BGH, Urteil v. 26.10.2006, Az. I ZR 182/04–Oscar Lafontaine.

1971 LG Hamburg, Urteil v. 09.01.2004, Az. 324 O 554/03 bestätigt vom OLG Hamburg, Urteil v. 09.11.2004, Az. 7 U 18/04 = AfP 2004, 566–Oscar Lafontaine, allerdings auf Grund der satirischen Natur der Anzeige vom BGH aufgehoben, Urteil v. 26.10.2006, Az. I ZR 182/04–Oscar Lafontaine gegen „Sixt–Autovermietung".

1972 Schlüter bezieht sich dabei auf die Verdachtsberichterstattung und einen Eingriff in das Persönlichkeitsrecht des Betroffenen im Allgemeinen. Er stellt klar, dass auch eine spätere Verurteilung den einmal erfolgten Eingriff nicht aus der Welt schaffe. Vgl. Schlüter, a.a.O., S. 237; ebenso Lehr, AfP 2013, 7 (14).

1973 BGH, Urteil v. 30.10.2012, Az. VI ZR 4/12 = GRUR 2013, 94; BGH, Urteil v. 13.11.2012, Az. VI ZR 330/11 = GRUR 2013, 200–Apollonia–Prozess und Online–Presse–Archive.

identifizierende Berichterstattung erfolgen darf, ist ausschließlich eine Frage der Abwägung.[1974] Andernfalls käme der Meinungsbildungsprozess in der Öffentlichkeit zum Stocken, oder gar zum Stillstand. Hier gilt es, eine Abwägung der grundsätzlich gleichwertigen Interessen der Meinungs- und Pressefreiheit sowie des Rechts am eigenen Bild vorzunehmen. Dabei darf weder das Privileg der Presse untergraben noch der tiefgreifende Eingriff in das Persönlichkeitsrecht des Abgebildeten übergangen werden. Für die Zukunft ist es wünschenswert, dass bei Kriminalberichterstattungen eine „Hetzjagd" der Massenmedien unterbleibt und statt reißerischer Berichte vermehrt sachliche Berichterstattungen die Regel und nicht die Ausnahme bilden. Doch angesichts der Vorlieben der Bevölkerung wird dies wohl ein frommer Wunsch bleiben. Die Beliebtheit von Formaten wie Autopsie, Killerpaare, Medical Detectives etc. lehrt uns das Gegenteil. Diese schießen geradezu wie Pilze aus dem Medienboden. Die Einschaltquoten geben ihnen Recht. Die Bevölkerung ist fasziniert von den menschlichen Abgründen. Aus diesem Grund bleibt vielmehr zu befürchten, dass sich in Zukunft die Klagen von Betroffenen wegen der Verletzung des Rechts am eigenen Bild auf Grund von Kriminalberichterstattungen häufen. Dies dürfte ebenso für die Problematik der Onlinearchive gelten. Suchmaschinen ermöglichen dem Konsumenten auf Altbeiträge über vergangene Ermittlungs- und Strafverfahren mittels Stichwort binnen Sekunden zuzugreifen und das global. Es bleibt zu hoffen, dass diesbezüglich in der Zukunft eine höchstrichterliche Stellungnahme zur Problematik der Suchmaschinen in Verbindung mit bereit gehaltenen Altbeiträgen in Onlinearchiven erfolgt. Bis dato besteht Unsicherheit hinsichtlich der Handhabe von Suchmaschinen und der Möglichkeit nahezu unendlich auf Kriminalberichterstattungen zurückgreifen zu können. Besonders das Resozialisierungsinteresse bereitet hier erhebliche Schwierigkeiten. In der Zukunft werden die technische Weiterentwicklung und die fortschreitende Globalisierung zu noch ungeahnten Missbrauchsmöglichkeiten des Abbildes führen, sodass das Recht am eigenen Bild zu einem immer fragileren Recht werden wird.

Abschließend ist rechtsvergleichend festzuhalten, dass die US-amerikanische Rechtsprechung zum Persönlichkeitsschutz, implizierend den Bildnisschutz, überwiegend der Interessenlage des Abgebildeten nicht gerecht wird. Was die deutsche Rechtsprechung im Vergleich zur US-amerikanischen Rechtsprechung bei den zugesprochenen Entschädigungssummen hinterher hinkt, übt Erstere eine Vorbildfunktion im Persönlichkeitsschutz aus. Die überragende Bedeutung des First Amendment macht einen effektiven Schutz nahezu unmöglich. Besonders deutlich wird dies bei „public officials" und „public figures". Die Rechtsprechung verfährt nah dem Motto von Thomas Jefferson der einmal sagte: Wer sich in den Dienst der

1974 Pentz bezieht sich bei Verdachtsberichterstattungen bei der Abwägung auf das Interesse auf Wahrung der Anonymität und das Informationsinteresse der Öffentlichkeit. Pentz, AfP 2013, 20 (21).

Öffentlichkeit stellt, tut gut daran, sich als Gemeineigentum zu betrachten.[1975] Auch im Zusammenhang mit Kriminalberichterstattungen scheinen die Spielmöglichkeiten der Presse in den USA schier unbegrenzt. Nahezu jedes Presseerzeugnis und jede Nachrichtensendung scheint mit Fotos von Tatverdächtigen und Straftätern gespickt zu sein. Unter diesem Gesichtspunkt wären die Fälle Jörg Kachelmann und Christian Klar wohl vor einem US-amerikanischen Gericht anders entschieden worden. Das Persönlichkeitsrecht hätte hinter dem First Amendment zurück treten müssen. Ebenso wird dem Opferschutz, wie er in Deutschland existiert, von der US-amerikanischen Rechtsprechung nicht die Bedeutung beigemessen, die bei traumatisierten Opfern wünschenswert wäre. Der Opferschutz wird selbst zum „Opfer". In Deutschland wäre eine solche Missachtung des Opferschutzes zugunsten des Informationsinteresses der Öffentlichkeit undenkbar. Während die deutsche Rechtsprechung den Persönlichkeitsschutz weiter entwickelt, was die Abkehr von der „absoluten Person der Zeitgeschichte" beweist, scheint die US-amerikanische zu stagnieren. Allein die kommerziellen Interessen des Abgebildeten werden über das First Amendment gestellt, weil die Gerichte über den Kniff des „commercial speech" diesen überragenden Schutz umgehen. Während in Deutschland der Persönlichkeitsschutz und Art. 5 Abs. 1 GG gleichwertig nebeneinander stehen, vermag in den Vereinigten Staaten von Amerika nur „commercial speech" den Schutz des First Amendments auszuhebeln. Kein Unterschied besteht dahingehend, dass sowohl in Deutschland als auch den USA die Macht des Geldes nur allzu häufig zu Verletzungen des Persönlichkeitsrechts des Einzelnen führt. Es bleibt abzuwarten, wie die Gerichte beider Staaten mit der zunehmenden Gefahr der vollkommenen Kommerzialisierung der Persönlichkeit umgehen werden.

1975 Thomas Jefferson (1743–1826), seinerzeit US-amerikanischer Jurist und 3. Präsident der Vereinigten Staaten von Amerika. Er verfasste zudem die Unabhängigkeitserklärung.

Schriften zum Medien-, Urheber- und Wirtschaftsrecht

Herausgegeben von Prof. Dr. Georgios Gounalakis

Band 1 Thomas Lang: Immaterialgüterrechtliche Lizenzierung und kartellrechtliche Verhaltenskontrolle. Eine Untersuchung der Reichweite gemeinschaftskartellrechtlicher Eingriffsbefugnisse in Immaterialgüterrechtspositionen vor dem Hintergrund der schutzrechtsspezifischen wettbewerblichen Ausschließlichkeit. 2009.

Band 2 Anna-Karina Bonacker: Der Widerruf von Fernabsatzverträgen am Beispiel der Internetauktion eBay. 2009.

Band 3 Rainer Jürgen Scharf: Der unbefristete Widerruf internetbasierter Verträge. Zugleich ein Beitrag zur Dogmatik des § 355 BGB. 2009.

Band 4 Sebastian Gorski: Effizienz, Wahlfreiheit und Gleichbehandlung? Eine Untersuchung der Einführung von Wettbewerb zwischen musikalischen Verwertungsgesellschaften durch die Europäische Kommission. 2009.

Band 5 Daniel Walter: Die rechtliche Behandlung der Erbringung unbestellter Leistungen nach § 241a BGB. 2009.

Band 6 Richard Helwig: Die Kompetenz der Europäischen Gemeinschaft zur Schaffung eines europäischen Medienkonzentrationsrechts. Notwendigkeit, Voraussetzungen und Reichweite einer möglichen Regulierung zur Sicherung von Medien- und Meinungsvielfalt in Europa. 2009.

Band 7 Bettina Yunis: Alternative Streitbeilegung über elektronische Datennetze. 2011.

Band 8 Andreas Walter: Störerhaftung bei Handeln Dritter. 2011.

Band 9 Andreas Zenner: Die zivilrechtliche Verantwortlichkeit des Abschlussprüfers für den Bestätigungsvermerk. 2011.

Band 10 Kristine Wagner: Die Privatkopie als urheberrechtliche Schrankenregelung. 2011.

Band 11 Ina Lutz: Testierfreiheit und Pflichtteilsrecht im spanischen *Código Civil* im Vergleich mit dem deutschen Bürgerlichen Gesetzbuch. Unter besonderer Berücksichtigung von Immobilienerbschaften. 2011.

Band 12 Heiko Drebes: „Datenschutz“ für Unternehmen im B2B? Schutz der Daten des geschäftlichen E-Business im Spannungsfeld zwischen technisch-organisatorischer und rechtlicher Regulierung. 2012.

Band 13 Heiko Zimmer: Zugriff auf Internetzugangsdaten. Unter besonderer Berücksichtigung der Verhältnismäßigkeit einer verdachtsunabhängigen Vorratsdatenspeicherung. Eine Interessenabwägung zwischen Datenschutz, Strafverfolgung und Urheberrecht im Internet. 2012.

Band 14 Ricarda Leffler: Der strafrechtliche Schutz des Rechts am eigenen Bild vor dem neuen Phänomen des Cyber-Bullying. Eine Untersuchung der Normanwendungs- und Auslegungsprobleme der strafrechtlichen Bildnisschutzvorschriften bei deren Verletzung im Rahmen von Internetdelikten. 2012.

Band 15 Nadine Kristin Keil: Verdachtsberichterstattung. Medienberichterstattung über Straftatverdächtige. 2013.

Band 16 Alexandra Sommerhoff: Meinungsvielfalt und Medienkonvergenz. Die Sicherung der Meinungsvielfalt in Deutschland und Großbritannien. 2013.

Band 17 Christoph Wege: Roman und Persönlichkeitsrecht. Ein partikulardogmatischer Entwurf. 2013.

Band 18 Florian Jäkel: Netzneutralität im Internet. Verfassungsrechtliche Aspekte und Sicherungsmechanismen. Zugleich ein Beitrag zu Kommunikations- und Medienfreiheiten im Internet. 2013.

Band 19 Lars Querndt: Selektivvertrieb und eBay-Versteigerungen. Die kartellrechtliche Zulässigkeit des eBay-Ausschlusses aus dem Selektivvertrieb in Vertragshändlerverträgen und Markenlizenzen unter besonderer Berücksichtigung des Markenrechts. 2014.

Band 20 Catherine M. Manley: The Trademark Paradox. Trademarks and Their Conflicting Legal and Commercial Boundaries. 2015.

Band 21 Arne Neubauer: Internetvertrieb im Kartellrecht. Eine kritische Auseinandersetzung mit herstellerseitigen Vertriebsbeschränkungen. 2015.

Band 22 Kristin Grimm: Lizenzketten im Urheberrecht. Zum Schicksal der Unterlizenz nach Beendigung des Hauptlizenzvertrages. 2016.

Band 23 Georgios Gounalakis / Greg Taylor (eds.): Media Diversity Law. Australia and Germany Compared. 2016.

Band 24 Marten Hinrichsen: Marktabgrenzung in Zeiten der Medienkonvergenz. Zur Bestimmung des sachlich relevanten Werbemarktes in der deutschen und europäischen Medienfusionskontrolle. 2016.

Band 25 Kristin Eglinski: Bildberichterstattung im 21. Jahrhundert. Das Recht am eigenen Bild bei Kriminalberichterstattungen. Ein Rechtsvergleich zum US-amerikanischen Recht. 2017.

www.peterlang.com

www.ingramcontent.com/pod-product-compliance
Ingram Content Group UK Ltd.
Pitfield, Milton Keynes, MK11 3LW, UK
UKHW021124041026
8980IPUK00026B/418

9 783631 665961